常宁年鉴

（2016）

常宁市史志办 编

方志出版社
Publishing House of Local Records

图书在版编目（CIP）数据

常宁年鉴. 2016 / 常宁市史志办编. —北京：方志出版社，2016.10
ISBN 978-7-5144-2135-4

Ⅰ. ①常… Ⅱ. ①常… Ⅲ. ①常宁-2016-年鉴
Ⅳ. ①Z526.44

中国版本图书馆CIP数据核字（2016）第249923号

常宁年鉴（2016）

编　　者：常宁市史志办
责任编辑：章　瑾　陈　效
出 版 人：冀祥德
出 版 者：方志出版社
　　　　地址　北京市朝阳区潘家园东里9号（国家方志馆4层）
　　　　邮编　100021
　　　　网址　http://www.fzph.org
发　　行：方志出版社发行中心
　　　　电话（010）67110500
经　　销：各地新华书店
印　　刷：湖南金太阳印刷有限公司
开　　本：889×1194　　1/16
印　　张：26
字　　数：935千字
版　　次：2016年10月第1版　　2016年10月第1次印刷
印　　数：001～800册
ISBN　978-7-5144-2135-4　　定价：120.00元

《常宁年鉴》编纂委员会

詹先辉　常宁市审计局局长
段曙辉　常宁市市场和质量监督管理局局长
封红伟　常宁市教育局局长
邹求荣　常宁市文化体育广播新闻出版局局长
唐　彬　常宁市统计局局长
张明武　宜阳街道办事处主任
刘劲松　培元街道办事处主任
李芳林　泉峰街道办事处主任
李尤生　天堂山办事处主任
刘政兵　水口山镇镇长
唐百才　水口山铅锌矿社区服务中心主任
雷金荣　白沙镇镇长
刘朝阳　洋泉镇镇长
邓运香　兰江乡乡长
漆詹洪　三角塘镇镇长
谢春桂　柏坊镇镇长
梁武刚　柏坊铜矿社区服务中心主任
阳韶清　蓬塘乡乡长
李　平　烟洲镇镇长
刘扬徕　荫田镇镇长
周志强　西岭镇镇长
汪　珀　罗桥镇镇长
张　涛　庙前镇镇长

段　立　板桥镇镇长
张良相　胜桥镇镇长
盘凤成　塔山瑶族乡乡长
唐　成　官岭镇镇长
刘卫菊　新河镇镇长
吴瑞嵘　大堡乡乡长

《常宁年鉴》编辑部

名誉主编　周丽华
主　　编　廖爱国
副 主 编　傅建平　阳　芳　张泽湘
执行主编　曹元生
美术编辑　封志良

编 辑 说 明

一、《常宁年鉴2016年卷，是由常宁市人民政府主办、《常宁年鉴》编纂委员会主编的常宁市综合性年鉴。

二、本年鉴较为全面、系统、翔实地记载2015年全市政治、经济、文化、社会事务等各个方面、各个领域、各行各业的建设发展情况。

三、本年鉴采用分类法编辑。全书分特载、大事记、概况、市直机关和境内企事业单位领导名录、中国共产党常宁市委员会、常宁市人民代表大会及常务委员会、常宁市人民政府、政协常宁市委员会、纪检监察•综合经济环境治理、群众团体、国防、法治、经济开发、综合经济管理、工业、交通•邮电、农•林•水、乡镇企业•民营经济、商务•贸易、财政•税收、金融•保险、城乡建设•环境保护、文化•新闻出版•广播电视、教育•科技、卫生•体育•旅游、计划生育、乡镇概况等部类。

四、本年鉴所载稿件由各单位提供情况，由史志办安排专人负责撰写，并进行反复修改，同时经各级领导审核。全市国民经济和社会发展的数据以统计公报为准，其他数据由各部门提供。

五、本年鉴收录的领导名录（不含非领导职务人员），原则收录到2015年12月31日止。

六、本年鉴部类下设分目、条目，以条目为主。部类、分目用不同字号、字体区别，条目标题用黑体字加【】表示。

七、本年鉴的公开出版发行，得到全市各级领导和各单位办公室的大力支持在此，谨表谢意！由于编写水平有限，缺点和错误在所难免，敬请社会各界和广大读者批评指正。

目　　录

特　载

适应新常态 激发新活力 争当县域经济发展排头兵
政府工作报告 ……………………………………………1
2016年3月4日在常宁市第十六届人民代表大会第五次会议上 ……………………………………………8

大 事 记

1月-12月 ……………………………………………16

概　况

地　理 ……………………………………………25
【位置】……………………………………………25
【面积】……………………………………………25
【地貌】……………………………………………25
【水文】……………………………………………25
【气候】……………………………………………25
【土壤】……………………………………………25
沿　革 ……………………………………………25
自然资源 ……………………………………………27
【土地资源】……………………………………………27
【水资源】……………………………………………27
【植物资源】……………………………………………27
【野生动物资源】……………………………………………28
【矿产资源】……………………………………………28
行政区划 ……………………………………………28
人　口 ……………………………………………28
国民经济与社会发展 ……………………………………………28
【综述】……………………………………………28
【工业】……………………………………………28
【农业】……………………………………………29
【城乡建设】……………………………………………29
【民生事业】……………………………………………29
【环境建设】……………………………………………29
市直机关和国家部、省、市属在常单位、市属企事业单位领导人名录 ……………………………………………30

中国共产党常宁市委员会

总类 ……………………………………………52
【综述】……………………………………………52
【项目建设实现了新提升】……………………………………………52
【经济结构取得了新优化】……………………………………………52
【深化改革激发了新活力】……………………………………………52
【社会民生增进了新福祉】……………………………………………53
【作风建设得到了新加强】……………………………………………53
市委重要决策 ……………………………………………53
【关于分类指导加快推进全面建成小康社会的实施意见】……………………………………………53
【中共常宁市委关于全力推进核电项目建设的意见】……………………………………………54
【中共常宁市委关于常宁市人民政府职能转变和机构改革方案的实施意见】……………………………………………55
【中共常宁市委关于印发《常宁市村级区划调整工作实施的方案》】……………………………………………59
市委重要会议简介 ……………………………………………62
【第一次市委常委会议】……………………………………………62
【关于党管武装工作会议】……………………………………………62

【关于农村饮水安全工程建设工作调度会议】62
【关于常宁市旅游产业发展调研会议】……62
【关于教育工作调研会议】……62
【关于卫生工作调研会议】……62
【关于常宁市塔山瑶族乡精准扶贫现场办公会议】……62
市委重要文件选登……62
市委办工作……63
【概况】……63
【综合调研】……63
【督察督办】……63
【办文办会】……63
【值班接访】……63
【机要保密】……63
【后勤服务】……63
市委办重要文件选登……63
市委、市人民政府接待处……64
【概况】……64
【党支部换届选举】……64
【接待工作】……64
【联村(居)工作】……64
组织工作……65
【概　况】……65
【强化责任抓党建】……65
【整顿软弱涣散基层党组织】……65
【党员教育】……65
【党代表履职管理】……65
【社区“两化两体系”建设】……65
【深化部门帮扶】……65
【完善服务阵地】……65
【强化服务保障】……66
【“三严三实”专题教育】……66
【干部选任】……66
【领导干部出国(境)管理】……66
【教育培训】……66
【监督管理】……67
【部门自身建设】……67
宣传工作……67
【概　况】……67
【学习理论成果】……67
【新闻报道】……67
【宣传形式】……68
【文明创建】……68
【培育文化底蕴】……68
【培植文化产业】……68
【文化设施建设】……68
【基础平台建设】……68
【示范基地建设】……68
【发展“微媒体”】……68
【开展“微宣讲”】……68
【优化“微服务”】……69
统战工作……69
【概　况】……69
【贯彻落实中央、省委统战工作会议精神】……69
【“四同创建”】……69
【会员组织工作】……69
【非公企业服务】……69
【搭建银企平台】……69
【民族宗教工作】……69
【台侨工作】……69
【非公党建工作】……70
【机关自身建设】……70
【宣传工作】……70
非公党建……70
【概　况】……70
【非公党群组织普查摸底】……70
【召开全市非公党建工作会议】……70
【发展党员】……70
【非公党建督查】……70
【非党积极分子培训】……71
【基层党组织书记集中培训】……71
【党员活动】……71
【庆祝建党94周年暨“七一”表彰】……71
【走访慰问】……71
【作风建设】……71
【宣传信息】……71
【档案管理】……71
【组织建设】……71
对台工作……71

【概况】……71
【台资项目建设】……71
【对台联络交往】……71
【对台宣传和涉台教育】……72
【机关作风建设】……72
民族宗教工作……72
【概 况】……72
【民族团结宣传教育】……72
【挖掘弘扬塔山瑶族文化】……73
【民族地区学前教育】……73
【茶叶产业】……73
【规范管理宗教资产】……73
【专项治理“两滥”】……73
【法制宣传】……73
【思想教育】……73
【常宁市宗教活动场所名册】……74
【衡阳市宗教活动场所换名名册】……78
侨联工作……80
【概 况】……80
【海外联系】……80
【走访慰问】……80
【重点帮扶】……80
【捐资助学】……80
【基地建设】……80
【法制工作】……80
【宣传信息】……81
老干部工作……81
【概 况】……81
【老干部政治待遇】……81
【老干部生活待遇】……81
【服务工作】……81
【支部建设】……81
【老干部各项活动】……81
【完成上级交办的各项工作】……82
【自身工作宣传】……82
【作风建设】……82
老年教育……82
【概 况】……82
【教学活动】……83
【教学成果】……83
【大德讲坛】……83
【道德教育】……83
【第四届老年文化艺术节】……83
机构编制……83
【概 况】……83
【清理行政审批事项】……83
【推行权力清单制度】……83
【政府职能转变和机构改革】……84
【“一办五中心”前期工作】……84
【重点领域体制改革】……84
【控编减编】……84
【“实名制”核查】……84
【“三超两乱”整治】……84
【机构编制管理】……85
【中文域名注册和网站标识工作】……85
【事业单位登记】……85
【自身建设】……85
档案工作……85
【概 况】……85
【践行“三严三实”】……85
【提高思想政治素养】……85
【机关作风建设】……86
【档案年检工作】……86
【档案业务指导】……86
【档案业务力量】……86
【新农村建设档案】……86
【档案馆藏】……86
【基础设施】……86
【档案馆库内部管理】……86
【提升服务能力】……87
【信息化建设】……87
党史工作……87
【概况】……87
【《中国共产党常宁历史》第二卷初稿】……87
【党史宣传】……87
【党史联络】……87
【上级党史部门交办的工作】……87
【基层党建】……87
地方志工作……87
【概况】……87

【《常宁年鉴》的征集、编写和出版】……………88
【宣传学习《全国地方志事业发展纲要(2015-2020)》】……………………………………………………88
【《常宁乡镇简志》编纂】……………………………88
【1+1"联村工作】……………………………………88
市委党校 ……………………………………………88
【概　况】……………………………………………88
【干教工作】 ………………………………………88
【教学比赛】 ………………………………………88
【科研咨政】 ………………………………………88
【新校建设】 ………………………………………89
【"人间慈善爱心小屋"】…………………………89
【教师培训】 ………………………………………89
常宁报社 ……………………………………………89
【概　况】……………………………………………89
【服务市委中心工作】……………………………89
【服务各单位宣传工作】…………………………89
【服务常宁外宣工作】……………………………89
【树立合作意识】…………………………………89
【树立创新意识】…………………………………89

常宁市人民代表大会及常务委员会

【综　述】……………………………………………90
【市十六届人大四次会议】………………………90
【市十六届人大常委会第二十一次至第三十一次会议】…………………………………………………90
【代表视察】 ………………………………………93
【专项工作评议】…………………………………93
【法制建设】 ………………………………………93
【机关建设】 ………………………………………93

常宁市人民政府

总　类 ……………………………………………94
【综　述】…………………………………………94
【产业建设】 ………………………………………94
【城乡建设与管理】………………………………94
【民生保障】 ………………………………………95
【社会事业】 ………………………………………95
【水口山经济开区成功升级】 ……………………95
【城市一环全线贯通】……………………………95
【合乡并村全省领先】……………………………95
【湘江治理卓有成效】……………………………95
【民生安置打破常规】……………………………96
政府重要会议简介 …………………………………96
【政府常务会议选编】……………………………96
市政府重要文件通知选编 ………………………103
市政府办公室 ……………………………………103
【概　况】 ………………………………………103
【政务服务】 ……………………………………103
【协调督查】 ……………………………………104
【综合管理】 ……………………………………104
【信访接待】 ……………………………………104
市政府办公室主要文件通知选编 ………………104
民　政……………………………………………105
【概　况】 ………………………………………105
【城乡低保】 ……………………………………105
【五保供养】 ……………………………………105
【救济、救助】……………………………………105
【优抚安置】 ……………………………………105
【专项社会事务管理】 …………………………105
【慈善福利】 ……………………………………106
【项目建设】 ……………………………………106
【社会福利中心建设】 …………………………106
【两化两体系】 …………………………………106
【"救急难"试点】 ………………………………106
【合乡镇并村】 …………………………………106
【城市低保、五保清查】…………………………106
【存在的主要问题及困难】 ……………………107
人力资源和社会保障 ……………………………107
【概　况】…………………………………………107
【就业再就业】 …………………………………107
【职业培训】 ……………………………………107
【社会保险】 ……………………………………107
【信息化建设】 …………………………………108
【工资集体协商】 ………………………………108
【思想建设】 ……………………………………108
【作风建设】 ……………………………………108
【军转安置】 ……………………………………108

【服务工作】 ……………………………………108
【公开招聘】 ……………………………………109
【送法上门】 ……………………………………109
【大型招聘会】 …………………………………109
【劳动维权】 ……………………………………109
【社保基金】 ……………………………………109
【五项改革】 ……………………………………109
【信访工作】 ……………………………………110
【人大建议、政协提案办理】 ……………………110
【宣传信息工作】 ………………………………110
【承办衡阳市人社系统第一届职工运动会】…110
烟叶生产……………………………………………110
【概 况】…………………………………………110
【稳定政策】 ……………………………………110
【合同管理】 ……………………………………111
【烟叶生产】 ……………………………………111
【烟叶成熟度的提升】 …………………………111
【服务工作】 ……………………………………111
【抗灾救灾】 ……………………………………111
【落实责任】 ……………………………………111
【烟叶收购】 ……………………………………111
安全生产监督管理 ………………………………111
【概 况】…………………………………………111
【安全生产形势】 ………………………………112
【安全生产督导及保障】 ………………………112
【安全生产整治】 ………………………………112
【安全生产宣传教育】 …………………………112
政务服务……………………………………………112
【概 况】…………………………………………112
【集中审批】 ……………………………………112
【全程代办服务】 ………………………………113
【规费征收】 ……………………………………113
【基础设施建设】 ………………………………113
【政务公开】 ……………………………………113
政府法制工作 ……………………………………113
【概 况】…………………………………………113
【主要职责】 ……………………………………113
【法律的宣传、学习、教育】 …………………114
【制度建设】 ……………………………………114
【重大事项决策】 ………………………………114
【规范性文件制发管理】 ………………………114
【行政合同纳入法制审查范畴】 ………………115
【重大具体行政行为备案审查】 ………………115
【应对行政复议、诉讼】…………………………115
【人大建议、政协提案办理】 …………………115
信息化和电子政务 ………………………………115
【概 况】…………………………………………115
【网站普查】 ……………………………………115
【建立健全政府网站管理制度体系】…………116
【建立网站更新维护机制】 ……………………116
【网站安全监管】 ………………………………116
【上传下达】 ……………………………………116
【基础信息公开】 ………………………………116
【重点领域信息公开】 …………………………116
【各级重大政策解读】 …………………………117
【公共服务和重点服务公开】 …………………117
【制度建设】 ……………………………………117
【网上审批系统升级】 …………………………117
【建立网上虚拟办事服务大厅】 ………………117
【电子监察系统】 ………………………………118
【“12345”政府服务热线】………………………118
【“数字常宁”建设】 ……………………………118
【机关建设】 ……………………………………118
信访工作……………………………………………118
【概 况】…………………………………………118
【领导重视】 ……………………………………118
【信访渠道】 ……………………………………119
【信访积案化解】 ………………………………119
【信访机制】 ……………………………………119
【存在问题】 ……………………………………119
政协常宁市委员会 ………………………………120
【综 述】…………………………………………120
【政协常宁市第九届委员会第四次会议】……120
【政协常宁市第九届委员会第十四次至第十八次常委会议】……………………………………120
【政治协商】 ……………………………………121
【调查研究】 ……………………………………121
【咨政建言】 ……………………………………121
【提案工作】 ……………………………………121
【民主评议】 ……………………………………122

【委员视察】……122
【民生工作】……122
【“三严三实”专题教育】……123
【委员服务与管理】……123
【党风廉政建设】……123

纪检监察·综合治理经济发展环境

纪检　监察……124
【概　况】……124
【夯实“两个责任”】……124
【纪律审查】……124
【作风建设】……124
【惩防并举】……125
【教育预防】……125
【专项整治】……125
【自身建设】……125
【存在问题】……125
综合治理经济发展环境……125
【概　况】……125
【专项整治】……125
【专项检查】……126
【明察暗访】……126
【帮扶活动】……126
【调处企业矛盾纠纷】……126
【规范检查】……126
【监督考核】……127

群众团体

常宁市总工会……128
【概　况】……128
【办公室效能建设】……128
【基层工会组建】……128
【农民工集中入会】……128
【职工医疗互助与困难帮扶】……128
【生产生活法律保障】……128
【女工工作】……129
【劳动竞赛】……129
共青团常宁市委……129
【概况】……129
【理论学习】……129
【主题教育】……129
【团干部如何健康成长大讨论活动】……129
【信息宣传工作】……130
【扶贫助困】……130
【青年创业就业】……130
【志愿服务】……130
【组织建设】……130
【队伍建设】……130
【自身建设】……130
【希望工程】……131
【文化交流】……131
【合法维权】……131
常宁市妇女联合会……131
【概　况】……131
【妇女儿童思想文化素质教育】……131
【法规咨询】……131
【来信来访】……131
【法制宣传】……132
【成立婚姻家庭纠纷人民调解委员会】……132
【女性健康免费体检】……132
【实施《2011-2015年妇女儿童发展规划》】……132
【巾帼示范创建工作】……132
【科技宣传教育与培训】……132
【家庭美德建设】……132
【妇女之家建设】……133
常宁市工商业联合会……133
【概　况】……133
【理想信念教育实践活动】……133
【建设培训平台】……133
【建设招工平台】……133
【建设融资平台】……133
【建设维权平台】……133
【建设交流学习平台】……133
【调查研究】……133
【扶贫帮困】……133
【自身建设】……134
常宁市科学技术协会……134

【概 况】……134
【科普示范市工作】……134
【广播电视科普栏目】……135
【报刊科普专栏】……135
【互联网科普宣传】……135
【科普宣讲团开展科普宣传】……135
【“科普惠农”项目】……136
【全国科普日】……136
【组织管理和服务】……136
【学术交流】……137
【青少年科普工作】……137
常宁市老科协……137
【概 况】……137
【组织建设】……138
【自我保健】……138
常宁市文学艺术联合会……138
【概 况】……138
【组织策划原创歌集《常宁多娇》】……138
【举办衡阳市第一家文艺创作基地授牌暨文艺惠民演出活动】……138
【编辑《常宁民风民俗》和《常宁民间故事》丛书】……138
【常宁市第二届公务员美术书法摄影展】……138
【其他文艺活动】……139
【协会活动】……139
【文艺作品】……139
常宁市残疾人联合会……140
【概 况】……140
【民生工作】……140
【残疾人证件办理】……140
【残疾人康复救助】……140
【残疾人教育、扶贫工作】……141
【残疾人就业保障金、助残基金征收、就业培训工作】……141
【残疾人无障碍设施改造】……141
【信访维权】……141
【残疾人综合服务大楼工程建设】……141
【争资跑项】……142
老干部(老年人)书法家协会……142
【概况】……142
【活动】……142
【会员成果】……142
【协会领导班子】……142

国 防

人民武装……143
【概 况】……143
【党委班子建设】……143
【干部队伍建设】……143
【主题教育和专题教育】……143
【办实事解难题】……143
【修订完善战备方案】……144
【规范战备秩序】……144
【落实演训】……144
【宣传教育】……144
【基础建设】……144
【编实队伍】……144
【两项清查】……144
【党管武装】……144
【兵员征集】……145
【扶贫帮困】……145
【涉军维稳】……145
【完成地方赋予的任务】……145
【安全稳定工作】……145
人民防空工作……145
【概 况】……145
【警报设施维护管理】……146
【人防训练】……146
【“15026工程”建设】……146
【政务中心“人防窗口”】……146
【人防结建工程】……146
【人防工程维护管理】……146
【在建项目人防稽查】……146
【依法申请强制执行收缴人防易地建设费】……146
【人防易地建设费征收】……146
【人防资金管理】……146
【人防活动宣传】……147
【存在问题】……147

法　治

市委政法委及综治工作 ……………………………148
【概　况】……………………………………148
【专项整治】…………………………………148
【治安防控】…………………………………148
【社会矛盾化解】……………………………148
【队伍建设】…………………………………149
公安工作 ………………………………………149
【概况】………………………………………149
【刑事案件】…………………………………149
【反恐反邪】…………………………………149
【安全保卫】…………………………………149
【突发事件处置】……………………………149
【经济环境优化】……………………………150
【信访矛盾化解】……………………………150
【打击黑恶犯罪】……………………………150
【打击多发性侵财犯罪】……………………150
【打击毒品犯罪】……………………………150
【打击非法集资犯罪】………………………150
【打击食品、药品、环境犯罪】……………150
【大案要案】…………………………………150
【巡逻防控机】………………………………151
【电子防控网络】……………………………151
【入境服务】…………………………………151
【道路交通管理】……………………………151
【治安管理】…………………………………151
【网络监管】…………………………………152
【监所安全】…………………………………152
【林业消防】…………………………………152
【警务调查】…………………………………152
【规范执法】…………………………………152
【基层基础建设】……………………………152
【“三严三实”】………………………………152
【从优待警】…………………………………152
【辅警管理】…………………………………152
【轮岗培训】…………………………………153
【典型推介】…………………………………153
道路交通安全工作 ……………………………153
【概　况】……………………………………153
【纪律作风教育与整顿】……………………153
【走访和扶贫】………………………………153
【政治建警】…………………………………154
【整治城区交通秩序】………………………154
【农村地区交通违法整治】…………………154
【车辆超限超载治理】………………………154
【打非治违”五个波次整治行动】…………154
【“压事故、保安全”专项行动】……………154
【车辆和驾驶人员管理】……………………154
【道路交通安全隐患排查】…………………155
【窗口服务】…………………………………155
【法制宣传】…………………………………155
检察工作 ………………………………………155
【概　况】……………………………………155
【打击严重刑事犯罪】………………………155
【贯彻宽严相济的刑事政策】………………156
【社会矛盾排查化解】………………………156
【查办职务犯罪】……………………………156
【查办贪污贿赂等职务犯罪】………………156
【渎职侵权检察】……………………………156
【职务犯罪预防】……………………………157
【刑事诉讼监督】……………………………157
【刑罚执行法律监督】………………………157
【民事审判和行政诉讼监督】………………157
【检察技术监督】……………………………158
【法制宣传】…………………………………158
【队伍素质建设】……………………………158
【主题教育活动】……………………………158
【接受监督】…………………………………158
法院工作 ………………………………………158
【概　况】……………………………………158
【维护社会稳定】……………………………159
【服务经济发展】……………………………159
【司法救济】…………………………………159
【清理积案】…………………………………159
【执行工作】…………………………………159
【思想政治教育】……………………………160
【司法能力培养】……………………………160
【司法作风建设】……………………………160
【立案登记制度】……………………………160

【审判流程管理】……160
【阳光司法机制】……160
【机关审判庭建设】……161
【人民法庭建设】……161
【存在的问题】……161
司法行政工作……161
【概况】……161
【基层维稳】……161
【法制宣传教育】……161
【矫正安帮】……161
【法律保障和服务】……162
【法律援助】……162
【联系群众】……162
【班子建设】……162
【存在的困难和问题】……162

经济开发

水口山经济开发区……163
【概 况】……163
【金字招牌获批】……163
【项目建设】……163
【“135”工程】……163
【基础设施】……163
【招商引资】……163
【争资跑项】……163
【征地拆迁】……163
【安置保障】……164
【公司组建运行】……164
【管理体制】……164
宜阳工业园……164
【概 况】……164
【投产项目提质增效】……164
【新上项目投产】……164
【在建项目启动】……165
【“135”标准厂房建设项目】……165
【项目建设服务】……165
【存在主要问题和困难】……165

经济综合管理

发展和改革管理……166
【概况】……166
【年度计划编制】……166
【跑项争资】……166
【重点项目建设】……166
【行政审批】……167
【招投标核准和节能审查】……167
【编制“十三五”规划】……167
【机关日常工作管理】……167
【存在不足】……167
审 计……167
【概 况】……167
【政策措施落实情况跟踪审计】……167
【财政审计】……168
【经济责任审计】……168
【固定资产投资审计】……168
【财务收支审计】……168
物价管理……168
【概况】……168
【市场价格监测预警】……169
【民生价格信息公开】……169
【价格重点课题调研】……169
【大价格调节基金的征收】……169
【教育收费】……169
【房地产价格】……169
【低收入群体价格补贴】……169
【价格认证】……169
【优化企业发展环境】……169
【规范部门收费行为】……169
【整治市场价格秩序】……170
【药品与医疗服务价格改革】……170
【水价改革】……170
【电价改革】……170
【水松工业园用水、用气价格优惠】……170
【其他项目价格及管理权限改革】……170
【队伍建设】……170
【优质服务】……171
【存在问题】……171

统　计……171
【概况】……171
【全市主要经济指标】……172
【常规统计调查】……172
【监督检查】……172
【全国1%人口抽样调查】……172
【第三次全国经济普查总结表彰】……172
【联网直报调度中心】……173
【小康指标监测】……173
【资源枯竭型城市、第二轮特色县域经济重点县申报】……173
【精准扶贫】……173
【“1+1”联村活动及新农村建设】……173
调　查……173
【概　况】……173
【制度建设】……174
【“三严三实”专题教育】……174
【三创三争活动】……174
【内部管理】……174
【业务工作】……175
【统计法制工作】……175
【信息工作】……175
【财务管理】……176
【存在不足】……176
国土资源管理……176
【概　况】……176
【用地报批】……176
【助推项目】……176
【征储用地】……176
【规范市场经营】……177
【节约集约用地】……177
【强化批后监管】……177
【落实共同责任】……177
【夯实基础建设】……177
【推进工程项目】……177
【划定基本农田】……177
【把关矿产资源开发秩序】……178
【处理矿产资源历史遗留问题】……178
【超额完成矿产资源规费征缴】……178
【执法监察】……178
【地质灾害防治】……178
【信访维稳】……179
【建议、提案办理】……179
【规划编制】……179
【地籍管理】……179
【电子政务】……179
【培训学习】……179
【廉政建设】……179
【宣传教育】……180
房产管理……180
【概　况】……180
【群众路线教育】……180
【清理保障性住房违规乱补冒领现象】……180
【保障性住房建设】……180
【优质服务】……180
【机关作风建设】……180
【集中处理办证遗留问题】……180
【机关财物管理】……180
住房公积金管理……181
【概　况】……181
【主要业务指标完成情况】……181
【宣传新政】……181
【贷款风险防控】……181
【廉政建设】……181
工商行政管理……181
【概　况】……181
【工商登记改革】……182
【市场主体年报公示和信息抽查】……182
【企业信用信息公示系统建设和组织开展企业公示信息抽查】……182
【取缔无照经营】……182
【食品安全监管和抽样检测】……182
【市场经营秩序维护】……182
【“红盾护农”】……183
【打击商标侵权行为】……183
【广告专项整治】……183
【两烟市场整治】……183
【格式合同监管】……183
【校园周边环境整治】……183
【非融资性投资担保市场主体排查】……183

【安全生产监管】……183
【落实登记制度改革】……183
【实施商标品牌战略】……183
【帮扶贫困经营户】……184
【宣传新《消法》】……184
【消费维权】……184
【12315规范化建设】……184
【“三严三实”活动】……184
【学习培训和队伍建设】……184
【党风廉政责任制】……184
质量技术监督……185
【概 况】……185
【提质量创名牌】……185
【检定检测】……186
【服务工作】……186
【保障特种设备安全】……186
【保障食品生产安全】……186
【保障消费品安全】……186
【维持运转保稳定】……186

工 业

总 类……187
【概 况】……187
【规模工业经济】……187
【工业重点项目】……187
【争资跑项】……187
【园区建设】……187
【行政执法】……187
有色金属……188
【概 况】……188
【提升冶炼效益】……188
【组织矿山生产】……188
【提升营销效益】……188
【降低运营成本】……188
【三项制度改革】……188
【经营管理机制改革】……188
【剥离社会职能】……188
【引进战略投资】……188
【长期股权和低效资产处置】……188
【安全生产管理】……188
【基础管理】……189
【对标管理】……189
【民生建设】……189
煤炭工业……189
【概 况】……189
【政治理论学习】……189
【作风建设】……189
【“三严三实”教育】……190
【安全责任传导】……190
【安全宣传教育】……190
【煤矿关闭退出】……190
【综治维稳】……190
【“四城同创”管理】……190
【计生工作】……190
石 油……191
【概 况】……191
【经营情况】……191
【扶贫工作】……191
【环境保护】……191
【设备设施改造】……191
【消防工作】……191
【存在的不足】……191
轻工业……191
【概 况】……191
【企业产权制度改革】……191
【行业管理】……191
【维护轻工企业稳定】……192
【安全生产】……192
食品药品监督管理……192
【概 况】……192
【餐饮服务“明厨亮灶”工作】……192
【餐饮服务食品安全量化分级管理】……192
【学校食堂、幼儿园及周边餐饮服务单位监管】……192
【重大活动、大型聚餐食品安全保障】……193
【酒类食品流通监管】……193
【药品医疗器械监管】……193
【保健食品、化妆品监管】……193
【“四小”、“四查”专项行动 】……193

【学校食堂安全联合专项检查】……194
【茶籽油生产作坊专项整治】……194
【科普宣传】……194
【创新性工作】……194
【存在问题】……194
电　力……194
【概况】……194
【安全生产】……195
【电网建设】……195
【办理两会建议、提案】……195
【优质服务】……195
【党风廉政建设】……195

交通 • 邮电

交　通……196
【概　况】……196
【争资跑项】……196
【干线公路及城市出口路建设】……196
【水运建设】……196
【运输站场建设】……196
【民生工程】……196
【城区公共交通】……196
【运输市场管理】……197
【治超工作】……197
【运输安全】……197
【存在问题】……197
公路建设管理……197
【概　况】……197
【养护管理机制】……197
【养护质量管理】……198
【改善职工居住环境】……198
【桥梁养护】……198
【工程建设】……198
【队伍建设】……198
【宣传工作】……198
【日常巡查】……198
【集中整治】……198
【“交通杯”劳动竞赛】……198
【安全工作】……198
【队伍建设】……199
邮　政……199
【概　况】……199
【代理金融业务】……199
【寄递类和邮政保险两项重点业务】……199
【经营发展】……199
【基础设施建设】……199
【党建工作】……200
【党风廉政建设】……200
电　信……200
【概　况】……200
【通信业绩】……200
【通信网络】……200
【工作保障】……201
移　动……201
【概　况】……201
【主要经营绩效指标】……201
【客户发展类情况】……201
【数据业务类情况】……201
【客户服务】……201
【网络维护建设】……201
【工程建设】……202
【4G终端销售】……202
【线上终端订货与现场终端订货会】……202
【网络建设】……202
【网络运行维护】……202
联　通……202
【概　况】……202
【3G4G业务平滑过渡】……202
【全面实行电话实名制】……202
【网络质量更为完善】……203
【规范服务，提升客户满意度】……203
【全民进入光纤宽带时代】……203
【互联网+信息推广】……203

农 • 林 • 水

总　类……204
【概况】……204
【种植业生产】……204

【养殖业生产】……204
【主导产业】……204
【农业产业】……204
【农田水利建设】……204
【城乡同治】……205
【生态建设】……205
【新农村示范工程】……205
【农村土地承包经营权确权登记颁证】……205
【一流转五服务】……205
【国有林场改革】……205
【扶贫工作】……205
【移民开发】……205
【党风廉政建设】……206
【农业安全监管】……206
农　业……206
【概况】……206
【粮食生产“百千万”工程】……206
【“四定”技术服务责任制】……206
【资金保障】……206
【菜篮子工程】……206
【经济作物产业】……207
【内部培训】……207
【农民培训】……207
【推广农业新技术】……207
【农业执法监管】……207
【跑项引资】……207
【新农村建设】……207
【扶贫开发】……208
【农村能源建设】……208
【场所改制】……208
【作风建设】……208
林　业……208
【概　况】……208
【义务植树】……208
【通道绿化】……208
【裸露山地造林】……208
【种苗产业】……209
【林业科技】……209
【油茶产业】……209
【推广良种杉树造林】……209
【监管和服务】……209
【森林防火】……209
【林政管理】……210
【林业有害生物防治】……210
【野生动植物保护管理】……210
【湿地保护建设】……210
【打击涉林违法犯罪】……210
【规范林权流转管理】……210
【林权评估及抵押贷款和森林保险】……210
【国有林场改革】……210
【林业外宣】……210
【落实评议整改】……210
【存在的问题】……211
水　利……211
【概　况】……211
【防汛抗旱】……211
【水资源管理】……211
【排污调查与四水治理】……211
【环境治理和采砂整治】……211
【除险加固项目】……212
【蓄水建设项目】……212
【安全饮水项目】……212
【班子建设】……212
【存在的主要问题】……212
农业机械……212
【概　况】……212
【农业农机专业服务队和合作社建设】……213
【乡镇基层农机站服务阵地建设】……213
【农机培训和技术推广中心】……213
【农机购置补贴项目】……213
【水稻生产全程机械化】……213
【油菜生产全程机械化】……213
【其他行业机械化】……213
【补贴资金】……213
【监管力度】……213
【培训工作】……213
【安全生产】……214
【机关作风】……214
【合作化情况】……214
【存在问题】……214

畜牧　水产……214
【概　况】……214
【动物疫病防控】……214
【屠宰场监管】……215
【病死动物无害化处理专项整治】……215
【病死畜禽无害化处理及补助上报】……215
【畜禽水产品质量安全监管】……215
【养殖业技术推广】……216
【养殖业粪污治理】……216
【牧渔业行政执法】……217
【实行春季禁渔制度】……217
【人工增殖放流】……217
【问题与建议】……217
农村经济经营管理……217
【概　况】……217
【农村土地确权颁证】……217
【农村村级财务管理】……218
【业务培训】……219
【发展专合组织】……219
【示范创建】……219
【调处矛盾纠纷】……219
【土地流转】……219
【减负监管】……219
【专项整治】……220
【涉农案件查处】……220
【联村帮扶工作】……220
【建议、提案办理】……220
农业综合开发……220
【概　况】……220
【争资跑项】……220
【完成2014年度项目扫尾和验收】……220
【实施2015年项目】……221
【制度建设】……221
【加强管理】……221
【农业综合开发社会宣传】……221
农村扶贫开发……221
【概　况】……221
【保障扶贫】……221
【资金投入】……222
【政策支撑】……222
【增加扶贫人员】……222
【督查调度】……222
【完善机制】……222
【驻村帮扶】……222
【结对帮扶】……223
【产业帮扶】……223
农村能源建设……223
【概　况】……223
【沼气池建设和太阳能利用】……223
【猕猴桃基地建设】……223
【广秸秆发酵技术】……223
【制度建设】……223
【资金投入】……223
【质量管理】……224
社会主义新农村建设……224
【概　况】……224
【完善帮扶机制】……224
【规划先行】……224
【整合资源】……224
【发展村域经济】……224
【建设基础设施】……225
【改善人居环境】……225
【塑造美新农村】……225
【城乡同治】……225
【示范集镇创建】……226
【示范村创建】……226
【节假日创建】……226
【奖惩措施】……226
气　象……226
【概　况】……226
【基础业务】……226
【公众气象服务】……227
【党风廉政建设】……227
【气象现代化】……227
【安全生产】……227
【科普及宣传】……228
【培训与学术】……228
【机关工作】……228
【“十二五”规划】……228
【“十三五”项目申报】……228

移民工作……228
【概况】……228
【编制年度项目计划】……228
【编制“十三五”规划】……228
【实施项目计划】……229
【发放移民直补资金】……229
【后扶人口动态管理常态化】……229
【完成年度培训任务】……229
【产业基地巩固发展】……229
【执行县级报账制】……229
【项目实行联合验收】……229
【移民资金管理】……230
【新建水库工作效果】……230
【全市库区社会政治大局稳定】……230
【排渍站防汛保安工作】……230
【计生综治工作】……230
【办理人大代表建议】……230
【“1+1”联村工作】……231
【基础性工作】……231
【党风廉政建设】……231
【学习型机关建设】……231
【存在的问题和困难】……231
乡镇企业•民营经济……231
【概 况】……231
【争资跑项】……231
【小康建设】……231
【综治维稳】……231
【精准扶贫】……232
【党风廉政建】……232
【机关文明创建】……232

商务•贸易

总 类……233
【概 况】……233
【农贸市场升级改造】……233
【重点项目】……233
【市场调控】……233
【商品促销】……233
【安全生产】……233
【电商平台建设】……233
【商务执法】……234
【理论学习】……234
【机关建设】……234
【老龄工作】……234
国有商业……234
【概 况】……234
【企业改制】……234
【扶贫工作】……235
【作风建设】……235
【创建文明机关】……235
【计生工作】……235
【综治维稳】……235
【面临困难和问题】……235
供销合作……235
【概 况】……235
【创先争优】……236
【抓管理强素质】……236
【树形象谋发展】……236
【关心职工】……236
【化解矛盾】……236
烟草专卖……236
【概 况】……236
【经济效益】……236
【卷烟销量】……236
【烟叶质量】……236
【市场监管】……236
【烟基项目】……237
【广济水库项目】……237
【四城同创】……237
【学习制度】……237
【教育奖励制度】……237
【政务公开制度】……237
【处理来信来访】……237
【法制宣传】……237
【创建文明单位】……237
【扶贫工作】……237
【办公用房与公务用车整顿】……237
【改进会风文风】……237
【“三严三实”民主生活会】……238

粮　食……238
【概　况】……238
【企业管理】……238
【仓储基础设施】……238
【粮食收购】……238
【仓储检查监督】……238
【法规宣传】……238
【市场准入】……238
【市场监督检查】……238
【“双学”工作】……239
【“双强”工作】……239
【矛盾化解】……239
【存在问题】……239
盐务管理……239
【概　况】……239
【运销情况】……239
【盐政管理】……239
【党支部建设】……240
外经外贸……240
【概　况】……240
【引进项目】……240
【重点在谈项目】……240
【外经外贸工作】……241
【存在问题】……241

财政・税收

财　政……242
【概　况】……242
【向上争取资金】……242
【推进项目建设】……242
【加大企业扶持力度】……242
【拓展政府投资融资渠道】……242
【财政收入管理】……242
【财政支出管理】……243
【财政改革】……243
【财政监督】……243
【“三严三实”教育活动】……244
【改进工作作风】……244
【党风廉政建设】……244
【精准扶贫】……244
国家税收……244
【概　况】……244
【组织收入】……244
【助推发展服务】……244
【征管创新】……245
【党风廉政建设】……245
地方税收……245
【概　况】……245
【税费收入】……245
【依法治税】……245
【征管体系】……246
【纳税服务】……246
【干部队伍建设】……247

金融・保险

金　融……248
中国人民银行常宁支行……248
【概　况】……248
【信贷投入】……248
【创新支农贷款方式】……248
【综合评价工作】……248
【建立金融机构涉农信贷导向评估机制】……248
【征信服务与管理】……248
【党建工作】……249
中国农业发展银行常宁支行……249
【概　况】……249
【项目营销】……249
【抓机遇谋超越】……249
【贷款投放】……249
【高端营销政府财政性存款】……249
【全员营销非税收入存款】……249
【组织同业存款】……249
【落实对标管理】……249
【风险防控】……250
【系统运行平稳】……250
【践行“三严三实”】……250
【学习培训】……250
【队伍建设】……250

中国银行常宁支行 ……………………………250
【概 况】……………………………………250
【客户营销】…………………………………251
【内部管理】…………………………………251
【队伍建设】…………………………………251
中国建设银行常宁支行 ………………………251
【概 况】……………………………………251
【存款业务】…………………………………251
【贷款业务】…………………………………251
【中间业务收入及利润】……………………251
【信贷营销】…………………………………251
【分期业务】…………………………………252
【电子银行业务】……………………………252
【银行卡业务】………………………………252
【信用卡】……………………………………252
【安全营运】…………………………………252
中国农业银行常宁支行 ………………………252
【概 况】……………………………………252
【各项存款】…………………………………252
【资产业务】…………………………………252
【电子银行、信用卡】…………………………252
【四个战役】…………………………………252
【精准营销】…………………………………252
【不良贷款清收和核销】……………………253
【员工行为管理】……………………………253
【基层党组织建设】…………………………253
【干部选拔任用】……………………………253
中国工商银行常宁支行 ………………………253
【概 况】……………………………………253
【存款业务】…………………………………254
【贷款业务】…………………………………254
【中间业务】…………………………………254
【转型业务】…………………………………254
【内部管理】…………………………………254
【三严三实”活动】……………………………254
中国工商银行水口山支行 ……………………255
【存款余额】…………………………………255
【贷款规模】…………………………………255
【转型业务】…………………………………255
【项目营销】…………………………………255
【票据贴现】…………………………………255
【内部管理】…………………………………255
【廉政建设】…………………………………255
常宁市农商银行 ………………………………255
【概 况】……………………………………255
【改善负债结构】……………………………256
【规范经营】…………………………………256
【转型业务】…………………………………257
【清非攻坚】…………………………………257
【勤查严管】…………………………………258
【党建工作】…………………………………258
【营造福祥文化】……………………………258
中国邮政银行常宁支行 ………………………259
【概 况】……………………………………259
【抢抓市场】…………………………………259
【项目营销】…………………………………259
【党群组织建设】……………………………259
常宁市珠江银行 ………………………………259
【概 况】……………………………………259
【存款余额】…………………………………260
【贷款投放】…………………………………260
【监管指标】…………………………………260
【客户数量】…………………………………260
【外部关系】…………………………………260
【不良管控】…………………………………260
【盈利能力】…………………………………260
【市场竞争】…………………………………260
保 险 ……………………………………………260
中国人民财产保险股份有限公司常宁支公司……260
【概况】………………………………………260
【业务工作】…………………………………260
【内部管控】…………………………………261
中国人寿保险股份有限公司常宁支公司 ………261
【概 况】……………………………………261
【经营情况】…………………………………261
【工作体会与不足】…………………………261
中华联合财产股份有限公司常宁支公司 ………261
【概 况】……………………………………261

城乡建设·环境保护

城乡建设……263
【概　况】……263
【旧城提质改造】……263
【城市环线建设】……263
【城市供水】……263
【城镇供气】……263
【污水治理】……263
【垃圾治理】……263
【城市建设开发总公司】……264
建筑施工及管理……264
【概　况】……264
【工程质量】……264
【规范建设招标投标】……265
【依法行政】……265
【服务建筑市场】……265
【党风廉政建设】……266
城乡规划……266
【概　况】……266
【控违拆违】……266
【规划编制】……267
【规划审批】……267
【规划服务】……267
【存在问题】……267
城乡建设投资……268
【概　况】……268
【资产归集】……268
【项目建设】……268
【融资能力】……268
【资本运作】……268
【优化发展环境】……268
环境保护……268
【概　况】……268
【环境宣传】……269
【污染减排】……269
【省人民政府“一号重点工程”】……269
【大气污染防治】……269
【城乡生态环境保护】……269
【环境监管】……269
【编制十三五环保规划】……270
【存在的困难与不足】……270
城市管理行政执法……270
【概况】……270
【建议、提案办理】……270
【提升市容面貌】……270
【规范渣土运输】……270
【规范户外广告】……271
【环卫保洁】……271
【市政维护】……271
【园林绿化管理】……272
【信访维稳】……272
【践行“三严三实”】……272
【存在的问题】……272

文化·新闻出版·广播电视

文化新闻出版……273
【概　况】……273
【欢乐新春群众文化活动】……273
【田园”群众文化活动】……273
【广场舞培训展演活动】……273
【常宁版画】……273
【常宁歌剧】……273
【常宁书法】……274
【乡镇文化站免费开放】……274
【文化馆免费培训】……274
【图书馆免费借阅】……274
【农家书屋图书补充和更新工作】……274
【“村村响”工程建设】……274
【文广新市场管理】……274
【文物保护和非遗管理】……274
【乡镇文化站管理】……274
【专业队伍建设】……274
文化市场综合执法……275
【概　况】……275
【提高服务能力】……275
【转变执法理念】……275
【创新执法方式】……275
【日常检查】……275

【强化整治】……275
【强化监督】……275
【强化问责】……275
新华书店……276
【概况】……276
【组织架构】……276
【经营情况】……276
【党群工作】……276
广播电影电视……276
【概况】……276
【新闻宣传成效】……276
【节目创新】……277
【“村村响”工程】……277
【事业发展】……277

教育●科技

教育……278
【概况】……278
【党政重教】……278
【部门支教】……278
【社会助教】……278
【教育教学质量】……278
【城区扩容】……279
【农村“两校一园”建设】……279
【教育装备投资】……279
【化解全市中小学债务】……279
【队伍管理】……279
【补充教师数量】……279
【教师培训】……279
【搭建教师交流平台】……279
【教师待遇】……279
【教育管理】……280
【存在的问题与困难】……280
常宁市2015年高考录取名单……281
科技……314
【概况】……314
【申报科技项目】……314
【扶持发展潜力高新技术企业】……314
【服务农村农业科技】……314
【知识产权(专利)战略】……314
【地震应急能力】……314
【存在的问题】……315

卫生●体育●旅游

卫生……316
【概况】……316
【卫生基础建设】……316
【医政科教】……316
【新型农村合作医疗】……316
【基本公共卫生服务】……317
【卫生监督】……317
【疾病控制】……317
【妇幼保健】……318
【中医药工作】……318
【爱国卫生工作】……318
【县级公立医院改革】……318
【基础设施建设】……319
【人才队伍建设】……319
【建设群众满意的乡镇卫生院】……319
【人大建议、政协提案办理】……319
【计划生育】……319
【安全生产】……320
【综治维稳和信访接待】……320
体育……320
【概况】……320
【政治学习】……320
【体育基础设施建设】……320
【发展体育单项协会】……320
【群众体育活动】……320
【教体结合】……320
【参赛十运会展竞技体育成绩】……320
【体育场馆】……320
【体育产业】……321
【存在的问题】……321
旅游……321
【概况】……321
【项目建设】……321
【宣传促销】……321

【行业监管】……321

计划生育

人口与计划生育……322
【概况】……322
【落实责任】……322
【抓实基层工作】……322
【核实基础数据】……322
【协同管理】……322
【信息通报】……322
【依法行政】……323
【惠民政策】……323
【优质服务】……323
【生育关怀】……323
【存在的问题】……323

乡镇街道概况

宜阳街道……324
【概况】……324
【基层党建】……324
【项目建设】……324
【城市管理】……324
【计划生育】……325
【安全生产】……325
【综治维稳】……325
【环境保护】……325
【其他工作】……325
培元街道……325
【概 况】……326
【项目建设】……326
【城市管理】……326
【民生工作】……326
【计生服务】……326
【综治稳定】……326
【“三严三实”教育实践活动】……326
【干部队伍建设】……326
【基层组织建设】……327
泉峰街道……327
【概 况】……327
【班子建设】……327
【项目建设】……327
【综治维稳和城乡同治】……328
【民生工程】……328
【计划生育】……328
水口山街道……328
【概 况】……328
【制度建设】……328
【群众工作】……328
【财税收入】……329
【基础设施建设】……329
【小区和商圈建设】……329
【重点项目建设】……329
【城镇规划管理】……329
【城市监管】……329
【卫生管理】……329
【人口与计划生育】……330
【社会保障】……330
【社会治安综治】……330
【安全工作】……330
【党建工作】……330
【“4+2”工作法】……330
【存在不足】……330
天堂山办事处……331
【概 况】……331
【林业生产】……331
【有机茶叶种植】……331
【猕猴桃种植】……331
【基础设施建设】……331
【实施多项开发】……331
【落实惠农政策】……331
【公共卫生、医疗事业】……332
【安全稳定工作】……332
【勤政廉政建设】……332
【作风建设】……332
松柏镇……332
【概 况】……332
【项目建设】……333

【农业农村工作】……333
【森林防火】……333
【计划生育】……333
【综治维稳】……333
【安全生产】……333
【帮困扶贫】……334
【创建衡阳市文明村镇】……334
【乡镇区划调整】……334
【存在的问题】……334
水口山铅锌矿社区服务中心……334
【概况】……334
【常宁市水口山铅锌矿社区服务中心工作人员一览表】……334
【建立健全各项规章制度】……335
【服务工作】……335
【解决具体问题】……335
【各类文娱活动】……335
白沙镇……336
【概 况】……336
【规模农业】……336
【社会维稳】……336
【人口计划生育】……337
【城乡同治】……337
【教育事业】……337
【社区两化两体系】……337
【小城镇建设】……337
【扶贫工作】……337
【民生项目】……337
【存在的问题】……338
洋泉镇……338
【概况】……338
【农业产业结构调整】……338
【森林资源开发与保护】……338
【民营经济】……339
【财税征管】……339
【交通条件】……339
【水利设施】……339
【集镇街亮化】……339
【计划生育】……339
【综治工作】……339
【新农村建设试点村】……339
【民生工作】……339
【作风建设】……339
宜潭乡……340
【概 况】……340
【粮食生产】……340
【大棚蔬菜、水果基地、花卉苗木基地建设】……340
【生猪养殖大户】……340
【林业生产】……340
【水利建设】……341
【畜牧养殖】……341
【计划生育】……341
【教育、文化、卫生】……341
【化解社会矛盾】……341
【环境综合治理】……341
【惠农政策】……341
【安全工作】……341
【存在的问题】……341
兰江乡……342
【概 况】……342
【粮食生产】……342
【烤烟生产】……342
【水利建设】……342
【畜牧养殖】……342
【林业生产】……342
【基础设施建设】……342
【企业发展情况】……343
【民生改善】……343
【综治维稳】……343
【计划生育】……343
【信访工作】……343
【城乡同治】……343
【安全生产】……343
【纪检监察工作】……344
【机关工作】……344
三角塘镇……344
【概 况】……344
【烤烟产业】……344
【粮食生产】……344
【蔬菜产业】……344

【油茶产业】……345
【项目建设】……345
【新村建设】……345
【综治维稳】……345
【来信来访】……345
【安全生产】……345
【民生保障】……345
【党建工作】……346
【党员学习教育】……346
柏坊镇……346
【概 况】……346
【制度管理】……346
【基层组织建设】……346
【素质教育】……347
【村财务管理】……347
【服务项目建设】……347
【林业生产】……347
【水利建设和土地流转】……347
【民生工作】……347
【计生工作】……347
【扶贫帮困】……347
【安全生产】……347
【维护社会稳定】……347
柏坊铜矿社区服务中心……348
【概况】……348
【离退休人员管理】……348
【党建工作】……348
【老年文化建设】……348
【小区建设】……348
【其他工作】……348
蓬塘乡……348
【概况】……349
【基层党建】……349
【机关部分场所改造维修】……349
【打造生态农村】……349
【加快土地流转】……349
【建设特色板块】……350
【发展休闲农业】……350
【特色产业】……350
【城乡同治】……350
【综治维稳】……350
【安全生产】……350
【人口计生工作】……350
【民生工作】……350
【党风廉政建设】……351
烟洲镇……351
【概况】……351
【组织建设】……351
【完善基础设施】……351
【构建基础网络】……352
【国防动员】……352
【政务环境】……352
【经济环境】……352
【社会环境】……352
【社会项目】……352
【农业项目】……352
【集镇项目】……352
【两油一烟产业】……352
【粮食生产】……352
【蔬菜生产】……352
【创业就业】……353
【民生工作】……353
【其他工作】……353
荫田镇……353
【概 况】……353
【农业产业基础】……354
【项目实施规模】……354
【集镇建设】……354
【改革创新举措】……354
【民生保障网络】……354
【城乡环境】……354
【作风建设】……354
【其他工作】……355
西岭镇……355
【概 况】……355
【党建工作】……355
【粮食产业】……356
【烤烟产业】……356
【油茶产业】……356
【旅游产业】……356

【种养产业】……356
【工业企业】……356
【医疗教育】……356
【社会保障】……356
【惠民政策】……356
【计生生育】……356
【社会安全】……357
【群众文化】……357
盐湖镇……357
【概况】……357
【农业生产】……357
【惠农政策】……357
【环境卫生】……357
【电力、水利基础设施建设】……358
【农村社会保障】……358
【农村社会救助】……358
【教育事业】……358
【卫生计生事业】……358
【“平安盐湖”建设】……358
【为民服务体系建设】……358
罗桥镇……359
【概况】……359
【项目建设】……359
【粮食生产】……359
【烟叶产业】……359
【油茶产业】……360
【油菜产业】……360
【计生工作】……360
【安全生产】……360
【维稳工作】……360
【美丽乡镇建设】……360
【小城镇建设】……360
【乡村道路建设】……361
【基层党建】……361
【城乡同治】……361
【并村工作】……361
庙前镇……361
【概况】……361
【经济持续发展】……362
【基础设施建设】……362
【项目建设】……362
【社会事业】……363
【其他工作】……363
弥泉乡……363
【概 况】……363
【国有林场改革】……364
【造林绿化】……364
【森林防火】……364
【森林公园建设】……364
【广济水库建设】……364
【计划生育】……364
【惠民工作】……365
【城乡同治工作】……365
【基础设施建设】……365
【党风廉政建设】……365
【综治民调】……365
【信访维稳】……365
【安全生产】……365
【存在的问题】……365
板桥镇……366
【概 况】……366
【党建工作】……366
【改善机关干部办公环境】……366
【调整产业结构】……367
【招商引资】……367
【优化投资环境】……367
【重点项目建设】……367
【城乡同治】……367
【民调综治】……367
【安全生产】……368
【人口计生工作】……368
【社会服务】……368
【部门工作】……368
【党风廉政建设】……369
胜桥镇……369
【概 况】……369
【小城镇建设】……369
【计划生育】……369
【种养业生产】……370
【新农村建设】……370

【安全维稳】……370
【环保工作】……370
【林业生产】……370
【基层党建】……370
【存在问题】……370
塔山瑶族乡……371
【概况】……371
【建章立制】……371
【组织建设】……371
【党风廉政建设】……371
【扶贫工作】……372
【生态立乡】……372
【社会各项事业】……372
【维护社会稳定】……372
【中心工作】……372
官岭镇……372
【概　况】……373
【涺水河治理】……373
【省道320线镇域段道路建设】……373
【农业产业】……373
【敬老院建设】……373
【教育投资】……373
【城乡环境卫生】……373
【粮食生产】……373
【安全生产】……374
【林业生产】……374
【防汛保安】……374
【党务工作】……374
【法制工作】……374
【存在的问题】……374
新河镇……374
【概　况】……374
【农业农村工作】……375
【项目建设】……375
【小城镇建设】……375
【民生事业】……375
【环境卫生】……375
【党建工作】……376
【社会事业】……376
【安全生产】……376
【教育、卫生】……376
【其他工作】……376
【存在问题】……376
大堡乡……377
【概况】……377
【投资产业项目】……377
【农业产业项目】……377
【新农村建设】……377
【水利设施】……377
【金融、税收】……377
【社会保险】……377
【民生工作】……378
【教育事业】……378
【城镇管理】……378
【城镇建设】……378
【计划生育】……378
【扶贫和统计工作】……378
【社会管理】……378
【两项工程】……378
【文明创建和“四城同创”】……378
【文艺队伍和阵地建设】……379
【林业生产】……379
【环境保护和治理】……379
【耕地保护】……379
【机关干部考勤】……379
【方便群众办事】……379
【人民武装工作】……379
江河乡……379
【概　况】……379
【干部队伍建设】……380
【农村基础设施建设】……380
【农业产业结构调整】……380
【计划生育】……380
【民政救济工作】……380
【安全生产、防汛及信访】……380

特　　载

适应新常态 激发新活力 争当县域经济发展排头兵

——在市委经济工作会议上的讲话

何 录 春

（2015年3月7日）

今天，我们在这里隆重召开市委经济工作会议，主要任务是安排部署全年经济工作，主题是适应新常态，激发新活力，争当县域经济发展排头兵。下面，根据市委常委会研究的意见，我讲四个方面。

一、总结成绩，增强发展信心

过去的2014年，是负重奋进的一年，开拓创新的一年，也是成果丰硕的一年。一年来，全市上下围绕“打基础、抓改革、创环境、促发展、惠民生”的工作主线，顶住重重压力，众志成城，奋力拼搏，完成地区生产总值244.9亿元，增长9.8%；完成财政总收入14.11亿元，地方一般预算收入首次突破10亿，达10.79亿元，经济社会继续保持又好又快的发展势头。

打基础在实施城乡“大会战”中得到夯实。全面实施了城市建设、城乡绿化、城乡水利、城乡交通等四大会战。**城市建管方面：**完成泉峰东路、公园荷塘和几个平交口的提质改造；完成南三环4公里绿化提质改造；基本完成南一环和东一环的硬化美化亮化。塔岭水厂扩建工程已经启用，中医院医疗综合大楼、歌剧院主体工程已经竣工；砚池山公园、西一环宜水大桥建设正式启动；宜水新城、南门湖等项目如期推进。同时，强化城区拆违控违，加大环卫保洁和渣土运输、交通秩序整治，特别是春节期间在城区严禁燃放烟花爆竹，让城市更加清爽、更有品位。**城乡绿化方面：**全年造林7.6万亩，完成通道绿化419公里，被评为省营林造林先进单位。狠抓森林防火和生态保护，南部山脉被列入环保部“南岭山地水源涵养重点生态功能区”。**城乡水利方面：**加快了广济水库建设，完成山洪灾害防治、23处小（二）型水库除险加固、23处农村安全饮水工程、大坪电站代燃料、洋泉水库增效扩容等项目，改变了我市水利基础设施滞后的局面。**城乡交通方面：**成功争取茶常高速，启动了北门车站前期工作，松柏千吨级码头完成征地拆迁，青市车站、土谷塘航电枢纽工程正在抓紧施工，省道320线、214线改造工程扎实推进。货运专线瓦松铁路行政审批手续全部取得，征地拆迁、招标等前期工作有序推进。

抓改革在破解发展难题中得到推进。成立了全面深化改革领导小组，用改革举措化解“成长中的烦恼”，有效破解发展难题。全面深化改革工作获得衡阳市先进。**政治体制改革方面：**取消了行政审批16项，暂停行政审批14项。全面治理“三超两乱”，市直单位违规分设的书记全部改任行政副职。纪检监察体制改革方案已研究上报，政府机构改革已在酝酿之中。**社会事业改革方面：**终止了以地换设施的城市开发模式，新农合筹资和城区公交双轨制改革顺利开展。在全省率先启动卫计合并试点。殡改工作扎实推进，获省先进称号。**农业农村改革方面：**深入开展“一流转五服务”工作，在全省率先成立林权交易管理中心，启动油茶林权抵押贷款。完成了农村土地确权登记颁证试点，被评为全省农村土地仲裁和流转先进单位。

创环境在开展群教活动中得到优化。扎实开展群众路线教育实践活动，推出了民情联络员、电视问政、干部"1+1"联村、"亮身份、作承诺、践行动"等载体，有效化解群众出行难、安居难、就业难等"六难"问题600多个，得到中央活动办推介，干部作风明显转变，营造了风清气正的政治环境。公众满意度测评从活动开始前的全省82位上升到活动后的48位，前进34位，居衡阳7县市第一。着力整治软弱涣散基层党组织，继续开展机关效能建设和优化发展环境公开测评，强化政务服务中心，为群众提供一站式服务，营造了优质高效的政务环境。加强美丽乡村建设和城乡环卫同治，全面推进水松地区环境综合整治，加快危险固废处置场建设、曾家溪和康家溪治理、松渔镉治理，湘江流域环境综合治理被评为省先进，平安村被评为全省美丽乡村建设先进单位，营造了整洁优美的生态环境。

促发展在推进项目建设中得到加快。始终把项目作为加快发展的总抓手。**工业项目明显提质：**成功跻身全省第二批特色县域经济重点县。水口山国家级循环经济园区正在积极申报中。天衡公司在"新三板"成功上市，实现我市上市公司零突破。金铜项目核心区和各子项目如期推进。志辉冶化正式投产，金翼铅业、华兴冶化、宏兴化工、一品新能源等项目已经进入水口山有色循环工业园。宜阳工业园年内有润华新材料、尚珂伊针织、宏发玻璃等5家企业投产。北高峰碳酸钙、喜宝鞋业等一批项目入驻我市。全市新增规模企业9家，实现规模工业增加值79.4亿元，增长9.8%。**农业项目大幅增效：**连续三年蝉联了全省粮食生产标兵县，是全省烟叶生产重点县，被认定为国家生物油茶产业基地，农机、养殖等工作被评为省先进。常宁茶油成功申报为国家地理标志。福塔公司的"神丝•塔山山岚红茶"获湖南茶业博览会金奖，天堂山云雾茶公司的"塔山山岚绿茶"获湘茶大赛金奖。兰江基本烟田土地整理，洋泉陈桥、松柏楠木高标准农田建设，衡邵干旱走廊综合治理等项目稳步推进。成功承办衡阳市新农村建设现场推进会。江山生态公司被评为省级农业产业化龙头企业，实现零突破。初步形成"两油两叶一加工"(即油茶、油菜、烟叶、茶叶和农产品深加工)的农业发展新格局。**三产项目日趋繁荣：**松柏、官岭、新河跻身全国重点镇。华岁国际商贸城、中国油都、南门集贸市场都在紧张施工，商贸物流发展来势喜人。引进北京万景集团对庙前AAAA景区进行提质改造，中国印山、天堂山、中田古民居、陈家洲梦幻庄园、浯洲岛旅游生态园游客络绎不绝，旅游业不断壮大。同时，成功举办了首届房交会和塔山瑶乡30周年乡庆等重大活动，常宁的影响力和知名度进一步扩大。

惠民生在坚持普惠共享中得到落实。一是办好实事暖民心。率先开通公共广播信息平台，获得上级领导肯定并在全省推广。16项为民办实事任务基本完成。大堡、蓬塘、白沙、板桥、烟洲等乡镇通乡公路全面拉通，通组公路全年完成90余公里，安装农村太阳能路灯1500余盏，美化亮化60余个村和乡村公路70余公里。完成棚户区改造任务1100户，振安实验学校、衡阳市八中尚宇学校正在加紧推进，成功举办"双蹲书院大讲坛"。实施精准扶贫，扶贫建档立卡工作居衡阳市各县市前列。市妇幼保健院被国家卫计委评为妇幼健康服务先进集体。**二是强化保障顺民意。**计生工作得到省计划生育综合调查组充分肯定，成功"脱帽升位"。企业离退休人员养老金实现"十连调"，城乡低保专项清理整改，做到应保尽保。被征地农民全面纳入参保范围。公务员地区津补贴和事业单位绩效工资按省定标准得到提高。城镇独生子女父母奖励、机关事业单位人员带薪休年假得到落实。**三是创新治理保民安。**开展书记、市长联合大接访活动，设立"一个信箱、三个中心"，做到了依法处访。整治荫田城镇开发乱象，启动打黑除恶专项行动，增强了市民的安全感，被评为全省综治先进县。严格落实安全生产"一岗双责、党政同责"，全年没有发生一起重大安全事故。人武部荣获全军"健康营院"称号。

人间成事出艰辛。这些成绩的取得，是省委省政府和衡阳市委市政府正确领导、大力支持的结果，是几大家班子密切配合、团结协作的结果，也是全市干部群众攻坚克难、扎实工作的结果。在看到成绩的同时，我们也要清醒地认识到工作的不足。如有一批项目没有如期开工，城市一环线还没有完全拉通，工业经济增长动力不足，城乡差距还比较大，生态保护和治理任务还很繁重，一些干部不作为、庸懒散问题仍然突出，一些基层干部与民争利现象没有得到根本杜绝。对这些问题，我们必须保持清醒认识，认真加以解决。

二、分析形势，把握发展大局

2015年是“十二五”规划的收官之年，是深化改革、依法理政的关键之年，也是常宁争当发展排头兵的重要一年。认清国际国内和宏观微观经济形势，是谋划和做好今年经济工作的前提。

一是要正确认识并适应新常态。我国正处于经济增长速度换挡期、结构调整阵痛期和前期刺激政策消化期，中央立足“三期叠加”阶段性特征，作出了“发展进入新常态”的重大战略判断。我们必须正确认识、深刻领会、主动适应。**要认识并适应经济中速增长新常态。**我国经济保持了30多年高速发展，适度调低增速，保持在合理区间，有利于调整和优化结构、促进经济转型升级。我们必须打破惯性思维，主动纠正“唯GDP论英雄”的政绩观。调速换挡，是为了获得更大发展动力，我们一定要摆脱速度情结、“换挡焦虑”，同时也要防止安于现状、无所作为，做到调速不减势、量增质更优。**要认识并适应全面深化改革新常态。**今年国家将加快行政审批、投资、价格、垄断行业、特许经营、政府购买服务、资本市场、民营银行准入、对外投资以及行政司法体制等领域的改革，改革的力度更大、范围更广、程度更深，必将破解症结，提升效能，激发活力。我们一定要顺应改革潮流，促进改革。**要认识并适应依法治国理政新常态。**党的十八届四中全会决定全面推进依法治国，标志我国治国理政迈进了制度化、规范化的新阶段。这要求我们各级领导干部带头学法懂法、守法用法，熟练运用法治思维和法治方式研究问题、科学决策、抓好工作落实。**要认识并适应党管经济工作新常态。**经济工作是党的中心工作，加强和改进党对经济工作的领导，是新形势下对各级党委的重大考验，也是所有领导干部共同的政治责任。我们各级党委和领导干部要牢牢把握做好经济工作的主动权，切实履行好领导经济工作的职能，全面提高抓经济工作的制度化、法治化、专业化水平。**要认识并适应从严管党治党新常态。**习近平总书记在群教活动总结大会上强调，“全党要以此为起点，在从严治党上继续探索、不断前进”。十八届中纪委五次全会也指出，纪检监察工作的路径和重心，将向县市一级下移。对此，我们要保持高度的政治警醒和自觉，严肃党内政治生活、持续深入改进作风、严明党的各项纪律，养成遵规守纪的好习惯，形成风清气正的新局面。

二是要准确把握并利用新机遇。新常态蕴含新机遇。发展不足、发展不快、发展不优仍是我市最大的市情。增长调速不等于经济失速。我们必须坚持发展第一要务不动摇，更加注重发展，化危为机、抢得先机。**要抢抓宏观调控的机遇。**今年中央继续实施积极的财政政策和稳健的货币政策。财政政策将继续向中西部铁路、棚户区改造、水利、能源、生态环保和“三农”等领域倾斜。货币政策将松紧适度，有保有压，对实体经济的扶持力度继续加大。这将给我们带来更多的投资机会、更优的项目布局、更大的市场空间。**要抢抓区位改善的机遇。**茶常高速今年可望开工建设，可直达耒阳高铁站，消除我市西北部的交通死角，连接我市的高速公路将增加到3条。瓦松铁路项目已经启动。2条国道、6条省道有望落户我市，云耒快线将过境我市，可直达南岳机场，我市交通网络逐步完善，承接产业转移、发展物流业、旅游业的优势和潜力进一步增强。**要抢抓转型升级的机遇。**2014年，我市依托金铜项目，发展铜压延深加工，成功跻身全省特色县域经济重点县，今后连续3年每年有不低于6000万元的省财政资金支持，这对于进一步做大水口山有色金属循环工业园和做强全国铜产业基地，意义重大。我们要以申报成功为契机，继续加快金铜项目建设，拉长有色加工产业链条，加大水松地区环境综合整治力度。同时，要加快争取株冶搬迁、核电上马，加快发展现代农业和旅游服务业，进一步优化产业结构，推动转型升级。**要抢抓新型城镇化的机遇。**城镇化是最大的内需潜力、最大的结构调整。研究表明，城镇化每提高一个百分点，分别拉动投资、消费增长3.7、1.8个百分点。目前，我市城镇化率只有47%，低于全国平均水平6.7个百分点。国家已陆续出台户籍制度改革等配套政策，我们要乘借有利政策的东风，做好城镇化这篇大文章，促进经济社会快速发展。

三是要科学确定并实现新目标。新常态要有新作为。今年经济工作的总体要求是:全面贯彻党的十八大及十八届三中、四中全会和中央、省委、衡阳市委经济工作会议精神,继续以争当县域经济排头兵为目标,以“打基础、抓改革、创环境、重创新、促发展、惠民生”为主线,应对大环境,营造小气候,适应新常态,谋求新发展,以改革为动力,以法治为保障,促进经济持续健康发展和社会和谐稳定。

主要指标是:地区生产总值增长9.2%;财政总收入增长10%;全社会固定资产投资增长22%;社会消费品零售总额增长12.5%;城乡居民收入分别增长11%、12%;城镇登记失业率控制在4.5%以内,人口自然增长率控制在7.8‰以内;森林覆盖率达到51%;节能减排等约束性指标全面完成省、衡阳市下达的任务。

三、科学谋划,突出发展重点

按照既定的目标和思路,今年我们要紧扣“打基础、抓改革、创环境、重创新、促发展、惠民生”这根主线,重点抓好以下几个方面:

(一)坚持项目强市,实现跨越发展。项目是发展的载体。大项目、好项目事关长远发展,更是发展的坚实基础,我们必须始终突出项目建设这一抓手。**一是吃透政策争项目**。经济发展新常态下,国家项目政策也在作相应调整。我们要认真研究政策,做好项目前期工作,增强立项的可行性和针对性。今年要千方百计争取上级部门在农林水利、生态建设、工交能源、高新技术产业、循环经济、现代物流、三产发展、城市垃圾污水处理和社会事业等方面对我市的项目资金支持。要重点争取国家重点生态功能保护区等项目,确保我市在国省投资总盘子里占有更大份额。**二是立足优势引项目**。要立足人口大市、资源大市、文化大市、农业大市,全方位招商引资,壮大特色产业,延伸产业链条。要制定和完善我市招商引资优惠和奖励政策,加大招商引资力度。充分发挥各地常宁商会作用,引老乡,回故乡,建家乡。要发挥经济开发区和工业园的平台作用,重点引进一批铜压延加工关联企业和劳动密集型企业;要围绕环保治理与生态建设,推进北京泓桦生物降解材料、中水电新能源风力发电等项目落地;要利用好“两油两叶”资源优势,引进一批农产品深加工规模企业;要加大湘江引水工程争资跑项力度,尽快动工建设,缓解城区供水压力。**三是集中精力建项目**。围绕重点项目建设,突出抓好综合协调和督促落实。工业方面,要加快金铜项目核心工程建设,确保年底前一期建成投产,同时,要抓好金翼铅业、华兴冶化、大宇锌业、一品新能源等项目建成投产,加快柏坊北高峰碳酸钙产业基地建设。要力争润华新材料、帝棉二期、喜宝鞋业等项目早日达产见效。农业方面,要启动西岭油茶生态科技文化产业园、绿兴丰玫瑰博览园、万景庙前旅游景区综合开发暨健康城、罗桥“田野绿世界”等一批项目。要加大“两油两叶”项目建设力度,重点抓好洋泉水库灌区渠系全面改造和大坝除险加固二期工程,突出抓好广济水库、白甫水库和16处农村安全引水工程。城建方面,要把拉通城市一环作为重中之重,尽快完成北一环及配套桥梁、西一环及东一环建设,加快北二环建设。要加快公园、游园、乐园建设,砚池山公园、西门湖、培元湿地公园等项目要全面启动并早日完工。同时,要抓好背街小巷绿化提质和美化亮化,歌剧院年内要建成投入使用,健全停车场、垃圾站、公交站等市政设施,争取衡阳至水口山天然气管道竣工通气。交通方面,要争取桂永郴赣铁路和云耒快线过境我市,启动茶常高速常宁段动工,加快瓦松铁路建设。完成国道234线(我市新河至塔山过境)规划设计,抓好省道320升级改造为国道356线工作,加快宜阳至柏树下段公路改造。完成青市车站主体工程,启动北门车站建设;推进土谷塘航电枢纽、松柏千吨级航运码头建设。民生方面,要落实教育黄线规划,加快振安实验学校、衡阳市八中尚宇学校建设。要抓好安全饮水工程、保障安居工程、电力农网改造、移民开发工程建设。要抓好莲花新区和夏联农贸市场建设。要抓好精准扶贫开发。**四是严格程序管项目**。切实组建项目建设服务工作组,狠抓项目建设质量管理,严把工程招投标关、监理关和进料关。要狠抓项目资金管理,明确专人管理,实行封闭运行、一支笔审批,确保钱用在刀刃上。要着力解决项目用地、用水、用电、用工等方面的困难。要积极推进政银企合作,加快城乡投等融资平台建设,破解项目融资瓶颈。

(二)坚持产业富市,加快转型升级。突出“两油两叶一加工”,以产业的转型升级促进发展全面提速。**一是多点突破抓工业**。抓好有色金属冶炼、瓷泥、农产品三大产业集群深加工，做强人力密集型制造业。要以金铜项目为龙头，推进铅、锌、铜、锡等企业集群集聚发展，努力打造国家级有色产业循环化改造试点园区。要以全省创新创业园区发展“135”工程为契机，启动水口山有色产业园30万平方米标准厂房建设。要积极培育壮大制鞋、服装、玩具、电子等劳动密集型产业，扩大规模工业总量。**二是强化科技抓农业**。加速农业科技引进、创新和推广应用步伐，促进农业生产规模化、集约化、现代化。继续深化校地合作，强化农业的科技支撑和人才保障。要大力发展“两油两叶”，巩固全省粮食生产标兵县地位，打造全国油茶标准化生产示范县、全省油菜生产重点县、全国烤烟生产重点县。要加快茶叶基地和品牌建设，争创全省茶叶生产重点县。力争年内再新增省级农业产业化龙头企业1家。扶持乡镇特色经济，发展农产品深加工、休闲农业，支持种养能手、返乡农民工创办实业，争创休闲农业示范县、农产品质量安全示范县。维护农民合法权益，扎实做好农民减负工作。**三是创新思路抓旅游**。对“山、水、寨”等旅游资源进行深度开发，加大庙前、天堂山景区提质改造力度，努力创建庙前国家AAAA级景区。继续完善侨源山庄、涺州岛、陈家洲等休闲农庄配套设施，加快兰江金源休闲农庄、罗桥“田野绿世界”的建设步伐。打造一条精品旅游线路，把西岭五冲竹海观竹、至圣寺朝圣、绿兴丰玫瑰博览园观花连成一线。**四是繁荣市场抓商贸**。加强食品安全监管，让群众吃上放心肉、放心菜。加快建材大市场、万村千户物流配送中心建设，引进一批知名物流公司，提升现代服务业。扶持一批金融保险、电子商务、职业教育等新兴服务产业，逐渐形成现代化特色服务体系。**五是多措并举抓金融**。金融是经济的血液。去年，我市有存款余额175亿多元，而贷款余额不足70亿元，为经济输血能力严重不足。我们要看到，存贷比每提高1%，就相当引入一个近2亿元的大项目。今年要重点打造金融安全区，深化银企对接，建立完善企业信用体系，鼓励银行创新信贷产品。要重点扶持常宁农商行等本土银行发展，加大对“一流转五服务”的信贷支持，增强造血和输血功能。要重点创新融资方式，通过银行融资、发行债券等方式，通过EPC、PPP等模式筹集项目资金，有效缓解融资难的问题。

（三）坚持改革活市，激发创新动力。把深化改革作为适应新常态、实现新发展的开路先锋，把准中央和省、衡阳市的改革精神，落实一批切合常宁实际、顺应时代潮流的改革举措。**一是抓好政府机构改革**。积极推进政府职能转变和机构改革，在压缩行政审批职能上做减法，在扩大公共服务上做加法，在提高监管效能上做乘法，在优化发展环境上做除法，释放市场活力，提升行政效能。积极稳妥推进并乡合村，做到小政府、大服务。严格治理“三超两乱”，深化干部人事制度改革，建立健全能进能出、能上能下的用人机制。**二是抓好农村综合改革**。要以开展“一流转五服务”为突破口，推进农业产权改革，强化物权保护。要大力培育农业新型经营主体，完善农业生产经营综合服务平台。要学习耒阳金融服务“三农”试点工作经验，开展农村土地承包经营权、农村宅基地、农村房屋资产和农机具抵押贷款。要组建农业信用担保公司，加强农村金融风险防控，严厉打击非法融资行为。**三是抓好各项事业创新**。创新是发展的灵魂。要加快园区创新，重点构建水口山园区“水、渣、气、热”四大循环网，实现园区大循环，打造成“国家级园区、循环化产业、创新型基地”。要培育和引进一批创新创业企业，形成全民创新创业热潮。要创新社区管理，加强社区两化两体系（服务场所标准化，服务规范化，社区组织管理体系，社区服务体系）建设。要创新非公经济组织党建，大力开展学习型、创新型、服务型“三型党员”创建活动，强化党的领导。

（四）坚持城建靓市，打造宜居家园。坚持以宜居家园为目标，以城市创建为载体，以数字常宁为支撑，以建管同步为抓手，做好城市经营文章。**一要注重新城开发**。继续完善东一环、南三环市政设施，加快绿地、公园和生态系统建设，着力引进几个高标准的城市综合体，建成常宁一片宜工、宜商、宜居、宜游的新城区，展示常宁全新形象。**二要注重宜居建设**。重点拉通城市一环，缓解城区交通压力。抓好城市“两供两治”，加快城区雨污分流、路灯节能改造。抓好中心镇、中心村建设，加强集镇供水、供气、道路及垃圾转运站建设。试行在中心城区建立免费公共自行车系统，以及在城区公交车开通免费

WiFi。加大环卫保洁力度，重点抓好“门前三包”、马路市场、渣土运输管理等常态化整治。抓好城乡同治，确保继续处于衡阳市先进行列。**三要注重绿化亮化**。主要街道的绿化亮化要向泉峰东路看齐，景色要美、看点要多。背街小巷要见缝插绿、立体增绿，公园荷塘护坡等地方，要栽上藤蔓植物，增加绿色景观。水口山高速连接线和矿区要尽快绿化亮化。要继续开展水边、路边、城边“三边”造林，改善全市生态环境。**四要注重规划管控**。要加强城市总体规划与土地利用、产业发展、新农村建设、旅游开发、扶贫攻坚等规划的衔接配套，形成城乡覆盖的规划体系。要继续完善城市专项规划，编制完善中心镇、重点镇控制性规划，严控土地一级市场。要对旧城改造、“城中村”以及农村建房实行统规统建，加大控规治违，维护规划的权威性和严肃性。

（五）坚持民生立市，构建和谐社会。坚持“守住底线、突出重点、完善制度、引导舆论”的基本思路，更加注重保障民生，维护公平、和谐、安定的社会环境。**一是千方百计惠民生**。要坚决完成省、衡阳市下达的为民办实事任务。加快保障性安居工程建设，不断改善城乡居民居住条件。加快农村安全饮水工程建设，解决农村人口饮水安全问题。抓好价格调控监管，稳定居民生活必需品价格。紧抓各项政策机遇，加大重点民生领域投入。扎实做好城乡低保扩面提标、五保供养、救灾救济、被征地农民保障等工作，不断提高民生保障能力和水平。进一步规范乡村财务，确保惠民政策落到实处。**二是尽心尽力办实事**。努力扩大优质教育资源总量，促进城乡义务教育资源均衡配置。健全巩固新农合制度，不断提高群众就医保障水平。抓好乡镇卫生院建设，完善基层医疗卫生服务体系。加快歌剧院、图书馆建设，健全公共文体服务体系。加大就业帮扶力度，为农民工和工业园牵线搭桥。**三是谨小慎微守底线**。全面落实安全生产责任制，深入开展“打非治违”，加大对非法采矿的整治，守住安全底线。推进信访制度改革，畅通、拓宽信访渠道，及时就地解决群众合法合理的利益诉求，推进综治维稳工作，深入打黑除恶，守住维稳底线。加强对乡镇计生综治部门的指导、督促、检查力度，组织开展好计生服务活动，做到保类升位，守住计生底线。坚持“治旧、控新、严管”原则，强力推进湘江保护与治理省政府“一号重点工程”，全面完成第一个“三年行动计划”，改善人居环境，守住环保底线。

四、改进作风，落实发展举措

今年的工作目标和任务已经明确，能不能全面实现，关键看我们的党员干部，看我们党员干部的作风和能力。

（一）要勤学习，提高驾驭发展的能力。随着发展形势不断变化，如果我们不注重学习，不注重调研，就会陷入本领恐慌，难以胜任工作。**一要多钻研练好内功**。中央决定，今年要深化群众路线教育实践活动，在县处级以上领导干部中开展“三严三实”专题教育。我们要以活动开展为契机，进一步加强理论学习，在政治上、思想上和行动上与党中央保持高度一致。要通过学习，树立正确的政绩观、群众观、法纪观，以上率下，以点带面释放作风建设正能量。要落实好集体学习、民主生活会、组织生活会等制度，互相监督、互相帮助、共同提高。要坚持日常学习，钻研上级文件精神、国家政策方针、市场经济知识，提高服务科学发展水平。**二要沉下去摸清实情**。2014年，省委出台党员干部直接联系群众制度，要求县市区及直属单位领导到基层调研不少于90天，乡镇（街道）干部入户调研不少于120天，目的就是要求我们在了解真实情况的基础上，更好地总结经验、研究问题、解决困难。今年我们要重点开展好领导干部大调研活动，以调研促工作。要继续坚持民情联络员和干部“1+1”联村制度，落实领导干部联系企业、联镇帮村等工作，引导党员干部深入基层，进村入户，了解群众的需求，体察群众的难处，切实解决他们生产生活上的困难。**三要走出去开阔眼界**。去年我们组团到郴州桂阳、浙江海盐等地调研学习，大家深受启发，看到了发展的差距，也学到了许多先进的工作理念和经验。坐在家里，我们一些干部还在小胜即满、坐井观天、因循守旧中自我陶醉。只有走出去，我们才会看到差距，感受压力，增添动力。今年，我们要向高标准定位，向先进地区看齐，分期分批组织党员干部走出去考察调研，借鉴“他山之石”，加快我市发展。

（二）要敢担当，提高真抓实干的能力。敢于担当、善于担当是党员干部的职责所在，也是做决策、抓落实、破难题、化矛盾的关键所在。**要强化责任意识，培育真抓实干的风气。**要始终树立强烈的事业心和责任感，胸怀大局，情系群众。支持发展要动起来，广大党员要通过亲情、友情、乡情等渠道，积极投身招商引资和项目建设，形成全社会关心和支持家乡发展的大好局面。出现矛盾要管起来，要尽好自己的责，做好自己的事，做到本级矛盾本级消化。面对风险要揽起来，特别是计划生育、综治维稳、安全生产、森林防火等工作，有一定的难度，我们干部一定要调整好心态，迎难而上。**要坚持德才兼备，启用真抓实干的干部。**我们评价和使用干部，要以德为先，德才兼备，重点启用敢于担责、善抓落实、实绩突出、群众公认的干部；重点启用真干事、会干事、干成事、不出事的干部；重点启用善于攻坚克难、在急难险重工作中能打开局面的干部。对那些一事当前，首先想到自己是否安全，是否会得罪人的“官迷”干部，要下决心予以调整。基层干部工作在一线，条件艰苦、工作辛苦、生活清苦，我们要格外关注和关心，要全面落实基层干部补贴制度、村干部报酬正常增长机制等。同时，把工作能力强的优秀村支部书记，选进公务员队伍。**要强化责任制和问责制，形成真抓实干的氛围。**要把问责制贯穿到履责的全过程，事前问责进行提醒，事中问责进行督促，事后问责进行诫勉。要从群众中选拔人员作为干部作风建设监督员，对认真负责的干部要给予奖励和表彰；对失职渎职的干部要予以追究和惩罚，努力打造勇于负责、敢于担当的良好政治生态。

（三）要优服务，提高履职为民的能力。全心全意为人民服务，是我们党员干部的天职。**一要主动服务。**主动去田间地头、社区小巷、院落村寨、市场车间，把更多精力用在为民办实事上。坚持把工作做在前面，及时把群众亟须的利民新举措、强农新技术、国家新法规带下去，把群众所思所盼所想摸上来，把群众难题解决好。**二要高效服务。**加强政务中心和部门办事大厅建设和管理，确保一般性行政事务提速30%以上。推进政务公开，办好“12345”公共平台。深入开展服务企业年活动，认真落实服务代办制、首问负责制和限时办结制。强力整治“拖懒散”，提升办事效率，优化政务环境。**三要热情服务。**强化人本理念，对办事群众和颜悦色，主动询问。相关部门要在醒目位置挂、贴或放置流程图，详细标识办事流程，方便群众办事。要注意倾听服务对象的呼声、意见和批评，及时改进服务方式方法。

（四）要严自律，提高防腐拒变的能力。作风建设永远在路上，我们一定要警钟长鸣。**一要落实两个责任。**各级党委党组要担负起党风廉政建设主体责任，纪委要担负起监督责任。各级党委党组要旗帜鲜明地推进反腐倡廉，突出选好用好干部，着力查处损害群众利益的行为。纪检监察机关要协助党委，加强党风廉政建设和组织协调反腐败工作，督促相关部门落实惩治和预防腐败工作任务，严肃查处腐败问题。**二要严守党纪法规。**全市党员干部要严格遵守党的纪律和制度，切实做到“五个坚决、五个决不允许”：要坚决维护中央权威，决不允许搞上有政策、下有对策；要坚决维护党的团结，决不允许搞团团伙伙、拉帮结派；要坚决遵循组织程序，决不允许擅作主张、我行我素；要坚决服从组织决定，决不允许搞非组织活动；要坚决管好亲属和身边工作人员，决不允许打着旗号谋取私利。**三要持续纠“四风”。**我们要清醒地认识到，作风问题具有顽固性、反复性。各级各部门一定要在坚持中深化、在深化中坚持，向实处使劲、往细处用力、从严处较真，决不能紧一阵松一阵、进三步退两步，决不让“四风”变种频出、卷土重来。

同志们，做好今年的经济工作，任务艰巨，责任重大。让我们紧密团结在以习近平同志为总书记的党中央周围，高举中国特色社会主义伟大旗帜，同心同德，攻坚克难，扎实工作，开拓创新，为争当县域经济排头兵而奋斗！

政府工作报告

——2016年3月4日在常宁市第十六届人民代表大会第五次会议上

市人民政府代市长　李　涛

现在，我代表市人民政府，向大会作政府工作报告，请予审议，并请各位政协委员和其他列席人员提出意见。

一、“十二五”及2015年工作回顾

“十二五”时期，是我市经受重大考验、取得巨大成就的重要时期。在市委的坚强领导下，在市人大、市政协的监督支持下，市人民政府紧紧团结全市人民，着力稳增长、抓改革、惠民生，务实进取、奋发图强，总体完成了“十二五”规划主要目标任务，谱写了科学发展、跨越发展的新篇章。

——这是经济发展逆势而进、实力倍增的五年。面对宏观经济下行态势，我们保持定力、对冲压力，全力以赴抓发展稳增长，综合实力显著增强。2015年地区生产总值达到269.6亿元、财政总收入16.31亿元，均比2010年翻了一番；固定资产投资160.84亿元，社会消费品零售总额80.05亿元，分别为2010年的3.7倍、2.1倍；金融机构存、贷款余额205.35亿元、81.85亿元，分别为2010年的2.3倍、2.4倍；城乡居民人均可支配收入25314元、12812元，分别为2010年的1.6倍、1.8倍。与“十一五”期末相比，主要经济指标实现翻番，综合实力位居全省经济强县第16位。

——这是产业转型应势而变、负重奋进的五年。面对资源环境的刚性约束，我们变中求活、转中求进，加快转方式调结构，三次产业比重调整为17.5∶40.4∶42.1。**工业循环化、集聚化迈开大步。**规模工业企业达62家，总产值210亿元，增加值46.08亿元，其中园区规模工业增加值占59.6%。水口山经济开发区规模工业企业16家，铅锌铜循环产业链逐步成型；宜阳工业园投产企业22家，初步形成轻纺、鞋类、电子、机械制造等产业群。**农业产业化、特色化初具规模。**已形成80万亩油茶、40万亩油菜、3万亩烟叶、3.3万亩茶叶、5000亩中药材的特色产业规模，发展新型农业经营主体800余个，农业生产方式从粗放型向集约型转变。**三产现代化、精品化加快发展。**庙前景区全面提质，天堂山国家森林公园、天湖国家湿地公园获批。南门集贸市场建成开业，华岁商贸城、中国油都加快建设。电子商务等新型服务业蓬勃发展。

——这是城乡建设乘势而上、加快提质的五年。我们找准突破口，打响攻坚战，城乡面貌焕然一新。**交通条件大为改观。**岳临高速建成通车，结束我市无高速的历史；争取国道234线过境我市（新河—塔山），省道320线（荫田—官岭）升级为国道356线，实现国道零的突破；新增4条省道进入国、省规划，省道达到6条，国省道“五纵三横”格局初步成型；修建乡村公路517.42公里，所有乡镇、村通上水泥路；瓦松铁路开工建设，土谷塘航电枢纽、松柏千吨级码头即将完工，立体交通网络初具规模。**城市建设大幅提质。**投入近30亿元推动城市扩容提质，城市建成区面积扩大到18平方公里，城镇化率达49%。青阳新区、莲花新区、宜水新城加快建设。完成19条主次干道建设和56条背街小巷改造，塔岭水厂扩建工程建成供水，城区管道天然气覆盖率达75%。新建污水处理厂4座、垃圾填埋场1个，建设35千伏以上变电站11座，城市综合承载能力大幅提升。**城乡面貌大有变化。**完成城市总规修改和18个乡镇总规修编。加快特色小城镇建设，3个乡镇列入全国重点镇，2个乡镇评为全国环境优美乡镇。深入开展城乡环卫同治，市容市貌持续改观。加强环境治理与生态保护，森林覆盖率达53.38%，列入省重点生态功能保护区。湘江保护治理第一个“三年行动计划”圆满收官。关停淘汰落后产能企业197家，关闭所有煤矿和烟花爆竹生产企业。

——这是民生事业顺势而为、普惠共享的五年。累计投入财政民生资金110.2亿元，是“十一五”的3倍。全民医保、基本养老、最低生活保障覆盖城乡。新农合基本实现全民参合。新增城镇就业和转移农村劳动力就业77300多人，建设保障性住房6731套，改造农村危房7200户；新建人民医院住院大楼、妇幼保健院综合大楼、中医院医疗综合大楼，完成23个卫生院改扩建和160个村卫生室建设；新改扩建10所城区中小学，新增城区中小学学位5000个，完成106所农村合格学校建设；兴建64处农村集中饮水安全工程，完成351个村的电网改造，群众生活持续改善，社会大局和谐稳定。

五年来，我市先后获评中国民间文化艺术之乡、国家生物油茶产业基地、国家循环化改造示范试点园区、国家妇幼健康服务先进单位、全国科普示范市、全国农产品质量安全示范县、全国农村集体“三资”管理示范县、全国农村艺术教育实验县、省级可持续发展实验区、省特色县域经济重点县、省生态有机茶之乡等荣誉称号。

2015年，是“十二五”规划收官之年。面对繁重的改革发展任务，全市上下凝心聚力、攻坚克难，集中力量办成了一批打基础、利长远的大事要事，经济社会发展亮点纷呈。

——金铜项目马上投产。总投资30亿元的金铜项目一期工程将如期建成，本级财政累计配套投入8.6亿元，完成2540余亩用地报批与土地平整，搬迁居民927户，主工艺关键设备完成试车，本月即将竣工试产，年产值60.96亿元，利税3.46亿元，工业经济增添活力。

——水口山经开区成功升级。经过层层评选，水口山经开区在全国29个园区评比中名列前茅，成功获批国家循环化改造示范试点园区，成为衡阳市第二家“国字号”的工业园区。

——城市一环全线贯通。投资11.77亿元、长13.6公里的城市一环道路通过多方努力，终于全线贯通，城市骨架全面拉开，城市交通大为改善。

——合乡并村全省领先。率先完成4个乡镇和1个办事处的撤并工作，全市行政村由707个减少到367个，社区由61个减少到41个，超额完成任务，成为全省第一个完成合乡并村的县(市)。

——湘江治理卓有成效。扎实推进湘江保护治理“一号重点工程”，重点整治水口山重金属污染，水口山湘江水质由五类变为三类，区域环境质量明显好转，工作经验得到省、市的充分肯定并大力推介。

——民生安置打破常规。改变传统做法，终止“以地安置、统规自建”，大力推行“以房安置、统规统建”，水口山民生保障居民搬迁工程迈出关键性的第一步，并逐步在全市推行，这有利于提高安置效率，改变城市面貌，集约节约用地。

一年来，我们着力抓了六个方面的工作：

(一)攻项目，工业经济增添新动力。实施重点项目79个，完成投资71.9亿元，项目投资规模再创新高。**抓龙头扩增量**。全力推进以金铜项目为龙头的重大产业项目。金翼铅业年产10万吨粗铅和处理30万吨铅酸蓄电池生产线即将安装设备，投产后年产值过20亿元，利税上亿元；一品新能源年产40万吨新型甲醇燃料项目正建设厂房，年产10万吨聚氨酯树脂生产线正进行规划设计；华兴冶化、宏兴化工、大宇锌业即将竣工试产，较搬迁入园前产能将扩大一倍以上；鸿博稀土抛光粉厂、北高峰碳酸钙等项目加快推进。**抓平台促承接**。水口山经开区新园路加快提质，双园路、冶金路和五矿路加紧建设，水、电、气、讯等设施不断完善。“135”创新创业工程扎实推进，新建标准厂房16万平方米。在经开区内设立铜压延加工创新创业园区和化工园区。宜阳工业园调规扩园，引进隆源科技、喜宝鞋业、宝峰板材等项目31个。**抓要素强保障**。着力破解融资难题，争取国家专项建设债券11.28亿元，争资总额居全省前列。金融机构新增各类贷款16亿元。强化用地保障，争取低丘缓坡专项指标1700多亩。

(二)抓特色，现代农业展现新活力。产业效益稳步提升。播种粮食118万亩，出栏生猪126.2万头。新造油茶林4万亩，年产茶油5000余吨；种植油菜40万亩；种植烤烟2.8万亩，收购烟叶7.33万担；新建及改建生态有机茶园5000余亩，塔山山岚茶获省茶博会金奖。**农业基础全面夯实**。广济水库加紧修建大坝，白甫水库正在修建坝基，五龙山水库获国家专项建设债券支持，126座小(二)型水库除险加固工程即将完成。**规模经营不断壮大**。流转耕地43.7

万亩、林地52.6万亩。积极培育新型农业经营主体,发展专业种养大户442户、农业专业合作社106个、家庭农场19家,规模以上农产品加工企业45家。

(三)强基础,城乡发展取得新突破。城乡建设全面推进。实施交通会战,省道214线水口山至城区段改建工程建成通车,县乡道路全面维修改造,青市车站完成主体工程。加快市政提质,泉峰东路、常荫路改造项目竣工,砚池山公园、南门湖城市综合体建设稳步推进,歌剧院建成启用。衡阳至水口山天然气管道基本建成。推进电力升级,胜桥35千伏变电站建成投入使用,城北110KV变电站、新洲35千伏变电站加快建设。**城乡管理持续加强。**强力开展“控违拆违”,违建乱建行为得到遏制;推进“四城同创”,深入开展城乡同治,推行环卫保洁市场化运作,加强网格化管理,整治南门马路市场,城市形象稳步提升。**生态环境切实改善。**36个纳入省考核的重点治理项目全面建成。节能减排任务圆满完成。加强矿区生态环境恢复治理和水源涵养地保护,河道采砂得到规范。城乡绿化攻坚成效明显,完成裸露山地造林3万亩,人工造林7万亩。

(四)解难题,改革创新迈出新步伐。政府机构改革基本完成,政府工作部门精简到24个。合乡并村工作率先完成。加快投融资平台建设,做实城乡投,年内融资近10亿元,收储土地1000余亩,组建水口山投、环保投、交通投、水务投、农业投、宜阳工业园投等公司,投融资能力大幅增强。各项改革持续深化。财政预算管理、国库集中支付和政府采购管理改革深入推进。县级公立医院综合改革完成。农村土地承包经营权确权登记加紧实施。弥泉国有林场改革通过省验收。不动产统一登记工作有序开展。阶梯式水价改革稳步实施。商事登记制度改革扎实推进。企业改制加快扫尾。

(五)办实事,民生事业取得新成效。坚持发展成果全民共享。**民生保障不断提升。**五大保险覆盖城乡,机关事业单位养老保险制度改革和全民参保登记稳步推进,企业退休人员基本养老金实现“十一连调”,城乡居民养老保险工作连续五年评为省先进。城乡低保实现应保尽保,人均月补差标准分别提高到260.6元、127元。办好重点民生实事。完成16处安全饮水工程;新建通村公路27.5公里;建成1000套公租房、386套棚改房,改造农村危房700户,启动建设幸福老年公寓;水口山民生保障居民搬迁工程拆除房屋200余户,正在建设安置房。**底线工作不断加强。**严守安全生产底线,全年没有发生较大以上安全生产事故。畅通群众诉求渠道,信访形势总体平稳。深入推进平安创建,开展政法干警和机关干部职工夜间巡逻,加强超载超限治理、金融风险防范等工作,社会大局平安稳定。**社会事业不断发展。**城区新增中小学学位2000余个,尚宇学校开工建设,农村合格学校和标准化学校建设扎实推进。中医院医疗综合大楼即将交付使用,新增床位300余张。人民医院扩建工程完成征地拆迁,建成后可增加床位1500张。人口和计划生育工作在省排位前移。“文化惠民”工程深入实施,广播“村村响”经验在全省推介。新农村建设、扶贫开发工作评为省先进。老干部宣传工作评为省红旗单位。加强国防动员和后备力量建设,获评全军健康营院,民兵训练和实兵演练水平明显提高,双拥工作、优抚安置和人防工作取得新成效。统计、调查、编制、档案、市志、消防、气象、市场和质量监管、供销、保险、石油、盐务、邮政、电信、移动、联通、工会、共青团、残联、慈善、妇女儿童、红十字会、民族宗教、外事侨务、文物保护等事业都取得了新的进步。

(六)转作风,发展环境得到新提升。加快职能转变。推进简政放权,取消非行政许可审批事项,发布“权力清单、责任清单”,政府部门行政职权减少358项。“12345”政府服务热线开通运行。党政门户网获评全省优秀政府网站。**严格依法行政。**深入实施“六五”普法。自觉接受人大法律监督、工作监督、政协民主监督和社会各界监督,办理人大代表议案、建议224件,办理政协提案161件。**狠抓作风建设。**扎实开展“三严三实”专题教育,从严正风肃纪,全面落实党风廉政建设责任制。强化行政监察和审计监督,加大反腐倡廉力度,深入开展整治村级财务、“三超两乱”、非法买卖土地和公职人员违规建私房等专项治理,评为衡阳市党风廉政建设先进单位。

各位代表!2015年任务全面完成,标志着我市“十二五”目标基本实现。五年来的巨大发展和进步,是市委坚强领导、总揽全局的结果,是市人大、市政协有效监督、大力支持的结果,是全市上下团结奋斗、顽强拼搏的结果。在此，我代表市人民政府，向全市广大干部群众、社会各界人士、驻常武警消防官兵，向各位老领导、老同志，向在我市创业的投资者、建设者，向所有关心支持我市发展的各界人士，致以衷心的感谢！

各位代表！创业饱含艰辛，成绩来之不易。回顾五年来的发展历程，我们深刻体会到：敢为才能有为。心有多大，天地就有多大。这几年，我们坚持适应新常态，大胆解放思想，大力更新观念，坚持高标准定位，敢于在逆境中求突破，跳起来摘桃子，突出抓工业添后劲，抓项目扩投资，抓争资强保障，抓城乡促统筹，抓民生促和谐，创新创业彰显了特色优势，转型发展迈上了阳光大道。争先才能领先。干事创业关键在于精气神，争先进位不能等靠要。对照“排头兵”的目标，我们有平台有实力更要有拼劲。面对机遇只有抢先一步，面对阻力只有奋力一搏，全力抢时间、拼速度、争主动，才能把握先机，率先发展。实干才能实现。事业是靠干出来的。不干，半点马列主义都没有。只有干在前头、干在实处，一个一个项目扎实推进，一项一项工作扎实开展，做到环环相扣、步步为营，我们的发展蓝图才会实现，全面小康的梦想才会早日成真。合心才能合力。人心齐，泰山移。这几年来，我们经受了方方面面的多重考验，但不管东西南北风，我们始终坚持风雨同舟、携手前行。市几大家做到分工不分家，谋事干事就是一家，全市上下心齐气顺，众志成城，化危机为良机，变挑战为奋战，干劲越来越足，工作越来越出彩。

在看到成绩的同时，我们也清醒地认识到，政府工作中还存在着不少问题和不足。一是发展层面有短板。产业转型任重道远，科技创新能力不强，生态建设任务艰巨，可持续发展的基础还比较薄弱；二是民生层面有差距。社会事业欠账较多，财政支出压力较大，扶贫攻坚任务艰巨，公共服务、民生保障与群众期盼还有较大差距；三是工作层面有不足。少数部门服务意识不强、行政效能不高、工作落实不到位，消极腐败现象依然存在。对此，我们将坚持问题导向，抓住关键要害，采取有效措施加以改进。

二、“十三五”时期总体思路及目标任务

“十三五”时期，是全面建成小康社会的决胜期、全面深化改革开放的攻坚期。当前，我国经济发展长期向好的基本面没有改变，全省经济发展“三量齐升”的总体态势没有改变，县域经济仍处于大有可为的重要战略机遇期。特别是经过“十二五”的加快发展，我市经济社会发展取得了新的优势，积蓄了新的能量，确立了新的目标。我们必须坚定信心，保持定力，积极作为，努力在新常态中抢抓新机遇、实现新突破、迈上新台阶。

“十三五”时期，全市经济社会发展的指导思想是：全面贯彻党的十八大和习近平总书记系列重要讲话精神，牢牢把握“四个全面”战略布局，贯彻创新、协调、绿色、开放、共享发展理念，以提高质量和效益为中心，大力实施“工业强市、民生优先、城乡统筹、交通畅达、特色农业、发展核电”六大战略，统筹推进经济、政治、文化、社会和生态建设，确保提前全面建成小康常宁，力争成为县域经济发展排头兵。

主要发展目标是：

——以质量效益为中心，推进综合实力大提升。更加注重经济发展的质量效益，努力保持中高速增长。到2020年，地区生产总值年均增长9.2%；财政总收入年均增长12%；固定资产投资年均增长20%；社会消费品零售总额年均增长12.5%；城乡居民人均可支配收入分别年均增长9%、10%；提前完成全面建成小康社会各项经济指标。

——以转型升级为主线，推进发展动力大转换。加快工业强市步伐，将水口山经开区升格为国家级经开区，将宜阳工业园打造成劳动密集型产业集聚区；壮大特色农业，创建全国油茶标准化生产示范县、全国烤烟生产重点县及全国粮食生产重点县、全省产茶重点县。创建国家级农业产业化龙头企业1—2个、省级3个以上。发展现代服务业，争创国家可持续发展实验区、全省知名旅游目的地、省级金融安全区。

——以新型城镇化为引领，推进城乡面貌大改观。加快城乡统筹。加强城乡基础设施和教育、医疗、文体等公共服务设施建设，全面提升城市功能。推进城镇生活污水垃圾处理设施全覆盖。建设特色小城镇。推动基础设施和公共服务向农村延伸，促进城乡基本公共服务均等化，推进农业转移人口市民化。到2020年，城镇化率60%以上。城市建成区面积25平方公里、常住人口25万人，成功创建省卫生城市、省园林城市、省交通管理模范城市和省文明城市。

——以设施建设为重点，推进发展基础大突破。加快交通提质。抓好国省干线路网建设、码头建设及航道改造升级，争取客货两用铁路过境。到2020年，基本形成涵盖铁路、高速公路、国省干线、水路航运的立体交通网络；积极发展核电，争取江河核电项目“十三五”期间获批并开工。加强水利建设，抓好河流治理、中型水库灌区渠道硬化、农村饮水工程提质改造、高标准农田和小农水设施建设。加快信息基础设施建设，打造“数字常宁”“智慧常宁”。

——以保护和治理为手段，推进生态环境大改善。全力打造“天蓝、地绿、水清、气净”的生态环境。继续加强湘江保护治理，全面改善水口山地区环境质量。加强自然水系保护与生态修复，保护宜水、潭水流域生态。推进农村环境综合整治，抓好农村污水处理、生活垃圾治理。推进绿化增量提质攻坚和森林禁伐减伐三年行动，加强南部山区生态保护与建设，创建国家生态功能区。到2020年，森林覆盖率达55.5%，空气质量达标率95%，城市建成区绿化覆盖率达35%，全面完成省定节能减排目标任务。

——以民生改善为根本，推进社会事业大发展。坚持公共资源向基层延伸、向农村覆盖、向弱势群体倾斜。到2020年，建立比较充分的就业保障体系、覆盖城乡的社会保障体系、更加完备的基本公共服务体系。2018年前完成8000余人易地扶贫搬迁，基本实现农村贫困人口整体脱贫，群众收入水平和生活质量明显提高；政府管理服务水平明显提升，全民科学文化素质明显提高，社会管理体系更加完善，社会大局更加和谐稳定。

三、扎实做好2016年政府工作

2016年，是我市撤县设市20周年，是“十三五”规划开局之年。我们要乘势而进、迎难而上，扎实做好各项重点工作，为“十三五”发展开好局、起好步。

2016年全市经济社会发展的主要预期目标是：地区生产总值增长9%以上，财政总收入增长10%以上，固定资产投资增长20%以上，社会消费品零售总额增长12.5%以上，城乡居民人均可支配收入分别增长9%、10%以上，全面完成省市下达的节能减排、安全生产等约束性指标任务。

围绕上述目标，重点做好以下八个方面的工作：

（一）突出工业强市，加快转型促发展

无工不富、无工不强。我市发展的关键在工业、潜力在工业、希望在工业。必须坚持工业主导，加快转型升级。

抓好一个龙头。确保金铜项目月内正式投产，加快金铜项目安全防护区居民搬迁，抓好金铜项目二期工程的前期工作。推进特色县域经济重点县项目，大力发展铜压延加工，加快创新创业园建设，壮大有色金属加工产业。加快瓦松铁路建设。支持水口山有色金属集团公司进一步发展壮大。

建好两个园区。抓好水口山国家循环化改造示范园区建设，加快创建国家级经开区。完善水、电、路、气等配套设施，抓好双园路、冶金路、五矿路、皂新东路建设；完成新园路、常青路、渡口南路提质改造；推进创新创业“135”工程，年内建成17万平方米标准厂房。推进宜阳工业园调规扩园，发展鞋类、服饰、轻工电子、农产品加工等产业，新增入园企业10家。力争全市年内新增规模企业12家以上，规模工业增加值增长10%以上。

做强三大板块。积极对接“制造强省五年行动计划”，着力延伸产业链条，提升产业层次。做强有色化工板块。加快金翼铅业、大宇锌业、华兴冶化、宏兴化工、一品新能源、鸿博稀土抛光粉等重点工业项目建设，确保年内竣工投产。抓好聚氨酯项目，确保早日落地；做实非金属板块。加快北高峰碳酸钙项目建设，争取年内建成投产；做大轻工制造板块。加快隆源科技、嘉兴木业、宝峰板材、华泰铝业等项目建设，力促早日建成投产。

（二）突出特色农业，做响品牌增效益

小康不小康，关键看老乡。解决“三农”问题，必须把促进农民增收作为头等大事，围绕优势产业和传统基础，抓紧抓实抓出特色。

稳定粮食生产。实行最严格的基本农田保护制度，坚决遏制耕地抛荒。抓好罗桥、蓬塘、宜潭、三角塘等粮食高产示范区建设，确保全年粮食播种118万亩以上。加强粮食仓储设施建设。推进土地流转，培育壮大新型农业经营主体。提高农业机械化水平。抓好防汛抗旱、农业保险、动物防疫等工作。

做强特色产业。巩固扩大高产油茶基地，垦复6万亩，新造3万亩，加快油茶生态文化产业园建设；建好高产油菜生产示范片，播种油菜40万亩以上；落实烟叶种植面积3.3万亩，收购烟叶8.5万担以上，创建1个国家级烟叶基地单元、1家国家级示范性合作社；加快生态有机茶园建设，新建生态有机茶园6000亩，改造老茶园5000亩；发展中药材种植，抓好白沙、西岭中药材基地建设。

提升品牌效益。做响常宁茶油、塔山山岚茶、石盘贡米、无渣生姜、休闲农业等特色品牌，打造一批驰名商标、著名商标和名牌产品。启动农副产品深加工产业园建设。引进和培育一批农副产品加工龙头企业，年内新增省级龙头企业1个、衡阳市级龙头企业5个。推进农业标准化生产，加强农产品质量安全监管。

（三）突出城乡统筹，四城同创抓提质

坚持城乡一体、建管并重，全面提升城市形象和品位，让我们的家园变得更美。

加快城市建管大提质。全面实施“三年兴城计划”。有序推进新区开发，完成青阳广场、青阳中路提质改造，启动青阳公园建设；推进宜水风光带、潭水风光带建设，启动东门湖、西门湖、北门湖、培元湿地公园建设，年内建成南门湖、砚池山公园，完成泉峰公园提质。美化亮化四个出城口，完成群英中路、泉峰中路提质改造。抓好老城区危房改造。做好“两供两治”工作。启动城区第二水厂建设。开工建设水口山至城区天然气管道。重建老城区管网系统，做到雨污分流。实施背街小巷改造，建设城市地下综合管线沟，推进路灯节能改造。加强公共停车场、公厕等配套设施建设，提升城市综合承载力。深入开展“四城同创”，推进“净化、硬化、亮化、绿化、美化、序化”工程，整治渣土乱倒乱运、摊担乱摆、车辆乱停、广告乱贴等行为，中心城区全面禁止燃放烟花爆竹。提升规划水平，开展“控规拆违年”活动，城市规划区内全面推行统规统建，保持控违拆违高压态势，坚决遏制违法建设行为。

推进城乡设施大配套。重点抓好交通、能源、水利、信息“四张网”建设，推进城乡基础设施一体化。交通方面，城区确保10月1日前高标准建成城市一环，规划建设城市外环。年内开工建设华常高速常宁段、国道234新河至塔山段，加快建设省道320升格为国道356工程，提质改造省道347庙前至塔山段、省道214线，构建“一纵一横”高速路网和“五纵三横”国省干道路网。新建和改造乡村公路200公里。继续推进城市公交双轨制，优化公交线路结构，增加公交运力供给，倡导低碳绿色出行。启动北门车站停车场建设，建好城市公交综合站场，确保青市车站投入使用。能源方面，推进江河核电项目前期工作，完成城北110千伏变电站、新洲35KV变电站建设，推进白沙35KV变电站、近尾洲水电站装机扩容、庙前风电项目建设。完成70个行政村电网改造升级。农田水利方面，推进水利三年攻坚，完成广济水库大坝主体工程，抓好白甫水库、五龙山水库湘江引水工程建设，硬化洋泉水库左右干渠、欧阳海灌区左干渠、梅埠桥灌区干渠共50公里，完成小（二）型水库除险加固10座；信息方面，加快“数字常宁”建设，推进广播村村响、电视户户通、网络全覆盖。

构建城乡统筹大格局。推进城乡互动、镇村联动，构建城乡一体发展格局。加快水口山镇扩容提质，推进产城融合，打造全国经济百强镇。培育一批特色小城镇，因地制宜、突出特色，发展具有特色优势的休闲旅游、商贸物流、制造产业等魅力乡镇，扶持边远乡镇发展。统筹推进第四轮新农村示范工程，加强农村社区建设，规范村民建房，建设美丽乡村，创建30个新农村示范村。

推动城乡消费大繁荣。发展商贸物流，确保华岁商贸城主体工程年内竣工。启动华广城市综合广场建设。推进城乡集贸市场改造，扩建城东集贸综合市场，启动宜水新城、嵩塘、南市等集贸市场建设，取缔马路市场。抓好水口山有色金属冶炼仓储物流中心、兴华、金源农产品冷链物流园和农资商品大市场建设。实施“互联网+”行动计划，鼓励电子商务创业，建设“一村一店”，促进消费品下乡和农产品进城双向流通。加快培育市场主体，引导个体工商户向企业转型，企业向规模企业发展。规范发展房地产业。

（四）突出改革创新，创优机制添活力

持续深化各项改革。深化省直管县经济体制改革，做好政府机构改革“三定”工作，落实“三清单一目录”制度。做好合乡并村后续工作。加快“扩区强园”，理顺水口山经开区管理体制。加快财税体制改革。加强财源培植，推进“营改增”改革，完善预决算公开、债务预算管理与风险防控机制，控制财政赤字，严防债务风险。深化农村综合改革。完成农村土地承包经营确权登记颁证。规范城乡建设用地增减挂钩，落实不动产统一登记制度。加快公共资源交易改革。深化户籍制度改革，促进有稳定住所和就业的农村转移人口有序市民化。深化医药卫生体制改革，建立分级诊疗制度体系。落实机关事业单位工资和津补贴制度。深化商事登记制度改革，扶持小微企业发展。加快企业改制扫尾。理顺环卫、园林管护体制，推行市场化运作。统筹抓好公务用车、价格、殡葬等改革。

加大金融创新力度。做实做强投融资平台，逐步建立现代市场化投融资机制，年内融资20亿元以上。推行公私合营模式建设公共基础设施。开展农村金融服务体系改革试点，做好金融服务“三农”和精准扶贫贴息贷款工作。加强小额贷款公司、担保公司监管。依法打击非法集资，确保金融安全。

扩大争资引资成效。紧密对接国家、省“十三五”规划，积极争取国、省专项资金与专项建设债券等支持，全力争取国家级可持续发展实验区、重点生态功能保护区等重大政策性项目。突出商会招商、协会招商、产业链招商，重点引进铜压延加工、劳动密集型和农产品精深加工方面的企业。

（五）突出生态建设，治调并举优环境

发展生态旅游。抓好庙前景区提质改造，力争年内成功创建国家AAAA级旅游景区。启动天堂山国家森林公园AAA旅游景区创建。加强大义山宗教文化旅游区、天湖国家湿地公园等景区建设。加快东江峡谷、天堂山盐茶古道等景点开发，打造南部山区“乡村生态两日游”品牌。开通常宁—庙前、常宁—塔山旅游专线。发展乡村休闲农业旅游，抓好天堂山杜鹃花、罗桥樱以及玫瑰花、茶花、荷花、油菜花等生态景观基地建设。加大景区保护力度，严厉打击乱挖乱建行为。

强化生态治理。扎实推进湘江保护与治理，加强水、大气、土壤等污染防治，抓好污染源治理、环境基础设施建设和历史遗留污染治理。开展裸露山体和矿山复绿行动。加强道路和建筑工地扬尘、燃煤和餐饮油烟、机动车尾气等污染防治。加强中小河流治理，规范河道采砂。严厉打击非法采矿行为。抓好农村环境综合整治，加强畜禽养殖污染治理。实施农药、化肥使用量“零增长”行动，改善农村生产生活环境。

加强生态建设。加快建设“绿色常宁”。大力开展绿化增量提质攻坚行动，年内完成通道绿化1500公里，荒山造林6万亩，封山育林2万亩，水系绿化155公里。加大城市绿化力度，开展“万株乔木进宜城”行动，提质改造城区和水口山镇现有绿地、绿带。加强南部生态功能区保护，核心功能区内全面禁止采伐。狠抓森林防火，最大力度保护森林资源和生态安全。

（六）突出民生优先，普惠共享创和谐

坚持把改善民生作为政府工作的出发点和落脚点，持续加大民生投入，全力办好民生实事，让人民群众生活得更加幸福。

抓好重点民生工程。扎实推进精准扶贫，突出“群众增收、易地搬迁、素质提升、兜底保障、基础扶贫”五大重点，抓好危房改造与精准扶贫的有机结合，年内实现3000人易地扶贫搬迁、8000人脱贫。推进安居保障工程。完成4865户棚户区改造，加快农村危旧房改造。推进就业创业工程，强化职业技能培训和创业培训，支持农民工返乡创业。

完善社会保障体系。扩大社会保险覆盖面，抓好城乡居民养老保险，完成全民参保登记。推进机关事业单位养老保险制度改革，按政策提高企业和机关事业单位退休人员养老金。完善失业保险和工伤保险。整合城乡居民基本医疗保险，实现一体化，稳步推进医疗保险和生育保险合并改革。加强城乡居民大病保险。提高城乡低保、农村五保户、优抚对象补助水平。抓好民政社会福利中心建设，发展慈善和福利事业。加快基本养老体系建设，提高养老服务能力。

优先发展教育事业。加大教育投入，改善办学条件。规范发展学前教育，在城区新建4所高标准幼儿园；均衡发展义务教育，推进城区学校扩容提质，改扩建和新建莲花、虎溪、宜水、嵩塘、南市、东塔二期、冷水、桃江等8所小学，年内新增城区中小学学位3000个。加快标准化学校建设，落实“一乡两校一园”计划，年内完成松阳等7所乡村中小学建设；加快发展高中教育，推进一、二中搬迁建设；规范民办教育，加快尚宇学校、振安学校建设；大力发展职业教育，加强职业培训，将常宁职中创建成省卓越职业学校。深化教育改革，加强教师队伍建设，全面提升教育教学质量。

大力发展卫计事业。加快人民医院扩建，推进“医养结合”，年内完成主体工程建设；支持中医院创建专科三级甲等医院，做响“南詹正骨”品牌，启动“南詹正骨”研究院建设；提升妇幼健康服务能力，建设妇幼保健院计生服务大楼；推进宜阳、培元、泉峰三个社区卫生服务中心建设。加大医疗设施建设投入，建立健全城乡医疗服务体系。全面充实城乡医务人员，提升医务人员整体素质。巩固提升新农合制度。抓好人口和计生工作，实施“全面二孩”政策，开展出生缺陷干预工作，提高出生人口素质。

统筹发展各项事业。加快文体事业发展。高标准建设新图书馆，抓好体育“两场两馆”、广电中心、工人文化宫建设，大力开展全民健身运动。打造常宁版画品牌。加强文化遗产、非物质文化遗产保护与传承，做好“水口山江州遗址”保护工作。加强市场和质量监管，维护市场经营秩序。抓好人才队伍建设，建好人才信息库。做好离退休老干部服务工作。保障妇女儿童权益，关爱留守儿童。加强国防教育、后备力量和人防工作，启动射击场建设。加强群团工作。抓好统计、调查、编制、档案、市志、消防、气象、水文、邮政、石油、盐务等各项事业。

（七）突出社会治理，守牢底线保稳定

加强民主法治。全面实施公民道德建设工程，深化群众性精神文明创建活动。启动“七五”普法，加强法律援助，构建城乡公共法律服务体系。发展基层民主，健全城乡居民自治机制。深入推进社区“两化两体系建设”，抓好社区网格化管理，加强社区矫正工作。推进村级活动场所建设，加大村级转移支付力度，不断提高村（居）委会干部待遇。

创新社会治理。加强和创新信访工作，抓好矛盾纠纷源头治理。重点推进网上信访，规范初信初访办理，落实诉访分离，对违法信访行为依法予以处置。推进平安常宁建设，健全社会治安防控体系，重点打击黑恶、侵财、黄赌毒等六类违法犯罪，严厉打击发生在群众身边的犯罪，强力整治项目建设中存在的非法阻工、强揽工程、强迫交易等行为。加强网络信息安全管理。

抓实安全生产。强化安全生产红线意识，严格落实“一岗双责、党政同责”，强化企业主体责任。切实抓好建筑施工、危化品与烟花爆竹、特种设备、消防应急等重点行业的安全监管，加强道路交通、非煤矿山、采砂采石等重点领域专项整治，建立健全长效机制，坚决杜绝重特大事故发生，减少一般性事故发生。加强食品药品安全监管，确保人民群众“舌尖上的安全”。

（八）突出自身建设，转变职能提效能

坚持依法行政，建设法治政府。坚持运用法治思维和法治方式深化改革、推动发展、化解矛盾。严格依法履职行权。坚持重大事项集体决策、专家咨询、社会公示、风险评估等制度，推行政府法律顾问制度。自觉接受人大法律监督、工作监督和政协民主监督，广开门路积极采纳社会各界意见建议，不断改进政府工作。

坚持从严治政，建设服务政府。顺应人民群众的新期待，加快政府职能转变，深入推进行政审批制度改革，加快落实“两集中、两到位”，提升行政审批效率。加强政务服务，启动新政务服务中心建设，推广电子政务，办好“12345”政府服务热线。强化效能监察，实行跟踪问效，严厉整治“庸、懒、散”和不作为、慢作为、乱作为的现象，提高行政效能。

坚持规矩从政，建设廉洁政府。严格落实中央“八项规定”，忠实践行“三严三实”，严守党的政治纪律和政治规矩。建立健全预防和惩治腐败体系。加大监察、审计、财政监督力度，实现国省资金、国有资产、公共资源审计全覆盖。严肃查处各类违法违纪案件，坚决纠正损害群众利益的不正之风，努力实现政治清明、政府清廉、干部清正。

各位代表，雄关漫道真如铁，而今迈步从头越！“十三五”蓝图已经绘就，目标已经明确，让我们在市委的正确领导下，在市人大、市政协的支持监督下，紧紧依靠和团结全市人民，坚定信心，锐意进取，乘势而上，为争当县域经济发展排头兵、全面建成小康常宁而努力奋斗！

大事记

1月

1月6日　省卫生计生委党组成员、副主任、省中药管理局局长邵湘宁到常宁督导考核中药工作，通过听取汇报，考察现场，邵湘宁对常宁中医院在解放思想、创新思路、传承“南詹正骨”，突出医药特色等方面所取得的成绩给予充分肯定，对中医院医疗综合大楼建设进展给予高度评价。

1月7日　中共衡南县委常委、县委办公室主任王振国率考察团到常宁考察工业园区建设。

同日 省水利厅副厅长钟再群到常宁调研农村饮水安全工程建设。钟再群一行察看了罗桥镇东桥村汤市水厂、板桥镇永群村板桥水厂的施工现场。随后召开座谈会，听取常宁关于农村饮水工程建设的汇报。钟再群指出：农村饮水工程关系到群众的切身利益和身体健康，要加强领导，组织力量在保证质量的前提下，按时完成工程任务。

1月13日　常宁市联合衡南县依法对湘江茭河口至近尾洲电站河段的非法采砂进行整治。该河段总长40公里，涉及常宁市江河乡、水口山办事处、松柏镇、柏坊镇和衡南县的松江、栗江、近尾洲三个乡镇。此次整治由整治办对非法采砂船统一上锁贴封条，登记造册予以封存，并由当地乡（镇、办事处）政府和交通海事部门分组24小时不断进行监管。整治办采取日常巡查、定点蹲守、联合执法等手段，建立长效管理机制，以巩固整顿成效。这次整顿涉及在该区域内停留或间歇性作业的采砂船40只，其中衡南籍船15只，常宁籍船18只，外地船7只。

1月14日　日本德岛县德岛森林推进机构专务理事津田修率领德岛县植树团，到常宁蓬塘乡团结村开展中日民间绿化合作生态造林示范项目植树活动。计划2015年在蓬塘乡团结村造林25公顷。

1月16—19日　国家水利部稽查督查组组长、特派员姜开鹏，率稽查督查组到常宁稽查督查2014年度农村饮水安全工程建设情况。姜开鹏在听取常宁的工作汇报以后，稽查督查组分两个小组，深入汤市、罗桥、塔山、板桥、柏坊、江河、新河、龙门、白沙、西岭等水厂，对计划执行、工程进度、水质达标、工程质量等方面进行了全面检查。姜开鹏对常宁农村饮水工程建设给予了肯定。

1月21日　常宁市青市车站主站场建设正式奠基。计划总投资5900万元，用地面积100亩，建筑面积6053平方米。建成后可容纳200余辆客运车辆，日均客流量4800余人。

1月26日至2月5日　全市计划生育共完成三查727例、四术507例。

1月30日　市委副书记、市长李涛会见湖南桄大城镇建设发展有限公司总经理袁南。双方就新世纪地下商业广场项目建设签订合同。项目总建筑面积2.6万平方米，商业部分投资约2亿元。建成后将提供就业岗位2000个，财政年增收800万元。

是月　湖南湖湘商贸股份有限公司副总裁方光辉一行到常宁松柏、罗桥、荫田、官岭、洋泉等镇，就对接“百城千镇县乡流通再造”工程进行考察。该工程旨在全省100个左右县级城市、1000个左右乡镇建设“工业品下乡、农产品进城”需求的流通综合体系，建立覆盖全省农村的现代物流配送体系、农产品流通体系及电子商务服务体系，逐步形成连锁化、规模化、品牌化的县乡流通格局，实现布局合理、结构优化、功能齐全、安全保障的新型城镇流通体系。

是月　国家质检总局发出2014年第139号公告，批准对“常宁茶油”实施地理标志产品保护。这是常宁首个获批的国家地理标志保护产品。

是月　省环保厅厅长刘尧臣到常宁调研环保工作，实地察看了松柏污水处理厂、工业污水处理厂、冶金路以北302亩重度污染土壤治理等工程。刘尧臣对常宁解决水松地区历史遗留问题、项目建设、减排工作，表示满意。

是月　市妇幼保健院被国家卫生计生委评为优秀妇幼保健服务集体。

2月

2月3日　市人社局在庙前镇中田村举行“社会保障卡”首次发放仪式。200名村民领到了专属自己的城乡居民养老保险缴费、待遇发放于一体的社会保障卡。

2月4日　吉利湘林先进事迹报告会在市广播电视台演播大厅举行。

2月7日　珠海宇昌化工有限公司总经理李明喜为罗桥镇困难群众捐赠100余套床上用品，价值10万元。

2月8日　市残联与馨怡残疾人康复中心签订了合作协议，标志常宁市首家残疾人康复中心成立。该中心设市残联大夏一至五楼，按照国家标准建设，将对残疾人患者从医学、心理、教育、运动学等多学科进行综合性康复治疗。

2月10日　谭盾钢任常宁市人武部部长，原部长阳永军转业到地方工作。

同日　湖南新华水利电力有限公司与常宁就庙前、弥泉风力发电项目达成合作共识，正式签约。该项目计划于2015年10月开工建设，2017年5月投产运行。

2月11日　全市2014年度机关效能建设和优化发展环境公开测评暨正科级党政正职述廉评议大会在市剧院召开，对51个部门的80个重要岗位及4名正科级党政正职述廉进行测评，并现场电脑统计测评结果。对三大类排名倒数一、二名的岗位负责人就地免职，对倒数第三至第六名的岗位负责人予以黄牌警告。

2月13日　市委、市人民政府在市人民政府广场举行现场招聘会。65家企业携3600个岗位现场招聘，全市4163名求职者与企业负责人面对面进行交谈，招聘现场共发放招聘简章2万余份，当天达成就业意向1386人。

2月26日　市四大班子领导与中国五矿集团公司及铜业公司领导举行新春座谈会。

2月27日　市教育局发出2014年民办教育机构年检结果通报。民办教育机构年检评估结果：优秀单位16所，合格单位118所，整改单位16所，停办单位13所，新批单位5所。民办幼儿园评定等级结果：示范性幼儿园4所，一级幼儿园、二级幼儿园36所，三级幼儿园44所，参照二级幼儿园5所，参照三级幼儿园14所，筹建单位15所。

是月　市环保局被湖南省环保厅授予“2014年度全省环保工作先进单位”称号。

3月

3月1日　全市开始设立新型农村合作医疗家庭门诊账户，账户内为每人每年50元，该费用可用于在乡镇卫生院的普通门诊费用的报销，但不能提取现金，也不能抵缴下年度新农合参合基金，余额可结转下年，并长期有效。

同日　市人民政府召开2015年第一次全体（扩大）会议，讨论并原则通过将提请市第六届人民代表大会第四次会议的《政府工作报告》（讨论稿），会议还讨论了2015年财政预算安排（草案）。

3月9日　2015年衡阳市免疫规划和生物制品管理培训会议在常宁召开，会议全面总结2014年衡阳市免疫规划工作和生物制品管理工作，部署2015年工作。集中学习《湖南省麻疹监测工作方案（2015年版）、预防接种异常反应的处理、新型生物制品的使用和管理等相关知识。省防疫协会会长李树民参加了会议。

3月11——13日　市政协九届四次会议在市剧院召开。会议应出席委员268人，实出席263人。政协主席王若君代表市政协九届常务委员会向大会报告工作。会议听取了各讨论组对《政协常委会工作报告》《提案工作报告》《政府工作报告》《人民法院工作报告》《人民检察院工作报告》等报告的讨论情况和对大会选举办法、政协常委候选人名单的协商、酝酿情况。会议作出《中国人民政治协商会议常宁市第九届委员会第四次会议政治决议》，选举方富贵、申建人、李国儒、郭文峰为市政协第九届委员会委员。

3月12——14日　市十六届人大四次会议在市剧院召开。会议应出席代表293名，实出席281名。会议以举手表决的方式，通过了《关于市人大常委会工作报告》《市人民政府工作报告》《市人民法院工作报告》《市人民检察院工作报告》《常宁市2014年财政预算执行情况和2015年财政预算的决议》。会议作出并通过《常宁市第十六届人民代表大会第四次会议大会议案的决定》《关于表彰2014年度基层先进人大工作单位和先进人大工作者的决定》《关于表彰2014年度优秀市人大代表、先进人大代表小组和优秀代表建议及办理工作先进单位的决定》。

3月14日　湖南师大附中一行50多名师生到常宁市柏坊镇大坪村湖南私立广益中学旧址参观。

3月19日　国家林业局林业改革发展司巡视员孔明意率调研组到常宁调研林权管理服务工作。孔明意一行参观了常宁林权流转管理服务中心，听取了常宁林权管理服务工作汇报，认为常宁林权管理服务工作领导重视，措施有力，成效显著。

3月26日　市“十三五”规划编制调度会召开。湖南工学院副院长、教授、博士张平，湖南工学院宣传部副部长、副教授肖中云参加了会议。会议决定，对30个重点专项规划、15个课题研究分成5个课题小组实施，由市领导带队负责，并要求5月底上报市“十三五”工作规划领导小组办公室，6月底市发改委起草形成全市“十三五”规划基本思路。

同日　国家环保部规划司副司长张士宝率国家重金属污染防治、长江中下游规划考核组，到常宁水松地区检查“十二五”重金属治理规划项目建设运行情况。检查组现场察看了水口山有色金属集团有限公司铅锌选冶重金属废水综合治理循环利用工程、水口山地区历史遗留含重金属危险废资源无害化处置一期工程、水口山有色金属集团有限公司四厂综合治理工程现场。张士宝在肯定上述工作的同时，要求要科学谋划，科学治理，不断完善环境污染治理建设、运行、管理体系，尽快建设好项目，并切实用好项目。

4月

4月1日　全市公立医院综合医改正式启动，市人民医院、市中医院为第一批实施单位。这次综合医改以破除“以药养医”机制为关键环节，通过实施药品零利润销售，强化政府调控职能，建立维护公益性，调动积极性，保障可直续发展的县级公立医院运行新机制。

4月1日至6月30日　常宁启动春季禁渔。其间，市畜牧局在渔村张贴常宁市人民政府禁渔通告100张，向渔民发放《中华人民共和国渔业法》及其他禁渔宣传资料3000份，悬挂横幅标语10余条，召开渔民会议10余次。

4月2日　市联合执法领导小组组织三角塘镇、国土局、规划局、公安局等单位的执法人员到三角塘镇白沙村，对该村4户村民违法侵占基本农田新建的私房，建筑面积400多平方米，侵占基本农田1100多平方米，进行强制拆除。此次行动，共出动执法人员100余人，分成拆除、疏导、动员、警戒、后勤保障5个工作组。

4月8日　湖南省副省长戴道晋在中共衡阳市委主要负责人和湖南省有色金属控股有限公司党委书记黄国平等陪同下，到常宁调研金铜项目和瓦松铁路建设情况。戴道晋先后察看金铜项目的精矿仓、搅拌站、火化熔炼区、湿化电解区等建设现场。戴道晋对常宁金铜项目建设进度表示满意，并指出，要坚持预定目标不动摇，在保证质量的前提下，推进金铜项目建设的进度，确保在2015年底完成主体工程，在2016年3月前正式投产达效。戴道晋要求省直部门倾力支持常宁的金铜项目建设，打造有色循环千亿园区，为地方经济社会加快发展提供有力支撑。

4月11日　早稻开始插秧；15日，全市春插完成双季稻38万亩，其中机插完成12万亩。

4月13日　省军区政治部主任姜英宇到常宁检查人武工作。在听取党管武装、武装专干配备、应急分队建设等工作汇报后，姜英宇在充分肯定的同时，要求以一流标准做好人武工作。

4月15日　省民政厅党组书记、厅长段林毅到常宁调研社会救助、养老服务等民政工作。段林毅先后参观了西岭镇省级防火减灾示范社区和减灾救灾物资储备仓库、宜潭乡的敬老院、官岭镇的“一门受理，协同办理”民政服务窗口、市儿童福利院。段林毅对常宁市民政局在社区建设和养老服务工作上的提升、创新倍加赞许，并表示将尽力支持常宁民政工作的发展。

同日　省全面小康推进工作督查组在省全面小康办副主任张伟达率领下，到常宁调研。张伟达一行先后到金铜项目、天衡、帝棉等公司进行实地考察。并听取了常宁全面推进小康工作情况汇报。

4月16日　省畜牧水产局、省水运建设投资有限公司、省水产科学研究所、省水产原种场、衡阳市人民政府、常宁市人民政府，联合在湘江“四大家鱼”核心产卵区——常宁大渔湾江段，将500组“四大家鱼”原种亲本放流湘江。至此，已连续4年在大渔湾产卵核心区及重要栖息地放流原种亲本。

4月21日　受湖南农大、中国工程院院士官春云委托，20余名来自省农委、湖南农大、省农科院的专家、教授，到常宁对胜桥镇高田村102亩“双季稻区油菜早熟品种选育和机械化生产试验示范”的油菜新组合“420”长势进行现场观摩，并对进行品比试验的10个油菜新组合进行评价，为即将进行的省级油菜品种评审提供具体参数依据。

4月22—23日　省扶贫办党组副书记、副主任黄绍红一行到常宁调研扶贫工作。黄绍红听取了常宁的扶贫工作汇报，实地到塔山瑶族乡了解扶贫工作。

4月27日　常宁市第六届人大常委会第二十三次会议决定任命李骥为常宁市人民政府副市长，免去史锋的常宁市人民政府副市长职务。

4月28日　衡阳市文联授予常宁塔山瑶族乡为文艺创作基地。

是月　市人社局举办退伍军人转岗培训班，169人参加培训，培训班学习《国家公职人员职业道德及礼仪》《人力资源和社会保障法律法规》《信访危机处理》《保密知识》等9个方面的内容。

是月　衡阳铁路一中校长到常宁宜阳小学，代表衡铁一中为宜阳小学捐赠图书3000余册，价值4.5万元。

5月

5月1日　“专家走进农家，国学进小学，新风进万家”活动暨幸福乡村大讲堂开讲仪式在西岭镇平安小学举行，中国俄罗斯问题专家、武汉大学教授刘再起，中国书画家协会理事、武汉大学教授车英，中南大学国学院院长刘立夫为西岭书法院、大三湘幸福乡村大讲堂揭牌。

5月5日　省委统战部副部长陈潇一行到常宁调研“四同创建”工作，参观了同心园区田野休闲农牧产业园，并听取了常宁的工作汇报。

5月10日　常宁市龙狮协会成立，徐和青当选首届会长。

5月13日　市政协组织在常宁的省、衡阳市、常宁市三级政协委员视察高标准农田建设情况。深入洋泉镇现场参观陈桥高标准农田建设项目和丰龙种粮大户试点项目。

5月25日　市召开会议，纪念中国计生协会成立35周年。50名关爱对象、2545户计生家庭分别领取了生育关怀资金和爱心卡，总金额108万元。

5月28日　省、衡阳市侨联、侨商会组织南华大学、南华大学附属第一、第二医院、衡阳师范学院来常宁洋泉镇洋泉小学，举办“慈善中华，爱心湖南”义演义捐活动。省华侨公益基金会向常宁归侨侨眷捐赠10万元；省侨商会向常宁20位贫困归侨侨眷发放4万元慰问金；衡阳市侨商会向洋泉小学20位贫困学生捐赠3万元助学金；医务人员为1000余名群众免费义诊，并发放1500本医疗宣传资料和2万元药品；衡阳师范学院的老师和学生对当地群众进行了文艺表演。

同日　湖南奔立尔教育产业集团到常宁洋泉镇杉树完小举行“情系教育，关爱学子，奉献社会”为主题的捐赠校服活动，为该校学生捐赠校服668套。

是月　常宁市城镇职工基本医疗保险的大病医疗互助最高支付限额由20万元提高到35万元。

是月　在长沙召开的2015年湖南省劳动模范和先进工作者表彰大会上，常宁市第十六届人大代表、省养殖业科技示范户贺雪英荣获“湖南省劳动模范”称号。

是月　中南林业大学老师肖炜带领林学院森林防护系9名学生来常宁开展油茶病虫害调查。

6月

6月3日　省民政厅党组成员、老龄办主任陈毅华率省民政厅社会福利和慈善事业促进处工作人员到常宁调研民生实事项目建设和社会福利工作。调研组考察宜潭乡上义村养老服务示范点的各种功能设施，并与老人进行了交谈。之后，调研组到市儿童福利院慰问孤残儿童。

6月4日　衡阳市教育局发布《关于公布衡阳市职业教育重点建设项目2015年度入围项目的通知》，常宁市职业中等专业学校通过审核，进入衡阳市重点建设项目名单。

6月5日　常宁市水文水资源局成立，为公益性和基础性事业单位。管理辖区的常宁水文站、洋泉水文站，以及3个委托雨量站、13个中小河流洪水易发区水文自动检测站、24个山洪灾害预警系统监测点、4个水资源保护检测站。

同日　江西武宁县政协副主席汪会华率考察组到常宁考察油茶产业。考察组认为常宁发展油茶产业思路好、力度大，并且很好地融科技、文化、旅游、市场于油茶发展之中，值得学习和推广。表示要把这些经验带回武宁，推动武宁的油茶产业发展。

6月9日　新疆哈密地区交通运输部门组织考察组到常宁，参观学习免费公交运行经验。

6月16日　“信用村”授牌暨银政合作仪式在西岭镇桐江村举行。农村商业银行西岭支行与桐江村民委员会签署“信用村”建设合作备忘录，并为村民颁发“1级信用户”证书。

6月17日　省工商联党组成员、副主席吴曙光率全省创新创业先进典型巡回报告会演讲团到常宁讲演，6名全省创新创业先进典型畅谈创新创业心得体会。

同日　2015年度湘江土谷塘航电枢纽“四大家鱼”夏花鱼种放流活动在常宁松柏大渔村码头举行。此次放流夏花鱼种680万尾。

6月18日　2015年度国、省、市三级人大代表专题培训班电视电话会在市人民政府九楼会议室举行，培训班为期三天。全国人大常委会法工委研究室主任梁鹰作了题为《保障宪法实施，全面推进依法治国》的辅导报告，中共湖南省委党校经济学部主任、教授、硕士生导师戴军作了《认识与适应经济发展新常态》的报告。

同日　常宁市社区整合工作圆满完成。

6月24日　省财政厅农业处副处长朱晓云率绩效考评组到常宁考评2014年现代农业生产发展油茶综合产业园项目建设情况。该项目从2014年开始，分三年实施。第一年在荫田镇、西岭镇、盐湖镇建设油茶基地2.667万亩，总投资4800万元。考察组实地察看了荫田、西岭、盐湖三镇的油茶种植基地，一致同意通过对常宁的考评。

6月25——26日　省茶业协会会长曹文成到常宁调研茶业生产，走访了福塔农业科技开发有限公司、天堂山云雾茶发展有限公司、塔山茗茶茶楼、天堂山农民专业种植合作社，考察了黄洞茶叶有限育苗基地和阳平、兴华、瑞丰、腾辉等公司和专业合作社的茶叶基地建设以及塔山瑶族乡茶叶办的组织建设和制度建设。曹文成说，今年的湖南第七届茶博会，常宁要唱大头戏，要把塔山瑶族乡作为全省茶叶千亿产业“十佳示范乡镇”，天堂山农民专业种植合作社作为全省茶叶千亿产业“十强专业合作社”进行重点宣传推介。

7月

7月初　水口山经济开发区获批国家循环化改造示范试点园区。国家发改委、财政部联合发文通知，公布2015年国家循环改造示范试点园区名单，常宁市水口山经济开发区在列，为湖南省唯一上榜园区。《通知》批复《常宁水口山经济开发区循环改造方案》，该方案包含园区循环改造重点项目9个，总投资19.7亿元，预计可获得中央财政资金支持2亿元。

7月6日　常宁市落后小煤矿关闭退出工作领导小组发出公告：依法关闭常宁市盐湖镇五七煤矿。

同日　2015年常宁市培育和践行社会主义核心价值观首届诚信家博会座谈会召开，40多个家居品牌商家代表参加座谈会，详细了解活动方案和评选方案。

7月7日　省委深化改革第六督查组督查专员周用金率领督查组到常宁督查调研深化改革工作。在听取汇报和实地考察后，周用金肯定常宁的改革工作特点突出，对下一步工作提出了要求。

同日　广西隆林各族自治县政协主席吕进远率调研组到常宁调研油茶产业，先后实地察看了中粮江山油茶产业园、荫田白马高产油茶基地、西岭小松柏高产油茶基地。

7月8日　市长李涛率党政代表团赴衡阳县、祁东县考察工业发展、教育发展和城市建设。在衡阳县，代表团实地参观了角山米业、核心工业园区、衡泰数控、衡阳县三中、光华中学、衡阳县一中、小游园等地。在祁东县，代表团参观了归阳工业园、祁东站前广场、衡缘物流、新区完全中学。

7月10日　中共常宁市委十一届四次全体（扩大）会议在市政府九楼会议室召开。会议深入贯彻落实党的十八大及十八届三中、四中全会精神，总结2014年市委常委会工作，谋划和部署今后一段时间市委工作的目标和主要任务。会议由市委副书记、市人民政府市长李涛主持。会议审议并举手通过了《关于加快推进水口山工业新城建设的意见》《关于全力推进核电项目建设的意见》《关于加快高中教育发展全面振兴常宁教育事业的意见》《中共常宁市委十一届四次全会决议》。

同日　市人民政府办公室发布2014年度无偿献血团体预约完成情况通报。通报称：2014年度全市无偿献血2344人次，采集无偿献血量73万多毫升，比2014年同期增加7.35%。全市医疗用血60万毫升，无偿献血量占医疗献血量的121%，实现了临床用血100%来源于无偿献血的目标。

7月14日　湖南桃江核电集团公司党委书记左云峰、副总经理刘明章、衡阳核电项目筹备处主任刘中锋一行到常宁，会商加快推进常宁核电项目建设工作。

7月15日　省气象局局长常国刚率调研组到常宁调研，参观了常宁市气象台，并听取了工作汇报。

7月24日　市委、市人民政府举行“八一”军事日系列活动。上午，市领导赴耒阳市工兵团（中国人民解放军75104部队）慰问、参观；下午，举行退役军人“双带双促”表彰大会，并举办“双蹲书院大讲坛”国防教育专题讲座。

7月25日　湖南农业大学党委书记周清明率专家考察团到常宁，就校地合作相关事宜进一步交流对接。

7月30日　市委副书记、市人民政府市长李涛，市委副书记邹锟，市政协主席王若君等一行到军干所、光荣院、人武部、消防中队、武警中队、空军雷达部队，看望慰问军队离退休干部、光荣院优抚对象、驻军官兵。

是月　在境内首次发现被誉为“中国最美小鸟”——蓝喉蜂虎。

是月　市公安局破获一起157万元集资诈骗案。2015年7月14日16时许，市公安局接警：白沙镇中洲居委会张某元涉嫌集资诈骗，涉案金额在百万元以上。接警后，市公安局对该案进行了调查。经查证：张某元利用白沙当地打会的习俗，以喊会的便利，采取吃标，冒用应会人员标会的手段，当三次头会，共诈骗应会人员157余万元。王某协助母亲张某元收取会费。7月18日，犯罪嫌疑人张某元和王某被依法刑事拘留。

8月

8月1日　市运管所开始为期5个月的驾培市场专项整治行动，对擅自从事机动车驾驶员培训、教练员不规范教学等行为进行清理，实施严厉打击。

8月3日　全市全民参保登记工作动员会暨城乡居民保险工作推进会召开，标志全市城乡居民保险全民参保登记正式启动。

8月3日　省委副书记、省人民政府省长杜家毫在省政府秘书长向力力，副秘书长、办公厅主任石谋均以及省直机关有关部门负责人的陪同下，到常宁水松地区调研湘江保护与治理工作及重点项目建设情况。杜家毫充分肯定常宁在发展道路上所取得的成绩，指出：常宁天更蓝了，水更净了。

8月4日　全市志愿者网上注册登记48479人，志愿者团队注册登记135个。

8月5日　衡阳警备区司令员、衡阳市征兵领导小组副组长贺小坤到常宁检查督促征兵工作，走访了人武部各体检科室，慰问参加体检工作的医务人员。

8月上旬　市委组团赴山西运城，就山西丰喜新能源开发有限公司与常宁市一品新能源合作进行考察。

8月10日　为期两天的2015年常宁市首届诚信家博会圆满落幕。家博会共88个展位，96个商家100余个品牌入展。共接待顾客6万余人次，意向成交金额1128万元，实际成交719.8万元。

8月18日　市老年科协与市畜牧局老年科协分会相关负责人到兰江乡芭梨村村民唐茂林家，实地验收唐茂林养殖的“台湾泥鳅”,经过勘测,养殖成功。随机捕获称重,平均25条台湾泥鳅为0.5公斤,估算亩产泥鳅500公斤。

8月28日　市人社局发布公告:2015年面向社会公开招聘37名事业单位工作人员,其中财会人员29名,大气自动监测人员1名,环境监测人员2名,接待员1名,计算机操作人员2名,经济核算人员1名。

是月　农业部发文公布国家首批107个农业产品质量安全县(市)创建试点单位名单,常宁市列入名单之中。

9月

9月7日　常宁市首届青少年科技创新大赛在市教育局举行,30余名学生参赛。此次青少年科技创新大赛分为工程类、论文类及科幻画项目,工程类和论文类项目由参赛选手对作品原理和论文思路进行阐述,经评委提问点评后选出优胜者。科幻画项目由评委现场出题,参赛者在1小时内按要求完成一幅完整的作品。经过评选,市一中科技实践活动《对宜水、潭水河道污染情况调查的总结》、科幻画《新型血液生产基地》等16件作品获一等奖。其中,宜阳小学刘梦琪的科幻画《远离病毒》参赛第30届全国青少年科技创新大赛,获三等奖,填补了常宁市科幻画获国家级奖项的空白。

9月9日　市举行第三十一个教师节庆祝表彰会,对一年来在教育工作岗位上做出突出成绩的优秀校长、优秀班主任(优秀德育工作者)、优秀教师共计112人,进行表彰。

9月11日　衡阳市国资委主任、党委书记白润民一行到常宁协商处理衡阳市裕民煤矿、柏坊煤矿、大堡煤矿等5家企业改制遗留问题。

9月13日　市义工协会在宜潭乡文化站会议室举办2015年第一期义工培训班,40名志愿者参加培训。培训内容:义工基本理论、义工礼仪常识、义工组织活动中的注意事项。

9月15日　省妇联“温暖微行动•常宁行”三下乡活动暨关爱农村留守儿童服务体系建设调研在常宁官岭镇中心小学举行。为官岭中心小学师生捐赠了600套课桌椅,并为留守儿童赠送了书包、图书、现金等,价值共计人民币12万元。

9月18日　湖南省第七届茶业博览会暨常宁生态有机茶品评推价会在长沙举行。常宁市荣获“生态有机茶之乡”称号。塔山瑶族乡荣获2015年湖南茶叶“十佳示范乡镇”,常宁市天堂塔山生态农业科技发展专业合作社荣获“十强茶叶专业合作社”,常宁塔山映山红农业专业合作社九龙塔牌绿茶、常宁市天堂生态农业科技发展专业合作社旺塔牌绿茶获得第七届湖南茶业博览会“茶祖神龙杯”名优茶评选绿茶金奖,常宁福塔农业科技开发有限公司福塔山岚茶、湖南瑞丰茗香茶业有限公司瑞丰红茶获得第七届湖南茶业博览会“茶祖神龙杯”名优茶评选红茶金奖。

同日　常宁市、祁阳县、金洞管理区在常宁大堡乡商议2015年维护油茶收摘秩序边界联防事宜,现场签订了《祁阳县、金洞管理区、常宁市2015年油茶收摘边界联防公约》。

9月21日　市召开2015年度秋季学校及周边食品安全检查专题工作会议,部署从9月22日起,有关部门联合定期和不定期对学校食堂和周边食品小卖部、小摊点、小餐馆进行重点监督检查,杜绝不合格食品流入学校。

9月23日　民政部基层政权和社区建设司司长徐立一行到常宁调研乡镇服务型政府及基层和社区政权建设。徐立一行先后参观了杨家湾社区的文体活动室、多功能室、党建活动室、厨房、餐厅等设施,三角塘镇政府和便民服务中心以及民政办七站八所。

是月　原国家中医药管理局纪委书记李怀荣一行到常宁调研,李怀荣首先参观了市中医院南詹正骨疗法和针灸、推拿等传统中医药项目。之后,召开了座谈会。李怀荣说,常宁中医药发展要抢占制高点,在做好中医药产业发展的同时,还要做好生活保障设施建设,带动老年养生中心、中医保健康复中心等中医文化养生旅游项目的发展,发扬医药文化,提高国人素质。

10月

10月12日　省计划生育综合调查组到常宁检查考评2015年度人口与计划生育工作,并召开汇报会。检查组通过查阅资料和听取汇报,对常宁的计划生育工作给予了较高的评价。

10月13日　市首家婚姻家庭纠纷人民调解委员会成立，调解的范围涉及赡养、扶养、抚养、继承以及其他当事人双方愿意调解的婚姻家庭纠纷，同时提供法律咨询、维权指导等服务。该调解委员会除部分妇联系统干部为兼职调解员外，还聘请2名律师、2名心理咨询师、4名具有一定法律知识和调解能力的司法干部和民政工作人员作为兼职调解员。

10月15日　市委组织规划局、国土局、住建局和北高峰碳酸钙企业负责人赴浙江省衢州市、建德市学习考察碳酸钙产业的发展情况。

10月19日　市第四届科技成果展在大德广场举行。14个单位30多个版块参展，反映各级老年科协组织服务“三农”，推广科技促进发展的成果。

10月31日　常宁市人民政府作出决定：关闭常宁市红旗采石场、常宁市方兴建材供应站荫田同意村采石场、常宁市高银采石场、常宁市金石建材有限责任公司观龙采石场等4家企业。

是月“ H型高血压比较效果学研究”启动仪式在常宁市人民医院大会议室举行。该项目由北京大学第一人民医院为临床组长单位，常宁市人民医院为湖南省第三批正式启动该项目的全国省级分中心。“H型高血压比较效果研究项目”是国家十二五重大专项中唯一涉及中国特色心血管疾病——H型高血压与中风之间关系项目，具有重大的民生意义。

11月

11月2日　湖南省第七届“全省检察机关侦查监督业务标兵暨全省检察机关侦查监督业务能手”业务竞赛闭幕。常宁市检察院陈康兵作为衡阳队参赛选手之一，荣获“全省检察机关侦查监督业务标兵”荣誉。

同日　罗桥区东桥村小1型水库—白甫水库开工建设。该项目设计正常水位234.44米，总库容166.52万立方米，最大坝高45.70米。设计水平年抗旱应急生活用水人口6.83万人，日常生活供水人口3.66万人，设计抗旱应急灌溉农田供水面积4510亩，常规灌溉面积5240亩，工程静态总投资8707.66万元，工程总施工期24个月。

11日3—4日　省委党史研究室副主任王文珍一行来常宁调研党史工作，听取常宁党史办的工作汇报后，参观了水口山工人运动陈列馆、水口山铅锌矿旧址、康家戏台、商周遗址考古现场。王文珍对常宁的党史工作给予了充分的肯定，对今后如何开展党史研究工作作了具体指示。

11月11日　省水利厅调研员潘永红率领省湘江保护采访团到常宁对湘江保护工作进行集中采访。采访团由《人民日报》《中国水利报》《湖南日报》、湖南卫视、湖南经视、湖南教育电视台、红网等媒体组成。采访团一行采访了水口山地区历史遗留重金属危险固废无害化处置一期工程、松柏污水处理厂。

11月12日　常宁市首个乡镇工会联合会—白沙镇首届工会联合会成立大会召开。来自镇机关、学校、医院、非公企业、农业专业合作社等42位代表参加会议，选举产生白沙镇第一届工会联合会委员、经审委员、女工委员，并经委员会选举产生主席、副主席、经审会主任、女工委主任，李长喜当选工会联合会主席。

11月16日　香港乐群慈善基金有限公司与市教育局签订心理健康教育教师培训合作协议。根据协议，2015—2017年香港乐群慈善基金有限公司每年向常宁市教育局提供10万元，市教育局配套一定比例的经费，用于提升教师队伍素质，特别是提升教师对学生心理健康的辅导水平。

11月17—18日　省爱国卫生工作处副调研员龙宇率省病媒生物防治考核评估组到常宁考核评估灭鼠、灭蟑螂C级达标工作。常宁市2009年被评为“湖南省灭鼠、灭蟑螂先进市”。

11月18日　省禁毒委员会委员、省高级人民法院党组成员、副院长郐文生一行到常宁督导禁毒工作。郐文生一行到松柏镇，深入社区查资料，了解当前禁毒工作面临的困难和问题，听取了禁毒工作汇报。

11月25日　省委督办专员陈吉芳率省特色县域经济重点县督查组到常宁调研特色县域经济发展情况。

11月26日　《常宁市旅游产业发展总体规划》专家评审会召开，常宁市旅游总体规划通过专家评审。

11月26——27日　市举办第一届急救技能大赛操作技能比武初赛，30多个医疗单位代表队参加。

是月　“国培计划”(2015)——中西部项目湖南师范大学“送培到县”示范性培训在常宁一中体艺馆开班,全市1763名骨干教师和100余名教育骨干参加培训。湖南师范大学文学院副院长彭万福、外国语学院副院长杨艺清、各学科专家教授出席开班仪式。

是月　市教育局组织59名骨干教师赴醴陵一中考察学习。

12月

12月2日下午　中梦集团从衡阳到常宁大堡乡敬老院慰问孤寡老人和中梦员工,给敬老院送来一台多功能治疗仪以及食油、大米、燕麦、卷纸、脚盆、围巾等物质。

12月7日　衡阳市“村村响”工程现场会暨广播电视公共服务三项工程推进会在常宁召开。常宁已安装广播7230个,706个村村村通广播。

12月14日　市委书记曾义国会见广东军区装备部原总工程师、少将唐东成,东莞军分区原司令员刘国辉,广东省湖南常宁商会名誉会长白友耀及常宁籍在东莞企业家一行。就在常宁建立常宁籍企业返乡创业园、总部基地等事项进行洽谈。

12月18日　市“12345”政府服务热线正式开通。“12345”服务热线实行电话、网站、信箱、微信、短信“五位一体”高效运行,24小时受理民众政务咨询、救助、投诉、举报和建议。

12月23日　市农村饮水安全工程水质检测中心、公共卫生监测检验中心正式挂牌成立。该中心是一家专门服务全市农村供水工程水质检测机构,有原子吸收室、光谱色谱预备室、原子荧光室、分光光度室、离子色谱室、电泳仪室、气相色谱等检验室。

12月27日　市公开招聘事业单位工作人员考试在湘南实验中学进行,通过笔试环节的108名考生角逐36个职位。

12月28日　广东阳光雨露公益促进会再次到常宁,给380名贫困学生予以资助。

是月　出台《关于加强城市规划区控违拆违工作的实施意见》。该《实施意见》共三十六条,进一步明确建立控违拆违工作领导小组及三级联动机制,明确了乡镇(街道)各职能部门控违拆违工作职责以及责任追究。

概　况

地　理

【位置】常宁市位于湖南省南部，衡阳市西南，湘江中游南岸。地处北纬26°07′～26°36′、东经112°07′～112°41′，市区中心位于北纬26°24′、东经112°23′。东隔舂陵河与耒阳市为界，南与桂阳县相连，西与祁阳县接壤，北濒湘江与祁东县、衡南县相望。

【面积】常宁市土地总面积2046.6平方公里，合204660公顷，约占全省土地总面积1%，幅员为全省县与县级市第52位；占衡阳市总面积的13.36%，在衡阳市所辖县、市中，幅员居第4位。

【地貌】常宁市地势南高北低，大致呈两级阶梯分布，南部是南岭山簇余脉的塔山和大义山，分别呈北东、南北走向，两山之间夹有庙前—西湖的低平谷地，成为常宁市与桂阳县的交通孔道。海拔1000米以上的山峰有16座，800～1000米的山峰63座，群峰巍峨，构成南部的天然屏障，为第一级阶梯；北部的平原、丘陵交错，海拔大约在200米以下，地形起伏，为第二级阶梯；地貌类型以岗地、山地、平原为主，山地占总面积25.56%，丘陵占17.01%，岗地占27.78%，平原占25.41%，水面占4.24%。

【水文】常宁市水系完整，河网稠密。境内河流长度在5公里以上的有53条，总长833.4公里。其中一级支流10条，长257.9公里；二级支流25条，长374公里；三级支流16条，长130.4公里；四季支流1条，常6.1公里。流域面积在100平方公里以上的有湘江、舂陵水、白水、宜水、潭水、浯水、盐湖水、清溪江。河川径流量主要由雨水补给，汛期降水较集中，非汛期降水偏少，丰枯流量悬殊，年水位变化幅度大，一般高水位出现在4—7月，低水位则出现在10月至次年2月。湘江干流水位变幅11.0～15.51米，最小流量为30秒立方米，多年平均径流量为487.4亿

湘江及主要支流

名　称	全长(公里)	境内长度(公里)	流域面积(平方公里)	境内流域面积(平方公里)
湘　江	856	65	94660	10001
舂陵水	223	69.3	6623	1041
宜　水	84	78.5	1056	400
潭　水	53	49.4	416	286.4
浯　水	42	36.7	330	219
盐湖水	38	38	219	91.5
清溪江	35	31	17	——
沙　水	22	22	——	——
兰　江	26	26	——	——
凉　水	26	26	——	——

立方米，径流时空分布总趋势与降水量分布相同，径流量多集中在春夏两季，4～7月径流量占全年径流量的60%以上，多年平均含沙量一般为0.1～0.5千克/立方米，干流低于支流。境内湘江段及其支流宜水、潭水、浯水、舂陵水等天然水质好，pH值平均在7.2左右。地下水松散岩类孔隙水、红层孔隙裂水、碳酸盐岩类碎屑岩裂隙水、基岩裂隙水。

【气候】 常宁市属中亚热带季风湿润气候，春夏秋冬四季分明。由于地形呈南高北低状，冬春寒潮易进难退，气候湿冷。夏季南风越过南岭经过塔山山脉的丘陵地段，使气流下沉，气温显著增高，夏季酷热。秋季由于对流明显减弱，暖湿气流难以越过南岭山山脉，故秋旱非常明显。所以境内气温为冬春寒，夏季热。春季为3月18日至5月17日，历期61天；夏季从5月18日至9月28日，历期134天；秋季从9月29日至12月13日，历期76天；冬季从12月14日至次年3月17日，历期94天。气温的地域分布呈南低北高，地势每高出1000米，年温差为-5.44℃。山区的塔山多年平均气温为14℃，中部城关年平均气温18℃；北部双坪年平均气温为18.2℃。降水主要是雨，降雪较少，降雹更为稀见。海拔300米以下的农业区，无霜期一般在274天以上。300米以上的地区，海拔每上升100米无霜期减少5～6天。2015年，气候变化复杂，气温稳定没有大的起伏变化，降水时空分布不均，降水量呈前少后多分布，夏季短时强降水导致山洪地质灾害及城市内涝。是年，平均气温18.8℃，比历年平均值略偏高0.7℃，极端最高气温37.2℃（6月30日），极端最低气温0.4℃（1月30日）。是年，降水量1761.2，比历年偏多26.7%。一日最大降水量277.5(7月24日)，暴雨日数6天，最长连续降水日数12天，降水量46.2(2月17—28日)，最长连续无降水日数17天(10月12—28日)。日照时数1220.0小时，较历年平均偏少189.6小时，年日照百分率为28%。大风日数2天。平均风速集中于1.5～2米/秒之间。雾日数40天，霾日数67天。累计出现暴雨6次，其中大暴雨（100以上）0次。年度暴雨日数较历年偏多10.2%，较2014年偏少22.2%。从暴雨的时间分布来看，7月出现暴雨最多，其次是6月、8月、9月，由于暴雨发生时段相对集中，局部出现了洪涝灾害，11月罕见强降水过程，导致境内冬汛发生。11—12月出现了持续的连阴雨天气，尽管气温正常，连续两个月降水异常偏多，日照显著偏少，雨日偏多，长时间连阴雨天气对油菜等经济作物影响很大，较晚移栽的油菜生长缓慢，苗情较弱，部分油菜出现了僵苗、死苗现象。

【土壤】 全市土壤分地带性土壤和非地带性土壤，共9个土类，22个土属，233个土种。地带性土壤主要有山地草甸土、黄棕壤、黄壤、红壤；非地带性土壤主要有黑色石灰土、红色石灰土、紫色土、水稻土、河潮土。全市以水稻土、红壤土、紫色土、黄壤土面积较大、分布广，利用率最高。土壤的地域分布大体是：水稻土呈树枝状分布于海拔200米以下的岗平河谷地带，约占土壤总面积的20.84%。红壤土呈带状或斑块分布，广泛分布在海拔750米以下的山、丘、岗、平地，是市内主要土类，约占全市土壤总面积的56.54%，其中红壤土亚类约占红壤土类的3/4，分布在海拔500米以下山地，土中铁、铅含量较高，钙质较少，土壤呈棕红色，可种植油茶、杉树等；黄红壤亚类，分布在海拔500～700米之间，常年空气湿度大，土中水分含量较少，土壤呈黄红色，氧分含量较高，可种植杉树、马尾松、楠竹；红壤性土亚类成土时间不长，发育不完善，分布在低丘山地上，土层浅薄，酸性强，多系荒山秃岭。紫色土类集中分布在境内西北丘陵地带，约占全市土壤面积的14.24%，由于岩化性的松散，吸热性强，物理风化作用强，化学风化作用好，抗蚀能力弱，水土流失严重，有机质含量较低，钾钙含量较高，根据酸碱度不同，境内有三个亚类，其中质地偏沙，耕性好的酸性紫色土亚类约占53.5%；磷钾含量丰富，宜于栽植油桐、乌桕油茶等作物的中性紫色土亚类约占24%；土层浅薄，有机质含量低，磷钾含量丰富的石灰性紫色土亚类约占21.5%。黄壤土类主要分布在海拔750～1000米之间的山地，约占全市土壤总面积的5.36%，其中黄壤亚类多楠竹、华山松和药材；黄壤土亚类多分布在地势陡、坡度大的山坡上，冲刷严重，土层浅薄。黑色石灰土土类，主要分布在石灰山顶部位的岩隙低处，约占全市土壤总面积的1.2%，土中碳酸钙含量较多，有石灰反应，碱性，土层浅薄，有机质含量较高，土壤呈黑色，多植棕树、油桐等树木和甘薯、黄花菜、生姜等作物。黄棕壤土类主要分布在西岭、庙前、蒲竹等海拔1000～2000米之间的山地、山坡上，水土流失严重，土层浅薄，占全市土壤总面积的0.98%，其中黄棕壤亚类面积约占2/3，黄棕壤性土类面积约占1/3。河潮土土类主要分布在河流沿岸的台阶地，占全市土壤总面积的0.51%，这类土壤土层深厚，层次分明，质地偏沙，地下水位偏高，干湿交替，季节性变化大，有机质含量少，一般种植豆类、花生、棉花等经济作物以及枣、水杉、池杉、桑树等林木。红色石灰岩土土类，主要分布在西岭、板桥等地的石灰山麓坡地、谷地等，面积约占全市土壤总面积的0.25%；多种植油茶、茶叶、马尾松、黄花菜等。山地草甸土土类主要分布在海拔1200米以上的山顶开阔部位，占全市土壤总面积的0.08%。

沿 革

常宁市属地历代沿革如下：

周属荆州南境。

战国时期属楚国。

秦属长沙郡耒县

汉属荆州桂阳郡耒阳县。

三国吴太平二年(257)，分耒阳县置新平、新宁二县，新宁县治三峒(今板桥镇福和村八字坪)。新平县治古城廓(今柏坊镇双白村内)，均属湘东部。

东晋太元二十年(395)，新平县并入新宁县，县治设三峒，属湘州湘东郡。

南朝属湘东郡。

隋朝属衡山郡。

唐初属衡阳郡。神龙二年(706)县治移至麻洲，开元九年(721)移至宜江(即今市城)。天宝元年(742)改名常宁县，属衡州。

五代及宋属衡州。

元至元十九年(1282)升为州，无领地，属湖广行省岭北湖南道。

明洪武三年(1370)三月降州为县，属湖广布政使司衡州府。

清属湖南衡永郴桂道衡州府。民国元年(1912)废府，属衡阳道。民国11年废道，直属湖南省。民国26年属湖南第五行政督察区。民国29年属第二行政督察区。

1949年10月12日常宁县和平解放，人民政府建立，属湖南省衡阳专区。1952年4月改属湖南行政区。1954年7月仍属衡阳专区。1983年7月属衡阳市。

1996年11月19日经国务院批准，撤销常宁县，设立常宁市，仍属湖南省衡阳市。

自 然 资 源

【土地资源】 常宁市土地资源按地形分：山地523平方公里，折52300公顷，占总面积的25.5%；岗地568.8平方公里，折5.688万公顷，占总面积的21.78%；平原520平方公里，折5.2万公顷，占总面积的25.41%；丘陵348平方公里，折3.48万公顷，占总面积的17.01%，水面86.8平方公里，折8680公顷，占总面积的4.24%。按土地自然属性分：宜农耕地面积37910公顷，占总面积的18.52%；宜林地面积91950公顷，占总面积的44.1%；内陆水域面积14440公顷，占总面积7.05%，园地面积4180公顷，占总面积的2.06%。

【水资源】 多年平均地表水量约为162.11亿立方米，其中河川径流量15.36亿立方米，还原水是1.63亿立方米，降水量145.12亿立方米，地下水主要有松散岩类孔隙水和红层孔隙裂水，前者赋存于河流阶地沙卵层中，分布在湘江，舂陵水及其主要支流沿岸，受季节影响变化较大，一般厚度1～5米，均以散流或下降的形式向河谷等地排泄；后者赋存于紫色页岩中，以裂隙水为主，水量贫乏。境内水资源受地形、大气环流等因素的影响，地区分布不均匀。水资源年际年内变化大，一般枯水年径流量只及年径流量40%左右，年内降水多集中于4—6月，这三个月降水量一般占全年降水总量一半左右，同期河川径流量一般占年径流量一半以上，境内水能资源理论藏量(含境内湘江干流一段)共计105610千瓦。除湘江干流由省统一开发外，属市内可开发的小水电蕴藏量30860千瓦，其中舂陵水、宜水、潭水、浯水共29156千瓦，占94.5%，其他水系1704千瓦，占5.5%。已开发小水电站14.3处，共装机202台1598千瓦；开发泉井和机井11000多处，电灌站1282处装机1332台19700千瓦。

【植物资源】境内存树种75科750种，用材林主要有杉、樟、木荷、泡桐、枫香等，经济林主要有油茶、乌桕、板栗、棕榈、山苍子和李、桃、柑橘等。稀有珍贵树种有银杏、金叶白兰、南方红豆杉、三尖杉、山拐枣、青檀、闽楠、滇楸、杜仲等。竹类有16种，主要有楠竹（毛竹），其次有青皮竹、阔叶竹、变形竹、刚竹、水竹、淡竹、金竹、苦竹、黄皮刚竹、箭竹、麻竹、绿竹、紫竹等。药用植物约有150余种，其中实用价值高、药源较丰富的有80余种，如丹皮、白芍、尾参、白芨、山姜、七叶一枝花、黄独、黄精、天南星、细辛、大青、防风、冬青、黄柏、石苇等。

【野生动物资源】 境内属森林动物区划的古北区与东洋区的交叉过渡地带，已知各类动物200余种，其中兽类30种、鸟类70余种。爬行类20种，两栖类20种，鱼类80余种。属国家保护动物有穿山甲、水獭、水鹿、果子狸、斑羚、黄鼠狼、牙獐、华南兔、竹鼠、豪猪、貉、鼬獾、长耳鸮、短耳鸮、猫头鹰、猴面鹰、啄木鸟、竹鸡、五颈雉、董鸡、原鸡、燕隼、平胸龟、鹰嘴龟、虎纹蛙、大鲵、小鲵等。

【矿产资源】 境内矿产资源丰富，包括有色金属、黑色金属、可燃性有机岩（煤）、化工原料、陶瓷原料、建筑材料及辅助材料等矿藏。常宁素有“有色金属之乡”与“非金属之乡”之称，已知有色金属有铅、锌、金、银、铜、锡、钨、锑、汞等矿种，有矿点89处，其中铅储量88.1万吨，锌120.4万吨，金55.3吨，银1678吨，铜6.3万吨，铀11.7吨，硫920.9万吨，以及伴生的多种稀有分散元素储量。非金属矿主要有硼、硅灰石、高岭土、耐火土、白云岩、大理石、水晶矿、冰洲石、钾长石、萤石、雄黄、雌黄、花岗岩、黄铁矿、毒砂矿、石灰岩、玉石等17种，且藏量相当丰富，其中硼矿有矿点4处，仅七里坪硼矿品位平均6.42%，最高达11.63%，已探获工业加远景三氧化二硼储量82万吨。已探明含煤点28处，煤炭储量1.6亿吨，以无烟煤为主，其次为烟煤、主焦煤和瘦焦煤。黑色金属中锰矿储量约400万吨，铁矿床总储量约831万吨。

行政区划

2015年，常宁市辖15个镇7个乡5个办事处。15个镇分别是：柏坊镇、松柏镇、烟洲镇、荫田镇、白沙镇、西岭镇、盐湖镇、三角塘镇、罗桥镇、庙前镇、板桥镇、胜桥镇、洋泉镇、官岭镇、新河镇；7个乡分别是：宜潭乡、蓬塘乡、兰江乡、大堡乡、江河乡、弥泉乡、塔山瑶族乡。5个办事处分别是：宜阳、泉峰、培元、水口山街道办事处，天堂山风景名胜管理处。2个社区服务中心分别是：水口山铅锌矿社区服务中心、柏坊铜矿社区服务中心。

人　　口

2015年末，常宁市有户籍人口95.45万人，其中男性51.19万人，女性44.26万人。其中有常住人口83.44万人，其中男性43.83万人，女性39.61万人。出生婴儿11664人，人口出生率为12.3 ‰，出生人口性别比109.48。死亡人口6050人，死亡率6.4‰。人口自然增长率为6.06‰。

国民经济与社会发展

【综合】 2015年，全市实施重点项目79个，完成投资71.9万元。实现地区生产总值269.6亿元、财政总收入16.31亿元；固定资产投资160.84亿元，社会消费品零售总额80.05亿元；金融机构存、贷款余额205.35亿元、81.85亿元；城乡居民人均可支配收入25314元、12812元。与“十一五”期末相比，主要经济指标实现翻番，综合实力位居全省经济强县第16位。

【工业】2015年，全力推进以金铜项目为龙头的重大产业项目。金翼铅业年产10万吨粗铅和处理30万吨铅酸蓄电池生产线即将安装设备，投产后年产值过20亿元，利税上亿元；一品新能源年产40万吨新型甲醇燃料项目正建设厂房，年产10万吨聚氨酯树脂生产线正进行规划设计；华兴冶化、宏兴化工、大宇锌业即将竣工试产，较搬迁入园前产能将扩大一倍以上；鸿博稀土抛光粉厂、北高峰碳酸钙等项目加快推进。是年，水口山经开区新园路加快提质，双园路、冶金路和五矿路加紧建设，水、电、气、通信等设施不断完善。“135”创新创业工程扎实推进，新建标准厂房16万平方米。在经开区内设立铜压延加工创新创业园区和化工园区。宜阳工业园调规扩园，引进隆源科技、喜宝鞋业、宝峰板材等项目31个。是年，着力破解融资难题，争取国家专项建设债券11.28亿元，争资总额居全省前列。金融机构新增各类贷款16亿元。强化用地保障，争取低丘缓坡专项指标1700多亩。

【农业】2015年，播种粮食78666.66公顷，出栏生猪126.2万头。新造油茶林2666.6667公顷，年产茶油5000余吨；种植油菜26666.6667公顷；种植烤烟1866.6667公顷，收购烟叶7.33万担；新建及改建生态有机茶园333.333公顷，塔山山岚茶获省茶博会金奖。是年，广济水库加紧修建大坝，白甫水库正在修建坝基，五龙山水库获国家专项建设债券支持，126座小(二)型水库除险加固工程即将完成。流转耕地29133.3333公顷、林地35066.66公顷。积极培育新型农业经营主体，发展专业种养大户442户、农业专业合作社106个、家庭农场19家，规模以上农产品加工企业45家。

【城乡建设】 2015年，实施交通会战，省道214线水口山至城区段改建工程建成通车，县乡道路全面维修改造，青市车站完成主体工程。加快市政提质，泉峰东路、常荫路改造项目竣工，砚池山公园、南门湖城市综合体建设稳步推进，歌剧院建成启用。衡阳至水口山天然气管道基本建成。推进电力升级，胜桥35千伏变电站建成投入使用，城北110千伏变电站、新洲35千伏变电站加快建设。是年，强力开展“控违拆违”，违建乱建行为得到遏制；推进“四城同创”，深入开展城乡同治，推行环卫保洁市场化运作，加强网格化管理，整治南门马路市场，城市形象稳步提升。是年，36个纳入省考核的重点治理项目全面建成。节能减排任务圆满完成。加强矿区生态环境恢复治理和水源涵养地保护，河道采砂得到规范。城乡绿化攻坚成效明显，完成裸露山地造林3万亩，人工造林7万亩。

【民生事业】2015年，民生保障不断提升。五大保险覆盖城乡，机关事业单位养老保险制度改革和全民参保登记稳步推进，企业退休人员基本养老金实现“十一连调”，城乡居民养老保险工作连续五年评为省先进。城乡低保实现应保尽保，人均月补差标准分别提高到260.6元、127元。办好重点民生实事。完成16处安全饮水工程；新建通村公路27.5公里；建成1000套公租房、386套棚改房，改造农村危房700户，启动建设幸福老年公寓；水口山民生保障居民搬迁工程拆除房屋200余户，正在建设安置房。底线工作不断加强。严守安全生产底线，全年没有发生较大以上安全生产事故。畅通群众诉求渠道，信访形势总体平稳。深入推进平安创建，开展政法干警和机关干部职工夜间巡逻，加强超载超限治理、金融风险防范等工作，社会大局平安稳定。社会事业不断发展。城区新增中小学学位2000余个，尚宇学校开工建设，农村合格学校和标准化学校建设扎实推进。中医院医疗综合大楼即将交付使用，新增床位300余张。人民医院扩建工程完成征地拆迁，建成后可增加床位1500张。人口和计划生育工作在省排位前移。“文化惠民”工程深入实施，广播“村村响”经验在全省推介。新农村建设、扶贫开发工作评为省先进。老干部宣传工作评为省红旗单位。加强国防动员和后备力量建设，获评全军健康营院，民兵训练和实兵演练水平明显提高，双拥工作、优抚安置和人防工作取得新成效。统计、调查、编制、档案、市志、消防、气象、市场和质量监管、供销、保险、石油、盐务、邮政、电信、移动、联通、工会、共青团、残联、慈善、妇女儿童、红十字会、民族宗教、外事侨务、文物保护等事业都取得了新的进步。

【环境建设】2015年，加快职能转变。推进简政放权，取消非行政许可审批事项，发布“权力清单、责任清单”，政府部门行政职权减少358项。“12345”政府服务热线开通运行。党政门户网获评全省优秀政府网站。严格依法行政。深入实施“六五”普法。自觉接受人大法律监督、工作监督、政协民主监督和社会各界监督，办理市人大代表议案、建议224件，办理市政协委员提案161件。狠抓作风建设。扎实开展“三严三实”专题教育，从严正风肃纪，全面落实党风廉政建设责任制。强化行政监察和审计监督，加大反腐倡廉力度，深入开展整治村级财务、“三超两乱”(超职数配备干部、超机构规格提拔干部、超审批权限设置机构，擅自提高干部职级待遇、擅自设置职务名称)、非法买卖土地和公职人员违规建私房等专项治理，评为衡阳市党风廉政建设先进单位。

市直机关和国家部、省、市属在常单位、市属企事业领导人名录

中国共产党常宁市委员会

书　　记　何录春(4月离任)　曾义国(4月任)
副 书 记　李　涛　　邹　锟
常　　委　何录春(4月离任)　曾义国(4月任)
　　　　　李　涛　邹　锟　刘启宏　刘　军
　　　　　周晓侣　唐奇林　谌惠渝　张　斌
　　　　　刘国荣　陈苏杭　李　骥
正县级干部　邓秋云　周国佑　许群光
委　　员(按姓氏笔划为序)
　王一花(女)　王若君　吕秋明　刘　军
　刘文春　刘志湘(女)　刘启宏
　刘国荣(3月任)　许群光　李　涛　李支农
　李新华　李　骥(6月任)　肖孝慈　何志雄
　何录春(4月离任)　张　昕　张　斌　张志斌
　阳永军(1月离任)　罗更生　周晓侣　邹　锟
　陈苏杭(1月任)　段政文　贺建文　郭松青
　唐奇林　唐雍钧　谌惠渝(女)　彭芳楠
　曾义国(4月任)　谢金山　雷楚荣　滕　文
候补委员(按得票多少为序)
　吴雅霜(女)　许智维

常宁市人民代表大会常务委员会

主　　任　李新华
副 主 任　贺幸禄　唐高峰　彭芳楠　王一花(女)
副主任候选人、党组成员
　　　　　肖孝慈(2015年9月10日提名)
正县级干部、党组成员　刘德华
党组成员　赵桂文
委　　员　(按姓氏笔画为序)
　王　钿　王一平　邓祖杰　邓桂平　吕　锋
　刘小咏　刘春华　刘德华　吴　攀
　汪　珀(6月29日辞)　陈　伟
　陈春宏　段美生　郭秀清　唐　辉　詹时机
　褚书福　颜昌军

常宁市人民政府

市　　长　李　涛
副 市 长　刘启宏　刘国荣　李　骥(挂职6月任)
　　　　　阳　青　段政文　周丽华(女)
　　　　　郭松青　张　昕　蒋　隽(挂职)
正县级干部　黎才发
副县级干部　雷楚云　何志雄　彭新霖　吴文明
　　　　　胡　鑫

政协常宁市委员会

主　　席　王若君
副 主 席　吴之初(12月停职)
　　　　　肖荣望(9月任)
　　　　　谭云峰(兼)　郭云金(兼)
　　　　　盘　芳(兼)
秘 书 长　江月华

第九届市政协委员会常务委员

(排名不分先后)

陈远菊　谢　琼　陈　艳　廖云华　周继成　谭方平
周宇峰　熊崇悦　廖聪敏　陈开宝　邓悟平　尹和平
袁冬权　胡巧生　胡　凡　刘东华　李秀英　周涤春
吴　毅　方　敏　周丽春　尹朝林　张龙金　张小军
伍　荣　龙杰斌　廖　宁　廖有佐　张小英　刘志清
贺东福　滕春兰　何理妙　吴尚文　段　炜　刘　亮
雷延生　何　峰　吴建平　刘　琼　王小林　杨　清
刘强华　郭文峰　申建人　李国儒　方富贵

中国人民解放军常宁市人民武装部

部　　长　阳永军（1月离任）谭盾钢（1月任）
政治委员　陈苏杭
副 部 长　林进光
军事科科长　林进光
后勤科科长　龙文军
政工科科长　胡立果（3月免）
副营职参谋　杨良方　彭建荣（6月任）
副营职干事　唐　斌

中国共产党常宁市纪律检查委员会

书　　记　唐奇林
副 书 记　刘国生　廖聪敏　段美生（11月免）
　　　　　朱桂虎（11月任）
常　　委　唐奇林　刘国生　廖聪敏
　　　　　段美生（11月免）朱桂虎（11月任）
　　　　　刘珺媚（女）胡楚云　肖红洲
　　　　　雷秀群　晏晓辉

常宁市人民法院

院长、党组书记　陈鸿煦
党组副书记　阳允重
副院长、党组副书记　刘海荣
副院长、党组成员　刘祝融　陈社教
副院长　罗　荣
纪检组组长、党组成员　陈　奇
党组成员　张永勇　张素成　刘双荣
　　　　　欧小文（11月任）
审判委员会委员专职委员　傅鹿鹏　滕　军　吴碧荣

常宁市人民检察院

检察长、党组书记　宋顺武
副检察长、党组副书记
　　廖运生（11月免去党组副书记职务）
党组成员、副检察长　唐福元
副检察长　曾媛娉
党组成员、纪检组组长　尹邵宁
党组成员　廖小英　黄春华
检察委员会专职委员、总支书记　刘鹏程
检察委员会专职委员、工会主席　尹志超

市委工作部门

中共常宁市委办公室

主　任　张　斌
副主任　邓仁和　曹仕军　吴时恒　吕晓毛
　　　　秦韶峰　王学辉　廖爱国　朱俊清
　　　　方富贵
工会主席　贺清生

中共常宁市委组织部

部　　长　周晓侣
副 部 长　郭秀清　贺建文　孙承佳　尹东源
　　　　　谭方平　袁国胜　罗更生

中共常宁市委宣传部

部　　长　谌惠渝
副 部 长　吕小宝　曹新春（11月离任）
　　　　　方富贵　刘　华

中共常宁市委统战部

部　　长　周晓侣
副 部 长　周宇峰（11月免）　王元春（11月任）
　　　　　尹书成　熊崇悦　姚　宏
　　　　　张石玉（11月免）

中共常宁市委政法委员会

书　　记　刘　军
副 书 记　欧厚娣　唐旭胜　刘兴华
　　　　　张小成（11月免）　贺桂华（11月免）
　　　　　段岳松（11月任）

市委农村工作部

部　　长　刘书毅（12月免）
副 部 长　彭爱华　刘书庚　周立峰

市委群众工作部

部　　长　段　骁
副 部 长　易美艳　龙学军　彭　文

市委编制委员会办公室

主　　任　汪　华

副 主 任　黄松林　彭文瑞　张晓华
工会主席　廖志红

市委党校

校长、总支书记　曾小春(11月任总支书记、副县级干部)
副校长、总支书记　唐自平（11月免）
副校长　吕志勇　张荣国　李勇民（10月免）
工会主席　刘金星

市直属机关工作委员会

书　记　曹诗鹏
副书记　李军晖　蒋抒芳

市委社会综合治理委员会办公室

主　任　唐旭胜
副主任　尹黎明　刘付喜

市委维护社会稳定领导小组办公室

主　任　欧小文（6月任，11月免）
　　　　段岳松（11月任）

市委直属单位

市委老干局

局　　长　尹东源（11月免）
　　　　　唐贵琳（11月任）
副 局 长　谷爱民　雷秋来　刘永红　李 斌
工会主席　唐红梅

市委党史研究室

主　任　廖爱国
副主任　傅建平
工会主席　张泽湘

市档案局

局长、党组书记　唐绍东（6月免）
　　　　　　　　姚小明（7月任）
副局长、党组成员　尹 平
工会主席、党组成员　王丽云

市委部门管理机构

市委深改办

主　任　张　斌
副主任　吕　岗

市委机要局

局　长　徐富胜
副局长　曾仕成　周　琼

市委保密局

局　长　李运喜
副局长　李艾青

市委、市政府督查室

主　任　阳小迪

市委政策研究室

主　任　阳明勇

市委总值班室

主　任　李孝辉

市委、市政府接待处

主　任　朱俊清
副主任　陈　芳

中共市非公有企业工作委员会

书　记　谭德葵
副书记　吴代胜

市委基层办

主　任　易金鳌
副主任　廖子月（女）　肖啸月

市委双文明办

主　任　吴　薇（女）
副主任　邹　芳（女）

市委对台办公室

主　任　尹书成

市委、市政府新闻管理办公室

主　任　方富贵

市网络新闻宣传管理办公室

主　任　王振宇

市文化产业管理办公室

主　任　廖启华

常宁报社

社　长　王学辉
副总编　刘朝文　封志良

市纪委工作部门

办公室主任　邓　威
组织部部长　李国宝
宣传部部长　周小勇
党风政风监督室主任　谭航华
党风政风监督室副主任　刘笑天
信访室主任　邓美娟
案件监督管理室主任　尹小丽
审理室主任　蒋吉杰
纪检监察干部监督室主任　贺智宏
财务监察所主任　廖书金
第一纪检监察室主任　贺青松
第二纪检监察室主任　刘杰军
第三纪检监察室主任　胡　兰
第四纪检监察室主任　王　玺
第五纪检监察室主任　吴小凯

第一纪工委、监察分局

书记、局长　欧阳德明
副书记、副局长　肖志勇　胡　嵬

第二纪工委、监察分局

书记、局长　邬小军
副书记、副局长　唐一可　杨　逵

第三纪工委、监察分局

书记、局长　秦小乔
副书记、副局长　王新龙　阳小凤

第三纪工委、监察分局

书记、局长　郭　莉
副书记、副局长　曾明哲　廖翠华

市人大工作机构
办公室

主　任　赵桂文
副主任　詹时机　褚书福　邓雅悠（12月任）
行政组组长　胡少华

内务司法工作委员会

主　任　唐　辉

财政经济工作委员会

主　任　邓桂平
副主任　邓凤英

预算工作委员会

主　任　邓凤英
副主任　蒋　毅

教科文卫工作委员会

主　任　刘小咏
副主任　袁诗月

农村经济工作委员会

主　任　陈　伟
副主任　刘秋生

城乡建设环境与资源保护工作委员会

主　任　吴　攀
副主任　黄　璐

选举任免联络工作委员会

主　任　胡观宝

信访室

主　任　刘春华

副主任　陈春华　邓雅悠（12月辞职）

研究室

主　任　褚书福

副主任　李春林

市政协工作机构

办公室

主　任　江月华

副主任　陈艳华　许　奔

提案和联络委员会

主　任　陈远菊

副主任　孟志清

教科文卫体委员会

主　任　魏慈亮（11月调出）

副主任　刘　影

人口资源环境和法制委员会

主　任　周继成

副主任　胡　翔

财政经济委员会

主　任　廖云华

副主任　肖　荣

文史学习委员会

主　任　陈　燕

副主任　唐天任

市政府组成单位与工作机构

市政府办公室

主任、党组书记　张　昕（8月免）　梁宇琦（8月任）

副主任、党组副书记　刘云华　李爱萍

副主任、党组成员　尹国文　李东徽

邓　珂（11月免）　刘振华　刘文成

邓运香（11月免）　张小红　刘伟华

刘文春（11月免）　周永雄　雷知生

李意华（11月免）　孙明华　许智维

副主任　王　颂　段　骁

工会主席　刘小芬

督查组组长　陈爱群

市发展和改革局

局长、党组书记　李支农

副局长、党组副书记　李运成

副局长、党组成员　朱俊洪　郭　凌　滕佳斌

工会主席、党组成员　刘训斌

党组成员　陈金刚

市经济和信息化局

局长、党委书记　刘文春

副局长、党委副书记　陈陶明

副局长、党委委员　伍义生　朱　炜

副局长　殷罗宁

工会主席、党委委员　彭　伟

市教育局

局长、党委书记　封红伟

副局长、党委副书记　钟贤美（11月免）

副局长、党委委员　伍志芳　李冬茂　李启越

欧和平　欧索漫

副局长　王小林

工会主席、党委委员　孙桂荣

武装部部长、党委委员　廖运龙

党委委员　李小平　胡荣生　刘爱艳（1月免）

唐绍峰

主任督学　张永康

副主任督学　毛国华

正科级督学　王荣华　陈二喜　蒋红卫

副科级督学　邓　林　尹　安　刘泽交　胡耀武

市科技局

局长、党组书记　段岳松（11月免）

副局长、党组副书记　周祖昭

副局长、党组成员　阳青松

地震局长、党组成员　李初发
工会主席、党组成员　李　平(女)
副　局　长　刘丽艳(女)

市公安局

局长、党委书记　段政文
政委、党委副书记　刘卫平
副局长、党委副书记　欧文质　尹和平　陈福生
副局长、党委委员　李运松　陈黎明　李云龙
陈细柳　崔琼璋
副局长、党委委员、纪委书记　王国生
工会主席、党委委员　阳纯卫
党委委员　尹邵芳

市监察局

局　长　刘国生
副局长　谭云峰(兼)　刘珺媚

市预防腐败局

局　长　刘国生(兼)
副局长　李华山(专职)

市民政局

局长、党组书记　肖卫东
副局长、党组副书记　陈祖运
副局长、党组成员　刘国花　詹伟民　徐富孚
工会主席、党组成员　唐章华
局长助理、党组成员　李盛青
党组成员　刘德义　胡吉虎
总会计师　陈祖生

市司法局

局长、党组书记　周晓华
副局长、党组副书记　贺小明
副局长、党组成员　周世成　李雪峰
副　局　长　刘　建
纪检组组长、党组成员　潘玉章
工会主席、党组成员　易志华
党组成员、政工室主任　魏忠生

市财政局

局　长　滕　文
党组副书记、副局长　刘东华　曹英健
刘荣辉(11月离任)
副局长、党组成员　李双平　刘茂斌　徐晓华
贺晓华　袁基球
副　局　长　王立成
总会计师、党组成员　李国平
党组成员　吴国平　曹良斌　郭　雄(2月离任)
彭文雅　易小毛

市人力资源和社会保障局

局长、党组书记　罗更生
副局长、党组副书记　陈建湘　刘青柏　卢耀平
副局长、党组成员　刘志家　肖复昌　滕　辉
欧爱萍(女)　魏慈明
副局长　唐晓霞(女)
工会主席、党组成员　欧德发
党组成员　刘水清　陈兴钊　段圭晴

市国土资源管理局

局长、党组书记　颜　青
副局长、党组副书记　贺红文
副局长、党组成员　刘先荣　胡志平　易金华
秦　胜　袁冬权　胡巧生
副局长　李启强
工会主席、党组成员　廖桂成
党组成员　滕爱国　贺小红
总工程师　曹芳卿

市住房和城乡建设局

局长、党委副书记　邓耀龙
副局长、党委书记　张至君
副局长、党委副书记　谭祖启
副局长、党委委员　尹开春　吴晓成
陈晓荣(10月病逝)　屈天志　江中杰
副局长　梁清华
党委委员、工会主席　朱诗柏
党委委员　袁贵金　李主平　吴良忠(11月离任)
正科级干部　曹中元

市城市管理行政执法局

局长、党委书记　雷知生
副局长、党委委员　左华云　彭知桥　曹文辉
工会主席、党委委员　郭　杰

市文化市场综合执法大队

大队长、党组书记　黄小兰（11月免）
何许清（11月任）
副大队长、党组成员　贺　杏　刘　恒

市交通运输局

局长、党委书记　张志斌
副局长、党委委员　张国平　陈　杰　郭龙成　刘洪涛
副局长　雷　斌
工会主席、党委委员　谢元君
党委委员　廖志林　蒋晓荣　肖贻成　谷文闻
总会计师、党委委员　王伟生

市公路管路局

局长、党组书记　李国儒
副局长、党组副书记　颜家辉
副局长、党组成员　廖元生　高　岚　谢爱民
工会主席、党组成员　王　超

市农业局

局长、党委书记　郭文锋
副局长、党委委员　孟严湘　谷成生　邓映桂
谭伍生　尹冬玉　雷　英（女）
工会主席、党委委员　胡常斌
党委委员　徐章聂
总农艺师　刘小洋

市水利局

局　长　雷荣华
党委书记　吴尚建（12月免）
副局长、党委委员　谢爱平　廖富贵　唐易成　邹平桂
陈仲斌　吴光辉　曾小安
副　局　长　何　雪
工会主席、党委委员　刘成秀
总工程师、党委委员　徐云灵
总会计师、党委委员　贺永松
党委委员　汤友清　李自忠　刘兴华

市林业局

局长、党委书记　谢小平（11月离任）
谢金山（11月任党委书记，12月任局长）
副局长、党委副书记　何万裕　李亚东
副局长、党委委员　周群江　何小江　胡正华　郭秋桂
副局长　唐华国
工会主席、党委委员　李春桥
总会计师、党委委员　贺志鸿
总工程师、党委委员　罗秋铭
党委委员　张爱球　张　斌　刘冬云　邓宏清　戴文灿

市商务局

局长、党委书记　张建军
副局长、党委委员　胡铁军　胡卫华　陈洪斌
朱常丽（女）
工会主席　蒋　旭（女）

市文化广播新闻出版局

局长、党组书记　邹求荣
副局长、党组成员　段建林　唐宏志　唐国雄
副局长　王　瑛

市卫生局

局长、党委书记　雷青元
副局长、党委副书记　廖敏蛟
副局长、党委委员　彭后发　邓旭龙　张世桂　尹雨佳
副　局　长　廖晓娟
工会主席、党委委员　樊岳衡
党委委员　张照成　尹卫国
总会计师　吴　戈

市人口和计划生育局

局长、党组书记　吕秋明（11月免）
副局长、党组副书记　段尚圭
副局长、党组成员　任亚雄　吴晓荣　吴　超
李　杰　谢治平
副　局　长　周春国

党组成员　阳柏秀

市审计局

局长、党组书记　詹先辉
副局长、党组副书记　邓悟平(11月任)
副局长、党组成员　邓元茂　祝宇明　肖　熔
副局长　刘　辉
局长助理、党组成员　倪子瑜
工会主席、党组成员　滕文正
总审计师、党组成员　刘雅宁
党组成员　谭桢健　李国华　雷文君

市环境保护局

局长、党组书记　肖荣望(11 月免)　吕秋明(11月任)
副局长、党组成员　王德春　谢主德　刘爱武　吴洪武
副局长　阳红华
总工程师、党组成员　尹忠福
党组成员　邵阳秀、高冬茂　李建群
工会主席　刘志坚

市安全生产监督管理局

局长、党组书记　许智维
副局长、党组成员　曹仲赞　朱晓晖　邱云丽(女)　蒋红军
副　局　长　彭南忠
工会主席、党组成员　张小青
党组成员　雷松林　夏小平　夏常彬

市物价局

局长、党组书记　王经余
副局长、党组成员　廖　杰　何亮均　张永忠　许　军　刘贻军
副　局　长　龙杰斌
工会主席、党组成员　左　霖
党组成员　雷新华

市农村工作办公室

主任、党组书记　刘书毅(12月免)
副主任、党组副书记　彭爱华
副主任、党组成员　周立峰　刘书庚

工会主席、党组成员　胡　嵬

市粮食局

局长、党委书记　段利圭
副局长、党委副书记　邓悟平(11月免)
党委副书记　彭常开
副局长、党委委员　郭秀山　黄又平
副局长　唐先荣
工会主席、党委委员　周国丽
总工程师、党组成员　谢小燕
党委委员　刘桂成

市统计局

局长、党组书记　唐　彬
党组成员、副局长　潘　建　易明福　周群安
总会计师　胡国蓉

市城乡规划局

局长、党组书记　阳　磊
副局长、党组成员　吕书清　廖小群　黄振湘
副局长　廖有佐
工会主席、党组成员　郭水清
总工程师、党组成员　刘建国
党组成员　陈东位

市食品药品监督管理局

局长、党组书记　阳林林
副局长、党组成员　雷海鹰　徐小军　唐　晴
工会主席、党组成员　刘　宁
党组成员　唐　晴　李冬桂

市政府直属单位

市信访局

局长、党组书记　段　骁
副局长、党组副书记　易美艳
副局长、党组成员　龙学军　彭　文

市移民开发局

局长、党组书记　邓承华

副局长、党组成员　曾友子　秦卫平　雷积德　李　刚
副　局　长　周绿萍
工会主席、党组成员　赵玉秀

市旅游局

副局长、党组副书记　肖相中
副局长、党组成员　徐瑞宏
副　局　长　郭云妃（女）
工会主席、党组成员　滕忠艳（女）

市地方志编委会办公室

主　任　廖爱国
副主任　阳　芳

市煤炭工业局

局长、党委书记　李月初
副局长、总工程师、党委委员　彭松荣
副局长、党委委员　唐冬文　张天成　雷凤元
工会主席、党组成员　袁力军

市民营经济发展局

局　长　郭云金（11月免）
副局长、党组书记　吴蜀魏（女）
副局长、党组成员　刘小菊（女）　邓勇军
工会主席　刘卫平（女）

市招商合作局

局长、党组书记　段金良
副局长、党组副书记　廖源楚
副局长、党组成员　刘　华　陈　云　左　丞
副局长　刘文平　刘忠庆
工会主席　刘慧玲

市广播电视台

台长、党组书记　吴岳清
副台长、党组副书记　陈新民
副台长、党组成员　白　云　周松青　彭运庆　陈孟江
李书洪（6月病逝）
工会主席、党组成员　黄晓慧

市体育事业局

局长、党组书记　殷庆忠
副局长、党组成员　吴湘衡　许建华　易　铭（女）
工会主席　阳　莉（女）

市农业机械管理局

局长、党组书记　唐雍钧
副局长、党组成员　邓小立　刘晓华　张小云
副局长　郭文胜
工会主席、党组成员　周晓艳
党组成员　郭　平

市畜牧水产局

局长、党组书记　刘志刚
副局长、党组成员　龙仕震、刘永生、唐明生
副局长　肖启群
总水产师、党组成员　关建生
工会主席、党组成员　吴振文
党组成员　肖春红

市农业综合开发办公室

主任、党组书记　刘荣辉（11月免）
黄小南（11月任）
副主任、党组成员　董寒梅　刘　瑜　龙瑞球
工会主席、党组成员　陈三毛

市农村经济经营管理局

局长、党组书记　盘玖余
副局长、党组成员　阳龙生　黄建国　詹先国　吴小东
工会主席、党组成员　李向东
总会计师、党组成员　詹满成
党组成员　徐春容

市房产管理局

局长、党组书记　欧秋生
副局长、党组副书记　尹国成
副局长、党组成员　周祥富　肖小国　肖恒军　黄小华
副　局　长　李艳红（女）

工会主席、党组成员 李新民
党组成员 王白石

市建工局

局长、党组书记 刘四成
副局长、党组成员 刘向东 周绍初 王元生 周荣辉
副 局 长 谢先娟(11月离任)
工会主席、党组成员 唐绍荣
党组成员 刘名智
总工程师 唐苏里

市治理经济发展环境领导小组办公室

主 任 秦源生
副 主 任 彭志忠 贺青松
正科级干部 李国清

市烟叶生产领导小组办公室

主任、党组书记 谢作东(12月免) 管志善(12月任)
副局长、党组成员 肖明红 董志华 黄国秦
工会主席、党组成员 王 超

议事协调机构

市人防办公室

主 任 尹国文
副 主 任 刘红胜 邓 萍 方 归
工会主席 谷 穗

总公司(集团)经济转体机构

市轻工业总公司

总经理、党委书记 陈海华
副总经理、党委委员 谭志刚 胡勤学
工会主席、党委委员 尹金福

市商业总公司

总经理、党委书记 彭秋桂
副总经理、党委委员 邓大雄 阳 平 杜和平
工会主席、党委委员 黄德元

市供销合作联合社

理事会主任、党委书记 段晓宏
监事会主任 段湘云
理事会副主任 郭跃武 史珍兰
工会主席 李雪容

常宁市政府派出机构

常宁市水口山经济开发区

党工委书记、管委主任 蒋渝阳(11月主任职务免)
党工委副书记、管委主任 尹建恒(11月任)
党工委副书记、管委副主任 胡观清
管委副主任、工委委员 唐 雄 彭玉晔 李正平 吴芳林 尹建勋
工会主席、工委委员 刘岳森
办公室主任 周 斌
建设规划部部长 王芳寿
招商合作局局长 张丽华

宜阳工业园区管委会

工委书记 刘云华
主 任 邓 珂
副主任 陈外阳 钱文辉 刘 佳
工会主席 刘泽丰

市政府驻长沙办事处

主 任 李爱萍
副主任 漆 潇

群众团体

市总工会

主 席 何 军(副县级干部)
党组书记、副主席 邓祖杰
副主席、党组成员 张泽喜 刘泽贵(11月免)
副主席 何 若
党组成员 彭伟林 唐英华(女)

共青团常宁市委员会

书 记 彭 波(6月任)
副书记 邓欣蓉(6月任)

工会主席　邓欣蓉(6月免)

市妇女联合会

主席、党组书记　刘晓梅
副主席　谢　琼

市工商业联合会

主　席　盘芳
党组书记　熊崇悦
副主席　何小容

市科学技术协会

主　席　唐高峰
党组书记、副主席　周芙晖
副主席、党组成员　陈　波
副主席　伍　荣
秘书长、党组成员　陈小华
工会主席　张文星

市文学艺术界联合会

主席、党组书记　陈坤山
副主席、党组成员　詹　瑛

市残疾人联合会

理事长、党组书记　周建新
副理事长、党组成员　肖　荣　贺冬桂
黎　艳(12月免)

市台办

主　任　尹书成

市归侨侨眷联合会

主　席　李秀英
党组书记　姚　宏
副主席(兼)　曹英健　滕　辉　李盛青　杨爱国

省、市厅局垂直管理单位

水口山有色金属集团有限公司

董事长、总经理　吴世忠
党委书记　肖富国
常务副总经理　肖功明
党委副书记　吴保华
副总经理　何从行　曾祥虎　关亚君　胡清华　李诚星
总会计师　张跃进
纪委书记　关亚君
党委委员　吴世忠　肖富国　肖功明　何从行　吴保华
曾祥虎　关亚君　张跃进　胡清华　李诚星
王自成
工会主席　吴保华

衡阳市裕民煤矿

矿　长　华连谷
党委书记　陈小荣
副矿长　黄森辉　黄平桥
副矿长、总会计师　陈中原
副矿长、总工程师　杨友明
纪委书记　肖朝根
工会主席　李竹徕

松柏海事处

处　长　成建平

衡阳市柏坊煤矿

矿　长　邹中德
党委书记　张志红
副矿长　徐彩宝　廖书林　肖中平　詹和平
纪委书记　胡柏生
工会主席　胡常恒
总工程师　陈纪明
总会计师　汪若清

衡阳市公安局水口山分局

局长、党委书记　李云龙
政　委　李　军
党委副书记、纪委书记　王　成
副局长、党委委员　肖贻仁(12月免)　黄晓平
谭振华　唐远途
政工室主任、党委委员　吕　旋

市邮政分公司

总经理、党委书记　肖永红
副总经理、党委委员　阳桂林
副总经理、纪委书记兼工会主席　周　浩
总经理助理、党委委员　尹小广
党委委员　方元龙
营销主管　邓福俊

中国电信常宁分公司

总经理、党委书记　邓卫民
副总经理、工会主席、党委委员　崔建华
副总经理、党委委员、纪委书记　吴　军
党委委员　阳　辉

市气象局

局　长　宾素芝
副局长　蒋永辉　曹慧晴(6月任)

市国家税务局

局长、党组书记　欧阳成
副局长、党组成员　张照柏 陈新云 钟敏将 罗亚华
纪检组组长、党组成员　刘志平

市地方税务局

局长、党组书记　陈全红
副局长、党组成员　匡梦雯　曾文斌　李小茅
纪检组组长、党组成员　李太平
工会主席　邓春荣

市供电公司

经理、党总支书记　刘　雄(5月免)彭　坚(5月任)
副经理、党总支副书记　肖春茂
副经理　谢桂林　吴美林

市工商行政管理局

局长、党组书记　段曙辉
副局长、党组副书记　欧阳华
副局长、党组成员　周国伸 周发伟 朱晓鸿 刘湘伟
纪检组组长、党组成员 许　峰

市质量技术监督局

局长、党组书记　刘春华(12月免)
副局长、党组成员　龙　英　王耀群
党组成员　夏常云　袁运桥

市烟草专卖局(公司)

局长(经理)、党组书记　唐海峰
副局长(副经理)、纪检组长、党组成员　宋秋生
副局长(副经理)、党组成员　汪恒光　詹 良 蒋锦杰

市盐务管理局

局长兼经理　李晓衡
副局长兼副经理　李　明
经理助理　易成虎

中石化常宁石油公司

经　理　阳桂元
党支部书记　欧小平
副经理　许文剑
经理助理　左思弘

市住房公积金管理中心常宁管理部

主　任　杨伫风
副主任　刘忠良

中国人民银行常宁支行

行　　长　张向东
副 行 长　欧运礼　袁诗章
纪检组组长　廖建华

中国工商银行股份有限公司常宁市支行

行　长　张孔昭
副行长　吴　岳　李建华

中国工商银行股份有限公司水口山支行

行　长　申顺国
副行长　于 成　汪　明

中国建设银行常宁支行

行　长　高　辉(10月任)

副行长　刘耀民　资必能（11月任）
营运主管　阳国辉

中国银行常宁支行

行　长　刘志伟

中国农业银行常宁支行

行长、党委书记　胡 炜
副行长、党委委员　周文利　尹长吉　廖志杰

中国农业发展银行常宁支行

行　长　李爱民
副行长　李先锋　廖春清

中国邮政储蓄银行常宁支行

行　长　李小林
副行长　黄忠强　邓亚楠（4月任，12月离任）

华融湘江银行常宁支行

行　长　万鹏飞
副行长　周　敏

珠江村镇银行

董事长　车 铭
行　长　江显锋
监事长兼风险财务总监　吴贵明
副行长　郑明星

市农商银行

党委书记、董事长　黄敦福
党委副书记、行长　申建人
纪委书记、监事长　夏柏承
党委委员、副行长　何羽发　肖旭光

市移动公司

经　理　李　晖
经理助理　侯雪风　曾红青

市联通公司

总经理　李　建
市场部经理　曹　娜
大客中心经理　王贻文
集团部经理　阳笑天
数固部经理　夏　丽
客服部经理　廖玲艳
综合部经理　彭　艳
运维部经理　唐异春

中国人民财产保险股份有限公司常宁市支公司

经　理　杨　明
副经理　肖甲开　王　跃　肖庆华

中国人寿保险股份有限公司常宁市支公司

经　理　周谢宝
副经理　李国清　朱国华

中华联合财产保险股份有限公司常宁市支公司

经 理　吴传平

人保寿险常宁营销服务部

经　理　秦　翔

市新华书店

经理　张文霞
副经理　廖柏云　雷 虹　邓立群

国家统计局常宁调查队

队　长　彭运瑞
副队长　张泽荣
监察员　高志刚

市政府管理机构

市民宗局

局　长　张石玉
副局长　姜满秀（女）

市政府法制办公室

主　任　王　颂
副主任　杨正茂　邓文娇　陈曙华

副科级督察员　李　俊

市政府电子政务管理办公室

主　任　刘伟华
副主任　谭贵荣　张小玲　易　峰(7月免)
工会主席　欧玲艳

市政府食品安全管理办公室

主　任　邓运香(女)(11月免)
副主任　滕卫平

市公安局交通警察大队

大队长　崔琼璋
教导员　贺运国
副大队长　袁诗林 王耀辉 周小明 李敬群 詹振华

市公安局政工室

主　任　尹邵芳
教导员　黄发荣

市公安局纪检监察室

纪委副书记、监察室副主任　陈琪芳
纪委副书记　王春龙

市公安局督查大队

大队长　王春龙

市公安局指挥中心

主　任　刘芳礼
教导员　吕三妹

市公安局警务保障室

主　任　王岳林
教导员　尹红华

市公安局法制大队

大队长　邓学礼
教导员　李清艳

市公安局国内安全保卫大队

大队长　尹建民
教导员　周　炜

市公安局网监大队

大队长　蹇华东
教导员　刘永红

市公安局巡特警大队

大队长　詹纯智
教导员　陆峥嵘

市公安局治安警察大队

大队长　曹诗红
教导员　尹宁华

市公安局刑事侦查大队

大队长　胡　斌
教导员　颜福斌

市公安局经济犯罪侦查大队

大队长　李富国
教导员　吴元璋

市公安局人口与出入境管理大队

大队长　彭运洲
教导员　龙陆生

市公安局禁毒大队

教导员　唐立林

市拘留所

所　长　雷卫国
教导员　崔永东

市看守所

所　长　滕文明
教导员　阳聪贵

市公安局宜阳派出所

所　长　黄　程
教导员　邓先贵

市公安局泉峰派出所

所　长　尹少彬
教导员　陈德忠

市公安局培元派出所

所　长　左轮顺
教导员　李盛富

市公安局松柏派出所

所　长　雷俊杰
教导员　管春茂

市公安局白沙派出所

所　长　李广友
教导员　胡苏亮

市公安局洋泉派出所

所　长　陈永铭
教导员　邓中平

市公安局宜潭派出所

所　长　李业强
教导员　李　勇

市公安局兰江派出所

所　长　易志中
教导员　刘爱成

市公安局三角塘派出所

所　长　刘　洪
教导员　周长江

市公安局柏坊派出所

所　长 吴智华
教导员　丁小宁

市公安局蓬塘派出所

所　长　刘渔芳
教导员　尹桂平

市公安局烟洲派出所

所　长　黄文华
教导员　周　斌

市公安局荫田派出所

所　长　邓华龙
教导员　赵顶峰

市公安局西岭派出所

所　长　徐仲衡
教导员　王丽华

市公安局盐湖派出所

所　长　郭祥春
教导员　汪桂军

市公安局罗桥派出所

所　长　何　勇
教导员　王友勇

市公安局庙前派出所

所　长　邓尹辉
教导员　杨小东

市公安局蒲州派出所

所　长　邓建军
教导员　李昭庆

市公安局板桥派出所

所　长　雷旭东
教导员　周向军

市公安局胜桥派出所

所　长　周迎春
教导员　周明星

市公安局官岭派出所

所　长　刘振辉
教导员　刘诗章

市公安局新河派出所

所　长　张晓武
教导员　李小荣

市公安局大堡派出所

所　长　罗军华
教导员　胡国华

市公安局江河派出所

所　长　周立伟
教导员　王海鸥

衡阳公安局水口山分局渡口派出所

所　长　于爱民
教导员　杨国平

水口山经济开发区公安分局

局　长　尹　洪(女)
教导员　张立强

衡阳市公安局水口山分局办公室

主　任　郭劲松
教导员　廖松平

衡阳市公安局水口山分局经侦大队

大队长　杨　钧
教导员　周维钊

衡阳市公安局水口山分局刑侦大队

大队长　尹　盛
教导员　易　勇

衡阳市公安局水口山分局治安大队

大队长　郭小元
教导员　朱振兴

市公安局消防大队

大队长　王书传
教导员　曹令福

反贪局

局　长　邓义元
教导员　陈建军

渎侦局

局　长　刘　峰
教导员　王世盛

市检察院法警大队

大队长　崔　伟
教导员　邓奇志(12月免)

水口山规划分局

局　长　王芳寿

市政府金融工作办公室

主　任　谭炎文(7月任)

市政务服务中心

主　任、党支部书记　刘振华
副主任、党支部副书记　董国球

市市场服务中心

主　任　胡铁军
副主任　滕　毅

市重点办公室

主　任　郭志成

市城市调查队

队　长　邓云宏(12月改非)

常宁一中

校　长　肖贻华
副校长　袁诗军　詹先文　李志刚　胡　绳
工会主席　谭　静
督　学　陈跃专

常宁二中

校　长　易　昕

书　记　徐富仁
副校长　陈　鹏　吕巧云（女）李时清　邓家亮　刘国平
工会主席　雷少林

水口山高级中学

副校长　王端生　夏明静　管少仁
工会主席　刘壁华

常宁市教师进修学校

校　长　滕仲春
书　记　雷向林
副校长　谭德意　李昌运　胡彦新　廖桂元
工会主席　王桂生

常宁市职业中等专业学校

校　长　郝绍华
总支书记　谭楚云
副校长　陈海涛　唐文斌　刘明生　刘国生

常宁市第七中学

校　长　李小林
书　记　吴玉发

常宁市第八中学

校　长　周宏文

常宁市宜阳小学

校　长　杨开生

常宁市双蹲小学

校　长　彭　昶

常宁市宜城小学

校　长　唐玉龙

常宁市水口山中心学校

校　长　欧后保
书　记　吕如成

常宁市幼儿园

园　长　欧芙萍

市爱国卫生运动委员会办公室

副主任　蒋文禄　吴雅霜　罗艳斌

市人民医院

院长、党总支副书记　刘志坚
副院长　刘春荣　吴国英　杨　峰　吕长青　杨　军

市中医院

院长、党总支副书记　邓芳文
党总支书记　吴四平
副院长　尹新生　孙德贵　吴仕辉　欧　礼　陈玉英

市卫生监督所

所　长　尹献忠

市疾控中心

主　任　郭秀连

市第二医院

院　长　黄　明
党支部书记　尹宜福

市第三医院

院　长　肖高武
党支部书记　朱华峰

市第四医院

院　长　胡军平

市妇幼保健院

院　长　胡　凡
副院长、支部书记　张晓春

市新型农村合作医疗管理委员会办公室

主　　任　褚美东

市红十字会

秘 书 长 张世桂

市计划生育服务站

站　　长 周春国
书　　记 詹能成

洋泉水库管理局

局　　长 谢爱平
副 局 长 郑爱生
纪检组组长 谢金生
工会主席 李祥和

市水松地区供水管理所

所 长 周晓鸿

市自来水公司

经 理 邹少文

市环卫所

主 任 尹国家

市城建开发总公司

总经理 邹 胜(10月免)
副总经理 张久林

市城乡建设投资有限公司

董事长 郭 雄
总经理 邹 胜(6月任)
监事会主席 唐绍东(6月任)
副总经理 李建国 尹爱东 何 俊 陈雨菡
财务总监 李志宏
纪检组组长 刘 丽
总工程师 欧曙良

市瓦松铁路建设投资有限责任公司

董事长、党委书记 何志雄
总经理、党委副书记 熊德辉
常务副总经理、党委委员 曹新春
副总经理、党委委员 刘自成 尹金华
副总经理、党支部书记 刘文成
财务总监 匡友俄
总经理助理 喻远光

市环境投资有限公司

(成立于2015年11月26日)

董 事 长 吴良忠
总 经 理 唐忠智
监 事 长 汤明兴
副总经理 向 鑫 吴生喜 吴世雄 陈小勇
纪检组组长 朱春琪
工会主席 廖运龙
财务总监 滕灿阳

市城市管理执法大队

大队长 李永红

市园林绿化管理处

主 任 谭孝忠

市市政公司

(2015年10月划归城管执法局)

经 理 吴生喜(10月免)

市建筑工程公司

经 理 蹇和平

市建筑设计院

院 长 胡卫民

市城市公共交通管理处

主 任 刘建国
副主任 贺 静 吴志坚 吴正清

市城市建设档案馆

馆 长 吴诗波

市环境监察大队

大队长　李建群
教导员　郭秀恒

市固体废物管理站

站　长　陈向东

市重金属办

主　任　唐忠志

土地开发整理中心

主 任　颜志勇

土地矿产交易中心

主 任　石海鹰

地质公园管理所

所 长　贺少芳

土地收购储备中心

主 任　彭耀恒

地质环境监测站

站 长　吴　强

国土资源执法监察大队

大队长　吴胜利

水口山国土资源分局

局 长　谭才荣

宜阳国土资源中心所

所 长　汤友柳

培元国土资源中心所

所 长　吴世伟

泉峰国土资源中心所

所 长　尹银生

洋泉国土资源中心所

所 长　王长贵

罗桥国土资源中心所

所 长　尹　成

市公证处

主　任　何建军
书　记　李尚军

市乡镇财管理局政局

局　长　肖立峰

市财政监督检查局

局　长　谭南翔

市教育经费核算中心

主　任　刘其明

市政府采购管理办公室

主　任　吴　非

市非税收入管理局

局　长　吴国平

市国库集中支付局

局　长　詹丽华

市国有资产管理局

局　长　黄平秀

市资源枯竭城市经济转型办公室

主　任　刘海林
副主任　周　晖　胡振华

市资源枯竭型城市资金管理办公室

主　任　文志生
党支部书记　宁和平

市交通建设投资办公室
主　任　欧志强

市经济责任审计办公室
主　任　雷文君

市固定资产投资审计中心
主　任　蒋小宁

市价格监督检查局
局　长　张富云
书　记　徐　君

市价格成本稽查队
队　长　李运龙
书　记　詹金容

市粮食执法大队
大队长　郭毅祥

市人力资源交流中心
主　任　李金姣

市社会劳动保险局
局　长　郭端平

市劳动就业服务局
局　长　阳光辉

市农村社会养老保险局
局　长　李玉亮

市机关事业单位社会保险所
所　长　吴一匡

市医疗保险基金管理中心
主　任　阳纯斌

市劳动保险监察大队
大队长　龙宜江

市劳动人事争议仲裁院
院　长　雷江鹏

市工伤保险基金管理中心
主　任　刘海涛

市道路运输管理所
所　长　廖金生
书　记　阳生南

市农村公路管理所
所　长　陈开宝
书　记　郝凌峰

市交通工程质量与安全监察所
所　长　廖福林
书　记　黎小林
副所长　滕新杰　雷发云

市路政大队
大队长　李和平
教导员　唐建国

市农村能源领导小组办公室
主　任　刘书庚(11月免)
副主任　尹黎明　罗丽艳(女)

市新农村建设指导组
组　长　陈燕青
副组长　易翠凤(女)

市扶贫办
主　任　周奉龙

市农科所

所　长　滕梅花
书　记　徐春生

市农业技术推广中心

主　任　肖月英(女)
书　记　徐春生

市种子管理站

站　长　曾志辉
书　记　龙小恒

市农业广播电视学校常宁分校

校　长　刘朝晖
副校长　邓承发

市农业行政执法大队

大队长　彭克林
书　记　吴晓靖

市原种繁殖场

场　长　徐志生
书　记　李林奈

市林业技术推广中心

主　任　雷孝斌

市林业行政执法大队

大队长　吴　睿

市林业产权管理服务中心

主任　朱向阳

市森林公安分局

局　长　戴文灿
政　委　周　斌

市退耕还林领导小组办公室

主　任　张　斌

市大义山自然保护区管理局

局　长　李亚东

市油茶管理办公室

主　任　何万裕

市农机监理站

站　长　欧慕军

市亲仁水利水电站管理所

所长、总支书记　阳　生

市水土保持局

局　长　唐建清
支部书记　唐柳清

市防汛抗旱指挥部办公室

主　任　何文祥

市梅埠桥水库管理所

支部书记　张永志

市西塘水库管理所

所　长　王耀荣
支部书记　贺佰圭

市地震局

局　长　李初发

市文物管理局

局　长　唐伍华
书　记　刘志林

市事业单位登记局

局　长　彭文瑞

市房屋产权登记服务中心

主　任　袁春龙

书　记　徐富建

市国有土地上房屋征收管理办公室

主　任　王　涛

书　记　王玉华

市城乡社会救助管理局

支部书记　朱美玲

市老龄委员会办公室

主　任　宁丽艳

副主任　张宗秋、何　辉

市慈善总会办公室

主　任　雷严汉

市军休所

所　长　刘晓辉

市墙改办

主　任　陈陶明

书　记　陈　宏

湘运公司常宁分公司

经理、书记　张旭宁

副书记　唐朝阳

副经理　詹　辉　李小勇

中国共产党常宁市委员会

总 类

【综述】中共常宁市委工作机构有市纪委(监察局),市委办公室、市委组织部、市委宣传部、市委政法委、市委统战部、市委编办、市委农村工作部、市委群众工作部。2015年,面对复杂多变的宏观环境、持续加大的经济下行压力和艰巨繁重的改革、发展、稳定任务,市委、市人民政府团结带领全市广大干部群众,积极应对大环境,着力营造小气候,开创了常宁经济社会发展新局面。在全省全面建成小康社会考核中,常宁位于全省经济强县第16位。共完成地区生产总值269.6亿元,增长9.0%;财政总收入16.31亿元,增长15.6%;固定资产投资160.8亿元,增长19.7%;实现社会消费品零售总额80.1亿元,增长10.7%;城乡居民人均可支配收入25314元、12812元,分别增长8.9%、9.1%。金融机构存、贷款余额205.4亿元、81.9亿元,分别增长17.3%、25.4%。贷款余额比年初增加16.6亿元,排在衡阳市首位。

【项目建设实现了新提升】2015年,市委砥砺前行,强化用地、用电、资金、人力等要素保障,项目建设稳步推进。着力抓项目招商,共引进项目31个,资金30亿元。强化用地保障,争取低丘缓坡专项指标1751.5亩。大力抓项目争资,争资跑项创造了历史最好成绩;争取前五批中央专项建设基金项目18个,到位资金11.28亿元,位居全省前列,衡阳首位。大力抓项目推进,共实施重点项目79个,完成投资71.9亿元,其中衡阳市重点项目34个,完成投资62.4亿元。瓦松铁路全面开工;广济水库、“田野绿世界”等项目进展顺利;青市车站主体工程竣工;金翼铅业、宏兴化工等项目加快推进;常宁歌剧院投入使用;经过大家共同努力,全市人民期盼已久的城市一环终于全线贯通,有效缓解了城区交通压力。特别是水口山金铜项目,市委坚持一周一例会,一月一调度,确保项目顺利推进,已完成单体试车,即将竣工投产。

【经济结构取得了新优化】2015年,坚持转方式、调结构,三次产业结构优化为17.5∶40.4∶42.1。着力做强新型工业,加快调整产业结构,延伸循环产业链,水口山有色产业园不断做大做强,铜、铅锌两大循环产业链优势更加突显。全市规模以上工业企业62家,总产值达205.8亿元。着力做实现代农业,“两油两叶一加工”特色农业格局渐次成型,“中国油茶第一市”“生态有机茶之乡”等品牌,无渣生姜、常宁茶油等地理标志产品名气越来越大;先后获得国家农产品质量安全县创建试点单位、省社会主义新农村建设先进县(市)、省养殖业工作先进县(市)、衡阳市粮食生产先进县(市)等荣誉;西岭镇平安村获“全国生态文化村”称号。着力做活旅游商贸业,北京万景集团开始深度开发庙前景区,天堂山、天堂湖、水口山工业遗址、大义山风景区的旅游开发积极推进。商贸物流也加速发展,南门集贸市场投入使用,中国油都等项目如期推进。

【深化改革激发了新活力】2015年,聚焦全面深化改革,改革工作位居衡阳市前列。通过反复论证,多方征求意见,编制了“十三五”规划纲要,为今后发展明确了目标、指明了方向。深化投融资改革。做强城乡投、水口山投、新组建水务投、环保投、交通旅游投、宜阳工业园投、农业投等5家投融资公司,进一步理顺管理体制,是年融资16亿元,为项目建设注入强大动力。基本完成政府机构改革和政府职能转变，行政效率明显提高。财税体制改革不断深化。“三超两乱”治理成效明显。成立了水口山镇。合乡并村改革超额超速完成省定任务，得到了省、衡阳市和社会好评。不断释放改革红利。是湖南省第三批县级公立医院综合改革县，药品零差率销售全面启动；获省农村土地承包经营权确权登记颁证先进县(市)；国有林场改制通过省验收；“三证合一”(即工商营业执照、组织代码证和税务登记证)等商事制度改革稳妥推进。

【社会民生增进了新福祉】 2015年，坚持产业扶贫、精准扶贫、兜底扶贫，深入开展“一进二访”活动，1200余名干部结对帮扶贫困户，让扶贫政策滴灌到根部。全面完成14件重点民生实事，突出抓好水、电、路、房等“十大民生工程”。完成省道214线常宁至水口山段提质改造；城区新增中小学学位5000余个；广播“村村响”工作经验在全省推介；市中医院“南詹正骨”技术入选湖南第一批18个中医药专长绝技项目，获省表彰。推进生态治理，全面完成36个省政府“一号重点工程”考核项目。强化社会保障，五大保险覆盖城乡，参保总人数突破90万人次，基本医疗保险覆盖率95%以上，健全了大病救助、困难家庭“救急难”等机制，实行政府兜底救助，城乡低保实现应保尽保，“零就业家庭”动态援助率100%，群众得到更多实惠。坚守维稳底线，安全生产是衡阳市先进县(市)，是年没有发生一起重大安全事故；社会综合治理获衡阳市先进县(市)；信访工作成效突出，是国、省“两会”期间唯一实现“零上访”的县(市)；计划生育在全省进位11位，打击“两非”工作被评为省先进。防范区域金融风险等工作得到加强，社会大局平安稳定。

【作风建设得到了新加强】 2015年，继续巩固党的群众路线教育实践活动成果，深入开展“三严三实”专题教育，广泛宣传社会主义核心价值观，社会风气进一步净化。启动了基层党建三年行动计划，向76个软弱涣散村选派了“第一书记”，服务能力进一步强化。坚持把党风廉政建设放在党务工作首位，出台了“三个不准”、“三个一律”(不准收受红包礼金、不准插手工程项目、不准跑官要官买官卖官，土地一律招拍挂、工程一律公开招标、进人一律公开招考)、《党风廉政建设主体责任和监督责任追究办法》，出台了规范村级财务管理和惠农补贴资金“二十四条”铁律，党风政风进一步优化。在衡阳市党风廉政建设责任制考核中取得第一名，并作典型发言。是年，市委总揽全局、协调各方，大力支持市人大、市人民政府、市政协依法依章程履行职责，支持工会、共青团、妇联等群团组织开展工作，牢牢把握正确舆论导向，切实维护社会稳定，为改革发展营造了良好环境。

市委重要决策

【关于分类指导加快推进全面建成小康社会的实施意见】 2015年1月6日，为贯彻落实党的十八大、十八届三中、四中全会、省委十届七次全会和衡阳市委十届四次全会精神，加快实现全面建成小康社会目标，根据省、衡阳市《关于分类指导加快推进全面建成小康社会的实施意见》，结合常宁实际，提出意见：1. 坚持指导思想和基本原则。坚持以邓小平理论、“三个代表”重要思想和科学发展观为指导，深入贯彻落实党的十八大精神，以全面建成小康社会为总抓手，以争当县域经济排头兵为目标，以“打基础、抓改革、创环境、促发展、惠民生”为主线，实行分类指导，突出科学发展，突出民生改善，突出优质服务，突出开放创新，聚精会神谋发展，坚持以人为本、共建共享。始终以改善人民生活、促进人的全面发展为根本目的，不断增加城乡居民收入，努力使全市人民群众有更好的教育、更稳定的工作、更可靠的社会保障、更高水平的公共服务、更优美的环境、更幸福的生活，真正实现全面小康。2. 把握常宁市全面小康建设进度。根据湖南省县市区全面建成小康社会监测评价指标体系，结合常宁市提出的“争当县域经济发展排头兵”目标要求，常宁的定位是省定二类县、位于湘南地区范畴，全面建成小康社会进度必须把握“两个节点、三大目标”(两个节点即到2017年全面小康实现程度必须到85%以上，到2020年实现全面小康；三大节点即实现争当排头兵、进入全省十强、实现全面奔小康目标)。3. 建立完善分类考核指标体系。根据省、衡阳市考核要求,结合常宁实际,按照突出重点、明确责任、严格考核的原则,建立全市加快推进全面建成小康社会重点工作乡镇(含办事处,下同)考核体系和市直单位目标责任。⑴明确分类指导;⑵融入绩效管理;⑶细化目标任务;⑷强化保障措施。

【中共常宁市委关于全力推进核电项目建设的意见】 2015年7月10日,关于全力推进核电项目建设的意见在中国共产党常宁市第十一届委员会第四次全体扩大会议通过。核电是一种安全先进、清洁环保、经济高效的新型能源,是国家能源战略的重点。常宁市核电项目始于2007年2月,尽管受日本福岛核危机影响而有所波折,但在上级领导的高度重视和相关部门的大力支持下,项目推进整体平稳有序。为更快更好推进核电项目,特提出如下意见:1. 充分认识核电项目的重要意义。发展核电项目,是湖南"四化两型"(四化即新型工业化、农业现代化、新型城镇化和信息化。两型即资源节约型、环境友好型)建设和实现中部崛起目标的首要选择和必然选择。核电项目落户常宁,是常宁融入"一带一路"国家战略的有利时机,将有力促进常宁经济结构转型升级,有效拉动区域经济快速发展,对发挥投资、技术和人才的集聚效应,加快新型城镇化进程,大幅提升经济总量和财政质量,具有里程碑式的重要意义和作用。2. 正确理解并宣传核电的安全性。核电是投资巨大、安全性要求极高的高科技产业。从国际上看,核电仍是最安全清洁能源,英、法、美、德、日等发达国家都在大力发展核电能源。核能发电自1954年开始,全球500座核电项目,除因第一代技术不完善而发生切尔诺贝利事故和因不可抗拒因素(地震)发生的日本福岛核电危机以外,全部都安全运行。从国内看,中国第三代核电技术安全技术已臻成熟,中国大陆迄今未发生过国际核事件分级(INES)2级及以上的运行事件,也未发生过对人员或环境造成污染和危害的事件。从常宁看,常宁处于非地震带,地壳十分稳定,且处于湘江边上,水资源十分丰富,发展核电十分安全可靠。核电项目落户常宁江河乡,已完成选址、初步可行性研究报告、上报项目建议书、相关部门取文、获批国家中长期厂址保护规划、地形测量等工作。常宁市核电项目将采用先进性与成熟性、安全性与经济性、能动与非能动相统一的世界第三代核电技术华龙一号或AP1000,有很明确严格的法规标准导则要求,核电厂的安全系数非常高。3. 进一步明确项目建设的目标任务。项目计划总装机容量为750万千瓦,总投资1500亿元,年产值300亿元,实现税收45亿元。其中,一期工程拟建设4台125万千瓦核电机组,总投资1000亿元,二期工程拟建设2台125万千瓦核电机组,总投资近500亿元。同时,核相关产业建设单位将在衡阳市实行核电相关产业和人才培养合作,建成核电高端装备制造和总成提供基地。项目近中期推进路径为:2015年启动可行性研究工作,完成陆域、水域地形测量专题;2016—2017年投入8000万元,建立气象塔、水文站,开展并完成项目可行性研究报告;2018—2020年投入52亿元对工地"四通一平",项目获得核准并开工。4. 强力推进核电项目相关建设。一是严格保护厂址。按照衡政办函〔2013〕88号文件规定,切实保护江河核电厂址,严禁在非居住区内新办厂矿企业事业单位和实施与核电厂无关的基础设施建设投入,厂址核心区严格限制人口迁入和村民新建房屋等。二是对接国省规划。充分发挥核电厂址、区位、核文化三个优势,抓紧时间对接国家、湖南省的发改委、能源局,促使项目进入省和国家"十三五"能源发展规划。三是加紧衔接协调。尽快理顺中核、中核建、国电三个集团的关系,促成三方达成共识,高效有序推进项目,并协调投资方2015年内启动、2016年底完成可研相关工作。四是商定实施方案。切实做好"十三五"期间项目开工建设的获批工作,与衡阳市和投资方密切配合,在国家内陆核电未解冻前,抢抓核电发展机遇,强化公关对接,夯实工作基础,牢牢掌握工作主动权,确保项目"十三五"期间开工建设。5. 广泛开展核电项目宣传。在常宁报、常宁电视台等传统媒体和常宁市党政门户网、常宁新闻网、常宁手机报、"新常宁"客户端等新媒体开设专栏,根据不同受众群,有计划、有针对性、多途径地开展核电科普宣传,让常宁市人民进一步认识核电、接受核电、支持核电。6. 进一步完善组织领导。为确保项目有效推进,专门组建项目服务建设工作小组。由市委书记任政委,市长任组长,相关市领导任副组长，相关部门和单位的主要负责人为成员，确保核电项目工作有序推进。7. 切实提供财政保障。常宁市财政保障核电项目工作经费支出，为实现项目早日开工提供资金支撑。

【中共常宁市委关于常宁市人民政府职能转变和机构改革方案的实施意见】2015年7月22日，为深入贯彻落实党的十八大和十八届二中、三中、四中全会精神，根据《中共中央国务院关于地方政府职能转变和机构改革的意见》（中发〔2013〕9号）、《中共湖南省委湖南省人民政府关于市县政府职能转变和机构改革的意见》（湘发〔2014〕14号）和《中共衡阳市委办公室衡阳市人民政府办公室关于印发〈常宁市人民政府职能转变和机构改革方案〉的通知》（衡办〔2015〕29号）精神，结合常宁市实际，制定常宁市人民政府职能转变和机构改革方案的实施意见。坚持以转变职能为核心、坚持因地制宜、坚持依法依规、坚持积极稳妥、坚持总量控制的实施原则。从常宁市实际出发，以职能转变为核心，大力简政放权，优化机构设置，理顺职责关系，严控人员编制，提高行政效能，努力建设人民满意的法治政府和服务型政府。

按照精简统一效能的原则，结合常宁实际，稳步推进大部门制改革，进一步规范机构设置，加大机构和职责整合力度，理顺职责关系，加快形成精干高效的市政府组织体系。

（一）优化组织结构，合理设置政府工作部门

组建市卫生和计划生育局。将市卫生局的职责、市人口和计划生育局的计划生育管理和服务职责整合，组建市卫生和计划生育局，为市政府工作部门。撤销加挂在市卫生局的市爱国卫生运动委员会办公室的牌子，将市爱国卫生运动委员会职责划入市卫生和计划生育局。将市人口和计划生育局的研究拟订人口中长期发展规划、年度计划和人口政策职责划入市发展和改革局。不再保留市卫生局（市爱国卫生运动委员会办公室）、市人口和计划生育局。

重新组建市农业局。将原市农业局的职责、市委农村工作部（市人民政府农村工作办公室）的职责、市商务局（招商局）牲畜定点屠宰监督管理职责整合，重新组建市农业局，为市人民政府工作部门，挂市委农村工作办公室牌子。不再保留市委农村工作部（市人民政府农村工作办公室）。

组建市经济科技和信息化局。将市科技局的职责、市经济和信息化局（市煤炭局）的职责、加挂在原农业局的市乡镇企业局的职责整合，组建市经济科技和信息化局，为市人民政府工作部门。不再保留市科技局、市经济和信息化局，撤销加挂在原市农业局的市乡镇企业局牌子。

将加挂在原市经济和信息化局的市煤炭局的职责划入市安全生产监督管理局，不再保留市煤炭局的牌子。

组建市文体广电新闻出版局。将市文化广电新闻出版局的职责、市体育局的职责整合，组建市文体广电新闻出版局，为市人民政府工作部门，挂市版权局牌子。不再保留市文化广电新闻出版局、市体育局。

组建市交通运输和旅游局。将市交通运输局的职责、市旅游局的职责整合，组建市交通运输和旅游局，为市人民政府工作部门。不再保留市交通运输局、市旅游局。

组建市市场和质量监督管理局。将原由衡阳市工商行政管理局垂直管理的市工商行政管理局和原由衡阳市质量技术监督局垂直管理的市质量技术监督局调整为市人民政府管理。将市工商行政管理局的职责、市质量技术监督局的职责、市食品药品监督管理局的职责整合，组建市市场和质量监督管理局，为市人民政府工作部门，挂市食品药品监督管理局、市食品安全委员会办公室牌子。不再保留市工商行政管理局、市质量技术监督局。

将市物价局的职责划入市发展和改革局。不再保留市物价局。

取消加挂在市人力资源和社会保障局的市公务员局的牌子。

组建市商务和粮食局，撤销加挂在市商务局的市粮食局、市招商合作局的牌子，将其职责与市商务局的职责整合，组建市商务和粮食局，为市人民政府工作部门。不再保留市商务局。

撤销加挂在市人民政府办公室的市民族宗教事务局的牌子，将其职责划入市人民政府办公室。市人民政府办对外可使用市民族宗教事务局名称开展工作。

将市法制办调整为市人民政府工作部门。撤销加挂在市人民政府办公室的市人民政府法制办公室的牌子。

将市统计局由市人民政府直属机构调整为市人民政府工作部门。

将加挂在市住房和城乡建设局的市人民防空办公室调整为市国防动员委员会的常设办事机构，同时也是市人民政府人民防空工作主管部门，列入市人民政府工作部门序列，不计入市人民政府机构个数。

市人民政府机构改革后，设置工作部门24个（详见附表）。

（二）加强协调配套，统筹推进相关改革

1. 推进事业单位分类改革。政府机构改革要与事业单位分类改革相协调，对承担行政职能的事业单位，逐步将其行政职能划归相关行政机构或转为行政机构，涉及机构编制调整的，不得突破政府机构限额和行政编制总额。具体做法是：按照“分门别类、区别对待，先进笼子、下步明确，成熟一个、处理一个，平稳过渡、逐步规范”的思路，适时进行调整规范。除部分纳入行政机构序列以外，有的职能整合归并，调整原有建制；有的整合进入所属行政部门的内设机构；有的将所承担的行政职能剥离划入机关，保留事业单位，仍承担相关事务工作，重新明确职责划定类别，相应核减事业编制；有的将所承担的行业管理职能划入相关行政部门，在事业单位分类改革中逐步实行事企分开。推动公办事业单位与主管部门理顺关系和去行政化，逐步取消学校、科研院所、医院等单位的行政级别。建立事业单位法人治理结构，推进有条件的事业单位转为企业或社会组织。积极推进事业单位登记管理制度改革，取消事业单位法人年检，实行开办资金确认登记制度，健全事业单位监管机构。认真落实中央和省、市有关人事、收入分配、社会保险、财政等事业单位改革配套政策，并做好与教育、科技、文化、卫生等行业体制改革衔接。

将原市公路管理局和市农村公路管理所承担的行政职能划入市交通运输和旅游局，其余职责整合，重新组建市公路管理局，为市交通运输和旅游局所属公益类事业单位，暂保留正科级。

将市畜牧水产局承担的行政职能划入市农业局，改为市农业局所属公益类事业单位，暂保留正科级。

将市农业机械管理局承担的行政职能划入市农业局，改为市农业局所属公益类事业单位，暂保留正科级。

将市农村经济经营管理局承担的行政职能划入市农业局，其余职责整合，组建市农村经营服务中心，改为市农业局所属公益类事业单位，暂保留正科级。

将市人民政府金融工作办公室的行政职能划入市人民政府办公室。

将市房产管理局承担的职能职责划入市住房和城乡建设局，不再保留市房产管理局。

将市知识产权局的职责划入市经济科技和信息化局，不再保留市知识产权局。

将市园林管理处承担的行政职能划入市城市管理行政综合执法局，更名为市园林绿化所，仍为市城市管理行政综合执法局所属副科级公益类事业单位。

将市城市公共交通管理处、市道路运输管理所承担的行政职能划入市交通运输和旅游局，市城市公共交通管理处、市道路运输管理所继续承担公共服务职能和相关事务工作，机构保留，名称不变，机构规格和管理体制暂维持现状。

将原由衡阳市地方海事局管理的市地方海事处调整由常宁市人民政府管理，将市地方海事处承担的行政职能划入市交通运输和旅游局，仍为市交通运输和旅游局所属副科级公益类事业单位。

将市种子管理局承担的行政职能划入市农业局，更名为市种子服务中心，仍为市农业局所属副科级公益类事业单位。

将市乡镇财政管理局的行政职能划入市财政局，更名为市乡镇财政服务中心，仍为市财政局所属副科级公益类事业单位。

将市非税收入征收管理局承担的行政职能划入市财政局，更名为市非税资金管理服务中心，仍为市财政局所属副科级公益类事业单位。

将市国库集中支付局承担的行政职能划入市财政局，更名为市国库集中支付中心，仍为市财政局所属副科级公益类事业单位。

将市人口和计划生育执法局承担的行政职能划入市卫生和计划生育局，更名为市计划生育指导中心，仍为市卫生和计划生育局所属副科级公益类事业单位。

将市民间组织管理局承担的行政职能划入市民政局，更名为市民间组织登记服务中心，仍为市民政局所属副科级公益类事业单位。

将市城乡社会救助管理局承担的行政职能划入市民政局，更名为市城乡社会救助服务中心，仍为市民政局所属副科级公益类事业单位。

将市老龄工作委员会办公室承担的行政职能划入市民政局，更名为市老年人服务中心，仍为市民政局所属副科级公益类事业单位。

将市水土保持局承担的行政职能划入市水利局，更名为市水土保持站，为市水利局所属副科级公益类事业单位。

将市庙前风景管理所更名为市旅游服务中心，为市交通运输和旅游局所属副科级公益类事业单位。

将市交通工程质量与安全监督所承担的行政职能划入市交通运输和旅游局，仍为市交通运输和旅游局所属副科级公益类事业单位。

将原市建工局及其下属事业单位承担的行政职能划入市住房和城乡建设局，其余职责整合，分别组建市建筑工程质量监督站、市建筑工程安全监督站，均为市住房和城乡建设局所属副科级公益类事业单位。

组建市煤炭生产服务中心，为市安全生产监督管理局所属副科级公益类事业单位。

组建市粮食服务中心，为市商务和粮食局所属副科级公益类事业单位。

将市体育运动中心更名为市全民健身服务中心，为市文体广电新闻出版局所属副科级公益类事业单位。

将市煤炭规费征收办公室更名为市矿产品税费征收办公室，为市政府办所属副科级公益类事业单位。

撤销市城市建设投资管理办公室。

此外，对于完全或主要承担行政职能的股级及以下事业单位，要结合部门“三定”工作统筹研究，切实解决好行政职能体外循环的问题。

2. 深化公共资源和国有资产交易管理体制改革。整合工程建设项目招投标、土地使用权和矿业权出让、国有产权交易、政府采购等平台，建立健全统一规范、上下衔接的公共资源交易平台。进一步改革完善公共资源管理体制和运行机制，将其他分散的各类公共资源交易逐步纳入公共资源交易平台。统筹推进和有机衔接市公共资源交易平台与市网上办事大厅建设。

组建市公共资源交易中心，为市人民政府直属正科级事业单位。撤销与公共资源交易相关的领导小组，成立市公共资源交易管理委员会，其办公室工作由市公共资源交易中心承担。将市人民政府采购管理办公室的采购交易职责划入市公共资源交易中心，采购监管等行政职责划入市财政局，不再保留市人民政府采购管理办公室。

加强党政机关、事业单位资产管理和企业改制后的国有资产管理。将分散在各部门管理的国有企业和机关事业单位国有资产管理职能整合，组建市国有资产管理中心，为市财政局所属正科级公益类事业单位。不再保留市财政局所属市国有资产管理局。

3. 深入推进行政执法体制改革。按照减少层次、整合队伍、提高效率的原则，合理配置执法力量。有机整合同一部门、同一领域内的执法机构和队伍，减少执法队伍种类，积极推进综合执法，有条件的领域可以推进跨部门综合执法。健全行政执法和刑事司法衔接机制。严格实行行政执法人员持证上岗和资格管理制度。

理顺城管执法体制，加强城市管理综合执法机构建设，提高执法和服务水平，形成服务高效、分级管理、以块为主、共同治理的新机制。

组建市农业行政综合执法大队，将市农业行政执法大队、市畜牧执法大队的职责和市农机监理站、市动物疫病预防控制中心、市渔政监督站的执法职责整合，组建市农业行政综合执法大队，为市农业局所属副科级公益类事业单位。不再保留市农业行政执法大队、市畜牧执法大队。市农机监理站、市动物疫病预防控制中心、市渔政监督站的执法职能划转后，继续承担公共服务职能和相关事务工作，机构保留，机构规格和管理体制维持现状。

组建市交通运输和旅游综合执法大队，将市公路路政执法、航运执法、交通工程安全执法、公共交通和道路运输执法、旅游执法等交通运输和旅游方面的执法职能整合，组建市交通运输和旅游综合执法大队，为市交通运输和旅游局所属副科级公益类事业单位，不再保留市公路路政大队。

加强文化市场监管和综合执法，理顺体制机制，建立高效统一的文化市场监管体系。将市文化市场综合执法局更名为市文化市场综合执法大队，调整为市文体广电新闻出版局所属副科级公益类事业单位，并受其委托对属地文化市场实施综合执法。

组建市安全生产行政执法大队（市安全生产应急救援指挥中心），为市安全生产监督管理局所属副科级公益类事业单位，并受其委托对属地安全生产实施综合执法。

4. 稳慎推进行业管理机构改革。按照政事分开、事企分开的原则，妥善消化市直专业经济部门转制改革遗留问题，不再保留市商业行业管理办公室、市物资管理中心、市轻工业行业管理办公室，现有人员逐步安置到位。作为过渡，暂设立市企业改制服务中心，主要承担企业改制相关事务和离退休人员管理服务等工作。待企业改制工作完成后予以撤销。

（三）规范机构设置，理顺职责关系

1. 严格规范机构设置。市政府不分组成部门和直属机构，统称为市人民政府工作部门，可分别对应市人民政府部门类别。市人民政府不再设部门管理机构，政府工作部门内设机构要综合设置。市人民政府工作部门的机构规格为正科级，内设机构规格为正股级。全面清理规范限额外自定行政机构，从严规范和管理合署办公机构、政府派出机构、开发区（含各类经济功能园区）管理机构、挂牌机构、议事协调机构和临时机构。不得超限额自定行政机构，挂牌机构不得设为实体机构，议事协调机构不单设办事机构，具体工作由相关职能部门承担。不得新设立承担行政职能的事业单位，也不得将行政机构改为事业单位。部门所属事业单位机构规格一般应低于主管部门的机构规格。

将市广播电视台由市人民政府直属事业单位调整为市文体广电新闻出版局所属正科级公益类事业单位。

将市地方志编纂委员会办公室与市委党史研究室的职责整合，组建市史志办，为市委办所属正科级公益类事业单位。

将市接待处由市人民政府直属事业单位调整为市委办所属正科级公益类事业单位。

将市人民政府教育督导室的职责划入市教育局，不再保留市人民政府教育督导室。

将市物价监督检查局改为市发展和改革局管理，机构规格由副科级降为股级。

将农村能源办公室机构规格由正科级降为副科级。

将市财政局所属副科级事业单位财政监督检查局的职责划入市财政局，不再保留市财政监督检查局。

将市社会劳动保险局更名为市社会劳动保险中心，仍为市人力资源和社会保障局所属副科级公益类事业单位。

将市机关事业单位社会保险所更名为市机关事业单位社会保险中心，仍为市人力资源与社会保障局所属副科级公益类事业单位。

将市农村社会养老保险管理局更名为市城乡居民社会养老保险中心，仍为市人力资源和社会保障局所属副科级公益类事业单位。

将市就业服务局更名为市就业服务中心，仍为市人力资源与社会保障局所属副科级公益类事业单位。

将市国土资源执法监察局更名为市国土资源执法监察大队，仍为市国土资源局所属副科级公益类事业单位。

2. 清理解决部门间职责交叉和分散事项。按照同一件事情由一个部门负责的原则，最大限度解决部门职责交叉和分散问题，建立健全部门间的协调配合磋商机制。根据上级统一部署，积极做好房屋、林地和土地等不动产登记职责整合工作，将不动产登记职责统一到一个部门，建立不动产统一登记管理制度。将城镇职工基本医疗保险、城镇居民基本医疗保险、新型农村合作医疗的职责整合由一个部门承担。整合业务相同或相近的检验、检测和认证机构，推进具备条件的检验、检测和认证机构与行政部门脱钩、转企改制。

将原市经济和信息化局的国民经济运行调节职责划入市发展和改革局。

将市财政局、原市物价局的行政事业性收费和政府性基金非税收入的收支管理、监督检查职责整合，由一个部门承担。

将市劳动就业服务局职业介绍服务职能整合到市人才交流服务中心，市人才交流服务中心更名为市人力资源服务中心，仍为市人力资源和社会保障局所属副科级公益类事业单位。

理顺招商引资服务职责，加强内外经济贸易合作。组建市投资促进事务中心，为市商务和粮食局所属副科级公益类事业单位。不再保留市对外劳务服务中心。

将市商务和粮食局所属市牲畜定点屠宰办公室调整为市农业局所属副科级公益类事业单位。

将市计划生育技术指导站的职责并入市妇幼保健院，市妇幼保健院加挂市计划生育技术指导站牌子。不再保留市计划生育服务站。

3. 进一步理顺条块关系。按照权责一致的原则，合理划分市与乡的事权范围，理顺市乡、市直相关部门与乡镇之间关系，充分发挥乡镇政府积极性，促进乡镇政府职能转变。按照财力与事权相匹配的原则，科学配置乡镇政府的财力，增强乡镇政府提供公共服务的能力。稳妥推进并乡（镇）合村工作。

常宁市人民政府机构设置表

政府办公室	发展和改革局	经济科技和信息化局	教育局	公安局	监察局	民政局	司法局	财政局	人力资源和社会保障局	国土资源局	住房和城乡建设局	交通运输和旅游局	农业局	水利局	林业局	商务和粮食局	文体广电新闻出版局	卫生和计划生育局	审计局	环境保护局	统计局	安全生产监督管理局	市场和质量监督管理局	政府法制办公室	人民防空办公室

说明：市人民政府设置工作部门24个。市监察局与市纪律检查委员会机关合署办公，列入市政府工作部门序列，不计入市政府机构个数；市农业局挂市委农村工作办公室牌子；市文体广电新闻出版局挂市版权局牌子；市市场和质量监督管理局挂市食品药品监督管理局、市食品安全委员会办公室牌子。

市人民防空办公室既是市国防动员委员会的常设办事机构，也是市政府人民防空工作主管部门，列入市政府工作部门序列，不计入市政府机构个数。

【中共常宁市委关于印发《常宁市村级区划调整工作实施的方案》】2015年11月25日，为深入贯彻落实《中共湖南省委湖南省人民政府关于开展乡镇区划调整改革工作的意见》（湘发〔2015〕15号）文件精神，按照《中共衡阳市委办公室衡阳市人民政府办公室关于开展乡镇区划调整改革工作的实施意见》（衡办发〔2015〕15号）文件有关要求，进一步推进常宁基层组织建设和民主政治建设，夯实党在基层的执政地位，巩固基层政权，经市委、市人民政府研究同意，制定本方案。以党的十八大和十八届三中、四中全会精神为指导，按照省委、省人民政府和衡阳市委、市人民政府合乡并村改革工作总体要求，立足常宁实际，围绕全面深化农村综合改革的主线，因地制宜，优势互补，合理确定行政村的规模和数量，优化资源配置，加强农村基层组织建设，激发农村改革发展活力，促进和加快农村全面小康社会建设。坚持因地制宜、整体合并、方便群众、依法办事、维护稳定的原则实施。村级区划调整工作于2015年11月下旬启动，2016年1月31日之前完成全市现有707个建制村的调整工作，减少建制村数量336个，调整比例为47.5%，调整后建制村数量为371个。

常宁市建制村合并工作任务指标分解表

序号	乡镇、街道	原有村委会数量（个）	调整后村委会数量（个）	减少量（个）	调整比例
1	宜阳街道	5	3	2	40.00%
2	泉峰街道	7	4	3	42.86%
3	培元街道	6	3	3	50.00%
4	天堂山	13	7	6	46.15%
5	水口山镇	24	13	11	45.83%
6	白沙镇	28	15	13	46.43%
7	三角塘镇	33	17	16	48.48%
8	荫田镇	33	17	16	48.48%
9	罗桥镇	40	21	19	47.50%
10	庙前镇	23	12	11	47.83%
11	板桥镇	38	20	18	47.37%
12	胜桥镇	45	24	21	46.67%
13	洋泉镇	49	26	23	46.94%
14	官岭镇	37	19	18	48.65%
15	新河镇	29	15	14	48.28%
16	柏坊镇	38	20	18	47.37%
17	烟洲镇	35	18	17	48.57%
18	西岭镇	31	16	15	48.39%
19	兰江乡	37	19	18	48.65%
20	大堡乡	29	15	14	48.28%
21	蓬塘乡	37	19	18	48.65%
22	塔山瑶族乡	17	9	8	47.06%
23	宜阳街道宜潭片区服务中心	42	22	20	47.62%
24	新河镇江河片区服务中心	13	7	6	46.15%
25	三角塘镇盐湖片区服务中心	18	10	8	44.44%
总计		707	371	336	47.50%

常宁市村级区划调整工作操作流程

序号	步　骤	主　要　工　作　任　务
一	宣传发动 (2015年11月30日前)	1. 市委、市政府召开工作动员大会。(11月26日) 2. 成立工作机构。乡镇召开党政联席会议,成立并村工作领导机构及工作机构,确定指导思想。(11月27日) 3. 乡镇召开动员大会。(11月29日前) 4. 印发宣传资料,悬挂横幅标语等。(11月30日)
二	清产核资 (2015年12月1—10日)	5. 各乡镇(街道、片区服务中心)成立清产核资工作领导小组,组织工作班子,制订清产核资方案。(12月2日前) 6. 确定村级财务冻结时间。(12月4日前) 7. 全面清产核资。分组对村级集体资产、债权债务及财务收支情况进行全面清查。(12月9日前) 8. 分村张榜公布清产核资情况。(12月10日)
三	征求意见 (2015年12月11—18日)	9. 调查摸底。乡镇查阅历史沿革、人文渊源等资料,摸清基本情况、河流水系、山脉走向、风俗习惯等情况。(12月13日前) 10. 乡镇召开村干部代表、社会各界人士座谈会,听取意见。(12月15日前) 11. 分村召开党员代表、村民代表座谈会,征求意见。(12月18日前)
四	制订方案 (2015年12月19—31日)	12. 制订并村具体方案。(12月21日前) 13. 村民会议讨论通过。(12月29日前) 14. 过半数村民签字同意。(12月31日前)
五	报批方案 (2016年1月1日—8日)	15. 整理并村方案相关资料。(2016年1月3日前) 16. 报市民政局审核。(1月5日前) 17. 报市人民政府审批。(1月8日前)
六	组织实施 (2016年1月9日—15日)	18. 公布方案。召开村组干部、党员、村民代表参加的会议,公布并村方案。(1月10日前) 19. 成立新村临时党组织和村委会筹备小组。(1月11日) 20. 合理选择村级办公场地。(1月12日) 21. 合并接管并村前各村集体资产及财务。(1月13日) 22. 移交接管各村档案资料。(1月15日前)
七	建章立制 (2016年1月16—22日)	23. 建立健全新村党建、村民自治、村干部管理等各项制度。(1月17日前) 24. 召开新村临时党组织和村委会筹备小组会议,明确责任分工,实行坐班集中办公,新村正式运行。(1月19日前) 25. 培训村组干部。(1月20日) 26. 制订新村发展规划。(1月22日前)
八	检查验收 (2016年1月23—31日)	27. 市乡镇区划调整改革领导小组验收。(1月26日前) 28. 资料整理归档。(1月29日前) 29. 总结经验上报。(1月31日前)

说明:1. 时间安排为总体要求,具体时间节点由乡镇确定。

2. 工作流程为指导性意见,各乡镇在具体操作时可穿插进行

市委重要会议简介

【第一次市委常委会议】2015年1月12日，在市委常委会议室召开了2015年第一次市委常委会，会议研究了人武、基层党建、人大和政协“两会”筹备、意识形态等工作。全体市委常委、市人大常委会主任、市政协主席及相关部门主要负责人出席了本次会议。

【关于党管武装工作会议】2015年1月12日，中共衡阳市委常委、组织部部长、统战部部长、常宁市委书记何录春在市委常委会议室主持召开了党管武装工作会议，会议研究党管武装工作。会议听取了常宁市人武工作汇报，会议指出，党管武装工作，常宁有优良传统，各级重视，人武部门真抓实干，培养了一批优秀干部，取得了优异成绩。

【关于农村饮水安全工程建设工作调度会议】2015年1月7日，中共衡阳市委常委、组织部部长、统战部部长、常宁市委书记何录春在常宁市新河镇政府四楼会议室主持召开了农村饮水安全工程建设工作调度会议，专题研究农村饮水安全工程建设工作。会议要求，常宁市2014年农村饮水安全工程项目要在2015年1月31日前全部建成供水，2015年农村饮水安全工程项目要在2015年春节前全部开工建设，各级部门要瞄准工作目标不动摇，全力以赴完成任务。联系乡镇(办事处)的市级领导、乡镇干部、水利局班子成员及有关职能部门要齐心协力，相互配合，采取积极措施，确保圆满完成国家、省、衡阳市下达的目标任务。

【关于常宁市旅游产业发展调研会议】 2015年5月5日，中共常宁市委在庙前镇会议室主持召开会议，专题调研旅游产业发展工作。与会人员经过认真研究讨论，会议形成一致意见：1. 要提高认识；2. 要加强领导；3. 要科学规划；4. 要全力推进。

【关于教育工作调研会议】2015年5月13日，中共常宁市委主要负责人在市教育局会议室主持召开会议，专题调研教育工作。与会人员经过认真研究讨论，形成一致意见：1. 要高度重视，切实担当；2. 要解决问题，赶超发展：⑴加快高中扩容提质，⑵化解中小学大班额，⑶加强教师队伍建设，⑷加大教育保障力度。3. 要强化管理，提升水平。

【关于卫生工作调研会议】 2015年6月2日，中共常宁市委在市卫生局会议室召开会议，专题研究卫生工作。与会人员经过认真研究讨论，形成一致意见：1. 要肯定常宁市医疗卫生工作取得的成效；2. 要看到当前医疗卫生事业存在的差距；3. 要支持常宁市医疗卫生事业的赶超发展。

【关于常宁市塔山瑶族乡精准扶贫现场办公会议】2015年10月20日，中共常宁市委专题调研塔山瑶族乡精准扶贫工作，并在塔山瑶族乡会议室召开现场办公会。与会人员经过认真研究讨论，形成一致意见：1. 高度重视塔山瑶族乡精准扶贫工作；2. 高起点规划、高标准建设瑶寨新村；3. 加强领导，积极推进建设；4. 明确工作目标。

市委重要文件选登

2015年3月7日，市委作出《关于表彰2014年度全市目标管理考核等工作先进单位的决定》。

同日，市委作出《关于授予水口山有色金属集团有限公司等单位“2014年度国有企事业单位纳税大户”荣誉称号的决定》。

同日，市委作出《关于表彰2014年度民营企业纳税大户的决定》。

同日，市委作出《关于表彰2014年度文明机关、社区、家庭的决定》。

3月31日，市委作出《关于申请创建全国科普示范市的请示的批复》。

5月19日，市委作出《关于常宁市人民政府职能转变和机构改革方案的请示》。

5月29日，市委发出《关于在全市县处级领导干部中深入开展“三严三实”专题教育的实施方案》的通知。

6月4日，市委作出《关于同意开展专项评议活动的批复》。

7月17日，市委作出《关于规划兴永郴赣铁路中段过境衡阳常宁的请示的批复》。

10月27日，市委作出《关于同意召开常宁市第十次妇女代表大会的批复》。

11月25日，市委发出《关于常宁市村级区划调整工作实施方案》的通知。

12月8日，市委作出《关于做好2015年全市目标管理绩效考核工作的意见》。

市委办工作

【概况】2015年，中共常宁市委办公室内设综合组、秘书组、行政后勤组、市委总值班室、政工组，归口办公室管理单位有市委政策研究室、市委党史研究室、市委市人民政府督查室、市委机要局、市保密局、档案局、市委市人民政府接待处。是年，办公室工作被评为衡阳市“转作风、抓落实”活动先进单位，多项工作位列衡阳市前列。督查工作连续三年获湖南省先进，连续五年获衡阳市优秀；目标管理绩效考核工作排名衡阳市第二；全面小康工作获衡阳市“经济发展奖”（第一名）。改革工作连续两年居衡阳市前列。

【综合调研】2015年，围绕市委“工业强市、民生优先、城乡统筹、交通畅达、特色农业、发展核电”工作主线，市委办在全市下发了开展重点课题调研的通知，编发《政研参考》11期；起草一批讲话、汇报、经验介绍材料等，做好了《学习与研究》《衡阳通讯》等刊物的通联工作。向省办、衡阳市办报送汇报材料、调研报告、改革建议、综合信息等文稿90多篇。其中《关于干部能上能下问题的几点思考》《真情服务好项目 同心打造樱花园》等文稿，在省、衡阳市党报党刊上发表或征文评选中获奖。

【督察督办】2015年共查办和转办领导批示12件，下发督办公函6份，按时办结率达100%。为加快“四城同创”步伐，针对市直独立院落机关绿化率偏低现状，开展专项督查，下发督办函36份，整改成果直接纳入年度文明创建考核范围。对重点项目实行“一周一报送，一周一调度”，确保了全市重点项目圆满完成。狠抓《关于简除烦苛提升效能推进项目建设的通知》的落实，进一步改善投资环境，切实提高建设项目审批效率，加速推进重点工程项目建设。

【办文办会】2015年，认真规范办文，严把起草、审核、校对、发送、时效“五关”，切实提高了公文质量。周到细致办会，对重大会议、活动实行集中报批、统筹安排，使各级领导腾出更多的时间和精力抓大事、抓落实。是年，全市召开会议70次，同比削减了21次，缩减30%。

【值班接访】2015年，办公室规范工作值班制度，严格落实领导带班制、24小时值班制等，确保上传下达不空档、不误事。坚持热情接访、耐心接访，及时、准确反映社情民意，诚心诚意为基层群众解决实际问题，维护了各级各部门的“窗口”形象。衡阳市信访工作现场会在常宁市召开，市委总值班室是现场参观点之一。

【机要保密】2015年，始终坚持机要24小时值班制度，严格值班交接手续，确保万无一失。投入近50万元完成党委视频会议室建设。省、衡阳市对常宁机要工作给予高度评价。全市强化保密宣传、督查、信息报送等工作，开展了保密工作论文比赛。加大涉密人员管理、保密硬件建设力度，保密能力进一步提升，连续5年零失误，守住了保密底线。

【后勤服务】2015年，常宁市重申接待相关纪律，厉行勤俭节约，做到同城零接待。按照“朴素、简约、隆重”的接待原则，接待工作减量不减质。圆满完成省委副书记、省长杜家毫，时任省委副书记孙金龙等重要宾客接待任务。深入开展文明、卫生、园林绿化单位创建活动。市委大院加大投入，强化安全保卫、基础设施建设和园林绿化，为常宁市创建省级文明单位提供了模板。

市委办重要文件选登

2015年1月19日，关于印发《2014年度机关效能建设和优化经济发展环境测评方案》的通知。

2月10日，关于印发《常宁市森林防火网格化管理工作实施方案》的通知。

3月7日，关于2014年度安全生产工作考核结果的通报。

同日，关于2014年度全市人口和计划生育工作考核评估结果的通报。

同日，关于印发《常宁市2015年“1+1联村”活动实施方案》的通知。

4月11日，关于印发《常宁市社区整合和办公服务用房建设实施方案》的通知。

4月29日，关于进一步加强和改进党委信息工作的意见。

5月13日，印发《关于深入践行党的群众路线进一步加强基层党组织建设的实施意见》的通知。

6月11日，关于印发《中共常宁市委全面深化改革领导小组2015年工作要点及责任分工》的通知。

6月29日，印发《常宁市2015年重点民生实事项目实施意见》的通知。

8月11日，关于印发《2015年常宁市环境卫生城乡同治工作考核办法》的通知。

8月24日，关于印发《2015年常宁市“项目建设年”活动实施方案》的通知。

11月2日，关于印发《常宁市乡镇行政区划调整工作实施方案》的通知。

12月21日，印发《常宁市创建省级卫生城市实施方案》的通知。

市委、市人民政府接待处

【概况】中共常宁市委、常宁市人民政府接待处是市人民政府的直属正科级事业单位（全额拨款事业单位），负责相应范围内的各级领导和客人的接待服务工作；负责市党政领导带领的考察团（组）赴外地参观考察的联络和服务工作；负责制定和修改全市政务接待工作有关规定，制订接待方案，指导全市各市直单位、各乡镇街道办事处的接待服务工作；负责对市内各接待部门（接待基地）的业务指导工作；负责联系全国城市接待部门联谊会，全省接待服务协会的工作；负责全国各城市接待部门的联络工作；负责做好市级一类会议以及中央、省在常召开的各类会议的接待服务工作。2015年，内设人秘股和接待联络股，有在编人员5人。接待处被评为“2015年度全市目标管理绩效考核良好单位”“2015年度全市办公室系统‘转作风、提效能’活动先进单位”；接待处党支部被评为“2015年度先进基层党组织”。

【党支部换届选举】2015年，接待处党支部进行换届选举，选举朱俊清为支部书记，陈芳为党支部副书记，李磊为党支部委员。

【接待工作】2015年，完成接待任务162批2335人次。其中完成市委、市人大、市人民政府、市政协、市纪委、市人武部23批360人次，省部级4批102人次，厅局级39批785人次，视察团、工作组46批752人次，专家教授、新闻媒体记者及各界知名人士15批126人次，商务接待35批210人次。是年，接待了省人民政府省长杜家毫，省委副书记孙金龙，省人大常委会副主任刘莲玉，省人民政府副省长戴道晋，省高级人民法院院长康为民，省民政厅厅长段林毅，衡阳市委副书记、市长周海兵，衡阳市委副书记邓群策，衡阳市政协主席廖炎秋等重要来宾；协助市信访局、市科技局、市文体广电新闻出版局等部门完成衡阳市信访工作会议、全省创新创业先进典型巡回报告会、衡阳市“村村响”工程现场会暨广播电视公共服务三项工程推进会等重大接待工作；同时还协助做好招商引资接待服务工作，推动水口山创新创业园、工业新城、金铜项目铜压延深加工产业、培元湿地公园、江河核电项目、砚池山公园、尚邦农产品物流园等项目加快发展。

【联村（居）工作】2015年，派出工作人员驻点精准扶贫村塔山瑶族乡下阳村，核实贫困户台账，开展“一进二访”活动，筹措资金完善下阳村水、电、路等基础设施建设，扶持发展茶叶、红豆杉等特色产业，抓好脱贫项目建设。是年，参与“1+1”联村活动，联点泉峰办事处夏联村，指导夏联村做好基础设施建设和城乡环卫同治等工作。同时，派出工作人员协助泉峰办事处曲市村新农村建设工作，筹措资金支持曲市村基础设施建设。并参与全市“四城同创”工作，向市民传播讲文明、讲卫生，响应“全民卫生日”，上街打扫劳动路社区各小区卫生，净化美化社区居住环境。（唐鑫）

组织工作

【**概况**】2015年，中共常宁市委组织部内设办公室、政策研究室、组织组、干部一组（加挂市公开选拔干部中心牌子）、干部档案室、干部二组、人才工作组、干部监督组、市直属工委、市委基层办、党员干部远程教育中心、党代表联络办公室。主要职责是负责全市基层党组织和党员队伍建设，科局级领导班子和领导干部考察、呈报、任免，干部教育培训、管理监督；参照管理机关工作人员考核、奖励，人才引进、使用、交流等工作。

【**强化责任抓党建**】2015年，启动基层党建工作三年行动计划，把2015年定为责任落实年、2016年为规范提升年、2017年为成果巩固年。是年，召开基层党建工作部署会，下发《基层党建工作责任落实年工作要点》，对基层党建工作进行安排部署。分别于7月1日、10月16日召开全市基层党建工作推进会，传达全国、全省农村基层党建工作座谈会精神，对当前和今后一个时期的农村基层党建工作进行调度推进。下发《常宁市贯彻落实全国、全省、衡阳市农村基层党建工作会议任务清单》（常办〔2015〕11号），明确基层党建工作十大任务，逐项确定牵头部门、责任人和完成时限。是年，下发《关于抓好2015年乡镇（办事处）和村（社区）基层党建工作考核的通知》。8月，派出4个督查组对全市各乡镇（街道）基层党建工作进行全面督查，针对存在的问题下发督办函27份，进一步强化从严治党的责任。

【**整顿软弱涣散基层党组织**】2015年，重点对76个软弱涣散村（社区）党组织进行集中整顿，实行党员市级领导和市直综合部门党员领导班子成员联系软弱涣散基层党组织制度，向全市76个软弱涣散村（社区）和52个贫困村选派“第一书记”和“五基”（村级基层组织、基本教育、基本经济、基本民主、基本保障建设，简称五基本建设）建设督导员，加强整顿和帮扶工作，促进软弱涣散党组织转化提高。

【**党员教育**】2015年，集中举办3期党支部书记培训班，邀请党校、信访、综治、经管等部门授课，对全市所有村（社区）党组织书记进行集中轮训。加强党员发展工作，下发《常宁市2015年发展党员工作指导意见》，探索实行入党志愿书编号制和村主干近亲属入党市委组织部预审备案制，严把党员发展入口关。是年，全市共发展党员598名，其中35岁以下的207名，占34.5%；高中及以上文化程度的385名，占64%。同时，加强党员日常管理，严格落实“三会一课”制度，推行“共产党员户”挂牌活动、党员公开承诺、无职党员设岗定责等做法，较好地发挥了党员的先锋模范作用。

【**党代表履职管理**】2015年，全面试行乡镇党代表年会制，全市21个乡镇（弥泉乡为党委换届公推直选试点乡镇）全部在4月之前召开党代会年会。加强党代表履职教育管理。6月，开展以“阅读•进步•履责”为主题的“读书月”活动。6月8日，组织部分市（衡阳市）、县（常宁市）两级党代表围绕“农村环境和卫生综合治理”主题进行调研。各党代表工作站积极组织党代表开展入户走访、座谈征询、双向约谈等活动。《衡阳日报》以《柏坊镇：党代表签订提案办理台账》、《衡阳晚报》以《瑶乡户户都有一本“便民服务一本通”》为题，对常宁市党代表联系服务群众工作进行了报道。

【**社区“两化两体系”建设**】2015年，全市社区由61个整合为41个。制订社区办公用房建设三年规划，出台开发建设单位无偿提供社区用房政策，加强社区服务站建设，不断提升社区建设标准化和社区服务规范化水平。

【**深化部门帮扶**】2015年，深入开展“1+1”联村活动，组织全市111个市直机关单位一对一联系111个贫困村、边远村、后进村，明确强组织、建阵地、解难题、促发展、帮贫困五项重点帮扶任务，有效整合人力、物力、财力，加大对基层的帮扶支持力度，推动城乡基层党组织优势互补、资源共享。

【**完善服务阵地**】2015年，加强乡镇便民服务中心建设，为群众提供一站式便民服务。加强乡镇机关“五小设施”提质改造，抓好烟洲、松柏等3个乡镇公租房建设,改善乡镇干部工作生活条件。投入112万元,抓好264个远教站(点)提质扩面。投入200万元,新建、改造26个村级活动场所,同时,下发《关于进一步加强村级组织活动场所使用管理的通知》,依托村级活动场所开展村干部轮流值班和为民服务全程代办,较好地发挥村级活动场所综合服务功能。

【强化服务保障】2015年,按照省、衡阳市要求,在2014年村均运转经费6万元的基础上,将村均运转经费提高到7万元,乡镇社区提高到平均8万元,城区社区达到平均15万元。下发《关于进一步提高村干部补贴标准的通知》(常组发〔2015〕1号),将村党组织书记补贴提高到每月不少于700元(书记、主任一肩挑的每月不少于800元),村主任和其他村干部每月按照村支部书记的90%、70%标准发放。符合享受离任补贴条件的村主干每人每年按不少于960元、1080元、1200元、1440元的标准给予生活补贴;其他村干部每人每年按不少于360元、420元、480元的标准给予生活补贴。

【"三严三实"专题教育】2015年,先后召开6次联席会议,组织市纪委、市委组织部、市委宣传部、市委办公室、市委政研室和市人大办公室、市人民政府办公室、市政协办公室相关负责人研究工作,明确目标、细化责任、传导压力,对专题教育进行调度推动。 是年5月30日,市委书记以"把'三严三实'作为每个党员的座右铭"为题,率先讲党课,启动开局。全市38名党员县处级领导干部也分别在适当范围讲了专题党课。市委中心组围绕"严以修身,加强党性修养,坚定理想信念,把牢思想和行动的总开关"开展了第一次学习研讨。市委中心组围绕"严以律己、严守政治纪律和政治规矩,自觉做政治上的明白人"开展了第二次学习研讨。10月27—28日,市委中心组围绕"严以用权、真抓实干,实实在在谋事创业做人,树立忠诚、干净、担当的新形象"开展第三次学习研讨。对照"不严不实"问题,"四大家"领导班子和县处级领导干部制定了整改问题清单、责任清单,明确整改时限,落实整改责任。四大家班子将问题、责任清单在常宁报进行公示。召开市委第十一届四次全会,积极回应群众期盼,作出了《关于加快推进水口山工业新城建设的意见》《关于全力推进核电项目建设的意见》《关于加快高中教育发展全面振兴常宁教育事业的意见》三个重大决策。8月20日,《衡阳日报》以《常宁:落好'三颗子',下活'一盘期'》为题对常宁的专题教育进行了专版报道。是年,全市派出111个市直机关企事业单位与52个省定贫困村结对帮扶。各帮扶单位共为贫困村解决帮扶资金(含项目资金)1740万元,为贫困户送去帮扶资金107万元,帮助解决基础设施、产业发展等方面急需解决的问题1280多个。《雁城组工》以"常宁市千名领导干部进村入户结穷亲"为题对常宁市"一进二访"活动进行了推介。

【干部选任】2015年,根据工作需要,共调整科级干部4批次197人次,其中提拔11人,为市属企业投资公司配强领导班子,完成市人民政府机构改革和乡镇区划调整中党政正职配备工作,共消化正科领导职数42个,副科领导职数33个,科级非领导职数107个。强化股级干部备案审批制度,严格程序,认真把关,对各单位呈报符合要求的股级干部及时送呈领导审批,对不合程序要求的提出了批评和整改意见。共审批股级干部13批次53人,提交部务会研究2批次8人。

【领导干部出国(境)管理】2015年,进一步加强科级领导干部因私出国(境)管理监督工作,认真做好领导干部出国(境)审批审核、备案、登记等工作,对材料不规范,手续不完整的一律不予受理。在全市范围内开展领导干部因私出国(境)证件自查清理和收缴工作,共清理收缴因私出国(境)证件208本,实现了在职科级领导干部因私出国(境)证件"零持有"。

【教育培训】2015年,制定本年度干部教育培训计划,举办科级干部理论进修班1期,调训干部60人。举办中青班1期,调训干部60人。参训率97%。是年,先后向衡阳市委党校送训处级干部8人,科级干部20人,向省委党校送训处级干部2人,圆满完成上级调训任务。同时,根据衡阳市委干部教育工作领导小组《关于开展干部教育培训在线学习的意见

(试行)》和市委组织部下发的《衡阳市干部教育培训在线学习管理办法(试行)》文件精神的要求,组织全市组工人事干部在线教育学习网上进行在线学习。

【监督管理】2015年,严格执行《党政领导干部选拔任用工作有关事项报告办法》。如期完成全市2名省管干部和40名衡阳市管干部的个人有关事项报告。配合政府机构改革,开展科级单位法人代表经济责任审计工作。对全市2014年7个离任和2015年28个涉改的科级单位法人代表进行经济责任进行审计委托,并按时完成审计任务。按照省委组织部《关于对2014年度"带病提拔"的党政领导干部选拔任用过程进行集中倒查的通知》要求,认真审查常宁市2014年度受到撤销党内职务或者行政职务以上处分的科级领导干部名单上10名科级干部的任职审批表、纪检(监察)处分决定书等材料,确定这10人都不属"带病提拔"倒查对象。

【部门自身建设】2015年,强化业务培训,制订组工干部业务培训计划,坚持周五集中学习制度,定期由部领导和组室负责人进行业务辅导,按照"自选主题、人人主讲"的原则,每周确定一个主讲人、拟定一个学习提纲、撰写一篇高质量的讲稿,采取本人讲、集体学、专人提、大家议、全员评等灵活多样的方式,达到"一人学习、众人受益"的目标。同时,为打造组织工作宣传平台,并对常宁党建网进行改版升级,并创办《常宁组工信息》,及时推介党建工作先进经验。是年,根据市委整顿软弱涣散基层党组织工作的统一安排,部机关选派9名年轻干部担任软弱涣散村"第一书记"。通过与基层结对子、与群众交朋友,进一步完善组工干部直接联系服务党员干部和群众制度,引导组工干部在服务基层、服务群众过程中锤炼党性、增强本领、改进作风,树立组工干部公道正派、清正廉洁的良好形象。同时,部机关干部共联系村(居委会)10个,与困难老党员结对子36户,资助贫困学生22名,送出慰问品和慰问金价值3.3万元。是年,加强机关内部管理,建立健全文书处理、财务管理等一系列制度,实行"指纹打卡"考勤和"开门办公",有力提升部机关干部工作作风。根据部机关各组室职能和机关干部岗位职责,将组织工作进行分解量化,责任落实到组室,任务落实到人。健全考核评价机制,进一步完善考核评比方案,做到考核科学合理,激励广大组工干部个个争先竞位。

宣传工作

【概况】2015年,中共常宁市委宣传部内设办公室、理教组、文艺组、社宣组、外宣组、新闻办、文明办、文产办;归口管理单位有文体广电新闻出版局、广播电视台、文联、新华书店、常宁报社、网管办。共有干部职工29人。是年,获常宁市目标管理考核先进单位。

【学习理论成果】2015年,市委中心组开展全面从严治党、计生与人口、军民融合发展、法治湖南、"三严三实"、十八届五中全会精神等等11个专题的集中学习研讨;围绕"四个全面、两个巩固"(全面建成小康社会、全面深化改革、全面依法治国、全面从严治党,巩固全党马克思主义在意识形态领域的指导地位,巩固全国人民团结奋斗的共同思想基础)、五大理念等专题及分管工作,组织全市副科以上干部撰写一大批调研文章。据不完全统计,市委中心组成员共撰写理论调研文章近200篇,在各级媒体发表40余篇。组织全市干部群众积极参与衡阳市国学征文活动,上报征文30余篇。

【新闻报道】2015年,发表各类稿件2500余篇,中央级新闻媒体发稿6篇;省级媒体发稿30余篇(条),其中《湖南日报》头版头条1篇,《湖南日报》普通版面29篇;衡阳市级媒体发稿400余篇,其中《衡阳日报》头版头条9篇;各类网络媒体上稿1000余篇,其中省级以上网络媒体500余篇。3月,湖南日报头版头条刊登常宁《常宁走出枯竭困境》、连续2天大篇幅刊登《"老树"发"新芽"》《"新叶"俏枝头》,报道常宁工业转型成效、经验。相继推出了《环保成常宁经济提质"指挥棒"》《水口山经开区:产城融合"孵化"宜居宜业工业新城》《常宁市平安村:生态产业勾画发展美景》《常宁:核心价值观融入教育总体规划》等头版头条。

【宣传形式】2015年,在全市公共场所、公路沿线、乡镇集镇、村镇广场等重点地段投放大中型宣传牌1000余块,文化墙5000余平方米;市电视台、报社、网站、手机报、"新常宁"客户端等媒体推出了社会主义核心价值观专题、专版、专栏;评选表彰"最美教师"300余人、"最美医生"20人、"最美护士"30人、道德模范暨"身边雷锋•常宁好人"10名;《独腿少年三年求学"跳"行3000多公里》《不一般的欧建春》在衡阳日报头版头条报道;举行常宁首届诚信家博会,表彰诚信经营家居企业5家。西岭镇平安村以孝文化为核心,打造了"孝文化"广场,建立平安国学大讲堂,荣获湖南最美乡村、全国生态文明乡村。

【文明创建】2015年,广泛开展"四城同创"行动,全面推行"网格化"管理,通过定区域、定人员、定标准、定职责,在全市范围内掀起"大扫除、搞整治、创样板"的热潮;高标准建设城市文化墙,提升常宁城市形象;推荐市交警队、市中医院为衡阳市文明单位,松柏镇和西岭镇平安村为衡阳市文明村镇;举行"身边雷锋•常宁好人"颁奖典礼,拍摄视频在全市宣传;志愿者团队达到135个,志愿者注册突破5万人,志愿服务活动蔚然成风。

【培育文化底蕴】 2015年,组织全市艺术家绘制常宁"古八景"(天开石榜、地南魁星、湘寺晓钟、茭河晚渔、桃花春浪、泉峰夕照、西桥夜月、南岭霁雪);将"罗桥字灯""蓬塘豆油"申报衡阳市级非遗项目;大力培养瑶族谈笑、南詹正骨、板桥荷花灯等非遗传承人,基本完成非物质文化遗产展示馆筹备工作;增补犁头嘴城址、肖石月故居、廖家湾民居群、玄塘古建筑群、朱田段家民居群共5处为市(县)级文物保护单位;广泛开展"欢乐潇湘·美丽衡阳·魅力常宁"群众美术、书法、摄影活动及广场舞大赛、常宁市公务员书画摄影作品展、田园群众文化艺术节等群众性文化活动;小歌剧《卖蘑菇的老师》获湖南省第四届民族文艺调演金奖;在"2015年度衡阳市专业艺术表演团体新创剧(节)目评比汇演"中,《卖蘑菇的老师》获优秀剧目奖、优秀剧本奖、作曲奖、配器奖、优秀表演奖、表演奖等6项大奖,民俗音乐情景剧《瑶乡欢歌》获导演奖、优秀表演奖。

【培植文化产业】2015年,常宁版画再进观澜。再次参展第十一届中国(深圳)国际文化产业博览交易会暨第九届中国(观澜)原创版画交易会,共展出油印、水印与丝网版画作品110件,销售19件。文化与旅游融合发展态势良好。北京万景庙前景区提质开发、塔山瑶族风情园、罗桥"万亩樱花园""万亩玫瑰园"等一批文化旅游及休闲娱乐项目正在加快建设;在政府引导扶持下,市兰亭雕刻、良友传播、天下画庄、中国印山、福塔茶叶、东林书画院等一批本土特色文化企业不断涌现,发展态势良好。

【文化设施建设】2015年,常宁大剧院已完成项目主体工程建设,2016年初即可投入使用;市图书馆已完成规划选址,正在加快建设;市文化馆、博物馆、体育运动中心等项目正在前期调研和规划选址中;培元湿地公园、岘池山公园、泉峰公园正在加快建设;白沙、宜潭、西岭、荫田、兰江、松柏、柏坊等10个乡镇的基层文化设施扩容提质工程已全面启动。

【基础平台建设】2015年,打造"双蹲书院大讲坛"理论学习平台,开设名家讲坛和基层宣讲,创新了中心组理论学习方式,提升了双蹲书院大讲坛的影响力;创办宣教刊物《常宁宣传》,构建了全方位、深层次的内部宣传平台。

【示范基地建设】2015年,按照"创建一个,带动一个,推动整体"的工作思想,创建了西岭镇平安村、官岭镇、市教育局三个宣传思想政治工作示范点;指导板桥镇修建了抗日英雄纪念碑"二十四烈士墓",为全市爱国主义教育增添新阵地;塔山瑶族乡被确立为衡阳市文艺创作基地。

【发展"微媒体"】2015年,常宁共有官方微信公众号1个,官方微博2个,"新常宁"党政客户端1个,比较活跃的民间微信公众号20个。微信"常宁手机报"每天阅读人数达3.5万人,"新常宁"党政客户端每天阅览人数达4万人次。坚持做优"拇指媒体",开设了市情、新闻、政务、拍客、生活、公告、便民等15个栏目,共刊发信息12000余条,让全国各地常宁籍知名人士及全市4万余用户群体及时掌握常宁发展动态。

【开展"微宣讲"】2015年,在做好调查问卷基础上,共梳理出土地流转、人口计生等11个老百姓关心的重大问题,组建由衡阳市委讲师团和法院及常宁市委党校专家宣讲队，开展“国学五进”活动，通过开展座谈、播放法制短片、乡村广播等形式灵活的微宣讲活动，真正实现“专家进农家，国学进万家”，让国学飘香在田野上。是年，全市已开展50余场“微宣讲”活动，覆盖全市27个乡镇（办事处）40余万人。市委党校被评为衡阳市理论宣讲先进单位，市司法局周晓华被评为理论宣讲先进个人。

【优化“微服务”】 2015年，在全市706个村建设广播7230个，实现全覆盖无死角，切实做到广播“时时响、全面响、优质响、无哑响”，共宣传、解读“三农”“二胎”“扶贫”等党的惠民政策100余次，精心编排文艺节目、对农节目、市场资讯1200多期，发布企业招聘信息200多条。是年12月7日，衡阳市农村广播“村村响”现场经验交流会在常宁召开。新华社以《乡村“老广播”播响“新生机”》为题，对常宁农村广播“村村响”工作进行了重点宣传，湖南卫视等新闻媒体进行了全面报道。

统战工作

【概况】 2015年，中共常宁市委统战部内设办公室、干部组、经济联络组。归口管理单位有市委台湾工作领导小组（常宁市人民政府台湾事务办公室）、市台胞台属联谊会、市民族宗教事务局（中共常宁市委民族宗教事务委员会）、市归侨侨眷联合会、中共非公有制经济组织工作委员会、常宁市工商联合会。

【贯彻落实中央、省委统战工作会议精神】 2015年，常宁市委统战部先后两次召开部务会，进行集中学习领会中央、省委统战工作会议精神和《中国共产党统一战线工作条例（试行）》，讨论制定《全市学习贯彻中央统战工作会议精神实施方案》，并在市委常委会上作专题学习贯彻汇报。

【“四同创建”】 2015年，新增加常宁田野农牧有限公司为“同心园区”创建示范点、振安学校为“同心项目”创建示范点、禄福村为“同心乡村”创建示范点。重点抓好田野农牧有限公司融资难问题和嵩宜“同心社区”两化两体系建设。为田野农牧有限公司争取国家进出口银行解决台资企业融资5000万元贷款，协调解决公司用电、用地、用水、用工等问题8项，成立“四同创建”重点项目党外专家顾问团，为“同心园区”的发展建设把脉开方。发挥统战资源优势，向机关单位、社会团体、非公代表人士等渠道筹集资金42万元，帮助嵩宜社区建成一站式服务大厅。

【会员组织工作】 2015年，在全市范围内发展工商联新会员15名，安排专人对会员数据库进行及时更新。积极做好会员企业的宣教工作，营造良好的人际传播氛围，不断增强社会影响力。

【非公企业服务】 2015年，组织7名非公企业法人代表参加EMBA企业家培训班，全面提升企业法人的个人素养和管理水平。举办大型现场招聘会，邀请35家非公企业积极参与，发放企业招聘简章2万余份，达成就业意向1386人。

【搭建银企平台】 2015年，搭建银企合作平台，为中小企业解决融资难问题。组织家具行业协会与市邮政储蓄银行召开“银企座谈会”，帮助企业解决融资贷款问题，8家会员企业与邮政储蓄银行达成初步合作意向。举办“2015塔山山岚茶春茶发布会”，做响“塔山山岚茶”品牌，增强品牌知名度。

【民族宗教工作】 2015年，积极与上级单位联系，争取更多的项目和资金解决少数民族贫困问题。先后申报塔山瑶族乡、弥泉乡少数民族发展项目，强化民族政策和法律法规的宣传教育，进一步营造各民族团结进步的和谐氛围。做好“两种考生”民族成分更改工作，对16人符合条件的考生进行认定，其中少数民族7人。深入推进宗教事务工作。健全各项管理制度，重点做好宗教场所的财务监管工作，完善各宗教工作台账。全面掌握宗教活动场所和宗教教职人员的基本情况，做好全市宗教场所的换证工作。妥善处理水口山万福寺搬迁问题，积极联系水口山经济开发区等有关部门进行协调。协助解决万福寺搬迁事宜。

【台侨工作】 2015年，开展台情调研工作，加强与常宁籍在台后裔联络交往，新掌握在台后裔对象21名。利用春节时机，向旅台常宁乡亲寄送贺年卡200余封。为特困台胞台属送去慰问物品，传递正能量。是年，先后帮助台胞李庭钧和邓维华寻得失散数十年的亲人。主动加强与归侨侨眷、港澳属联系，多次上门走访慰问困难归侨侨眷，累计送去慰问金及物资近3万元；开展第二届"情系桑梓、爱心圆梦"帮扶贫困学子活动，爱心企业家张雄富、严平秀出资赞助市25名贫困学子，进行"一对一"结对帮扶；深入乡镇农村关怀老归侨及贫困侨眷，组织专业技术人员赴老侨聚集区洋泉镇开展义诊、义演、义捐活动。侨商欧阳洪山在西岭镇创办常宁洪发农林农民专业合作社，综合开发油茶林，发展林下种植中药材及经济作物，建立"油茶林下种植中药材新造项目"，进行林下种植中药材1120余亩，从事油茶林下中药材育苗、种植、加工及技术培训等，成立衡阳地区唯一一家归侨侨眷再就业培训基地，组建药材加工厂，为种植户提供一站式服务。

【非公党建工作】2015年，制定出台《中共常宁市非公有制经济组织工作委员会2015年工作要点》《常宁市非公党工委机关考勤和请假暂行规定》《常宁市非公党工委机关卫生内务管理制度》三个章程文件，明确工作重心，划分工作任务、实施奖罚制度，要求党员干部模范带头履行职责，启动发展党员工作。举办一期入党积极分子培训班，共培训学员101人。开展普查工作，将全市非公党组织分成四类，逐步规范管理，在全市社会组织中发展党员1424人，建立党组织283个，实现了党建工作全覆盖。

【机关自身建设】2015年，市委统战部机关多次召开座谈会开展批评与自我批评，自查自省，不断改进工作作风。继续实行指纹考勤制度，工作日每天进行4次指纹考勤。扎实推进"精准扶贫"工作，统战部务会成员先后多次深入宜潭乡书泉村、禄福村、和平村开展走访慰问活动，与贫困家庭面对面沟通、心贴心交流，结对帮扶群众解决实际困难。

【宣传工作】2015年，组织干部职工撰写宣传信息稿件，严格执行《信息宣传奖励办法》的规定，全面调动干部职工撰写信息的积极性，做到有统战新闻必上报，有统战理论必撰稿。是年，在衡阳统战网发表信息121篇，三湘统战网发表信息26篇，在省委《统战周报》发表信息2篇，在省委统战信息专网刊发文7篇，在《中央统一战线》杂志发文1篇，较好地宣传了常宁的统战工作。

非公党建

【概况】2015年，中共常宁市非公有制经济组织工作委员会党委内设办公室、组织股和宣传股。是年，以学习贯彻落实党的十八届三中、四中全会精神为主题，以巩固党的群众路线教育实践活动成果为抓手，以基层党建"责任落实年"为主线，服从和服务于全市经济建设中心，团结进取，真抓实干，开拓创新，与时俱进，开创了常宁市非公党建工作的新局面。

【非公党群组织普查摸底】 2015年4月中旬至12月底，经普查，全市共有非公经济组织和社会组织（以下简称"非公组织"）党组织283个，党员1424人。 其中，非公经济组织19612家，从业人员79232人，组建了党组织238个，组建率为14%，105家规模以上非公企业均建立了党群组织。社会组织243个，主要包括社会团体、中介组织和民办非公企业三大类，从业人员约2万余人，党员231人，已建立党组织45个，实现了党的工作全覆盖。通过普查，将全市283个非公党组织分成四类：一、二、三、四类党组织分别是141家、25家、78家、39家。

【召开全市非公党建工作会议】2015年5月4日，在市教育局九楼会议室召开全市非公党建工作会议，对开展群众路线教育实践活动整改落实"回头看"、党组织普查、发展党员、"七一"表彰先进推荐等几项工作进行了安排部署，启动发展党员工作。

【发展党员】2015年，市委组织部分配非公系统发展新党员指标78个，按照发展党员工作程序和要求，通过严格政审、考察、表决、公示等，全年非公党组织共发展新党员76名，预备党员转正85名。

【非公党建督查】2015年11月18日至12月7日，对全市非公党建工作进行全面督查考核评分，下发了督查情况通报，对培元办事处、松柏镇、宜潭乡、柏坊镇、荫田镇、西岭镇、帝煌大酒店、民爆公司、正源药业公司等单位通报表扬。全市基层非公党组织在落实党建责任、软硬件建设、发挥作用、经费保障等方面都得到全面提升。

【非党积极分子培训】 2015年4月15—17日，对全市非公组织要求入党积极分子进行了短期集中培训，衡阳市非工委书记伍祥乐为非党积极分子上课。共培训学员101人，严格培训纪律，通过上课考勤、学习笔记、结业考试、结业抽考等综合考核，表彰了一批优秀学员，达到了培训的目的。

【基层党组织书记集中培训】 2015年5月4日，在市教育局九楼会议室对80多名基层党组织书记进行了业务培训，组织学习《中国共产党发展党员工作细则》《常宁市贯彻落实〈2014—2018年全国党员教育培训工作规划〉的实施意见》和2015年常宁市非公党建工作要点，对入党积极分子培养备案登记、发展党员工作、党费收缴、党组织建设等业务工作进行了培训。

【党员活动】 2015年3月，全市开展非公党组织“党员e信通”学用竞赛活动和“微党课、微故事、微视频”创作竞赛活动。非公委机关张出海被市委组织部评为“党员e信通”学用竞赛活动先进个人。

【庆祝建党94周年暨“七一”表彰】 2015年6月29日，常宁市首次对近年来非公组织中涌现出来的8个先进基层党组织、10名优秀共产党员、10名优秀党务工作者和4名支持非公党建工作的优秀民营企业家进行表彰，对34名来自直管党组织的新党员举行集中宣誓活动。同时受衡阳市非工委表彰的有1个先进基层党组织、1名优秀党员、2名优秀党务工作者；受常宁市委表彰的有4个先进基层党组织、4名优秀党员、4名优秀党务工作者。

【走访慰问】 2015年“七一”前后和2016年春节前，共走访慰问非公组织困难党员22人，走访宜潭乡书泉村、南京村困难群众，共送出慰问金13180元。全市基层非公党组织走访慰问老党员、困难党员、群众，共送出慰问金5万元。

【作风建设】 2015年，制定出台《常宁市非公党工委机关考勤和请假暂行规定》《常宁市非公党工委机关卫生内务管理制度》，坚持每天上下班打4次指模，认真学习贯彻《中国共产党廉洁自律准则》《中国共产党纪律处分条例》，下发会议通报、督查通报、情况通报7个。机关干部作风进一步好转。

【宣传信息】 2015年，出台机关工作人员2015年宣传信息调研任务分配和奖罚方案，全面完成统战部分配的工作任务。衡阳市非公企业党群组织示范点和常宁市非公党建示范点创建单位全部建好党员活动室和远程教育站点，全市85%以上的非公组织党员订阅了共产党员微信、易信。是年，发表宣传信息文章22篇，订阅《中国统一战线》杂志30份、《企业党建》杂志15份。

【档案管理】 2015年，对单位成立以来所有文书资料进行全面清理，邀请市档案局专业人员进行整理归档，并对党员档案进行清理归档，对2012年—2015年以来全市非公党组织受表彰对象进行清理归档，下发《常宁市非公党工委文书材料收发管理暂行规定》。

【组织建设】 2015年，对义工协会和摩托车协会两个软弱涣散支部进行整顿，对两个支部书记进行约谈。对帝棉纺织制衣、量大仿真模型、明珠学校、凯威化工、中联天地5个非公党组织班子进行补选调整，指导市荣诚鞋业、红十字会医院两个支部进行换届。成立常宁现代妇产医院、尚珂伊针纺有限公司等两个非公党组织。基层党组织战斗力进一步加强。

对台工作

【概况】 2015年，中共常宁市委台湾工作领导小组办公室（常宁市人民政府台湾事务办公室）（以下简称市台办）是市委、市人民政府主管全市对台工作的办事机构，实行一个机构、两块牌子，归口市委统战部管理的正科级单位。是年，常宁对台工作紧紧围绕“两个服务”（为祖国和平统一服务，为富民强市服务）主题，主动联络，主动服务，扎实推进对台工作上台阶、上水平，各项工作成效明显。

【台资项目建设】 2015年，台办把服务台资企业作为主责担当，抓对台经济工作，积极推进台资项目建设。新增投资1.3亿元，帮助企业招工870人，缴纳税收1100万元。是年，把田野绿世界（百万樱花园）项目列入衡阳市委2015年重点工程建设项目进行考核、列入衡阳市委统战部、常宁市委统战部“四同创建”重点项目,跟踪服务。成立常宁市田野绿世界(百万樱花园)项目服务协调小组,市委书记、副书记亲自任组长和副组长,台办主任任协调服务小组办公室主任,指导协调项目发展。把田野绿世界(百万樱花园)项目纳入常宁市旅游总体规划,实现周边环境、交通网络、沿途建设风格一体化。市委常委会专题研究支持台资企业荣诚鞋业有限公司生产发展,开通4路、11路公交车至荣诚鞋厂,为企业解决企业员工上下班等困难。是年,市台办和罗桥镇专门派出负责人驻点服务,全程服务项目建设。安排专人代办行政审批事项和证照手续,协助企业解决办证问题。台办主任陪同项目负责人到衡阳、长沙,争取国家进出口银行贷款,解决融资难题。市人民政府从财政拨款20万元,为园区安装250千伏安变压器。

【对台联络交往】2015年,利用传统春节时机,给旅台常宁乡亲寄送贺年卡200余封,增强同乡情谊。开展一进二访活动,走访特困台胞台属,向他们送去慰问物品,传递正能量。端午佳节,联络走访慰问定居台胞。是年8月,市委领导和台办负责人登门为年满101周岁的定居台胞欧阳振晋先生祝寿,让欧阳先生真切感受到党和政府的温暖。是年,与旅台常宁同乡会进行网上交流,向旅台乡亲汇报常宁教育在旅台乡亲的关心支持下取得的成果,和部分品学兼优寒门学子上学情况,引导台胞情系桑梓捐资助学。尊重台胞意愿,制定颁奖方案,考察筛选家庭较困难受助学生。是年8月,召开旅台常宁同乡会奖助学基金会第20届颁奖大会,为家乡高考的品学兼优18名学子颁发奖助学金,共3万元,并在电视台、网络媒体宣传旅台乡亲爱心善举。是年7月,按照“两岸婚姻家庭协会”的要求进行“爱暖两岸”调查走访工作。主要是对两岸婚姻家庭就业创业提供启动资金的对象;两岸婚姻家庭中返乡生活无着落需提供紧急帮扶救助的对象以及两岸婚姻家庭中因特殊困难需救济的对象。用一个多月的时间走访调查,及时与民政部门联系,对符合条件的3名台胞台属解决低保问题。此项活动在全市台胞台属中传为佳话,台胞纷纷打电话、发短信给予高度评价。通过走访新掌握在台后裔对象21名,涉台婚姻对象226对,并建档立卡。与此同时,积极帮扶台胞寻亲解难。是年6月,台胞李庭钧找常宁市台办为他寻找家乡亲人。常宁市台办根据李先生提供他父亲的一些信息和李氏字辈。经多方打听查找,在常宁市白沙镇南马村终于找到了李先生的堂哥李凤庭。是年7月,台湾桃园县居民邓维华通过网络联系到常宁市台办主任尹书成,诉说了自己寻找亲人的梦想。台办数十次指派工作人员前往各个乡镇走村入户、调查了解,经过两个多月的努力,终于在常宁天塘山附近的村庄找到了邓维华伯父的同名同姓者。是年8月中旬,联系上了邓旭荣的后人,双方在8月31日下午到常宁台办聚首。

【对台宣传和涉台教育】2015年,抓住台胞回乡探亲的机会,宣传党的对台政策,宣传“和平统一、一国两制”的方针,广泛宣传常宁的新成就、新发展、新变化,鼓励台胞多到家乡投资,多为家乡作贡献。借助各种媒体平台,积极做好对台宣传信息工作,突出时效性、真实性,在数量和质量上求精品力作。是年,向《湘台连线》投稿30多篇,采用22篇。撰写的《百岁台胞在常宁的幸福定居生活》《常宁台办树立新理念 引导台资企业适应经济发展新常态》《旅台常宁同乡会颁发第二十届奖助学金》《常宁市台办助台胞圆寻亲梦》发表在《台湾工作通讯》、三湘统战网、中国台湾网、华厦经纬网、《湖南对台工作》等媒体上。

【机关作风建设】2015年,参加常宁市“进村入户、访困问需、访贫问计”活动,台办工作人员进入扶贫点的宜潭乡南京村,走村入户进行调查,帮扶两户特困农户,并送去帮扶资金每户1000元。是年,进一步严明工作纪律,廉洁从政纪律,严格财政制度,落实党风廉政建设责任制,加强考勤考核工作,杜绝迟到、早退、脱岗和上网聊天玩游戏等不良现象。公开办事程序,真正使服务对象明白办事程序,不断提高机关工作水平和实效,着力塑造勤政为民干部形象。

民族宗教工作

【概况】2015年,常宁市民宗局有工作人员5人。内设办公室、民族股、宗教股。是年,贯彻执行党的民族宗教政策,认真学习贯彻省、衡阳市民族工作会议精神,结合常宁实际,积极思考,深入研究,把握关键,驾驭局势,使民族宗教工作更好地为常宁市的改革开放与经济建设服务。

【民族团结宣传教育】2015年,按照市委、市人民政府的指示精神，结合常宁实际，开展“民族团结进步宣传”活动，以“各民族共同团结奋斗、共同繁荣发展”为主题。认真宣传民族法律法规政策，塔山瑶族乡西江村被湖南省民宗委授予民族团结进步示范点单位。是年，做好“两种考生”民族成分更改工作，对16个符合条件的考生进行了认定，其中少数民族7个。

【挖掘弘扬塔山瑶族文化】2015年，在塔山瑶族乡建立衡阳市文艺创作基地。2014年10月开始，衡阳市文联在各县市区边远山区筹建文艺创作基地，常宁塔山瑶族乡被指定为第一站。艺术家们将通过文学、美术、书法、摄影、曲艺、音乐等形式对塔山的文化进行挖掘整理、创作出反映塔山瑶乡风情的文艺精品，同时，对塔山的孩子们进行艺术教育，推动瑶族文化的繁荣和艺术素质的提高。是年，开展“瑶族文化进课堂”活动，让瑶乡少年儿童从小学习瑶族的语言、瑶歌、长鼓舞等传统文化，感受瑶族文化的魅力，从而为进一步做好瑶族文化的传承作出积极贡献。

【民族地区学前教育】2015年，召开发展塔山瑶族乡教育专题会议，研讨落实幼教的“安全、质量、发展”观，提出办好幼儿教育，为“九年义务教育”夯实基础，努力办好瑶乡幼教—小教—初中一体化教育。塔山瑶族乡第一个幼儿园塔山瑶族乡瑞恩幼儿园于是年9月建成并正式开园，填补了塔山瑶族乡学前教育空白。

【茶叶产业】2015年，对常宁的茶叶产业，在资金、项目安排上给予大力倾斜，并得到了湖南农大及省茶科所的全力支持，提供科学规划及技术服务。新辟有机茶园8000亩(计划5年内新建茶园面积达到5万亩)，垦复和改造老茶园3000亩，带动本地1200余名劳动力就业。是年，在常宁市茶叶产业领导小组的主抓下，省茶科所专家实地勘测，编制了茶叶产业发展规划；市茶叶办编印了《常宁市“塔山山岚”茶生产技术规程》；湖南农大茶叶系与塔山瑶族乡对接，对塔山瑶族乡茶叶生产进一步做出科学规划及技术支持。是年，推行策略引导，拓宽营销门路。对塔山瑶族乡各公司、企业、合作社资源进行整合，统一茶叶品牌为“塔山山岚茶”以形成拳头达到规模效应。是年，成功评选为2015年度湖南茶业“千亿产业十佳示范乡镇”，并积极配合常宁市茶叶办参展“2015第七届湖南茶业博览会”，着重推介“塔山山岚”茶。通过这些行之有效的措施，增加了产品知名度，扩大了产品影响力。

【规范管理宗教资产】2015年，根据衡阳市转发的《关于落实国家六部门关于开展整治违法违规设置功德箱等借教敛财问题专项工作的通知》，制定工作方案，并对全市22个乡镇和5个办事处进行重点排查和有针对性的督查，未发现非宗教活动场所、非宗教团体设置功德箱，且对合法宗教场所设置的功德箱明确其设立条件、具体位置、数量、日常管理和善款的收取、使用、监督等问题，确保宗教性捐献用于与宗教宗旨相符的活动以及社会公益慈善事业，防范资产流失。

【专项治理“两滥”】2015年，根据中央、省、衡阳市对专项整治私设滥建宗教活动场所和滥塑宗教造像活动的安排和常宁市的工作要求，于是年7月成立了领导小组，开展专项治理培训，8月，对全市所有宗教场所进行一次拉网式调查摸底，全市滥建庙宇24处，无违规改建、扩建宗教场所。并配合有关部门对非法宗教场所进行打击，严防境外势力的渗透。

【法制宣传】2015年，组织宗教干部、宗教活动场所负责人、宗教教职人员以及部分信教群众300余人参加《宗教政策法规知识百题》答题活动，收到纸质答题150多份。通过答题活动，提高了宗教干部和信教公民的学法意识和社会知晓度。是年，组织参加市民族宗教事务局举办的民族宗教政策法规学习讲座。督促各宗教活动场所组织信教群众深入扎实地学习宪法及有关法律，学习党的宗教政策和法律法规，使广大信教群众充分了解了党的民族宗教政策，知法懂法守法，自觉在党的宗教政策和法律法规的范围内依法开展宗教活动。

【思想教育】2015年，利用“学习月”活动召开宗教界人士座谈会，宣传党的宗教工作政策、方针，与宗教界人士交流，了解宗教人士的思想动态。对宗教界的代表人士经常性谈心谈话，引导宗教界知名人士提高自身素养，积极发挥骨干作用，树立良好社会形象，从而建立起一支遵守政策法规、信教群众基础较好、管理水平较高的宗教界代表人士队伍。

常宁市宗教活动场所名册

教 别：佛 教

序号	名 称	负责人	登记证编号（换证后）	是否建立银行对公账户	是否为省重点场所	建筑面积（平方米）	场所类别		场所地址
							寺观教堂	固定处所	
1	至圣寺	释怀龙	宗场证字（湘）F020150001	是	否	6000	√		常宁市盐湖镇大义山
2	湘山寺	释大愿	宗场证字（湘）F020150002	是	否	3200	√		常宁市宜阳镇夏联村
3	弥峰寺	释智成	宗场证字（湘）F020150003	是	否	1450	√		常宁市胜桥镇泉峰村
4	无缝山寺	释妙禅	宗场证字（湘）F020150004	是	否	1120	√		常宁市三角塘幸福村
5	浆衣寺	释照贤	宗场证字（湘）F020150005	是	否	1000	√		常宁市板桥镇鸡公圹村
6	西华寺	释宽缘	宗场证字（湘）F020150006	是	否	598	√		常宁市板桥镇西华村
7	普济寺	释得春	宗场证字（湘）F020150007	是	否	467	√		常宁市板桥镇群益村
8	印心寺	释心戒	宗场证字（湘）F020150008	是	否	697	√		常宁市胜桥镇泉峰村
9	太平寺	周记生	宗场证字（湘）F020150009	是	否	743	√		常宁市蓬塘水口村
10	伏龙庵	张金凤	宗场证字（湘）F020150010	是	否	300	√		常宁市板桥镇伏龙村

常宁市宗教活动场所名册

序号	名称	负责人	登记证编号（换证后）	是否建立银行对公账户	是否为省重点场所	建筑面积（平方米）	场所类别		场所地址
							寺观教堂	固定处所	
11	烟州观音寺	释礼宜	宗场证字（湘）F020150011	是	否	470	√		常宁市烟州镇麻塘村
12	白羊寺	张龙生	宗场证字（湘）F020150012	是	否	2076	√		常宁市洋泉镇韩冲村
13	忠孝寺	释东福	宗场证字（湘）F020150013	是	否	200	√		常宁市塔山乡塔山村
14	古佛寺	释维忠	宗场证字（湘）F020150014	是	否	1035	√		常宁市松柏镇金联村
15	兴隆庵	释超群	宗场证字（湘）F020150015	是	否	525	√		常宁市白沙镇下洲村
16	泉峰寺	释德通	宗场证字（湘）F020150016	是	否	200	√		常宁市胜桥镇泉峰村
17	水口庵	黄国成	宗场证字（湘）F020150017	是	否	800	√		常宁市荫田镇黄塘村
18	静乐庵	蒋洪善	宗场证字（湘）F020150018	是	否	400	√		常宁市白沙镇胜利村
19	神龙殿	李伦彻	宗场证字（湘）F020150019	是	否	330	√		常宁市西岭镇青竹村
20	万福寺	释了土	宗场证字（湘）F020150020	是	否	450	√		常宁市松柏镇新华村
21	炎帝寺	尹为福	宗场证字（湘）F020150021	是	否	900	√		常宁市西岭镇石山村
22	慈航寺	释弘兴	宗场证字（湘）F020150022	是	否	1540	√		常宁市大堡乡石江村

常宁市宗教活动场所名册

序号	名称	负责人	登记证编号（换证后）	是否建立银行对公账户	是否为省重点场所	建筑面积（平方米）	场所类别		场所地址
							寺观教堂	固定处所	
23	天湖寺	释怀度	宗场证字（湘）F020150023	是	否	1500	√		常宁市洋泉镇泉峰村
24	三佛寺	陈世英	宗场证字（湘）F020150024	是	否	525	√		常宁市西岭镇西坪村
25	多宝寺	肖相仁	宗场证字（湘）F020150025	是	否	220	√		常宁市荫田镇送堰村
26	松柏观音寺	释了土	宗场证字（湘）F020150026	是	否	300	√		常宁市松柏镇
27	仙人岩寺	释能国	宗场证字（湘）F020150027	是	否	300	√		常宁市蓬塘乡水口村
28	古塔寺	释耀德	宗场证字（湘）F020150028	是	否	650	√		常宁市松柏镇独石村
29	万永寺	汤孝美	宗场证字（湘）F020150029	是	否	150	√		常宁市烟洲镇双龙村
30	金山寺	刘治林	宗场证字（湘）F020150030	是	否	370	√		常宁市兰江乡新山村
31	龙王寺	阳世久	宗场证字（湘）F020150031	是	否	772	√		常宁市柏坊镇万新村
32	五福庵	释证明	宗场证字（湘）F020150032	是	否	200	√		常宁市白沙镇新坪村
33	万佛寺（西岭庵）	廖书科	宗场证字（湘）F020150033	是	否	183	√		常宁市西岭镇中坪村

常宁市宗教活动场所名册

序号	名称	负责人	登记证编号（换证后）	是否建立银行对公账户	是否为省重点场所	建筑面积（平方米）	场所类别		场所地址
							寺观教堂	固定处所	
34	东城寺	释庄怡	宗场证字（湘）F020150034	是	否	700	√		常宁市三角塘镇
35	太华山寺	刘六生	宗场证字（湘）F020150035	是	否	365	√		常宁市罗桥镇太坪村
36	圣山寺	释怀宁	宗场证字（湘）F020150036	是	否	1000	√		常宁市洋泉镇马坡村
37	婆婆岩寺	释昌秋	宗场证字（湘）F020150037	是	否	270	√		常宁市荫田镇同意村
38	广寒寺	尹国良	宗场证字（湘）F020150038	是	否	2000	√		常宁市塔山乡塔山村
39	白沙观音寺	刘典洋	宗场证字（湘）F020150039	是	否	840	√		常宁市白沙镇黄排村
40	同佛寺	张万才	宗场证字（湘）F020150040	是	否	300	√		常宁市荫田镇荫市村
41	菩提寺	释敬文	宗场证字（湘）F020150041	是	否	600	√		常宁市西岭镇桐树村
42	清山寺	彭伍富	宗场证字（湘）F020150042	是	否	1218	√		常宁市荫田镇荫市村

衡阳市宗教活动场所换证名册

教 别：基督教

序号	名称	负责人	登记证编号（换证后）	是否建立银行对公账户	是否为省重点场所	建筑面积（平方米）	场所类别		场所地址	联系电话
							寺观教堂	固定处所		
1	亲仁聚会点	廖启国	宗场证字（湘）J020150001	是	否	200	√		常宁市烟洲镇亲仁村	13297340658
2	蓬塘聚会点	谭晓国	宗场证字（湘）J020150002	是	否	220	√		常宁市蓬塘乡蓬田村	15874756818
3	培元聚会点	唐谋艳	宗场证字（湘）J020150003	否	否	200		√	常宁市培元办事处桃江居委会	18273464688
4	高桥聚会点	彭双发	宗场证字（湘）J020150004	否	否	80		√	常宁市板桥镇高桥村	15074771572
5	对江聚会点	陈告俫	宗场证字（湘）J020150005	否	否	50		√	常宁市罗桥镇	15096051390
6	管竹塘聚会点	周年生	宗场证字（湘）J020150006	否	否	50		√	常宁市胜桥镇竹和村	18274745103
7										
8										
9										

衡阳市宗教活动场所换证名册

教 别： 道 教

序号	名称	负责人	登记证编号（换证后）	是否建立银行对公账户	是否为省重点场所	建筑面积（平方米）	场所类别		场所地址	联系电话
							寺观教堂	固定处所		
1	盟山峰	褚诗龙	宗场证字（湘）D020150001	是	否	2400	√		常宁市烟洲镇新民村	18974772270

侨联工作

【概况】2015年，常宁市归侨侨眷联合会有主席1名，党组书记1名，副主席4名（均为兼职）。内设办公室、妇委会，机关有工作人员4人。

【海外联系】2015年，在各传统节日前夕，通过发送电子邮件等方式向海外传递温情与问候，希望继续保持友好关系，进一步加强交流与合作。

【走访慰问】2015年，利用春节及节假日上门走访慰问困难归侨侨眷，送去慰问金及物资共3万元，给侨界群众带去了党和政府的深切关怀。在中秋节、重阳节等传统节日，市侨联领导组织一起走访慰问了老归侨侨眷，送去物资和慰问金，送去节日的关心和祝福。

【重点帮扶】2015年，市侨联始终坚持对困难归侨侨眷和高龄归侨侨眷定期上门走访慰问，关注他们的日常生活，及时帮助他们解决生活中遇到的困难。是年，为洋泉镇兰田村侨眷吴石机、洋泉镇两益村归侨吴小怀两家从省侨联争取了每家2万元的危房改造资金。

【捐资助学】2015年5月4日，侨联第二届“情系桑梓、爱心圆梦”一对一结对帮扶贫困学子活动在市教育局举行，为25名贫困孩子分别找到了新的亲人朋友。此后，每个孩子的生活由一个市侨联委员对应照顾，像亲人一样帮扶孩子们成长，每个孩子的学习由双蹲小学学生像朋友一样对应辅导。市侨联组织与他们“一对一”结对帮扶，不仅是物质上的帮助，更多的是心理上的帮扶，让孩子们健康快乐成长。本次活动得到市富霸化工制品有限公司董事长张雄富、红豆图书文化城经理严平秀、双蹲小学的支持，活动现场为孩子们分别发放慰问金和学习辅导书籍，双蹲小学的孩子们分别送上书包等学习用具。2015年5月28日，省侨联、侨商会、衡阳市侨联、侨商会、南华大学附属第一、第二医院及衡阳师范学院来到常宁市洋泉镇洋泉小学，举办“慈善中华 爱心湖南”爱心义捐义诊义演活动。活动现场，省侨联副主席、省侨商会会长、省华侨公益基金会副会长庄启宁代表省侨商会和华侨公益基金会对常宁市归侨侨眷敬老院捐赠10万元的支票和20位贫困归侨侨眷颁发4万元善款。衡阳市侨商会会长刘善银代表衡阳市侨商会向洋泉镇20位贫困学子发放3万元助学金。南华大学附属第一、第二医院医护人员为当地近千名群众进行了义诊。发放了1500本医疗宣传册和2万元药品；衡阳师范学院学生载歌载舞的义演把现场气氛推上了高潮，赢得台下观众阵阵掌声。是年5月28日，常宁市侨联组织侨资企业湖南奔立尔教育产业集团董事长林强到常宁市洋泉镇杉树完小举行“侨系教育•关爱学子•奉献社会”为主题的捐赠校服活动，为学生捐赠校服668套。

【基地建设】2015年6月9日上午，湖南常宁国洪生态农业发展有限公司在常宁市白沙镇观音村举行开工仪式。湖南常宁国洪生态农业发展有限公司由衡阳市侨商会理事、常宁市洪发农民农业专业合作社董事长欧阳洪山于2015年3月创建，注册资金1000万元，是一家集中药材种植、加工、研发、收购、销售、培训、旅游休闲及油茶、茶叶种植为一体的现代化产业链典范企业。公司将品牌定位于“健康、有机、原生态”的发展策略，现有基地面积3000亩，种植有油茶、红豆杉，珍稀树木并全面套种丹皮、芍药、玉竹、半夏等中药材。下一步公司计划投资3800万元，流转土地10000亩，建设五大特色产业园，即中药材APP种植生产园、中药饮片产业园、高产油茶林下经济示范园、芍药、牡丹休闲观光园、有机产业茶叶生产园；并采取多形式、全方位的宣传和营销方式，打造常宁药材航母企业，届时将实现公司年产值8000万元，带动农户3000户，增加农民收入6亿元。

【法制工作】2015年是《中华人民共和国归侨侨眷权益保护法》颁布25周年。是年10月15日开始，开展侨法宣传活动，发动全市各单位、各乡镇办事处统战委员，侨联法律顾问委员会成员积极参与，以侨务知识手册、侨务知识宣传单等形式进行侨法知识普及，开展咨询平台，将侨法与侨务政策、侨务知识宣传送到群众门口，增强广大群众依法护侨的自觉性，营造了关爱侨胞的和谐氛围。通过侨法宣传活动，市侨联全面提升了服务水平，以“侨法宣传活动”为契机，进一步抓好侨法的学习、宣传和贯彻落实。

【宣传信息】2015年，在三湘统战网、衡阳统战网、衡阳市侨联网、常宁报等网站发表信息20余篇，撰写调研论文1篇。

老干部工作

【概况】2015年，中共常宁市委老干局机关内设办公室、生活待遇股、综合调研股、组织宣教股、财务室，下辖常宁市老干部活动中心。机关共有在编干部职工26人。管理服务的老年群团组织有中共常宁市委老干部党校、常宁市老年大学、常宁市老干部自我协调小组、常宁市老干部（老年人）书画协会、常宁市关心下一代工作委员会、常宁市农村留守儿童爱心之家活动指导中心、常宁市老年摄影家协会、常宁市老年诗词学会、常宁市老年保健协会、常宁市老年人体育协会、常宁市老科技工作者协会。是年，以“老干部满意、领导满意、社会满意”三个满意作为工作的出发点和着力点，全面贯彻执行关于优待老干部的各项方针政策，认真落实老干部政治、生活待遇，全市老干部工作得到了省市领导和广大老干部的充分肯定和高度评价，荣获“湖南省老干部宣传工作红旗单位”“衡阳市老干部宣传工作红旗单位”等荣誉称号，老干部郭晃春被评为“湖南省离退休干部先进个人”。

【老干部政治待遇】2015年，按规定落实走访慰问、参观考察、重大决策听取老干部意见、参加重要会议和重大活动等制度。每月10日、16日组织离休干部及处级退休干部进行集中学习。收集老干部意见建议，不定期整理成《老干部情况反映》，呈请市委、市人民政府主要领导批阅，让相关领导及时了解情况，解决问题。宣传发动各单位各部门为每位老干部订阅一份《老年人》。

【老干部生活待遇】2015年，对老干部所有的政策性生活待遇，做到了一个不漏、一分不欠、一天不拖、一项不错。稳步提高老干部的各项生活待遇，重阳节慰问金提高到1000元/人。认真贯彻落实湘组〔2015〕43号文件精神（《关于调整建国初期参加革命工作的部分退休干部生活补贴和医疗补贴标准的通知》），将建国初期参加革命工作的退休干部生活补贴提高到600元/人/月，医疗补贴提高到2000元/人/年；落实衡老干〔2015〕11号文件精神（《转发〈关于调整离休干部无固定收入的遗孀、配偶及建国前参加革命工作新中国成立后退职干部生活补助费标准的通知〉的通知》），将离休干部遗孀生活补贴提高到每月900元/人，配偶生活补贴提高到每月630元/人。

【服务工作】2015年7月，组织离退休干部进行了体检。继续推行“一对一”亲情服务，即每位局工作人员结对联系离休干部、离休干部配偶（遗孀）、退休处级干部、新中国成立初期参加革命工作的部分退休干部各1名，对有特殊困难的老干部由局领导结对重点帮扶。这项工作已做到了细致化、常态化，局工作人员每月都走访或电话慰问服务对象，不断更新、完善老干部信息台账，及时发现并解决他们的实际困难。

【支部建设】2015年，对全市各单位的离退休干部党支部建设进行了一次全面摸底、更新，完善全市离退休干部党支部信息台账。落实离退休干部党支部收缴党费按50%比例返还作为支部活动经费的规定，共返还党费5.9万元。

【老干部各项活动】2015年，重阳节期间，组织四大主题活动，即全市离退休干部“双先”表彰大会、老干部座谈会、老干部视察、第四届老年文化艺术节。是年10月19日，上午召开全市离退休干部“双先”表彰大会，表彰离退休干部先进集体30个、离退休干部党支部先进集体27个、离退休干部工作先进个人36名、离退休干部先进个人60名、老年健康之星56名；下午组织召开老干部代表座谈会，市委副书记、市长李涛向老干部介绍常宁经济社会发展状况，市规划局汇报了全市总体规划修改工作及水口山新城建设情况，老干部代表纷纷建言献策。10月20日上午，市四大家主要领导陪同老干部参观黄洞村有机茶叶育苗基地、广济水库等项目。下午举行第四届老年文化艺术节,共设老年广场集体舞会演、老年书画作品展、老年摄影作品展、老年科技成果展四个版块,为老年朋友搭建了一个展示自我的平台,成为老年朋友欢庆重阳一次盛会。是年,全市有11个老干部群团组织,各群团活动开展有声有色,深得社会各界好评。市老干部党校开辟“大德讲坛”道德教育课堂,共开讲6堂课,使众多老党员干部深受教育。市老干部自我协调小组收集、整理、报送19期《老干部情况反映》,集中向市委、市人民政府汇报各种意见建议50余条,其中大部分建议被采纳,为老干部解决了很多实际问题。市老年大学新开设电子琴课,反响较好。积极组织学员参加老年文化艺术节广场舞表演,演出的节目精彩纷呈,很受欢迎。市关工委大力发动各单位捐资助学,全市捐资助学资金近百万元,帮助一大批寒门学子圆了读书梦,胜桥镇关工委于2013年发动胜桥籍爱心人士捐款180余万元,成立“长松爱心助学基金会”,利用基金利息款对该镇优秀老师、优秀学生及贫困学生进行奖励和帮扶,每年奖助学金额15万元以上。这一模式被多个乡镇学习推广。市农业局关工委对本单位考上大学的职工子女进行奖励,家庭贫困的另发助学金,还组织召开座谈会,邀请优秀大学生代表作经验介绍,建立“梦之群”QQ群,让他们有一个交流探讨的平台。市留守儿童爱心之家在大堡乡到湖中学新建一所留守儿童爱心之家。市老年科协致力服务“三农”,重点推广富硒肥、吨粮稻Y两优1998、再生稻、台湾泥鳅等项目,开展科技培训72期、培训当家农民2万人次,举办专题报告10次,发放资料5000余册。11月,在兰江乡召开创建“百岁健康乡镇”现场会。市老年体协多次组队参加省市各类门球赛事,多次夺冠,在“湘粤赣闽”四省门球赛中荣获金奖。年内,举行“五一”门球赛、夫妻门球赛和第30届老年人运动会。市老年书协大力把组织向基层延伸,在西岭、塔山等乡镇成立分会。市老年诗词协会经常举办诗词联谊活动和诗词采风创作活动,出版两期《常宁诗词》。市老年保健协会编辑出版两期《常宁老年保健》,举行保健知识讲座一期,推荐贺礼慈获评“衡阳市老年健康之星”。市老年摄影家协会多次组织会员外出采风,成功举办老年摄影展。

【完成上级交办的各项工作】2015年,超额完成上级杂志征订任务,共征订《老年人》6155份,《书画精粹》668份;按时上报各种资料、表册;热情接待了衡阳市副师级老领导到常宁视察指导工作;认真贯彻各种文件精神等。是年,根据市委安排,专门安排一名股级干部到宜潭乡和平村驻村精准扶贫,安排一名副科级干部到党建村搞新农村建设,共投入资金17万余元。是年,负责公园路段“四城同创”工作,经常进行实地巡查,加强与相关单位的联系,及时督促整改。

【自身工作宣传】2015年,在《老年人》《老年工作之友》《衡阳日报》《衡阳老干部工作》《衡阳晚报》、《常宁报》等刊物上稿50余篇,其中省级6篇,衡阳市级8篇,在《常宁报》刊登专版4篇。在各级老干部工作网站发表稿件110余篇,在红网论坛发主帖120余篇。推荐郭晃春参加常宁市第五届道德模范评选活动,郭晃春成功获评。推荐市教育局离退休干部党支部、老干部王甫松、滕年生参加衡阳市老干部工作“双先”表彰评选活动,分别被评为衡阳市离退休干部先进集体和离退休干部先进个人。

【作风建设】2015年,“三严三实”教育不走过场,规定动作全部完成。群众路线教育专项整治工作落实到位,结合老干局实际制定完善《目标管理考核细则》等系列制度,做到任务明确,制度严明,奖罚分明。是年,注重干部职工的学习教育,每周五下午为固定的集中学习日,学习老干部门业务知识、各级领导讲话及文件精神,同时鼓励大家平时也要自学,要求所有的干部职工全年要有两万字以上的学习笔记,要撰写两篇以上的心得体会。全局上下学习氛围浓厚。

老年教育

【概况】2015年,常宁市老年大学学员的入学率创历史新高,由原有的53个班发展到55个班,学员5000余人。其中一课堂14个班,950名学员,二课堂41个班,4100名学员。入学率在2014年基础上,提高了8%。课程设置科学化。针对老年学员的需求,制定完善了教学方案，调整了教学大纲，充实了教学内容，进一步增强了教学的针对性和实用性。是年，保留了时政等原已开设的10个学科，下学期根据学员的要求，又恢复自然疗法、合唱团、二胡等三个学科，新开设电子琴班。

【教学活动】2015年，在做好课堂教学工作的同时，组织学员开展丰富多彩的社会实践活动，抓好舞蹈业务知识培训。由舞蹈辅导老师李云霞负责组织一、二课堂36个舞蹈班的骨干进行了舞蹈知识基本功训练，效果明显，反响良好；同时配合体育局，负责对二课堂共39个班、队长和舞蹈骨干近100人进行了广场舞基本知识培训。组织班长参观常宁市城区主要工程建设项目和新农村合作社建设。

【教学成果】2015年，诗 词班学员全年出《学员习作》12期，出各类专刊4期，创作诗、词、曲、联等作品2500余首。主办吟唱会、联谊会、年会、采风等专项活动4次，学员在各级诗词刊物上发表作品430余首，其中有廖书辉等24名学员在《湖南诗词》刊物上发表作品30多首，68名学员在《衡州诗词》上发表作品100余首，89名学员在《常宁诗词》上发表作品300多首，还有15人参加了全国的百诗百词大赛。是年，书法班有12人的作品参加市里举办的国庆和纪念抗战胜利70周年书法展；17人的作品参加市总工会举办的首届职工书法展；20多人的作品参加全国、全省的纪念抗战胜利70周年的书法大赛并获奖。学员出《习作专刊》6期。是年，绘画班学员，有10人的作品参加全国举办的毛主席长征诗词和纪念抗战胜利70周年书画大赛获奖。是年，校舞蹈班，编排了8个舞蹈节目。其中舞蹈《山丹丹开花红艳艳》参加了衡阳市2015年广场舞大赛，荣获第三名。是年，卡拉ok班学员龙玉兰参加了宝乐迪杯唱歌比赛，进入前10强。乐器班年末举行了教学成果展示演奏，共表演6个节目，效果很好。

【大德讲坛】2015年，充分利用《大德讲坛》这一平台，请领导、专家、学者讲课，其内容有《道德与法》《行善与长寿》《坚持道德情操，做有道德的长者》《正道直行，做一个品德高尚的人》《中国共产党常宁历史》《孝道力量古今谈》《十八届五中全会学习体会》《正确评价毛泽东》等。

【道德教育】2015年，深入开展"唱响道德主旋律，传递社会正能量"的道德教育活动。充分利用学校这块阵地，向老年人进行一场声势浩大，前所未有的道德教育活动。号召大家读道德书，唱道德歌，跳道德舞，写道德诗，讲道德故事，做道德人等一系列道德教育活动，开展道德模范学员评选，树立良好的道德行为典型。道德模范学员是肖文辉、曾昭新、袁真凤、袁葵花、龙中兴、谭爱国、吴诗佑。号召学员写家训。学校把学员写的家训收集整理，编印《学员家训汇编》发给学员学习。

【第四届老年文化艺术节】第四届老年文化艺术节于2015年10月20日下午在大德广场举行，二课堂33个班，800多名演员，演出了27个精彩的文艺节目，给观众献上了丰富的文化大餐，得到了3000多观众的一致好评。

机构编制

【概况】2015年，中共常宁市委机构编制委员会办公室内设综合组、机构编制组、工资基金组（加挂"实名制管理和监督检查组"牌子）；常宁市事业单位登记管理局，为副科级行政机构，隶属市编办管理。

【清理行政审批事项】2015年，下发《关于取消和调整一批行政审批项目的通知》，拟定《常宁市行政许可项目监督管理规定》，强化工作指导和监督。在市政务中心设置办事大厅，将保留的行政审批项目全部纳入政务中心大厅公开办理，优化政务服务。出台常政发〔2015〕19号文件，承接行政审批事项60项，取消行政审批事项15项、非行政审批转内部审批事项21项，保留行政审批事项140项。

【推行权力清单制度】2015年，下发《常宁市清理规范行政职权推行权力清单制度工作方案的通知》，按照"二报二回二公开"（各单位将职数、编制等情况报编办审查，编办回复后将情况公开，再报编办审核，编办回复后再公开）的程序，对各单位上报的每一项行政权力的名称、实施主体、实施依据等项目，通过查找相关法律依据、与各部门反复沟通、邀请衡阳市编办领导审核把关、听取“两代表、一委员”的意见建议等方式，进行严格审核、认真甄别，形成《常宁市政府部门权力清单》。在党政门户网站开辟专门的信息反馈渠道，在各部门办公场地设置意见箱，征集社会各界意见与建议，并设立“权力清单”专题网页，进行公开。是年6月15日的衡阳机构编制简报进行专门推介报道。全市纳入本级清理的52个单位，自查清理上报行政权力事项3353项。经市人民政府常务会议审核，行政职权事项为2995项。6月30日，以常政发〔2015〕27号文件下发至全市机关事业单位。

【政府职能转变和机构改革】2015年，拟定《常宁市人民政府职能转变和机构改革方案》。及时召开动员大会，全面启动改革工作。出台《常宁市人民政府职能转变和机构改革“三定”工作有关问题的通知》，分4个工作小组，负责涉及职能调整变动或机构撤并整合的市人民政府工作部门及涉改事业单位“三定”的起草、沟通、审核等工作。年末，市人民政府各部门领导人员已经到位。76个需要制定、重新制定或调整“三定”规定的单位，已正式印发14个单位的“三定”规定，其他单位的“三定”规定草案正在紧张有序对接中。

【“一办五中心”前期工作】2015年10月27—28日，市委组织部和市编办相关人员分别赴罗桥镇、塔山瑶族乡等单位就《“一办五中心”改革实施方案》征求意见。同时，将《常宁市乡镇“一办五中心”改革实施方案》《常宁市乡镇“一办五中心”机构设置和人员编制规定》和市委常委会研究乡镇“一办五中心”改革会议纪要以正式文件上报衡阳市。试点工作在塔山乡、罗桥镇进行，其他19个乡镇在试点的基础上进行工作，预计于2016年1月底并乡（镇）合村时一并落实到位。

【重点领域体制改革】2015年，调整食品药品监管体制，充实一线监管执法力量，着力解决分段监管、分头监管、职责交叉等问题。同时，推进医药卫生体制改革，开展公立医院改革工作。协同推进工商、质监体制改革和国有林场改革工作，理顺管理体制。

【控编减编】2015年，严守机构编制“红线”，机构设置严格按照“撤一建一”的原则，在现有机构限额内调剂解决。有余编的机关事业单位，新增人员采取“退一进一”的办法，超编的机关事业单位，确因工作需要新增人员，实行内部调剂或采取“退三进一”的办法，确保人员总量负增长。结合行政审批、政府职能转变和机构改革，重新梳理和明确部门职责，对取消、调整行政审批等管理事项和职能明显弱化、设置重叠分散、规模过小、任务不饱和的事业单位，工作任务量明显减少，以及实行改革的政府部门，适当精简编制和领导职数；对名存实亡和长期不开展业务的事业单位予以撤销；对生产经营类的自来水公司、污水处理中心等事业单位、符合事业单位改革精神但暂时不具备调整条件的事业单位和大量空编两年以上的事业单位，在保证其正常运转、满足发展需要的前提下，收回其部分空余编制。对于收回的空余编制，建立台账，优先用于政策性安置和城管、环保、安全生产等经济社会发展的重点领域的用编。

【“实名制”核查】2015年，安排专人、专经费，专场所，对全市所有机关事业单位及人员编制、领导职数、实有人员、个人信息与实际情况进行对照筛查。通过核查，对120余条身份证号码重复信息进行更正，补充完善2000余条个人信息，对80个有编无人机构进行完善。同时，建立了机构信息台账、编制台账、工资基金台账、领导职数台账，实现全市机构编制、领导职数、实有人数、人员结构底数“四清”的目标，确保机构设置科学规范、编制资源优化配置。

【“三超两乱”整治】2015年，机构编制权力统一归大编委会，除公开招考外，人事编制原则上予以冻结。通过“免、退、辞、调”和只出不进、自然消超，编内调整、异动消超，收回余编、平衡消超，依法依规、规范消超的办法，切实加强整改。到2015年末，共消化超编人员625人，其中行政编85人，事业编540人。已消化科级领导职数96个，非领导职数264个。同时，按有关规定，免除了51个违规分设单位党委（党组、党支部）书记职务。停止任职年龄层层递减政策，彻底纠正“划线改非”等错误做法。清退4名违规进入人员，对5个相关责任人给予党纪政纪处分。规范领导职数配备，树立规矩意识。

【机构编制管理】2015年，市委、市人民政府提出“三个一律”，明确进人一律公开招考，市人民政府出台《常宁市机关事业单位人员管理办法》，市编办制作《机构编制管理监督工作纪律宣传手册》《办理入编手续指南》等规范性办法，强化机构编制事项的规范管理。成立市机构编制信息中心，对全市2006年以来所有入编人员情况建立《编制档案台账》。坚持编制管理与干部调配、工资审批、组织任免、划拨经费有机结合，对市委任免干部调动手续，实行“包办”；对政策性安置和公开招录人员入编手续，实行“代办”；对符合异动条件人员手续办理，实行“快办”。结合年终统计、实名制核查，对全市机构编制进行彻底检查，机构编制部门会同纪检、组织、人社、财政等部门，定期或不定期开展重点工作督查、专项工作督查和年度督查，实现机构编制“零违规”目标。

【中文域名注册和网站标识工作】2015年，出台《关于做好全市党政机关和事业单位网站开办审核、资格复核和网站标识管理工作的通知》，将网站挂标和中文域名注册经费纳入财政预算，并与中央编办注册中心进行衔接，制定网站挂标流程，采取主动上门服务、跟踪推进的方式，确保全面完成挂标注册任务。至是年底，全市共注册中文域名284个，其中政务域名57个，公益域名227个。网站标识工作也全面完成。

【事业单位登记】2015年，下发《关于做好2015年事业单位法人年检工作的通知》。对参加年检的时间要求、年检范围、内容和程序作出科学安排，精心组织。并将2015年度年检合格的事业单位的登记情况、履行职责情况、受奖惩情况及上一年度年检结果等重要事项刊载在常宁市事业单位登记管理网，向社会公开，接受社会监督。是年，进行法人年检429个，其中新设立单位16个，参与年检单位413个，登记率为95.1%，按时保质完成了2015年度的事业单位法人年检工作。

【自身建设】2015年，建立“周五”学习日、“五个一”学习制度，通过研讨交流、干部“上讲台”等形式，转化学习成果。结合“三严三实”，遵守中央“八项规定”和省委“九项规定”、衡阳十项规定要求，加强机关廉政文化建设，落实一岗双责制度。抓住改革和管理各项任务的重点，建立健全目标责任制，层层分解目标任务，逐项落实到组室，明确到岗位，责任到人头；对每项工作都制定详细的实施方案，建立台账、倒排时限，一件件抓落实。是年，出台《奖惩制度》《联系群众制度》《考勤制度》《调研制度》等10项制度，建立协调沟通、舆情应对、干部成长、交流学习机制，做到用制度管权、管事、管人。

档案工作

【概况】2015年，常宁市档案局内设办公室、业务股、法制股、信息编研股、档案馆、财务室、妇委会。是年，坚持以党的十八大及十八届三中、四中、五中全会精神为引领，认真贯彻落实《关于加强和改进新形势下档案工作的实施意见》，在市委、市人民政府的正确领导下，在省、衡阳市档案局的全面指导下，以服务大局、服务民生为中心，以“三个体系”建设为重点，加快档案信息化建设、抓紧档案资源建设、完善档案基础建设、加强干部队伍建设，有力推动了全市档案工作的规范化发展。

【践行“三严三实”】2015年，以开展“三严三实”教育为契机，局领导班子多次给全体工作人员上党课，坚持从“严”上要求，从“实”处着力，把大家的思想和行动统一到党中央、省、市的决策部署上，始终牢记党的宗旨，在工作、生活中切实践行社会主义核心价值观。

【提高思想政治素养】2015年，通过认真学习中国特色社会主义理论体系，不断增强全局党员干部的党性修养和宗旨意识，进一步坚定理想信念，让每一位档案工作人员时刻不忘“为党管档、为国守史、为民服务”的光荣使命和责任。

【机关作风建设】2015年，局党组在广泛征求意见的基础上，修改完善原有的各项管理制度，重新制定《目标管理考核细则》《工作人员“十不准”行为准则》《学习、会议制度》等六项管理制度。通过制度的规范约束，全局“庸、懒、散”等四风问题基本解决，工作作风持续改善，工作热情更为高涨，为民意识进一步增强。

【档案年检工作】2015年，坚持对全市各单位的档案工作进行全面检查，通过检查来有效促进业务工作。是年，已检查机关、乡镇、企事业单位等158个，通过检查全面地掌握了各单位的档案工作情况，对存在的问题及时指出并要求改进，消除档案安全隐患。是年底，对全市档案工作先进单位进行通报表彰。

【档案业务指导】2015年，一是对于业务指导要求有求必应，对于需要指导的单位，合理安排时间，尽快落实。是年，指导市规划局、市人民医院、市公安局等90余个单位整理文书、人事、会计、业务等各类档案2100余盒；二是有针对性地进行指导。对医保档案、银行档案等行业性要求较高的单位进行有针对性地指导，使其既符合档案部门要求，又具有行业特点；三是进行业务指导。经过指导，市医保中心的建档工作通过其上级验收，市农发行档案室通过省行验收并定为行业二级档案室，市检察院档案工作每年都通过省级检查验收，其他各单位的档案业务及档案室建设水平也逐步得到提高。

【档案业务力量】2015年，安排9名工作人员专门从事档案业务指导和年检工作，在工作中注重以老带新，在实践中锻炼培养年轻工作人员。是年，每周都进行一次业务培训，由局班子成员和股室负责人带头进行业务讲座并开展业务理论和实际操作研讨活动，不断提高业务技能。是年，举行一次全市档案员培训班，对部分单位的新任档案工作者要求来局跟班学习，做好“传帮带”工作，使之较快具备实际工作能力。

【新农村建设档案】2015年，根据人事变动情况及时调整全市新农村建设档案工作领导小组，由一名市委常委任组长，加强对这项工作的领导力度。是年，支持村级建档工作，为30个村级档案室免费配备统一的档案柜和及档案室门牌，帮助建立档案管理制度，并赠送档案盒、防虫药等档案用品。对各涉农单位和村级档案室建设进行精心指导，要求所有单位档案室硬件设施达标，业务要规范。

【档案馆藏】2015年，一是通过档案年检年审工作，派出专门业务组监督指导促使各单位的档案资料应收尽收，并做好安全保管。二是做好档案的移交工作，自1995年开始，每十年都进行一次全市性的档案移交进馆工作，实行档案集中保管，现在馆藏档案8万余卷，图书资料4000余册，文物书籍26册，另寄存改制企业会计档案2万余盒。是年，新接收档案691卷。三是加强档案的征集工作，注重做好地方人文史志、特色、谱碟等档案的征集，已征集县志、族谱等89本。正在征集的有中国印山档案、塔山瑶乡盘王节档案等。四是重视档案的抢救保护工作，专门安排两位业务熟练的工作人员从事档案抢救保护，并安排专项保护经费数十万元，每年抢救、修复档案100余卷。

【基础设施】2015年，对电气线路进行改造，经局班子多方筹措资金，对全局内、外部电气线路进行了彻底改造，全部更换为合规铜缆，消除了电气安全隐患；对办公楼进行适当装修，更新防火防盗设施，改变以往陈旧的面貌，整体形象为之一新；购置必要的保管设备，保证每个库房都有灭火器、除湿机、除尘器等设备；安装安防监控系统，以实现对档案馆库进行24小时联网实时监控。

【档案馆库内部管理】2015年，按照“十防”要求进行库房管理，做好库房通风、降温、除湿等工作，定期对档案库房进行消毒、除尘；建立和完善各种统计台账，做到数据及时、准确；坚持每月对馆藏8万余卷档案及资料进行清理、整理，使之存放更加有序，查阅更加方便；完善档案查借阅手续，借出档案有据可查。是年，要求副科级以上单位都应建立独立的档案室，配备保管设备；定期对各单位档案室的安全保管情况进行检查，对存在安全保管问题的及时进行整改。

【提升服务能力】2015年，馆藏8万余卷档案和4000册资料除部分规定不能对外开放的档案外，凡是符合开放查阅要求的全部都能提供查阅利用服务，做到了档尽其用。是年，开展业务指导、档案查阅利用、档案取证复印等实行全程免费，取证复印等设施费用约3万元，全部由局工作经费开支。对于前来查阅利用档案的人员能做到一视同仁，热情接待、细心服务，尽量帮来者查找档案依据，不能找到的也耐心做好解释工作。是年，共接待档案查阅利用者1450余人次，调阅档案3100余卷（册），取证1200余份，为群众解决了大量的实际问题，为处理社会综治信访维稳等矛盾纠纷提供了大量原始依据。

【信息化建设】2015年，明确一位班子成员分管信息化工作，一位股长具体负责，同时要求40岁以下的人员都要会操作电脑，以后将接受信息化业务培训。是年，局里配备电脑8台，打印、扫描、复印机等都齐备，信息化硬件设施只要再添置少数主要设备即可。是年，市档案馆完成重点档案普查目录数字化工作，录入案卷目录5612条。市烟草局档案已实现数字化，市检察院、市农商行、市卫生局等30多个单位近几年的档案目录已录入电脑。

党史工作

【概况】2015年，中共常宁市委党史研究室内设综合股、党史资料征集研究股、地方志编纂股。与地方志编纂委员会办公室合署办公，实行一个机构、两块牌子。

【《中国共产党常宁历史》第二卷初稿】　《中国共产党常宁历史》第二卷（1949—1978）于2013年启动。2015年，中共常宁市委党史研究室与党史联络组在1月和7月两次召开调度会，督促编写人员提质提速。编写人员在前段征集部分专题资料的基础上，深入档案馆、图书馆查阅、摘录原始资料，进行深入研究，经常加班加点。是年10月，完成约23万字的正本初稿。

【党史宣传】2015年，扎实推进党史宣传六进活动。即党史进机关、学校、军营、企业、社区、农村。以《湘潮》杂志为平台和载体，加大《湘潮》杂志的发行力度。全办工作人员深入全市各机关单位、学校、社区及各乡镇，积极发动宣传，取得较好效果。发行《湘潮》900余份，出色完成为上级党史部门的宣传目标任务。安排专业人员深入市委党校、市老年大学给离退休老干部讲党史专题课2次，深得听众好评。

【党史联络】2015年，加强与党史联络指导组领导之间的联系，充分发挥党史联络组的作用，让他们能积极指导、参与、帮助党史室开展工作。继续宣传发动老干部撰写回忆录。已征集回忆录资料40余篇。是年5月，省党史联络组湘南片组组长苏建民一行来常宁对党史及党史联络工作进行了调研，给予了高度评价。

【上级党史部门交办的工作】　2015年，完成《湖南党委工作纪事》（2015年卷）、《衡阳市委执政纪事》（2015年卷）常宁部分资料及其他资料的报送。

【基层党建】2015年，为贯彻落实上级关于加强基层党建工作的要求，办公室及时召开会议进行部署。专门腾出一间房用于建设党员活动室。党旗、党章、有关制度上墙。定期召开支部会议，民主生活会议。

地方志工作

【概况】常宁市地方志编纂委员会办公室与市党史办合署办公，实行一个机构、两块牌子。2015年，机关内设综合股、地方志编纂股、党史资料征集研究股。

【《常宁年鉴》的征集、编写和出版】2015年，在完成《常宁年鉴》（2014年卷）资料征集的基础上，编写人员进行了认真统稿、编写，至3月基本完成初稿。6月，《常宁年鉴（2013）》印刷出版，对各乡镇和各市直机关单位免费赠送。 8月，市人民政府办下发《关于做好〈常宁年鉴〉（2015年卷）组稿工作的通知》（常政办函〔2015〕84号，对《常宁年鉴（2015）》征编工作进行部署。9月，办公室召开年鉴工作会，决定与党史期刊发行工作同步进行。12月，完成大部分资料的征集工作。

【宣传学习《全国地方志事业发展纲要（2015—2020）》】2015年8月25日，国务院办公厅出台《全国地方志事业发展纲要（2015—2020）》，标志着地方志工作再上一个新台阶。10月，省地方志编纂委员会办公室就宣传贯彻《纲要》进行专门培训。市志办派出人员参加。11月，市志办召开工作会议，对《纲要》进行认真学习，会上，培训人员将省里培训会议精神进行了传达。并明确《纲要》规定的硬指标：2020年，完成第二轮地方志书任务，地方志综合年鉴实行一年一鉴，全覆盖。会后，向市委及市人民政府主要领导、分管领导进行汇报。并通过《常宁报》、电视台等媒体进行宣传，为社会各界了解方志、支持方志事业营造氛围。

【《常宁乡镇简志》编纂】2015年初，明确专人负责采写，两次到衡阳向上级主管部门请教，向其他县市区讨教经验。8月，派人到省里专门学习培训。多次向市分管领导和主要领导汇报，得到市领导的大力支持。年底，完成《常宁乡镇简志》初稿约9万字。

【"1+1"联村工作】2015年，志办领导班子成员深入庙前镇枫树井村现场办公12次，累计走访群众68户，征求群众意见38条，帮助群众解决热点、难点问题12件。对困难群众实施结对帮扶，支持村里经济建设及帮扶资金近2万元。对新农村建设点庙前镇双凤村实施帮扶资金1万余元。

市委党校

【概况】2015年，中共常宁市委党校内设办公室、教研科、教务科、总务科、函授科。共有教职员工26人。是年，依据中央颁布的《中国共产党党校工作条例》、《行政学院工作条例》、《干部教育培训工作条例》和《2010—2020年干部教育培训改革纲要》，坚持党校"姓党"的原则和"实事求是、与时俱进、艰苦奋斗、执政为民"的办学方针，以建设一流县级党校为目的，充分发挥党校干部培训的熔炉作用，提高广大党员干部的素质，以把党校建设成为全市党员干部的精神家园为目标，高质量完成了全年的各项工作任务。

【干教工作】2015年，学校主体班和协办部门班共培训1100人。其中，中青年干部培训班62人、科级干部理论进修班48人。调训率100%，办好入党积极分子培训班3期，来自基层、机关、企事业单位、街道社区、非公企业等单位的300名入党积极分子参加了集中培训。同时，协助举办部门培训班总人数700人。

【教学比赛】2015年，在衡阳市党校系统的教学比赛中，学校派出年轻教师张亚芬参加比赛，此次教学比赛，得到校委会领导的高度重视，全体教学人员的全力配合。由校长曾小春亲自挂帅，成立教学比赛指导小组，参赛选手张亚芬经过反复试讲，以新颖的教学设计、清晰的教学思路、富有激情的教学语言、机智灵活的课堂调控，技压群芳，征服所有评委、专家和听课教师，最终荣获一等奖。

【科研咨政】2015年，学校获奖论文28篇，在省级、市级刊物上共发表10篇。在全省党校系统2015年度理论研讨会上，获二等奖论文1篇。在衡阳市党校系统2015年度理论研讨会共获奖10篇，其中一等奖1篇。全省党校系统党建学会论文获奖6篇，其中获一等奖论文2篇。学校为常宁市监察学会写了大量论文，获奖论文较多。决策咨询效果显著。牢固树立大局意识，积极为领导提供决策咨询服务。参加了衡阳市农村村民建房专题调研课题组，经过几个月的调查研究，提出了合理化建议，得到衡阳市的采纳。

【新校建设】 2015年，完成新校址设计，新校园面积44.2亩，建筑面积10000平方米以上，达到全省党校系统评估验收的要求。校园布局为一主两辅、中轴布局（教学综合楼两边是宿舍和食堂），构成一幢教学食宿连体主建筑，前面有广场，两边有运动场和停车位。现正在征地。征地协议（合同）签订后，将启动校园三通一平、杆线搬迁等前期工程。

【“人间慈善爱心小屋”】 教师吕云峰创办“人间慈善爱心小屋”，2015年的7个月时间共发放约600件衣服，领取500多本书籍、辞典，其他还有鞋子、皮带、围巾、提包等，帮助约1000人次。

【教师培训】 2015年，学校选派吕志勇、李树成等教师到省委党校学习进修；漆小英等4名教师到义乌市委党校参加异地教学和实践；黄冬花等4名教师到宜昌市委党校参加异地教学和实践。为弥补党校现有师资的不足，学校舍得花钱，聘请衡阳市委党校教务处处长李云南、常宁市卫计局党委委员阳柏秀、常宁市检察院黄春华、常宁市安全与监督管理局副局长蒋红军担任兼职教师为主题班上课。

常宁报社

【概况】 常宁报社是常宁市委宣传部直辖正科级事业单位，机构内设办公室、总编室、新闻部。2015年，共编排报纸约200期300万字，经过报社全体人员的共同努力和团结奋斗，报社的各项工作取得了新的成绩。

【服务市委中心工作】 2015年，《常宁报》紧紧抓住全市各项重点工作，进行重点报道、跟踪推进。市委经济工作会议召开后，连续两期开辟专版进行深度解读；围绕“中南地区旅游目的地”的创建，持续推荐常宁的旅游景点；对污染治理工作下大力气持续跟踪报道。

【服务各单位宣传工作】 2015年，设立记者归口联系各单位、乡镇（办事处）制度，积极主动与所联系单位的通讯员打成一片，及时报道单位的重要新闻、重要信息。

【服务常宁外宣工作】 2015年，要求每位记者每月至少在《衡阳日报》发稿一篇，每半年至少在《湖南日报》发稿一篇，同时积极向新闻办报送好的新闻稿件及新闻题材，确保常宁的良好形象在外界得到展现。

【树立合作意识】 2015年，为“四办”提供热点资料；加强新闻资源的报送，记者采访后，在当天内把采写的新闻稿件及新闻图片报送给《常宁手机报》《新常宁》编辑人员，实现资源共享；与各协会加强协作，在报纸副刊上刊登了全市文学、摄影等协会大量的文学作品、摄影图片等，既提高报纸水准，又提升协会会员的创作积极性。

【树立创新意识】 2015年初，将报纸的版头进行了调整，将四个版面的栏目进行了改版，以更加突出重点，更加针砭时事，版面更加美观。是年，与在外常宁人建立的各个商会积极联系，将他们纳入报纸邮寄对象，并尽量将报纸寄给在外地有一定影响力的常宁人，让更多在外的常宁人了解家乡，也将《常宁报》作为一张常宁的名片，传至大江南北。是年，《常宁报》策划了“春节回家”“政协民主测评优秀老师”“最美乡村医生”“湘军中的常宁英杰”“常宁书院的发展与传承”等系列深度报道，在读者中引起广泛好评。

常宁市人民代表大会及常务委员会

【综述】2015年,常宁市第十六届人民代表大会常务委员会设有办公室、内务司法工作委员会、财政经济工作委员会、预算工作委员会、教育科学文化卫生工作委员会、农村经济工作委员会、城乡建设环境与资源保护工作委员会、选举任免联络工作委员会、信访室、研究室、规范性文件备案审查室。有在职干部职工46人。是年,市十六届人大常委会召开常委会会议11次,主任会议16次,听取和审议"一府两院"专项工作报告34项,作出决议决定8个,提出审议意见4个、交办函4个。任免国家机关工作人员67人次,依法选举和补选衡阳市第十四届人大代表1人、常宁市第十六届人大代表4人;接受常宁市第十六届人民代表大会常务委员会委员辞职1人、代表辞职1人。全年共走访人大代表1235人次,组织代表视察1次,开展专题调研视察60余次,接待各级人大代表、人民群众来信来访120余件次,跟踪督办上级人大转办、交办的信访件5件。

【市十六届人大四次会议】2015年3月11日至14日,市十六届人大四次会议在市区召开,出席会议代表293人,特邀人员64人,列席人员461人。大会选举产生会议主席团成员和秘书长。会议听取和审查了市人大常委会、市人民政府、市人民法院、市人民检察院的工作报告,并作出相关决议;审查和批准常宁市2015年国民经济和社会发展计划、2015年市本级财政预算;确立《关于将水口山有色循环经济园打造成国家循环经济试点示范园区,早日实现'千亿园'目标的议案》为大会议案,收到代表建议、批评和意见216件。会议表彰了2014年度9个先进基层人大工作先进单位、16名先进人大工作者、33名优秀市人大代表、21个先进人大代表小组、7件优秀代表建议及9个办理工作先进单位。市委书记何录春到会并讲话。

【市十六届人大常委会第二十一次至第三十一次会议】2015年3月4日,市第十六届人大常委会第二十一次会议在市人大机关二楼会议室举行。会议讨论了市人大常委会工作报告(草稿),同意将该报告稿提交市十六届人大四次会议审查。会议通过了市人大常委会2015年工作要点。市人大常委会2015年工作总的指导思想是:高举中国特色社会主义伟大旗帜,全面贯彻落实党的十八大和十八届三中、四中全会及习近平总书记系列重要讲话精神,围绕全市中心工作,坚持"助发展、严法治、强监督、创机制、提能力"的总体目标,认真履行宪法和法律赋予的职权,大力推进民主法治建设,突出重点,打造特色,务求实效,为争当县域经济发展排头兵作出更大的贡献。会议通过了市十六届人民代表大会资格审查委员会关于个别代表资格审查的报告,确认王若君、刘启宏的代表资格有效。会议还听取和审议了市十六届人大四次会议有关事项的报告,通过了市十六届人大四次会议列席人员名单,决定常宁市第十六届人民代表大会第四次会议于2015年3月11日至14日在市区召开。

2015年3月6日，市第十六届人大常委会第二十二次会议在市人大机关二楼会议室举行。会议听取和审议了市人民政府关于2014年国民经济和社会发展计划执行情况及2015年计划（草案）的报告和关于2014年财政预算执行情况及2015年财政预算（草案）的报告，原则同意将上述两个报告草案提交市十六届人大四次会议审查和批准。

2015年4月27日，市第十六届人大常委会第二十三次会议在市人大机关二楼会议室举行。会议通过了市人民政府关于2014年城乡规划实施情况和2015年城市规划计划的报告和市人大常委会关于2015年度专项工作评议实施方案的报告。会议以无记名投票的方式确定市城乡规划局和市林业局为2015年度专项工作评议单位。会议决定任命李骥为常宁市人民政府副市长，决定免去史锋的常宁市人民政府副市长职务。

2015年5月22日，市第十六届人大常委会第二十四次会议在市人大机关二楼会议室举行。会议通过了市人民政府关于市十六届人大四次会议《关于将水口山有色循环经济园打造成国家循环经济试点示范园区，早日实现“千亿园”目标》议案办理实施方案和关于常宁市城区自来水简化分类、价格调整及居民实行阶梯式水价有关情况的报告。会议还听取和审议了市人民政府关于提请审议常宁市西一环路（南段）和南一环路及其附属设施建设工程项目融资的议案，并作出了决议。

2015年6月3日，市第十六届人大常委会第二十五次会议在市人大机关二楼会议室举行。会议听取和审议了衡阳市公安局关于请求许可对市十六届人大代表钟承辉依法采取强制措施的议案，会议决定：许可衡阳市公安局对市第十六届人大代表钟承辉依法采取强制措施。

2015年6月29日，市第十六届人大常委会第二十六次会议在市人大机关二楼会议室举行。会议听取和审议了市人民政府关于全市合格学校建设工作情况的报告及市人大常委会的调查报告。会议通过了市人大常委会关于加强司法监督工作的办法、关于加强人民陪审员工作的若干规定和关于常宁市行政执法与刑事司法衔接工作实施细则。会议接受汪珀辞去常宁市第十六届人民代表大会常务委员会委员职务。

2015年8月25日，市第十六届人大常委会第二十七次会议在市人大机关二楼会议室举行。会议听取和审议了市人民政府关于常宁市2015年度上半年国民经济和社会计划执行情况的报告、关于常宁市2014年度财政预算执行和其他财政收支审计工作的报告和关于常宁市2014年财政决算和2015年1—7月财政预算执行情况的报告，并批准了2014年市级财政决算。会议还审议和表决了市人民政府、市人民法院提请的人事任免议案，决定任命梁宇琦为常宁市人民政府办公室主任；免去张昕的常宁市人民政府办公室主任职务。任命阳少荣为常宁市人民法院刑事审判一庭庭长，刘双荣为常宁市人民法院刑事审判二庭庭长，周卫成为常宁市人民法院民事审判庭庭长，朱国成为常宁市人民法院经济审判庭庭长，李鸿飞为常宁市人民法院行政审判庭庭长，张智为常宁市人民法院执行庭庭长，雷晓铁为常宁市人民法院审判监督庭庭长，曹诗田为常宁市人民法院松柏人民法庭庭长，欧胜为常宁市人民法院柏坊人民法庭庭长，廖雪峰为常宁市人民法院官岭人民法庭庭长，吴友佳为常宁市人民法院刑事审判一庭副庭长，刘莉为常宁市人民法院刑事审判一庭副庭长，吕云胜为常宁市人民法院刑事审判二庭副庭长，尹斌为常宁市人民法院民事审判庭副庭长，李同生为常宁市人民法院经济审判庭副庭长，唐建平为常宁市人民法院行政审判庭副庭长，吴云鹤为常宁市人民法院行政审判庭副庭长，徐珀为常宁市人民法院罗桥人民法庭副庭长，廖志辉为常宁市人民法院荫田人民法庭副庭长，吴江为常宁市人民法院洋泉人民法庭副庭长，白伟军为常宁市人民法院洋泉人民法庭副庭长，尹素林为常宁市人民法院松柏人民法庭副庭长；免去阳少荣的常宁市人民法院执行庭庭长职务，朱国成的常宁市人民法院刑事审判庭庭长职务，谷文军的常宁市人民法院民事审判庭庭长职务，李鸿飞的常宁市人民法院经济审判庭庭长职务，周卫成的常宁市人民法院行政审判庭庭长职务，申欢群的常宁市人民法院立案庭庭长职务，阳玉梅的常宁市人民法院审判监督庭庭长职务，张智的常宁市人民法院松柏人民法庭庭长职务,雷晓铁的常宁市人民法院柏坊人民法庭庭长职务,曹诗田的常宁市人民法院官岭人民法庭庭长职务,廖三伢的常宁市人民法院罗桥人民法庭庭长职务,欧胜的常宁市人民法院洋泉人民法庭庭长职务,崔昌辉的常宁市人民法院荫田人民法庭庭长职务,吕云胜的常宁市人民法院刑事审判庭副庭长职务,尹斌的常宁市人民法院刑事审判庭副庭长职务,李同生的常宁市人民法院刑事审判庭副庭长职务,唐建平的常宁市人民法院民事审判庭副庭长职务,吴云鹤的常宁市人民法院民事审判庭副庭长职务,郭淑蓉的常宁市人民法院民事审判庭副庭长职务,李华林的常宁市人民法院经济审判庭副庭长职务,吴友佳的常宁市人民法院行政审判庭副庭长职务,廖雪峰的常宁市人民法院荫田人民法庭副庭长职务,吴江的常宁市人民法院松柏人民法庭副庭长职务,徐珀的常宁市人民法院荫田人民法庭副庭长职务。

2015年10月29日,市第十六届人大常委会第二十八次会议在市人大机关二楼会议室举行。会议听取和审议了市人民政府关于2014年财政预算执行及其他财政收支审计整改落实情况的报告、关于全市依法行政工作情况的报告、关于全市2015年1—9月财政预算执行情况及预算调整(草案)的报告、关于乡镇区划调整工作有关情况的报告、关于加强城市规划区控违拆违工作实施意见(草案)情况说明的报告和市人大常委会办公室关于走访人大代表情况的报告,批准了市人民政府2015年财政预算调整方案,作出了关于同意常宁市乡镇区划调整工作实施方案的决定,原则通过了市人民政府关于加强城市规划区控违拆违工作实施意见。会议决定接受李泽华辞去常宁市第十六届人民代表大会代表职务。会议还通过了市十六届人民代表大会资格审查委员会关于个别代表资格审查的报告,确认何录春、李泽华的代表资格终止。

2015年11月26日,市第十六届人大常委会第二十九次会议在市人大机关二楼会议室举行。会议听取和审议了衡阳市公安局关于提请许可对市十六届人大代表阳德豪依法采取强制措施的议案,决定:许可衡阳市公安局对常宁市第十六届人大代表阳德豪依法采取强制措施。

2015年12月20日,市第十六届人大常委会第三十次会议在市人大机关二楼会议室举行。会议听取和审议市人民政府关于常宁市国民经济和社会发展“十二五”规划落实情况和“十三五”规划编制有关情况的报告,原则同意将该报告提交市十六届人大五次会议审查。会议审议并通过了常宁市人大常委会讨论决定重大事项的规定和市十六届人民代表大会资格审查委员会关于个别代表资格审查报告,确认曾义国、肖孝慈的代表资格有效。会议补选曾义国为衡阳市第十四届人大代表。会议还审议和表决了市人大常委会、市人民政府提请的人事任免议案,决定任命邓雅悠为常宁市人大常委会办公室副主任,王经余为常宁市发展和改革局局长,刘文春为常宁市经济科技和信息化局局长,张志斌为常宁市交通运输和旅游局局长,郭文锋为常宁市农业局局长,谢金山为常宁市林业局局长,张建军为常宁市商务和粮食局局长,邹求荣为常宁市文体广电新闻出版局(市版权局)局长,雷青元为常宁市卫生和计划生育局局长,吕秋明为常宁市环境保护局局长,段曙辉为常宁市市场和质量监督管理局(市食品药品监督管理局、市食品安全委员会办公室)局长(主任),王颂为常宁市人民政府法制办主任,尹国文为常宁市人民防空办公室主任;决定免去邓雅悠的常宁市人大常委会信访室副主任职务,李支农的常宁市发展和改革局局长职务,谢小平的常宁市林业局局长职务,肖荣望的常宁市环境保护局局长职务。

2015年12月29日,市第十六届人大常委会第三十一次会议在市人大机关二楼会议室举行。会议分别听取和审议“一府两院”部分组成人员,部分衡阳市人大代表,部分市人民法院审判员、市人民检察院检察员和市人民法院人民陪审员的述职报告,并通过了满意度测评。会议听取和审议了市人大常委会联工委关于人大代表集中视察情况的报告,市人民政府关于《将水口山有色循环经济园打造成国家循环经济试点示范园区,早日实现“千亿园”目标》议案办理工作情况的报告、关于市十六届人大四次会议代表建议、批评、意见办理情况的报告和市人大常委会联工委关于市十六届人大四次会议议案及代表建议督办情况的报告。会议还审议和通过了市人民政府关于提请审议连续十年每年对瓦松铁路项目补贴或投入6000万元及解决项目融资抵押土地议案,并作出了决议。

【代表视察】2015年12月，组织66名人大代表（其中在常的国代表1人，省代表4人、衡阳市代表9人，常宁市代表52人）分4个组，就市十六届人大四次会议议案及代表建议部分重点督办件办理工作、全市政法基础设施建设、城市一环线项目建设、农业综合开发项目建设等方面进行了集中视察。实地察看了新河镇常祁公路新河段道路、循环工业园园区基础设施及入园企业建设情况、市检察院、市法院、市公安局、北一环西段、西一环南段、南一环、东一环、北一环东段、洋泉镇东山片农业连片开发项目等，提出了建设性的意见和建议。

【专项工作评议】2015年，在广泛征求社会各界意见的基础上，市人大常委会会议投票决定对市林业局和市城乡规划局开展专项工作评议。整个评议活动共分为准备、动员、调查、评议、整改五个阶段，从4月开始，历时8个月。为确保评议效果，常委会评议工作组开展了为期两个月的调查，走访调查对象3000余人，召开座谈会52次，发放调查问卷2800余份，共征集社会各界提出的意见和建议近500条。根据调查结果，召开评议大会，发出审议意见，共交办56项整改任务。两个被评单位按照整改要求，制定整改方案，每一项整改任务都落实到岗到人，并向常委会会议报告整改结果，通过了满意度测评，获得社会各界的好评。

【法制建设】2015年，率先在衡阳市出台《常宁市行政执法与刑事司法衔接工作实施细则》，明确各部门工作职责与衔接程序，建立联席会议、案件移送等一系列工作机制，加快“两法”衔接工作规范化、日常化进程。召开动员大会，组织市公安局等41个执法单位向常委会递交责任状，定职定人定责，严格考核。对市安监局、市环保局等10个单位进行专项检查，听取汇报，查阅案卷，督促整改有案不移、以罚代刑、降格处理等问题，推动“两法”衔接工作有序开展。衡阳市人大常委会重点推介了常宁市“两法”衔接工作经验。2015年，修订完善《关于加强司法监督工作的办法》，进一步明确司法监督的主体对象、审议意见的处理、执法监督员委派制度等，强化责任追究，确保司法工作在健康的轨道上前行。针对人民陪审员工作中出现的“陪而不审、合而不议”、参审率不均衡等问题，作出《关于加强人民陪审员工作的若干规定》，建立个人履职记录、年度考核、工作问责、联动审查等工作机制，全面规范入口，畅通出口，明确提出人民陪审员连续两次无故不参审的要提请免去职务。根据规定要求，市人民法院出台了《关于加强和改进人民陪审员工作实施细则》，进一步细化和规范工作措施，全面加强内部管理，提高人民陪审员的陪审能力，促进公正司法。着力推进侦查监督工作，专题听取市人民检察院关于侦查监督工作情况报告。继续开展审判员、检察员、人民陪审员公开向常委会述职活动，检查“两院”一线人员公正司法情况。2015年，按照“抓大事、议大事、求实效”的原则，坚持重大事项报备制度，做到报备日常化、正规化。市人民法院、市人民检察院、市公安局及市司法局对各类报备事项按时、按程序进行报备，接受检查。重点抽查各类报备案卷20余份，并向相关单位通报检查的结果和意见。进一步扩大规范性文件备案审查范围，加强对政府会议纪要的专题审查。不断提高审查质量，邀请人大代表和群众代表参与审查，促使规范性文件备案审查更加公开化，审查成果运用更加社会化。是年，共收到报备文件55件，其中政府报备24件、政府办报备30件、乡镇人大报备1件，切实维护了法制统一。

【机关建设】2015年，认真落实党风廉政建设责任制，带头执行，从严要求、从严管理、从严教育、从严监督，树立机关清廉的形象。全面规范机关财务管理、公务接待、公务车辆管理等制度，从细处着手、从小事做起，实现机关管理的制度化、精细化。主动做好老干工作，定期开展学习活动，组织老干开展调研视察等活动，丰富老干生活。打造透明机关，无论是常委会审议决定重大事项、主任会议研究具体工作，还是开展专项监督、人事任免、代表活动等，都及时在各类媒体上进行公开。是年，撰写新闻稿件近150篇，从不同侧面、不同层次宣传人大工作。撰写的理论文章荣获省人大二等奖。强化责任捆绑，对机关各办委和乡镇、街道、市直战线代表小组的人大工作，实行定目标、定责任，量化管理，统一考核，提升全市人大工作的整体水平。通过考核，评选出8个先进单位和15名先进人大工作者。

常宁市人民政府

总　类

【综述】2015年，全市完成地区生产总值269.60亿元，增长9.0%；其中，第一产业增加值47.26亿元，增长3.8%；第二产业增加值108.88亿元，增长6.4%；第三产业增加值113.46亿元，增长14.2%；完成财政总收入16.31亿元，增长15.6%，其中地方一般预算收入达到12.72亿元，增长17.9%；社会固定资产投资160.84亿元，增长19.7%；社会消费品零售总额80.05亿元，增长10.7%；金融机构存款余额205.35亿元、贷款余额81.85亿元，分别增长17.3%、25.4%；城镇居民人均可支配收入为25314元，增长8.9%；农民人均纯收入12812元，增长9.1%。是年，全市开工建设重点项目79个，完成投资71.9亿元，完成投资量和工程量均创历史新高。2015年，在全省全面建成小康社会考核中，位于全省经济强县第16位。

【产业建设】2015年，全市三次产业结构调整为17.5:40.4:42.1。工业方面，全市新增规模工业企业11家。金铜项目一期工程主工艺关键设备完成单体试车，瓦松铁路开工建设；省特色县域经济重点县项目加快推进，三年专项补助1.8亿元，铜压延加工完成一期征地拆迁，引进深圳德兴隆电子企业；水口山经济开发区列入国家循环化改造试点园区，获一次性专线补助资金1.38亿元；金翼铅业年产10万吨粗铅和处理30万吨铅酸蓄电池生产线即将安装设备，投产后年产值过20亿元，利税上亿元；一品新能源年产40万吨新型甲醇燃料项目正建设厂房，年产10万吨聚氨酯树脂生产线正进行规划设计；华兴冶化、宏兴化工、大宇锌业即将竣工试产，较搬迁入园前产能将扩大一倍以上；鸿博稀土抛光粉厂、北高峰碳酸钙等项目加快推进；宜阳工业园调规扩园，引进隆源科技、喜宝鞋业、宝峰板材等项目31个，初步形成轻纺、鞋类、电子、机械制造等产业群；浙江北高峰碳酸钙项目正建设标准厂房和货运码头，广富木业、百丽鞋业、广州万泉鞋业等项目先后入驻乡镇。农业方面，全市完成粮食播种118.1万亩，实现粮食总产48.2万吨，出栏生猪126.2万头；新造油茶林4.1万亩，年产茶油5000余吨；种植油菜40万亩；种植烤烟2.8万亩，收购烟叶7.33万担；新建及改建生态有机茶园5000余亩，塔山山岚茶获省茶博会金奖；广济水库正在加紧修建大坝，白甫水库正在修建坝基，五龙山水库获国家专项建设债券支持，完成27座小（二）型水库除险加固；规模经营不断壮大，流转耕地43.7万亩、林地52.6万亩，形成5000亩中药材特色产业规模，获全省“生态有机茶之乡”称号；积极培育新型农业经营主体，发展专业种养大户442户、农业专业合作社106个、家庭农场19家，规模以上农产品加工企业45家；农村土地承包经营权确权登记加紧实施。服务业方面，对庙前景区进行全面提质，天堂山国家森林公园、天湖国家湿地公园获批；南门集贸市场建成开业，华岁商贸城、中国油都加快建设。

【城乡建设与管理】2015年，全市投入城乡基础设施建设3亿余元。交通方面，境内国道234线动工建设；省道320线改为国道356线加紧实施；省道214线水口山至城区段改建工程建成通车；县乡道路全面维修改造；新建通村公路27.5公里；青市车站完成主体工程；土谷塘航电枢纽、松柏千吨级码头即将完工。扩容提质方面，东一环泉峰东路至潭水大桥路段完成水稳砂；北一环宜水新城西路完成路面稳定砂结构层；南二环、西一环南段加紧推进；泉峰东路、常荫路改造项目竣工；锡爵塘公共停车场正在铺装绿化；谷家洲防洪堤工程正在进行基础工程施工；砚池山公园、南门湖城市综合体建设稳步推进，歌剧院建成启用；城区污水处理厂二期、松柏工业污水处理厂、生活污水处理厂建成启用；衡阳至水口山天然气管道基本建成；胜桥35千伏变电站建成投入使用，城北110KV变电站、新洲35千伏变电站加快建设。城乡管理方面，强力开展“控违拆违”，违建乱建行为得到遏制；推进“四城同创”，深入开展城乡同治，推行环卫保洁市场化运作，加强网格化管理，整治南门马路市场，改造城市排水管网，城市形象稳步提升；城乡绿化攻坚成效明显，完成裸露山地造林3万亩，人工造林7万亩，西岭镇平安村被授“全国生态文化村”称号。

【民生保障】2015年，14项为民办实事任务全面完成；新增城镇就业7553人，农村劳动力转移就业7300人；城乡低保月人均补差标准分别提高到260.6元、127元；五大保险覆盖城乡，机关事业单位养老保险制度改革和全民参保登记稳步推进，企业退休人员基本养老金实现“十一连调”，城乡居民养老保险工作连续五年评为省先进；新农合参合率99.8%；建成1000套公租房、386套棚改房，改造农村危房700户，启动建设幸福老年公寓；水口山民生保障居民搬迁工程拆除房屋200余户，正在建设安置房；完成农村安全饮水工程16处，解决6.57万人农村饮水安全问题；扎实推进湘江保护治理“一号重点工程”，重点整治水口山重金属污染，水口山湘江水质由五类变为三类，区域环境质量明显好转，工作经验得到湖南省、衡阳市的充分肯定并大力推介；落实新农村示范村帮扶项目资金1702.7万元，累计投入扶贫开发资金5896万元，减少贫困人口8141人，扶贫开发工作被评全省先进单位；新农村建设工作评为省先进。

【社会事业】2015年，深入推进行政审批制度改革，加快落实“两集中、两到位”（是指为深化行政审批制度改革，建立规范高效的审批运行机制，提高行政服务效能，执行一个机关的审批事项向一个处室集中、行政审批处室向行政审批服务中心集中，保障进驻行政审批服务中心的审批事项到位、审批权限到位），提升行政审批效率；政府机构改革基本完成，政府工作部门精简到24个；完成事业单位分类改革；投融资能力大幅增强；财政预算管理、国库集中支付和政府采购管理改革深入推进；弥泉国有林场改革通过省验收；不动产统一登记、公共资源交易改革有序开展；阶梯式水价改革稳步实施；商事登记制度改革扎实推进；企业改制加快扫尾；启动食品医药卫生体制改革；县级公立医院综合改革完成；中医院医疗综合大楼即将交付使用，新增床位300余张；中医院“南詹正骨”技术获省政府授牌表彰；人民医院扩建工程完成征地拆迁，建成后可增加床位1500张；人口和计划生育工作在省排位前移；城区新增中小学学位2000余个，启动乡镇“两校一园”工程，完成“三通两平台”建设一期工程，尚宇学校开工建设，农村合格学校和标准化学校建设扎实推进；合乡并村工作率先完成；被命名为“中国民间文化艺术之乡”；“文化惠民”工程深入实施，广播“村村响”经验在全省推介；老干部宣传工作评为省红旗单位。

【水口山经济开发区成功升级】2015年，经过层层评选，水口山经开区在全国29个园区评比中名列前茅，成功获批国家循环化改造示范试点园区，成为衡阳市第二家“国字号”的工业园区。

【城市一环全线贯通】2015年，投资11.77亿元、长13.6公里的城市一环道路通过多方努力，终于全线贯通，城市骨架全面拉开，城市交通大为改善。

【合乡并村全省领先】2015年，率先完成4个乡镇和1个办事处的撤并工作，全市行政村由707个减少到367个，社区由61个减少到41个，超额完成任务，成为全省第一个完成合乡并村的县（市）。

【湘江治理卓有成效】2015年，扎实推进湘江保护治理“一号重点工程”，重点整治水口山重金属污染，水口山湘江水质由五类变为三类，区域环境质量明显好转，工作经验得到省、市的充分肯定并大力推介。

【民生安置打破常规】2015年，改变传统做法，终止“以地安置、统规自建”，大力推行“以房安置、统规统建”，提高安置效率，集约节约用地，水口山民生保障居民搬迁工程迈出关键性的第一步，并逐步在全市推行。

政府重要会议简介

【政府常务会议选编】 2015年4月1日，市长李涛在市人民政府常务会议室主持召开市人民政府（2015）第1次常务会议。（一）社区整合及社区办公用房建设工作。会议决定：成立全市社区“两化两体系”建设工作领导小组，领导小组要根据会议讨论的意见，进一步修改和完善《常宁市社区整合和办公用房建设实施方案》，待合乡并村时一并考虑。（二）白甫水库筹建工作。会议决定：白甫水库是列入《全国抗旱规划实施方案（2014—2016）年》内湖南省12座新建抗旱应急水源工程之一的小Ⅰ型水库，是一个具有防洪错峰、集镇供水、抗旱灌溉等功能的综合利用工程。各相关职能部门要高度重视，积极做好项目筹建工作。一是成立市白甫水库项目服务工作组，由副市长郭松青全面调度；二是成立白甫水库临时管理机构，全面推进相关工作；三是按照项目建设的需要，由市发改局做好立项审批工作。（三）城区学校扩容提质相关工作。会议决定：一是原则同意启动城区学校扩容提质建设。按照公办学校合理布局、稳步推进，民办学校全速推进的原则，确定2015年城区学校扩容提质的重点项目为：公办学校10所，即实验高中、学墙小学、曲市小学、东湖小学、宜阳二小、莲花小学、东塔小学、虎溪小学、进修学校附属小学、宜潭乡中心幼儿园；民办学校3所，即培元中学、振安学校、衡阳市八中尚宇学校；同时鼓励民间资本参与城区公办学校建设，具体工作由城区教育扩容项目服务工作组统筹协调。二是市财政按照项目建设进度，适时拨付2015年度城区学校扩容提质建设资金。三是相关职能部门要按照政策优先办理相关手续，各项费用先全额征收，再按政策返还。四是原则同意实验高中学校租借校园东头的一幢48套的廉租房，用作学生宿舍楼。同时为满足学校扩容需要，学校西侧原规划用作宜阳工业园办公用房的9.5亩土地，待调整土地用途后用作学校建设用地。（四）新一轮永久基本农田划定工作。会议决定：一是新一轮永久基本农田划定工作要按照保护基本农田和城市发展需要相统一的原则进行，严格划定永久基本农田保护红线，确保“三规合一”。二是成立市永久基本农田划定工作领导小组，领导小组下设办公室，由市国土资源局局长颜青兼任办公室主任。三是依照相关程序确定负责此次永久基本农田划定的技术工作单位。四是各乡镇办事处和有关职能部门要确定专人负责工作衔接，严格按照领导小组的要求，严谨、科学完成永久基本农田的划定工作。（五）2015年城市规划年度计划工作。会议决定：一是原则同意市规划局制定的《2015年城市规划年度计划》（征求意见稿）；二是城市规划年度计划工作要确保严肃性、前瞻性、完整性、准确性、紧迫性及现实性；三是《计划》（征求意见稿）所涉及的项目要与2015年《政府工作报告》所提出的项目相吻合。（六）房屋产权办证遗留问题的处理。会议决定：一是成立市房屋产权办证遗留问题工作领导小组，领导小组负责协调相关工作。二是原则同意市房产局制定的《常宁市房屋产权办证遗留问题处理工作方案（草案）》。三是明确受理范围及时间，凡2014年12月31日前在市城市规划范围内国有土地上建成的商品房、单位集资房、合作建房等；集体土地上建成的房屋，在变更用地性质后，可纳入遗留问题进行处理，按照先城区后乡镇的原则操作，各乡镇办事处不再成立机构，参照城区处理意见执行。此次办证遗留问题处理时限截止日期为2015年12月31日。（七）全市企业改制工作。会议决定：年度内尽可能启动全市所有企业改制工作，当前重点推进市建筑工程公司、银河化工、原种场、二化工厂四家企业改制，五月份前完成改制方案，其余改制企业要稳步推进。

4月20日，市长李涛在市人民政府常务会议室主持召开市人民政府（2015）第2次常务会议。（一）人大重点议案、批评建议件和政协委员提案办理工作。会议决定：办理好人大议案、批评建议件及政协委员提案意义重大。一是各承办单位要按照会议研究决定的意见，尽快拿出具体方案，加强事前沟通和协调，加快办理进度，及时向市人大、市政协报告。二是解决当前突出问题，召开交办会。“关于将水口山有色循环经济园打造成国家循环经济试点示范园区，早日实现‘千亿园’目标”的重点议案办理工作，由市长李涛任组长，市委常委、副市长刘国荣，市人民政府正县级干部黎才发，副市长张昕，水口山经济开发区管委会主任蒋渝阳任副组长，水口山经济开发区为主要责任单位，共同推进水口山有色循环经济园建设。（二）2015年度全市重点项目工作。会议决定：要全力推进重点工程建设行动计划，扎实开展“项目建设年”活动。一是要强力推动重点项目建设，进一步加强建设管理。二是要从严考核，采取日常考核与年底考核相结合的方法，对“项目建设年”活动开展情况进行考核，对先进单位给予奖励，对不合格单位给予处罚，并在全市进行通报。三是要加强协调调度，对一批重点项目要及时跟进，落实责任，确保完成2015年度重点项目建设任务。（三）“十三五”规划编制工作。会议决定：一是“十三五”规划编制工作的各专项规划和重大项目要先行专题调研后再开展编制。二是编制工作要做到统一、可行、科学，实现“三规合一”。三是要成立“十三五”规划编制专家委员会。（四）讨论《水松地区拆迁安置方案（草案）》。会议决定：原则同意水口山经济开发区制定的《水松地区拆迁安置方案（草案）》，水口山经济开发区要根据会议讨论的意见，进一步修改和完善方案，报市人民政府审批，再分别向市人大报告和市政协函告。

4月30日，市长李涛在市人民政府常务会议室主持召开市人民政府（2015）第3次常务会议。（一）人力资源和社会保障工作。会议决定：一是同意在全市范围内启动全面参保登记工作。二是做好征地农民社会保障工作，从2015年1月1日之后征地的被征地农民保障对象补贴年限调整为10年，2015年1月1日之前已征地的被征地农民保障对象补贴年限按原有文件执行；不再建立单独的被征地农民养老生活保险制度；按照政策提高用地单位缴纳被征地农民社会保障费标准；国土资源局牵头，组织经管、公安等部门共同负责审核确定被征地农民社会保障具体人员名单，再报市人民政府审定。三是贯彻落实湘政发〔2014〕24号和衡政发〔2014〕34号文件精神，市人社局拟定关于建立统一的城乡居民基本养老保险制度方案，报市人民政府审批发文；同意各乡镇（办事处）建立工作经费与服务人群、工作质量挂钩的“以奖代补”工作机制。四是从2015年起，全市基本医疗保险单位缴费率由7%调整为8%，2015年由各单位自行负责缴费，2016年起基数调整所增加的费用纳入财政预算。（二）讨论《常宁市土地（矿业权）招拍挂出让若干规定（草案）》、《常宁市闲置土地处置的若干规定（草案）》。会议决定：原则同意市国土资源局制定的《常宁市土地（矿业权）招拍挂出让若干规定（草案）》、《常宁市闲置土地处置的若干规定（草案）》，要进一步修改和完善方案后报市人民政府审批，再分别向市人大报告和市政协函告。（三）讨论《关于进一步规范我市招标投标工作的若干意见（草案）》。会议决定：原则同意市发改局制定的《关于进一步规范我市招标投标工作的若干意见（草案）》，要进一步修改和完善方案后报市人民政府审批，再分别向市人大报告和市政协函告。（四）讨论《常宁市机关事业单位人员编制管理和凡进必考工作的规定（草案）》。会议决定：原则同意市编办制定的《常宁市机关事业单位人员编制管理和凡进必考工作的规定（草案）》，要进一步修改和完善相关内容后报人民政府审批，再分别向市人大报告和市政协函告。（五）《常宁市整县推进农村环境综合整治实施方案（草案）》。会议决定：原则同意市环保局制定的《常宁市整县推进农村环境综合整治实施方案（草案）》、《常宁市整县推进农村环境综合整治工作方案》，要进一步修改和完善方案后报市人民政府审批，再向市人大报告及政协函告。（六）十运会筹备工作。会议决定：为承办衡阳市第十届体育运动会篮球赛事，同意对常宁一中体艺馆地面进行维修，相关器材由市采购办按照程序采购，运动员、教练员、工作人员食宿补贴按照相关规定补贴。

5月14日，市长李涛在市人民政府常务会议室主持召开市人民政府（2015）第4次常务会议。（一）讨论《常宁市水松地区集体土地上房屋拆迁安置实施暂行办法》（审定稿）。会议决定：一是原则同意水口山经济开发区制定的《常宁市水松地区集体土地上房屋拆迁安置实施暂行办法》（审定稿）。水口山经济开发区要进一步修改和完善，在6月1日之前出台方案，城区的拆迁安置办法参照水松地区在9月1日前出台方案。二是为促进水松地区长期发展，规范好水松地区集体土地上房屋拆迁安置，实现统规统建势在必行，各级各部门要统一思想、加快进度、做好安置工作。同时要就“135”工程创新创业园、水口山集团公司四厂、六厂的新址等项目和群众达成一致意见，尽快包装好安置房项目，切实维护好被拆迁人及集体经济组织的合法权益。（二）《关于将水口山有色循环经济园打造成国家循环经济试点示范园区，早日实现“千亿园”目标的重点议案》办理工作。会议决定：原则同意水口山经济开发区制定的《市十六届人大四次会议〈将水口山有色循环经济园打造成国家循环经济试点示范园区，早日实现“千亿园”目标〉议案办理工作实施方案（草案）》，要进一步修改和完善方案后报市人民政府发文实施，再分别向市人大报告和市政协函告。（三）城市总体规划修改工作。会议决定：原则同意市规划局制定的《常宁市城市总体规划修改》，要进一步修改和完善后提交市人民政府常务会议讨论，再报市委常委会议研究决定。（四）国有弥泉林场改革工作。会议决定：一是为贯彻落实省市关于国有林场改革精神，同意启动国有弥泉林场改革工作。成立市国有林场改革领导小组，由市长李涛任组长，市委副书记邹锟，市委常委、常委副市长刘启宏，副市长郭松青，副县级干部何志雄任副组长，相关部门负责人为成员，领导小组下设办公室，办公地点设市林业局，林业局局长担任办公室主任，弥泉林场负责人为副主任。二是市林业局会商市编办、人社局、弥泉乡拟定国有林场改革实施方案，报市人民政府审批。

6月11日，市长李涛在市人民政府常务会议室主持召开市人民政府（2015）第5次常务会议。（一）贯彻落实衡阳乡风文明暨文明村镇建设现场推进会议精神。会议决定：一是对照衡阳市分配的目标任务，从实际情况出发，明确用3年时间达到衡阳市要求，创建国家文明村镇1个，省级文明村镇2个，衡阳市级文明村镇10个。2015—2017年把西岭镇平安村作为国家级文明村镇创建单位，塔山瑶族乡、松柏镇作为省级文明村镇创建单位予以重点打造。二是原则同意市农办制定的《常宁市文明村镇创建工作方案（草案）》和《常宁市创建省级文明城市乡风文明建设方案（草案）》，要进一步修改和完善方案，报市人民政府发文实施。（二）推进金融服务“三农”工作。会议决定：一是成立市金融服务“三农”工作领导小组，邀请市委书记任组长，由市长任副组长，相关部门负责人为成员，领导小组下设办公室。二是同意由市财政每年安排1000万元作为涉农贷款风险补偿基金，引导涉农金融机构加大对“三农”的信贷投入。（三）有色金属产业园区合作投资建设工作。会议决定：原则同意中国新型房屋集团有限公司、常宁市人民政府关于《水口山经开区有色金属产业园建设项目PPP建设合同（草案）》，要进一步细化合同内容再报市人民政府常务会议审定。（四）烟花爆竹生产企业关停退出工作。会议决定：一是切实做好烟花爆竹生产企业退出工作，全市8家烟花爆竹生产企业必须在2015年6月30日之前全部关闭退出。二是原则同意市安监局制定的《常宁市烟花爆竹生产企业淘汰关闭退出工作实施方案（草案）》，要进一步修改和完善方案后，再按程序向市人大报告和市政协函告。三是成立市烟花爆竹生产企业退出工作领导小组，确保关闭退出工作安全稳定，关闭到位，同时建立市级领导联系企业制度，加强对联系企业的关闭退出工作的指导和协调。（五）国有弥泉林场改革工作。会议决定：各级各相关部门要加大保护国有弥泉林场的力度，确保林场持续、稳定、健康发展，充分发挥国有林场在生态建设中的重要作用。市编办、林业局要进一步核准改革对象范围，广泛征求意见，编制《常宁市国有林场改革方案》向上申报。（六）水价调整工作。会议决定：一是原则同意对城区自来水供水价格进行调整，水松地区水价纳入城区范围管理。二是水价分类改革为居民生活用水、经营服务用水、特种用水三类，各类水价的比价系数为1:1.5:4。三是水价调整按居民生活用水价格提高0.4元/立方米的标准执行；四是实行阶梯式水价，即对已实施“一户一表，抄表到户”的城区居民生活用水实行阶梯式水价；五是对特困户、低保户实行每月每户免收5立方米水费；六是随水价征收的附加费用标准为：水资源费提高至0.08元/立方米；污水处理费按0.8元/立方米征收不变，城镇生活垃圾处理费按0.3元/立方米的标准征收，原随水价附征的城镇居民、机关、企事业单位的卫生费相应取消。（七）禁毒工作。会议决定：一是原则同意市公安局制定的《关于深入推进禁毒工作社会化的意见》《关于加强社区戒毒社区康复工作的意见》《关于转发〈湖南省禁毒工作领导责任追究暂行办法〉的通知》，要进一步修改和完善方案后，报市人民政府审批发文，并向市人大报告和市政协函告。二是同意调整市禁毒委员会组织构成，由市长任主任，各相关部门主要负责人为成员；进一步充实禁毒力量，配备禁毒协辅警力；加大禁毒教育基地建设，强化社区禁毒宣传教育，并成立市禁毒协会。（八）讨论《常宁市中等职业教育攻坚计划实施方案（2015—2017）（草案）》工作。会议决定：一是成立市中等职业教育攻坚工作领导小组；二是原则同意市教育局制定的《常宁市中等职业教育攻坚计划实施方案（2015—2017）（草案）》，要进一步修改和完善方案后报市政府审批发文；三是加强职业培训统筹，确保市职教中心统筹市域内职业培训项目和经费比例达到80%以上，并同意职业学校为每个特色专业设立1～2个特聘岗位。（九）招商引资工作。会议决定：一是各级各部门要充分发挥主体作用，积极开展招商引资活动，带动常宁经济社会加快发展；二是同意成立市招商小分队，各乡镇要对本地在外创业人士进行摸底造册，充分运用资源，壮大招商队伍；三是同意出台《招商引资责任办法》，由市招商局拟定方案，报市人民政府发文实施；四是由市招商局牵头制作常宁招商宣传片和项目片，经费从招商专项经费中安排。（十）讨论《常宁市市本级投融资公司管理办法（草案）》工作。会议决定：原则同意市人民政府办制定的《常宁市市本级投融资公司管理办法（草案）》，要进一步修改和完善方案后报市委常委会研究决定。（十一）政府责任清单编制审核工作。会议决定：一是根据省、衡阳市有关精神，市编办、法制办必须在6月30日之前完成政府责任清单编制工作。二是成立市人民政府责任清单审核编制工作领导小组，编制具体工作由市法制办牵头组织。三是原则同意市法制办制定的《常宁市人民政府编制公布部门责任清单工作方案》，要进一步修改和完善方案，报市人民政府审批，并向市人大报告和市政协函告。（十二）申报国家可持续发展实验区工作。会议决定：一是同意将常宁市申报为2015年度国家可持续发展实验区。二是组织相关部门做好工作，申报的具体工作，由市科技局拿出方案，报市人民政府审定。

7月29日，市长李涛在市人民政府常务会议室主持召开市人民政府（2015）第6次常务会议。（一）融资平台建设工作。会议决定：一是为盘活水利、交通、水务和环保等方面的资产，进一步扩充城市建设资金来源，切实发挥投资对城市发展的拉动作用，原则同意组建常宁市交通建设投资有限公司、常宁市现代环境保护与治理投资有限公司、常宁市水利投资有限公司、常宁市水务投资集团有限公司等4家投资公司。二是4家投融资公司由市人民政府统一管理，公司组建工作参照衡阳市相关做法，公司的人员配置、资金、管理、经营范围等方面工作根据组建进度分步到位。三是考虑到常宁市行政区域内环境保护与治理项目较多，国家及省市专项资金扶持力度大，确定率先启动环保投的组建，其余几家稳步推进。（二）讨论《常宁市城市规划区控违拆违工作实施意见（草案）》。会议决定：一是原则同意市规划局制定的《常宁市城市规划区控违拆违工作实施意见（草案）》，要进一步修改和完善方案后，再按程序向市人大报告和市政协函告。二是各相关乡镇（办事处）和职能部门要认真贯彻落实本实施意见，明确职责、通力协作、强化监管巡查，对两违行为露头就打，确保“两违建设”零增长。三是加大宣传和打击力度，组织依法拆违行动，对群众反映强烈的、恶意侵占市政基础设施用地的，严重影响城市规划实施和重点工程项目建设的违法建设，要依法拆除。四是切实加大对违法用地、违法建设的查处和控制力度，对失职、渎职行为从严追究责任。（三）创建省级园林城市工作。会议决定：一是市城管执法局要根据市政协提出的创建省级园林城市协商意见，对《常宁市创建省级园林城市实施方案（草案）》进行修改完善。二是成立市创建省级园林城市工作领导小组，负责组织实施创园工作。三是各级各部门要以“宜居常宁，绿色家园”为主题，全面提升中心城区、旅游通道等重点区域、街道绿化功能和景观效果，建成总量适宜、分布合理、植物多样、景观优美的城市绿化体系，建设具有浓郁水乡园林特色的省级园林城市。四是为加快创建工作进度，由市城管执法局从内部调剂人员充实城市园林绿化队伍。（四）病险水库除险加固工作。会议决定：一是为贯彻落实省、衡阳市有关要求，切实做好病险水库除险加固工作，确定对全市小二型水库进行部分除险。二是为加快工程建设进度，按照湘政发〔2015〕5号、湘水建管〔2015〕18号文件精神，明确未达到工程投资标准(100万元以下)的项目，可由项目业主按程序委托水利施工企业进行施工，项目实行质量终身制。(五)讨论《常宁市广济水库移民搬迁安置实施办法》。会议决定：原则同意广济水库项目服务工作组制定的《常宁市广济水库移民搬迁安置实施办法》，要进一步修改和完善方案后，报市人民政府审批发文，并向市人大报告和市政协函告。(六)润东学校筹建工作。会议决定：一是迅速启动润东学校建设工作，同意项目选址于培元办事处宜水新城教育黄线规划处内。市规划局要根据实际需要，确定项目建设用地红线及面积，迅速启动征地工作。二是同意成立常宁市润东学校建设项目服务工作组。三是根据项目实际进度及需要，相关部门要加快项目周边的配套设施建设。(七)政府部门权力清单清理工作。会议决定：一是要按照建设法治政府和服务型政府要求，以转变政府职能、提升治理能力为核心，构建权界清晰、分工合理、权责一致、运转高效、法治保障的政府职能体系，建立市级行政权力清单制度，实行“行政权力进清单、清单之外无权力”。二是原则同意市编办制定的《常宁市政府部门权力清单》(送审稿)，要进一步修改和完善方案后，报市人民政府审批发文，并向市人大报告和市政协函告，在常宁党政门户网开辟专栏予以公布。

9月17日，市长李涛在市人民政府常务会议室主持召开市人民政府(2015)第7次常务会议。(一)突发事件预警信息发布中心建设工作。会议决定：一是按照资源整合、互联互通、信息共享的原则，依托应急管理现有平台，同意设立突发事件预警信息发布中心。二是突发事件预警信息发布中心建设工作，由政府统筹管理，各相关部门要高度重视，通力协作，妥善解决预警信息传播的“最后一公里”问题。三是由移动、电信、联通三家运营商负责在发布中心安装SMS机等手机短信发布设备，并将所有用户纳入常宁市突发事件预警信息发布系统，同时负责对本公司客户免费发布预警中心发布的预警信息。四是同意出台《常宁市突发事件预警信息发布管理办法》《常宁市突发事件预警信息发布系统运行管理细则(试行)》等文件。(二)讨论《常宁市农村安全饮水管理办法(草案)》。会议决定：原则同意市水利局制定的《常宁市农村安全饮水管理办法(草案)》，要进一步修改和完善方案后，按程序向市人大报告和市政协函告。(三)政府部门责任清单清理编制工作。会议决定：一是原则同意市法制办编制的《常宁市人民政府部门责任清单》，要进一步修改和完善方案后，报市人民政府审批发文，并向市人大报告和市政协函告，在常宁市党政门户网予以公布。待机构改革实施后，再予以分、合修整，进行动态管理。二是加强责任清单的监督，市监察局、法制办等相关单位在责任清单公布后，要开展监督、检查和落实，做到既要加强政府内部的监管，又要发挥好社会的监管作用。(四)电子商务平台建设工作。会议决定：一是要以电子商务平台建设为突破口，利用电商平台开拓常宁农产品市场，创新线上线下“两条腿走路”的商业模式，推进常宁经济创新发展。要加强电子商务平台管理，整合全市资源，实行政府统一管理、商务局统筹协调、多家开展经营的管理体制。二是考虑到供销社的实际，同意选调工作人员充实队伍建设。(五)电网建设及农网改造工作。会议决定：一是加快电网建设，对已有的变电站要加大建设力度，新建和扩建的变电站，在“十三五”规划中要根据实际情况，合理规划。二是加强电网管理，成立市电网建设领导小组，优化电力施工环境，开展用电秩序整顿，加大打击力度，保障电力工作的良性发展。三是推进农网升级，农网的改造升级分三年完成，以乡镇为主体，完成小水电自供区向国网的全面移交。(六)通信及信息化建设工作。会议决定：一是明确市经信局为信息化行业主管部门，负责信息化的统筹规划，指导协调、监督管理电信、移动、联通三家公司做好信息化工作，其他有关部门按照各自职责做好信息化相关工作。二是成立市信息化工作领导小组，负责全市信息化建设的组织和协调工作。三是打造优质施工环境，市公安局要加大对破坏偷盗通信设备、设施行为的打击力度，依法打击阻工、及破坏网络设施建设的行为。(七)北二环万寿七组拆迁安置地置换问题。会议决定：为加快110千伏城北变电站工程进度，同意北二环万寿七组拆迁安置地置换。(八)瓦松铁路项目建设财政补贴问题。会议决定：同意从金铜项目产生的本级财政收入当年开始，市财政连续10年每年拿出6000万元对瓦松铁路项目进行财政补贴或投入。并从城区或水松地区规划土地中拿出400亩土地或其他有效资产作为瓦松铁路项目融资抵押物，构成瓦松铁路项目融资的基本条件。

10月20日，市长李涛在市人民政府常务会议室主持召开市人民政府（2015）第8次常务会议。（一）培元湿地公园建设工作。会议决定：一是原则同意培元湿地公园项目建设服务工作组制定的《常宁市培元湿地公园工程项目投资框架协议（草案）》，培元湿地公园项目建设服务工作组要根据会议讨论的意见，会同法制部门进一步修改和完善协议后，按程序向市人大常委会报告。二是切实推进培元湿地公园建设工作，政府主导设计方案，项目建设模式报市人大常委会审议后再实施。（二）水口山“犁头咀城址”保护工作。会议决定：鉴于土谷塘航电枢纽工程蓄水后，“犁头咀城址”主体将面临被淹的局面，市文广新局要尽快向省文物局汇报，按照上级要求开展“犁头咀城址”保护相关工作。（三）碧瑞建材公司技术改造工作。会议决定：为确保常宁市60万吨水泥产能不丢失，同意碧瑞建材有限责任公司于2016年底前完成项目搬迁改造重建，允许公司技术改造的同时进行生产。同时，各相关职能部门要抓好二水泥厂改制工作，指导碧瑞公司进行技术改造，项目搬迁重建后，政府可按政策给予相关支持。（四）开展免费产前筛查工作。会议决定：一是各相关部门要高度重视，在市、乡、村三级全面开展工作，产前免费筛查要做到应查尽查，提高产前筛查率，降低出生缺陷发生率。二是产前免费筛查按照140元/人纳入财政预算，市财政按照筛查人员拨付资金。（五）迎省第三轮县级教育工作两项督导评估考核工作。会议决定：成立“两项督导评估考核”工作领导小组，安排部署好迎评工作。（六）2016年城镇保障性安居工程工作。会议决定：一是要抢抓棚改贷款向县、市倾斜的机遇，力争利用国家资金成片改造棚户区，改善居住环境，提升居住水平。二是尽快组建棚户区改造贷款融资平台，争取专项贷款资金。由市房产局拟订方案，报市委常委会研究决定。三是成立棚改领导小组，确保棚户区改造和融资贷款各项工作按时间节点和进度计划有序进行。

10月28日，市长李涛在市人民政府常务会议室主持召开市人民政府（2015）第9次常务会议。（一）乡镇行政区划调整工作。会议决定：一是原则同意市民政局制定的《常宁市乡镇行政区划调整工作预备实施方案》，要进一步修改和完善方案后，提请市委常委会研究决定，按程序向市人大报告和市政协函告。二是按照省市有关会议精神及安排部署，常宁市此次乡镇行政区划调整改革的主要目标任务为全市22个乡镇撤并为18个乡镇，拟将“宜潭乡、宜阳街道办事处”合并设立“宜阳街道办事处”，“松柏镇、水口山街道办事处”合并设立“水口山镇”，“盐湖镇、三角塘镇”合并设立“三角塘镇”，“弥泉乡、塔山瑶族乡”合并设立“塔山瑶族乡”，“江河乡、新河镇”合并设立“新河镇”，共合并4个乡镇，1个街道办事处。三是各级各部门要统一思想，高度重视，按照法定程序完成乡镇区划调整申报全部流程及相关资料的整理、收集，妥善处理遗留问题，确保按要求完成乡镇行政区划调整改革任务。（二）十六届人大四次会议代表建议办理工作。会议决定：一是各承办单位要高度重视，进一步明晰责任，加大工作力度，做到人员、措施、任务“三落实”，确保办理工作得到人大代表和人民群众的满意。二是注重办理方法，加快办理速度，加强与代表沟通联系，面对面征求意见，共同研究和探讨解决问题的措施，提高办理质量，实事求是答复代表，并及时向市人大报告。

11月27日，市长李涛在市人民政府常务会议室主持召开市人民政府（2015）第10次常务会议。（一）关于机关事业单位工作人员基本工资调整等工作。会议决定：一是做好调整机关事业单位工作人员基本工资标准工作，按照上级部门批准的标准调减到位，现行执行的津补贴标准不变；加强对工作人员的业务培训，在12月底前完成工作调整测算、审核。二是同意启动机关事业单位工作人员养老保险改革，机关事业单位编制内工作人员纳入此次改革范围，编外人员依法参加企业职工基本养老保险。三是做好公务员职务与职级并行制度实施工作，严格执行文件规定，按程序推进晋升工作。（二）林业相关工作。会议决定：一是做好森林防火工作，从退伍军人队伍调剂30人组建一支森林防火专业队伍，负责扑救全市重大森林火灾，进行野外轮流巡逻，参与林区林政管理工作。二是为进一步加强林木种苗管理，提高林木种苗资金使用效率，从2015年起，冬季荒山造林不再免费供苗，由造林单位和个人按需要自行采购苗木，造林后市财政再按实际造林面积和造林类型补助苗木费用。三是做好林地清理工作，同意市林业局制定的《常宁市开展非法侵占林地清理排查专项行动方案》，成立非法侵占林地清理排查工作领导小组，具体负责清理工作。四是同意启动常宁大三湘油茶生态文化产业园项目，市林业局要科学规划，以油茶产业为基础，充分开发常宁自然资源和文化旅游资源，进一步提高常宁茶油在全国的品牌影响力。（三）不动产统一登记、数字城市建设等工作。会议决定：一是同意市国土资源局制定的《常宁市不动产统一登记工作实施方案》，按照省市要求的时间节点，全面完成不动产统一登记工作。二是同意开展数字城市建设工作，成立数字城市建设工作领导小组，负责组织收集、整合相关部门现有数据和信息，所需设备由政府采购，施工技术单位通过招投标确认。（四）建设项目容积率遗留问题的处理意见。会议决定：原则同意市规划局制定的《关于建设项目容积率遗留问题的处理意见》，要进一步修改和完善方案，报人民市政府发文，再按程序向市人大报告和市政协函告。（五）落实市人大对规划专项工作评议审议意见的建议。会议决定：一是原则同意市规划局制定的《2015年城乡规划局专项工作评议整改任务分解表》，要进一步修改和完善，报市人民政府发文实施，对市人大规划专项工作评议，市人民政府相关部门要认真贯彻落实。二是做好清理收费项目工作，严格执行收费政策和标准，对没有法律依据的前置性收费项目一律取消，明确将服务性收费由市政务中心统一收取。三是做好工程建设的综合验收工作，明确由市政务中心牵头，规划局制单，各家单位参与对工程进行验收。（六）投融资公司建设工作。会议决定：为做大做强投融资综合性平台，增大经营性国有资产，夯实平台资本，一是由市国有资产管理局牵头，将全市城区内所有行政事业单位房屋土地资产变更为商业用地，出售给各投融资公司，过户税收由买方负责，服务性收费全免；二是必须通过招拍挂形式进行资产交易。（七）讨论《常宁市地质灾害防治体系建设项目资金使用方案（草案）》。会议决定：原则同意市国土资源局制定的《常宁市地质灾害防治体系建设项目资金使用方案》，要进一步修改和完善，报市人民政府发文，再按程序向市人大报告和市政协函告。市财政、监察部门要加大对专项资金的监管力度。

12月16日，市长李涛在市人民政府常务会议室主持召开市人民政府（2015）第11次常务会议，专题研究“十三五”规划（草案）和《重大项目库》工作。会议认为：“十三五”时期，是常宁市全面建成小康社会，深化产业结构调整、推进新型城镇化、构建更高水平更好质量的攻坚时期，也是加快“两型”建设，推进科学转型，争创全省经济十强的关键时期，各级各部门要立足“十二五”以来奠定的发展基础，科学编制“十三五”规划，真正使规划对常宁市“十三五”建设具有很好的指导性意义。会议决定：一是原则同意市发改局制定的《常宁市国民经济和社会发展第十三个五年规划纲要（草案）》。二是进一步修改和完善，着重从人才选拔、教育卫生、服务三农、生态环境、节能减排等方面考虑，完善好“十三五”规划中的具体项目，使“十三五”规划编制更加科学，定稿后报市委常委会研究决定，按程序向市人大报告和市政协函告。三是做好《重大项目库》编制工作。

12月24日，市长李涛在市人民政府九楼大会议室主持召开市人民政府（2015）第12次常务会议。（一）安全生产工作。会议决定：一是各级各部门要按照中央、省市要求抓好落实，正确认识当前安全生产面临的形势，进一步提高对安全生产极端重要性的认识。二是认真开展重点行业领域的安全生产大检查和专项整治行动，抓好排查、执法等环节，做好“两会”、春节期间的安全生产工作，有效防范和坚决遏制较大及以上事故发生。三是强化责任，加强监管，按照“党政同责、一岗双责”的要求，认真抓好分管工作中的安全生产，确保全年安全生产各项控制目标和工作目标实现。（二）讨论《关于工业经济稳增长促转型的若干意见（草案）》。会议决定：原则同意市经科信局制定的《关于工业经济稳增长促转型的若干意见（草案）》，要进一步修改和完善，并报市委常委会研究决定，按程序向市人大报告和市政协函告。（三）青阳北路改造相关工作。会议决定：要依法依规按程序建设，稳步推进，各职能部门切实履行职责做好推进项目建设的相关工作，强化部门职能，建立高效的协调机制，力争早日完成项目建设。（四）青阳广场、北门湖建设相关工作。会议决定：青阳广场和北门湖两个项目建设要依法依规和公开招投标；青阳广场的建设要根据财力和实际情况实行分步实施，先建设政府外广场，然后再建设政府内广场。（五）广电“户户通”工程建设和乡镇老放映员生活困难补助发放工作。会议决定：一是按照衡阳市会议精神要求，常宁市的“户户通”工程建设15943户，由各乡镇、办事处为工程建设的责任主体，市文广新局具体负责组织实施。二是按照湘政办发〔2015〕78号文件精神，凡符合条件的乡镇老放映员，按政策要求发放生活困难补助。（六）撤销常宁市驻长办相关工作。会议决定：按照上级要求，撤销常宁市驻长沙办事处机构，市编办按照程序办理，市人民政府办妥善安置机构相关工作人员，市国资中心依法依规对原有资产进行处置。

市政府重要文件通知选编

2015年1月9日　关于印发《常宁市突发公共卫生事件应急预案》《常宁市突发重特大传染病疫情应急预案》《常宁市突发事件医疗卫生救援应急预案》的通知。

1月28日　关于成立常宁市融和投资有限公司的决定。

3月14日　关于抓好2015年全市粮食生产工作的意见。

4月1日　关于转发《湖南省人民政府<关于湖南省环境保护工作责任规定（试行）>的通知》的通知。

5月4日　关于取消和调整一批行政审批项目的通知。

5月24日　关于关闭常宁市盐湖镇五七煤矿的决定。

7月2日　关于调整市社区居民委员会和设立社区服务站的决定。

7月3日　关于城区自来水价格调整的通告。

7月21日　关于公布市政府部门权力清单的通知。

7月27日　关于印发《常宁市土地（矿业权）招拍挂出让若干规定》的通知。

7月27日　关于印发《常宁市闲置土地处置若干规定》的通知。

8月18日　关于印发《常宁市处置非法集资突发事件应急预案》的通知。

9月14日　关于开展控违拆违专项整治行动的通告。

9月14日　关于在白甫水库工程占地和水库淹没区禁止新增建设项目和迁入人口的通告。

10月14日　关于加强燃气管网设施保护的通告。

10月19日　关于印发《常宁市村民建房规划管理暂行办法》的通知。

11月19日　关于印发《常宁市环境保护工作职责规定（试行）》的通知。

11月24日　关于实施常宁市易地扶贫搬迁项目的决定。

市政府办公室

【概况】2015年，常宁市人民政府办公室内设综合调研室、秘书一组、秘书二组、秘书三组、秘书四组、秘书五组、秘书六组、秘书七组、秘书八组、行政事务组、政工组、政务督查组、值班室（应急办）。归口管理单位有市人防办、法制办、外事侨务办、城管办、政务中心、电子政务管理办公室。主要负责市人民政府行政事务、社会服务、公文处理、上传下达等工作。

【政务服务】2015年，市人民政府办公室充分发挥参谋服务作用，当好市人民政府领导的助手。文稿服务高质量。坚持精益求精、出新出彩的要求，市人民政府研究室认真做好《政府工作报告》《政府全会报告》及各类重要文稿材料撰写工作，全年共撰写各类大型综合材料290篇，在省、衡阳市刊物上发表各类论文40篇。完善政务信息工作内网报送平台建设，编发和报送《常宁政务信息》12期；做好《湖南年鉴》《衡阳年鉴》常宁篇组稿工作。加强调查研究，在全市政府系统开展政务大调研活动，评选优秀调研成果16篇，并编印《常宁市政务调研论文》汇编，获得良好反响。同时，市人民政府研究牵头组织开展农民合作专业组织、农村公路、信访等专题调研，形成了一批高质量的调研报告。其中《关于信访工作的调查与思考》等调研报告得到了市委、市人民政府领导的肯定性批复。办文办会高标准。严格执行办文办会程序，全年筹备政府常务会12次、政府全会2次；起草各类专题会议纪要123个；审核办理各类规范性文件81个。应急值守高效率。坚持实行主要领导带班、分管领导坐班、工作人员值班的24小时值班制度。特别是节假日值班、重大防护期值班工作日益正常，上传下达的渠道更加通畅。加强应急信息上报，全年上报应急信息20条，突出做好了常宁市银河化工氯气泄漏等应急信息报送工作，没有出现漏报、延报、误报现象。

【协调督查】2015年，抓好督查督办。办公室围绕事关全局的重点工作、重大活动及政府领导重要指示和重要批示件，积极开展督查督办，全年共督办和转办市人民政府领导批示件114件，组织专项督查11次，突出对湘江流域保护和治理第一个“三年行动计划”进行督查督办。抓好工作协调。全办工作人员坚持紧扣中心、服务大局，积极加强协调联动工作，主动协助市政府领导抓好分管工作，项目建设方面，重点协助抓好了征地拆迁、补偿安置、矛盾调处等工作；工业方面，重点协助抓好了金铜项目和金翼粗铅、宏兴化工等搬迁入园项目建设及“一区一园”建设；农业方面，着重协助抓好了粮食生产、“两叶两油”特色产业发展和城乡环卫整治；第三产业方面，着重协助抓好了旅游提质开发、现代商贸流通和投融资平台建设；新型城镇化方面，着重协助抓好了城市总规的修改完善、城市重点项目建设和城市管理；财税金融方面，着重协助抓好了财税征管和财源建设工作；社会事业方面，重点协助抓好了为民办实事各项任务落实。抓好建议提案办理。2015年，市人大、市政协分别向市人民政府交办人大代表议案和建议224件、政协提案161件。为使建议提案办出实效，受市人民政府领导委托，政府办党组一班人按照“分级负责、分工管理”的原则，到相应分工管线的部门加强建议提案办理督促和调度，对重点件还深入到现场查看工程进展情况，较好地解决了人民群众急需解决的问题，得到人大代表和政协委员的好评，满意率达到100%。

【综合管理】2015年，坚持在机关内部规范管理下功夫，后勤服务管理不断加强和规范。管理制度更加健全。进一步完善公务接待办法、公务用车管理制度、信息报送及考核制度、保密制度、文件室管理制度、值班制度等制度，狠抓制度落实，从根本上确保了办公室工作规范、高效运转。财务管理更加规范。认真贯彻中央“八项规定”，不超标准，公务活动就餐按接待标准安排，不超规模，各类常规开支较上年大幅减少，提高了财务工作透明度和理财、聚财、用财水平。机关管理更加规范。深入推进“周五全民卫生日”，机关大院常年保持整洁、舒适，成功创建省级园林单位。加强车辆管理，坚持安全第一，确保了政府领导的公务用车需要。接待服务更加规范，严格按照《党政机关厉行节约反对浪费条例》的要求，认真做好上级领导到常宁的接待工作。特别是在省长杜家毫到常宁市调研湘江保护和治理工作期间，为圆满完成接待任务，办公室在视察线路、后勤保障等各方面，积极协调，周密安排，扎实做好了大量具体、细致的工作，得到了上级好评。

【信访接待】2015年，认真落实信访工作责任制，在政府三楼、九楼安排专人接访处访，对来访对象热情接待，细心开导，把信访苗头化解在萌芽状态，及时稳妥处置了医患矛盾、土地权属纠纷、征地拆迁、涉军群体等一批群众利益诉求强烈的问题，为领导减轻了压力，为确保全市稳定大局作出了积极贡献。

市政府办公室主要文件通知选编

2015年1月6日　关于做好常宁市2015年全国1%人口抽样调查的通知。

1月20日　关于印发《常宁市农村敬老院工作人员管理办法》的通知。

2月13日　关于规范设施农用地管理工作的通知。

3月26日　关于印发《常宁市县级公立医院综合改革实施方案》的通知。

3月31日　关于增补第三批市级文物保护单位的通知。

4月30日　关于印发《常宁市房屋产权办证遗留

问题处理工作方案》的通知。

6月18日　关于印发《常宁市城市住房保障实施办法》的通知。

6月18日　关于印发《常宁市机关事业单位人事管理办法》的通知。

10月16日　关于印发《常宁市农村饮水安全工程水质检测管理办法》的通知。

10月26日　关于印发《常宁市2015年生猪调出大县奖励资金管理实施方案》的通知。

10月28日　关于印发《常宁市大气污染防治2015年度实施方案》的通知。

11月4日　关于印发《常宁市整市推进农村环境综合整治工作方案》的通知。

11月12日　关于认真做好2015年政府信息公开工作的通知。

11月16日　关于印发《常宁市湘江保护和治理第一个"三年行动计划"考核办法》的通知。

11月16日　关于印发《常宁市农村公路养护管理办法》的通知。

11月30日　关于印发《常宁市不动产统一登记工作实施方案》的通知。

12月16日　关于印发《常宁市农村生活饮用水水源保护管理办法》的通知。

12月28日　关于印发《常宁市校车管理办法》的通知。

民　政

【概况】2015年，常宁市民政局内设办公室、人事宣教股、综合信息办、社救股、优抚股、双拥办、安置办、计财股、基政股、社会事务股、信访办、农保办、储金会处置办、地名办、临时救助办。下辖老龄办，二级机构和下设单位有城乡社会救助管理局、婚姻登记中心、民间组织管理局、福利彩票有奖募捐办公室、慈善办、殡改办、救助站、福利院、儿童院、光荣院、中心敬老院、社区服务中心、革命老区办、军干所、园艺场、民政福利公司；共有干部职工190人。是年，民政各项工作在市委、市人民政府的正确领导和上级民政主管部门的大力支持下，取得了积极成效。

【城乡低保】2015年，全市共有城市低保6066户、6700人，其中本年度核减688户、762人，新增802户、949人，农村低保20375户、29521人，其中本年度核减912户、1339人，新增2362户、2982人。月人均补差水平分别为225元、127.9元。全年发放城乡低保金7029.5万元(其中农村低保金4286.6万元，城市低保金2742.9万元)。

【五保供养】2015年，核减五保对象1774人，现有分散供养五保对象4125人，有集中供养五保对象983人，供养标准分别为每人每年2640元、6480元，累计发放五保供养金2230.6万元。

【救济、救助】2015年，全市住院医疗救助642.9万元，救助11633人次。是年，建立了3个防灾减灾示范点，累计发放救灾资金500余万元；是年，共救助特困群众7357户，发放临时救助金217万元。

【优抚安置】2015年，共发放各类优抚对象补助资金2571多万元，完成了全市重点优抚对象参合及城镇居民医疗保险续保工作，参合资金58万元，医疗救助重点优抚对象235人、63万元。是年，开设电脑、模具设计等专业培训，共培训退役士兵202人。是年，完成了358名自主择业退役士兵的登记造册工作，发放一次性经济补助218.8万元。发放义务兵家属优待金7827万元。

【专项社会事务管理】2015年，开展清明和殡改主题宣传活动，出台惠民殡葬政策，对低保、三无、五保和困难重点优抚对象基本殡葬服务免费。是年，共接待和劝导流浪乞讨人员1377人次(其中未成年人66人、精神病患者861人)，投入救助资金115万元。是年，完成了全市第二次地名普查的相关准备工作，开展了乡镇行政区划调整改革，合并4个乡镇、1个街道办事处，全市707个村合并为371个村，减少336个村，调整比例达到47.5%；是年，开展了社区"两化两体系建设"，圆满完成了社区合并工作，社区数量由原来的61个合并为41个，减少社区20个。是年，办理婚姻登记7516对，补办结婚登记1388对，办理离婚登记761对，合法登记率100%。

【慈善福利】2015年，提高覆盖面和补贴标准，为3323名符合补贴条件的失能半失能老人共发放补贴资金79.7万元。是年，全市665名孤儿基本生活得到保障，其中集中供养59人，月人均发放1000元；分散孤儿506人，月人均发放600元，办理13例收养业务。是年，先后收到各类慈善捐款196.8万元、定向捐款80万元、捐赠物资价值10万元，争取上级慈善资金16.4万元，慈善救助困难群众541人，发放救助金160.6万元。是年，累计销售彩票2274万元，其中电脑票1969万元。

【项目建设】2015年，全市民生实事民政项目的主要任务是：新改建敬老院1所、新增床位数50张；新改建农村幸福院20所、新增床位数80张；新改建城乡敬老院示范点5个、新增床位数22张。截至2015年11月，已经完成全部民政实事项目的建设，并自行组织了验收，验收合格率达到99%。为切实抓好重点民生实事民政项目：一是加强领导，成立重点民生实事民政项目领导小组，制定《常宁市重点民生实事项目建设方案》，由局长肖卫东担任领导小组组长，其他相关责任股室的分管副局长为副组长。确定专人负责，建立专人联络、定期联系制度，随时与各建设单位保持信息互通。二是加快工作进度，加大督查力度，由局党组成员带队，深入各项目建设点，开展了3次民生实事项目建设情况督查。确保各项目进展顺利。三是加强制度建设，研究和制定一批符合敬老院、幸福院、城乡养老示范点的工作制度，做到有章可循，保障各项工作的有序开展。

【社会福利中心建设】2014年常宁市人民政府第10次常务会议研究决定建设民政社会福利中心，并将该项目建设写入了2015年《市政府工作报告》。2015年初，市主管民政的副市长主持召开相关单位参加的现场办公会，全力支持该项目建设，并划拨及征地91.53亩用于建设用地。项目建设内容主要包括社会福利院、光荣院、救助站、未成年人保护中心、儿童院、救灾物资储备库、老年公寓、军休干部活动场所等民政基础设施，计划总投资6000多万元。年末，完成了项目选址、立项等工作。项目建成后，将极大地改善市民政基础设施落后的现状，更好地为全市民政对象服务。

【两化两体系】2015年4月，常宁市启动了社区党建和“两化两体系”建设工作，截至是年6月18日，全市社区党建和“两化两体系”建设第一阶段任务，即社区整合任务已全面完成，经过社区整合，精简社区数量，适度扩大社区规模，社区数量由原来的61个撤并为41个，减少社区数量20个。整合后的社区，每个社区都设立了社区服务站。全市社区办公服务用房建设和试点社区建设进展良好，年内已有宜阳办事处嵩宜社区等3个试点社区启动，其他乡镇社区的办公用房改、扩建工作，已有5个社区启动，面积均在600平方米以上。

【“救急难”试点】2015年，认真落实省、衡阳市工作部署，全面启动“救急难”试点工作，经过一段时间努力，全市“救急难”工作取得了积极成效。建立了“一门受理、协同办理”机制，所有的社会救助申请都按照《社会救助暂行办法》的规定进行办理，急难家庭救助对象可以在第一时间到社会救助服务窗口或基层救助站申请救助，溺水、火灾、意外伤害等急难救助短板得到弥补和托底救助。解决急难家庭救助对象182户，发放“救急难”资金58万元。由于渠道得到畅通，到市民政局申请临时救助和其他救助的上访量与2014年同期相比下降80%；医疗救助新软件使用后，住院医疗与2014年同期比较分别减少35%和31%。是年，全市17个乡镇（街道）已全面建立“一门受理 协同办理”服务窗口，累计转办、分办、转介救助对象1800人，实施“急难”救助269人。

【合乡镇并村】至2015年11月3日，全市完成了4个乡镇、1个街道办事处的合并工作，并获得省人民政府批复。常宁提出了合乡镇的“常宁速度”，引起了广泛关注，被搜狐、新浪、新华网等多家新闻门户网站转发。全市707个行政村调整为371个，总共合并建制村336个，调整比例为47.5%。预计在2016年元月底完成，比省、衡阳规定的完成时间提前5个月。

【城市低保、五保清查】2015年，常宁市启动低保专项清查整改工作，对农村低保对象进行了一次地毯式的审核清查，经过此次清查整改，低保工作审核审批程序更加严格、管理更趋规范、保障对象更加准确、保障标准更加科学、保障措施更加到位、保障效果更加明显。继续开展城市低保和五保供养对象的清查工作。截至是年11月底，全市清查出不符合条件的五保对象1733人，其中死亡380人，有女对象1176人，未成年孤儿116人，其他对象61人。城市低保乡镇(街道)共核查4779户5291人；认定符合条件继续享受待遇的4194户 4666人，取消 585户 625人。其中死亡6人、弄虚作假对象1人、家庭条件好转615人、其他情况3人。市民政局共抽查519户。认定符合条件的491户，取消28户28人、抽查合格率为95%。通过此次清理调查，全面准确掌握了境内城市低保户、农村五保对象数量、结构分布和居住环境、供养水平以及应保未保情况，为全市科学制定相关配套政策、切实提高救助工作水平打下了良好的基础。通过此次清查调查，扫清了历史遗留的城市低保和五保中的“人情保”“死亡保”等乱象，进一步突显了民政惠民政策的公开、公平、公正。对符合五保条件但由于种种原因未批准享受城市低保和五保待遇的对象，准确了解其身体状况、住房情况、救助情况、法定赡、抚、扶养人等情况，进行登记造册。

【存在的主要问题及困难】 2015年，主要存在三个方面的问题。一是基层民政力量薄弱。近年来，虽然各乡镇都设立了社会事务办公室，也明确了专人负责民政工作，但仍然达不到上级“一万人配备一名民政助理员”的要求。二是民政工作经费不足。民政工作涉及面广、业务量大、专项事务多，财政安排的工作经费少，而民政部门没有创收途径，工作经费缺口大。三是养老服务体系建设滞后。近年来，全市继续新建和改、扩建了22所公办养老院，陆续建成了51所农村幸福院和5个城乡养老示范点，满足了部分老人的养老需求。但是，全市民办养老机构缺少、公办养老机构提供的养老服务有限等现状，与全市庞大的老年群体和日益增长的养老服务需求之间的矛盾日益突出。

人力资源和社会保障

【概况】 2015年，常宁市人力资源和社会保障局(简称人社局)内设办公室(信访维稳办公室)、法规股、规划财务股、就业促进与失业保险股、职业能力建设股、人才开发与人力资源市场管理股、军官转业安置股、专业技术人员管理股、事业单位人事管理股、劳动关系股、工资福利股、养老保险股、医疗生育保险股、工伤保险股、社会保险基金监督股、综合信息股、农村养老保险股、人事教育股、公务员管理股等19个股室，下设社会劳动保险局、劳动就业服务局、医疗保险基金管理中心、机关事业单位社会养老保险所、工伤保险基金管理中心、农村社会养老保险管理局、人力资源交流中心、劳动保障监察大队、劳动人事争议仲裁院等9个二级机构，全局共有干部职工269人。是年，认真履行人社部门六大板块的核心职能，秉承“六个人社”的工作理念，坚持“树整体形象，创优质服务，争一流业绩”工作目标，全面安排部署“365”工程，扎实抓好了各项指标任务的落实。

【就业再就业】 2015年，开展“就业援助”系列就业服务活动、大力发展“两油两叶”特色产业、依托创业孵化基地等措施不断加大就业再就业工作力度，全市新增城镇就业7553人，完成全年任务111%，实现失业人员再就业4468人，完成全年任务112%；援助就业困难对象再就业1357人，完成全年任务113%；发放小额担保贷款2004万元，完成全年任务100%；新增创业主体2630个，完成全年任务101%；带动城乡就业5540人，完成全年任务132%；“零就业家庭”动态援助率100%；新增农村劳动力转移就业7300人，完成全年任务112%。

【职业培训】 2015年，根据《常宁市农村人力资源开发三年行动计划组织实施方案》，大力开发农村人力资源，发挥“常宁保安”品牌倍增效益，深入乡镇，上门为村民进行集中培训，将分散的富余农村劳动力整合成具有市场竞争力的“劳务集体”，开展“常宁保安”培训、创业培训、失业人员培训等职业培训共计5089人，完成全年任务106%，农村人力资源开发1896人，完成全年任务112%。

【社会保险】 2015年，全面完成上级下达的任务。基本社会养老保险覆盖率在90%以上，其中机关事业单位养老保险在职参保21636人，完成全年任务的129%,征缴养老保险基金2.82亿元,完成全年任务的217%,为6983名离退休人员发放待遇2.83亿元。是年,企业养老保险共征缴基金2.758亿元,完成全年任务的101%,完成了养老金“十一连调”,人均月增发养老金190元,为27617名退休人员发放养老金5.03亿元。本级财政配套资金465万元已拨付到位,完成全年任务100%。是年,城乡居民养老保险参保人数473326人,征缴社会养老保险基金3611.25万元,完成全年任务的147%,为10.3万人发放待遇1.07亿元。2015年,基本医疗保险覆盖率在95%以上,其中城镇职工基本医疗保险征缴基金1.24亿元,完成全年任务155%,为27335人发放待遇1.06亿元。生育保险征缴基金352万元,完成全年任务107%,为365人发放待遇201万元。城镇居民医疗保险参保人数116523人,征缴基金4853万元,享受待遇18213人次,待遇支出4615万元。是年,失业保险参保总人数60051人,完成全年任务的100%,征缴基金2004万元,完成全年任务的167%。工伤保险参保人数57297人,完成全年任务100%,征缴基金2257万元,完成全年任务的205%。

【信息化建设】2015年,社会保障卡发行与应用,已提交制卡数据41万余人(为全年任务的100%)、发卡33万人(为全年任务的161%),开通了应用项目、设立了服务窗口、业务专网覆盖到乡镇,五项指标全面完成。

【工资集体协商】2015年,按照“建制、达标、规范”三档定位的工作目标,推动工资集体协商提质、集体合同增效。配合市总工会深入企业开展工资集体协商工作,已建工会组织企业工资集体协商建制率89%,全面完成了衡阳市下达的年度任务。

【思想建设】2015年,在全局范围掀起集中学习社会主义核心价值观和“三严三实”的高潮,强化思想建设,提升软实力,打造务实型的人社队伍。一是全局各单位都把社会主义核心价值观和“三严三实”教育工作作为一项重要工作抓好落实。局领导班子在年内集中学习不少于6次,学习时间不少于15天;各党支部每月组织学习1次,每位干部职工的学习笔记不少于5000字,心得体会不少于3篇;二是加大了践行力度。全局干部职工把社会主义核心价值观和“三严三实”的要求内化于心、外化于行,把培育和践行社会主义核心价值观和“三严三实”要求贯穿于日常工作中去,紧紧围绕各级安排的工作任务和市委、市人民政府的中心工作,切实抓好落实。

【作风建设】2015年,综合运用明察暗访、专项督查、责任倒查等方式加强监督,对“慵、懒、散”、上班时间不在岗等作风不实现象开展督查,在清明节、端午节、国庆节期间对公务用车开展专项督查。及时下发督查通报,对苗头性、倾向性问题采取警示和教育,对违纪违规严重的给予了处罚,硬化了工作人员的作风素质。

【军转安置】2015年1月,采取打卡到人的方式为104名企业军转干部提前送上600元的新年问候。是年2月,邀请企业军转干部召开座谈会,与他们交心谈心,及时了解他们的思想动态,做好思想稳定工作;积极向市人民政府汇报,解决企业军转干部2015年度相关医疗费用580944元,将其一次性门诊医疗补助由50元/月提高至70元/月;做好了6名自主择业军转干部的服务工作,推荐自主择业军转干部到长沙参加培训,妥善安置2名军转干部及1名随调家属。

【服务工作】2015年,制定《常宁市机关事业单位人事管理办法》(常政办发〔2015〕19号),明确机关事业单位中依法履行公职、纳入国家编制、在册正式工作人员的考录、考核、调配、离退等细则。继续做好全市机关事业单位“吃空饷”、在编不在岗和编外聘用人员的清理工作。配合上级部门做好2015年公务员招录计划、资格审查工作及2014年全市行政机关公务员年度考核审批备案工作。完成2014年度畜牧水产局、宜阳环卫所、乡企局、民政局、卫生系统等21个事业单位1035名工作人员岗位异动的审核工作;为7名事业单位工作人员办理了辞职手续;完成全市48个事业单位的2014年度考核审批工作,嘉奖1468人,评定三等功202人;做好8名在岗三支一扶大学生管理服务工作,为其办理了养老、工伤、医疗、生育等各项保险；办理聘用合同鉴证195人，人才流动60人，编内新进人员人事代理688人，办理高校毕业生人事代理733人，并及时办理了转正定级和职称申报手续。

【公开招聘】2015年，坚持“凡进必考”原则，公开招聘录用21名高中教师和58名中小学教师。通过外省出题、外省阅卷的创新方式，完成了2015年度常宁市其他事业单位公开招聘工作，公开招聘的全过程，实现了“零失误”。

【送法上门】2015年，仲裁院工作人员全年深入各乡镇（办事处）基层调解组织办案150余天，并派出工作人员深入湖南水口山有色金属集团有限公司、湖南帝煌大酒店有限公司、市龙鑫矿业有限责任公司、市人民医院等15家企事业联系点单位及60余家企业，上门送政策、送法律、送服务，宣讲《中华人民共和国劳动法》《中华人民共和国劳动合同法》《中华人民共和国社会保险法》等法律法规。对用人单位在签订劳动合同，解除劳动关系，缴纳社保及制定规章制度的过程中需要注意的事项进行分析和讲解，建议企业修正规章制度100余条、劳动合同条款40余条，涉及劳动者20000余人。

【大型招聘会】2015年2月13日，在市人民政府广场举办企业用工大型招聘会，活动现场达成就业意向1386人。通过招聘会，为企业和劳动者搭建了良好的就业服务平台，缓解了境内65家用工企业的用工难问题，也为劳动者回家就业提供了更多机会。

【劳动维权】2015年，为切实维护农民工合法权益，充分发挥人社站的基层作用和开展农民工工资专项检查活动，大力推进劳动维权工作。在农民工工资支付专项行动中，共排查223家用人单位，涉及职工总人数1.42万人，其中农民工1.35万人。并对以往有拖欠农民工工资情况的15家用人单位进行重点监控。联合市公安局、市工商行政管理局开展清理整顿人力资源市场秩序专项行动，出动170余人次走访用人单位82家。对劳动合同签订率低、收取押金、违规招工辞工、特殊劳动防护措施极缺、社会保险参保率低等问题开展日常巡查，共巡查企业326家，对192家企业进行了书面审查，立案查处非法使用童工案1起。是年，把基层人社站作为工作的落脚点，做好劳动维权、争议调处仲裁等工作。是年8月，水口山街道办事处人社站成功处置一起外省少数民族争议仲裁案件，为22名四川籍彝族农民工（含5名孕妇）追回工资8.3万元。2015年，27个乡镇（办事处）人社站共调处各类纠纷事件30余起，有效地维护了劳动者的合法权益。是年，共收到劳动人事争议案53起，受理53件，调解结案47件，6件正在审理当中，为劳动者挽回经济损失250余万元；劳动监察共立案查处9起，结案率100%，涉及人数347人，为投诉人员挽回损失275万余元。通过一系列有效措施，与2014年同期相比，劳动维权案比例下降较大。

【社保基金】2015年，把确保社保资金安全作为人力资源和社会保障工作的底线，确保资金安全运行，不出问题。一是明确责任抓落实。与各经办机构签订了社保资金安全管理责任状，明确各单位“一把手”为社保资金安全“第一责任人”，切实强化安全管理责任，防止危及资金安全的违纪违法案件发生。二是积极搭建监督平台。高度重视社保资金监管软件联网工作，扎实做好联网应用工作，全力打造社保资金非现场监督工作信息化平台。三是严格执行资金监管制度。始终不放松对社保资金的监管工作，严格按照资金管理办法，坚持专款专用，全面实行“一事双岗双审”和“收支两条线”制度，确保社保资金安全完整率和规范运作率均为100%。四是强化社保资金稽核工作。扎实开展日常稽核工作，着力解决管理不规范的问题；切实加大实地稽核力度，有效防止社保资金“跑冒滴漏”。全力维护社保资金安全完整。

【五项改革】2015年，一是按照上级总的安排部署，完成了人力资源市场整合及人力资源市场公共服务与经营性服务分离改革工作；二是启动了全民参保登记工作，召开了高规格的动员大会，通过数据比对提取了60余万条参保身份信息，建立了参保人员身份信息数据库；三是城乡居民基本养老保险制度并轨改革全面完成，出台了《关于建立统一的城乡居民基本养老保险制度的实施办法》；四是机关事业单位工资调整、养老保险制度改革以及公务员职务与职级并行等改革稳步推进，分别于11月、12月向政府常务会、市委常委会作了专题汇报，年末，市人政府办公室已经转发市人社局与市财政局制定的《常宁市调整机关工作人员基本工资标准的实施办法》《常宁市调整事业单位工作人员基本工资标准的实施办法》《常宁市增加机关事业单位离退休人员离退休费的实施办法》；五是机关事业单位工资调整于7月份完成了全市在职人员按人平300元/月的标准预发审批工作，并完成了离退休人员养老金提标审批，审批人数近2万人，审批乡镇工作补贴发放对象1.6万余人。

【信访工作】2015年，高度重视群众反映的问题和要求，充实信访室人员力量，深入基层，深入群众，做到件件有着落，事事有结果，及时化解各类矛盾。共接待来信来访2000余人次，书面答复市委、市人民政府领导信访批示件及党政门户网上信件90件，书面回复率100%。

【人大建议、政协提案办理】2015年，把3件人大代表建议和5件政协委员提案办理工作当作一项严肃的政治任务来狠抓落实，坚持做到100%办理人大代表建议、政协委员提案，并召开专题会议部署人大代表建议、政协委员提案办理工作。2015年7月底，代表建议、委员提案已全部回复完毕。

【宣传信息工作】2015年，市人社局分管机关的负责人担任人社部门的“新闻发言人”，组织局机关办公室工作人员及局属各二级机构办公室主任踊跃投稿，共在各级各类媒体上发表常宁人社工作新闻稿件280篇，在国家级的刊物上共发表5篇报道，其中在中国劳动保障报上发表了2篇1000余字的综合报道和短讯一篇，中国医疗保险杂志上发表稿件2篇。开展人社政策法规集中宣传，悬挂了宣传横幅，张贴了宣传标语，发放了宣传资料，打造了“宣传一条街”，在部分乡镇安装了永久性宣传栏，宣传面广、氛围浓，有效宣传常宁人社工作。

【承办衡阳市人社系统第一届职工运动会】2015年，秉承“热情服务，温馨如家”的理念，成功承办了衡阳市人社系统第一届职工运动会。通过此次运动会，进一步加强了人社系统精神文明和文化建设，提高了人社系统干部职工的凝聚力、向心力，丰富了干部职工的文化生活，培养了干部职工积极向上、团队协作的精神，展现了“人社人”团结、奋进，积极向上、潮气蓬勃的良好精神风貌。

烟叶生产

【概况】常宁市烟叶生产办公室（简称常宁市烟办）是2002年从常宁市商务局分离出来组建的正科级事业单位，主要职能是组织、协调和指导烟叶生产、收购，安排烤烟种植计划，协调处理烟叶购销矛盾。内设综合组、技术推广组、财务室。2012年9月，根据省相关文件精神，成立市基本烟田土地整理项目管理办公室，与市烟办实行“一个机构，两块牌子”。2015年，有干部职工29人。是年，被评为“全市社会综合治理先进单位”和“计划生育工作先进单位”。

【稳定政策】 2015年，烟叶政策仍然按照常政办函〔2014〕24号《关于进一步做好烟叶工作的通知》，进一步优化烟叶生产布局，提升烟叶产业发展水平。各产烟乡镇根据“计划种植，优化布局，适度规模，相对集中”的原则，优先保障“种烟基础好、烟叶质量好、职业烟农多”的种烟区域。各产烟乡镇在完成合同计划的情况下，结合烟叶生产阶段性工作考核结果，在提取“两金一费”（烟叶风险基金、烟叶发展基金、烟基维护费）后，市、乡、村的烟叶税分成比例，由市长办公会议确定。烟叶风险基金按照合同收购计划10元/担提取，用于烟叶生产过程中自然灾害的投保和其他意外风险的保障。烟叶发展基金按当年实现烟叶税的10%提取，用于培植员管理、合作社扶持、烟基项目配套、阶段性工作考核、年终总结表彰、领导小组工作经费及不确定因素的调节。烟基维护费按当年实现烟叶税的2%提取，用于烟叶生产基础设施的管理和维护。

【合同管理】2015年3月，利用GPS测亩仪对全市烟田面积进行了核实，要求工作人员以村为单位对辖区内烟田逐丘测量，并画出简单示意图。是年，全市实际种植烟叶2.82万亩。合同签订实施“面签制”，与烟农约时定点签订合同，技术员负责审核烟农信息，再根据烟农近几年烟叶生产水平，与烟农合理约定单产、交售量和种植面积。全市共签订烟叶种植合同1108户，约定烟叶计划总量7.5万担，合同面积2.55万亩，涵盖14个种烟乡镇、189个种烟村。

【烟叶生产】2015年，按照“控量、提质、增效”的总原则，落实烟叶种植28000亩，分布在14个种烟乡镇，189个村，1108户烟农，约定合同收购量为75000担。由于受“6•11”水灾影响，全市烟叶受灾面积在1万亩以上，其中，绝收面积3500余亩，造成烟农直接经济损失达2000万元以上。但经过各方努力，在一定程度上减少了部分损失。是年，全市实际收购烟叶73282担，实现烟叶税2100万元。在烟基建设方面，烟草部门投入800万元的三角塘镇3300亩土地整理项目已经全面完工；投入600万元的烟水工程项目也已经完工。这些项目的建设，为烟叶的发展进一步夯实了基础。

【烟叶成熟度的提升】2015年，在烟田平衡施肥、烟叶成熟采烤、收购质量三个关键环节重点发力，通过政策宣传、“1+10”技术指导服务、准采制度落实、资金补贴等措施的执行，烟叶成熟度大幅提升。全市烟田基本落实平衡施肥、上部叶4～6片一次采收验收合格面积1.02万亩，烟叶烤后质量明显提升，尤其是上部叶烘烤质量，多次得到上级烟草及多家中烟企业的好评。

【服务工作】2015年，通过召开烟农座谈会的方式，强化政策宣传效果；大力推行“1+10服务”，服务烟农方式更加精细；定期发布自然灾害预警、及时发布病虫情测报，烟田自然风险防控能力进一步提升；为全市烟农购买烟叶种植险的同时，积极向中烟企业争取救灾资金，全力维护烟农利益。

【抗灾救灾】 2015年 6月11日，突降暴雨，导致全市烟田大面积受灾，尤其，西岭、荫田、罗桥三个乡镇降水量超过100毫米。灾情发生后，在市委、市人民政府的正确领导下，全市烟叶抗灾救灾工作有条不紊，并及时通过烟叶信息平台告知烟农如何救灾。同时，市烟办积极协调保险公司和烟草部门为受灾烟农争取更多救灾资金，从而减少烟农损失。保险公司到位理赔资金270万元，烟厂到位救灾资金70万元。

【落实责任】 2015年，为加强对培植员的管理力度，金利农技术服务中心继续分阶段对每个培植员进行考核，对工作中责任心不强等情况予以严格扣分，并实行末位淘汰制。同时，在总结近几年来激励机制基础上，进一步完善考核机制，继续对各种烟乡镇进行分阶段考核，采取以奖代补的措施，调动乡镇管烟积极性。

【烟叶收购】 2015年，烟叶收购工作有三个特点。一是矛盾少。要求全市定级员要做到“不以烟叶长短定等级”“不以烟农身份论价格”“不以受灾轻重调眼光”，确保收购公平公正，整个收购过程矛盾较少，未发生任何严重冲突事件。二是效率高。是年，单线日均烟叶收购量170担，全市排名前三，罗桥、板桥、盐湖、兰江4个烟站均在50天内完成烟叶收购任务。三是质量好。全市共收购烟叶73281.88担，均价26元/公斤，同比提高3.68元/公斤，烟叶收购质量较2014年明显提升，在国家、省、衡阳市局的烟叶收购质量检查中，常宁烟叶等级合格率均在80%以上，上海、广东等中烟企业指定从常宁调拨烟叶。

安全生产监督管理

【概况】2015年，常宁市安全生产监督管理局内设办公室、矿山股、危化股、工贸股、烟花股、职卫股、协调股、人事股、财务股、监察室、行政审批服务股等11个股室，下辖安全生产执法大队、安全生产培训中心、安全生产应急救援指挥中心等3个二级机构，4个党支部和25个乡镇(办事处、片区)安监站。全局班子成员10人，干部职工93人；其中女职工15人，男职工78人。党员60人，具有全日制大学学历2人，具有国家注册安全工程师职称9人。

【安全生产形势】2015年，全市共发生各类生产安全事故36起，死亡11人，重伤28人，直接经济损失273.4万元，同比事故起数上升20%，死亡人数上升10%，重伤人数上升100%，直接经济损失下降12.9%，在衡阳市年度安全生产工作考核中评为先进单位。实现了“一杜绝”（即杜绝了较大及以上生产安全事故发生）、“两稳定”（即非煤矿山、危险化学品、烟花爆竹、民爆物品等重点行业领域安全生产形势稳定；“两节”、“两会等特殊时段和重要节日期间安全生产形势稳定）的良好局面，保持了持续稳定向好的态势。

【安全生产督导及保障】2015年，每季度至少召开一次全市安全生产工作会议，节假日、汛期、春节、两会等特别防护期召开专题会议，定期研究当前安全生产工作。市安委会成立6个综合督查组对全市安全生产工作进行不定期督查。是年，共下发各类督办交办函84份，收到整改回复28份，逐步推动隐患整改闭环制度的落实。同时，对安全生产工作共投入 1000余万元，相比往年增加1000万元。

【安全生产整治】2015年，开展安全生产“九打九治”（打击矿山企业无证开采、超深越界开采行为，整治图纸造假、假整合以及瓦斯、水害防治措施不落实和井下工程违规分包转包的问题；打击破坏损害油气管道行为，整治管道占压及周边乱建乱挖乱钻、安全距离不足的问题；打击无资质、无手续非法施工行为，整治层层转包、违法分包、非法挂靠问题；打击客车客船非法运输和货运车辆非法运输危险品行为，整治无证经营、挂靠经营、超园区、违规装载和GPS动态管理制度、签单发航制度不落实等问题；打击无证驾驶、酒后驾驶行为；整治超速、超员、疲劳驾驶、闯红灯、占用应急车道、不礼让斑马线和长途客车夜间违规问题；打击无证非法生产经营储荐烟花爆竹行为，整治“三超一改”、多股东分线承包、非法下单等问题；打击“三合一”、“多合一”场所违法生产经营行为，整治人员密集场所和劳动密集型企业安全出口不畅通、安全设施缺扶损坏等问题；打击非法生产、经营、储存、使用危险化学品行为，整治无证或超许可范围从业、违反作业规程、安全距离不足等问题。打击存在粉尘爆炸危险性企业非法违法生产行为，整治违规动火用电、通风除尘防静电措施不落实等问题），全市共开展打非治违行动50余次，打击取缔非法开采点50余处，查处非法储存烟花爆竹仓库10家，收缴烟花2646桶，鞭炮5274万发，取缔非法零售店3家；查扣无校车标牌车辆12台；责令停产整改企业5家。打响非煤矿山关闭整顿、烟花爆竹生产企业关闭退出、危化企业进园入市、油气管道整治的四大战役。全市8家烟花爆竹生产企业全部关闭退出，对不符合条件的4家非煤矿山企业予以整顿关闭；危险化学品企业进园入市全面启动，1家生产企业开启搬迁，2家使用企业完成进园投产计划。

【安全生产宣传教育】2015年，举办领导干部安全生产专题培训班，积极开展送教上门，为企业提供高效培训服务，各层级共培训3000人次以上；组织各乡镇、办事处党政主要负责人及市直安委会成员单位主要负责人集中开展谈心对话活动10次。是年6月，首次举行燃气管网抢险与人员疏散应急救援演练。（刘 华 刘贻剑）

政务服务

【概况】2015年，常宁市政务服务中心内设综合股、业务股、监督股。共受理、办理各类事项129943件，办结129943件，办结率为100%，收取各种规费5.2亿元。政务中心的规范运转，为树立政府新形象做出了一定的贡献。

【集中审批】2015年，按照湖南省、衡阳市要求，进一步整合各部门内部股室职能，使各部门行政审批职能向一个股室集中，行政审批事项向政务服务中心集中，部门将行政审批权向政务服务中心窗口授权到位，行政审批事项在政务服务中心办理到位。各部门向本部门派驻政务服务中心的工作人员下达授权书，授予审批决定权、审核上报权、组织协调权和行政审批2号专用章使用权，杜绝了“名进实不进、人进权不进”的现象，最大限度地解决了窗口

"只挂号，不看病"的问题。确保窗口工作人员有权有责，确保事项在窗口集中办理。是年，对行政审批事项实行分类管理和流程再造，将所有事项分为即办件、"一审一核"件和承诺件三种类型，精减不必要的内部运行过程，取消中间层层审批的签字环节，对许可条件和程序比较简单的事项由各部门窗口直接办理，即办件和"一审一核"件占行政审批事项总数的70%以上，审批办理时限缩短50%以上，办结率达到100%。进一步完善了工作流程和工作协调机制，对涉及两个以上部门审批的事项建立联合审批工作流程，避免了办事群众"多头跑""来回跑"等现象，让企业和群众办事办得成、办得快、办得好。

【全程代办服务】2015年，健全"归口受理，指定代理，一次告知，联合踏勘，同步审批，限时办结，全程监督，超时问责"的运行机制，进一步完善重大投资项目零费用全程审批代理服务。全面推行跨部门联合审批制和联席会议制，实行联合审批和多部门同步审批，努力压缩审批时间，及时协调审批办理过程中遇到的具体问题，最大限度为投资商和业主提供优质、高效、便捷的服务。是年，严格按照常政办发〔2013〕42号文件精神，各部门根据各自行业规定认真做好单项验收工作，并在规定时限内提出验收结论或整改意见，确保建设项目竣工综合验收工作顺利开展。

【规费征收】2015年，严格按照"一票制"的工作要求，所有进驻政务服务中心办事项目涉及的收费，实行"部门核算、非税开票、银行代收、中心监管"的管理模式，窗口工作人员按照规定的收费项目、标准、性质，确定收费的金额，统一在银行窗口进行收取，各部门不再另行收费，"一票制"工作有序开展。

【基础设施建设】2015年，各分中心按照政务中心统一的模式，加强内部管理，提高服务质量，自觉接受监管。市政务中心加强对分中心的监管和业务指导，确保分中心的规范运作。根据《湖南省人民政府办公厅关于进一步加强乡镇（街道）便民服务中心建设的通知》（湘政办函〔2013〕5号）和衡阳市的要求，乡镇（街道）建立了便民服务中心，并按照七统一（机构设置、场地建设、设置设备、服务项目、运行方式、办事制度、人员管理）的要求，加强规范化管理。

【政务公开】2015年，坚持"以公开为原则，不公开为例外"的原则，对行政权力运行的各个环节，除涉及国家秘密、商业秘密和个人隐私不能公开的信息之外，都予以主动公开。重点从人民群众普遍关心、涉及群众切身利益的民生问题以及容易滋生腐败的环节入手，围绕行政决策、行政执行、行政监督，不断拓宽政务公开的范围。有计划步骤地推进行政审批、财政预决算、"三公"经费、保障性住房、食品药品安全、环境保护、安全生产、价格和收费、征地拆迁、涉农资金发放为重点的信息公开力度，特别是与群众利益密切相关的单位结合各自行业特点，主动公开有关办事信息，维护群众利益，方便群众办事。按照中央、省、衡阳市的要求，整合建设工程招投标、政府采购、药品医疗器械招标采购、土地矿产交易及产权交易等各种公共服务资源，建立统一规范的公共资源交易中心，推进集中管理，确保公共资源交易公开、公平、公正。

政府法制工作

【概况】常宁市人民政府法制办公室成立于1990年10月，为副科级单位。1996年4月，为加强政府法制工作，改名为常宁市人民政府法制局，升格为正科级单位。2004年8月，政府机构改革，撤销常宁市人民政府法制局，设立常宁市人民政府办公室法制办。2005年9月，又把常宁市人民政府办公室法制办更名为常宁市人民政府法制办公室，正科级单位，归口市人民政府办公室管理。2015年7月，根据中共常宁市委、常宁市人民政府印发《关于常宁市人民政府职能转变和机构改革方案的实施意见》（常发〔2015〕8号）的通知，将市法制办调整为市人民政府工作部门，撤销加挂在市政府办公室的市政府法制办公室的牌子。是年，在编人数5人，其中主任1名，副主任3名，副科级督察员1名。

【主要职责】2015年，承担市依法行政工作领导小组办公室的依法行政组织、推进、协调、督查考核等工作；拟定依法行政规划；制定年度依法行政工作要点；报送市人民政府年度依法行政工作报告；承担全市行政执法机关及乡镇权力数据库、静态信息、自由裁量权基准的日常管理、更新调整和法制监察等工作；负责市人民政府和部门规范性文件的合法性审核、实施评估、报备、登记、清理、公示及汇编工作；负责对部门、乡镇执行法律法规情况的检查和监督工作，并承担全市每年度的行政执法典型案例的审查、发布及汇编工作；负责全市行政执法主体资格的确认及全市行政执法人员培训、考核、颁证工作；代表市人民政府受理并承办行政复议案件，承担市人民政府作为当事人的行政复议、行政诉讼案件的出庭应诉工作；负责承担市人民政府法律顾问工作及重大决策、重要民商事合同的审查论证工作；承担市人民政府交办的人大代表建议和政协委员提案办理的组织、督查工作及其他事项。

【法律的宣传、学习、教育】2015年，市人民政府领导通过参加上级培训，政府常务会和其他专题会议，定期或不定期认真学习相关法律法规，副市长阳青、张昕等专门参加上级举办的培训班学习。副市长张昕还组织相关部门领导参加衡阳市邀请省高院举办关于国有土地房屋征收、拆迁专题讲座。通过学习，无论政府领导还是部门领导的依法行政意识明显增强，依法管理水平不断提高。是年，为增强市民知法、守法和依法维权的能力，营造一个良好的社会法制环境，行政机关利用各种途径和形式进行宣传教育，如召集行政管理相对人集中培训、集中学习，利用信息、网络、广播等媒体宣传工具进行宣传。许多市民通过在网上查找资料熟悉相关法律知识，使法律的普及率提高到了新的水平，也为依法治理工作创造了条件。是年，市法制办被评为“湖南省依法行政先进集体”。

【制度建设】2015年，及时责任制考核目标，只要有新的法律法规出台原有法律的修改，在明确实施主体的基础上及时增减考核内容，同时与衡阳市依法行政考核内容予以衔接。是年，重新公布常宁市人民政府《关于加强行政执法监督有关工作规定》，这一规定在衡阳市属于首创，得到衡阳市考核加分。重新公布保证了此规定的有效性、连续性，确保了规范性文件制发的合法性，防止重大行政决策的失误，同时对权属争议的及时调处与裁决、重大数额行政处罚的事前审查与备案，以及不依法行政造成败诉的责任追究起到了很好的制约。同时，相对集中行政处罚权是国务院根据行政处罚法作出的对城市管理的新模式，省人民政府早在2010年前作出了安排部署，常宁市于2011年成立了城市综合管理执法局，集中了公安、规划、住建等部门七个方面的行政处罚权。根据上级安排，2015年就“两清单”的编制工作分别召开动员大会，由政府法制办和编办牵头，其他部门积极参与配合，历时三个月完成并公布了“两清单”。其中市法制办牵头编制的“责任清单”涉及55个市直部门，理清各部门主要职责共计1627项。市编办牵头编制的“权力清单”涉及52个部门，理清权力事项2995项。“两清单”的编制完成，为行政机关用好权、履好职，让权力在“笼子”内运行，在“阳光”下行使，起到了更加规范的约束作用。

【重大事项决策】2015年，为尽量减少失误，将“依法决策、民主决策、科学决策”有机结合起来，其中把依法决策视为其他决策的前提。不依法决策，那么科学决策、民主决策就很难实现。为此，政府部门，凡重大事项的决策邀请法制部门或法律专家参加。首先从法律上把好关，保证其合法性。同时，充分调研、论证，使决策尽量符合客观实际。征求各方意见、广纳民意、达成共识。严格按程序进行听证、论证才最终作出决策。

【规范性文件制发管理】2015年，按照行政程序规定“三统一”原则，制发了《常宁市规范性文件制定程序》，凡出台规范性文件实行“三关、五不发、二个无效、双向备案”制度。即“秘书组把文字关，法制办把法律关，领导把签发关”；五个不发即“与法律法规相抵触的不发，与上级政策相违背的不发、脱离实际的不发、违背发文程序的不发、涉及相关部门职责没有会签的不发”；二个无效即“凡未取得登记号的无效、不在政府网站公布的无效”；双向备案即“向衡阳市人民政府报备，向本级人大常委会报备”。并且增加了在办文报备前必须写出制发文件“说明”。说明必须提供办文的法律、政策依据和发文的必要性。在此基础上,还扩宽到对一些专题会议纪要也要通过法制部门审查。以市人民政府或政府办公室下发的文件共46件,各部门下发文件10件,从文件的实施情况看,没发现存在严重的法律问题。

【行政合同纳入法制审查范畴】随着经济建设的快速推进,招商引资项目建设越来越多,其中很多项目都是政府主导的,也是政府与其签订合同。2015年,根据上级要求,把合同项目纳入了法律审查范围。凡项目引进、谈判,具体合同的敲定,除征求相关部门意见外,必须经过法制部门就合法性审查后才能正式签约。

【重大具体行政政行为备案审查】2015年,为切实加强对部门作出重大行政行为的监督,市人民政府《关于加强行政执法监督有关工作的规定》明确要求,"对公民处以5000元以上,对法人或其他组织处10000元以上的罚款,在作出《行政处罚决定书》前,必须先报经市人民政府法制办对其法律依据的适用、违法实事、法定程序、裁量基准的量处"进行审查。是年,共配合审查公安、安监、墙改、环保、质监等部门40件处罚案件,在具体执行中没有出现法律瑕疵。

【应对行政复议、诉讼】2015年,积极引导和支持当事人通过复议或司法途径化解行政争议。是年,市人民政府受理行政复议15件,调解12件,不予受理1件,作出维持决定2件,全部案结事了。引发行政诉讼案4件,除了状告部门,政府也是被告。其中林业纠纷一案已审结作出维持判决。房产、国土共3件,在一审二审的基础上,由于当事人不服,还上诉或申诉到省高级人民法院,已结案,作出维持决定。

【人大建议、政协提案办理】2015年,市人民政府共收到议案1件,市人大代表建议215件(其中重点办理件9件),通过走访代表收到建议7件,衡阳市交办的代表建议18件,共计240件。其中办成A类件172件,占71.7% ,B类件55件,占22.9%,C类件14件,占5.4%。;政协委员提案161件(其中重点办理件10件),衡阳市交办的委员提案2件,共计163件。其中办成A类件112件,占68.7% ,B类件33件,占20.2%,C类件18件,占11.1%。上述建议、提案分别由49个单位承办。办理中,得到了市人大、市政协的大力支持,市人民政府高度重视,各承办单位努力工作,整个403件建议、提案如期办理完毕,取得了建议提案办结率、与代表委员面商沟通率、代表委员满意(或基本满意)率均接近百分之百的良好成效。及时、有效解决了一批人民群众普遍关注的热点、难点问题,有力促进了全市经济和各项社会事业的全面发展。(李 俊)

信息化和电子政务

【概况】常宁市电子政务管理办公室前身是常宁市人民政府信息化工作办公室,2010年10月经常宁市政府机构改革命名而来,是主管全市电子政务、数字常宁、政府信息公开、12345政府服务热线,从事政府网络建设和提供综合信息服务,归口市人民政府办公室管理的正科级事业单位,2015年,政府机构改革变为市人民政府直属正科级事业单位。内设综合股、数字城市推进股、网站管理股、信息公开股、网上办事股(加挂工程项目管理股牌子)。常宁市信息调度指挥中心(12345政府服务热线)办公室,与电子政务管理办公室合署办公,实行一个机构,两块牌子,具体负责全市信息调度指挥中心与"12345"政府服务热线的日常管理监督工作。全办现有干部职工12人。2008年以来连续8年被评为衡阳市信息化(电子政务)工作先进单位,2015年,常宁党政门户网被评为湖南省优秀政府网站。

【网站普查】2015年4月,全国政府网站开始普查,市电子政务办牵头全力以赴指导政府各部门和参照公务员法管理的事业单位做好政府网站普查工作。普查摸底上报22个网站,通过整改留下8个。组织召开各类会议6次,其中网站普查上报培训人数20人、信息公开培训99人、网站工作部署会20人、整改督查会议17人、现场指导整改21人、系统自查评分填报8人。以市人民政府办公室下发会议通知3个,通过常宁网站联系群转发国、省、衡阳市文件、通知20个，并在群里进行网站整改指导。在规定时间内既搞好常宁市党政门户网站整改工作又指导各单位的网站整改，要求各单位对照国办发〔2015〕15号、湘政办函〔2015〕43号文件精神，逐个逐项检查各自网站存在的问题。各网站单位对各栏目的更新、政府信息公开、互动回应类、办事服务类、错误链接、空白栏目等认真整改，规范处理。全国网站普查系统上报的22个网站通过整改，其中有3个网站不属于网站普查范围，按政策要求申请永久关停的11个，现剩下8个网站。认真检查“单项否决”，对重点核查内容进行保障到位，加强网站日常监管。对整改到位的8个网站跟踪督查指导网站的日常运维。

【建立健全政府网站管理制度体系】2015年，加强网站管理制度建设。常宁市人民政府办公室先后发布了《“中国常宁”政府门户网站建设管理暂行规定》《关于加强“中国常宁”政府门户网站部门网页和子网站建设的通知》《关于报送政务信息公开相关资料的紧急通知》《关于进一步加强常宁党政门户网站管理工作的通知》《常宁市党政门户网站信息发布审核制度》等重要通知、制度，进一步完善了网站的管理制度，以法规制度保障网站栏目内容的真实性和时效性。

【建立网站更新维护机制】2015年，组织专门的工作人员，对政府门户网站所有栏目和部门子网站的实时更新、更新量等维护情况进行分工明确，具体明确到分管领导、股长、股室人员。同时，保障政府网站栏目信息来源：一是抓获信息资源。工作人员经常走出去采访，通过参与社会活动获得第一手新闻素材；二是共享信息资源。与常宁电视台和常宁报社的信息共享；三是建立特约信息员。各单位建立信息直报员，信息员把各单位工作新闻动态及时上报。对政府网站栏目及时更新发布。安排专门人员每天对网站各栏目按照信息发布机制及时发布网站信息，对各专题栏目的内容进行更新并对各子站进行指导督促。对重大社会活动、征兵、核电站安全等热点专题宣传进行跟踪报道。

【网站安全监管】2015年，制订网络与信息安全预案，加强网站安全监测。每天安排专人浏览网站并测试网页浏览速度和链接的可用性，对网站安全漏洞，发布的信息文字，标点符号等进行监管。定期对服务器操作系统和网站系统补丁进行升级，对杀毒软件病毒库进行升级、病毒查杀等，对网站数据进行备份。强化网站管理技术人员的技术培训，规范技术人员操作，严格网站服务器管理，同时继续加大网站安全软硬件投入。对网站进行不定期的安全检查，并在11月份向市办提交网站自查工作报告。

【上传下达】2015年，对书记、市长信箱、政法书记信箱、纪委书记信箱、管城建副市长信箱、公安局信箱共6个信箱收到的群众来信按照受理、收转、呈送、督办、传达、统计、通报、归档等工作规范流程及时处理，对没有及时回复，或不回复的单位实行问责。保证“件件有答复、事事有回音”，及时为市民解决一些疑难问题。是年，共收到境内的信件965件，已处理919件；收到衡阳的来信24件，已回复24件，回复率99%。公开征集民意主题5个，开展网上调查6次，广泛公开征求市民意见。

【基础信息公开】 2015年，按照国、省、衡阳市要求对依申请公开和市政府部门信息公开目录、乡镇办事处信息公开目录、重点领域信息公开目录、公共服务目录进行优化调整。指导各单位按照要求及时公开发布信息。通过常宁网站联系群指导各单位信息员按照国、省、衡阳市考核要求对政府部门、乡镇信息公开目录的工作动态、通知公告、规划文件、年度报告、财政信息、工作机构等内容及时更新维护，通过衡阳信息直报系统发布信息1056条，本级信息直报系统发布信息5903条。依规公开发布信息公开指南和信息公开年度报告。

【重点领域信息公开】2015年，召开全市重点领域信息公开责任单位调度会，要求各单位在规定时间内对政府信息日常公开工作及重点领域信息进行公开，按照文件通知要求梳理好2014年下半年及2015年11月以来的信息在规定时间内予以及时、准确、全面公开并上报衡阳市电子政务办，重点领域政府信息公开1210多条。是年，在党政门户网站设置重点领域信息公开专栏，将原有重点领域信息公开栏目新调整为行政权力运行（三清单一目录）、财政资金、公共资源配置、重大项目、公共服务信息、公共监管信息、社会组织、中介机构、行政权力清单公示八大版块，细化多个子栏目。突出对专项转移支付、棚户区改造、重点建设项目审批、社会保险和救助、国有企业、环境执法检查、食品药品抽检抽验、社会组织监管等方面的公开，确保规范运行。是年，出台《常宁市人民政府办公室关于认真做好2015年政府信息公开工作的通知》，对各重点领域信息公开责任部门进行分工，明确各部门相关工作责任，要求各责任单位在人员、设备、财力等方面给予充分保障，使全市重点领域信息公开及时、全面、准确地公开。

【各级重大政策解读】2015年，解读各级政策文件9000多条。对每次国务院常务会议、各部委出台的重要文件等信息都转载专家解读意见，促使政策的正确执行，先后就中央一号文件、互联网金融、创新棚改融资方式、公立医院改革等工作进行解读转载。围绕省人民政府常务会议研究提出的工作，逐一进行梳理；对衡阳市出台的各类重要文件进行解说，先后就衡阳市工业经济发展、财政专项资金管理、土地基准地价等方面的情况进行解说，提升了政策落实的针对性和实效性。是年，联合宣传部门通过常宁党政门户网站先后对市委经济工作报告、政府工作报告、市委全会报告进行解读，将市委、市人民政府的重大工作意图传达到全市各级各部门干部职工及人民群众，尤其是对2015年市委全会工作，提出对一中、二中搬迁扩容，提质高中教育；打造水口山工业新城，建设新河核电城等重大工作进行大篇幅的宣传和解读，全市上上下下统一思想，达成共识。

【公共服务和重点服务公开】2015年，公开与市民相关的教育、社保、就业、医疗、交通、住房、公用事业等十二大行业领域的信息服务；公开生育服务证办理、老年福利待遇、残疾人服务、重点办事服务相关的工作流程图、办理地点，办事材料、相关政策等工作办理事项，方便市民办事。

【制度建设】2015年，出台《常宁市政府信息主动公开制度》，要求全市各级各部门对涉及公民、法人或者其他组织切身利益等四大方面的内容应当主动公开。市人民政府及其部门应当重点公开行政法规、规章和规范性文件等9个方面的内容；乡镇（办事处）应当重点公开贯彻落实国家关于农村工作政策的情况等8个方面的内容。是年，出台《常宁市政府信息公开保密审查制度》，按照“谁主管、谁负责、谁公开、谁审查”的原则，各级各部门均安排一名班子成员兼任政府信息公开保密审查工作，对拟公开的政府信息，严格按程序提出“公开”“免予公开”“需报审”等审查意见，并注明其依据和理由，做到公开的内容不涉及国家秘密、商业秘密及个人隐私。是年，全市未发生一起政府信息公开泄密事件，确保了政府信息公开安全运行。出台《常宁市政府信息依申请公开制度》，在党政门户网设立依申请公开系统及书记、市长、纪委书记、政法委书记、主管城建副市长、公安局局长信箱，安排专门人员负责受理申请和投诉，全市依法申请公开受理1件，受理网上信访件965件，全部给予了及时答复，申请人满意率在90%以上。

【网上审批系统升级】2015年，根据国务院、省人民政府和衡阳市相关文件精神，对全市所有行政事业机关和省、衡阳市驻常单位的行政审批事项进行了全面清理，市审改办对各单位上报的行政审批事项，对照相关法律法规和机构编制“三定”规定进行逐一审核，年末已完成49个单位的权力清理，市政府部门行政权力事项共计2995项。决定衔接取消15项行政许可事项；承接上级下放60项行政许可事项；保留140项行政许可事项。

【建立网上虚拟办事服务大厅】2015年，依托常宁党政门户网站和电子政务支撑平台，建立网上虚拟办事服务大厅，在形式体现上又可以是常宁党政门户网的相对独立的网上虚拟办事服务大厅。对于公众和企业，可以通过该大厅，实现办事程序查询、政策法规咨询、资料表格下载、审批材料申报、办理结果反馈和违规投诉举报等六项主要功能。对于行政责任人，通过该大厅，实现在线答疑、实时受理、任务查询、材料预审、并联办理、统计分析、即时催办、信息发布等八项功能。是年，网上行政审批办理60405件。

【电子监察系统】 2015年,常宁市在衡阳市所属县市区当中率先建立了电子监察系统,投资50余万元的电子监察视频监控系统建成使用,该系统依托常宁电子统一平台,把市政务服务中心和6个分中心实现专线相连并纳入电子政务统一平台,在控制中心可以随时对各厅工作情况实行实时视频监察。已通过政务外网专线与省、市电子监察系统实现数据对接。

【"12345"政府服务热线】 2015年5月,常宁市"12345"政府服务热线基本建成并开通试运行,12月8日正式开通,热线共接听群众来电6705个,受理群众有效事务类诉求2197件,其中前台接线员直接办结1260件,下派成员单位工单937件,包括咨询248件、求助500件、投诉83件、建议49件、举报53件、感谢件4件,未办结189件,办结率为91.4%。常宁市"12345"政府服务热线自开通试运行以来,能够迅速妥善地处理群众的问题和诉求,得到了市民的好评。

【"数字常宁"建设】 2015年,进行"平安常宁"四期建设,市公安局新增200个视频监控点,20个电子卡口。市电子政务办对其建设进行监管。是年,推进信访信息网络平台建设,打造便民、快捷、高效、公开的网络信访平台,推行网上信访,阳光信访,促进信息流、管理流、业务流的有机融合,切实提高常宁信访工作的质量和管理水平。是年,全市第一批48个单位网线已经全部连接到位。部分乡镇和市直单位已经连接到电脑,数字证书到位后可以正常使用。

【机关建设】 2015年,全办人员实行指纹考勤,规范上下班时间,严格执行请假销假制度。按照市委、市人民政府要求的"五个一律免职"和"十条规定"严格要求工作人员,在日常工作中和生活中时刻警觉自己。对全办工作人员的工作任务完成情况进行每月考评,年终总评。工作任务完成情况与机关工作人员的考核挂钩。是年,加强反腐机制建设,层层签订党风廉政建设责任书,组织开展全办党风廉政建设教育活动,努力营造浓厚的反腐倡廉良好氛围,深入学习十八大精神、《党内监督条例》、《纪律处分条例》、《行政机关公务员处分条例》等。严格对照纪委"五个不许"和党政干部廉洁自律"十条禁令"的具体要求,领导干部做到带头执行、自觉遵守,切实起到了表率作用。严禁上班炒股、玩电脑游戏及上网浏览与工作无关的事情。

信访工作

【概况】 2015年,常宁市信访局内设办公室、接访股、办信办案股、督查股和复查复核办公室。局机关共有工作人员25人。截至2015年11月底,共接待群众来访637批2624人次,京访零登记,省访53批92人次,到衡阳市上访51批87人次。共收到统转信件133件,省委书记交办件1件,省长信箱件41件,网上信件2件,全部按时办结。全市没有未依法及时处置信访事项,没有因信访问题处置不当造成重大群体性事项或恶性事件。创新推出的特殊疑难信访事项研判机制得到上级主管部门的肯定。衡阳市《政研参考》刊发《四一工作法"巧解"天下第一难"—常宁市创新信访工作方式提升信访实效》,推介常宁信访工作经验。是年6月3日,承办衡阳市信访业务工作现场会。

【领导重视】 2015年,市委、市人民政府对信访工作格外重视,全年党政主要领导研究信访工作6次,下发专题会议纪要2期,市联席会议召开专题会议16次。市级领导按照年度安排均到市信访接待大厅轮值接访。全年共交办市级领导包案6批共188件次,全部化解到位。是年,召开全市性信访工作调度会3次,开展特殊疑难信访事项研判会1次。讲评前段信访工作,部署后段信访工作。严格按照"一个问题、一名领导、一套班子、一个方案、一抓到底"的工作要求,落实领导包案责任制。市委书记上任第一天就到市委接待中心与群众见面,是年6月2日,到市信访局专题调研信访工作,在全市范围内进一步推行领导干部接访处访下访"三访"活动,全面推行责任追究制,加大依法处置力度,重视信访信息平台建设,赋予信访部门"三项建议权",重用信访干部,同时较好地解决了办公用房和经费问题。是年9月,市长李涛批示市人民政府研究室组织专人,就全市信访工作开展专题调研。11月4日,市长李涛轻车简从到水口山办事处松柏镇村雷公塘组信访人阳世洪家，通过“家访”化解重要信访件。10月23日，市委副书记邹锟，市委常委、市委政法委书记刘军，副市长、市公安局局长段政文到市信访局专题调研，认真听取全市特护期（十八届五中全会）信访维稳工作情况介绍，对特护期的信访维稳工作把脉问诊，重点调度。12月14日，市委常委、政法委书记刘军召集公、检、法、信访及相关乡镇和部门召开会议，专题调研处理信访老户徐某和刘某的信访问题。其他市级领导包案力度大，约访信访人，召开协调会，制定化解稳控措施。轮值接访正常，按时签到，及时处置当天信访事项。

【信访渠道】2015年，在完善群众工作站（室）的基础上，重点突出信访网络平台建设。市财政共投入76万元，完善市级网络平台，全市所有乡镇和第一批市直单位全部配备电脑、打印机、扫描仪和身份证读卡器。是年，在市政务电子中心设立书记、市长、纪委书记、政法委书记、公安局局长、主管城建副市长等6个邮箱。是年5月，常宁市“12345”政府服务热线试运行，12月18日正式开通。群众反映诉求的渠道更宽更广更便捷。“1+1”联村制度推行后，全市已有1000余名机关干部，2000多名乡镇干部，700多名政法干警深入村组，走访群众4.3万余人次，排查化解矛盾隐患2176件次，协调处理重复上访17件。设立市委大院信访接待大厅，市委部门合署办公，整合资源，有效提升工作效率，减轻信访压力，优化信访秩序。民调热线继续实行与群众的双面交流，开展社情民意调查，掌握工作落实情况，加强与群众的沟通，及时掌握化解矛盾隐患。

【信访积案化解】2015年，全市共化解信访积案7件。其中省委书记交办件1件。是年，两次举行书记、市长大型联合接访活动，共约访23件涉及156人次的信访事项当事人代表，当场解决信访问题6件。市信访联席会议专题下发文件，开展领导干部接访下访处访“三访”活动作为“三严三实”和信访工作“五零”专项行动重要抓手予以落实。每月召开1次市长信访工作例会，主要领导包重点案，市委常委包难点案，对梳理出来的17件信访积案全部交由处级领导包案，对所包重要信访件信访人面对面约谈，听取诉求，宣讲政策，征询意见，予以化解。市委常委班子和市人民政府班子在包案化解大案难案的同时，每月下到所联乡镇和分管战线召开一次信访工作会，听取情况汇报，研究解决具体问题。公开接访时间、接访地点和接访领导，公开“下访”接待群众1～2天，约谈积案信访人1～2个。是年，全市召开信访工作例会74次，公开下访45天，约谈重要信访人72人次。

【信访机制】2015年，健全完善经常性教育疏导机制，领导干部接访下访处访机制，救助处置机制。利用常宁报、常宁电台电视台、手机短信等多种形式，多方位立体化对广大群众进行信访知识和政策法规宣传。为了宣传逐级走访办法和新修改的国务院《信访条例》，发表了电视讲话，在常宁报刊载原文和知识问答，印发了宣传小折页，制作了标语横幅，并出动宣传车进村入户宣传。为了提升各级信访干部的政策水平和业务能力，组织4次培训。同时将信访工作纳入农村支部书记培训范畴，分3批轮训基层支部书记，提升基层组织解决信访问题的能力。专题下发“三访”活动方案，将开展领导干部接访下访处访“三访”活动作为“五零”专项行动重要抓手予以落实。是年，全市召开各类信访工作例会176次，公开下访167天，约谈重要信访人107人次。

【存在问题】2015年，存在的问题是：一是越级非访未完全杜绝。二是网络平台未完全联通到所有市直单位。三是依法逐级走访的宣传需要进一步引向深入。四是信访秩序有待进一步优化。

政协常宁市委员会

【综述】 2015年,常宁市政协内设机构有办公室、财政经济委员会、提案委员会、科教文卫体委员会、人口资源环境和法制委员会、文史学习委员会,机关在职在编人员30人。是年,市政协在中共常宁市委的领导下,积极践行人民政协为人民的价值追求,围绕中心,服务大局,认真履行政治协商、民主监督、参政议政职能,为促进常宁经济社会发展作出了积极贡献。

【政协常宁市第九届委员会第四次会议】 2015年3月11—13日,中国人民政治协商会议常宁市第九届委员会第四次会议在常宁市剧院召开,会议应出席委员268人,实到263人。中共衡阳市委常委、组织部部长、统战部部长,中共常宁市委书记何录春,市委副书记、市长李涛,市政协主席王若君,副主席吴之初、谭云峰、郭云金、盘芳,市领导郭桂英、市政协秘书长江月华,全体在职副县级以上领导干部、离退休老干部代表、政协机关退休老干部、在常衡阳市政协委员、社会知名人士特邀出席会议,市委、市人大、市人民政府有关部门负责人、金融机构负责人、群团组织负责人、政协机关工作人员、乡镇(办事处)政协专干等应邀列席会议。会议期间,委员们听取和协商政协常宁市第九届委员会常务委员会工作报告、提案工作报告。列席市十六届人大四次会议,听取和协商市人民政府工作报告及其他报告。协商市政协常委人选,审议和通过九届四次会议提案审查情况的报告和各项决议,选举方富贵、申建人、李国儒、郭文锋为市政协常委。表彰2014年度全市政协工作先进集体、优秀政协委员和优秀提案。

【政协常宁市第九届委员会第十四次至第十八次常委会议】 2015年3月3日,市政协召开第九届委员会常务委员会第十四次会议,市政协主席王若君,副主席谭云锋、吴之初、郭云金、盘芳,正县级干部郭桂英,秘书长江月华出席会议,吴之初主持会议。会议通报市政协第九届四次会议筹备情况;协商通过了增补委员审议选举办法(草案);九届市政协常务委员会委员候选人建议协商名单;市政协九届四次会议有关事项;政协常委会工作报告、提案工作报告。会议决定政协常宁市第九届委员会第四次会议于2015年3月10日至13日在市区举行。

2015年3月13日,市政协召开第九届委员会常务委员会第十五次会议。市政协主席王若君,市委常委、常务副市长刘启宏,市政协副主席吴之初、谭云峰、郭云金、盘芳,正县级干部郭桂英,市政协秘书长江月华在主席台就座。市政协常委会组成人员,各讨论组第一召集人参加会议。盘芳主持会议。会议听取了各讨论组对《政协常委会工作报告》《提案工作报告》《政府工作报告》《人民法院工作报告》《人民检察院工作报告》等报告的讨论情况和对大会选举办法、政协常委候选人名单的协商、酝酿情况。确定了政协常委正式候选人。审议了选举办法草案。提出了总监票人、监票人、总计票人、计票人建议名单。审议了关于九届四次会议提案审查情况的报告草案。讨论通过了市政协九届四次会议政治决议草案、常务委员会工作报告决议草案和九届三次会议以来提案工作情况报告的决议草案。

2015年5月20 日,市政协召开第九届委员会常务委员会第十六次会议。市政协主席王若君,副主席吴之初、谭云锋、郭云金和秘书长江月华出席会议，吴之初主持会议。会议集中学习了全国政协委员会工作报告学习辅导报告，会议举手表决通过了政协常宁市委员会2015年工作要点，常宁市乡镇(办事处)政协联工委、市直政协联络组工作目标管理考核办法，政协常宁市委员会2015年度民主评议工作实施方案。大会投票表决方式，确定市城市管理行政执法局为评议对象。

2015年9月7日，市政协召开第九届委员会常务委员会第十七次会议，市政协主席王若君，副主席吴之初、郭云金、盘芳和秘书长江月华出席会议。会议学习了全国政协主席俞正声在全国地方政协工作经验交流会上的讲话和省政协副主席武吉海在全省市级政协工作座谈会上的讲话，传达了衡阳市政协副主席李平对衡阳市政协工作情况提出的下阶段工作建议，总结了常宁市政协上半年工作所取得的进步和不足，安排部署了下阶段的工作任务。

2015年10月29日，市政协召开第九届委员会常务委员会第十八次会议，市政协主席王若君，副主席吴之初、谭云锋、郭云金和秘书长江月华出席会议，副市长郭松青应邀列席会议。会议就全市乡镇区划调整方案进行了协商讨论，并以举手表决的方式通过了《常宁市乡镇区划调整工作实施方案》和《政协常宁市第九届委员会关于增补关小绿等同志为政协委员的决定》。

【政治协商】2015年，认真贯彻中央、省市关于发展社会主义协商民主的新要求，按照《中共湖南省委政治协商规程(试行)》和《中共衡阳市委关于进一步加强人民政协的政治协商工作的若干意见》的精神，积极推进制度化、规范化、程序化建设，始终坚持党政所需、人民所盼、政协所长的选题方向。拟定出台了《常宁市政协2015年度协商工作计划》，并以市委办公室文件印发全市。

【调查研究】2015年，市政协坚持以“建言建在点子上，议政议在关键处”作为工作目标。是年，就群众密切关注的城区排水排污、新农合资金征收管理等课题，组织政协委员深入基层一线，扎实搞好调查研究，广泛征求各方意见，并学习借鉴外地先进经验，共形成调研报告36份，提出意见建议151条，为协商议政奠定了坚实基础，为市委、市人民政府科学民主决策提供了有益参考。如《关于旧城改造工作的调研报告》《关于我市旅游产业发展的调研报告》等5份调研报告得到市委书记等领导的批示，《关于中小河流治理的调研报告》《关于财政专项资金管理的调研报告》等8份调研报告得到市人民政府市长李涛批示，所有调研报告均转交市委、市人民政府分管领导及相关部门。《关于水价改革工作的调查报告》提出的建议意见被市人民政府采纳，并运用到境内居民阶梯水价改革工作当中。《关于加强常宁市农村公路管理养护工作的调研报告》在省政协获奖。

【咨政建言】2015年，根据《常宁市政协2015年度协商工作计划》，切实抓好全会集体协商、常委会议和主席会议专题协商、专委会对口协商和提案办理协商。协商议政坚持以事实和数据说话，言之有据、言之有理、言之有度、言之有物。如协商水口山工业新城建设、核电项目建设、学校扩容提质工作时，委员提出加强核知识科普宣传，保护好核电场址；提高工业新城园区土地使用效率；全局谋划全市教育工作，发挥公办、民办教育资源的最大效益等建议，被市委十一届四次全会审议通过的三个决议吸收和采纳。协商省级园林城市创建时，委员提出科学制定绿地率指标、项目绿化方案纳入规划评审等建议，得到市委、市人民政府采纳；协商农村公路管养工作时，根据调研发现的重建轻管、养护配套资金不足、农村公路沿线违章建筑较多等问题，提出了具有可操作性的协商意见，经市人民政府常务会议专题研究并采纳，市人民政府办印发了《常宁市农村公路养护管理办法》《常宁市农村公路养护管理考核办法》。市财政增加安排了路政执法工作经费，通过预算调整增加了治超专项经费，并计划逐年增加农村公路养护县级配套资金。市规划、国土、交通三个部门联合发文，明确和规范农村公路沿线农民建房审批和管理措施，并就联合开展违章整治制订了具体办法。

【提案工作】2015年，坚持“提案求精、立案求准、办案求实”，与常宁广播电视台联合举办“提案追踪”栏目，督促提案办理。通过召开面商会、明察暗访、实地视察、专题协商等形式,着力抓好民生提案的督办,以实际成果激发委员履职热情。是年,立案提案168件,市委、市人民政府、市政协领导直接督办,各承办单位认真办理,A类件达115件,占68.5%。如《关于在蓬塘乡田尾片设立医疗点的建议》《关于解决大义山风景区周边村组群众饮水安全的建议》等涉及民生大计的提案,都通过“提案追踪”的督办得到了有效办理,达到了预期效果。特别是对《关于在蓬塘乡田尾片设立医疗点的建议》这一提案的跟踪督办,切实解决了蓬塘乡田尾片3万余人多年来强烈反映的“看病难”问题。该提案已连续提了5年,多次协商未果,2015年,终于在市卫计部门和蓬塘乡的共同努力下圆满办结,得到了群众赞扬。

【民主评议】2015年9月至12月,组织政协委员对市城管执法局开展民主评议。评议大会之前在主席会议成员的带领下,百余名政协委员通过实地调研、问卷调查、座谈走访等形式,广泛征求社会各界和群众的意见,并在此基础上形成了事实清楚、数据确凿、针对性强的评议报告。12月1日,市政协组织召开300余人参加的评议大会,市城管执法局相关负责人在会场接受了廖云华、谭方平等14位委员的现场提问。会上根据城管执法工作存在的6个方面、43项具体问题,分别提出了评议整改意见,交由市城管执法局限期整改。会后,市政协及时跟踪督办,成立两个督查组,每7天带新闻媒体实地督办,并要求市城管执法局定期通报整改成效,市城管执法局共发出整改工作简报4期。在评议过程中,市政协领导还牵头召开协调会,帮助市城管执法局协调相关部门解决其实际困难。短短的一个月时间内,市城管执法局集中开展了经营秩序整治、“牛皮癣”整治等7项专项整治行动,成效显著。市政协随后组织各办委主任、有关常委和委员,对整改情况进行了实地验收。在此基础上,市政协召开常委会议进行无记名投票测评,市城管执法局的评议满意率为85.7%。

【委员考察】2015年,组织政协委员对农业土地整治、国土综合整治、水利建设和湘江环保综合治理等工作开展了6次考察活动,形成了6份考察报告递交市委、市人民政府。考察坚持问题导向,注重发现问题并提出相应建议。通过考察,委员共指出问题21个,提出意见建议29条。市委、市人民政府高度重视委员考察工作,党政领导和部门负责人当面听取委员意见建议。市委领导国对农业土地整治和水利工作的考察报告作出批示,认为政协委员看问题很准,建议的针对性很强,要求市人民政府进一步研究,相关部门要吸收采纳并改进工作。

【民生工作】2015年,积极参与市委、市人民政府的中心工作和民生项目建设,由市委、市人民政府主导的南一环开发项目彰显成效,该项目共完成水电路和绿化等建设投资1.37亿元,储备土地647亩。帮助联系点蓬塘乡抓好机关建设、油茶公园建设及发展再生稻生产,派驻机关干部担任后进村支部的第一书记,支持对口扶贫点塔山下阳村的红豆杉苗木基地建设和村部建设,走访慰问当地困难群众67人次,市政协机关落实扶贫资金11万元。全市政协委员共扶贫帮困673人次,落实扶贫帮困资金276万元。彭福生委员筹资38万元,资助贫困学生380人。是年,以委员工作室为平台,搭架服务群众的“连心桥”。成功创建胡巧生、廖敏蛟、廖宁等8个政协委员工作室,参与创建的委员积极反映社情民意,协调解决民生问题,全力服务基层群众。委员工作室创建以来,共收集社情民意信息200余条,帮助群众解决具体问题30多个。胡巧生委员工作室立足国土及建设系统本职工作,简化项目审批环节,手续从简、时间从快、服务从优,帮助多家企业和项目及时办理用地和其他手续。廖敏蛟委员工作室、廖宁委员工作室、陈旦委员工作室发挥医卫人才优势,多次组织政协委员和卫生系统志愿者组成医疗队,赴兰江、洋泉、官岭等7个乡镇开展义诊,共发放宣传资料600多份,接诊和接受群众健康咨询600余人次,免费发放药品价值3万余元。委员工作室的创建及典型事迹,得到《湘声报》《衡阳日报》等省市媒体的推介。是年,共收集委员和特邀信息员反映的社情民意信息416条,群众反映强烈的一些问题经过协商和督办得到了及时解决。如莲花小学周边38户拆迁户因未解决用电问题已连续上访4年,组织培元办事处和市教育局、电力局等单位的负责人,经过协商协调,共筹资17万元、新增变压器1台,于2015年7月彻底解决了这个上访长达4年之久的难题。为确保城区中小学校提质改造任务的完成，市政协积极协商，推动了莲花小学、虎溪小学、东塔小学等城区学校扩容提质，新增城区学位3000多个。对事关国计民生、常宁市难以解决的问题，整理后上报衡阳市政协，共有41条社情民意信息被衡阳市政协采用，居衡阳各县市区之首。其中《改善身份证认证体系，保障个人信息安全》《离任农村党支部书记养老保险问题亟待解决》等4条社情民意信息被省政协采用，并得到省委、省人民政府领导批示。常宁市政协被评为衡阳市政协系统2015年度社情民意信息工作先进单位。

【“三严三实”专题教育】2015年，按照中央和省、衡阳市统一部署抓好“三严三实”专题教育，认真查找梳理存在的具体问题，抓好整改落实。以讲党课、召开专题研讨会、开展座谈等方式，教育广大党员干部严以修身、务实为民、廉洁从政。组织党员干部学习习总书记系列讲话、十八届四中、五中全会精神和政协知识，党员干部和委员的工作作风明显改变，政治素质明显提高，政治理论和业务水平不断提升，全年在衡阳市级以上媒体发表理论文章和信息33篇，其中《人民政协报》2篇，《湘声报》11篇，居衡阳市之首。《加强基层政协联络组建设，增强政协工作整体功效》在省政协获奖。

【委员服务与管理】2015年，坚持和完善主席会议成员联系常委、常委联系委员制度，不断拓宽委员履职渠道，使越来越多的委员参与市政协组织的调研、视察等集中履职活动。定期编印政协工作简报并印发至全体委员，为宣传党的方针政策和推介委员履职成果发挥了重要作用。会议期间委员的建言献策信息以简报形式报送至市委、市人民政府领导，委员履职建言与党政领导实现无缝对接。充分发挥专委会在履职中的基础作用，密切专委会与市委、市人民政府对口部门的联系，推动履职成果转化，激发委员履职热情。

【党风廉政建设】2015年，履行政协党组抓党风廉政建设的主体责任，加强对党组成员的教育管理和日常廉政教育。认真落实中共中央关于改进工作作风、密切联系群众的八项规定和省市有关规定，用良好的工作作风切实履行政协工作职责。组织召开高质量的民主生活会，对各专委会主任进行廉政谈话，并签订廉政责任状，促使政协工作者牢固树立遵纪守法意识、廉洁履职意识。

纪检监察·综合治理经济发展环境

纪检 监察

【概况】中共常宁市委纪委、常宁市监察局是在常宁市委、市人民政府和衡阳市纪委、监察局的双重领导下开展工作，主要履行纪检监察两项职能。2015年，机关内设办公室、信访室、纠风室、执法室、廉政室、效能室、纪检监察一室、纪检监察二室、财务监察室、审理室、宣教室、干部室、案件监督管理室，共有在岗干部职工74人。下设4个纪工委（监察分局），全市各乡镇均配备1个专职纪委副书记和2个兼职纪委副书记；27个乡镇（办事处）均增设监察室；767个村（居）均设立党风监督员，由村（居）支委成员兼任村纪检委员。是年，市委坚决贯彻中央、省委、衡阳市委决策部署，坚定不移推进全面从严治党，带头履行党风廉政建设主体责任，旗帜鲜明，组织有力；全市各级党组织切实履行管党治党责任，敢于担当，措施过硬；全市各级纪检监察机关认真落实“三转”，聚焦中心任务，惩腐肃贪，成效明显，在衡阳市委组织开展的2015年度党风廉政建设考核中获得第一名。

【夯实“两个责任】” 2015年，市委专题召开落实“两个责任”大会，进行安排部署，出台落实“两个责任”的《实施意见》和《责任追究办法》，明确规定各级各单位一年内有2名班子成员或有4名一般干部受到党内严重警告以上处分的，要从严追究单位“一把手”的主体责任和纪委书记的监督责任。市纪委积极抓好“两个责任”的宣传教育、监督检查、责任追究等工作，查处“两个责任”落实不力问题3起，追责3人。是年末，由市委常委、党员副市长带队，对乡镇（街道、片区）和市直单位“两个责任”落实情况进行检查考核，层层传导压力，确保“两个责任”落地生根、掷地有声。

【纪律审查】2015年，全市纪检监察机关受理群众来信来访合计337件次，同比减少57.12%，共立案228起，办结216件，处分216人，其中科级干部40人，大要案11件。严肃查处了培元办事处两江社区非法倒卖土地窝案，涉案金额4300余万元，处分了原党委委员、正科级干部滕林峰等18名党员干部，司法机关立案查处9人，此案其他涉案人员正在调查处理之中；查处了荫田镇违纪违法窝案，处分了原党委副书记、镇长周晓芳等16名党员干部，司法机关立案查处11人；查处了烟洲镇原副镇长周小平贪污民政资金案等一批大要案件。安排4批次21人协助省、衡阳市纪委办案，成效显著。市检察院立案侦查职务犯罪案件16件，涉及29人。市人民法院审结职务犯罪案件11件，追究刑事责任24人。强化安全文明办案，高标准建设规范化的谈话室。

【作风建设】2015年，针对公款送礼、公车私用、公款吃喝等突出问题，抓住春节、端午、中秋等关键节点，由纪委牵头，联合市委组织部和市委、市人民政府督查室开展明察暗访。是年，先后开展明察暗访23次，共查处“庸懒散”典型案件26起，处分26人，免职5人，下发作风建设通报3起，重点整顿单位1

个。突出抓好“为官不为”专项整治，出台“为官不为”问责办法，严肃查处了市文化执法局网吧监管不力案。

【惩防并举】2015年，出台“三个不准”“三个一律”的纪律要求，纯洁党风政风。重申“四个严禁”，推行同城零接待，规范公务接待。强化廉洁自律，是年，共收到全市各级领导干部上交“5910”廉政账户红包、礼金75余万元。开展了对2007年以来受刑事追究的党员、国家公职人员未落实党纪政纪处分情况的专项清理工作。加强对因私出国（境）证照管理，开展国家公职人员利用假身份、假信息办理因私出国（境）证照及违规因私出国（境）专项整治。加强反腐倡廉理论研究，开展制度廉洁性评估，不断提高反腐倡廉建设科学化水平。

【教育预防】2015年，着力抓好《习近平关于党风廉政建设和反腐败斗争论述摘编》以及新颁布的《准则》《条例》的学习宣传。强化廉政教育，组织130多个单位，220多名党员干部参加全市“守纪律 讲规矩 争做廉洁常宁人”演讲比赛。选送参加衡阳市演讲比赛的选手获得第二名。编排廉政微电影《牌局》在衡阳市评比荣获第二名。举办重点岗位、重要部门廉政教育培训班2期、廉政教育讲座26场次。认真抓好党委（党组）书记讲党课活动，各级党委（党组）书记带头讲党课130余场次。组织全市4000余名党员干部观看廉政电影《人生不能重来》。组织全市100余名重点岗位党员干部和市委科干班的50余名学员到衡州监狱开展警示教育。

【专项整治】2015年，以全面规范村级财务管理和惠农补贴资金发放为切入点，对发生在群众身边与民争利问题开展专项整治，有效遏制了基层“雁过拔毛”式腐败。通过全面开展宣传发动、自查自纠、督查督办、整改提高等举措，共清查出违规使用票据收款的村级资金755笔、违规拨款的村级资金2614笔，全面予以整改规范。共立案查处“雁过拔毛”式腐败案件68个，查处的典型案件有：板桥镇南湾村原支部书记张富生违纪案，荫田镇荫市村原支部书记吴年华违纪违法案，烟洲镇新阳村原支部书记管倍林违纪案等，全部开除党籍。全市因村级财务管理失衡、与民争利导致的上访量锐减。

【自身建设】2015年，深入实施“铸剑工程”，努力打造执纪办案的“尖刀连”“突击队”。是年，在衡阳市纪委举办的岗位大比武中荣获第二名。持续深化“三转”，推进内设机构改革。市纪委机关机构调整后，设13个室（部），7个办案室，办案人员达到总人数的72%。积极探索派驻机构统一管理办法，对6个市本级投融资公司统一派驻纪检组组长（纪委书记）。坚持严管队伍，防止“灯下黑”，狠抓纪检监察干部作风建设。严格执行纪检监察干部“十条禁令”和“三个一律”的规定，加强对纪检监察干部的监督管理。

【存在问题】2015年，存在一些问题，“两个责任”的压力传导不够有力，主体责任落实存在层层递减、上热下冷的问题，有些还抱有旁观者心态；有的单位有案不查、压案不办，信访件办理推诿、拖拉，对违纪违法线索，甚至对受到刑法制裁的人员不处理、不报告；有些党员干部不收敛、不收手甚至顶风违纪；“四风”问题没有根治，“庸懒散”问题突出；一些单位负责人对作风建设不抓不管、不闻不问、听之任之。这些问题和不足，要高度重视，认真解决。

综合治理经济发展环境

【概况】2015年，常宁市优化办机关内设综合组、案检组、财务组。是年，共受理案件和群众来信来访53件，其中衡阳市优化办交办1件，已办结53件，办结率100 %。

【专项整治】2015年，按照“六看三查一通报”的要求，对开展整改落实“回头看”情况进行了再梳理，限期“回炉”“补火”，班子成员共梳理问题2个，初步拿出了具体的整改措施，纳入整改问题清单继续整改。是年，根据回头看情况，建立健全整改工作台账，做到底子清、情况明、措施实、可检查。对梳理出来的整改问题进行一次盘点对账，集体分析存在问题的根源，提出相应的整改措施，并在一定范围进行公示，群众认可一件、销号一件。通过多种途径广泛征求对领导班子和班子成员的意见。一是设立意见箱。在办公楼走廊醒目位置设立意见箱，畅通民意表达渠道，确保干部群众可以充分表达自己的意见。二是采取召开座谈会、个别访谈、上门征求意见等形式，广泛听取意见建议，特别是注重听取群众的意见，注意听取党性强、基层经验丰富的工作人员的意见，通报教育实践活动开展情况。通过多种形式，领导班子和每位班子成员都征求到一定数量、较高质量“四风”方面的意见建议，并对意见进行了梳理汇总，及时上报了督导组。优化办领导班子成员都以诚恳的态度听取意见，认真进行反思。领导班子共查找“四风”方面的问题 8条，其中形式主义2条，官僚主义2条，享乐主义2条，奢靡之风2条。根据以上查摆的问题在公车管理，三公经费开支等方面进行了整改 。

【专项检查】2015年5月中旬至6月初，市优化办会同市物价局对全市执法、监管、公共服务等窗口行业和领域的收费情况开展专项检查，重点检查住建、房产、国土、环保等执法监管部门，政务服务中心以及水电气等公用事业单位2014年1月以来的价格和收费情况。市人民政府专门成立收费检查工作组，由市优化办、市物价局牵头具体组织实施，市经信局、市宜阳工业园管委会、市乡企局等单位紧密配合。邀请市经信局、工业园、乡企局派人参加调研，通过上门走访和召开座谈会、发放调查表等方式，逐项对涉企收费的部门、收费标准、金额等情况进行全面深入了解。

【明察暗访】2015年，共暗访发现违反工作作风问题9起。是年农历正月初八，春节后上班的第二天，按照市委的统一安排，在全市开展专项作风督查暗访行动，暗访组分成2个小组，市优化办派工作人员与市纪委党风室工作人员组成一个小组，对全市部分单位机关工作作风进行一次督查，着重对荫田、盐湖、泉峰办事处等乡镇和市民政局、市公路局等市直单位的工作人员上班到岗情况进行明察暗访。在暗访中，共发现9起违反作风建设典型案例，暗访组发现这些问题后，及时与相关部门主要负责人进行反馈，要求在规定时限内予以整改到位，并在全市予以通报批评。

【帮扶活动】2015年，结合市委“1+1”联村活动和精准帮扶基层党组织活动，组织全体党员干部走出机关，积极深入基层和企业开展走访、交流和服务活动。4月以来，走访了联点村--板桥镇福田村，进村入户，察民情、听民声、解民忧。在走访过程中，工作组通过召开座谈会、个别走访等方式共征求群众意见和建议20余条，走访慰问困难户10余户，对联点村和帮扶村困难户想方设法予以解决实际问题，对口下拨扶贫资金10万元，主要用于该村发展兽牧业项目，实行精准帮扶，重点扶植。

【调处企业矛盾纠纷】2015年，共走访规模工业企业20多家，为企业协调处理各项矛盾纠纷30多起，有力维护企业合法权益，为企业正常生产营造良好的发展环境。是年7月初，湖南江山生态农业发展有限公司（以下简称“江山公司”）新投资200万元扩建油脂生产线，实施2000吨油茶籽烘干仓储项目建设，计划在2015年油茶收摘时投入使用，但开工后即受到宜潭乡茶元村新塘组的部分村民强行阻工，致使施工中断，工期延误，直接影响江山公司油茶加工生产。接到投诉后，优化办高度重视，主任秦源生亲自带领工作组，于7月15日至21日，多次到宜阳工业园管委会、宜潭乡政府、茶元村和江山公司进行调查和调处，圆满解决江山公司与当地的纠纷矛盾。9月29日，收到衡阳市优化办〔2015〕005号交办函，同时接到中国联通衡阳分公司、常宁分公司等公司对白沙镇境内公路光缆挂人致伤事故处理的投诉，市优化办立即开展相关调查工作。9月30日，在市人民政府办公室领导的牵头下，在市税费统征办会议室召开协调会，双方签订调解协议，中国联通分公司同意向受伤者刘谭运、王国芳夫妇再补偿4万元，刘谭运、王国芳夫妇表示不再上访，此事得以妥善解决。

【规范检查】2015年，继续对职能部门入企检查行为进行规范，要求各职能部门严格按照《湖南省规范涉企检查若干规定》文件精神开展检查，不得干扰企业正常生产经营活动，不得增加企业负担，不得强行要求企业请吃请喝，不得向企业“索拿卡要”；各涉企检查单位应制定并上报涉企检查年度计划，入企检查前，要填报《涉企检查备案表》到市优化办备案，检查时，持《涉企检查备案表》和工作证入企检查，并严格执行各项制度和要求。是年，市经信局、市质监局、市农业局执法大队、市人社局劳动监察大队等职能部门都按照要求上报了年度涉企检查工作方案，入企检查前都填报了《涉企检查备案表》。

【监督考核】近年来，对各乡镇(办事处)每年年终进行一次优化经济发展环境满意度测评，通过发放问卷调查表的形式，由各乡镇辖区企业和个体工商户进行打分测评考核，测评结果列入市委、市人民政府对各乡镇办事处年度考核分值中，作为各乡镇“评先”的重要依据；同时对市直各单位和各乡镇办事处优化经济发展环境工作实行“一票否决”制度；对市直机关各单位自2013年开始，组织开展了优化经济环境集中公开测评，对测评结果排名靠后的单位和个人实行测评末位淘汰制，将政府各部门优化经济环境工作置于社会监督之下 。

群众团体

常宁市总工会

【概况】常宁市总工会是全市各基层工会组织的管理部门,下辖636个基层工会组织。2015年,机关内设有办公室、组织宣传部、生产生活部、财务部、女工部、经审办公室,下设市困难职工帮扶中心(全额事业)和市总工会职工服务部(自收自支),另有社会组织市职工技术协会。共有干部职工34人,其中班子成员7人、干部职工27人、党员25人。是年,市总工会获衡阳市工会目标考核管理优秀奖,常宁市计生和社会综治、信访考核先进单位。

【办公室效能建设】2015年,建立市总工会班子成员及部门负责人联系乡镇、市直机关、企业等基层工会制度,明确组织建设、工会活动开展、职工维权帮扶等联系任务,及时发现和解决基层工会工作中遇到的问题。创新工会服务方式方法,强化工会信息宣传及舆情管理,制定建议列举具体制度。积极开展“工会面临新常态,我为工会谋新篇”演讲比赛及建言献策活动,荣获衡阳市总工会金点子奖。组织开展“工会宣传月”活动,在常宁报开设工会宣传专栏。开通市总工会微信公众平台,编发《常宁工会动态》,及时发布工会活动信息,为工会工作者搭建一个良好的沟通平台。

【基层工会组建】2015年,全市净增工会组织法人单位210家,净增工会会员7350人。其中独立工会委员会:机关事业单位22家,换届选举5家,企业8家,农业合作社 153家;餐饮行业8家;工会联合会19家。全市各类法人单位建会率和职工入会率动态保持在85%以上,企业建会率和职工入会率动态保持在90%以上,全面完成市总工会下发的组建任务。是年,洋泉镇获评省“六好”(党委政府支持好、组织网格健全好、履行基本职责好、服务职工群众好、围绕中心开展工作好)乡镇工会。

【农民工集中入会】2015年6月,在全市范围内开展农民工入会集中行动摸底活动,对全市开发区(工业园区)、建筑项目、物流(快递)业、餐饮服务业、农业专业合作组织等农民工集聚的五大重要区域和行业进行全面摸底排队,其中大型大建项目共有44个,农业合作社117个,大型餐饮企业22个,快递公司18 个。通过农民工入会集中行动,加强基层工会组织规范化建设。是年,19个乡镇(办事处)已全部建立工会联合会,通过规范化建设达到”六有”,做到工会工作有阵地、有制度、有牌子、有公章、有活动场所、有工会独立账户。

【职工医疗互助与困难帮扶】2015年,开展两期职工医疗与困难帮扶,第二期全市参加单位156家,职工12482人,筹集互助费624100元。获得医疗补助587人次,补助金80多万元。大病救助专项活动帮扶22人,发放慰问金17.7万元。第三期参加单位203家,职工14617人。金秋助学帮扶二本以上应届毕业生64人,发放助学金13.6万元。近三年累计助学120余人,发放助学金16万元。是年,生活救助、医疗救助等共帮扶311人,发放资金33万元。

【生产生活法律保障】2015年,发放省、市劳模困难补助、特殊补助、慰问金8.5万元。是年5月,组织全市各级劳动模范22名在常宁市人民医院进行免费体检。通过成立评选领导小组,再摸底审核上报的程序，推荐衡阳市劳模2人，省劳模2人。是年，全市已建工会组织企业工资集体协商要约率达到90%，协商率达90%。共完成审查备案工资集体协议47份，覆盖企业626家，覆盖职工14584人。

【女工工作】2015年，女职工专项集体合同工作与工资集体协商工作同部署、同考核、同检查。是年，新签订专项合同共15家，合同签订率达到91%。以关爱女职工、普惠服务女职工为使命，组织“阳光心态·快乐人生”女职工素质大讲堂。举办“增强法律意识·关爱女工健康”“迎国庆·献爱心”等关爱女职工活动。共发放困难女职工关爱资金4.2万元。是年，市总工会女工委员会获衡阳市“芙蓉杯”竞赛优秀女职工集体，组织参加湖南省“最美芙蓉花”女职工微信大赛获一等奖1人，三等奖1人。帮助市妇幼保健院成功申请建设湖南省首批母婴关爱室。

【劳动竞赛】2015年，推荐市帝煌大酒店保卫科获衡阳市安康杯竞赛优胜班组。与市卫生计生局一起组队参加衡阳市卫生计生监督技能竞赛，获团体二等奖，滕文明、刘志华获“衡阳市五一劳动奖章”。

（撰稿：颜敏　审核：邓祖杰）

先进集体、先进个人名录

被授予单位、个人	授予称号	授予单位	文号	表彰时间
常宁市总工会	最美“芙蓉花”女职工微信摄影大赛优秀组织奖	衡阳市总工会		2015.12
常宁市总工会	2015年度人口计生工作先进单位	市委市政府	常委〔2016〕2号	2016.2.24
常宁市总工会	2015年度社会综合治理工作先进单位	市委市政府	常委〔2016〕2号	2016.2.24
常宁市总工会女工委员会	第七轮“芙蓉杯”竞赛“优秀女职工集体”	衡阳市总工会	衡工通〔2016〕4号	2016.3.7
常宁市总工会	2015年度信访工作优胜单位	市委市政府	常办〔2016〕6号	2016.3.14
颜敏	全市工会干部“金点子”奖	衡阳市总工会		2015.10
刘泽贵	2015年度社会综合治理工作个人	市委市政府	常办〔2016〕2号	2016.2.24
陈姝	第七轮“芙蓉杯”竞赛“优秀女职工干部”	衡阳市总工会	衡工通〔2016〕4号	2016.3.7

共青团常宁市委

【概况】共青团常宁市委员会下设办公室（希望工程办公室）、组织宣传部（对外联络部）、青工青农部（学校少年部）。

【理论学习】2015年，以主题读书班、专题学习会、报告会、团员骨干座谈会、团课等形式，组织基层广大团员青年深入学习党的十八届五中全会及中央、省委群团工作会议和中央4号文件、省委16号文件精神，切实加强团员青年的思想理论教育。

【主题教育】2015年，开展“梦想起航·青春飞扬”“珍爱生命，向毒品说不”“铭记历史●逐梦青春”“我的中国梦”等主题教育活动，广泛开展青少年节能减排环保宣传活动，“爱在发声、童趣六一”关爱活动，积极营造有利于青少年健康成长的社会氛围。

【团干部如何健康成长大讨论活动】2015年，按照团中央统一部署，团市委认真研究、周密筹划，先后三次召开会议，推动活动开展。在学习阶段，9月15日，组织来自全市不同战线的20余名优秀团干、青年代表，开展“从严治党”专题学习，并征求青年意见。会上，市委常委、组织部部长、统战部部长周晓侣亲自给团干青年上党课，团市委负责人和青年代表一起分享成长感悟和心得体会。在讨论阶段，12月10日，团市委召开专题民主生活会，积极开展批评与自我批评。团衡阳市委副书记邓明君出席会议，与团干青年谈理想、谈不足、谈打算，共同探讨团干部成长之道和共青团发展之要，大兴密切联系青年之风、学习研究之风、求实创新之风、清正廉洁之风，促使团干青年树立正确的成长观。

【信息宣传工作】2015年，利用微博、微信和共青团常宁市委网站等网络平台，积极编撰图文并茂的简讯，累计发稿400多篇，点击90万次。利用常宁电视台、广播电台、常宁报社、衡阳日报对共青团的重要活动和举措做报道、做宣传。常宁新闻联播播报共计10次，衡阳市新闻联播、衡阳资讯频道播报2次，常宁报、各类简报刊发共青团新闻20篇，扩大了团组织在青少年群体中的影响力。

【扶贫助困】2015年，团市委多次前往兰江乡波江村、元山村、兰江村开展“精准扶贫”“一进二访”（进村入户，访困问需，访贫问计）工作，全面了解村情民情，实地走访贫困学子、孤寡老人，前后共资助元山村“芙蓉学子”刘洋5000元、波江村袁小山等6名贫困中小学生近3000元，联同常宁报社资助波江村贫困老党员袁先胜1000余元。团市委围绕村基础设施建设，产业扶持，基层民生等方面，邀请专家前往扶贫点波江村考察指导，并与村两委制定翔实的三年脱贫计划，争取扶贫项目资金30余万元，为波江村脱贫致富出谋划策。

【青年创业就业】2015年，成立常宁市“农村青年致富带头人协会”，精心打造多行业交流平台，与邮储银行共同推出“邮青时贷”项目，着力解决创业青年资金困难，与农广校继续合作开展“新型职业农民培训”，切实提高创业青年知识水平。继续实施《常宁市青年就业创业工作计划》，选树优秀青年创新创业带头人，创业青年唐志彬（新河宁心蛇场）、刘杨琼（板桥辉煌油茶协会）成功入围衡阳市第二届创新创业大赛，龚天水（福塔农林科技有限公司）、蒋小荣（三湾生态农业有限公司）荣获衡阳市创业示范基地。

【志愿服务】2015年，结合衡阳市创建全国文明城市有利契机，实现全市志愿者网上注册4.9万人，成立志愿服务组织138个，为规范基层志愿服务工作，先后创建城东、嵩宜，杨家湾等三个规范化、专业化的示范性社区志愿服务工作站。同时，通过“志愿你我他•文明靠大家”“三•五学雷锋”“城市文明劝导”等活动，让志愿服务走进社区、学校、企事业单位。使市民素质不断提升，城市文明程度不断提高。

【组织建设】2015年，坚持“党建带团建”，积极争取市委对共青团工作的重视，将基层团建工作纳入基层党建工作的整体格局。按照“以点带面，点面结合，示范引导”的工作方针，在农村主抓新农村建设示范村和重点推进村团支部规范化建设，积极推动大学生村干部兼任村团支部书记，在机关企事业单位，及时做好换届选举工作，为团组织注入新鲜血液，在农村、学校、企业、机关单位建立一批高标准的团组织示范点。

【队伍建设】2015年，完成市人社局、市药监局、市农商行、市第三医院等4个单位团组织换届选举；完成27个乡镇（办事处）在岗团干情况摸底，并积极与乡镇党政领导及时沟通择优补缺。是年，对新选任团委书记进行集中岗前培训，内容包括团的业务知识学习和党风廉政教育。选取优秀团干代表，参加省、衡阳市级专业培训，用先进的思想武装头脑，扎实开展各项工作。举办专题培训，规范团员发展程序，保证团员发展质量，为团组织不断输送新鲜血液，全年共新增学生团员3470人。

【自身建设】2015年，严格执行“四大纪律”“八项规定”“五个一律免职”，完善机关干部轮班责任制、上下班打卡制，认真学习领会“三严三实”重要精神，严格要求自己,在思想上行动中保持团干部的先锋模范作用。始终坚持实施“周三学习日”制度，除学习党、团重要会议精神外，机关人员围绕一个自定主题，采取轮流担任主讲人的方式，锻炼团干部的思维和表达能力。是年，选派一人前去团省委跟班学习，同时从农商行引进一位优秀青年前来挂职，在加强与上级团委交流的同时，加强与企业之间的联系。

【希望工程】2015年，在上级团组织的关心下，在社会各界爱心人士的支持下，市希望工程工作取得了长足发展。“红领巾星基金慈善行”走进市培元小学，送去大量学习用品，并资助贫困学生近万元；衡阳市浦发银行援建西岭镇平安小学，资助资金20万元；爱心企业“盛唐田家”筹集善款近2万元；希望工程“一元捐”“芙蓉学子”“华融学子”“江西商会助学”等助学项目，共筹集资金10万余元，资助贫困学生40余人。全市各级团组织、广大团员青年更是自发地开展各种关爱行动，通过银行汇款、微信支付等方式奉献爱心。

【文化交流】2015年，立足青年迫切需求，广泛开展文化交流活动。成功举办第二届青春交友活动，号召广大青年树立正确的交友观、婚念观。积极组织各基层团委，开展篮球赛、拔河赛、演讲赛等文体竞赛活动，以竞争的方式，加强学习，促进交流，增强青年团干整体素质。

【合法维权】2015年，利用新媒体广泛宣传《中华人民共和国未成年人保护法》《中华人民共和国预防未成年人犯罪法》，并为青少年解决法律难题，为青少年提供司法保障。走进社区、校园开展宣传教育活动。与市残联、市民政局等单位联合开展关爱、救助残障青少年活动，积极联系上级团委关注关爱柏坊镇“独腿少年”李成，并送去慰问金，为困难青少年成长营造良好环境。

常宁市妇女联合会

【概况】2015年，常宁市妇女联合会内设办公室、组织部、宣传部、少儿部、权益部、事业发展部、妇儿工委办。共有在职工作人员9人。是年，市妇联在市委、市人民政府及衡阳市妇联的领导下，深入开展党的群众路线教育实践活动，以构建最美常宁为主题，服从服务于市委、市人民政府工作大局，切实维护妇女儿童合法权益，促进男女平等，富有创造性地开展一系列工作，为常宁的经济和社会各项事业的发展做出不懈的努力。

【妇女儿童思想文化素质教育】2015年，开展丰富多彩的“三八”国际劳动妇女节庆祝活动，节日期间，召开“纪念三八国际劳动节105周年暨‘激发她能量，绽放新梦想’演讲比赛”，全市共42名选手参加初赛，取前12名进入决赛，分别设一等奖1名，二等奖2名，三等奖3名，优胜奖6名，并颁发了荣誉证书和奖金，各乡镇、市直单位200余人参加了活动。“六一”期间，市妇联紧扣开展“欢乐六一，和谐社会”这一主题，结合儿童喜闻乐见的形式，组织开展了富有新意的“阳光童年，放飞梦想”主题教育活动及丰富多彩的校园文艺会演、经典诗文诵读、歌唱比赛、才艺展示、义卖小物品筹集爱心基金等庆祝活动。通过一系列“六一”庆祝活动，不仅使孩子们增长了见识，还激发了孩子的爱心，全面加强了儿童思想文化素质教育。

【法规咨询】2015年，是男女平等基本国策实施二十周年。市妇联始终坚持“一手抓发展，一手抓维权”，坚持在“维权”中促“发展”，在“发展”中重“维权”。在“三八”“六一”活动期间，市妇联组织巾帼志愿者在人流密集地带设立维权咨询台，发放《中华人民共和国妇女权益保障法》《中华人民共和国未成年人保护法》《中华人民共和国婚姻法》等保护妇女儿童的政策、法律、法规宣传资料，倡导“妇女、儿童优先”“尊重妇女、儿童”“支持妇女、儿童”的意识，大力宣传普及“男女平等”基本国策，扩大宣传覆盖面，增强广大妇女群众的维权意识，从而促进广大妇女学法、用法的自觉性，增强广大妇女儿童用法律保护自己的能力。

【来信来访】2015年，市妇联切实做到文明接待、信访登记、重要信件回访、信息反馈等工作。共接待来信来访54件，结案率99%，做到来信有登记，来访有记录，处理有存根，查处有材料。

【法制宣传】2015年5月28日，市妇联联合市司法局、市法律援助中心在市东风广场开展“法治衡阳、巾帼同行，万家联动、送法到家”普法宣传活动。活动现场，向过往妇女同胞发放妇女维权宣传手册》《中华人民共和国妇女权益保障法》《中华人民共和国婚姻法》等维权知识手册和宣传资料2000余份，现场组织一批经验丰富的律师，就婚姻财产纠纷、子女抚养、家庭暴力应对等热点问题为广大妇女同胞提供专业的法律咨询服务。同时，市妇联还在市邮政局五楼大会议室组织各乡镇妇联主席、市直机关单位妇委会主任学习了新《中华人民共和国婚姻法》等相关维权知识。

【成立婚姻家庭纠纷人民调解委员会】2015年，市妇联联合市民政局、市司法局成立常宁市首家婚姻家庭纠纷人民调解委员会。是年10月13日上午，常宁市婚姻家庭纠纷人民调解委员会挂牌成立，市委副书记邹锟，市人民政府常务副市长、妇儿工委办主任刘启宏及妇联、司法、民政三家单位负责人在市婚姻登记中心参加揭牌仪式。揭牌仪式完毕后，市妇联组织各乡镇、办事处妇联主席，市直战线妇委会主任及调解员，举办为期一天的婚姻家庭纠纷人民调解工作业务培训班，聘请资深律师授课。

【女性健康免费体检】2015年，市妇联联合市现代妇产医院开展女性健康免费体检活动，每天深入一至两个村，对全市范围内的农村妇女进行体检，同时普及卫生等知识，增强农村妇女的自我保护能力和防病治病意识，帮助广大农村妇女早发现早诊断早治疗，减少疾病的发病率与病情恶化，进一步提高农村妇女的生活质量，促进城乡和谐发展。

【实施《2011—2015年妇女儿童发展规划》】2015年10月21日下午，省人社厅副厅长杨长永、省扶贫办副巡视员杨文辉等一行7人，到常宁市开展湖南省妇女儿童发展规划终期评估专项督查工作。衡阳市人民政府副厅级干部李辉，衡阳市人民政府妇儿工委副主任、妇联主席周红玲，中共常宁市委刘启宏、周晓侣等领导陪同。此次省评估督导组一行深入到常宁市培元小学和市妇幼保健院进行实地考察，并在妇幼保健院召开座谈会。座谈会上督导组详细了解了医院发展状况、妇幼医疗服务水平和能力，听取市妇幼保健院院长胡凡对两个规划的工作汇报，总结了主要做法和经验，分析存在的问题，提出对策建议，并查阅了相关资料，省、市领导充分肯定了常宁两个规划评估工作。

【巾帼示范创建工作】2015年，争创板桥荣煌生态农林协会为“湖南省巾帼现代农业科技示范基地”，创建了常宁市妇幼保健院为“全国巾帼文明岗”。同时，推荐贺雪英、刘扬琼两位女农民企业家参加由全国妇联主办，省妇联、省农委承办，湘潭市妇联协办的全国新型职业女农民培训班，加大示范带动作用，激发广大妇女的积极性和创造性，引导广大妇女在全面建成小康常宁的伟大实践中发挥主体作用。

【科技宣传教育与培训】2015年，市妇联通过舆论宣传和思想工作，正确引导城乡妇女转变思想观念、树立市场意识、竞争和创业意识，正确对待下岗失业，鼓励她们参加电脑、缝纫、经济管理、市场营销等技能知识培训，鼓励城乡妇女在服务行业、商贸市场中就业，鼓励城乡妇女在家自主创业，通过各乡镇现代远程教育网络培训妇女，主要在网上学习延季蔬菜种植、家禽养殖等相关的种养殖知识，使全市70%以上农村妇女掌握了1～2门科技技能。

【家庭美德建设】2015年，市妇联以五好文明家庭创建为载体，在全市范围内广泛开展寻找“最美家庭”“最美创业”“最美湘女”活动，并对推选突出的突出事迹进行宣传，让文明之风润浸每一个家庭，吹遍常宁大地。是年9月9日下午，市妇联召开“寻找最美”活动动员暨宣传工作会，详细部署“寻找最美”活动及报刊的订阅情况通报，布置2016年报刊发行任务。各乡镇、办事处分管党群工作的领导、妇联主席，各市直战线单位分管领导及妇委会主任共100余人参加会议。会议还表彰了妇联宣传工作先进个人16人，宣传工作先进单位5个。

【妇女之家建设】2015年，继续巩固发展农村妇女之家的建设，坚持“党建带妇建、妇建促党建”的原则，紧跟党建，主动作为，不断扩大基层组织覆盖面，做到哪里有妇女，哪里就有妇女组织，使妇女之家深深扎根在基层和妇女群众之中。以妇女之家示范创建为抓手，层层设立示范点，以点带面，不断提升妇女之家建设水平。

常宁市工商业联合会

【概况】2015年，常宁市工商业联合会机关内设办公室、会员部、经济联络部，共有工作人员12人。下辖咨询服务部和维权服务中心。是年，在市委、市人民政府的领导和衡阳市工商联、市委统战部的具体指导下，深入贯彻落实党的十八届三中、四中全会以及市经济工作会议精神，结合开展民营企业家守法诚信教育实践活动及县级工商联“五好”（领导班子好、会员发展好、商会建设好、作用发挥好、工作保障好）建设等工作，充分发挥职能优势和作用，认真践行“两个健康”（促进非公有制经济健康发展和非公有制经济人士健康成长）工作主题，进一步解放思想、开拓创新、转变作风、真抓实干，较好地完成了各项工作目标任务。

【理想信念教育实践活动】2015年，根据衡阳市委统战部、衡阳市工商联以守法诚信为重点的非公经济人士理想信念教育实践活动部署要求。结合实际制定《市民营企业家守法诚信教育实践活动实施方案》，明确参加主体和具体活动内容。通过开展“市民营企业家守法诚信创新发展培训班”、法律知识专题讲座、“守法诚信教育实践活动倡议书”等活动，进一步提高全市民营企业知法、守法、用法水平，增强非公经济人士“四信”（信念、信任、信心、信誉）。

【建设培训平台】2015年3月，组织境内两名非公企业家参加北京大学举办的EMBA企业家培训班。是年9月，组织5名非公企业家参加中国人民大学与衡阳市工商联联合举办的企业管理研修班。

【建设招工平台】2015年2月13日，为解决非公企业“用工难、用工荒”，为返乡农民工能够在家门口找到好工作。组织市35家非公企业携近2000个岗位，在市人民政府广场参加市委、市人民政府举办的大型现场招聘活动，活动现场共发放企业招聘简章2万余份，达成就业意向1386人。

【建设融资平台】2015年5月，召开银企共建促发展专题座谈会，拓宽企业融资渠道。邀请邮政储蓄银行、家具行业协会到会座谈，会上，邮储储蓄银行对信贷产品进行介绍，对融资贷款注意事项进行了培训，8家会员企业与邮政储蓄银行达成初步合作意向。

【建设维权平台】2015年，除了维护好来访企业的合法权益，沟通协调会员之间的各种关系外。针对非公企业办事到处跑的问题，市工商联通过向上级主管部门反映并提出合理建议，不断优化政务中心服务环境，提高审批服务水平。

【建设交流学习平台】2015年9月，组织境内10位民营企业家赴广州市学习考察，企业家们更好地学习沿海城市先进的经营管理经验，进一步提升了经营管理能力。

【调查研究】2015年，参加市政协组织的调研视察活动，围绕党政关注、群众关心的问题精心选择课题，深入基层，走访调研。是年，撰写《地下管网改造》等调研报告5篇，提出一些有针对性、切实可行的意见和建议。是年，组织担任市人大代表、市政协委员的非公有制经济人士围绕民营企业融资、城市管网建设等方面的问题开展调查研究，形成针对性较强的提案。

【扶贫帮困】2015年3月，组织机关部门负责人到罗桥镇瑶寨村开展“一进二访”活动,听取该村两委关于村级驻村帮扶工作队的工作汇报,走访慰问帮扶贫困户,并送上慰问金。是年4月上旬,走访慰问罗桥镇东桥村的6名困难党员。为困难党员送去了慰问金并与困难党员亲切交谈,询问身体、生活状况,详细了解困难党员在生活中存在的困难,使困难党员真正感受到党组织的关怀与温暖。是年,出资2万元用于帮扶计生特困户,同时为15户计生特困户购买了计生保险。

【自身建设】2015年,开展“三严三实”专题教育和精细化管理专项工作,加强机关作风建设。以开展“三严三实”专题教育和精细化管理专项工作为契机,着力加强机关作风建设。一是制定《市工商联“三严三实”专题教育方案》和《市工商联开展精细化管理专项工作方案》,明确工作措施和内容。二是加强教育。是年5月开始,采取个人自学、集体交流研讨的方式,重点学习研讨3个专题,每两个月一个专题。开展“三严三实”专题教育。通过学习,机关工作人员深刻理解了“三严三实”的重大意义和丰富内涵,对照“严以修身、严以用权、严以律己、谋事要实、创业要实、做人要实”的要求,认真查找自身问题,提出整改措施,不断提高自身的理论水平和思想政治素养。是年,以开展会员集中发展活动年为契机,加强基层商会建设,大力发展新会员,为2016年换届打好基础。是年底,新发展会员20个,共有会员327家,其中企业会员84个,团体会员127个,基层商会组织7个。

常宁市科学技术协会

【概况】 2015年,常宁市科学技术协会内设办公室、科普部、学会部,机关人员参照国家公务员管理。全市22个乡镇、5个街道办事处设有基层科协,基层科协主席由主管科技的党委委员或政府组成人员担任。是年,市科协紧紧围绕市委、市人民政府的工作中心,认真开展科普宣传、科技咨询、学术交流及青少年科技竞赛活动,履行“三服务一加强”的工作职能,积极发挥党和政府联系广大科技工作者的桥梁纽带作用,开展了一系列有影响、有特色、有亮点的工作和活动,较好地完成了年度的工作任务。是年,获省科协全国科普日活动组织先进单位称号。

【科普示范市工作】2015年,为进一步贯彻落实《中华人民共和国科普法》和《科学素质纲要》,全面实施科教兴市和可持续发展战略,努力提高公众科学素质,巩固常宁科普工作成果,把全市科普工作推上一个新的台阶,按照中国科协《关于开展2016—2020年度全国科普示范县(市、区)创建工作的通知》(科协办发普字〔2014〕28号)和省科协《关于做好2016—2020年度全国科普示范县(市、区)创建申报工作的通知》(湘科协通〔2015〕16号)精神,向中国科协申报创建2016—2020年度全国科普示范市。是年初,在第三次市委常委会会上,市委专门听取科协工作汇报,充分肯定了科协工作所取得的成绩,就今后的科协工作明确指出:要以争创全国科普示范市为主攻方向,成立市创建全国科普示范市工作领导小组,由书记挂帅,四大家共同抓,相关部门配合支持。会后调整了创建全国科普示范城市领导小组,切实加强组织领导,为开展创建活动提供强有力的组织保证。制定《常宁市创建全国科普示范市工作方案》《常宁市创建全国科普示范市工作规划(2016—2020年)》和《常宁市科普工作报告》,并制定了《常宁市科普工作“十三五”发展规划纲要》,明确了工作目标和任务,并对照创建标准结合创省级文明城市,不断加强科普队伍建设、完善科普设施。是年,充分发挥《纲要》领导小组成员单位作用,营造大科普工作格局,全面提高城乡人民的科学素质。一是组织开展好全国科普日、科技活动周、科技三下乡、防震减灾、安全生产宣传月、食品安全宣传周等系列活动。二是充分利用新闻媒体、科普宣传栏、电子屏幕等广泛宣传各类科普知识,积极推进科普活动,浓厚大科普氛围。是年,科协及其他成员单位通过“大联合、大协作”工作方式,开展上述主题活动76场次,受众10万余人次,展出各种宣传展板250余块,悬挂横幅112条,发放宣传资料10000余份(册),出动宣传车38台次,参加活动工作人员

500人次，免费为市民提供技术咨询370人次，解决技术难题47个，提供农业致富信息400余条，推广农林新品种70个、新技术65项。在经费上，常宁市委、市人民政府严格按照创建工作的要求，每年按照辖区人口测算科普专项经费，列入财政预算，人均科普经费1元以上，并做到逐年增加；全国科普日等重大活动另外专项安排活动经费，保障各项活动正常开展。为贯彻《科学素质纲要》，加强科普基础设施建设，提高基层科普服务能力，切实提高常宁科普服务能力，常宁科协于2014年起向省科协申请Ⅱ型科普大篷车，市财政安排配套资金，2015年11月初，科普大篷车配置到位。2015年10月17日，在省科协党组成员、副主席刘晓河为组长的创建检查验收组和衡阳市科协党组书记杨辉一行对常宁2016—2020年度“全国科普示范市“创建情况进行检查验收，观看了常宁市创建全国科普示范市专题片，对湖南省青少年科技创新活动示范基地学校常宁市一中进行实地考察，刘晓河充分肯定常宁的创建工作，认为常宁市领导重视，创建工作亮点突出，在以前的科普示范市基础上补充短板，前期工作扎实有所成效。

【广播电视科普栏目】2015年，联合市全民科学素质工作领导小组成员单位市农业局、市农机局、市文广新局分别在市电视台开办《农友之窗》《农机天地》科普专栏。利用2014年建成的调频FM103.4常宁市公共广播信息平台，编排播出惠民政策、实用技术、致富故事、防汛应急、食品安全、农业保险等节目，其中《健康人生》《农广天地》《信息在线》等栏目深受群众喜爱。是年，常宁市科协在市电视台、广播电台开办“科普小知识”栏目，每天在《常宁新闻》节目之后播出一条科普小知识。

【报刊科普专栏】2010年6月开始，市科协在《常宁报》创办“科普常识”专栏，每周刊出1期，截至2015年末，已刊出261期；为进一步扩大科普知识的普及面，同时还在《常宁手机报》上开辟“科普知识”栏目，每周发出科普知识3条。

【互联网科普宣传】2015年，建有常宁科协网站，创建“常宁科普”工作QQ号、QQ群和微博，广泛吸纳科协所属学(协)会、科普基地、各乡镇科协科普工作者和科技示范户入群，在群内广泛开展科普工作经验交流、科学技术和科普知识的普及与传播等。开通“常宁科普”微信。“常宁科普”微信公共平台是常宁市第一个以普及科普知识、传播前沿科技的官方公益科普服务平台。2015年4月15日，正式在“新常宁”党政客户端上线运行，发布科普知识。“常宁科普”微信公共平台是“新常宁”党政客户端生活栏目的子栏目，由市科协每天更新一期，主要围绕生态环保、食品安全、低碳节能、健康生活等四个方面的内容向公众宣传普及科普知识。随着智能手机的广播运用，利用微信平台进行科普宣传，既有手机报及时、便捷的优势，又有科普期刊图文并茂的优势，同时便于公众的阅读。为确保信息的有效发布，市科协还专门安排了1名工作人员管理信息平台，负责搜集、整理、发送相关信息。

【科普宣讲团开展科普宣传】2015年，科普宣讲团在市全民科学素质领导小组领导下，由市全民科学素质领导小组的部分成员单位和市科协所属学(协)会组成。分为农业技术组、健康教育组、心理卫生组、科技创新组等4个宣讲小组。农业技术组主要围绕农时关键季节开展农业实用技术培训，推广应用农业新技术、新知识和新模式；健康教育组主要围绕预防、治疗、保健、康复等医学常识和健康促进知识进行宣讲，倡导健康生活方式；心理卫生组主要围绕心理健康相关知识的宣讲，引导大家学会调节情绪、保持心理平衡、正确处理各种关系、保持良好的人际关系等；科技创新组主要对知识创新、技术创新和现代科技引领的管理创新等内容进行宣讲，并注重对中小学生科技创新等知识的辅导和教育。宣讲团主要面向机关企事业单位领导干部和职工、社区居民、农民、学生、进城务工人员和乡镇工作人员等人群以科普知识讲座、专题报告和技术培训等形式开展科普宣传教育，各组的宣讲活动每年均不少于4次。是年3月31日，常宁市药学会在常宁市福乐家超市门口举办“12331”投诉举报专题宣传日活动，整个活动围绕“合力打假•守护健康”为主题，提高了公众参与食品药品安全监督管理的积极性。4月13日,板桥镇荣煌生态农林协会油茶栽培技术培训班在板桥镇青塘村油茶基地举办，板桥镇相关负责人、部分油茶种植大户以及协会会员等60多人参加培训，授课专家详细讲解油茶造林地选择、种苗选择、整地、栽植等高标准种植技术；除草、培蔸、施肥、整形修剪、病虫害防治等油茶高标准管理技术；油茶低产改造技术、油茶重点推广技术等内容。4月24日，市科协、市教育局共同举办的常宁市科技辅导员培训班在市老干局三楼第一教室开班，来自各市直、各乡镇办事处中（小）学校青少年科技辅导员100余名接受培训，进一步拓展青少年科技辅导员的业务能力，弘扬科学精神、倡导科学思想、科学方法的新途径，使青少年科技教育活动的组织能力和水平得到不断提高。5月28日，市老科协组织科技工作者不顾天气炎热，在宜谭乡红提、冬枣、柑橘等种植基地和苗圃进行现场培训果农。6月5日上午，市环境科学学会组织全市相关单位在市东风广场开展以“践行绿色生活”为主题的系列环保宣传活动。为加强城镇劳动人口的专业技能的提升，市人社局在机关8楼对荣城和天衡几家公司人员组织培训，分三期举行共培训人员3000多人。市组建的科普宣讲团，多次进入城东社区、莲花社区、为进城务工人员进行科普知识讲座专题报告和技术培训等形式开展科普宣传教育。是年，按照省、衡阳市科协深入推进社区科普大学进社区工作的要求，积极筹划社区科普大学建设，按计划常宁城东社区和莲花社区等筹备和组建社区科普大学建设，7月向衡阳市科协普及部申请设立衡阳市社区科普大学常宁分校，在全市社区益民表彰单位和科普示范社区建设首批教学点。

【“科普惠农”项目】2015年，在项目申报上，严格按照上级科协、财政部门要求，推荐常宁市塔山瑶胞特种养殖科普示范基地为2015年“科普惠农兴村计划”项目申报对象，已通过中国科协的评审考核，获2015年“全国基层科普行动计划”奖补资金20万元。是年，在已评项目的管理上，在省、市科协的指导下，一是加强对专项资金监督管理，认真贯彻执行“基层科普行动计划奖补资金管理办法”要求奖补单位实行奖补专项经费的专账专管，市财政局定期到获奖补单位进行专项资金使用情况回访。4月，根据省科协《关于做好2014年度湖南省“科普惠农兴村计划”项目专项绩效自评工作的通知》要求，组织2014年已获省科普惠农兴村计划项目表彰的常宁市红星养殖科普示范基地和常宁市城东社区认真做好项目绩效自我评估，及时上报各项评估资料。二是督促奖补单位加强自身建设，利用好奖补资金，不断将产业做强做大并积极为其提供政策和技术上的引导和帮助。

【全国科普日】2015年9月30日，常宁市2015年全国科普日活动在江河正式启动，活动主题为“万众创新，拥抱智慧生活”，由市科协和江河乡政府共同举办，活动内容包括科普展览、义诊，科普咨询以核电科普知识讲座，桃花江核电站科普大篷车科普宣传、支持核电项目建设签名等系列活动。在场科普宣传活动中，共设立科普咨询台8个，展出“万众创新，拥抱智慧生活”主题展板和核电科普知识展板共60块，悬挂主题横幅标语9条，现场义诊600余人次，发放科普宣传资料，科普书籍约20000余册。邀请南华大学博士生导师于涛教授和桃花江核电公司处长刘中峰讲座。江河乡直单位负责人，科协所属各学(协)会理事长，部分村民、江河中学及江河乡各小学的学生近千余人参加活动。

【组织管理和服务】2015年，市科协所属学（协）会已发展到22个，拥有团体会员284个，个人会员10885人。认真做好学会的成立指导和审批工作，要求所属学（协）会不断加强自身建设，完善各项制度，规范办事程序，督促其坚持民主办会，定期召开理事会议和会员代表大会，及时做好年审年检、换届选举及变更登记工作。年末，已有10多个学（协）会按时年检年审。3月27日，市老科协三届三次理事会暨总结表彰在老干局会议室召开。是年，主动加强与各学会的联系，及时了解情况，为学会提供指导服务，为科技人员更好地服务经济社会发展牵线搭桥，建立健全的学会组织网络，切实增强学会在广大科技工作者中的影响力和凝聚力，加强对各学（协）会的业务指导，争取各级党委、政府重视支持，协助各学（协）会加强组织建设。

【学术交流】2015年，围绕科技社会发展中的重要问题、改革发展稳定中的难点问题和关系科技工作者切身利益的突出问题，加强决策咨询，积极建言献策。鼓励和支持所属学（协）会在学术交流中开展建言献策，把专家学者的专业优势和党政领导的关注点结合起来，让更多的建议进入决策程序，提高决策咨询的实效性。鼓励广大会员大胆创新，将工作实践经验总结为论文，积极向报纸、杂志、网站投稿，广泛交流，不断提高学术水平。5月，在全市所属范围内开展优秀学术论文征集评选工作，评选出《晚稻早熟新品种——五优308》《"小"青蒿在紫色页岩荒地上种出"大"效益》《稻田福寿螺的发生危害及综合防治技术》《稻田油菜起垄直播机收技术》《不同施肥量对烟草生长发育及经济产量的影响》《有机水溶肥料对水稻生长发育及产量的影响》《水稻新品种推广存在的问题及建议》等7篇高质量学术论文推荐到衡阳市参加第二十一届优秀自然科学学术论文评选活动。

【青少年科普工作】2015年，组织常宁市青少年首届青少年科技创新大赛，由市科协和市教育局组织实施，邀请衡阳市科协李梅、刘欣和常宁市级领导周晓侣、阳青等参加，大赛分工程类、科幻类和论文类，大赛经过长达一个月的时间评选并表彰优秀项目24个，优秀组织奖8个，首届比赛得到大家一致好评。是年4月18日，第36届湖南省青少年科技创新大赛在岳阳市东升小学落下帷幕。常宁市宜阳小学科幻画《远离病毒》《智能小伞》分别获得省科学幻想画一等奖和二等奖，《远离病毒》项目入围2015年8月在香港举办的第30届全国青少年科技创新大赛。常宁一中优秀科技实践活动项目《关于我校学生周末活动的调查研究》获省三等奖。5月30日，在衡阳市第四届青少年科技活动周暨第29届衡阳市青少年科技创新大赛表彰会上，常宁获优秀科技实践活动类项目一等奖1个、二等奖1个、三等奖3个，优秀科幻画作品获一等奖3幅、二等奖4幅、三等奖3幅，常宁市科协、常宁市教育局、常宁市宜阳小学、常宁一中学获优秀组织奖。4月24日，市科协、市教育局共同举办的常宁市科技辅导员培训在市老干局三楼第一教室开班。来自各市直、各乡镇办事处中（小）学校青少年科技辅导员100余名接受培训。此次培训邀请了中南大学教授、原中南大学高等教育研究所所长、湖南省创造学会副理事长、省青少年科技教育协会科技创新教育专业委员会主任委员、省青少年科技创新大赛资深评委肖云龙，衡阳市科技馆副馆长李艳，分别讲授《青少年科技创新工程学项目指导要领》和《青少年创新大赛资料申报有关事项》，主要是针对广大科技辅导员从事青少年科技教育工作的知识需求和实际工作的需要，培训内容既有广泛指导作用的基础理论，有以实践和动手为主的互动操作，安排相互交流学习的环节。通过这次青少年科技辅导员培训班，进一步拓展青少年科技辅导员的业务能力，弘扬科学精神、倡导科学思想、科学方法的新途径，使青少年科技教育活动的组织能力和水平得到提高。7月15—22日，市科协组织常宁一中、常宁二中的10名营员参加了重庆大学分营活动。同学们聆听了杨永斌院士《希望之钥，在我手中》等专家四个专题报告讲座；参观了重大实验室、校史馆、重庆科技馆、三峡博物馆；体验了工程培训中心的激光打印、3D体验、热处理、焊接、数控车削等实践活动。8月23日，衡阳市科技专利信息工程师培训在科技馆6楼举行，常宁组织各企业董事长5人参加培训，已有3个企业成功注册。

常宁市老科协

【概况】2015年，常宁市老科学技术工作者协会（简称老科协）有42个分会，其中市直分会16个，乡（镇、办事处）分会26个；有村老科协小组276个，社区老科协小组41个，单位老科协小组15个；有8个专业协会和农民合作社；共有会员1920人，其中高级职称78人，中级职称278人。2015

年，连续三年被授予省老科协自我保健科普工作先进单位。市老科协会长赵中福被评为全国“离退休干部先进个人”，是年，省老科协授予黄福隆为自我保健科普工作先进个人。

【组织建设】2015年3月召开理事会暨总结表彰会，共表彰先进单位58个、先进个人142人。8月，将原62个居委会撤并后为41个社区的“老科协小组、老年协会、创建百岁健康社区领导小组”以“统一制作牌子、统一规格要求、统一制度活动、统一完成任务”的四统一方式全部建立三个老字号机构，受到衡阳市老科协的肯定并向全市各县市区推介。11月，分别在农机局、畜牧水产局、水利局召开一次市直老科协分会工作年会。

【自我保健】2015年11月24日，在兰江乡召开创建“百岁健康乡镇工作现场会”，全市可有24个村基本达到创建标准。是年，订阅《中老年自我保健》杂志1600份，发放养生保健宣传资料3000余份。推广人体自然疗法，在老年大学开办自然疗法学习班，到有关村、社区、单位讲课。四是免费义诊，送医送药。2014—2015年分别到罗桥、柏坊、洋泉等敬老院共义诊378人次、健康咨询400多人次，为群众节约医药费2万多元。

常宁市文学艺术联合会

【概况】2015年，常宁市文学艺术联合会内设设办公室、组联部，有干部职工9人，均为行政事业编制；有美术家协会、书法家协会、作家协会、摄影家协会、戏剧家协会、音乐家协会、曲艺家协会、版画家协会、硬笔书法家协会、诗词学会、中老年书画家协会、奇石根艺盆景协会、楹联家协会、和园诗社、民间文艺家协会、中国印山印社、书画院、中国印山文化研究会、老年诗词协会、京剧家协会、中国印山摄影之友等22个文艺家协会。

【组织策划原创歌集《常宁多娇》】2015年，常宁市文联党组书记、主席陈坤山同志组织策划邀请多位艺术家深入生活、深入实际，将常宁的名山、名水、名城、名“物”、名“族”等原创了一系列歌曲，并请省级乐团和歌星进行了演奏演唱，2015年3月制成光盘《常宁多娇》歌集（具体包括《常宁四季美》《中国印山》《幸福在茶油之乡》《版画情缘》《云海中的塔山茶》《美丽的天堂湖》《盘王的故事》《水口山之歌》《如诗如画天堂山》《最美是常宁》等10首歌曲），并免费赠送给参加2015年两会的市人大代表和市政协委员以及社会各界知名人士，在全市引起良好反响。

【举办衡阳市第一家文艺创作基地授牌暨文艺惠民演出活动】2015年，中共衡阳市委常委、宣传部部长刘丽华，衡阳市文联主席林乐伦，中共常宁市委常委、宣传部部长谌惠渝及常宁市多位市级领导参加了授牌仪式。在仪式上，衡阳市部分艺术家现场捐赠了一批艺术作品、书籍和现金，为广大瑶胞即兴撰写了多幅艺术作品。这一活动，既为艺术家提供了一个艺术创作基地，又为挖掘整理瑶族文化奠定了基础，深受瑶胞喜爱和欢迎。

【编辑《常宁民风民俗》和《常宁民间故事》丛书】2015年，为了抢救、挖掘、整理这些非物质文化遗产，市文联组织民间文艺家协会拟搜集和整理这方面的资料，并于2015年6月4日在市委组织部会议室召开了编撰《常宁民风民俗》、《常宁民间故事》丛书动员会，准备用两年时间出版这套丛书，市委常委、宣传部部长谌惠渝作了讲话。

【常宁市第二届公务员美术书法摄影展】2015年4月15日，在宜水河畔的天下画庄举办常宁市第二届公务员美术书法摄影展。这次展览由市委组织部、市委宣传部举办，市文联承办，市书画院、市摄影协会协办。为了把展览搞得热热闹闹、轰轰烈烈，通过常宁报、手机报发布了征稿启事，全市近千位公务员积极参与，同时还得到了包括何满宗在内的一大批知名书法家的积极响应，共收到作品1000余幅。为了提高展览的档次水平，组织多位专家进行了评审，选取书法、美术、摄影作品近200余幅进行了展示。书法作品篆、隶、行、楷、草等五大类齐全，条幅、对联、斗方、横幅形式多样；绘画作品有的写实，有的写意；有的浓墨重彩，有的轻描淡写；有的传承，有的创新，风格多样，雅趣万千。这次展览充分体现了常宁广大公务员的才情智慧、艺术品格，表现了这些公务员良好的精神风貌，数千名公务员、艺术工作者和学生参观了此次展览，新闻媒体给予了广泛关注和报道。

【其他文艺活动】2015年1月15日，市委在市人民政府九楼会议室召开了常宁市文艺工作者座谈会，会议学习了2014年10月15日习近平总书记在全国文艺工作者座谈会上的讲话，又听取了宣传文化系统等单位主要负责人的汇报，市文联主席陈坤山就文联文艺工作作了全面汇报。2015年2月13日，在市东风广场举行了常宁市文联送春联活动。市文联组织常宁市书法界近20名书法家进行为期一天的送春联活动。为了尽可能地满足广大市民贴春联的愿望，文联在网上搜集了500幅春联，打印给全市知名书法家，并要求他们提前撰写春联1000余幅，现场撰写1000余幅，并把春联悬挂在现场，由市民任意选取，近1000位市民领取了心仪的对联。2015年8月6日下午，在市人民政府九楼会议室举行了湖湘文化研究会顾问授牌仪式，授予吴国威同志湖湘文化研究会名誉顾问。2015年10月26—27日，市文联组织常宁市艺术家代表团到湘潭市齐白石纪念馆参加湖南省第五届艺术节美术书法摄影展，常宁近20位艺术工作者参加了开幕式，并欣赏了近千幅湖南省较高水平的艺术作品。

【协会活动】2015年1月20日，在老干局举办“张石玉个人书法展”，市人大、市政协、市委组织部、市委宣传部、衡阳市的知名艺术家等200多人出席开幕式。2月26日，市京剧协会举办了迎新春京剧演唱会，会员现场演唱了近10个京剧节目。5月8日，市书协在潇湘艺术馆举办“书协理论研讨会”，会员们对书法理论与实际进行了探讨，展出近期书法作品100余幅。市摄影家协会于4月15日在南门湖举行年会，交流了思想和心得，畅谈2015年工作设想。5月10日—17日，市京剧协会组织节目参加“湖南省长沙市望城区首届新康戏乡杯京剧邀请赛”，以“弘扬国粹艺术，传承戏曲文化，展示京剧风采，交流演唱技艺”为宗旨，增进了与兄弟京剧协会的交流与友谊，广获赞誉。5月31日，西岭镇诗词学会举行成立大会，近100位诗词爱好者参加会议，大家吟诗作对，又唱又和，并编辑出版发放了《西岭诗集》。6月26日，在天下画庄举办常宁籍科学家“詹锡尔的个人书法展”。7月10日，市文联支持市老年大学夕阳红演唱队20多位演员表演了歌伴舞节目《最美是常宁》。7月11日，在宜水新城展览厅举办2015年常宁市版画新作展览，展出近三年来常宁版画家创作的艺术作品100余幅，《十二生肖》《青春的色彩》《家乡美》等作品成套展出，展出时间为50天，参观人数有1000余人次。9月28日，在老干局举办“刘军林书法展”。

【文艺作品】2015年，市作协会员和文学爱好者在市级以上刊物共发表小说、散文、诗歌、杂文、报告文学105篇。陈首印的中篇小说《爱情山水画》已进入审稿阶段。詹慧群的《漫说端午》《舜皇山上采茶行》在凯风湖南网发表。王社生的《世相》正式出版，《常宁文学》出版了4期。欧阳明勇的散文《温暖的春秋》在人民文学杂志社“美丽中国”全国游记征文大赛中获三等奖。刘斌凌的散文《血色浪漫》获中国城市党报副刊奖。是年，肖健的《五月乡情》，与肖壹丹合作的《浴血四十七天——衡阳保卫战》，刘丽荣的版画《暖春》被湖南省第五届艺术节书法美术摄影展收录并参展。尹志超的木刻《焦裕禄》荣获第三届湖南省“欢乐潇湘”美术书法摄影作品展三等奖。吕斌、李常宁、张建华的国画也在该展览中展出。肖健的版画《百舸竞流》、欧云波的《田乐图》在国家体育总局、中国奥委会主办的中国体育文化博览会中展出。肖健的《春风又至》、晏国华的《枫林人家》版画在湖南省文化厅举办的展览上展出。是年，舞协的《多嘎多耶》荣获衡阳市“欢乐潇湘•和风衡州”广场舞总决赛三等奖。少儿舞蹈“踩影子”荣获第五届湖南省少儿才艺赛一等奖。是年，诗词学会出版《常宁诗词》12期，收集1000余首诗，发行1100多册。是年，刘军林的《小楷》在湖南省第五届艺术节上展出；唐名辉的作品在“纪念反法西斯胜利70周年湖南展”上展出；欧云波、唐名辉、陈国平3人的作品入选文化部“春雨工程（宁夏）书法展”；尹志超、白伟军的作品在“湖南政法系统第24届书画诗词摄影展”中获奖。

常宁市残疾人联合会

【概况】2015年，常宁市残疾人联合会内设办公室、劳动就业服务所、康复股、教育就业股，有干部职工22人。是年，积极加强社会主义核心价值观学习，突出以残疾人康复救助、托养服务、重点民生实事工作为重点，积极加快残疾人综合服务大楼工程建设进度，各项工作任务扎实推进，并取得了较好的成绩。

【民生工作】2015年，根据省、衡阳市残联《关于做好重点民生实事工作》文件精神，为0～6岁贫困残疾儿童抢救性康复，分配常宁市任务指标共45名（脑瘫24名、自闭症5名、智力障碍16名）。为确保工作顺利开展，市残联成立以理事长周建新为组长，分管副理事长贺桂冬为副组长，办公室主任刘运梅、康复股股长刘艳平为成员的重点民生实事工作领导小组，全面负责重点民生实事工作的组织实施。制定重点民生实事工作方案，把名额指标全部公开，并先后通过常宁广播电台、常宁电视台、常宁报进行宣传发动，大力宣传免费实施脑瘫康复、智力康复、孤独症康复等救助项目，在筛查过程中，康复股认真做好登记，收集相关医学资料，详细掌握患者实际情况，为实施康复救助提供真实有效的资料。是年，完成49名0～6岁贫困残疾儿童接受康复治疗，超额完成4名抢救性康复任务数。其中，27名脑瘫儿童在衡阳市博爱康复医院接受康复治疗，5名孤独症儿童在衡阳市启航特殊儿童康复中心接受康复治疗，17名智力残疾儿童分别在衡阳市启明星智力康复中心和衡阳市启航特殊儿童康复中心接受康复治疗。

【残疾人证件办理】2015年，积极总结以往工作经验，结合办证中出现的新情况、新特点，不断创新工作方法，严格按照《常宁市人民政府办公室关于进一步规范残疾人证件办理工作的通知》（常政办函〔2014〕76号）精神，做好残疾人办证工作。办证坚持做到规范化、透明化、人性化，依然坚持明显看得出来的残疾依据残疾评定标准，经办公室审核，分管领导批准可直接办理证件这一规定不变，尽量为残疾人办证简化流程。对于残疾证升级，按照上级残联要求，积极宣传引导，符合条件的将申请材料整理规范齐全，审核盖章后，由申请对象（或监护人陪护）按要求到上级残联部门复审，再到指定医院提升残疾等级。办证上积极发挥便民服务中心作用，值班员对办证的残疾人及其家属积极宣传解释残疾人等级评定标准和办理流程，让其在办证之前就对评定标准、办理流程有所知晓，杜绝因评残等级高低而发生争执，在办证中收集整理好所需资料，免费为残疾人办证复印资料,积极提供最便捷、最热忱的服务，树立好办证窗口优质服务形象，在广大残疾人心中形成良好口碑。是年，办理各类各级残疾人证共3010本，其中一级残疾证777本，二级残疾证1667本，三级残疾证379本，四级残疾证187本。

【残疾人康复救助】2015年，为50名低视力患者免费检测适配助视器，培训了23名低视力家长，为70名盲人进行定向行走训练，为100名贫困白内障患者实施免费白内障手术。为20名成人适配成人助听器，培训14名聋儿家长，送10名聋儿到衡阳聆音言语康复中心进行康复。是年，装配假肢59例，装配矫形器13个，为120名成人肢体残疾和24名儿童肢体残疾进行康复训练，发放轮椅、拐杖、助听器等辅助器具600余件。完成17名智力残疾儿童康复，分别在衡阳市启航特殊儿童康复中心和衡阳市启明星智力康复中心接受康复训练，完成1名孤独症儿童在衡阳市启航特殊儿童康复中心接受康复训练。为850名精神病进行防治，为12名贫困住院患者补助每人3000~4000元不等的救助金，为10名没有享受医疗保险报销的患者补助900元服药补助金，为10名享受医疗保险的患者补助500元服药补助金。

【残疾人教育、扶贫工作】2015年，对于15至35周岁的各类残疾人，根据个人意愿，市残联积极将符合条件的对象推荐到省特教中专学习一技之长，共推荐7名残疾人学生到湖南省特教中专学习技术专长。按照《湖南省残疾人大学生及残疾人家庭大学生子女资助管理办法》要求，对残疾人大学生及残疾人家庭大学生子女符合条件要求的给予资助，认真登记残疾人大学生信息，按照要求审核资料，为5名残疾人大学生及残疾人家庭大学生子女申请资助。是年，市残联将连千村帮万户扶贫工程作为巩固党的群众路线教育实践活动成果的重要举措，罗桥镇湖波村定为市残联的帮扶村，市残联党组班子经常深入该村了解情况，结对帮扶17名残疾人，积极为残疾人指导农村实用种养殖技术、提供物质帮助和资金扶助。不断加强馨园残疾人托养中心建设，托养中心由原来提供的日间照料服务改为现在提供的寄宿托养服务，有22名重度残疾人在中心寄宿托养。是年，为140名贫困精神残疾人和智力残疾人落实了居家托养服务。积极与民政部门衔接沟通，落实了一、二级重度残疾人低保指标。对27户创业残疾人每户一次性给予10000元的现金扶持。为两个残疾人就业基地提供300万元（为期1年、贴息率为7%）的贴息贷款，为16户个体创业的残疾人提供10万元以下（为期1年、贴息率为7%）的贴息贷款。重度残疾人护理补贴发放政策实施一年来，重残补发放工作顺利落实。至2015年，全市已办证的一、二级重度残疾人有11283人，通过个人申请、村、乡镇审核盖章、市残联复审上报，是年，为11116名一、二级重度残疾人分批次发放每月50元的护理补贴费，累计金额600余万元。

【残疾人就业保障金、助残基金征收、就业培训工作】2015年3月，启动年审工作，分别对全市各用人单位进行残疾人就业年审。是年6月，完成了征收数据汇总，7月起报财政、地税启动保障金代扣、代征，对与市财政局无直接领拨关系的单位实行上门征收。是年，征收就业保障金、助残基金共计310万元。共培训残疾人180名，其中农村实用技术培训120名（罗桥镇烤烟种植技术30名，胜桥镇药材栽培30名，委托市职校培训水果栽培技术60名），职业技能培训60名（志辉冶炼转岗提升技能培训技术30名，定岗培训20名，心灵盲人保健按摩培训10名）。组织80名残疾人参加衡阳市举办的残疾人招聘会，组织14人次参加衡阳市残联举办的技能培训。向各用人单位推荐新增残疾人就业50名。

【残疾人无障碍设施改造】2015年，省残联分配常宁市贫困残疾人家庭无障碍改造指标10户，资金配套情况为中残联配套3500元每户，省残联配套1500元每户，本级财政配套2000元每户，衡阳市残联三年内共分配贫困残疾人家庭无障碍改造指标109户（2014年36户、2015年36户、2016年37户），是年安排36户，资金由本级财政配套22万元。市残联组织召开专题工作会议，成立领导小组，市残联把名额指标完全分配到基层，由各乡镇（办事处）按标准统一上报拟改造对象，再组织下乡对拟改造对象进行审查，并进行公示。项目材料采购报经政府采购办批准，项目施工保证工程质量。是年末，完成省分配的指标10户，衡阳市分配的36户大部分已完成，预计在年底全部完成，并接受标准验收。

【信访维权】2015年，上访反映问题的残疾人有所增多，信访室在接访工作上，详细询问反映问题原因，作好来访登记，普通信访妥善处置，重要信访及时向领导报告，共接待来访200余人次，其中网络信访件2件，处结率100%。没有出现残疾人到衡阳市、湖南省等越级上访现象，本级上访也只是反映具体问题，较好地确保残疾人群体稳定。

【残疾人综合服务大楼工程建设】残疾人综合服务大楼于2011年初奠基开始建设，历时4年，在市委、市人民政府和各级领导关心以及相关部门的大力支持下，在建设方的努力下，2015年，残疾人综合服务大楼工程建设已经落成。是年末，进入室内装修收尾及附属设施建设阶段，市残联积极督促、衔接建设方，尽快保质保量搞好室内装修、安装及附属设施建设，争取早日全面投入使用。

【争资跑项】2015年,成功申报2015年度国家发改委残疾人托养服务大楼建设项目,国家投资计划170万元的建设经费已经下拨,争取省级资金50万元用于康复托养中心建设,有效缓解常宁市残疾人综合服务大楼建设资金紧张的矛盾。

老干部(老年人)书法家协会

【概况】2015年,常宁市老干部(老年人)书画家协会在市委、市人民政府的重视下,在市委宣传部和市文联的指导下,在市老干部局的领导下,被评为省红旗单位、衡阳市红旗单位。《书画精粹》发行数量居全省首位。是年,有省级会员51人、市级会员800多人,有书画协会分会8个、书画室28个。

【活动】2015年初,召开协会全体会员大会,总结过去一年的工作,对2015年的工作进行安排部署。邀请书画名家何满宗、吴国威等现场授课,讲授书画专业知识。先后与市污水处理厂、市人社局、庙前镇、市中医院等单位开展书画联谊活动,还与桂阳、永兴、道县等外县市进行书画经验交流。组织会员作品参加"常宁市公务员书画展""常宁市纪念人民代表大会成立60周年书画展"。举办"纪念抗日战争胜利70周年书画展"、"重阳节书画展",举行3次书画笔会,倍受群众与专家的好评。春节前夕,组织一些会员,分赴塔山瑶族乡、乡镇敬老院和社区,为群众义务写春联,深受老百姓的欢迎。

【会员成果】 2015年,协会先后有100余件书画作品参加市展、30多件作品参加省展、10多件作品在国家、省、市级报刊上发表,30多件作品获国家、省级奖励。结集会员作品出版了《青山夕照明》1辑。

【协会领导班子】2015年,协会顾问陈治忠、吴诗湘、尹东源、吴国威、唐贵琳;协会会长郭祥君;协会副会长袁东发(常务)、汪周荣、陈道生;秘书长唐红梅,办公室主任李红星。

国 防

人民武装

【概 况】2015年，常宁市人武部机关内设军事科、政工科和后勤科。在乡(镇)、办事处、企事业单位设基层武装部28个。是年，坚持以习近平主席提出的“整顿、备战、改革、规划”总体思路为指导，落实两级军区、警备区党委决策部署，结合单位实际，按照“三抓一保二争”的工作筹划，狠抓各项工作落实，较好地完成了上级赋予的各项任务，人武部全面工作和后备力量建设稳步推进。

【党委班子建设】2015年，针对年初班子成员调整实际，坚持每天交班学习制度，利用10分钟重点学原著、学法规、学业务，不断提高班子业务素养和依法从严治军意识，培养自觉守法、办事用法、解决问题靠法的良好习惯。坚持集体领导，党委理财，尤其是在用权、用钱、征兵等敏感问题上，坚持按原则办事、按职责用权。在“三严三实”专题教育整顿活动中，党委“一班人”带头落实整改作风要求，带头上缴水电费和伙食费，自觉净化“两外三圈”(外出和外勤；生活圈、交往圈、娱乐圈)。

【干部队伍建设】2015年，针对干部队伍存在新老成分不一，业务不熟，思想多元，个人实际困难多等矛盾，联系实际抓教育，不断打牢思想基础，引导干部以感恩之心对待组织，以平常之心对待进步，以进取之心对待工作；通过多种方式抓帮带，扎实提高能力素质，努力为部队建设作贡献，通过交任务、压担子，引导大家在实践中强本领、在工作中增才干，真正成为人武工作的行家里手；依法从严抓管理，切实加强纪律约束，着力纠治日常管理不严格、四个秩序不正规、规章制度不落实、军容风纪不严整、执行命令不坚决等倾向性问题。是年5月，经民主推荐和组织考察，副部长兼军事科长林进光被警备区列为正团职后备干部。

【主题教育和专题教育】2015年，开展“学习践行强军目标、做新一代革命军人”主题教育和“三严三实”专题教育整顿活动，通过集中授课教育、制作宣传栏、慰问看望抗战老兵、组织观看9•3抗战胜利70周年大阅兵等系列活动，让官兵自觉把“四有”军人标准内化于心，外化于行。特别是在“三严三实”专题教育整顿活动中，共收集10条意见建议，查摆8个方面的问题，制定了15条整改措施，并已于11月底前整改完毕。8月，开展深入彻底肃清郭伯雄、徐才厚案件影响整改活动，成立肃清专门班子、召开专题组织生活会、逐一表态发言，从思想、政治、组织、作风、体制、信息六个方面肃清郭伯雄、徐才厚案件影响，引导党员干部做到“五个认清、五个看到”，切实把思想和行动统一到习近平主席重要指示上来。是年，政工科科长胡立果撰写的《抚摸陆家新屋的血雨弹痕》，被《中国国防报》刊发。

【办实事解难题】2015年，军事科参谋杨良方膝盖患有严重的滑囊炎，对工作和生活影响较大，经过多方协调，8月，安排到解放军301医院进行就诊；政工科干事唐某结婚3年多，一直未育，这两年给其检查医治提供了许多帮助和方便，经逐级上报，已将其列入2015年军区生育困难援助对象；利用征兵体检时机，组织干部、职工进行体检；为退休职工李青办理了工资调整手续；帮人武部遗属林老太太解决生活困难。

【修订完善战备方案】2015年，根据警备区赋予的任务，严密组织重要防卫目标的现地勘察，深入开展作战问题研究，完善防卫作战方案体系，完成了5类24份战备方案的修订对接，并按要求投入经费3万元，制作了战场环境分析视频资料。

【规范战备秩序】2015年，在作战值班室安装了视频监控和语音对讲系统，对营院、兵器室等重要场所的监控系统进行了维护，实现了与警备区值班室互联互通和全时监控；落实新颁发的《战备工作规定》，为值班员购置了值班专用柜、对讲机、配备了办公室密码柜、碎纸机，完善了“三室二库”（作战室、作战值班室、战备资料室；指挥器材库、战备图库）设施和战备物资配套建设。

【落实演训】2015年，完成了三期415人民兵训练，组织新任职的14名专武干部分批次参加省军区和警备区组织的集训，均取得较好成绩。2月，从省武警森林支队聘请3名教员，指导市森林防火应急分队开展森林灭火水泵战术应用、防护自救等专业科目训练；6月中旬，利用警备区到常宁组织民兵专业骨干训练时机，组织20名民兵骨干“搭车”参训；7月上旬，选派19名舟桥专业骨干参加警备区九观桥防汛抢险应急救援演练；11月上旬，组织人武部机关、市国防动员委员会带部分实兵参加了省军区“湘江—2015”演习，圆满完成了45份文书拟制、5份图上作业和突发群体性事件实兵处置等任务。

【宣传教育】2015年，印发民兵教育资料和辅导材料5000余份，利用会议、点验和组织调整实施等时机，对专武干部、基干民兵进行集中教育，确保了教育效果的落实。1月，邀请湖北预备役文工团举办了“中国梦、国防梦”文艺晚会，用生动活泼的内容、喜闻乐见的形式，宣传国防教育，受到广大干部群众的一致好评；9月，组织民兵应急分队90人参加警备区“弘扬伟大抗战精神，同心共筑强大国防”歌咏比赛，荣获二等奖；依托民兵训练基地，张贴国防教育画报300余张，营造了良好的国防教育氛围。

【基础建设】2015年，投入近20万元，为专武干部配齐了服装，以点带面完成了基层规范化建设；按照非战争军事行动任务战备要求，有针对性地为宜潭、三角塘等12个乡镇统一更换了职责制度牌，购置了专项应急物资器材；为民兵应急连更换了警棍、盾牌等装备，进一步提升了民兵分队应急应战能力。

【编实队伍 】2015年，整组工作调整民兵干部45人，基干民兵出入转队261人，党团员率70%，复退率85%，专业对口率67%，一兵一职互不交叉，队伍相对稳定，编入民兵政治、身体、年龄符合规定。在2015年警备区组工作考评验收中，常宁武装部列第6名，由原来最后方阵进入了中间序列。

【两项清查】2015年，根据干部大清查工作部署，组织对所属干部进行了调查摸底，特别是即将面临编制体制改革，及时摸清思想动态，抓好安心教育。常宁人武部现有干部11人，转业待安置3人。从清查情况来看，都能正确对待走留，都能积极配合组织做好相应的整治整改工作。两级军区开展财务工作大清查动员部署后，及时召开部党委会，认真学习财务清查工作文件要求，成立了清查领导小组，按照坚决落实上级指示、坚决彻底整改、确保经得起检查的原则，采取补齐手续、更换发票、出具证明、规范凭证、清退不合理开支等措施进行整改。共清查出2013年、2014年存在问题票据165张，涉及金额80万元，整改票据121张。对服务性、特产、礼品等44张违规开支发票进行了现金清退，追缴不合理开支现金7.5万余元。

【党管武装】2015年1月，市委书记何录春主持召开市委常委议军会，研究确定了解决营院建设工程尾款、支持解决军警综合训练场建设、提高党管武装工作保障经费和支持解决基层武装部规范化建设等问题。市财政支付营院建设工程尾款275.8万元。是年5月，协调解决2名国防教育专干到人武部合署办公，工资待遇由市财政进行专项保障，充实了国防教育力量。7月，协调市公路局、市城管局投入经费17余万元对营院柏油路面和路灯进行了维修改造，特别是将营院路灯安装、维护和用电一并纳入市政公共路灯管理体系，进一步美化、亮化了营院。8月上旬，争取市人民政府集中采购经费6万元，部作战室信息化指挥可视系统由原来的模拟系统升级改造为数字系统。是年，拟制了常宁市配合争创全国“双拥模范城”“五个一”活动方案（过一个军事日活动，上一堂国防教育课，开一个议军会，表彰一批“双带双促”典型，慰问一批伤残、困难复退军人），向市财政申请活动经费8.5万元，首次组织60名市级领导干部出境到耒阳工兵团开展军事日活动；聘请南京陆院教授为全市300余名科以上领导干部讲授《军民融合发展要求》，反响较好；投入10余万元慰问抗战、参战老兵，困难复退军人、军属，以及困难民兵和专干382人次，受到军地好评；表彰16名“双带双促”先进复退军人典型，触动较大。省国防教育频道和衡阳日报先后对全市退役军人“双带双促”先进典型进行了宣传报道。

【兵员征集】 2015年5月中旬，召开全市征兵宣传工作会议，将6月份确定为“征兵宣传月”，采取点对点宣传模式，增强了宣传的时效性、针对性。在利用电视、广播、报刊等传统媒体宣传同时，借力微博、微信、QQ等平台，与广大青年互动，解读宣传征兵政策，指导网上报名；同时，抓住高中毕业生填报志愿有利时期，组织入校宣传。全市征兵网上报名人数1492名，实现警备区规定的3.2倍报名目标。圆满完成征集任务，其中大专以上学历93人占总人数22%，高中以上学历256人占总人数59%，初中学历82人占总人数19%。省国防教育频道对常宁市征兵工作进行3次比较全面的报道（《衡阳常宁征兵宣传队进校园》《方富贵：“我为征兵代言”》《严把征兵体检关，莫让体重问题成为“拦路虎”》）。落实进疆新兵每人奖励1万元的激励政策，有效调动了应征青年奉献高原、边疆等艰苦地区的积极性。

【扶贫帮困】 2015年，人武部负责的5个帮扶村，工作稳步推进，乡村道路修建、路灯工程、饮水工程、苗木建设和村部建设等项目全面铺开，80%已完成，部分项目已通过验收，项目经费300多万元已基本到位。协同后盾单位结对帮扶27名特困户。

【涉军维稳】 2015年，通过座谈会、征兵工作、民兵训练、扶贫帮困等时机，加强复退转业军人联系与教育，帮助解决一些实际困难与问题，在“情”字上下功夫，在“帮”字上做文章，做好了相应的稳控工作。

【完成地方赋予的任务】 2015年，完成了3100余名高中新生的军训任务，并安排了国防教育课、消防知识讲座等内容，受到广大师生一致好评。10月18日，按常宁市领导指示，派出抗洪抢险应急小分队完成了一名溺水学生的搜救任务。

【安全稳定工作】 2015年，针对门卫力量不足、公寓房防卫过弱、灭火器过期和营院监控系统夜间分辨率低等问题，及时进行了营院综合整治，更换了消防灭火器材，给几个重要场所增设监控摄像头（年末营院共32个监控探头）；投入经费3万元对营院监控系统进行全面维护升级改造。是年，规范了办公秩序，加强了营门哨兵管理，落实了电子考勤，正规了日常管理；从严管控车辆，从严控制长途用车，杜绝公车私用；签订安全保密责任状，清理网上个人涉军信息，涉密载体“清零”行动基本完成。是年，春节、两会、国庆期间，党委专题研究分析安全形势，做好了台账，加强了军地联系。对涉军上访、邪教活动、军人维权等情况加强与地方相关局办协调，确保遇有情况、迅速处置，先后处理了广州市人民政府办刘明俊家属涉法维权和武警8652部队战士邓科胞姐交通事故法律援助等涉军问题10余起。

人民防空工作

【概况】 2015年，常宁市人民防空办公室是市国防动员委员会的常设办事机构，也是市人民政府人民防空工作的主管部门，归口市人民政府办公室管理，为独立的正科法人单位，市人防办主任由市人民政府办公室副主任兼任。机关内设综合股、法制股、指挥通信股和工程股4个股室，共有干部职工29人，其中主任1名，副主任3名，工会主席1名。

【警报设施维护管理】2015年11月1日，防空警报试鸣鸣响率和覆盖率达到100%。加强机动指挥通信车的管理和维护，为战时防空平时防灾确保可靠的通信保障。

【人防训练】2015年4月，和衡阳市人防办一起开展人防机动指挥通信系统跨区拉动训练。检验了常宁市人防机动指挥通信装备战技性能，历练队伍和人员，全面提升人防指挥通信保障能力。5月底，全办领导班子成员参加衡阳市人防办举行的“HF—15”军事训练，并取得第二名的优秀成绩。是年下半年，成功开展两次人防专业队训练。

【“15026工程”建设】2015年，市人民政府同意兴建“15026工程”（地面指挥所）。是年，完成选址、立项、征地等相关前期准备工作，择机启动工程建设。

【政务中心“人防窗口”】2015年，安排两名专职人员在“窗口”做好民用建筑结合修建防空地下室的行政许可、初审呈报、报建联审等工作，防空地下室易地建设费全部通过服务“窗口”收取。制定《常宁市政务服务中心人防行政审批和服务事项公开表》，对办事程序、申报资料、承诺时限和收费标准作了详细说明。按照要求编制权力清单、责任清单，规范行政权力、运行流程，行政许可、行政审批工作进一步公开透明。

【人防结建工程】2015年，每月按要求报送人防工程建设统计表。加快人防结建工程的力度。是年，和府家园、中国油都等项目均有建设人防地下室的意愿，市人防办积极协助办理相关手续。家馨花园的人防地下工程已通过衡阳市人防办审核批准，并与衡阳市人防工程质量监理站签订好监理合同，年底建成。是年上半年，按要求完成人防战备资产资源普查工作，并及时上报衡阳市人防办。

【人防工程维护管理】2015年，对现有能用的人防工程进行维护管理，做到有专人负责，有制度和管理方案。对人防工程所在单位下达了《关于加强人防工程安全管理的通知》，并现场查看人防工程的维护情况，要求其编制人防工程应急抢险预案，建立人防工程巡查制度，强化汛期和地质灾害时人防工程的安全防护。

【在建项目人防稽查】2015年，按照省市人防办的统一安排部署，加大对城区在建项目的稽查巡查力度，排除日常工作的死角，切实将人防法规落实到位，掌握了全市工程建设的基本情况。加大与上级人防部门的工作衔接。是年8月，衡阳市人民政府办公室牵头，对境内工业园区落实人防工作情况进行了督查，对存在的薄弱环节进行指导。

【依法申请强制执行收缴人防易地建设费】2015年，新嘉坡、北城星府两处建设项目既不结合建设防空地下室又拒不缴纳人防工程易地建设费，在市人防办工作人员多次督促其履行法定义务不果后，依照法定程序将北城星府、新嘉坡项目分别向常宁市人民法院、衡阳市中级人民法院申请强制执行。衡阳市中级人民法院依法冻结新嘉坡项目15套房产，督促其履行人防义务。

【人防易地建设费征收】2015年，在人防易地建设费征收过程中，坚持“以建为主，以收促建，建收结合”的原则，坚持“依法行政”的宗旨，严格执行湘价费〔2014〕60号文件精神，不存在减、免、缓现象。到2015年12月止，完成征收防空地下室易地建设费405万元。

【人防资金管理】2015年，市人防经费纳入财政部门预算，财政部门设立人民防空科目（2030603），核算人防专项经费，人防经费实行收支两条线管理。严格执行《人民防空财务管理规定》《人民防空会计制度》《关于进一步加强和规范人民防空经费保障与管理工作的通知》等文件，实行依法理财，依法使用资金，建立健全了财务管理制度。收取的防空地下室易地建设费市财政全额返还，专项用于人防建设，不调控、截留和挪用，有力保障了人防工作顺利开展。

【人防活动宣传】2015年，“5·12”全国防灾减灾宣传日，市人民政府广场摆设宣传画板、设立咨询服务台、悬挂横幅、播放宣传片，20名工作人员身穿人防制服参与现场咨询互动、发放资料，向广大市民普及战时防空和平时防灾知识。活动中共发放宣传资料1200余份，让广大市民学习了解突发事件下自救互救等方面的知识。是年，完成了30%的人防宣教社区建设任务，选定了三个社区为“常宁市防空防灾宣传教育社区”，并按规定配置防空防灾器材展示柜、防空警报信号模拟试听器、宣传教育资料等设备。是年，根据衡阳市人防办文件精神，结合实际，制订工作计划。选址在城区的一个居委会，配置录像资料播放设备、防空防灾器材展示柜、防空警报信号模拟试听器、宣教栏等设备。开展两次人防知识专题讲座，两次防空防灾知识普及活动。联合市人武部一起向各职能部门推广观看《居安思危、备战人防》的人民防空科教片，营造关心人防、支持人防、参与人防建设的良好氛围。

【存在问题】2015年，主要存在三个方面的问题：一是全民人防意识有待进一步加强。二是人防队伍整体素质有待进一步提高。三是人防工程建设有待进一步加强。

政法委及综治工作

法　　治

【概　况】2015年，中共常宁市委政法委员会内设办公室、执法监督室、政工组，管理市综治办、市维稳办、防邪办等正科级单位和市国家安全领导小组办公室、市流动人口与出租房屋管理办公室2个副科级单位，共有在编人员23人。是年，组建市社会治安管理大队，增加检察、法院劳务经费，在机构改革中落实司法所所长副科级待遇，由财政拨款采购接入省综治信息系统。没有发生重大群体性事件，没有发生重大刑事治安案件，没有发生重大越级非正常上访，没有发生重大舆情群众事件，确保了全市社会大局持续和谐稳定。

【严打整治】2015年，全市共立刑事案件2321起，破案835起，刑拘523人，逮捕288人，公诉293人；查处行政案件34678起，行政拘留1216人，强制戒毒201人。发生命案2起，破案2起。批捕211件275人，提起公诉261件359人，审结各类刑事案件331件。严打黑恶势力。先后破获“1·18”案、丁某某等人非法转让土地使用权和寻衅滋事等案件，抓获涉黑涉恶人员共141人，移送起诉128人，判决涉黑涉恶势力团伙5个。开展“打多”（打击多发性侵财犯罪）活动。定期召开“打多”调度会，坚持每周一对“打多”工作数据进行统计，对“打多”工作落后的单位，对其进行约谈。共立五类侵财案件1803起，破案399起，抓获犯罪嫌疑人181人，移送起诉155人，其中，在侦查“彭云飞、彭波”特大电信诈骗案中，核查出电信诈骗案件163起，涉及全国48个县市，涉案价值654万元，逮捕8人。狠打毒品犯罪。落实戒毒康复每人每年1000元经费。借助“6·26”禁毒日的东风，先后深入乡镇开展禁毒宣传教育12场次，累计展出宣传展板226块次，发放宣传光碟、画册等资料260份，发放宣传单18000余份，受教育群众6万余人。是年，侦破毒品案件93起，抓获涉毒犯罪嫌疑人114人，缴获毒品K粉400.9公斤，冰毒3005克，麻古306克，缴获毒品数创常宁历史记录，成功破获“7·13”贩毒案及省督办的“7·24”制毒案。

【治安防控】2015年，成功安装200个高清监控探头和16个电子卡口，整合110指挥平台与政府12345热线平台，公安新指挥研判大厅和智能指挥系统投入使用。坚持组织巡特警上街巡逻，采用步巡、自行车和摩托车巡逻相结合的方法24小时轮班巡逻。是年，市公安局公开招聘26名协警，用来充实巡特警力量。继续开展政法干警、市直机关干部职工开展常态化夜间巡逻活动。启动基层治安联防，由乡镇（办事处）组织乡镇干部、“两所一庭”干警、乡镇（办事处）所在地村（居委会）干部和治安积极分子开展治安巡逻等联防活动。

【社会矛盾化解】2015年，畅通信访渠道，在党政门户网开通书记、市长、政法委书记、纪委书记、分管城建副市长、公安局局长接访专用邮箱，大力推进“三调联动”，逐级落实领导包案责任制，构建“大调解、大稳控、大安全”的格局。截至是年12月，全市27个乡镇（办事处）、708个村和60个社区居委会设有人民调解委员会，2164名人民调解员实现持证上岗。成立全市医患纠纷、交通事故纠纷和婚姻家庭纠纷3个专业调解委员会。加大肇事肇祸精神病人强制收治力度，落实国家司法救助措施。全面落实法院立案登记制度，进一步加大民商事案件的审判、执行力度。是年，排查调处各类矛盾纠纷1133起，成功率99%，其中化解疑难积案112件，防群体性上访5起，防群体性械斗4起，大量矛盾纠纷化解在基层。

【队伍建设】2015年，全面贯彻从严治警的要求，在政法系统开展“学习吉湘林，情系老百姓”教育活动、“五个大讨论”等教育实践活动，进一步规范执法行为，加强执法监管，推行警容警纪交叉明察暗访，督促干警在执法办案过程中自觉做到理性、平和、文明、规范执法，较好地防止“四风”问题在政法系统反弹。继续开展政法干警“1+1”联村走访活动，组织全市政法干警深入村组、社区、厂矿企业，察民情、解民困、办实事、送温暖。活动中，发放《参与“平安常宁创建”承诺书》30万份，逐家逐户签订承诺，一对一、面对面地进行深入走访，实打实为群众解决实际问题，得到群众的一致好评。

公安工作

【概况】2015年，常宁市公安局内设指挥中心（加挂“常宁市人民政府反恐怖领导协调小组办公室”“常宁市公安局办公室”牌子）、政工室、警务保障室、纪委（监察）室（加挂“督察大队”和“信访室”牌子）、法制大队、刑事侦查大队、治安管理大队（加挂“爆炸危险物品监管大队”牌子）、交通警察大队、经济犯罪侦查大队、禁毒大队（加挂“常宁市禁毒工作社会化办公室”牌子）、人口与出入境管理大队、巡特警大队、网络安全保卫大队，下设常宁市看守所、常宁市拘留所。派出机构有水口山公安分局、渡口派出所、宜阳派出所、泉峰派出所、培元派出所、松柏派出所、柏坊派出所、蓬塘派出所、烟洲派出所、荫田派出所、白沙派出所、西岭派出所、盐湖派出所、宜潭派出所、三角塘派出所、罗桥派出所、庙前派出所、板桥派出所、胜桥派出所、洋泉派出所、兰江派出所、官岭派出所、新河派出所、大堡派出所、蒲竹派出所、江河派出所、水口山经济开发区分局。是年，全局总人数511人。男性工作人员452名，其中民警410名，干部9名，职工33名；女性工作人员59名，其中民警48名，干部8名，职工3名。是年，经侦大队被评为全国优秀基层所队；拘留所连续九年被公安部评为“全国一级拘留所”，在公安部开展的“拘留所三项重点工作”评比中被评为全国先进单位；宜阳派出所被省厅评为全省公安机关执法示范单位，泉峰派出所所长尹少彬荣获“湖南省先进工作者”称号。

【刑事案件】2015年，全市公安机关共立刑事案件2835起，破案1185起，破案率为41.79%，刑拘661人，执行逮捕335人，移送起诉280人，“打击盗骗毒、全力保民安”专项行动期间，共立刑事案件865起，破案600起，破案率为69.36%。

【反恐反邪】 2015年，特邀新疆吐鲁番市公安局维吾尔族民警到常宁局指导工作，积极构建与常宁市新疆籍维吾尔族人员的友好关系，对其人数、行动轨迹了如指掌。对三元会、主神教和明慧网等邪教势力实施严厉打击，新录入邪教人员信息9条，辗转祁东县、祁阳县，查处主神教信徒2人。

【安全保卫】2015年，公安、武警、消防协同作战，对大型活动及时掌握、严格监管，圆满完成各级“两会”、高考、抗战胜利70周年以及其他重大节假日等特殊时期的安全保卫工作，确保零事故、零伤亡。

【突发事件处置】2015年，强化情报信息收集力度，组建力量70余人，在“9·3”前夕及时获取了涉军群体平江聚会、芷江游行、阳江声援、赴省集访等重大信息，为上级决策提供了重要依据。先后处置了“1·18”西门桥堵桥事件、杜艳军等人扰乱政府办公秩序事件、“7·29”非法堵截高速公路事件、宜潭中义村村民拦堵环卫车事件等突发性、群体性事件66起，其中围堵市委、市人民政府大门事件47起，堵桥堵路事件12起，行政拘留16人，保障了机关和群众的工作和生活秩序。尤其是5月6日，多警联动处置了市农药厂氯气泄漏事件，及时保护了群众的生命财产安全。

【经济环境优化】2015年，加强警企对接力度，在重点工程、重点企业周边设立警务室4个，严厉整治妨碍重点工程项目建设违法犯罪，优化经济发展环境，共查处涉及项目建设案件4起，及时维护了境内棚户区改造工程，妥善处置了广济水库阻工事件。

【信访矛盾化解】 2015年，落实省厅信访工作“五个一”（有一个清晰的工作理念，有一个坚强的组织集体，有一个周密的制度设计，有一个高效的保障体制，有一个创新的工作思路）的建设要求，规范了接访场所，开通了网上信访，共接办信件79件，重访10件，信访办结率70%，提高了初信初访率，对多次到京非法上访户谭某某依法行政拘留，杜绝了赴省进京非正常上访事件。继续开展联村大走访活动，联村民警、干部走访了群众2万余户，化解基层矛盾160余起。

【打击黑恶犯罪】 2015年，摧毁了一批黑恶势力团伙，整治了一批黑恶势力犯罪重点乡镇，先后破获“1·18”案、丁某某等人非法转让土地使用权和寻衅滋事等案件，抓获涉黑涉恶人员共141人，移送起诉128人，法院已判决涉黑涉恶势力团伙5个。

【打击多发性侵财犯罪】 2015年，定期召开“打多”调度会，建立“打多”微信群，加强实战单位间的情报交流，不断优化情报研判机制，开展情报研判、串并侦查，精确指导侦查破案工作，将信息资源转化为情报产品，将情报产品转化为打击成果。严格落实省厅和衡阳市局现场勘查“一长四必”（公安局局长对刑事案现场勘查工作负总责、做到现场必勘、信息必采、信息必录、信息必比）制度要求，实现现场“必勘、必采、必录、必比”，有效提升了破案率，共立侵财案件2489起，破案871起，破获系列侵财案件17串，打掉侵财犯罪团伙10个。11月，宜潭所利用情报信息侦破城区盗窃摩托车案9起，摧毁了一个盗窃团伙，追回被盗摩托车6辆；白沙所民警远赴广东省中山市抓获盗窃逃犯曹某某，所长李广友英勇负伤。

【打击毒品犯罪】 2015年，以高速公路为中心，建立覆盖全市的毒品查缉网络，坚持日常查缉与重点查缉相结合，充分发挥派出所的主力军作用，广泛发动群众，在打击犯罪的同时做好防毒宣传工作。是年，共查处吸毒人员878人，社区戒毒314人，收治艾滋病患者10人。是年7月，禁毒大队联合荫田派出所，在衡阳市局禁毒支队和技侦支队的协助下，破获一起省目标案件，抓获贩毒嫌疑人李某某和张某某，共收缴毒品2760克；水口山分局成功捣毁一个水口山三厂废弃厂房改建的吸毒窝点，当场抓获吸毒人员和涉嫌容留他人吸毒嫌疑人7名，经审讯深挖，最终刑拘容留他人吸毒犯罪嫌疑人9名；6月26日国际禁毒日当天，在东风广场举行了大型禁毒宣传活动，获得了良好的群众反响。

【打击非法集资犯罪】 2015年，对全市所有非融资性担保公司、投融资中介、私募股权投资机构、网络借贷机构、农民合作社等机构开展风险排查工作，共破案3起，刑拘7人。破获了公安部督办的“11·20”专案，犯罪嫌疑人利用“e租宝”网络平台对400余人非法吸收公众存款770余万元，该案的告破得到了群众的广泛称赞。

【打击食品、药品、环境犯罪】 2015年，以“利剑”行动为契机，加强对食品、药品、环境行业的明察暗访，重新梳理案件，从中发现新案源，共破获生产、销售假药案2起，移送起诉2人，治安大队通过对夏某某销售假药案的审讯深挖，成功带破了王某某销售假药案。

【大案要案】 2015年，经侦大队破案229起，涉案金额5160余万元，为国家、集体和个人挽回经济损失4690余万元。刑侦大队破获的“1·29”特大入室盗窃案是常宁历史上最大的现金被盗案，200余万元。“6·24”网上开设赌场案中，多警联动，合成作战，抓获犯罪嫌疑人17人，追缴非法所得2700余万元，冻结非法资金4710万元。成功破获两江系列非法倒卖土地使用权、职务侵占、非国家工作人员受贿、挪用资金、掩饰隐瞒犯罪所得案，移送起诉李某某等8人，为国家挽回经济损失4000余万元，依法追缴违法所得1000余万元。在侦办“7·24”制毒案中，刑侦大队充分利用情报信息、图侦、网侦、技侦、狱侦等各种技术手段，一举抓获全部犯罪嫌疑人21名，缴获毒品K粉共计400.5公斤，该案涉案人员到案齐、斩断毒品流向快、深挖幕后人员狠、制毒链条打击全、跨省联合作战广，破获“2015—948”和“2015—1095”两起公安部目标案件，书写了衡阳禁毒的新历史，收到省厅通电嘉奖。侦破了彭波、彭云飞特大电信诈骗案，逮捕8人，该团伙疯狂作案173起，诈骗金额654万余元。经侦大队侦破了一起利用POS机盗刷信用卡案，犯罪嫌疑人唐某某、谭某等人利用伪造证件办理的POS机盗刷他人银行卡共计77万余元，刑拘7人。巡特警大队调整警力部署，通过蹲点守候，成功捣毁一个砸车窗盗窃车内财物的团伙，抓获全部嫌疑人6名，破获系列盗窃案69起，涉及城区和兰江、三角塘等多个乡镇。

【巡逻防控机制】2015年，强化风险预警，形成了情报中心、接警中心、出警队、巡逻队协调联动的防控机制，科学划分了巡逻区域，以防暴车、治安岗亭为中心向四周扩散，巡特警和各派出所车巡、步巡、蹲点巡、便衣巡成为常态，政法干警夜间巡逻成为抓手，以公交车扒窃和摩托车盗窃为主要打击目标，以新组建的警犬技术队为强力后援，形成了一整套点、线、面相结合的巡逻防控体系，通过巡逻盘查共抓获犯罪嫌疑人327名，追回在逃人员14人，破获现行案件124起，有效提升了社会动态面控制能力。

【电子防控网络】2015年，“平安常宁”三期和平安乡镇工程新增了260个高清监控探头，全市共有380个监控探头、17个电子卡口和16个电子围栏，平安四期还将新增200个高清探头、20个卡口和5个电子围栏，年末完成招标。逐步整合城区和各乡镇（办事处）机关、企事业单位视频监控并接入公安网，进一步织密了防控网络，做到了打防管控一体化、网上网下一体化。

【入境服务】2015年，开展“假、重、错”户口清理整顿工作，主动上门核对，纠正项目差错3600余起，查处冒用他人居民身份证案36起；完善社区警务考核，强化流动人口与出租房屋管理，做到了人来有登记、人走有注销，对重点人员行踪如指掌。对20个派出所的户政窗口进行改建，优化了办证环境；简化省内户口迁移手续，网上受理身份证补领和换领，全面实施电子港澳通行证签注，缩短了签注时间；“72小时”过境免签政策方便了外国人来常宁市探亲旅游；组建流动办证服务队，为13名特殊群众开展了上门办证、送证服务；延伸前台服务触角，预约办证与加急办证为群众广开方便之门。

【道路交通管理】2015年，开展“打非治违”和“压事故、保安全”专项行动，严格落实“六必查”（人数必查、驾驶时间必查、驾驶资格必查、车辆审验情况必查、车辆安全设施配备情况必查、车辆轮胎磨损状态必查。下同）措施，采取错时执勤、昼夜巡查、定点蹲守、分散设卡等方式严查摩托车非法安装遮阳伞、农用车载客、超载等交通违法行为，共查处醉驾4起，收缴摩托车遮阳伞5000余把，查扣非法载客农用车42台。落实驾照网上预约和异地考试、机动车异地年检举措，缓解了市民考证难、车检难的问题。是年，开展道路交通安全隐患排查，提出整改意见19条，新增红绿灯7个，新建、改建电子警察4个。

【治安管理】2015年，完成87家宾馆新旅馆业治安管理信息系统的安装工作，对娱乐场所、危爆场所统一清查，查处涉枪涉爆刑事案件6起，收缴炸药316公斤。是年，全力推进农村派出所社区警务建设，所有农村派出所均设立社区警务室，配备驻村民警，按照社区警务管理模式运行，通过社区巡防，共抓获犯罪嫌疑人35人，提供办案线索53条。是年，继续开展“扫黄禁赌”专项行动，对群众反响强烈的治安乱源重点整治，共破获涉赌刑事案件29起、涉黄刑事案件2起。是年12月，依法刑事拘留拒不支付工人劳动报酬的鸿润鞋业有限公司法人代表张某某，刑事拘留盗窃电力资源的詹某某。

【网络监管】2015年，开展净网行动，明确专职巡查民警,与市委、市人民政府和宣传部信息中心建立网上巡查联动机制,共编发舆情动态62期,避免了负面消息炒作;对较大的宾馆、酒店安装非经营场所安全技术保护措施,挤压犯罪空间,利用网侦技术破案20余起,找回失踪人员14人。

【监所安全】2015年,完成"两所一队"(拘留所、看守所、武警中队)搬迁工作,拘留所布置文化走廊,加强思想教育,管理规范,在衡阳市乃至全省处于领先位置。看守所完成勤务模式改革,早发现、早部署,防止3起在押人员死亡事件,狱侦工作有力助推了案件侦破。

【林业消防】2015年,完善派出所消防监督三级管理责任体系,深入开展劳动密集场所、"今冬明春"火灾防控等专项行动,集中开展劳动密集型企业消防安全专项整治;按照市委、市人民政府要求,对在森林周边违规用火的行为进行处罚,破案1起,行政拘留1人。

【警务调查】2015年,各部门齐抓共管,将公正文明执法、热情友善服务和正义廉洁队伍摆在重要位置,警务调查满意率后发赶超,排名衡阳市前列。

【规范执法】2015年,全面贯彻落实执法过错责任追究制度,狠抓立案不实专项整治和执法问题纠错整改,全省执法质量网上考评排名衡阳市第一。是年,受理行政诉讼案件12起,没有败诉案件。是年,新建中心执法办案区和松柏、洋泉执法办案区以及涉案车辆管理中心,刑事案件嫌疑人及重大行政案件违法人同步录音录像率达到100%,法检信息录入率86.7%,排名衡阳市第一。组织民警到衡阳市中级人民法院参与"1·18"专案庭审旁听,参与公安部或衡阳市局组织的《中华人民共和国行政诉讼法》电视电话讲座,邀请衡阳市局李久扬、蒋曙成到常宁局讲座,民警执法能力得到进一步提高,通过高级执法资格考试的民警数在衡阳市各县市区排名第一。指定专人负责阳光警务系统的巡查和回复,保障当事人享有的知情权。

【基层基础建设】2015年,继续完善室内外基础设施,指挥大厅、乒乓球室、警营书屋、电子阅览室、警体训练室相继开放,停车场、绿化工程、篮球场和羽毛球场依次落成。是年8月,看守所和武警中队相继搬迁揭牌,新监管中心安全系数高、办公环境好,在全省名列前茅。是年,争取财政支持,加大对图侦、网侦、技侦等的投入力度,组建了视频侦查室,完成了三期数字常宁平安城市建设。是年,通过刑事技术和视频监控破案59起。是年,为7个派出所办理两证手续,投资56万元完成了应急警用装备仓库物质储备,新建警犬训练基地,购置反恐巡逻运兵车等特种车辆,增强了武装反恐防暴力量。局团购房工作于2015年3月正式启动,年末破土动工。

【"三严三实"】2015年,开展"守规矩、讲党性"和"三严三实"专题教育活动,通过"微学习"的方式,全局人员每日一题,领导干部"进村入户、访困问需、访贫问计"。邀请衡阳市委党校教育长唐云涛到常宁局讲座,进一步提高全局人员的思想政治素质。严格公车管理和队伍管理,对有问题倾向的民警提前谈话、提前提醒,对违法违纪案件配合纪委一查到底,全年共处理11人。

【从优待警】2015年,落实年休假制度,鼓励民警主动休年假,工会互助医疗政策安抚了民警及家属13人,呈报晋升警衔61人,对通过高级执法资格证的民警和被二本以上学校录取的民警子女分别给予奖励,对在专项行动、"6·24"案和"7·24"案中的有功集体和个人报功并颁发奖金,功模疗养和退休老干座谈会切实提高民警的工作积极性。是年,共有31人荣获个人三等功,85人次获得各级嘉奖。

【辅警管理】2015年,新招录协辅警26名,制定了协辅警管理办法和配套制度,对全局协辅警规范聘用手续,统一定制工作证,实行岗前培训、统一考核制度,规范着装,完善职业保障,减少队伍流动率,提升协辅警公众形象。

【轮岗培训】2015年，共组织156名民警参加省厅、衡阳市局组织的培训班，54位民警参加了执法资格考试。推行“青蓝工程”，经侦大队随岗培训示范点，被衡阳市局推选为省级随岗训练示范点。组织民警参加“三项基本功”考核，检验民警的信息化应用水平、体能素质和警务实战技能，全面提升整体战斗力。

【典型推介】2015年，常宁市公安微信和微博的正式上线，标志着常宁市公安“移动互联网+警务”工作的全面启动，“警营文化暨典型推介”专栏对省、市两级劳模尹少彬的先进事迹在电视台、报纸、手机报等媒体进行了全方位宣传报道，及时传递了警营正能量；微电影《社区民警老郭的一天》被市委组织部推选到衡阳市。首届“金盾杯”男子篮球赛有效丰富了民警生活，活跃了警营氛围。

道路交通安全工作

【概况】2015年，常宁市公安局交通警察大队内设内务中队、执法监督与宣传中队、车管所、事故处理中队、巡逻中队、城区中队、松柏中队，共有民警、干部、职工68人(其中民警55人，干部3人，职工10人)。是年，共查处超速17192起，酒后驾驶87起，醉酒驾驶11起，未取得校车驾驶资格12人，非法校车8台，乱停乱放1300起，逆行1964起，超员59起，超载262起，疲劳驾驶67起，闯红灯1947起，闯禁区1108起，无牌无证2980起，未年检1975起。是年，辖区共发生交通事故5326起，死亡40人，受伤714人，直接经济损失19.6万元，与2014年同期相比事故起数上升35%，死亡人数减少1.8%；伤人人数减少17%；直接经济损失减少20%，发生交通逃逸事故4起，侦破4起，立刑事案件44起，逮捕18人，移送起诉23人，刑事拘留43人，行政拘留38人，机动车注册登记7471台，办理机动车驾驶证1560个，辖区检测站检验机动车5765台。是年，市交警大队被省公安厅交通管理局评为春运道路交通安全工作先进单位，事故处理中队被省公安厅交通管理局评定为县(市)级交通事故处理一等级岗位，被衡阳市公安局评为“抗战胜利70周年纪念活动”安全保卫工作成绩突出集体，荣获衡阳市公安局交警支队道路交通事故逃逸案件侦破能手比武活动团体三等奖，成功争创衡阳市一星级文明单位，荣获常宁市目标管理考核优秀单位。

【纪律作风教育与整顿】2015年6月，扎实开展“守纪律、讲规矩”争创“为民、务实、清廉”警队活动、“守纪律、讲规矩”纪律作风专项整顿、“守纪律、讲规矩”专题教育活动。采取个人自学、集中学习、专题研讨等方式，组织大队民警职工学习8次，重点学习《中国共产党党员领导干部廉洁从政若干准则》、《公安机关人民警察纪律条令》、《公安机关人民警察内务条令》和《人民警察职业道德规范》等；开展警示教育，以组织观看中纪委《拒腐防变每月一课》《廉政微电影》，省厅《失守的底线》等警示教育片；开展党支部书记和支委成员上党课活动；组织每个民警职工撰写不少于2000字的学习笔记、心得体会、观后感；开展红色教育活动，9月21～26日，大队组织全体党员民警分两批赴井冈山接受红色教育，学习了解井冈山革命斗争的历史，深刻领悟到艰苦奋斗的井冈山精神。是年，开展问题整改，民警职工认真查摆分析思想、执法、作风方面的问题，对照自身查找问题，狠抓整改落实，坚持边查边改、立行立改，使问题得到切实解决。9月，大队开展为期一个月的“守纪律、讲规矩”纪律作风整顿，着力解决交警队伍中存在的“庸、懒、散、腐、乱”等突出问题。

【走访和扶贫】2015年，利用节假日先后开展3次走访活动，共走访用户2000余家，收集意见建议56条，调处治安矛盾5起，力所能及为百姓解决问题10个，积极向群众宣传法制、政策、形势、民调等综治成效，提升百姓对常宁治安形势、党政干部队伍、综治工作的支持与关心。大队深入白沙镇福坪村开展扶贫工作，走访困难户、五保户，提供力所能及的帮助，并积极支持当地药材种植事业，支持5万元购买药材种子。共下乡扶贫6次，走访群众20余户。

【政治建警】2015年，积极推动年休假制度，鼓励民警、职工休年假；改造和美化大队院内环境，建成篮球场和羽毛球场，并成立篮球队，组织开展篮球训练和比赛，锻炼了民警体能，丰富警营文化生活。

【整治城区交通秩序】2015年，在城区各路口设置卡口，每天早、中、晚三个时段维护好上下班、上放学交通秩序，通过设置固定执勤点和巡逻查扣的方式，强化查纠管控力度，对摩托车安装遮阳伞、酒驾、乱停乱放、闯红灯、闯禁区、无牌无证、未保险、未年检、夜间不按规定使用灯光等违法行为进行严肃查处。7月开始，开展摩托车安装遮阳伞专项整治行动，在摩托车非法安装遮阳伞现象较为突出的东方广场路口、灯塔路口、国土局路口进行查扣。同时，加大对青阳路、群英路、泉峰路等主要路段的巡逻力度，及时查纠摩托车安装遮阳伞、不戴头盔、逆向行驶的现象。全年共收缴摩托车遮阳伞5000余把。

【农村地区交通违法整治】2015年，在农村赶集等活动时段，深入荫田、白沙、洋泉、罗桥、官岭等乡镇，采取流动巡逻执法与定点设卡相结合的方式，重点查处农用车违法载人、违法超载等严重交通违法行为。共查扣非法载人农用车42台。

【车辆超限超载治理】2015年，集中治理车辆超限超载行为，联合交通、公路等部门，集中查处车辆非法改装、拼装行为、非法改装车辆上路行驶行为、路面车辆超限超载违法行为。全年共查处车辆改装改型1292起，超载262起。

【打非治违"五个波次整治行动】2015年，联合交通、安监等部门，开展"打非治违"五个波次整治行动。一是开展旅游客车、"营转非"客车整治统一行动。大队紧盯长途客车、旅游包车等重点车辆，严查超速、凌晨2~5时违规运行、无证驾驶、准驾不符、逾期未检验等违法行为。二是开展套牌假牌车辆整治统一行动。针对违法行为发生和分布的规律特点，在辖区主要干道设置执勤点，严格落实"六必查"措施，对容易出现套牌、假牌车辆的重点区域、重点道路，打好"阵地战、阻击战"，认真比对、检查、查询，严查假牌套牌车辆。同时，大队还对居民小区、公共停车场、路侧停车位、背街小巷等区域进行一次集中清查，主动发现涉牌涉证违法车辆。共查处使用其他车辆号牌4起，伪变造机动车号牌、行驶证、合格证4起,未悬挂机动车号牌6起，故意遮挡机动车号牌4起。三是开展危险货物运输车、营运客车整治统一行动。大队依托宜潭检测站，加大对危化品车辆运输介质、行驶路线、时间、速度、动态及违法状态等实时动态监管，查处严重危化品道路运输违法行为。大队在辖区省道320线和省道214线设立卡口，查处客运车辆超员、超速等违法行为。四是开展校车整治统一行动。大队深入城区及蓬塘、兰江、荫田、西岭等乡镇，开展校车专项整治行动，严查校车无标牌、超载等违法行为，确保师生出行安全。共查处校车无标牌、超载违法26起。五是开展"酒驾"整治统一行动。针对"酒驾"发生的重点时间、地点和车辆人员，采取错时执勤、昼夜巡查、定点蹲守、分散设卡等方式，科学安排勤务，突出整治重点，在城区以宾馆、饭店、歌厅、酒吧、餐饮大排档等周边道路为重点，严查"酒驾"，对查处的违法行为坚决做到发现一起查纠一起，及时消除存在的交通安全隐患。11月19日，开展"酒驾"整治统一日行动，一天之内查处酒驾违法5起。

【压事故、保安全"专项行动】2015年，路面执勤民警围绕客货车、危化品运输车辆、校车等重点车辆，组织专项整治行动，严查超速、超员、超载、疲劳驾驶、无证驾驶、准驾不符等交通违法行为。查处超速474起、超员28起、超载10起、疲劳驾驶13起、无牌无证513起。

【车辆和驾驶人员管理】2015年，一是深入各客运站场、企业，检查客运企业安全责任制的落实情况、24小时动态监控制度的落实情况、营运班车的营运许可及驾驶人从业资格情况等。8月25日，大队民警深入泉峰车站、莲花车站、顺达公司、平安运输公司，对公司的公路客车、公交车等客运车辆进行安全大检查，督促客运公司严格落实值班制度，建立动态监控台账，认真落实安全承诺制度等情况。二是联合交通运输、教育、旅游、安监等部门要对辖区"营改非"大客车、旅游包车、危化品运输车、接送学生车辆进行一次全面排查，排查车辆安全隐患。10月25日，大队组织湘汇校车公司200多辆校车进行车辆检测。三是根据市人民政府部署，大队联合教育、交通、安监等部门开展校车安全管理联合检查，深入全市各学校、幼儿园，对校车使用许可审批、校车驾驶人资格审批和管理情况进行排查。共检查校车200台，排查未办理校车标牌车辆3台，未取得校车驾驶证资格1人，并下发整改通知书到车辆、驾驶人所属学校，要求限期整改到位。

【道路交通安全隐患排查】2015年，共排查道路交通安全隐患19处，提出整改意见及建议，积极向安全委员会报告。已整改隐患9处，整改属于交警大队责任的隐患1处。

【窗口服务】2015年，车管所把提高窗口的管理水平、服务质量和工作效率作为首要任务，全面推行"三个服务"，实行办事大厅排队叫号、办事窗口服务评价、办事效果回访服务。开展办事群众对窗口工作人员的服务进行评价，连续三个月被办事群众评为不满意的将调离工作岗位。

【法制宣传】2015年，通过出动宣传车、在车站播放安全宣传提示语、在市区主要路口及高速公路出口等地悬挂宣传横幅、发放宣传单等方式，营造春运道路交通宣传氛围。每天通过电视台不定时用字幕以交警提示的形式播送交通安全宣传用语。深入常宁一中、常宁二中、湘南实验中学、宜阳小学、泉峰中学等，开展交通安全知识讲座、组织"上好安全一节课"活动、"请你看到我"、"讲道路礼仪，树道路新风"为主题的交通安全宣传活动等，向学生讲授行路、乘车等交通安全常识，教育广大师生注意行车安全，遵守交通法规。深入全市各乡镇开展"我参与、我安全"宣教活动，通过摆放宣传展板、上交通安全课、发放宣传资料等方式，讲解交通安全知识和典型交通事故案例，增强村民的法制与安全意识。深入客运企业、站场开展"我参与、我安全"宣教活动。大队深入泉峰车站、莲花车站，湘运、顺通等客运企业，开展交通安全知识讲座，增强企业负责人和驾驶人的安全意识。10月24日上午，联合市教育局校车办、市安监局、市运管所在剧院召开了校车驾驶人、安护员安全教育培训会，对幼儿园负责人和驾驶员、安护员进行了宣传教育。是年12月2日，联合市义工协会，组织大队民警和30余名义工开展声势浩大的宣传。大队在东风广场设立宣传台，通过摆放宣传展板、发放宣传资料、组织宣传车队等方式，提供交通安全方面的咨询，向市民宣传《中华人民共和国刑法修正案（九）》、交通安全知识，共出动宣传车20台，摆放宣传展板20余块，发放宣传资料500余份。是年，利用常宁交警微博宣传交管动态、安全知识1720条，警示广大车主自觉遵守交通规则。

检　察　工　作

【概况】2015年，常宁市人民检察院内设控告申诉检察科、侦查监督科、公诉科、监所检察科、民事行政检察科、检察技术科、反贪污贿赂局、反渎职侵权局、法警大队、办公室、政工科，共有在职人员67人。是年，坚持围绕以人为本、执法为民，切实履行宪法和法律赋予的职责，以执法办案为中心，以开展规范司法行为整治专项活动为保障，以营造和谐稳定平安的社会环境为目标，不断提升检察工作科学发展水平，努力做到业务建设有新发展，队伍形象有新提升，科学管理有新跨越，创先争优有新成效。

【打击严重刑事犯罪】2015年，共受理公安机关提请批准逮捕案件349件444人，审结346件439人，其中批捕256件328人，不捕90件111人。是年，共进行羁押必要性审查案件16人。共受理移送审查起诉案件406件607人，其中已向法院提起公诉352件504人，不起诉39件61人，开展未成年人社会调查案件17件27人，追诉漏犯案件12件19人，追诉漏罪案件10件12人，抗诉4件8人。严厉打击恶势力犯罪、严重暴力犯罪、毒品犯罪以及杀人、爆炸、抢劫、强奸、绑架、投放危险物质等严重破坏社会治安稳定犯罪。是年9月，批捕跨省制造毒品392公斤团伙13人，犯罪嫌疑人黄某某、游某某、黄某某、黄某某、龙某某、李某某、黎某某、黄某某、张某某、滕某某、刘某某、袁某某、李某某13人因涉嫌制造毒品392.75公斤，被依法批准逮捕，该案为湖南衡阳市破获的最大制造毒品案。严厉打击严重破坏金融秩序、侵犯知识产权、制售危害人身安全和人体健康的伪劣商品、食品安全、破坏环境资源等严重破坏社会经济秩序犯罪，审查一起团伙电信诈骗案，犯罪嫌疑人彭某某、王某、周某等9人实施电信诈骗450余万元，涉嫌诈骗罪被依法批捕。维护了被害人的合法权益,有力地打击电信领域猖獗的犯罪态势，取得良好的社会效果和法律效果。

【贯彻宽严相济的刑事政策】2015年，在坚持从严打击严重刑事犯罪的同时，对于轻微刑事案件以及达成刑事和解的案件及未成年人轻刑案件严格把关，对确实无社会危险性的案件予以不批准逮捕。例如，对因邻里纠纷引发的轻微刑事案件，当事人互相谅解达成和解的，依法予以从宽处理；对未成年人犯罪案件，贯彻“教育、感化、挽救”的方针，依法保障未成年人合法权益；对轻微刑事案件快速办理，并建议人民法院适用简易程序或简化审理程序。是年，相对不捕案件41件48人。刘爱新故意伤害案，犯罪情节较轻，真诚悔过，积极赔偿被害人，双方达成了刑事和解，采取取保候审不致发生社会危险性，检察院依法对刘某某作出不批准逮捕。谷某、李某盗窃案，谷某提出盗窃并要李某为其望风，被抓获后，李某真诚悔过，考虑到李某系未成年人且是在校学生，赃物也返回给被害人，经审查依法对李某不批准逮捕，谷某系主犯且有盗窃前科，被依法批准逮捕。

【社会矛盾排查化解】2015年，控申部门坚持案件首办责任制，努力实现案结事了，积极与反贪、反渎、民事行政检察等部门协调配合，排查矛盾线索，依法积极主动服务控告、申诉人。是年，举报中心共接待人民群众来信来访55件，其中来信20件，均为非涉检来信；来访35件56人，分别为涉检来访1件1人，非涉检来访34件55人。组织检察长接待日24次，其中由检察长接待群众来访18人次，批办案件12件，办结检察长批办案件12件。全部依法妥善处理，化解矛盾，把问题解决在基层、解决在萌芽状态。

【查办职务犯罪】2015年，共立案侦查各类职务犯罪案件16件29人，侦查终结并移送审查起诉10件11人，已被法院作出有罪判决的11件24人（含上年积案）。通过查办职务犯罪案件，共为国家和人民群众挽回经济损失420万元。

【查办贪污贿赂等职务犯罪】2015年，立案侦查贪污贿赂案件10件23人，其中受贿案4件4人，行贿案件1件2人，贪污案3件15人，挪用公款案2案2人。侦查终结并移送起诉8件9人，判决8件20人（含上年积案）。查办贪污贿赂5万元以上的大案6件18人。是年初，反渎部门全体干警参与查办岳阳市原常委副市长陈某某涉嫌滥用职权和受贿案系列案，历时4个多月，经过缜密侦查和成功的攻心战术，一举突破了陈四海受贿犯罪事实，查实陈收受贿赂600多万元。是年5月，立案查处教育系统周某某、李某向教育系统相关人员行贿窝案4件4人，涉案金额50多万元，是年9月，立案查处原裕民煤矿副矿长周某某与原裕民煤矿机电科科长刘某某利用监管裕民煤矿国有资产的职务便利，组织多人共同窃取国有财产共计149972元的贪污、滥用职权案，维护了国有资产安全。

【渎职侵权检察】2015年，立案侦查渎职侵权犯罪案件6件6人（含衡阳市院立案后直接交由常宁检察院侦查的1件1人），侦查终结并移送审查起诉2件2人,判决3件4人（含上年积案）。按照上级院的要求，对发生在老百姓身边有关民生问题的腐败现象，加大反腐力度，进行专项查处。从是年5月开始，历时7个月，不分白天黑夜，不休节假日，调查走访村民600余户，调取证据1300余份，最终查明犯罪嫌疑人周某某在担任烟洲镇民政办主任和分管民政工作副镇长期间，在2011年、2012年度农村危房改造资金申报、验收、发放等工作中，滥用职权虚报、冒领、套用该项资金30.6万元，涉嫌滥用职权罪；利用职务便利在农村危房改造资金申请、发放和办理民政社会事务孤儿证中，向当事人索取6.91万元，涉嫌受贿罪；利用担任烟洲镇敬老院法人代表职务之便，贪污五保户供养、大病救助、农村残疾人危房改造资金共计12.445万元，涉嫌贪污罪。该案的查处在社会上引起了较好反响，取得了良好的社会和法律效果。

【职务犯罪预防】2015年，在市委党校建立了“预防职务犯罪教育基地”，将法制讲座引入党校的讲坛，推动对全市党员干部的法制教育和廉政教育，推进预防职务犯罪教育常态化。同时，针对查办案件发现的问题，及时推行“一案一预防”的工作机制。针对征地补偿 领域出现的管理模式松散、监管不力、村组干部法律意识淡薄的状况，依法向常宁市人民政府发出《检察建议书》，提出将征地补偿款纳入财政管理机制。杜绝直接进入私人账户；健全征地补偿款发放制度，应先由村民大会通过分配方案，经乡镇审核审批后，再发放到村民账户的建议，引起了市人民政府的重视，并在全市部署专项治理整改。在查办节能减排淘汰落后产能系列渎职案件后，针对政府有关职能部门存在的问题，提出了个案预防的检察建议，被衡阳市院总结呈报省院后，省长杜家毫亲笔作了批示意见。是年，共开展预防调查2次，完成预防调查报告2件，进行犯罪分析5次，完成犯罪分析报告5件，提出检察建议6件，开展警示宣传教育5次，接受教育550余人，提供预防咨询4次，进行行贿犯罪档案查询159次，涉及单位数159个，涉及人数258人，开展个案预防5次。

【刑事诉讼监督】2015年，一是立案监督。对应当立案而不立案的，督促侦查机关依法立案；对不应当立案而立案的，督促侦查机关依法撤案，共立监督案件9件12人，其中监督撤案4件6人、监督立案5件6人，建议行政执法机关移送案件10件。二是侦查监督。重点监督纠正滥用和随意改变强制措施、严重违反诉讼程序、侵犯人权问题。对侦查活动中的违法情况提出纠正意见52件次，纠正漏捕17件26人，纠正遗漏罪行10件，纠正遗漏同案犯12件19人。三是审判监督。对审判过程中的违法情形，发出34份纠正违法通知书。对定性不准、量刑不当的案件依法提起抗诉，全年抗诉4件8人。四是两法衔接工作。2015年5月28日，在市检察院召开了高规格的行政执法与刑事司法衔接工作大会，全市各行政执法部门的主要负责人、分管负责人、大队长等近百人参加了会议，市人大常委会主任李新华、市人民政府常务副市长刘启宏分别作了讲话。会后，在市人大组织下，市检察院与主要行政执法部门一起开展一次专门的行政执法状况大检查，对发现的问题及时提出整改意见，督促行政执法部门移送了刑事案件2件。6月30日，市人大颁发《常宁市行政执法与刑事司法衔接工作实施细则》，为促进两法衔接工作提供了有力的法律保障。

【刑罚执行法律监督】2015年，加大对刑罚执行的监督力度。不断拓展对看守所监管执法的检察范围，除深入监内现场日常检察外，还通过参加每月2次的狱情分析会，与看守所召开联席会等形式及时掌握所内监管动态，特别是加强对看守所在押人员食品安全、刀具和生产工具等危险物品管理的检察，所内医务室就医秩序及医护人员自身安全的检察。针对所发现的问题，及时提出口头纠正，是年，共发出检察建议12份，并提出书面纠正26份。在监外刑事执行方面，巩固以往对司法行政机关和公安机关的社区矫正工作的监督工作，巡查12个乡镇司法所，同时加强对人民法院的刑事执行监督检察，针对法院的刑事庭不及时抄送相关法律文书的情况，发出4份纠正违法通知书。是年，共进行各类安全防范检察5次，发现各种安全隐患和漏洞3件，口头纠正3件。

【民事审判和行政诉讼监督】2015年，全面贯彻执行修改后民事诉讼法、行政诉讼法和《人民检察院民事诉讼监督规则（试行）》，以"监督格局多元化、工作机制一体化、队伍建设专业化"要求为抓手，加大办案力度，规范办案行为，提高监督质量，提升监督能力，全面推动全市民事、行政检察工作科学发展。是年，共办理各类民事、行政案件18件。其中办理督促行政机关履职监督案件4件，发出检察建议4份，3件得到回复并采纳；办理民事、行政生效监督案件14件；向法院发出检察建议13份，均得到回复并采纳；向当事人发出不支持监督决定书1份，并做好当事人息诉息访工作。

【检察技术监督】2015年，全面开展检察技术鉴定、文证审查工作，全年受理60件法医文证审查案件，文证审查准确率达到100%，切实为刑检部门把好技术性证据审查关，有效地防止错捕错诉，切实维护公平公正。完善讯问职务犯罪嫌疑人全程同步录音录像制度，完成同步录音录像案件107例次。

【法制宣传】2015年，把信息材料、法制宣传工作纳入目标管理考核，发动全院干警积极撰写信息、宣传稿件，共采用发表稿件158篇次，其中被国家级媒体刊物采用发表20篇次，被省级媒体刊物采用发表45篇次。是年9月，积极参加"全省政法机关书画诗词、摄影展"，工会主席尹志超组织创作的纪念抗战70周年的抗战题材版画作品，荣获特别奖，并赴北京展出。

【队伍素质建设】2015年，坚持"揭短亮丑、实事求是"的原则，立足本院实际，针对专项活动八个方面的主要问题，深入进行自查自纠，从自身司法办案和履行监督职责两方面入手进行排查摸底，发现一些执法办案不规范的问题。如办案超期问题，办案程序不当问题，案件审查不仔细问题，法律文书填写不规范问题等。对于查摆出来的问题，对于可以合理解释的问题，要求承办人作出合理解释，对于不能整改的问题，对承办人进行批评教育，对于可以整改的问题，已经认真填写《衡阳市检察机关规范司法行为专项整治工作重点问题整改落实台账》，建立销号制度，对查摆出的问题，逐项整改，确保整改到位。结合排查摸底中发现的问题，建立完善工作制度，确保专项整治工作取得阶段性成效。

【主题教育活动】2015年5月开始，按照上级的统一部署，开展"三严三实"教育活动，先后召开党组会、院务会和全院干警大会进行广泛动员发动，组织专题学习研讨等方式引导干警充分认识深入开展"三严三实"教育活动的重要意义，切实把思想和行动统一到上级的部署、人民群众的期盼和自身建设的要求上来，全面提升全院干警素质。是年，全院共有21人次受到各级表彰。其中，获得省级荣誉表彰2人次，获得地市级荣誉表彰5人次。侦监科副科长陈康兵在是年10月全省侦查监督业务竞赛中荣获第十名，被省检察院授予"全省侦查监督业务标兵"。市检察院被评为全省检察机关"检察文化活动"先进单位，工会主席尹志超被评为先进个人。常宁市检察院被省检察院推荐到最高人民检察院参评"全国先进基层检察院"。

【接受监督】2015年5月，向市人大常委会专题作了《查办加预防职务犯罪工作情况的汇报》。8月，向市人大主任会议作了《关于侦查监督工作情况报告》。10月，开展了"查办与预防职务犯罪，推进反腐倡廉"为主题的"检察开放日"活动，邀请人大代表、政协委员、人民监督员、律师、群众代表20多人参加，零距离接触检察工作。

法院工作

【概况】2015年，常宁市人民法院内设机构有刑事庭、民事审判一庭、民事审判二庭、行政审判庭、审判监督庭、立案庭、执行局、司法警察大队、司法技术室、审判管理办公室、办公室、思想政治工作办公室、监察室、基建办公室（临时）。在各乡镇分别设有松柏人民法庭、罗桥人民法庭、官岭人民法庭、柏坊人民法庭、荫田人民法庭、洋泉人民法庭。共有干警132人。是年，共受理各类案件3718件，同比上升16.3%，共审执结案件3481件，其中刑事案件380件、民商事案件1846件、行政和非诉行政执行案件276件、执行案件658件、诉讼保全案件321件，同比上升15.3%。整体工作处在衡阳市法院系统前列。

【维护社会稳定】2015年，审结刑事案件380件，判处罪犯516人，其中依法严惩杀人、爆炸、强奸、故意伤害、黑恶势力等严重暴力犯罪，审结案件39件，判处罪犯56人；加大对“两抢一盗”、涉黄赌毒等危害人民群众生命、财产安全、毒害社会风气犯罪行为的打击力度，共审结该类型案件186件243人。积极参与禁毒工作和社会综合治理等各项活动，发布涉毒犯罪等专题布告3期。同时积极配合加大对判处缓刑罪犯的社区矫正力度，加强未成年人刑事司法保护，保障被告人各项诉讼权利。既突出打击重点，维护了人民群众的生命财产安全，又加大对青少年犯罪初犯、偶犯的教育和感化力度，体现党和国家“宽严相济”的刑事政策，最大限度地减少了社会对立面。

【服务经济发展】2015年，共审结民商事案件1846件。为依法服务全市产业结构转型升级，针对金融、股权、商品房买卖等民商事领域的纠纷逐年上升的实际，加大审执力度，优化经济发展环境。在小煤矿关停转型工作中，主动作为，全力配合市委、市人民政府，在涉关停煤矿债务等问题上积极向上级法院汇报，力争所有涉煤矿案件全部指定由法院统一执行，配合市委、市人民政府制定清偿债务方案，确保农民工工资发放和企业周边矛盾的化解，促使小煤矿的关停顺利进行。为配合政府防范金融风险，在各大商业银行设立巡回审判合议庭，妥善审结金融案件125件，同比增长13.1%，为金融机构收回借贷资金2000余万元。平等保护市场主体，审结买卖、租赁等合同纠纷案件876件。针对涉规模企业、涉招商引资项目和重点工程建设案件实行优先受理、审理、执行，避免因诉讼而影响企业生产、工程建设。

【司法救济】2015年，“中兴聚富”商品房购房合同纠纷，法院积极引导购房业主170余户分批进行诉讼，缓缴所有诉讼费用，及时查封对方当事人土地使用权等财产。在审执过程中，多次面对面做工作，并在市委、市人民政府的高度重视和支持下，借支1000万元在春节前兑付当事人部分执行款，取得了较好的社会效果。同时对确实困难的当事人实行司法救济，是年免缴诉讼费70余万元，发放执行救助金37.1万元，确保困难群众打得起官司，确保因生活困难而对方当事人又确实暂时没有履行能力的当事人基本的生活保障。

【清理积案】2015年9月，开展“清理诉讼案件百日会战”专项活动，成立专门的领导小组，院长亲任组长，各分管业务的院领导任副组长和成员，各庭成立专门合议庭，针对一些特殊的积案，院里抽调精干审判人员，组成专门“清积”小组，制定清积方案和奖罚办法，增拨专门的“清积”经费。通过全面清理，截至2015年1月1日尚有积案94件，个别案件时间跨度长达10年。经过3个多月的艰苦奋斗，所有积案除21件因法定事由依法中止审理外，其余73件年底已全部审结，“清积”率100%。同时对新收案件进行全程跟踪到位，防止边清边积现象发生。

【执行工作】2015年，针对人民群众关注的“执行难”问题，进一步加大执行力度。一是加大人财物的投入。配强配齐执行人员，执行局现配备执行人员12人，是衡阳市法院系统执行力量最强的基层法院之一。配备执行专用车2台，建设执行专网及相应的执行设备，确保执行经费的足额投入，同时经院党组研究决定，下决心一次性解决历时10年来因各种历史原因而拖欠当事人执行兑现款56万余元，促使执行局干警放下包袱，停止对执行当事人权益的最终损害，维护法院形象。二是进一步规范执行行为。对所有执行案件必须限时做到“四查一申报”，即对被执行人在执行兑现前要查银行存款、查车辆登记、查房产登记、查工商登记，要求被执行人必须限时如实申报财产。对申请执行人提供的被执行人线索必须核查。为防止执行人员不作为和滥作为，要求执行局将执行流程公示于墙，让双方当事人对执行流程一目了然，便于当事人维护自身权益。对执行异议举行公开听证,并书面裁定,以确保执行公正。三是创新执行举措。除加大传统执行行为力度外,全面推行执行信息公开曝光和悬赏执行制度,公布被执行人失信人员名单798人次,限制高消费109人次,司法拘留34人次,以涉嫌拒不执行法院生效判决裁定罪,移送公安机关3件4人。通过这些举措,强化了执行威慑,提高了执行效率。全年执行行程18万公里,执结诉讼案件658件,部分执结121件,执行非诉行政执行案件246件,执兑标的额10907.97万元。同时加大诉讼保全措施力度,办结诉讼保全案件321件,诉讼保全标的额8000余万元。省高院内网数据统计,是年执兑率、净执结率居衡阳市法院系统之首,居全省基层法院第26位,多次获得省高院分管执行的领导和省高院执行局的表扬,衡阳市中院执行局在年底专门进行了调研,并将在衡阳市推介常宁法院执行工作经验。

【思想政治教育】2015年,巩固党的群众路线教育实践活动成果,深入开展"三严三实"专题教育,学习先进典型,组织全院干警观看先进事迹报告会,撰写学习心得,开展做邹碧华式的好法官活动。加强干警理想信念教育,坚定干警的法治信仰,树立干警对党忠诚、公正司法、敢于担当的理念。全年组织专题党课、党内民主生活会3场次,加强机关党建工作,对全院9个党支部支委进行重新选举,每个党支部共开展专题学习活动2场次。组织参加衡阳中级人民法院"法治梦"演讲比赛,获得集体三等奖。是年,共有22人受到市委、市人民政府和上级法院表彰奖励,其中省高院表彰2人。

【司法能力培养】2015年,共组织干警和人民陪审员参加上级法院举办的各种学习班209人次,鼓励干警报考在职硕士研究生和书记员参加司法考试。开展审判员、人民陪审员向人大述职活动,邀请各级人大代表对审判人员进行庭审观摩和点评,切实提高法官熟练掌握法律、准确理解法律、正确适用法律、依法公正裁判的能力。优化队伍结构,多岗位培养和锻炼干部。是年,有3人提拔到副科级领导岗位,有10名青年干警提拔为部门正、副职负责人,通过全省招考3名公务员,选调1名财务专业会计,全院绝大部分部门主要负责人进行轮岗,优化队伍结构,激发干警活力。

【司法作风建设】2015年,完善各项纪律、廉政制度,规范干警行为,继续推行廉政责任状和廉政保证金制度,并将纪律作风、司法行为规范纳入岗位责任考核。监察室、政工室不定期对干警上班纪律、法庭干警驻庭纪律、庭审作风、廉政建设和干警业外活动情况进行督查,共查处违纪案件2件,作出党纪政纪处分3人,诫勉谈话5人。

【立案登记制度】2015年,落实立案登记制度,强化立案窗口建设,配齐配强立案工作人员,畅通立案渠道,坚持有案必立、有诉必理,切实保障、方便当事人行使诉权。5月4日,实施立案登记制度以来,均严格按照立案登记程序办理,共受理案件2756件,同比增长47.1%,当场立案2755件,当场立案率99.9%。

【审判流程管理】2015年,对审判、执行的各个环节实行全程管理监控。加大案件质量评查和奖惩力度,完善司法绩效档案。审管办做到每案必查,一月一通报,一季一汇总,半年一讲评,年终总考核。是年,审管办共评查案件3179件,发布审判管理情况通报4期,通过严格管理,案件合格率100%,优秀率98%。

【阳光司法机制】2015年,继续加大审判流程、裁判文书、执行信息公开三大平台建设力度,推进司法公开工作。拓宽公开渠道,强化数字法院系统应用,以官方微博,微信公众号和网络庭审图文直播等形式推进审判流程公开、执行信息公开,全年推送工作动态337条,庭审网络图文直播3场次,应上网裁判文书上网率100%。是年,继续推进人民陪审员制度,完成人民陪审员倍增计划,要求所有的人民陪审员必须全部实际参审案件,杜绝"陪而不审"和全年"未审一案"的现象发生。是年,人民陪审员参审案件1247件,陪审率93.4%。是年,进一步完善民意沟通和民主监督员制度,举办“公众开放日”活动，积极开展在线专题访谈，办理院长信箱来信和网上答疑。

【机关审判庭建设】2015年，全面深化了审判法庭相关的装饰装修设计，严格按最高法院最新的审判法庭装饰装修标准要求，将院机关审判法庭建设成全省一流基层法院。年末，已进入室内全面装饰装修阶段，2016年下半年可交付使用。

【人民法庭建设】2015年，共投入资金100万余元，对松柏等5个人民法庭进行全面维修改造，年末全部改造完成，办公、生活条件有了较大的改善。在市人大常委会、市委政法委的大力关心支持下，洋泉法庭的选址基本确定，预计于2016年5月可开工建设。

【存在的问题】2015年，存在的问题和不足：一是少数法官司法能力不强，有的案件质量不高，审理时间过长，引发当事人不满。二是少数干警为民司法意识不强，服务态度不周，工作方法粗糙，仍然存在“冷硬横推”现象，影响了法院形象。三是案件数量逐年上升，办案压力明显增大，案多人少矛盾更加突出。四是“两庭”建设资金缺口大。

司法行政工作

【概况】2015年，常宁市司法局内设办公室、法制宣传股、基层司法工作股（社区矫正股）、公证律师管理股、政工室、行财装备股；27个乡镇（办事处、管理区）设有司法所；下属单位有公证处、法律援助中心；归口管理单位有兴常律师事务所、明正律师事务所，东风、宜阳、宜城、洋泉法律服务所，泉峰司法鉴定所。是年，司法行政工作被衡阳市司法局评为目标管理考核先进单位，被常宁市委、市人民政府评为目标管理先进单位。廉政建设和反腐败工作被市纪委评为先进单位。

【基层维稳】2015年，继续组织在全市开展“三调联动化矛盾、息访息诉促平安”专项调解活动，化解了大量矛盾纠纷。泉峰司法所在办事处辖区的大街小巷积极开展走访活动，上半年化解各类矛盾纠纷37起。6月15日，公园新村某小区一栋居民楼因上层漏水到下层引发邻里纠纷，泉峰司法所摸排情况后，主动进行调解，就房屋漏水和医药费达成协议，喧闹的小区重归平静。是年，全市各级人民调解组织共排查调处各类矛盾纠纷1132起，成功率99%，其中化解疑难积案164件，防民转刑4起，防群体性事件18起。基层司法助理员的矛盾纠纷排查、调解活动已成为基层维稳的第一道防线。

【法制宣传教育】2015年5月，为农村法制宣传月，市司法局采取送法进村（社区），编发法制宣传资料，以案释法等方式普法。从法制宣传活动入手，整顿荫田镇因小城镇开发等违法乱象，取得良好的社会效果。是年9月，为青少年法制宣传周，市司法局以在校学生为重点，既抓学校计划课时教材师资四落实，又抓学校聘任法制副校长法制讲座的落实，收到良好的效果。是年，“12•4”第二个国家宪法宣传日，广泛征集“宪法宣传微作品”活动，动员引导全社会树立宪法至上、崇尚法治的氛围。是年，在全省实行无纸化学法用法考法以来，常宁市是衡阳市司法行政系统参考单位和人数最多的县（市区）。全市各系统各单位各乡镇全面参考，实现了机关公职人员、企事业单位职工的学法考法在网上完成。年度处级干部的学法用法考试，也取消了基础题型，采取撰写“七五”普法理论文章的形式，为“七五”法治常宁建设征集意见和建议。是年，“六五”普法工作顺利通过衡阳市检查验收，并获得较高的评价。

【矫正安帮】2015年，落实市人民法院、市人民检察院、市公安局、市司法局联合制定的《常宁市社区矫正工作暂行规定》。创新了常宁市的联席会议制度、“一人一方案”、设立心理咨询室、选派民警联络员等工作方法，为衡阳市司法行政系统社区矫正管理工作提供了常宁经验。至年末，全市累计接收社区矫正对象1018人，已经解除矫正627人，在册矫正人员391人。是年，开展审前社会调查评估263起，其中“建议不予实行社区矫正”2起。常宁市的社区矫正特赦工作被评为衡阳市先进。

【法律保障和服务】2015年，进一步加强常宁市律师队伍建设，提升律师队伍整体素质，在全市律师队伍中集中开展全面依法治国教育活动。全市31名执业律师、24名法律工作者、4名公证员、9名司法鉴定员努力服务于经济社会发展大局。市司法局组织优秀律师、法律工作者和公证员组建园区建设法律服务工作队。活动开展以后，法律工作队共为创新创业企业提供法律服务134起，为企业提供可行性建议30件，帮助23家企业制定整改方案，出具法律意见书17件，调处重点企业周边环境等矛盾纠纷8起，代理诉讼16起，避免和挽回经济损失6000余万元。全市律师共担任法律顾问98家，办理各类案件441件，其中民商案件213件，参与处置突出信访案件25起，开展刑事辩护59件；公证处办理各类公证事项375件，其中涉外公证87件；出具各类司法鉴定文书1213份。这些法律服务活动没有投诉和复议案件。

【法律援助】2015年，成立“常宁市法律援助工作领导小组”，全市27个乡镇、办事处设立法律援助工作站，法律援助工作网络健全，渠道畅通。进一步规范市法律援助便民接待窗口建设，市司法局班子成员带头到窗口值班。援助中心建立了咨询接待、案件审批、案件指派、服务承诺等管理制度。不断加大管理考核工作力度，实现法律援助对象应援尽援。全年办理法律援助案件320件，完成年计划115%，其中已经结案110件。

【联系群众】2015年，市司法局班子成员15次到盐湖镇新铺、湖边等村开展“1+1”联村活动和后进村整顿帮扶活动，帮扶解决新农村建设资金16万余元。班子成员结对帮扶困难群众、特殊人群26人，送出慰问金14000余元。全系统在编干警分乡镇联包128个村（居）委会，全部到村对民情进行摸底，走访群众，排查矛盾、征求意见。组织100名司法行政干警对常宁市城区进行4轮（每轮一周）夜间巡逻活动，受到全体市民的欢迎。

【班子建设】 2015年，局班子及全体干警严格遵守中央八项规定，认真落实市委、市人民政府《关于改进工作作风，密切联系群众的十条规定》和《五个一律免职的通知》精神，模范执行党员领导干部廉洁从政若干规定，不以权谋私。加强班子建设、队伍建设，践行“三严三实”，抓好群众路线教育实践活动回头看。坚持民主集中制、“三重一大”工作和其他重要工作集体决策，班子凝聚力、战斗力明显增强。通过明察暗访，是年全局共有7名党员干部被通报批评和停发津补贴，机关作风进一步得到整治。至年末，全局班子成员精诚团结，心齐气顺，全力谋事。

【存在的困难和问题】2015年，存在三个方面的问题，一是提高全民的法律意识任重而道远，法律微宣传工作不到位；二是司法业务用房建设项目因留地安置问题未落实建设用地，导致工程没有开工；三是人民调解以奖代补经费还未得到落实，基层调解工作经费不足。

经济开发

水口山经济开发区

【概况】 2015年，常宁市水口山经济开发区内设机构有办公室、招商合作局、建设规划部。是年，在市委、市人民政府的坚强领导下，以创建“千亿级”国家级循环化改造示范试点园区为目标，以项目建设为总抓手，全力打造水口山现代化工业新城，促进园区经济社会跨越发展，各项工作取得了一定成效。是年，园区实现技工贸总产值185亿元，同比增长11.5%；工业总产值116亿元；工业增加值约37亿元，同比增长12.6%；完成税收约3.4亿元，固定资产投资约20亿元。

【金字招牌获批】2015年，在省、衡阳市和中共常宁市委、市人民政府的大力支持下，“循环化改造实施方案”在国家综合评选中获得第六名，国家发改委和财政部联合下文（发改办环资〔2015〕1468号）将水口山经济开发区正式列入2015年国家级循环改造示范试点园区，2015年度获得中央财政补助资金6845万元。

【项目建设】2015年，围绕有色金属冶炼、化工专业园区“工业强园”目标，加大工业项目建设力度。是年，在建工业项目7个。其中，金铜项目正在抓紧施工，2016年3月份可竣工投产；大宇锌业、华兴冶化、宏兴化工、金翼粗铅正在进行厂房钢构安装和部分设备安装，2016年一季度可竣工投产；一品新能源正在建设3万立方米的罐区；鸿博稀土抛光粉项目完成征地、土方平整，正在进行厂房基础建设。

【“135”工程】2015年，科学编制了创新创业园区发展规划，大力推进园区创新创业“135”工程，规划面积为1.2平方公里。2015年已形成实物工程量11万平万米标准厂房；正在建设的铜压延加工业标准厂房建设项目，总用地面积为3300亩，已完成410亩的征地、房屋拆迁及土方平整等工作。

【基础设施】2015年，大力推进老城区基础设施提质改造和完善配套，重点推进有色金属工业园基础设施建设，完成基础设施投入8亿元以上。常青路、大桥路、渡口路、新园路提质改造正在抓紧建设；双园路、五矿路路基工程已完成，给排水、中水回用、道路油化工程有序推进；17条低压线路搬迁及5条高压线改造工程接近扫尾；日供水2万立方米自来水厂已建成供水；皂新东路、水口南路已完成征地、拆迁。

【争资跑项】2015年，融资目标为10亿元，实际正在洽谈的融资额度已达40亿元，已签订合同的有中新房10亿元，已到位的银行融资2亿元，正在报批的银行融资8亿元。是年，成功申报国家专项基金共3.01亿元，其中第二批专项基金1.8亿元，第三批专项基金0.3亿元，第四批专项基金0.91亿元，预计春节前申报专项基金为4.51亿元。

【征地拆迁】2015年，按照“成片统筹、统一规划、全面启动、分步实施”的原则，实行征地拆迁成片推进的模式，制订了《常宁市水松地区规划范围内集体土地上房屋拆迁安置实施暂行办法（实行）》，进一步规范拆迁户分户，收紧安置人口；进一步规划征地拆迁资金支付程序和方式,是年共征地2120亩,拆迁15.7万平方米,平整土地800亩。同时加快国土报批步伐,已报批土地948亩(其中报批集体土地120亩),组卷上报470亩。

【安置保障】2015年,已交付使用集体土地安置面积120亩,安置户127户;现房安置小区建设用地160.5亩,安置房建设面积为18.5万平方米,年底正在进行土方平整。

【公司组建运行】2015年,按照"立足当前实际,着眼长远规划,做大做强公司,服务园区发展"的总原则,根据市委、市人民政府的安排部署,水口山开发投资公司已顺利组建,领导班子成员已到岗到位,公司各项工作正在有序开展。

【管理体制】2015年,市委十一届四次全会出台《关于加快推进水口山工业新城建设的实施意见》,明确了水口山经济开发区市级经济社会管理权限,并决定对水口山经济开发区实行"封闭管理、独立运行"。衡阳市编委批准了园区"三定方案"的调整,增设了财政局、产业发展局、建设局、社会事务管理局、政府代办服务部。

【招商引资】 2015年,注重围绕有色金属冶炼、化工、铜产业链招商,共引深圳德兴隆电子、江西瑞林铜业、长沙金龙国际、浙江大学规划设计院、衡阳鸿博高新材料、湖南聚科新材料、衡阳市亚晟化工、衡阳市明愉气体、德国梅塞尔工业气体等签约项目9个,签约引资额度19.5亿元;已办理好公司注册、税务等手续和正在建设的项目3个(鸿博高新材料、梅塞尔气体、亚晟化工)。

宜阳工业园

【概况】2015年,常宁市宜阳工业园内设办公室、人事财务部、招商服务部、工程技术部、社会事务部;共有在编人员19人。是年,是园区建设"换挡提速"的一年,在市委、市人民政府的正确领导下,园区上下以创建经济型、生态型、和谐型"省级工业园"为目标,以项目建设为总抓手,突出转型升级、提质增效,园区建设呈现平稳发展的良好势头。截止是年末,已签约企业30家,已投产22家,其中2015年新增规模以上工业企业投产4家,实现年产值20亿元,年创税收5500万元以上,安置劳动力就业10000人。

【投产项目提质增效】2015年,天衡股份公司自生产各类玩具300多万套,产值1.5亿元,创税500多万元。帝棉针织制衣被中国针织工业协会授予"中国差别化功能纤维及高档丝光棉针织T恤研发生产基地"、"中国针织行业品牌贡献奖"、"中国针织工业协会第五届常务理事单位",被衡阳市人民政府认定为"衡阳市农业产业化龙头企业",同时采用"互联网+"的发展模式,通过与淘宝、唯品会等电商的合作。是年,销售额增长了30%,生产衬衣80多万件,产值6000余万元。尚珂伊针织生产600吨包纱、3000万双袜子,产值1亿元以上,创汇700多万美元。福塔茶叶生产的"神丝"牌产品享誉三湘大地,公司春茶产量达7000公斤,完成总产值4000多万元。天伦机电、法国量大等企业在经济下行压力大的情况下,继续保持较快增长。另外园区企业近年来不断加大科技投入和创新力度,至2015年获得10项国家发明专利。

【新上项目投产】2015年,润华新材料公司试投产一条鼓风机生产线和多条消防水带生产线,通过国家质检总局的3C认证,结束湖南无消防水带生产的历史,公司达产后预计年产值1.5亿元,年创税700万元以上。是年,喜宝鞋业一期投产,完成产值近800万元;二期已全面启动,将于2016年初建成1条成品鞋生产线,预计产鞋100万双,年产值在3000万元以上,年创税500多万元。是年,诚创鑫科技完成近20万平方米的LED灯管的生产,产值1000多万元,将建成1条LED日光灯生产线,预计2016年产值达到2000多万元。是年7月,佳盈鞋业试投产1条成品鞋生产线。是年,生产50多万双鞋,计划2016年安装第2条成品鞋生产线,预计年产量150多万双,年产值8000多万元,年创税300多万元,年创汇1300多万美元。

2015年，泰森鞋业进厂安装设备，是年末投产，预计年产外贸鞋100多万双，年产值5000多万元，年创税200多万元，年创汇800多万美元。是年，帝棉二期全面竣工，年末安装设备，计划2016年投产，届时全面达产后将突破150万件的年产量，年产值在1.5亿元以上。

【在建项目启动】2015年初，对所有的在建项目安排了专人联系和督促。嘉兴木业已建成近8000平方米的标准厂房，4000多平方米的办公楼及厂区道路的硬化，预计2016年初能试投产。隆源科技现完成近7000平方米的标准厂房建设，预计2016年初投产。同时，该公司计划追加2亿元投资建设多条光亮铜杆和铜拉丝生产线。宝峰板材正在进行厂区勘测、规划设计和围墙、护坡等附属工程建设，标准厂房基础已初步形成，2016年将建成试投产。华泰铝业现已全面进场施工，标准厂房主体完成50%以上，预计明年初试投产。宏大汽车检测中心预计2016年初建成运行。

【“135”标准厂房建设项目】2015年初，根据市人民政府安排，园区计划完成“135”工程标准厂房的面积为6.5万平方米，是年末，一期1.5万平方米已拨付到位资金40元每平方米，二期2万平方米获审批通过，三期3万平方米申报在省发改委审核。

【项目建设服务】2015年，全面启动工业走廊道路扫尾工程和路灯维修工程。治理投资环境，保护企业发展。重点打击强揽强包、强装强卸、无理阻工、寻衅滋事等违法行为，为入园企业在建设和生产期间保驾护航。定期组织开展企业安全生产隐患大排查，规范企业严格执行安全生产制度。全面推行代办制、首问责任制、责任追究制，优化服务质量。

【存在主要问题和困难】一是规划不力。自2008年规划建设宜阳西区，到2010年调整思路建设工业走廊，使园区企业分布在城市东西两向，不利于产业集约集群，制约了产业结构调整。二是效益不佳。近年来，由于全国经济下行压力大，一些行业整体不景气，加之常宁产业配套程度不高，一些行业上下游产业脱节，导致部分企业物流成本过高。园区部分企业处于停产或滞销状态，特别是2009年招商的4个项目完全停产，退出或转型很难。四是环境不优。政务环境不优，如企业手续办理涉及部门多、程序烦冗、周期过长。社会环境不优，项目建设过程中存在阻工、强买强卖等现象。三是职能部门进入企业检查频繁，存在同一部门不同股室交叉执法。四是配套不全。企业用工难，留不住技术骨干。优惠政策没有统一模式，且兑现时间缓慢。园区基础配套服务跟不上节奏，特别是工业走廊，吃、住、交通、购物、就医等基础性配套服务严重滞后。交通部门开通的工业走廊收费公交车上下班高峰期没有有效对接；水利部门建设的日供水2000立方米的自来水厂由宜潭乡水管站管理，由于水管站人员少，水质与供水后的日常维护达不到要求。

经济综合管理

发展和改革管理

【概况】 常宁市发展和改革局（简称市发改局）属市人民政府工作部门，是负责研究提出全市国民经济和社会发展战略、规划、总量平衡、结构调整的综合经济部门。2015年，局机关内设办公室、社会发展股、固定资产投资股、农村经济发展股、招标投标监管办公室、资源环境和项目前期工作股6个职能股室。下设资源枯竭型城市经济转型办公室、重点工程项目前期工作办公室两个科级机构。是年，市发改局在市委、市人民政府的正确领导下，坚持以党的十八大及十八届三中、四中、五中全会精神为指针，紧紧“争当县域经济排头兵”的目标，结合市发改局工作任务和要求，团结奋进，开拓进取，扎实工作，取得了明显成效，促进了全市经济社会持续健康发展。

【年度计划编制】 2015年初，在总结2014年经济及社会发展现状的基础上，认真分析当前经济和社会发展形势，充分征求市级各部门意见后，及时编制《2015年常宁市国民经济及社会发展计划》，提出常宁经济社会发展的主要目标，并在全市第十六届人民代表大会第四次会议上审议通过。为确保计划有效实施，一方面对全市项目建设、计划执行情况进行调研，加强对政策措施的落实及计划执行情况的跟踪监督，认真总结计划执行情况及存在问题，并定期向市委、市人民政府汇报；另一方面每季度对全市经济运行情况进行分析，准确地把握经济发展中的宏观信息，提出建设性的意见，充分发挥参谋作用，确保全市经济和社会持续健康发展。

【跑项争资】 2015年，按照市委、市人民政府的部署和要求，积极向国家、省、市争取项目和资金。在相关部门和项目单位的大力配合下，共争取上级部门安排的各类投资补助资金11.93亿元，其中：中央、省预算内资金项目87个，到位无偿资金3.95亿元。资源枯竭型城市获得国家转移支付资金17615万元，水口山经济开发区获批国家循环化改造示范试点园区，获得中央财政资金支持6845万元。教育、卫生、养老等社会事业获得中央资金3028万元，保障性安居工程获得中央资金2698万元，农村安全饮水工程获2536万元，政法基础设施获1788万元。争取前四批中央专项建设基金项目9个，到位资金7.98亿元（列衡阳市市县市区第一位）。

【重点项目建设】 2015年，策划包装项目95个，总投资383.4亿元，完成衡阳市任务数的158%，深度开发项目33个，总投资91.3亿元，完成衡阳市任务数的132%。全市专项建设基金共储备项目69个，总投资577亿元。是年，共实施重点工程项目79个，其中续建项目47个，新建项目32个，总投资222.6亿元，年度计划投资71.1亿元。79个项目中，列入衡阳市2015年第一、二批重点工程项目34个，其中续建项目16个，新建项目18个，总投资139.8亿元，年度计划投资56.2亿元。至年末，79个重点项目已开工78个，开工率98.7%，完成投资71.9亿元，占年度计划投资的101.1%。其中，34个衡阳市重点工程项目全部开工复工，开工复工率为100%，其中12个项目已完工，完成投资62.4亿元，占年度投资任务53亿元的117.7%。

【行政审批】2015年6月，衡阳市人民政府重新修订《衡阳市政府核准的投资项目目录(2015年本)》，同时还制定了首张“负面清单”，即《衡阳市外商投资准入管理目录（2015年本）》。这两个目录的制定，收紧了政府的“手”，放开了市场的“腿”，全面激活社会投资活力，推动企业在市场经济轨道上“大步快跑”。瘦身后的《衡阳市政府核准的投资项目目录(2015年本)》有3项由之前的核准改为备案，有9项将项目核准权下放给县市区。2015年末，常宁市共审批核准项目43个，备案项目67个，总投资90.35亿元。

【招投标核准和节能审查】2015年，坚持标本兼治、综合治理，从源头上预防和解决腐败问题；强化发改部门的指导和协调工作，进一步明确发改部门指导和协调全市招投标工作的职责，规范招标投标活动的配套制度。根据《中华人民共和国招标投标法》、湖南省实施《中华人民共和国招标投标法》和衡阳市人民政府《关于进一步规范国有投资建设项目招投标活动的暂行办法》等有关法律法规文件的规定，加强对工程建设项目招标投标的管理和监督工作。是年，共核准工程建设招投标项目147个，总投资25.76亿元。其中公开招标项目92个，邀请招标项目55个。全面落实节能减排政策，加大节能项目审查力度。全年审查节能项目51个。

【编制“十三五”规划】2015年，把“十三五”规划编制当作一项重要工作来抓。在市委、市人大、市人民政协的高度重视下，在各级各部门紧密配合下，经历了课题研究、向社会各界征求意见、组织各级各部门座谈、基本思路研究及《规划纲要》和《重大项目》编制等阶段，现在规划纲要、重大项目库均已经出台草案，并报送市委、市人大、市政协、老干部及各级各部门广泛征求意见，正在形成送审稿报市十六届人大第五次人民代表大会审议。

【机关日常工作管理】2015年，开展“三严三实”活动，促进机关自身建设。一是加强学习，在思想上武装机关干部。举办多次学习活动，不断提升全体机关干部的政治理论素养和业务水平。二是依法行政，在制度上做到严格自律。认真贯彻落实《中华人民共和国公务员法》《中华人民共和国行政许可法》《中华人民共和国招投标法》等，建立健全行政许可事项办理程序。做好市政务中心发改窗口工作，坚持政务公开，阳光操作。

【存在不足】2015年，存在三个方面的不足：一是在思路研究上，参谋助手职能有待进一步强化，涉及全局性重大改革、发展战略研究还不够。二是深入基层调查研究、主动和超前研究经济发展深层次问题还不够深入有力；忙于对上对外跑项目多，对基层的指导不够得力；在谋划项目上立足点不够高。三是思想解放不够，改革与创新意识不强，对如何应对国家宏观调控政策，加快常宁经济社会发展的办法不多。

审计

【概况】2015年，常宁市审计局有在岗人员72人。内设办公室、财政金融审计股、行政事业审计股、农业审计股、经贸审计股、经济责任审计办公室、固定资产投资审计一股、固定资产投资审计二股、计算机股、内审法规股、人教股、信访室、妇委会、团委。是年，共完成审计项目56个，为全年项目计划46个的121.74%，查出违规问题金额11804.47万元，避免和挽回损失530.62万元，移送违法违纪案件线索7件，提交报告和信息59篇，推动建立健全制度64项。

【政策措施落实情况跟踪审计】2015年，坚持把监督检查省、衡阳市和中共常宁市委、市人民政府重大决策部署的落实作为审计的重要内容，始终关注重大项目落地、重点资金保障、重大政策落实情况，注重时效性，及时反映新情况新问题，发挥政策落实的“督查员”作用。持续组织对稳增长、促改革、调结构、惠民生等政策措施落实情况的跟踪审计,重点关注政策制度执行、配套措施衔接、政策目标实现等问题,促进发挥政策的正确导向和积极效应;围绕贯彻中央八项规定、省委九项规定、常宁十项规定和有关作风建设的要求,在日常审计工作中加强了对职务消费、会议费、培训费支出和楼堂馆所建设等情况的监督检查,并重点对"三公"经费、公款送礼、"小金库"等开展专项治理,促进健全作风建设的长效机制。是年4~8月,按照市纪委的统一部署,审计局承担公款送礼、"三公"经费清理等专项整治工作任务,审计结果表明,2014年以来,全市各单位公款送礼现象已杜绝,"三公"经费较以前年度均有所下降,津补贴发放进一步规范,但仍然存在一些违规问题需要引起高度重视。

【财政审计】2015年,按照"评价总体、揭露问题、规范管理、促进改革、提高绩效"的工作思路,加大对重点资金、重点部门、重点领域的审计监督,重点关注资金分配的合理性和使用的效益性,着重从宏观、全局角度,集中反映和揭示财政资金运行中体制、机制和管理上存在的问题,分析原因,提出建议,注重把握、提升审计报告的总体性、宏观性和建设性,进一步拓展财政审计的深度。审计工作报告得到了市人大和市人民政府的高度评价,有关部门积极采纳审计建议,制定了相关措施,完善了财经管理制度。

【经济责任审计】2015年,根据市委组织部的委托,市审计局重点从关注政策执行、经济决策、财政管理、项目开发、廉洁自律等方面的情况入手,客观公正地对被审计的领导干部作出评价,并通过对比分析,形成综合报告,揭示一些普遍性的问题,为市几大家管理、考察和任用干部服务,个别存在问题的部门负责人,则由党委和政府进行约谈。

【固定资产投资审计】2015年完成固定资产投资竣工结算审计项目20个,审计资金总额25843.42万元,核减净值4666.07万元,核减率18.06%,严肃查处高估冒算、虚报工程量、损失浪费等问题,有效保证资金都花在应花的地方,花出应有的效益。

【财务收支审计】2015年,为促进廉洁政府、俭朴政府、法治政府建设,按照市委、市人民政府部署的清理"小金库"、公款送礼、违规职务消费等几个专项整治工作,市审计局将专项整治中的有关内容,纳入常态审计范围,进一步强化财务收支审计。审计中,着重加强对有关作风建设规定落实情况的督促检查,重点关注"三公"经费和会议费的支出情况,及时发现和纠正上有政策、下有对策,有令不行、有禁不止等行为,较好地维护了财经纪律和经济发展秩序,提高了政府的公信力和执行力。(费 鹏)

物价管理

【概况】常宁市物价局是常宁市人民政府主管价格和收费的工作部门。2015年,局机关内设办公室、综合法规股、行政事业性收费管理股、教育收费管理股、商品价格管理股、服务价格管理股、房地产价格管理股、价格调节基金征管办公室、价格监测中心、价格信息中心、宏达价格事务所11个股室,下辖价格监督检查局(副科级单位)、价格成本调查队(队长高配副科级)2个直属行政机构和价格认证中心1个全民事业单位。是年,在市委、市人民政府的领导和上级价格主管部门的精心指导下,深入贯彻落实省、衡阳市价格工作部署和市委经济工作会议精神,凝心聚气、攻坚克难,自觉服从与服务常宁发展大局,在强化市场价格监管,优化经济发展环境,加快推进重点领域价费改革等各项工作上取得明显成效,为常宁经济社会持续快速健康发展做出了价格部门新的更大的贡献。是年,共查处各类价格违法案件82起,没收上缴财政136.7万元。

【市场价格监测预警】2015年,为防止和有效应对市场价格异常波动,坚持对全市12个主要价格监测点和49个监测品种实行"日监测、周(旬)上报、月统计分析"制度,特别是密切关注蔬菜、粮油、瓶装液化气等居民生活必需品和生猪、农资、煤炭等重要商品的价格变动情况，确保监测数据的时效性和预见性。是年，共发布及上报各类价格监测数据77篇，《常宁物价》11篇。

【民生价格信息公开】2015年，坚持定时定点定责，每早7点2人一组对全市8个主要超市和4个集贸市场现场进行价格信息采集，并通过在市区福乐佳超市等4个地点专设的LED液晶显示屏及时滚动发布27种民生商品价格，不但有效规范了商家定价、方便市民“价比三家”，同时也扩大了价格工作影响力。

【价格重点课题调研】2015年，组织各业务股室深入基层撰写《关于我市农村集中供水有关情况的汇报》《关于水松地区工业园企业用水、用气价格情况的汇报》等多篇内容数据翔实、分析建议到位的市场价格调研报告，同时积极呈报市几委、市人民政府、市人大、市政协，为领导决策提供可靠的参考依据。

【大价格调节基金的征收】2015年，规范征收领域，做到应收尽收，特别是突出加强与房产、国土等相关代征单位的沟通协调力度，通过直征和代征两手抓，截至年末，共征收价格调节基金750余万元，同时积极向省市争取专项资金，通过及时拨付资金对辖区内多个乡镇的“菜篮子”工程建设进行专项扶持，确保市民“菜篮子”充实和价格稳定。

【教育收费】2015年，及时落实全市春、秋季教育收费工作协调会议精神，保持对各中小学春、秋季开学教育收费监管高压态势，要求各学校严守不自立项目收费等“关于教育收费八条禁令”，严格执行教辅资料管理有关规定。加强校车运行服务收费管理，确定湘汇校车公司试营阶段收费标准最高限价为每学期800元/生•期，同时放开全市非普惠性幼儿园收费标准的备案审批，全面放开民办学历教育收费审批。

【房地产价格】2015年，对南门湖华侨城、胜邦东方明珠等全市各商品房楼盘执行“一套一标、明码标价”的政策执行情况多次开展专项检查，着重查处经营者在销售商品房时不按规定明码标价、价外加价及价格欺诈等价格违法行为，并加强了商品房价格备案管理。同时对房地产及建筑服务领域多项收费加强监管，及时推行取消、停止、降低及市场化价格政策。从严核定城区园林绿化费收费项目及标准，同时草拟《关于开征城区生活垃圾处理费的通知》，待上级批准后实施，此举将有力促进常宁的垃圾处理工作。

【低收入群体价格补贴】2015年，为保障城乡低收入群体的基本生活稳定，坚持对城镇低保户给予每月减免4吨水（2015年实行阶梯式水价后上调至5吨）、10度电、7.5元有线电视收视费等价费优惠政策，全年合计为低保户减免费用62.34万元。

【价格认证】2015年，共受理鉴证案件256起，鉴证总金额351.5万元，其中受理刑事案件174起，涉案金额127万元。治安行政案件70起，涉案金额30万元。鉴证数量较去年上升了10%。为公检法司部门打击犯罪维护社会稳定做出了积极贡献。

【优化企业发展环境】2015年，巩固深化“发展环境优化年”成果，集中开展了执法、监管、公共服务等窗口行业和领域收费专项检查，该项检查得到市人民政府高度重视，常务副市长刘启宏对工作方案做出批示。在工作中，首先联合市经信、乡企、宜阳工业园对13家企业深入开展涉企收费专项调研，听取企业对各项收费的反映，摸清了近两年的收费底子，在分组专项检查中。共查处市环保、国土、规划等部门各类价格违法案件8起，查处违价金额38.16万元，并督促其纠错整改到位，确保减轻企业负担、扶持企业发展的各项优惠价费政策落实到位，努力为常宁招商引资营造良好的环境。

【规范部门收费行为】2015年，全面停止收费许可证和服务价格登记证的核发和检审，同步建立实施收费监管动态系统及收费目录清单制度，是年9月1日，又正式实施涉企价费政策接待日制度，进一步畅通政企沟通渠道。通过多种有效手段对各收费单位收费政策执行情况加强事中和事后跟踪监督，督促各相关单位抓好已取消、降标和停止收费政策的落实。继续开展行业协会和中介机构清理整治，共清理中介机构2个、行业协会5个，督促必须脱钩的要脱钩，同时对市规划、环保、建工等部门下属的中介机构收费项目和标准从严核定，着力减轻企业和群众的负担。

【整治市场价格秩序】2015年，针对春运客运票价、教育收费、驾校收费等群众反映强烈的价格问题开展专项检查，同时加强"春节""十一"等节假日市场价格检查巡查力度，做到举报与检查实时联动，尤其高度重视领导批示件与网络举报件的处理，有效维护群众的合法权益。

【药品与医疗服务价格改革】2015年，督促各乡镇卫生院及社区卫生服务机构严格执行国家基本药物制度，同时加强对各医疗卫生机构新增添的医用设施收费项目管理，督促各医院及时公示价格。同时为加快取消县级二级医院药品加成政策，破除以药养医机制弊端。一方面经成本核算等大量前期准备工作，是年4月1日起，对市人民医院、市中医院正式实施医药价格改革，即药品实行零差率销售，仅药品一项两家公立医院每年为患者减少支出780余万元，同时合理提高两所医院的诊疗费、护理费等医疗服务费用，降低大型医用设备检查费。从实际情况来看，医改政策运行总体平稳有序，社会反响较好。另一方面从6月1日起，按国家统一部署，除麻醉药品和第一类精神药品外，取消药品政府定价，今后对医院药品价格进行合理管控将主要依赖药品集中招标采购和医保控费两条途径。

【水价改革】2015年4月29日，召开水价调整听证会后，经市人大审议、并报市人民政府批准，于8月1日起对城市供水价格实行简化分类、价格调整及居民实行阶梯式水价。从正式实施情况看，由于抄表登记、宣传公示等前期准备阶段工作到位，价格舆情引导到位，社会反响较好。

【电价改革】2015年，重点对企业转供区（柏枋铜矿）、发电企业自供区（大坪电站等小水电站）进行专项摸底调研，为以上两类特殊供电区加快线路改造、最终并入国家电网管理提供翔实可靠的依据。同时积极为野马水库及胜桥电站调整申报上网电价，切实缓解供用电价格矛盾，推动常宁的小水电事业发展。

【水松工业园用水、用气价格优惠】2015年，为认真落实市人大、市人民政府主要领导的安排部署，推动水松工业园在建企业早日投产运行，一方面积极向上级价格主管部门争取优惠政策，另一方面深入水松供水管理所、中油金鸿燃气有限公司及园区企业，通过座谈会、实地考察等有效形式，综合各方意见，兼顾各方利益，做到在制定价格政策时最大程度减轻水松园区企业用水、用气负担。已拟订水松工业园入户管网建设费最高指导价，待市人大批准后实施。

【其他项目价格及管理权限改革】2014年下半年以来，省、衡阳市先后出台了一系列推进价格市场化改革的政策文件，文件下发多、涵盖范围广，放权力度大，面对时间紧、任务烦琐艰巨的实际困难，常宁迎难而上，主动作为，积极稳妥地推进驾校收费、民办幼儿园收费等多个项目的价格市场化改革。从实际运行情况看，由于宣传公示等准备工作充分，各项价格改革政策实施顺利，群众普遍能够理解接受，全市价格总水平依然保持基本稳定。

【队伍建设】2015年，坚持重大问题班子集体研究决策，并定期召开民主生活会，积极开展批评与自我批评，做到大事讲原则、小事讲风格，共事讲友谊，带动全局上下形成干事创业良好工作氛围。是年，充分发挥班子的表率作用，巩固全局教育实践活动成果，并深入开展"三严三实"专题教育，在全局党员干部中不断强化"作风建设永远在路上”的忧患意识，同时坚持利用周五集中学习制度，对全局干部职工加强集中政治辅导和业务培训，有效提高了全局党员干部的政治素质、勤政廉政意识与依法行政能力。

【优质服务】2015年，严格落实首问责任制、限时办结制等机关各项规章制度，努力为办事群众提供了一个高效、温馨的政务环境，同时加强政务公开，通过党政门户网及时公开有关价费收费文件、民生价格信息等84篇。特别是严格落实目标管理考核责任制，以岗定责，量化考核，切实做到能者上、庸者下，在全局营造起干事创业的良好氛围，切实树立起价格部门亲民爱民服务为民的良好社会形象。

【存在问题】2015年，存在三个方面的问题：一是价格执法环境有待改善。检查难、处罚难等现象仍然不同程度存在，如农村客运票价、商品房价外加价。二是价格监管成效有待加强。价格工作成效离群众的期望还存在一定差距。部门齐抓共管协同作战有待加强，以克服物价部门以一家之力孤军奋战的局面。三是价格监管手段有待创新。本轮价格市场化改革涉及项目多，放权力度大，改革任务烦琐艰巨，以往很多价格监管手段已不能适应新政策、新变化、新需要，很多方面要摸着石头过河。

统 计

【概况】常宁市统计局是常宁市人民政府的统计机构，主要职能是收集、整理、汇总、上报全市农业、工业、建设业、房地产业、批零贸易服务业等各行各业的数据资料；对地方生产总值（GDP）进行核算；正确反映地方经济发展速度；完成市域经济、重点工作、为民办实事等考核的基础性工作；开展多种形式的抽样调查；对社会热点问题、难点

常宁市2015年全市主要经济指标数

计量单位：亿元、%

指标名称	1—12月	增长(%)
地区生产总值	269.60	9.0
#第一产业	47.26	3.8
第二产业	108.88	6.4
#工业	103.74	6.3
第三产业	113.46	14.2
三产业比重	17.5:40.4:42.1	
规模以上工业增加值增速	6.6	
农业总产值	79.54	4.0
固定资产投资	160.84	19.7
社会消费品零售总额	80.05	10.7
财政总收入（1—12月）	16.31	15.6
#一般预算收入	12.72	17.9
金融机构存款余额	205.35	17.3
#个人存款	160.66	11.2
金融机构贷款余额	81.85	25.4
城镇居民人均可支配收入（元）	25314	8.9
农村居民人均可支配收入（元）	12812	9.1

说明：1. 金融数据是与去年同期比，是人民银行报送数；
2. 为便于指标同步，原居民储蓄指标更名为个人存款

问题开展调查研究，为党政领导决策提供依据；为政府做好人口普查、经济普查、农业普查、基本单位普查等各种大型普查的业务工作。2015年，市统计局内设办公室、业务股、综合研究室、政策法规股、网络信息股、普查中心、统计执法队。是年，全局有干部职工34人。

【全市主要经济指标】2015年，全市地区生产总值269.60亿元，增长9.0 %，第一产业完成增加值47.26亿元，增长3.8%；第二产业完成增加值108.88亿元，增长6.4%；第三产业完成增加值113.46亿元，增长14.2%。全市经济呈现稳中有增的运行态势。

【常规统计调查】2015年，执行省、衡阳市统计报表制度，组织实施农业、工业、建筑业、批发零售住宿餐饮业、房地产开发经营业、服务业等行业，以及能源、投资、人口、劳动、社会、科技、环境等领域各项常规统计调查。围绕市委、市人民政府的工作重点和需求，及时准确做好月度、季度、年度各项主要经济指标的统计核算，运用统计数据、统计信息、统计分析报告等多种形式，及时反映全市经济社会发展进度情况。围绕经济发展方式转变、产业结构调整、新兴产业发展、节能降耗、自主创新、项目投资、收入分配和劳动就业等各级党政领导和社会各界关心的重点、热点问题，开展专项调查研究，为党政领导和社会公众提供全方位、宽领域、多形式的统计信息服务。

【监督检查】2015年，从3月开始，对一些单位进行重点检查，查出一些统计违法单位，并进行严肃处理。是年，共检查32个单位，处理15起统计违法案件，维护统计法的威严，保障统计数据质量，收到良好的社会效果。与此同时，开展统计法规知识培训，通过法规知识培训，增强了基层统计人员的统计法律意识，在统计队伍中逐步形成了学法、用法、守法的新局面。由于依法办事，执法严厉，措施得力，确保了全市统计数据质量。

【全国1%人口抽样调查】2015年，开展1%人口抽样调查是一项大型国情国力调查，主要目的就是要摸清2010年以来国家人口数量、素质、构成、分布以及居住等方面的变化情况，特别是要摸清人口的结构和素质以及就业和失业情况，从而为制定国民经济和社会发展规划提供科学准确的统计信息支持，为正确处理人口资源环境关系提供重要依据。根据省、衡阳市文件精神要求，常宁市于2015年1月6日下发《常宁市人民政府办公室关于做好常宁市2015年全国1%人口抽样调查的通知》(常政办发[2015]1号)文件，成立专门工作协调小组，市委常委、市人民政府常务副市长刘启宏任组长。2015年5月13日，在常宁市统计局会议室召开由各乡镇、街道办事处统计员参加的“2015年全国1%人口调查抽样框整理工作培训会议”。按照“统一领导、分工协作、分级负责、共同参与”的原则，做好调查的组织和实施工作。9月29日，在常宁市统计局会议室举办“2015年1%人口抽样调查综合业务培训会”，全市被抽中的20个乡镇街道调查指导员和调查员及常宁市统计局全局干部职工共60余人参加培训。培训会由市统计局局长唐彬主持，衡阳市统计局副局长罗理义到会并作讲话。紧接着完成抽样、调查区绘制地图和地址码、宣传动员、数据处理、调查员的借调招聘和培训、摸底、登记、质量抽查、编码、数据汇总等一系列的工作，确保2015年底全国1%人口抽样调查工作圆满完成。

【第三次全国经济普查总结表彰】2015年10月27日，常宁市第三次全国经济普查总结表彰暨全国1%人口抽样调查部署大会在常宁市人民政府九楼大会议室召开，大会总结表彰全市第三次经济普查工作，表彰先进单位和先进个人；安排部署全市1%人口抽样调查具体工作。第三次经济普查是国务院部署的一次重大国情国力调查，通过普查，比较全面地掌握常宁二、三产业的基本情况，摸清境内“二、三产业”的家底，为加快推进常宁全面小康建设进程、新型工业化建设和现代服务业发展提供了大量的基础性资料，为市委、市人民政府科学决策提供了依据。两年来，严格按照国家、省、衡阳市的统一部署，克服时间紧、任务重、难度大等不利因素，扎实工作，圆满完成普查任务。培元街道办事处荣获“全国第三次经济普查先进集体”。

【联网直报调度中心】2015年，省统计局配发给常宁12.5万元的设备，把常宁统计局大会议室按统一要求进行装修，联网直报调度中心已于7月10日投入使用，将覆盖全市所有企事业单位和乡镇统计管理办公室的联网直报指挥调度系统，并满足乡镇统计机构通过非专业终端（如手机客户端、WEB网页、PDA、PC电脑软件）等方式进行在线交流互动的需要。该项目建成后可实现全市各级统计机构的上下联动、相互配合、实时监控和及时响应，集中各相关行业和部门在联网直报数据报送和处理期间及时进行指挥、协调、催报和应急处理，有效加强对联网直报数据的在线审核，进一步提升统计工作效率。

【小康指标监测】根据2015年5月12日全市全面建成小康社会推进工作会议精神，为更好地推进2015年度全面建成小康社会各项工作，完成2015年小康监测指标目标任务，市统计局成立以局长为组长的全面建成小康社会领导小组，主管业务工作的城调队长、总统计师为副组长，各业务股室负责人为成员，并下设办公室，专人负责综合测算，各成员负责全面跟进，确保2019年总体目标任务的完成，确保2015年年度目标任务的完成。

【资源枯竭型城市、第二轮特色县域经济重点县申报】2015年，在项目的申报阶段做了大量的基础性工作，对申报所需的统计数据进行收集、测算、分析、汇总，并多次到国家、省统计局汇报、沟通。使数据能符合申报标准。按照资源枯竭型城市转型监测统计及特色县域经济重点县报表制度规定，联合公安、人社、经信、水口山、宜阳工业园、民政、国土、环保、林业等相关部门，仔细填报，认真核查，使该项报表工作得以高质高效完成。

【精准扶贫】2015年，胜桥镇利群村是市统计局建设扶贫的挂点村，是年初，市统计局和市档案局、市轻工业总公司共同组成的扶贫工作队入驻利群村后，紧紧围绕“民生优先，助推发展”的工作思路，以改善民生为切入点，以服务发展为主抓手，全力开展精准扶贫。是年8月22日，市领导召集有关单位负责人现场办公，一期工程计划200户，主要协商解决自来水安装的事宜，对其中5户特困户实行全免费安装。是年10月23日，市统计局班子成员等一行8人来到利群村，分别到各自所联系的贫困户开展“一进二访”活动，摸清扶贫户“底数”，查找扶贫开发面临的问题，有针对性指导扶贫脱贫工作。活动中，走访人员分别对利群村张家组张国平等6户贫困户逐一进行了慰问，每户送去了600～1000元不等的慰问金，并与贫困户面对面交谈，了解所需所盼，一起出点子、想办法，鼓励其坚定信心，通过多方合力，早日摆脱贫困。

【“1+1”联村活动及新农村建设】2015年，根据市委、市人民政府的安排，市统计局新农村建设工作及“1+1”联村工作在胜桥镇巷子口村，联村干部多次到联村户进行帮扶并协助村里搞好计划生育工作，共出资7000余元。为了美化村容村貌，加快“绿色常宁”建设，进一步推进城乡绿化、改善人居环境和推动全民义务植树活动的深入开展，是年3月25日，全局干部职工到胜桥镇巷子口村参加义务植树。是年，新农村建设的点在胜桥镇渣石村。是年6月，由市长李涛主持召开了现场办公会，市统计局作为队长单位参加了现场办公会，并出资2万元支持渣石村的村部建设。

调　查

【概况】国家统计局常宁调查队，是国家统计局直属的政府统计调查机构，依法独立行使统计调查、统计执法、统计监督的职能。独立向国家统计局和湖南调查总队上报调查结果，并对上报的调查资料的真实性负责。同时，承担地方党委、政府委托的各项统计调查任务。工作方式以抽样调查为主。2015年，机关内设办公室、业务调查股、监测与专项调查股。是年，常宁调查队在省总队、衡阳市队、常宁市委、市人民政府的领导下，坚持以党的十八大精神为指导，深入学习贯彻党的十八届五中全会精神，开展“三严三实”教育，紧紧围绕省总队工作目标及常宁市委、市人民政府的经济和社会发展目标，进一步解放思想，切实转变干部的工作作风，全面推进“三个提高”工作的落实，以提高统计调查数据质量为中心，突出抓好基础建设、业务建设和队伍建设，夯实统计基层基础力量，提高统计服务水平，优化统计工作环境，全队干部脚踏实地、团结协作，圆满完成了全年各项统计调查工作任务。是年，住户收支状况调查、农民工监测、粮食产量、微小企业个体户跟踪调查、规下工业、农产品价格及中间消耗、农户固定资产投资、畜禽监测、重大信息、专项调查、等各项调查业务和文明创建、城市网格化管理等工作，都取得了很好的成绩，受到了总队、衡阳市队、市委、市人民政府领导的表扬。是年，获全省调查系统综合考核中获单位“二等奖”，7项专业获奖；获衡阳市调查队考核一等奖；获市委、市人民政府目标管理优秀单位。

【制度建设】2015年，十分重视各类规章制度的完善，不断根据新形势、新要求，完善各项管理制度。结合常宁调查队实际，先后修订了《国家统计局常宁调查队2015年工作要点》《国家统计局常宁调查队2015年党风廉政建设工作要点》《常宁调查队干部岗位目标管理实施细则》《常宁调查队微机管理制度》《常宁调查队财务管理制度》《常宁调查队党支部工作制度》《常宁调查队小车管理制度》《常宁调查队接待管理制度》《常宁调查队考勤制度》《常宁调查队出差管理制度》《常宁调查队下乡管理制度》等一系列的制度。

【“三严三实”专题教育】2015年，组织学习《一步一履总关情——习近平总书记在浙江考察纪实》《看清形势适应趋势发挥优势，善于运用辩证思维谋划发展——习近平总书记在贵州视察的讲话精神》《习近平同志会见优秀县委书记时的讲话》《习近平主持召开中央全面深化改革领导小组第十四次会议强调把“三严三实”贯穿改革全过程努力做全面深化改革的实干家》《中共中央组织部关于在“三严三实”专题教育中联系反面典型深入开展研讨的通知》《中共国家统计局党组关于认真学习贯彻习近平总书记重要指示精神扎实推进三严三实专题教育的通知》等一系列习总书记讲话精神和中央、国家局有关的文件精神；认真学习焦裕禄、杨善洲、沈浩以及统计调查系统涌现出的“最美统计人”“最美普查员”等先进典型事迹，从周永康、薄熙来等腐败分子，以及近年统计系统通报查处的违反中央八项规定精神、在统计上弄虚作假等违法违纪案件中吸取教训。深入开展领导、党员干部讲党课，深入透彻的讲解“三严三实——严以修身、严于律己、严于用权，谋事要实、创业要实、做人要实”讲清楚“三严三实”专题教育对推进统计改革发展的重大意义，同时指出“不严不实”的问题和具体表现。

【三创三争活动】 2015年，按照省总队统计调查工作会议精神，积极开展“三创三争”活动，在全队掀起一个“从我做起，立足本职岗位，争当三创三争排头兵”的新高潮。文明创建工作开展“道德讲堂”，全队干部轮流上台讲课。推进城市网格化管理，党员干部深入社区服务，到社区报到，到家门口服务。全队在职党员4名，共为民办实事17次，参加负责社区活动22次。队党支部要求每个党员写出服务群众公开承诺书，要求内容要有针对性、时代性、可操作性和可考量性。同时，每位党员干部深入农村调查研究，下乡农村，贴身农户，宣传中央文件政策，让农民吃透中央政策吃下“定心丸”。

【内部管理】 2015年。进一步加强人事管理、财务管理、业务管理、行政管理和廉政建设等各项工作，努力提高调查队的运作效率和水平。以多种形式组织开展业务学习、调查技能、信息化建设等专题业务培训活动，努力提升统计调查能力、执行能力和综合素质。组织学习《统计违法违纪行为处分规定》和新《中华人民共和国统计法》及统计相关分析讲座。通过以上学习实践活动，使全队队员执法能力水平大有提高，自觉地维护和提高政府统计调查机构的公信力。

【业务工作】2015年，各项调查业务工作，执行国家统计调查方案和《湖南统计业务规范化标准》，确保调查数质量作为国家调查队的立足之本。扎实做好住户调查基础工作，调查员经常性下到网点核实数据，回到队里相互开展查错纠错活动。为提高住户辅助调查员的业务能力，专名开展了对调查员的业务培训，收到了很好的效果，调查户的记账意识、记账笔数，记账质量有了大幅度的提高。是年3月，开展的第三次全国经济普查个体经营户抽样调查工作，成立以队长为组长的领导小组领导工作。严格按照调查方案，分组下到各乡镇、办事处调查，制订全面摸底，集中攻坚，稳步推进的工作方法有序进行。与市统计局及相关乡镇加强联系，选聘18名辅助调查员并对他们进行基本业务培训。制定常宁市“三经普”个体经营户抽样调查工作方案，召开全市个体户抽样工作业务培训会，对现场调查工作进行了再部署、再动员，对调查员再次进行现场集中培训。制定《三经普调查岗位责任制度》，严格落实岗位责任追究制，将责任明确到人。做好抽样调查相关宣传物质、设备、资料等开展好抽样调查宣传工作。核定好普查小区个体户底册，完成普查小区样本的抽选并开展现场摸底采样试点工作。4月18日，通过全队同志努力，圆满完成了PDA数据录入、上报。经市队推荐、总队考核常宁调查队在这次“三经普”调查中，获得多项荣誉和奖励。对农民工调查、粮食产量、农产品中间消耗及价格、农户固定资产投资、畜禽监测调查、专项调查等专业，从四个方面强化基础工作：一是继续抓好业务学习，提高各调查专业人员、辅助调查员业务水平。二是耐心做好辅助调查员和记账户的思想工作，争做辅助调查员、调查户的知心朋友，增加对他们的感情投入，帮助他们解决力所能及的问题和困难，激发了他们对调查工作的热情支持。三是按照总队的要求，实行包点包户的原则，每个月由县队人员深入到各自的调查点，结合收集报表工作，对记账户的记账情况进行检查，及时纠正存在的问题。并要求全队专业调查人员每月一次深入到调查网点，与辅助调查员一道走访调查户，了解调查户情况，指导督促各调查对象记好调查账页。四是开展调查数据质量检查工作。按照省总队调查数据质量控制评估办法等有关要求，开展了城乡住户调查、农民工调查、粮食产量、农产品中间消耗及价格、农户固定资产投资、畜禽监测调查、专项调查等专业数据质量和基础工作大检查。对在数据质量与基础工作检查中发现存在的问题，各专业人员进行了认真整改，同时上报自查报告。如对粮食产量监测调查，被抽中的2个调查点，对早稻种植面积进行了核查，制定了相应的整改措施。2015年6月，专门举办一期粮食产量辅助调查员培训班，进行调查业务专门培训，使每个参与调查者都能熟悉调查方案、调查指标内容、准确填写调查表和登记台账，及时上报真实可靠的数据资料。由于加强了各项调查基础工作的规范化管理，通过自查和总队抽查，常宁的基础工作基本上达到了国家及总队的规范化要求，保证了数据质量。

【统计法制工作】2015年，建立健全各项工作机构，配齐统计调查执法人员和纪检监察人员，加强《统计法》和《统计法实施细则》、《统计违法违纪行为处分规定》等统计法律法规知识的学习宣传；建章建制，完善内部监督机制，加强对行政决策执行情况和各项调查活动的开展情况的监督检查，制定工作责任书，贯彻落实好党风廉政建设责任制，加强统计调查人员、统计调查对象的普法教育，树立依法开展调查，依法提供统计调查数据情况的工作理念；开展基础工作自查和统计巡查工作的自检自查；在统计执法工作中，把经常性检查和重点检查相结合。在日常工作当中，结合本单位各专业报送报表情况，完善报表报送登记制度，重点检查调查对象的拒报、迟报、提供不真实或不完整资料的违法行为，依法严肃查处。每个月各专业必须检查各基层单位不得少于2个，每月进行考核登记和通报。是年，共检查调查统计单位数225个，发现有统计违法行为的单位数仅4个，由于情节较轻，不予立案处理。

【信息工作】2015年，与市农业局撰写《常宁春播需抓住当前有利气候条件科学安排作物播种期》、《常宁市农业生产状况》《常宁市受连续阴雨影响秋粮生产情况不容乐观》；与市教育局撰写的《高校学费上涨，常宁贫困大学生家庭压力大》；与市畜牧水产局撰写的《常宁生猪存栏上升，生猪生产稳定发展》《常宁家禽养殖情况》；与市粮食局撰写的《常宁市中晚稻收购情况》，及专门开展调查的《常宁八成民众支持依法治国》《常宁职工带薪休假情况调查》《常宁房地产市场情况调查》等调查报告引起了有关领导的高度重视，为领导决策及社会提供优质服务。是年，共写出各种分析材料100余篇，其中分别被《湖南信息》、省总队内网、《衡阳信息》《常宁经济》《常宁信息》等各级刊物采用30余篇，取得了较好的经济效益和显著的社会效果。

【财务管理】2015年，接待客人坚持不进豪华酒店进排档。对预算外的财务开支实行严格控制，做到不私设小金库、不设账外账、不乱发钱物等等。大额资金集体研究，再进行公开，定期公布资金使用去向，把有限的资金使用好。严格执行公务接待费、公款旅游、小车购置、会议和庆典、通信费用等方面的有关规定，严禁用公款大吃大喝、游山玩水和进行高消费娱乐活动。特别是对领导班子的手机、住宅电话费标准的严格审核，严格遵守当地纪检监察部门对手机、通信费用的有关规定。在物资采购的管理上，严格执行重要物资由队集中采购的规定，统一由办公室管理和采购，防止和杜绝公款私用和铺张浪费，不讲排场，不摆阔气，永保艰苦奋斗的优良作风。

【存在不足】2015年，存在三个方面的不足：一是与上级的要求比，与先进的县(市)队比，还有一定的差距。二是调查工作任务逐年增多，而调查工作的人手远远不够，给工作带来局限性。三是在调查方法上灵活性不够，还跟不上常宁社会、经济发展的步伐。这些问题有待今后加以克服。

国土资源管理

【概况】2015年，常宁市国土资源局是政府组成部门，主管全市土地矿产等自然资源的管理、保护、合理利用和测绘事业。全局有干部职工447人。局机关内设办公室（信访办公室）、人事宣教股、财务股、规划股、耕地保护股、建设用地股、地籍管理股（地产股、不动产登记股、矿产开发管理股（勘查股）、地质环境储量股、法制股（行政审批服务股）、测绘管理股。下设水口山国土资源分局、土地开发整理中心、地质公园管理所、土地收购储备中心、地质环境监测站、国土资源执法监察大队和乡25个镇（办事处）国土资源所。

【用地报批】2015年，共争取用地指标209.7655公顷，其中年度新增建设用地指标93公顷、低丘缓坡专项指标116.7655公顷。已经省国土资源厅批回用地204.353公顷；已经省国土资源厅会审，但因财政资金压力较大未缴费，还有43.2615公顷未批回。

【助推项目】2015年，对全市新建项目的用地选址和规模进行严格把关，为水口山工业新城建设项目、核电建设项目和高中教育发展项目保驾护航。其中，对水口山工业新城、五矿路、新园路、双园路以及华兴冶炼、宏兴化工、一品新能源等厂矿企业的用地计划100%予以保障，该批项目用地已经全部批回。向省国土资源厅争取将常宁核电项目挤进省市重点项目笼子，纳入绿色通道。根据市人大批准的教育黄线，按照“一南一北规划常宁一中、常宁二中新校区”的思路，提前启动土地利用总体规划调整完善工作，把常宁二中新校区和尚宇学校纳入规划调整完善范围，把常宁一中新校区纳入低丘缓坡范围，解决用地需求。

【征储用地】2015年，对全市近90个建设项目全部实行领导包干负责制，做到了具体任务分配到人、具体责任落实到人。共完成对金铜项目、瓦松铁路、广济水库、北一环、白甫水库、驾考培训中心、华岁项目、西一环南段、虎溪洞储备、老年公寓等10余个项目共245.33公顷土地的征收工作。同时，全力推进土地储备工作，完成年度土地储备和土地供应计划编制工作，在全市总体规划范围内红线储备用地600公顷，实物收储土地180公顷，确保了全市各重点项目用地应保尽保。

【规范市场经营】2015年，全面推行国有建设用地使用权网上公开招拍挂制度，建立网上交易电子监管系统，确保土地矿产交易信息充分公开，参与竞买方便自由，电脑系统自动控制流程，竞买人身份严格保密，有效防止了围标、串标等人为因素对土地市场的恶意干扰，真正实现了土地矿产交易的公开、公平、公正。是年，通过招拍挂出让国有建设用地使用权共计71宗，总计出让面积152.6479公顷，成交价款10.784007亿元。其中拍卖出让土地4宗，出让面积1.121公顷，成交价款2177.29万元；挂牌出让土地67宗，面积151.5269公顷，成交价款10.566278亿元。共计契税2336.3712万元，价格调节基金505.16万元，交易服务费338.46万元。

【节约集约用地】2015年，完成《2015年度国有建设用地供应计划》编制工作，将用地指标向重点工业产业项目、重大招商项目、新农村建设项目、小城镇建设项目、工业园项目等方面倾斜，对不符合产业政策或土地利用效率不高以及严重污染环境的建设项目一律不予供地。近五年来，平均供地率为84.65%，超过上级部门规定的60%的供地标准，有效完成了供应计划。积极开展城市建设用地节约集约利用评价和水口山经济开发区集约利用评价工作，形成初步成果，顺利通过省国土资源厅验收，水口山经济开发区集约利用评价工作得到省国土资源厅的肯定，并获得用地指标奖励。

【强化批后监管】2015年，按照出让合同约定，对全市各出让宗地项目的开工、竣工时间进行实地检查监管，做好项目的跟踪调查，建立项目监管台账。提请市人民政府制定出台《常宁市闲置土地处置若干规定》(常政发〔2015〕25号)，组织开展闲置土地调查清理工作，调查清理水口山宏兴化工有限公司等28宗工业用地，对存在低效利用的常宁市广电科技有限公司进行整改，对宜阳东方商贸城涉嫌改变容积率进行立案调查。

【落实共同责任】2015年，提请市人民政府签订到乡镇(办事处)耕地保护责任状27份，到村责任书706份，到农户责任卡22.3万份，基本农田落实到图斑813457个。配合市委、市人民政府对全市各乡镇(办事处)“耕地保有量及耕种情况、基本农田保护工作情况、违法案件查处情况、土地整治开发工作情况”等方面进行全面检查考核。

【夯实基础建设】2015年，划出专项资金对辖区内部级、衡阳市级、常宁市级基本农田保护标志牌进行了维护和翻新。刷新高标准基本农田保护标志牌27块，维护耕地保护宣传牌2处、基本农田保护界桩585块。完善基本农田保护资料，全面建立了耕地保护巡查台账。是年，全市基本农田保护面积40351.8公顷，高于上级部门下达的40350公顷的保护目标。

【推进工程项目】2015年，组织实施2015年土地开发和土地整治项目16个，建设总规模1475.71公顷，总投资8856.44万元，其中省级土地开发项目3个、省级土地整治项目2个、市(县)土地整治项目3个、本级土地开发和水田开发项目8个。是年，已通过省、衡阳市验收确认的土地整治项目实现新增耕地45.93公顷。积极抓好项目申报工作。向上级申报2016年度省级农村土地整治项目1个，项目选址官岭镇淡沅村和大堡乡排山村；申报了2016年度省级自然灾害土地复垦项目1个，项目选址西岭镇石山村；申报2016年度市县级农村土地整治项目5个，项目选址分别位于官岭镇虾塘村和鹅桥村、大堡乡桥木村、天堂山风景名胜管理处黄洞村和黄江村、板桥镇大新阳村、罗桥镇柏坪村，项目总面积543.081公顷，估算总投资1295.3355万元。

【划定基本农田】2015年，提请市人民政府成立永久基本农田划定工作领导小组，制订出台《常宁市永久基本农田划定工作实施方案》，并根据省市相关要求，完成对永久基本农田划定工作技术单位实行政府采购中心公开招标的方式确认等工作。配合市人民政府及相关部门对市辖区内不符合划定要求需要调整出去的基本农田和应当划入为基本农田需要调入的耕地进行了摸底调查。是年，已划定基本农田小于1公顷的零星耕地为2746.66公顷；一般耕地中小于1公顷的零星耕地为3733.33公顷；已划定基本农田中旱地坡度大于15度、水田坡度大于25度耕地为73.333公顷；一般耕地中旱地坡度大于15度、水田坡度大于25度耕地为1066.66公顷。其中，全市要调出基本农田2820公顷，按规定需补划相应的优质耕地，现已实际调入基本农田190.47公顷。初步完成永久基本农田划定工作的基础资料收集工作，并制作工作底图。同时，为确保耕地质量，开展耕地质量等级更新评价工作，耕地质量等级更新评价成果通过了省国土资源厅验收。

【把关矿产资源开发秩序】2015年，编制完成《常宁市普通建筑用砂石土黏土矿业权设置方案》，并通过市人民政府审查，报国土资源部矿业权管理系备案并获得省、衡阳市人民政府批复。积极稳妥地推进矿产资源开发整合，建立健全矿产资源开发管理工作新机制新制度，整顿工作顺利通过省市检查验收。在2014年关闭35个矿山企业的基础上，2015年又先后关闭盐湖镇五七煤矿、荫田镇观龙采石场等5家矿山企业。对保留下来的县级发证矿山企业，生产规模大幅提高，是年，松柏楠木、板桥常盛、官岭淡沅、大堡天畜、板桥星岭、柏坊桐市等非金属矿山生产规模全部从5万吨/年调整为不低于10万吨/年。是年，全市矿山企业与“十二五”规划前相比，总量减少率40%，达到合格矿规调控目标。全市矿山布局进一步趋于合理。

【处理矿产资源历史遗留问题】2015年，常宁市硫铁矿白泥冲工区、常宁市硼锡矿区和非金属矿高岭土矿区等历史遗留问题都得到妥善解决。常宁市硼锡矿区已在省国土资源厅领取新证，常宁市非金属矿高岭土矿区转让鑫裕矿业公司事项也得到省国土资源厅同意，已办理转让延续变更手续；常宁市硫铁矿白泥冲矿区与水口山集团公司达成战略合作框架协议，由水口山对白泥冲矿区资源实施扩界整合，相关工作正在稳步推进。

【超额完成矿产资源规费征缴】2015年，按照市委经济任务工作会议精神，扎实落实经济指标，计划年内收缴矿产资源规费400万元。针对整个矿业经济大环境形势不容乐观的局面，全局相关业务股室努力克服各种困难，坚持做到矿产资源规费应收尽收。其中，向衡阳市财政衔接拨回西岭车荷高岭土矿分成价款243.332万元。是年，征缴矿业权价款及相关费用已突破618.3万元，超出原计划征缴额的54.5%。

【执法监察】2015年，共查处土地违法案893件，其中移送公安机关刑事侦查7件，移送法院强制执行19件。扎实开展土地矿产卫片执法检查，妥善处理和化解土地矿产卫片执法检查中出现的新问题，顺利通过上级单位验收，实现了“零约谈、零问责”的目标。扎实开展“打非治违”专项工作，对松柏、蓬塘、宜潭、盐湖、庙前、烟洲、西岭等乡镇非法开采煤矸石、砂石、黏土、锰、高岭土等进行了集中整治，共组织执法行动20余次，出动执法人员200余人次，强制拆除机械设备20余台，拆除电线水管2000余米，捣毁、烧毁厂棚30余间，遣散从业人员80余名。

【地质灾害防治】2015年，编制完成《常宁市人民政府关于印发常宁市2015年度地质灾害防治方案》和《常宁市突发性地质灾害应急预案》。对境内14处重要地质灾害隐患点设立规格质量较高的警示牌，分别编制应急预案张贴上墙，核准更新地质灾害防治捆绑责任表、网络花名册及监测预警通讯录。切块安排地质灾害综合防治体系建设专项补助资金350万元，专项安排地质灾害防治应急补助经费70万元。是年，全市无一例因防灾责任不落实而造成人员伤亡的事件发生。抓好地质灾害治理项目申报工作，全年向上级争取地质灾害综合防治体系建设专项补助资金共1622万元，其中切块安排市地质灾害综合防治体系建设专项补助资金350万元；从省厅争取到柏坊镇柏坊村地质滑坡治理重点工程治理专项经费350万元、塔山狮园村等地质灾害点119户地质灾害避让搬迁工程项目专项资金476万元、盐湖绿色矿山示范工作项目专项资金343余万元，并从市人民政府争取到盐湖绿色矿山示范工作项目配套资金103万元，另将常宁有色贵金属矿区作为地质环境恢复治理项目向中央财政申请报批，相关资料已报送国土资源部。

【信访维稳】2015年，深入贯彻落实《国土资源信访规定》，本着“尊重历史、照顾现实”的原则，认真开展矛盾纠纷排查化解工作，妥善处理各类国土资源矛盾纠纷。全年接待群众来信来访53件，办结53件，办结率100%。

【人大建议、政协提案办理】2015年，成立人大代表建议、政协委员提案办理工作领导小组，制定并下发《〔关于人大代表建议和政协委员提案办理工作实施方案〕的通知》（常国土资发〔2015〕18号），召开专题工作会议，根据《人大代表建议、委员提案办理责任分解表》将相关工作安排部署到位。所承办的5个代表建议和2个委员提案办理的答复工作，均获得到了代表、委员“非常满意”的评价，见面率、满意率、答复率均达到100%。

【规划编制】2015年，完成常宁市土地利用总体规划（2006—2020年）调整完善和《常宁市低丘缓坡综合开发利用专项规划（2011—2015）年》的编制工作。启动全市《矿产资源总体规划修编》工作，确定开采区、限采区、禁采区，为全市矿产资源开采提供了战略性指导。

【地籍管理】2015年，共颁发土地使用证4860本，其中国有土地使用证1680本，集体土地使用证3180本，处理土地登记遗留问题200余宗，确保了土地权利人的合法权益。扎实开展土地变更调查与遥感监测工作，采取实地调查与遥感监测相结合的方式，高质量地完成全市年度土地利用变化和利用现状变更调查工作等相关数据统计。全面完成农村集体土地所有权确权登记工作并通过严格的自检，确保了成果质量符合要求，颁证率在95%以上。

【电子政务】2015年，全力推进电子政务建设、国土资源数据库建设、政府行政审批系统建设，建立了政府信息公开审查制度、政府信息依申请公开制度、政府信息公开责任追究制度，完成所有行政许可、行政审批和服务类事项的梳理，实现了省、市、县（市）三级网上收文、网上报批、网上办公。是年，通过电子政务系统共办理国土资源案卷2083件，其中业务办理案卷1172件、三级远程报卷33宗。全面启动乡镇国土资源电子政务建设，已完成26个乡镇国土资源所电子政务网络专线连接。

【培训学习】2015年，定期输送学员参加上级部门组织的各类培训，先后组织人员参加湖南省国土资源厅、衡阳市国土资源局等上级部门举办的各类培训学习，参训学员20余人次。同时，在局内组织开展多项业务培训。是年，共举办国土资源系统副股以上干部参加的业务培训班6次，参训学员有100余人次。继续设立奖学、助学、助残专项基金。是年，共为局内近10名干部职工的子女发放了奖学金，发放奖学金额2万余元。资助贫困学生6人，资助金额1万余元。

【廉政建设】2015年，继续推行集体会审制，调整国家建设用地审核报批工作协调小组等8个专门工作小组成员，完善审核审批的运作模式，进一步强化阳光行政。是年初，局党组分别与局副科级单位、机关各股室（队、中心）、各乡镇（办事处）国土资源所签订《党风廉政建设责任书》，将党风廉政建设工作主要任务层层分解，落实到责任单位和责任人。认真执行领导干部“一岗双责”，将党风廉政建设责任制落实情况纳入国土资源工作综合考评，并将年度考核结果作为业绩评定、奖励惩处、选拔任用的重要依据，在评先评优或年度工作目标考核中实行党风廉政建设“一票否决”。进一步巩固党的群众路线教育实践活动成果，并结合“三严三实”活动，积极开展“1+1”联村帮扶活动和局领导班子成员“一进二访”扶贫工作，真正让联村干部“放下架子、扑下身子、结下对子”。集中组织学习新修订的《中国共产党廉洁自律准则》（简称《准则》）和《中国共产党纪律处分条例》，严格执行新政策新规定，坚决杜绝党员干部出现“不作为”“乱作为”现象。

【宣传教育】2015年，在局属机关单位、各国土资源所配备国土资源通讯员34名，积极向各级领导和全市市民宣传国土资源法律法规政策和工作动态。专门聘请1名国土资源法律顾问，定期在局内举办国土资源法律政策知识讲座。结合查办的典型职务犯罪案件，邀请市纪委、市检察院、市法院相关人员到局授课，组织观看警示教育纪录片、参观雁南监狱接受警示教育等活动。在“4·22世界地球日”、“5·12防灾减灾日”、“6·25全国土地日”等重要节庆日，在市人民政府广场、东风广场等处方举行专题宣传活动，展示国土资源成果展板，发放宣传资料5000余份，发放宣传手册4000余本，接待群众咨询2000余人次。

房产管理

【概况】2015年，常宁市房产管理局机关内设办公室、财务室、人事股、产权股、法制办、危鉴办、住房保障办、监察室、计生办，下设产权登记服务中心、征收办、开发公司、物业公司、经营公司、征收中心、白蚁防治所。主要负责全市廉租房建设管理、直管公房经营管理、城镇房屋拆迁审批和安全鉴定管理、商品房预售管理、白蚁防治管理、物业管理以及房地产开发、测绘、交易、中介、权属管理等工作。全局总人数275人。

【群众路线教育】2015年，根据市委学教活动领导小组的要求，全局做到规定动作全部到位，自选动作突出特色。第一阶段活动结束后，以群众路线教育实践活动为契机，不断巩固活动成果，优化办事环境，提高办事效率，对办证大厅的工作人员进行严格考勤，严格问责，办事效率明显提高，服务质量不断提升。获得领导的好评与群众的一致赞誉。

【清理保障性住房违规乱补冒领现象】2015年，成立了10余人的专项清查清理小组，经历几个月的时间，对近几年来的住房保障对象进行了一次全面清查。通过重新资格审查、入户调查，共清退廉租住房143套，取消或停发住房补贴对象916户，退回廉租住房补贴资金113.12万元。

【保障性住房建设】2015年，建立保障性住房建设项目包干负责制。切实把保障性住房建设的所有项目，以及各个环节的工作任务，分解落实到具体责任人，实行“一个项目，一套专班”。实行“一月一调度”的工作推进机制，倒排工期，加快工程建设进度。是年，各个项目的工程建设将在预期内全面完成。

【优质服务】2015年，将原来的12个审批办证环节缩减为5个，将9个办证服务职能股室整合，设立办证大厅，实行“一站式”服务。是年，通过建立AB岗责任制、工作人员挂牌上岗、设立服务咨询台、印发服务指南等形式，方便群众办事。是年，成立由12人组成的会签领导小组，规定每周二为集体签证办理时间。研究遗留问题14个，解决问题10个，深受群众好评。

【机关作风建设】2015年，出台10余项机关管理制度、机关效能建设文件及责任追究办法，专门抽调3名责任心强的工作人员，成立机关效能建设督查小组，每天对干部职工出勤及工作纪律情况抽查、检查，发现问题，及时通报。活动开展以来，下发《督查通报》5期，有11名工作人员因出勤或不遵守工作纪律被通报批评。

【集中处理办证遗留问题】自全市产权遗留问题处理工作启动以来，房产局作为主体单位，及时组建工作班子，尽早着手对全市有遗留问题的房屋进行调查摸底，进一步澄清底子，全市约有5000户房产需要进行集中处理。2015年，拿出具体处理方案，有产权遗留问题的房产正在陆续补缴税费，进入到正常的颁证程序。

【机关财物管理】2015年，严格实行机关财务统一归口管理；执行财务审批一支笔；完善重大开支集体研究制；坚决杜绝小金库行为；认真落实纪委关于“三重一大”的重要决定，主动接受监督。通过以上系列举措，机关财物管理全面得到规范。

住房公积金管理

【概况】2015年，衡阳市住房公积金管理中心常宁管理部内设财务室、业务股，有工作人员6人。根据国务院《住房公积金管理条例》的要求，每个设区的城市只能设立一个住房公积金管理中心，衡阳市于2003年完成了全市住房公积金机构的合并工作。是年，常宁管理部属于衡阳市住房公积金管理中心的派出机构，所有的人、财、物均由衡阳市中心统一安排调配。

【主要业务指标完成情况】2015年，归集住房公积金17080万元，完成年计划的100.12％，与2014年同比增长12.6%；为4289名职工办理住房公积金提取业务，金额共计8886万元，与2014年同比增长83.01%；为532户职工发放个人住房贷款10825万元，与2014年同比增加11.76%；回收贷款本息6419万元与2014年同比增加19.01％。是年，共归集住房公积金96943万元，累计提取住房公积金34195万元，归集余额62749万元，发放住房公积金贷款7821户，金额78460万元，贷款余额42231万元。是年，共为常宁市住房公积金贷款职工节约利息支出1000余万元，直接带动常宁市房地产销售2亿余元，为政府增加直接税费收入6000万元，间接带动房地产相关行业消费1亿元，间接为政府增加相关收入3000万元。

【宣传新政】2015年，为促进房地产市场的健康稳定发展，国、省、衡阳市出台多项住房公积金新政，放宽提取、贷款条件，每次政策出台后，常宁管理部加强宣传发动，尽可能让常宁市的职工在第一时间享受到新政的红利。经过常宁管理部全体职工的努力工作，是年提取业务同比增长了83%，贷款业务同比增长了11%，个贷率排名全市第一。

【贷款风险防控】2015年，加强诚信方面的宣传教育，培养职工诚实守信意识。在职工办理贷款的整个流程中，通过管理部职工进行诚信宣传，强调个人信用报告的重要性和不及时还款对信用报告的影响；加强日常的催收力度，特别是对于第一期还款便逾期的职工，采取紧跟手段，督促其养成良好的还款习惯；针对不同逾期情况，分门别类采取不同手段催收老逾期贷款，将逾期原因进行了系统分类，并且对症下药，根据不同的情况采取不同的催收手段，现经过近一年的努力工作，虽常宁管理部的年底贷款逾期期率虽未明显下降，但逾期贷款上升的趋势已经得到有效的控制。提取住房公积金的户数由以2014年度的400余户降至是年末的60余户，尽可能地保证住房公积金的缴存余额，降低贷款风险。逾期贷款职工户数已经由每月600余户降至300户。

【廉政建设】2015年，学习贯彻“廉政条例”，通过坚持日常学习，使自身在思想上，理论上有新的提高，努力做到文化知识，政治理论，实践经验等方面与时俱进。通过加强理论学习，夯实自身的思想政治基础，牢固反腐拒变防线，增强了抵御各种思想侵蚀的免疫力。同时，在平时的管理部工作会议中也时刻不忘加强思想道德教育，提高干部职工的廉洁自律意识。及时提醒，常敲警钟，引导干部职工树立正确的世界观、人生观、价值观和政绩观，筑牢干部职工拒腐防变的思想防线。

工商行政管理

【概况】常宁市工商行政管理局是主管全市市场监管和行政执法的职能部门，主要职能是依法确认各类经营者的主体资格，监督管理各类市场，依法规范市场交易行为，保护公平竞争，查处经济违法行为，取缔非法经营，保护正常的市场经济秩序。2015年，内设3个直属局、15个股室、3个事业单位，下设10个工商所。是年，在市委、市人民政府和衡阳市工商局的领导下，认真贯彻执行党的十八大和十八届三中、四中全会精神，积极适应体制改革职能转变新形势，按照省、衡阳市工商行政管理工作会议和市委经济工作会议安排部署，围绕市工商行政管理局提出的“顺应新体制、谋求新发展、努力开创常宁工商工作新局面”目标要求，进一步增强“四种意识”，大力加强“四化建设”，努力提升市场监管能力，着力营造公平有序市场环境，各项工作成效显著。是年，全市新发展个体工商户2197户、私营企业553户，新登记农民专业合作社153户，新增注册资本18.76亿元，较去年分别增长25.3%、20.5%、19.8%、36.6%，市场主体增量提质成效显著，掀起“大众创业、万众创新”新热潮。是年，共立案80起，结案80起，罚没款入库61.2万元，“事中事后”监管力度明显增强。

【工商登记改革】2015年，为深入贯彻落实省政府《关于深化商事制度改革实施意见》，切实做好改“先证后照”为“先照后证”、全面推进“三证合一、一照一码”工作实施，市工商局成立工作专门班子，积极主动，从降低市场准入门槛、建立新型审批监督制度、营造高效统一严管环境要求着手对“先照后证”“许可审批监管信息共享”“部门监管职责”等改革主要内容入手，扎实推进商事制度改革工作在全市落地生根。同时，为认真做好工作配套，编制《常宁工商局行政许可项目流程清单》《常宁市工商局权力清单》《常宁市工商责任清单》提交市编办、市法制办审核通过，从而促进全市商事制度改革工作顺利推进，全面实行注册资本认缴登记和“先照后证”。

【市场主体年报公示和信息抽查】2015年，针对年报工作滞后的问题，局党组迅速调整工作部署，多次召开年报工作调度会和情况通报会，统一思想认识，成立工作小组，强化工作措施，严格问责机制。局主要负责人坐阵指挥，联点领导带队督查，节假日加班加点，奋战20天，迅速扭转年报工作被动局面，到6月30日止，全市2013年、2014年度市场主体年报信息公示率均在90%以上，其中企业公示率均在85%以上；个体工商户公示率均在94%以上，公示率排名衡阳市前列。

【企业信用信息公示系统建设和组织开展企业公示信息抽查】2015年，全市2万多户市场主体基本信息已可供查询，日点击量600余次。按照省和本单位工作要求，于是年1月、5月、7月三次组织对全市483户市场主体信息公示情况进行了检查和核实。

【取缔无照经营】2015年，将“查无”工作作为一项重要工作来抓，按照健全机制，强化领导，突出重点，落实责任要求，重点开展对寄卖行业、休闲茶楼、旅游景区“五小行业”的三大专项整治行动，排查无照经营518户，引导办照418户，依法取缔18户，下达行政指导意见书61户，无照经营呈持续下降态势。

【食品安全监管和抽样检测】2015年，严格按照《中华人民共和国食品安全法》和《食品流通许可证管理办法》规定，落实食品市场主体准入制度，新办“食品流通许可证”238户，全市已有3645户，基本实现食品流通环节经营两个百分之百目标。是年，一方面强化食品宣传教育培训，持之以恒开展学习宣传和培训活动，促进《食品安全法》的普及和提高；另一方面组织开展各种专项整治行动，分别组织开展“元旦”、“春节 ”、“五一”、“端午”、中秋、国庆、校园周边等流通环节食品专项整治行动，截至11月底止，共组织抽样食品61个批次，对其中16个批次不合格食品立案处理，已查处各类食品经营案件16起，罚没款入库15万元，查扣不合格食品380余公斤，查获假冒伪劣食品货值1万多元。

【市场经营秩序维护】2015年，从落实监管责任入手，积极推进市场监管职能到位。花大气力解决不正当竞争、假冒伪劣、虚假广告等方面存在的突出问题。一是组织商品质量专项检查行动。检查各类市场93个次，检查各类市场主体1850户次，查取假冒伪劣商品案件18起，收缴假冒伪劣商品货值1.5万元，抽检建材产品21组，立案11起，罚没款4.8万元；抽样检测成品油10个批次，对4个不合格成品油不合格经营单位进行查处。二是组织开展农村和城乡接合部市场假冒伪劣商品专项整治行动。共出动执法人员300余人次，执法车辆75台次，检查各类市场37个，检查经营户1280余户次，查扣假冒伪劣商品200余件，货值1万多元，立案4起，罚没款3.2万元。

【“红盾护农”】2015年，积极配合省、衡阳市局成功举办红盾护农启动仪式，发放“红盾护农”宣传资料近万份，接待咨询群众上千名，现场受理农民投诉100起，局分管领导还现场向农民宣传讲解相关“红盾护农”知识，深受群众好评，活动达到了预期效果。全年常宁市工商局共出动执法人员262人次，车辆81台次、检查农资经营户1395户次，组织抽样检测化肥农药13个批次，查处农资违法违章案件5起，案值1.9万元，全部得到成功调处。

【打击商标侵权行为】2015年，受理了“中国黄金”“炎黄家私城”等商标投诉侵权案件，查获各类侵权商品货值1万余元，立案5起，罚没款入库2.2万元。

【广告专项整治】2015年，重点对广播电视台发布医疗、药品、美容服务、化妆品、保健食品虚假违法广告的监测检查，共监测各类广告286条，不定期抽查15次。发现违法违规广告34条，其中下达整改通知书24份，责令撤销广告13条，立案12起，罚款7.7万元。

【两烟市场整治】2015年，联合烟草局制订《2015年全市烟草市场专项整治方案》，明确源头监管、市场监督、打假扫劣等工作重点，加大对卷烟“礼品回收”，销售假冒伪劣卷烟打击力度。联合烟草部门加强对城乡接合部、汽车站、宾馆、娱乐场所卷烟无照经营整治工作。取缔无证照经营户32户，立案13起，没收卷烟货值0.5万元，罚款2.6万元，维护了全市烟草市场的经营程序。

【格式合同监管】2015年，以整治店堂告示、解释权归属等内容为重点，严厉打击“霸王条款”。开展住房合同专项检查，对3家房地产企业，31起夸大宣传功效和24起格式合同中侵害消费者权益的用语予以纠正。

【校园周边环境整治】2015年，重点对常宁一中、常宁二中、泉峰中学、湘南实验中学周边副食店、食品加工小作坊、餐饮、文具、网吧和超市进行检查，共检查经营主体370户，下达责令整改通知书12份，取缔无照经营6家，立案3起，罚没款2万元，净化了全市校园周边环境。

【非融资性投资担保市场主体排查】2015年，按照市人民政府、衡阳市工商局相关工作部署，于5月份组织对全市非融资性担保市场主体进行专项排查，发现集资意向及时制止，全市未发生非法集资行为，维护了社会稳定。

【安全生产监管】2015年，为全面落实市人民政府2015年度安全生产工作要求，进一步加强安全生产监管。共组织开展三次安全生产专项整治，对全市12家烟花爆竹企业进行全面清理，对山砂采挖、页岩砖厂、采石场、非煤矿山等逐一排查，共检查经营企业167户次，下达责令整改通知书69份，吊销8家无证烟花爆竹生产企业，4家非煤矿山，1家煤矿企业。

【落实登记制度改革】2015年，按照《工商登记前置审批事项目录》，除39项前置审批外，一律实行“先照后证”规定，对行政审批流程进行优化再造，简化办照手续，对材料齐全、程序合法当场受理审批发照。积极推行网上申报、网上受理、网上审批，提高了办事效率。为降低市场准入门槛，注册资金由“实缴制”一律改为“认缴制”，进一步完善放宽住所登记、经营范围等登记条件，简化注销流程，企业办事更加方便快捷，助推了市场主体和注册资金快速增长。

【实施商标品牌战略】2015年，在全市范围内开展“商标兴工”“商标富农”工程，推进“一企一标”“一镇一标”规划实施，借助新闻媒体宣传作用帮助树立常宁企业品牌形象。全市共有55户企业及农民专业合作社申请注册商标，新增了注册商标121件，全市商标注册拥有量667件标。为提升企业自身形象，市工商局积极组织市内优秀企业参与“守合同，重信用”评选活动，11家企业荣获省级守重称号，16家企业荣获市级守重称号。

【帮扶贫困经营户】2015年，结合“三帮一争”活动的开展，组织市个私协会深入偏远山区看望贫困个体户，给贫困个体户送去鼓励和关爱，共为40余名个体工商户捐钱捐物金额3万元，及时帮助陷入困境的经营户重新走上发展之路。

【宣传新《消费者权益保护法》】2015年“3·15”活动，大力开展《中华人民共和消费者权益保护法》宣传活动，借鉴2014年的经验，把宣传活动主会场设在全市人流最为集中的东风广场，其他10个工商所分别设置分会场，工商、食药、质监等10个成员单位共同参与，全市商家紧密配合，利用电子显示屏打出宣传标语，街道悬挂宣传横幅，为宣传普及《中华人民共和国消费者权益保护法》宣传造势。活动现场设立的法律咨询服务台，假冒伪劣商品展示台，宣传资料发放台被围得水泄不通，活动当天共发放《走进新消法》资料5000余册，接受群众咨询1100余人，常宁电视台、常宁报等新闻媒体现场报道，“3·15”宣传活动取得了圆满成功。

【消费维权】2015年，全市共发布消费警示12条，受理消费投诉68起，全部得到调处，为消费者挽回经济损失18.6万元。

【12315规范化建设】2015年，出台《12315消费者申诉举报工作制度》，完善案件接办、分流转办工作机制，建立市、乡、村三级消费维权网络，加大了12315“五进”工作力度，基本实现了商场、超市、市场全覆盖。全年，共张贴消费维权标识500张、发布消费警示5期、编写工作简报10期，新建消费维权服务站2个，共30个，基本完成乡镇全覆盖。受理投诉举报案件13起，接待来访人员148人次，自办案件9起，分流转办案件4起，办结率100%，消费维权效能大为加强。

【“三严三实”活动】2015年，按照上级工作部署，制订了实施方案，采取集中座谈，面对面，背靠背，发放征求意见表等方式，广泛开展意见征求活动，对照“三严三实”要求自查自纠，针对查找出的问题，按时间节点全部整改落实到位。

【学习培训和队伍建设】2015年，按照年初制订的学习工作计划，组织学习习近平总书记系列重要讲话精神，“四个全面”战略部署，学习党的十八届三中、四中、五中全会决定和推进依法治国等重要文件资料。为适应改革形势变化，又适时加强业务知识培训，组织学习《湖南省注册资本制度改革实施意见》《湖南省工商登记前置审批制度改革实施方案》《湖南省工商登记制度改革后续市场监管工作意见》，组织观看“全省深化商事制度改革电视会议”，及时掌握注册登记制度改革工作动态。为提高监管能力，组织举办“名烟名酒”识别培训，食品安全、打假扫劣业务培训，依法行政工作培训等六期培训班。通过加强学习培训，不断提高干部队伍的政治思想觉悟和业务水平。为强化干部队伍建设，出台严格的考勤制度，每天安排领导带队值班，要求上下班指纹打卡，并采取明察与暗访相结合的方式加强日常考勤和工作纪律督查，定期通报情况，从而在全局上下形成了良好的工作氛围。

【党风廉政责任制】2015年，层层签订《党风廉政建设责任状》和《优化经济发展环境责任状》，明确了年度工作目标和责任，认真组织开展纠“四风”问题常态化检查，开展“门难进、脸难看、事难办”和“庸、懒、散”专项整治，着力推进全系统党风廉政建设和反腐败工作。是年，针对上级纪检监察部门检查中指出的问题，多次召开会议，整顿机关作风，完善奖惩机制，以有效作为践行思想作风建设“始终在路上”的工作理念。

2015年基层工商所情况表

单位名称	办公电话	所长	管辖范围
宜阳工商所	7241123	欧志鸿	东正街、群英路、荣华商贸城、集贸市场、解放北路、劳动路、东正商业广场、北外街、青阳路、交通路、草桥街、常荫路
宜潭工商所	7241315	曾良群	泉峰东路以北、青阳中路以北、宜青路、宜阳街、东正街、常荫路、泉峰西路以北、青阳中路以西、群英路、公园路、劳动路、新村路、南正街就、解放南路、宜潭乡辖区
培元工商所	7241157	李凯	培元办事处辖区、兰江乡辖区、新河镇辖区、江河乡辖区
松柏工商所	7530315	范湘华	松柏镇常青路南面、常松路、渡口南路东面、渡口路东面、渡口市场、文明南路、北路、烟洲镇、松柏老街、水口山铅锌矿区
水口山工商所	7522315	贺武生	松柏镇常青路北面、大桥路、柏坊镇辖区
荫田工商所	7662315	吴凡	荫田镇辖区、白沙镇辖区、西岭镇辖区
盐湖工商所	7652515	雷秋生	盐湖镇辖区、蓬塘乡辖区、三角塘镇辖区
罗桥工商所	7712315	陈胤旭	罗桥镇辖区、庙前镇辖区、板桥镇辖区、弥泉乡辖区
官岭工商所	7413315	刘志雄	官岭镇辖区、大堡乡辖区
洋泉工商所	7773515	曹丽萍	洋泉镇辖区、胜桥镇辖区、塔山乡辖区

质量技术监督

【概况】2015年，常宁市质量技术监督局机关内设办公室、标准质量股、特种设备安全监察股、食品安全监管股、政工股、法制股、计量股、监督股、稽查大队；下设产品质量监督检验所、计量检定测试所、松柏质量技术监督所。是年，在省、衡阳市局和中共常宁市委、市人民政府的正确领导下，围绕提高经济发展质量，着力抓质量、促发展、惠民生，突出保稳定、保运转、保安全，各项工作取得了较好成绩。

【提质量创名牌】2015年，推荐湖南水口山有色金属有限公司生产的铍铜合金、锌锭评为湖南名牌产品。围绕常宁茶油、烤烟、茶叶三大支柱农产业，引导企业标准化生产，齐家油脂公司在宜阳工业园建设标准化厂房，新上茶油精深加工生产线。“红寿泉”、“神丝”红茶获得2015年湖南第七届茶博会金奖，对碧瑞建材等6家生产许可证获得证工业企业严格分级分类监管，促进企业提高质量检测和管理水平。加强质量监督抽查和后处理力度。是年，全市重点工业产品质量监督抽查合格率为91.9%。

【检定检测】2015年，增加心电图仪检测项目，以涉及民生的计量器具为重点，拓宽检测范围，开展上门服务，检定计量器具1260台（件），其中加油机190枪，民用三表340块，医用计量器具680台，衡器168台，天平120台，压力表120块，其他计量器具358台（件），检验红砖21批次。

【服务工作】2015年，继续加强组织机构代码办证文明服务窗口建设，落实“首问首办负责制”“一次性告知制”“一站式办理”等制度，办证时间缩短为2～3个工作日，年检半小时办结，“三证合一”后，工商、质监一个窗口两天内办下证，更加方便企业办事。新办代码证536份、变更137份、换证318份、年报1009份，废置33份。是年，医用计量器具免费检定、代码办证企业免费、代码年检免费、行政许可代办等方面为企业和群众减轻负担50余万元，塔山精准扶贫，“1+1联村、计生帮扶共资助资金7万余元。

【保障特种设备安全】2015年，开展“九打九治”打非治违行动。以学校、医院、商场、体育场馆、公园、燃气公司等人员聚集场所的特种设备为重点进行安全监督检查，检查特种设备使用单位258家，检查特种设备376台，共查处安全隐患127处，下发《特种设备安全监察指令书》45份，立案查处案件12起，责令尚可伊针纺有限公司存在严重安全隐患的锅炉停止运行。共检验电梯140台、起重机械18台、厂内机动车辆4台、游乐设施2台、锅炉1台。送检液化石油气钢4500多只。新安装（改造）特种设备登记备案52台。重点抓电梯、危险化学品和易燃易爆物品特种设备安全整治，责令莉华宾馆、玉虹豪庭小区（18台）存在安全隐患的电梯停止运行。在全市特种设备数量快速增长的情况下，通过抓企业主体责任落实、现场排查整改、检验检测，确保一方平安。

【保障食品生产安全】2015年，巡查食品加工企业67家，查处安全隐患13处，抽查获证企业食品19批次，全部合格。帮助规范齐家油脂公司、同爱米粉厂、岭泉纯净水厂换发或新办生产许可证，立案查处无证食品生产企业5家，有效提高了食品安全水平。

【保障消费品安全】2015年，以烟花爆竹、农资、建材、电器为重点，保持打假治劣的高压态势，切实解决涉及人民群众人身健康、财产安全的产品质量问题。立案查处案件8起，查处玉虹豪庭房地产开发公司使用存在安全隐患的电梯案、凯顺白酒经营部未取得生产许可证生产销售白酒案、松柏污水处理厂使用的低压配电柜无3C认证等案件。开展行业性产品质量问题整治。针对7家烟花爆竹企业产品质量合格率仅为28.6%的状况，责令不合格企业限期整改，将引火线等质量指标对照产品标准进行整改达标，实行出厂批批检验，配合市人民政府在规定时间完成烟花爆竹生产企业关停退出工作，切实保障群众生命健康和财产安全。

【维持运转保稳定】2015年，一是学习掌握政策。组织干部职工学习省人民政府和省局的有关文件精神，多次召开调度会，及时传达上级人事、财务等方面的文件通知，准确把握管理体制改革的各项政策和措施，及时打消干部职工的消极等待和观望情绪，确保队伍不散、工作不断。二是做好协调配合。局领导多次向市人民政府领导汇报工作，主动与市编办、市委组织部等相关部门加强沟通和协商，配合相关部门摸清人财物基本情况，并就大家关心的干部问题、人员编制、检测机构经费保障等问题，向有关领导和部门汇报沟通，积极争取，努力为质监事业争取有利政策。三是加强调度部署。按照年初确定的各项工作任务目标，大力抓落实，坚持“先保吃饭后谈发展”的原则，不观望、不等靠、不懈怠，特别是加强安全监管工作，避免出现空档和盲区导致发生责任事故。加强党风廉政建设，强化对权力的监督制约，全局没有发生一起违法乱纪事件。

工　业

总述

【概况】常宁市经济和信息化局是由原常宁市经济委员会改名而来(2002年4月原市经委改名为市经济发展局,2005年9月改名为市工业经济发展局,2011年4月改名为市经济和信息化局),系市人民政府管理和协调工业经济的行政综合部门。2015年,内设办公室、经济运行股、产业政策法规股、科技与投资股、能源资源股、中小企业股、新兴产业与信息服务股、组织人事股、信访监察室、资产财务股、妇委会,下辖散装水泥管理和新型墙体材料改革办公室、电力行政执法队、节能监察中心。2015年,机关实有在职人员24人,退休人员29人。

【规模工业经济】2015年,全市新增规模以上工业企业11家,总数62家。完成工业总产值205.8亿元,同比增长9.5%,完成规模以上工业增加值46.08亿,增长率6.6%;技改完成投资80亿元,同比增长30%;工业用电量7.5亿千瓦时,同比增长5.7%。

【工业重点项目】2015年,常宁市纳入衡阳市重点工业项目11个,其中新建项目9个,续建项目2个。金翼铅业、华兴冶化、大宇锌业等项目,正在进行标准厂房建设,其中宏兴化工已在进行设备安装阶段,上述几家企业预计年底可投产试产。北高峰碳酸钙项目已完成征地80亩,生产区道路已基本修好,正在进行码头建设。水口山有色金属物流园正在调整规划,筹备建设原料配送中心。

【争资跑项】2015年,市特色县域经济重点县铜压延加工制造业项目争取资金6000万元;帝棉纺织年产200万件高档男装针织T恤项目争取中央资金785万元;湖南省水口山宏兴化工有限责任公司年产5万吨铅盐系列产品生产工艺系统优化节能技改工程项目补助资金440万元;湖南省金翼有色综合回收有限公司水松地区铅回收企业整合配套废旧铅酸蓄电池拆解回收项目争取奖励资金20万元;三益米业有限公司年产3万吨精米生产线扩建项目争取奖励资金15万元;常宁市沿江锌业有限公司年产3万吨一水硫酸锌搬迁入园技改工程项目争取奖励资金15万元。

【园区建设】2015年,围绕"一区两园一廊"工业发展平台的空间布局,先后启动双园路、冶金路等园区主干道建设,同时加大调规扩园力度,水口山有色循环产业园规划面积扩大到9.18平方公里,设立了铜压延深加工、有色冶炼、精细化工等特色片区。水口山有色循环产业园成功跻身国家级循环化改造示范园区。宜阳工业园加快调规扩容,规划总面积扩大到13平方公里。全市工业园区累计完成16.5万平方米的标准厂房。

【行政执法】2015年,行政执法工作规范有序,没有出现一起因执法不当而引起的行政诉讼和复议案件。墙改工作,稳步推进常宁市"限粘"工作,并通过了国家和省里的检查验收;开展农村推广应用新型墙体材料试点工作,充分发挥示范项目作用;加大专项基金征收力度,有效化解房地产市场疲软对征收工作的影响,新型墙体材料推广应用环境全面改善。全市共完成新型墙体材料产量2.93亿块标准砖,形成满足城乡建筑市场新型墙体材料的砖、砌块供应体系,新型墙体材料推广应用环境全面改善。电力行政执法方面,配合相关职能部门开展执法工作,对非法生产无照经营的企业采取停电措施,定期与国家电网公司一起对电网定期巡查,确保电网运行安全。与国网公司联合查处桃江,西上以及松柏镇窃电户30多起,部分窃电户得到处理,并移交公安机关立案6起,刑事拘留4人,在逃2人,有效打击了窃电户的嚣张气焰,为国家挽回巨大经济损失。

有色金属

【概况】2015年,水口山有色金属集团有限公司完成铅锌铜精矿含量30545吨,同比增长1.5%,铅锌铜产品总量224605吨,同比增长6.3%,黄金1192千克,同比下降4.9%,白银431吨,同比增长1.8%。实现营业收入736356万元,利润48万元。主要产品产量、主要技术经济指标均创历史最好水平。全面完成了上级下达的年度生产经营任务。是年,面对空前困局和压力,公司坚持以效益为导向,推动改革创新,强化依法治企,致力提质增效,实施稳健运营,在全行业普遍亏损的大环境下,实现了利润持平。

【提升冶炼效益】2015年,铅系统综合回收不计价锌12235吨、不计价铜2729吨;锌系统综合回收镉236吨、铜渣铜金属量346吨;铜系统综合回收不计价铅1730吨;稀贵系统综合回收锑1740吨、铋398吨。加强生产管理,主要技术经济指标再创历史新高,铅、锌、铜冶炼总回收率同比分别提高0.46、0.13、0.34个百分点,锌系统酸浸渣选银回收率在70%以上,稀贵系统锑、铋回收率同比分别提高6%、5%。

【组织矿山生产】2015年,加强矿山生产组织,做到有保有压。柏坊铜矿严格控制柚子塘采矿规模,仅保留少量出矿用作冶炼熔剂。铅锌矿以4#金矿体为重点,压缩残采规模。康家湾矿实行贫富兼采,矿山含量创近年较好水平。

【提升营销效益】2015年,充分利用国内国际两个市场,抓住比价关系合理操作,电铅、白银升水销售创效2100万元。加强原料效益测算,铅、锌、铜原料成本同比分别下降1344元/吨、782元/吨、5342元/吨,铅、锌加工费区间同比分别提高372元/吨、630元/吨。

【降低运营成本】2015年,铅、锌、铜直冶费同比分别下降555元/吨、213元/吨、424元/吨,单位采矿成本同比下降1.31元/吨。严控非生产性开支,营业费用、管理费用、财务费用、业务招待费与预算比分别下降458万元、4421万元、2286万元、237万元。

【三项制度改革】2015年,积极筹划优化二三线人员结构,实施离岗休养政策,600余名员工稳妥有序退出岗位。充分利用国家政策,410名特殊工种员工提前退休。做好二厂停产拆迁工作,300余名员工离岗放假。到年末公司在册员工9102人、在岗员工7232人,分别比年初减少1039人、1484人,员工总量降至30年来的最低。推行营销总公司、机电总厂试点改革,营销系统精简了30%的人员,机电总厂精简了50%的机构。加强中层管理人员末位淘汰与流动,3名中层管理人员退出岗位。

【经营管理机制改革】2015年,改革运营管控模式,整合国内贸易职能,成立营销总公司,营销资源更加集中,职责更加明确,业务更为顺畅;整合生产系统,创造性地成立铜、铅、锌运营组,实行一体化运作、一体化考核,使各板块、各厂矿成为直面市场的主体,三大板块创效4300万元。改革辅业系统经营模式,放开辅业单位经营权限,实行按市场利润承包考核,5家辅业单位同比减亏500万元。

【剥离社会职能】2015年,幼儿园交常宁市人民政府接管,矿区幼教资源平稳接续。常宁市水松自来水厂投入使用,公司将逐步退出居民供水职能。

【引进战略投资】2015年,在五矿有色控股的统筹安排下,铍业公司改制工作顺利推进。仙人岩公司引进战略投资者签订意向协议,合作方首期800万元保证金已经到位。

【长期股权和低效资产处置】2015年,抓住解禁机会,及时向上级申报,对公司持有的南岭民爆公司股权予以及时处置。对衡阳粤汉码头房产、衡阳办事处、松柏加油站等三处低效闲置资产进行公开拍卖。

【安全生产管理】2015年,深入贯彻新“两法”(《中华人民共和国安全生产法》《中华人民共和国环境保护法》),推进"党政同责、一岗双责、齐抓共管"的安全环保生产责任体系建设,全面推进安全环保责任落实。开展"提高职业素养,促进全员安全"活动,全面推行每周一小时安全环保学习制度。改革矿山外包队管理模式,在康家湾矿组建外包工区直接管理外包队。加强矿山作业外包队人员和外来作业人员管理,对相关作业人员使用、岗前技能培训、安全教育培训、出入厂管理等进行了严格规定。狠抓安全环保隐患排查治理,开展"查找身边安全隐患"活动,全面落实整改隐患。加快推动湖南省"一号重点工程"进度,环保部考核项目顺利通过验收。加强各类环保设施的运转及环境监测,废水、废气、废渣基本达标排放。

【基础管理】2015年,开展"三定"回头看,全面实施人脸(指纹)考勤,加大不打卡或打卡不上班人员清理力度,181名员工签订托管协议,126人被停发工资,15人因违规违纪被解除劳动合同,清理不规范用工395人。加大工作督查督办和责任追究力度,对4起违规违纪事件进行了严肃追责。严格风险事项排查和梳理,风险管理得到加强。信息化建设取得新进展,金蝶EAS项目高分通过五矿有色验收。积极争取国家政策支持。

【对标管理】2015年,加强与同行业对标,找出差距。通过技术创新和提升管理,铅系统大部分指标优于行业水平,侧吹炉运行一年来,炉寿、技术指标、能源消耗、环保状况等均为全国较好水平。锌系统氧化锌搭配量、酸浸渣选银回收率居行业领先水平。稀贵系统锑、铋回收率处于行业先进水平。

【民生建设】2015年,坚持收入向基层、向一线倾斜的方针,在优先保一线职工收入的基础上,全体管理人员降薪1000万元。开展职工每月提合理化建议活动,各单位上报优秀建议500余条,其中100余条获评为公司优秀建议,为公司改革发展作出了贡献。持续推进民生建设,建成棚改房270套、公租房204套。加强困难帮扶,党员干部爱心基金募集资金61万元,发放各类困难补助金173万元,帮扶对象1343人次。公司出资50余万元,加入衡阳市总工会医疗互助基金,为大病职工家庭减轻了负担。公司党委深入开展"三严三实"专题教育,各级党员干部组织力、领导力、号召力明显增强,在宣传、联系、服务职工群众方面做了大量卓有成效的工作。

煤炭工业

【概况】常宁市煤炭工业局是常宁市人民政府管理煤炭工业的职能部门,主管全市煤炭经营和市内合法煤矿安全生产监管、行政执法。2015年,局机关内设人秘股、计财股、生产技术股、安全监管股,下设常宁市煤炭行政执法稽查队和煤炭税费征收办,全局有在职干部职工65人。

【政治理论学习】2015年,结合"三严三实"教育活动,制定全员教育培训计划,采取中心组集中学习、自学、观看教育片、领导班子上党课、轮流授课等形式,坚持每周五中心组集中学习教育。全年,累计开展学习教育30场次以上。通过系统地学习中央、省委、衡阳市委相关文件和会议精神,学习党的十八大和十八届三中、四中、五中全会精神,认真领会党员领导干部廉洁从政相关规定,进一步强化了领导干部贯彻党的路线、方针、政策的自觉性,增强执行市委、市人民政府工作部署的坚定性,提高领导行政能力和工作水平。

【作风建设】2015年,局班子成员以身作则,带头遵守廉洁自律的有关规定,严格约束自己,自觉接受社会监督,不断加强内部监管,坚持立党为公,执政为民,改进作风,勤俭节约。机关干部职工始终把工作放在第一位,把为党工作;为市委、市人民政府服务作为一种责任。工作中敢于碰硬,敢于担责,不回避矛盾,把主要精力都用在学习和工作上,以良好的作风赢得信赖和支持。在工作和生活中,班子成员经常与工作人员交流思想,沟通感情,征求大家的意见,切实关心干部职工的生活,从工作实际出发,想民之所想,解民之所急,扎实做好新河镇河洲村"1+1"联村和太和村精准帮扶工作,每位班子成员联系和帮扶1名困难户,先后多次入村了解民情,对结帮扶,解决困难户子女上学困难等问题,发放慰问金

2000元，下拨帮扶资金2万元，并指导村两委开展好教育活动，共商村部发展大计，制定全年计划，抓好村路硬化、村委办公场地及基础设施建设等工作。

【“三严三实”教育】2015年，对照“三严三实”要求，继续查找“四风”问题，认真剖析检查，严肃认真开展批评与自我批评，提出批评意见和存在的问题。对存在问题提出具体整改措施，建立整改销号制，项项抓落实，整改一项销号一项，所存在的问题均已整改到位。同时，将整改情况、目标、时限予以公示，接受群众监督。结合中心实际，建立完善了机关各项规章制度，形成了一批制度成果。制度执行监督检查力度加强。加大制度公开和宣传，及时公布制度建设成果，推动制度落实。严查违规行为，对违反制度规定的，诫勉谈话3人次，切实做到发现一起、查处一起；坚决防止有令不行、有禁不止，对顶风违纪的，从严从快处理。

【安全责任传导】2015年初，组织召开办公会议，会上明确了安全生产工作的基本任务及主要目标，明确范围及工作责任，明确安全工作的重要性和紧迫性，提高职工的安全意识。并按照年初计划就煤矿关闭工作作了部署，领导班子带班下矿巡查，实时掌握煤矿关闭后动态，有效防止了煤矿反弹。

【安全宣传教育】2015年，积极参与各项安全生产宣传活动，每次活动都成立专项工作组，相关部门负责人参加，制订活动方案，充分利用网络、墙报、标语等形式进行宣传发动，营造良好的宣教氛围。尤其是在开展“应急救援宣传日”和“安全生产月”宣传活动时，发放宣传资料500余份，同时出动宣传车到全市煤矿周边村组宣传煤矿安全知识，发放传单300余份，劝阻村民不要靠近矿区井口。通过层层宣传发动，层层落实安全生产责任，确保了煤炭行业安全。

【煤矿关闭退出】2015年5月，按照上级和市委、市人民政府要求，启动常宁市最后1家煤矿——五七煤矿的关闭退出工作，为确保关闭验收达标，成立关矿工作组，由领导和相关技术人员包矿指导把关，严格按照“六条标准”（一是有关地方政府发布公告，公布关闭矿井名单；二是有关颁证机关依法注销或吊销关闭矿井的相关证照；三是停止供水、供电、供火工品；四是拆除设备、炸毁井筒、填平场地；五是恢复地表植被或复垦；六是遣散煤矿所有从业人员）和《常宁市关闭煤矿井筒地面浇混凝土标准及要求》，要求井筒捣毁填实后，为防止地质塌陷，在井筒中心位置浇注一个厚3米的钢筋混凝土，顺利通过省、衡阳、常宁三级验收。同时，按照煤矿关闭奖补资金管理规定，严格下拨奖补资金，并协同乡镇做好煤矿债权债务清查清偿工作。

【综治维稳】2015年，重新调整信访责任分解表，由总责任人亲自抓，分管责任人全面抓，责任领导具体抓，形成一级抓一级齐抓共管的格局。同时领导干部实行“带案件下访”包案制，深入基层，现场解决群众上访问题，每个季度召开一次信访例会，分析当前的信访形势以及下阶段信访工作安排部署。特别是对煤矿关闭退出期间，做好解说工作，及时化解矛盾，有效减少信访源头。同时，按照市委政法委要求，积极开展综治民调工作，召开动员部署会议，讲清重要意义，要求全局干部职工以正确的态度重视民调工作，局领导实行“一对多”包干负责制，化解误区，并组织人员进行模拟民调，对答题不及格的人员上门回访，从而取得了良好的成效。全年接上级交办2件，及时作出回复；本级来信来访4件，没有发生市集体访和省、衡阳市及进京非正常上访。

【“四城同创”管理】2015年，按照市委、市人民政府“四城同创”工作要求，作为解放北路段段长单位，迅速组织召开解放北路段各责任单位责任人会议，再次明确责任路段单位职责，制定“四城同创”方案，成立工作领导小组，安排专人负责，倡导市民落实“门前三包”责任。为根治机关所在地“牛皮癣”，专门制小广告张贴牌，有效地遏制“牛皮癣”。同时，每周五“全民卫生日”上路除污、清理白色垃圾、规劝，大扫除后进行检查、排查问题，及时上报处理，得到市民的好评。

【计生工作】2015年，对计划生育领导小组进行了调整，重申了计生纪律，调整了计生专干，认真执行计划生育法律法规，“三查、四术”落实到位，没有出现一例计划外生育。计生工作被评为市先进单位。

石油

【概况】2014年末，中国石化常宁分公司在营站16座，用工人数100人。2015年，按约退租常宁六图站，完成续租西岭站。实际在营站降至15座、用工人数降至96人。

【经营情况】 2015年，完成轻油销售30070吨，完成任务的87.5%，其中汽油销售16210吨，完成任务的99.2%，柴油销售13640吨，完成任务的76%，沉淀资金完成1023.52万元，完成任务的100.1%，非油全年完成营业额398.88万元，完成任务的86.97%，毛利额35.6万元，完成任务的26.05%。

【扶贫工作】2015年，根据常宁市人民政府统一安排，加入党建扶贫驻村工作队到常宁市弥泉乡农林村扶贫帮困，是年，共13次进村帮助脱困扶贫，所做工作得到常宁市委、市人民政府的好评。

【环境保护】2015年，按时完成土地权证和排污证的换颁新证工作，使所有站和办公楼房权证全部换发新证，所有在营站都拿到合规的排污许可证。

【设备设施改造】2015年，先后完成依湖、盐湖、城西三站的设备设施改造，完成官岭、鹏宇、城西、盐湖站的碧水蓝天工程改造，完成中心站百日整治样板店的形象打造，为2016年的管理树立标杆榜样。完成“罗桥”站的所有证照工作，做好开业前的所有准备工作，为2016年常宁轻油销售减压增劲。

【消防工作】2015年，邀请市安监局和消防大队对一线员工进行三次集中式强化培训，提振员工的消防安全意识和业务素质。

【存在的不足】2015年，存在的不足：一是片区领导层管理力度和方法有待更进一步加强，面子观念太重，片区督查的力度不足，对问题整改落实不力。二是员工的主人翁意识和爱岗敬业精神严重缺乏，混日子观念较明显，轻油任务完成再好非油完不成任务也要扣工资的想法没有得到改变，日常管理工作没有养成较好的“当班工作当班做好，当日工作当日完成的“日清日结”工作习惯，致使部分工作脱节，漏做现象时有发生，这一切严重制约了日常工作的正常开展，销售完成任务更加突现。

轻工业

【概况】2015年，常宁市轻工业总公司机关内设办公室、行业管理指导股、资产财务股、组织人事股，总人数为14人。是年，积极落实市委、市人民政府经济工作目标和要求，稳步推进企业产权制度改革，切实维护企业稳定，全心全意为企业和职工服好务。

【企业产权制度改革】2015年，羽绒厂资产拍卖流拍后，一方面做好厂内矛盾排查化解工作，进一步清理企业改制以来的财务账目；积极落实《常宁市房屋产权办证遗留问题处理工作方案》精神，向市产权办证遗留问题处理联席会议办公室申请，将该厂于1995年和2001年分两批集资建房共128户和羽绒厂办公用房360平方米纳入遗留问题进行处理；做好两栋职工住房住户的思想工作。另一方面在降低改制成本上再发力，向社保部门申请将在职职工287人2010年1月至2014年12月的社保缴费单位部分进行挂账，减少改制成本700余万元。二化工厂产权制度改革预案经市改制办审批立项后，公司指导企业积极补办各种证照手续，同时向二化工厂所在地规划部门提出对该厂厂区进行规划条件的申请。

【行业管理】2015年，持续做好工艺美术产业引导和管理，以博览会等为平台，组织市工美企业积极参加各类展览评比，提高产品的知名度和附加值。在由中国工艺美术协会及浙江东阳市共同主办的第十五届“中国工艺美术大师作品及国际艺术精品博览会”上，常宁兰亭雕刻的滕恩德木雕根抱石《九鲤朝阳》获“第十五届中国工美大师精品展”优秀奖。同时，积极主动做好行业交流工作。是年4月，衡阳市二轻系统县（市）轻工行业发展交流会在常宁召开，会议交流、探讨县（市）轻工企业改制经验，深刻领会政府机构体制改革指导精神，加强对县（市）轻工行业发展及企业改制的研判。

【维护轻工企业稳定】2015年，贯彻市委、市人民政府开展信访工作“五零”专项行动的要求。开展党组织书记大接访，机关干部大下访活动。落实领导干部“四访两包”（下访、接访、走访、信访、领导干部包重点案件、包重点人员），总公司班子成员每周一轮流定点定时接访，总公司全体机关人员主动下访。是年，走访所属5家企业和特困职工60余人，倾听企业和职工群众的诉求。开展“公开办信、阳光处访”和“群众满意度评价”活动。落实信访事项首办责任制，办理程序“四告知两回复一回执”，办理过程“四公开”，办理结果“双评双议”。是年，全公司接访共30余起，30余人次，没有一起越级访和重大集体访发生。同时，争取帮扶资金9余万元对200多名职工进行扶贫帮困；继续协调有关部门为常宁市瓷厂未参加社保、没有缴纳养老保险费的职工争取补缴机会，有180多名职工完成缴费；根据湘政办发〔2013〕60号文件为瓷厂、羽绒厂等企业在职职工775人申请社保统筹部分挂账2000余万元。

【安全生产】2015年，履行安全生产工作职责，一方面积极开展安全生产专题活动。贯彻落实市委、市人民政府关于开展“九打九治”打非治违行动、“五级五覆盖，五落实五到位” 和全国第14个“安全生产月”活动的指示精神，成立领导机构，制定实施方案；全面排查各类非法违法、违规违章行为；围绕“加强安全法治、保障安全生产”的活动主题，开展安全月专题活动，印发了《总公司2015年“安全生产月”活动方案》，组织开展了新《安全生产法》条文背记活动。是年，对春节及“两会”期间安全生产工作专门制定了实施方案，组织了两次地毯式的安全大检查，抽调10余人次，对公司下属未改制的4家企业、5个车间、2个仓库、1个烟囱、所有线路进行了安全彻查，共发现安全隐患5处，下发隐患整改通知书5份。市瓷厂原料堆场内原泥堆放过高，且靠近围墙和民房，存在较大的安全隐患，当即下达隐患整改通知书，要求企业立即整改，防止汛期泥沙滑坡，造成安全事故。

食品药品监督管理

【概况】2015年，常宁市食品药品监督管理局内设办公室、财务股、药品市场监督股、医疗器械监督股、餐饮服务监管股、保健食品化妆品监督股、法规股，下设食品药品监督检验所和食品药品稽查大队两个全额拨款事业单位。是年，常宁市食品药品安全监管工作在市委、市人民政府的正确领导和衡阳市局的支持下，以党的十八大及十八届三中、四中、五中全会精神为指针，以保障公众饮食用药安全为中心，以深化市场整治为切入点，以构建长效监管机制为保障，以推进食品药品监管体制改革为抓手，进一步加强领导班子和执法队伍建设，市场监管能力和安全保障水平不断提升，继续保持了全市食品药品安全事故“零”发案的工作要求。是年，全市有餐饮服务单位656家，含学校、幼儿园116所，酒类批发商40余户，酒类零售1000余户。

【餐饮服务“明厨亮灶”工作】2015年，组织全市餐饮服务单位开展“食品安全示范店”创建工作和“文明餐桌”行动。在潭水风光带设立餐饮服务食品安全示范一条街，35户经营户追加投入资金30万元，完成“透明厨房”改造工程，构建餐饮食品安全共治模式，巩固示范一条创建成果。

【餐饮服务食品安全量化分级管理】2015年，重点以全面规范为基础，以诚信信用建设和行业自律为牵引，对全市370家持证餐饮单位进行量化分级管理等级评定。量化分级管理评定采取动态等级和年度等级相结合，动态掌握餐饮服务单位最新餐饮食品安全状况。对已实行量化分级监督管理的餐饮服务单位，定期向社会公布食品安全量化等级信息，使消费者及时了解餐饮服务单位食品安全状况，做到知情消费，逐步建立起政府监管、行业自律、社会参与的互动监管新模式。

【学校食堂、幼儿园及周边餐饮服务单位监管】2015年，建立完善学校食堂、托幼机构经营许可、登记、信息档案。是年，境内学校和幼儿园餐饮服务许可证、健康体检从业人员培训均达到100%。加强“高中考”重大活动期间监管，对学校食堂及周边餐饮服务单位进行全程监管、重点巡查，共开展保障活动18次。全市中小学校在校生7万人，学校食品安全责任保险工作100%得到落实。

【重大活动、大型聚餐食品安全保障】2015年，坚持预防为主，加强监督检查。全力以赴做好“两会”、“衡阳市十运会”红白喜事集体聚餐(30～50桌以上)、高中考保障等食品安全监管工作，确保不发生食品安全事故。

【酒类食品流通监管】2015年，加强对酒类批发企业的监管力度，突出无酒类批发许可(零售备案)企业或个体工商户从事酒类经营活动的查处力度，重点对经营酒类无《随附单》，进品酒类无中文标识，无检验检疫证明的打击力度。是年10月，开展酒类零售批发经营整改活动中，立案查处6起假冒五粮液、茅台等知名酒类案件，共查获假茅台、五粮液、泸州老窖等100余瓶，涉案金额8万余元，通过规范整改和立案处罚，全市酒类零售批发经营秩序明显好转，社会反响良好。是年，检查餐饮服务单位800户次，出动执法人员2220人次，查处餐饮违法案件96起，其中，一般程序36起，简易程序60起，罚没款15.2万元。完成省级食品安全监督抽检常宁市同爱食品有限公司湿米粉、水口山有色金属有限责任公司生活服务部水口山纯净水、常宁市爽清食品加工厂吉祥面合格率100%。衡阳市级和常宁市级抽检监测任务完成100%。

【药品医疗器械监管】2015年，境内共有涉药单位172家，其中，各级各类医疗机构102家，零售药店65家，无药品生产批发企业。是年初，结合重点环节、重点领域出台“四品一械”(药品、餐饮食品、保健品、化妆品和医疗器械)的相关整治方案。在市场规范领域出台了食品药品市场巡查及专项整治工作方案，药品流通监管工作计划，在全市推行分片重点负责和表格化、网格化监管措施；在重点环节主要突出药品生产与注册管理的规范，突出特殊药品、终止妊娠药品及医疗器械规范管理，同时积极开展药品不良反应等产品安全风险监测工作，推行风险评估强化风险管理。以新版GSP(CSP就是芯片级封装的意思，它是新一代的芯片封装技术，是继TSOP、BGA之后内存上的又一种新的技术)实施为契机，深入实施GSP认证跟踪动态化监管，重点加强对疫苗、中药饮片、特殊管理药品、基本药物、高风险医疗器械等经营企业的监管，采取集中培训，现场指导等方式，督促企业做好认证资料和店堂硬软件设施建设，提高换证药企管理水平和服务质量，全面提升企业经营条件和规范经营行为。是年，出动执法人员1032人次，共检查涉药单位172家，完成下达的药品抽检任务386个批次，已查办案件5起，其中，药品违法案件3起，医疗器械违法2起，罚没款20.8万元。常宁市163家药店已通过GSP认证。

【保健食品、化妆品监管】2015年，全市共有保健经营单位10家，有化妆品经营单位11家，美容店13家。一是以超市、专卖店、药品连锁店为重点。加大对保健食品、化妆品经营者的监督检查力度，健全落实索票和台账管理制度。二是组织保化品专题培训。重点培训从业人员法律法规和保化经营企业索证索票制度，通过培训学习，营造依法经营的良好氛围。三是对经营使用假冒保健食品、经营过期和无标示化妆品，未经批准检验进口化妆品进行专项检查。重点是国家总局公布的8批次不合格产品。四是查处以公益讲座、免费体检、学术交流、会展销售等形式变相销售假冒伪劣保健食品的行为。

【“四小”“四查”专项行动 】2015年，根据《衡阳市2015年食品药品“四小”整规专项行动实施方案》及《衡阳市食品药品“四查”行动方案》和省局有关通知精神，组织协调有关部门开展“四小”整规及“四查”专项行动。活动展开有效遏制食品加工小作坊、小食品店、小药店、小诊所等“四小”无证经营行为，规范“四小”店经营秩序，促进全市食品药品市场秩序的健康发展。在“四查”行动过程中，常宁市食品药品安全委员会把“四查”行动作为下半年食品药品专项整治的重中之重，明确牵头单位，协调工商、质监部门按照监管职责开展工作，加大保障经费投入。严格实行网格监管责任制，将“四查”行动与日常监管、跟踪检查、监督抽检、案件查办、建章立制结合起来，力求做到化解一批风险隐患，取缔一批违法主体，查办一批违法案件。

【学校食堂安全联合专项检查】2015年，由市食品药品监督管理局牵头，组织市教育局、市卫生局、市疫控中心、市卫生监督办等单位开展两季学校食品安全专项检查。通过安全大检查专项行动，学校食品安全状况总体平稳可控，食品安全以校长为第一责任人的主体责任意识得到落实，基础设施逐步完善，投入逐年加大，食品安全意识进一步增强，内部管理日益规范。是年11月，申报常宁一中、常宁二中为“湖南省食品安全示范学校创建”单位。

【茶籽油生产作坊专项整治】2015年初，由市食安办牵头，市食品药品监督管理局组织工商、质监、公安等职能部门对全市重点茶籽油加工作坊进行了突击检查，检查榨油坊10余家。经过采样抽检，查处荫田镇某榨油坊无证经营茶籽油掺杂渗假案，没收其违法所得1.8万余元，没收掺杂掺假茶籽油700公斤。打击茶籽油掺杂掺假行为，维护茶籽油市场经营秩序和常宁茶籽油品牌形象。

【科普宣传】2015年，根据市食安办活动安排，对全市300余户餐饮单位负责人和食品安全监管人员进行两次培训，与市教育局联合举办两期100余人的学校食堂负责人和安全管理人员的食品安全培训班，举办一期“新修订的食品安全法”培训班，局机关干部职工全部参加。是年，结合“3•15消费维权日”、“12331”主题宣传、“食品安全宣传周”等重大活动，向各类食品药品生产经营单位发放食品药品安全宣传资料，积极指导生产经营单位诚信守法经营，不断强化食品药品生产经营单位是“安全第一责任人”责任意识和诚信意识。是年，利用网络“微常宁”、“新常宁”、电视台等多种媒体广泛、深入宣传食品安全法律法规，宣传食药监系统承担的新职能，增强人民群众的食品安全法律意识和维权意识。在全市范围内组织发放食品各类宣传资料2000余份册，展出展板10余块，接受咨询群众800人次。是年，共建立乡镇社区“饮食用药安全”科普宣传站27个，为每个宣传站制作了统一悬挂标示牌，印制科普宣传挂图及食品药品安全科普知识宣传单1000份、新修订的《中华人民共和国食品安全法》300余册，同时开展科普宣传活动2次。

【创新性工作】2015年，在衡阳市局和中共常宁市委、市人民政府的领导下，常宁市食品药品监督管理局协调相关职能部门，在城区潭水风光带积极创建餐饮服务食品安全示范一条街，并将流动餐饮摊贩、摊点集中到指定的经营地点，相关部门按职责分工规范摊贩、摊点经营行为，通过示范创建活动、引导餐饮市场。为有效提升餐饮单位行业管理水平，切实保障人民群众饮食安全，经过执法人员现场指导，餐饮单位投入改造。全市共有35户餐饮单位完成“明厨亮灶”改造。是年初，帝煌大酒店被省局评为全省餐饮服务食品安全示范店。

【存在问题】2015年，存在的问题：一是企业诚信体系不完善。企业主体责任落实不够，产业基础较为薄弱，发展还不成熟，存在市场规则不健全、诚信体系不完善、产业结构不合理、生产经营主体整体素质不高等问题。特别是小作坊、小餐饮等食品安全投入不足、管理能力薄弱，少数从业人员道德缺失、不讲诚信，食品安全隐患较多。二是食品药品安全监管经费投入不足。食品药品安全监管抽检经费投入不足。据测算，完成衡阳市食品药品监督管理局下达的食品药品、医疗器械、保化品抽检批次抽检经费一年要60万元以上，而2014年市财政仅安排8万元，远未达到规定的标准。食品药品安全现场监督检查、样品抽检行政处罚等交通工具、执法设施欠缺，不能适应监管工作需要。三是食品安全监督机制需进一步完善。监管人员不足的局面没有得到改善，监管能力建设还不能满足实际需要，监管一线人员履职的理念、能力和手段与公众的期望有较大差距，专业知识和执法水平还有待进一步提高。在凝聚各方力量、完善社会参与机制方面还存在不足。四是监管的科技手段不够先进。随着食品药品安全风险全球化，食品药品生产过程中大量使用新原料、新技术，而监管部门还使用传统的监管方式和技术，对食品药品生产过程关键控制点进行有效验证的方法和技术手段比较缺乏。技术支撑能力还不能完全适应监管形势发展的要求，监管方式方法的创新还不能完全适应监管工作的需要，食品安全检测技术还不能满足实际工作的需要。

电力

【概况】2015年，常宁市供电公司内设办公室、发展建设部、安全运检部、调度控制中心、客户服务中心、农电总站、1个印能公司7个部门，辖8个班组、7个农村供电所。是年，在市委、市人民政府的领导和安排部署下，供电公司始终以供好电和服好务为主线，紧紧围绕目标任务认真开展工作，以安全生产、电网建设、供电服务、农电管理、队伍稳定为重点，稳步推行精益化管理，为建设新农村、发展新电力、开展新服务做了大量工作。是年，境内有220千伏变电站2座（印山变和烟洲变）；110千伏变电站3座（松柏变、坦岭变、刘家岭变），变电容量164.5兆千伏；110千伏线路9条，总长222千米。35千米变电站8座，变电容量70.9兆千伏。35千伏线路15条，总长202.26千米。10千伏线路70条，总长2650.59千米。公用变压器1870台，客户专用变压器666台。是年，累计供电量6.24亿度，比去年同期的6.16亿度增长0.08亿度，增长率为1.30%（不含水口山全年5.08亿度）。累计售电量5.62亿度，比2014年的5.41亿度增长0.21亿度，增长率为3.88%；累计电量损耗率10%，损耗电量6240万度，同比有所降低，但在全省仍然保持较高水平。

【安全生产】2015年，公司认真贯彻“安全第一，预防为主，综合治理”的安全生产工作方针，以杜绝人身伤亡和电网大面积停电事故为首要任务，加强安全风险管理，持续提升安全管理水平，确保电网稳定运行。一是加大线路砍青扫障力度，通过全面摸底高压、低压线路树枝障碍，集中力量，共砍伐、修剪超高树枝3510处，变压器总保跳闸率大幅下降。特别是10千伏洋塔线山高林密，又是少数民族瑶族居住区，通过主动与乡镇、村组联系，采取村企联动机制，使得10千伏洋塔线砍青扫障等综合治理得以有效实施，线路故障跳闸次数大幅下降。二是开展春季、秋季安全大检查、低压台区综合巡查等专项检查，共查处一般性缺陷1561项，安全隐患311处，全面进行了整改。

【电网建设】2015年，通过市委、市人民政府的高度重视，主要领导亲自联系协调，常宁电网建设投资逐年增加，网架进一步优化，结构更趋合理。主电网建设包括启动110千伏城北变电站（9850万元）、35千伏新洲变电站（870万元）和110千伏松柏变电站扩建（830万元）三个变电站建设工程。完成110千伏城南变电站和110千伏松柏2号变电站、35千伏白沙变电站等项目的可研、规划、选址等前期工作。“十二五”期间，常宁市变电站建设共计投资27630万元，为确保常宁市城乡居民及工农业生产正常用电奠定了坚实基础。是年，配网及农网改造投资2991万元，改造超过37个村，“十二五”期间配网及农网改造总投资16327万元，再加上智能电网改造投资12000万元，“十二五”期间电网建设总投资达55957万元。

【办理两会建议、提案】2015年，公司共承办人大代表、政协委员建议、提案11件，通过积极沟通联系、向上争资跑项，均予以当年解决或列入明后年计划。在办理过程中，公司高度重视，积极走访人大代表和政协委员，广泛征求意见，协商落实方案。办理效果得到市人大、市政协的充分肯定，获得人大代表、政协委员满意评价。

【优质服务】2015年，公司在有序开展各项工作的同时，积极履行社会责任，为政府分忧，为企业解难，为社会各界提供可靠、优质的电能。一是通过常宁电视台、报纸做好各类宣传和停电信息发布。二是利用各种服务方式拉近与客户的距离，使客户都知道电力咨询服务电话95598。三是努力提高员工素质，不断增强业务技能，为客户提供更专业的服务。四是做好各项保电工作，2015年的春节保电任务，得到社会和媒体的高度评价和市人民政府的通报表扬。全年确保重大节假日、“两会”、政府重要活动、中考、高考等活动的安全可靠供电。

【党风廉政建设】2015年，通过深化、下沉到所有党员的“三严三实”教育，强化党员、员工的思想建设，狠抓内部管理，提高员工的大局意识、责任意识和忧患意识，深入开展自查自改和清查整改，全面加强员工的自用电管理，每月定期公布员工自用电情况，加大监管力度，严厉查处员工营销违章违纪行为。加强执行力建设，一是狠抓干部队伍的执行力建设，强化对中层干部、供电所主任、书记和班组长的管理和考核，强化执行纪律，严格组织纪律。决策和工作任务确定安排后，必须坚决执行。二是加强责任意识，全公司形成“勇于面对责任、敢于承担责任、善于传递责任”的责任氛围。

交通·邮电

交 通

【概况】2015年，常宁市交通运输局内设办公室（加挂“人事宣教股”牌子）、财务会计股、政策法规股、安全监督股、运输管理股、计划基建股，下辖二级机构有市城市客运管理处、市农村公路管理所、市道路运输管理处、市交通质量监督所、市公共交通有限公司市泉峰汽车站、市顺通客运有限公司。交通系统总人数402人。是年，市财政安排交通建设配套建设资金4600万元。全市交通固定资产投资完成1.2亿元，同比增长1.32%。全市公路水路客货换算周转量为48.7万吨公里，同比增长6.4%，圆满完成重点时段、重要物资运输保障任务。

【争资跑项】2015年，抓住国家、省委、省人民政府加大铁路建设投资的机遇，经争取兴永郴赣铁路有望过境常宁。是年，在市委、市人民政府的大力支持下，益娄衡延伸京港澳复线—华常高速公路，省厅正式定调修建，有望2016年开工。

【干线公路及城市出口路建设】2015年，随着境内2条国道6条省道的新增，常宁“五纵三横”的交通大格局基本形成，干线公路已成为常宁交通项目建设的主战场，交通部门主动谋划国道234的升级改道工作。已与省交通设计院积极对接，规划设计等前期工作顺利开展；加大攻坚力度，重点抓好省道320线升级为国道356，并积极推进宜阳至柏树下段的升级改造工作，成立高规格的改造领导小组，建设工作紧锣密鼓。是年，加速推进省道214线城区至松柏段建设，完成全线沥青路面建设，竣工通车。

【水运建设】2015年，加快土谷塘航道枢纽工程及配套工程松柏千吨级码头建设，确保二期工程顺利推进；洋泉水库大坝、荫田老街客运等4处码头建设于是年11月开工建设；1艘防污染客船改造、3艘防污染货船改造工作已交由衡阳船厂改造，完成，为湘江治污工作作出积极贡献；41艘渡船标准化改造已由省水运局委托相关企业营造，完成并交付使用。

【运输站场建设】2015年6月，青市车站主体工程破土动工，年末完成主体工程。北门车站规划、选址等前期工作抓紧进行。城市公交综合停车场已完成选址征地和设计工作，进入招标程序，开工在即（2015年完成场地硬化和围墙工程）。是年，35个农村招呼站已100%完工。

【民生工程】2015年，省厅下达的农村公路建设暨为民办实事工程计划27.5公里，100%按上级要求，全部竣工验收，实现100%的行政村通水泥路。群众反映突出的省道317线新河段、县道082线兰江至洋泉段、狮园至鳌头公路等共计22.85公里烂尾路（县乡道），年末完工。是年，上洲及小河、麻洲3座渡改桥开工，进入接线、桩基、桥台等基础工作程序。18座危桥改造完成17座。农村公路养护和安保力度，实现例养率100%，年平好路率78.69%。植树6000株，完成绿化里程50公里，完成安保工程120公里。

【城区公共交通】2015年，稳步推进双轨制公交，逐步加大收费公交的市场份额，淘汰老旧不环保车辆，推行环保新能源车，合理规划设置公交线路和设施，理清政府和公交企业运营中的角色定位，同时把免费公交这张名片擦得更亮。是年10月1日，开通7路车(西一环一常荫路)，购置并投入15台国内最节能、最环保的气电混合公交车；建章立制，落实出租车服务质量招标和服务考核制，实行优胜劣汰，对湘汇、君安等出租车行进行公司化管理。是年10月，新购100台新型节能城市出租车(捷达款)投入市场。

【运输市场管理】2015年，市运管部门放弃春节、清明、五一、十一等节假日，全心投入运输保障工作。规范城区客运市场秩序；杜绝王朝商务酒店等路点、路段“黑的”非法营运现象；肃清站外随意揽客、乱停、乱靠行为；解决了胜桥、板桥方向班线无站停靠难题；确保天塘山等景区旅游旺季及十一黄金周的运输安全，客运秩序步入规范、安全、有序之路。

【治超工作】2015年，贯彻省、市治超工作精神，在全市范围内开展了治理车辆非法超限超载行动，治超工作取得新的成效。64名治超工作人员在松柏、荫田、宜潭等治超点共开展部门联合执法整治。是年，共检测7476台次，查处超限超载运输车辆686台次、卸货1040吨、查处改拼装车219台次、强制恢复219台次。

【运输安全】2015年，按照安全生产“党政同责、一岗双责、齐抓共管”的要求，领导带队“四不两直(不发通知、不打招呼、不听汇报、不用陪同和接待、直奔基层、直插现场)”深入一线抓安全，督促落实企业安全生产主体责任，对企业安全隐患自查自纠情况进行督查。同时，对安全制度执行不到位、安全隐患治理不彻底的企业主要负责人进行约谈，传递压力，狠抓落实。是年6月，在泉峰车站安全例检中，发现工作人员失职、失责、失管现象，对此严惩不贷，采取诫勉谈话、停岗罚薪等处罚。是年8月、11月，在全市交通系统开展安全工作交叉检查行动。是年，开展“安全生产月”“道路客运安全年”和“平安工地”创建活动，搞好公路水运工程质量安全综合督查，扎实开展“打非治违”和“严打严治”等专项行动，共组织执法人员400 余人次，排查整治隐患57处。是年，强化对道路桥梁、客运站场、城市公交、车辆、渡口码头、船舶、工程质量的安全监管，完善预警机制，落实应急值守。安全生产教育培训取得长足进展，全系统共培训行业管理人员和从业人员200余人次。

【存在问题】2015年，存在的的问题主要有四个方面：一是农村公路硬化建设计划指标少，配套资金到位率较低，严重制约了农村公路建设进度。二是农村公路建设重建轻养，养护工作有待加强。三是交通运输市场执法尚未普及，执法力度有待加大。四是特别是茶常高速公路(华常高速)的开工建设、弥塔水淹公路复建、兴永郴赣铁路立项工作需要衡阳市委、市人民政府大力关心、帮助和支持。

公路建设管理

【概况】2015年，常宁市公路管理局内设办公室、财务股、养护股、工程服、机务安全股、路政大队(副科级)，下辖柏坊、龙门、板桥、兰江、罗桥、到湖、阳加、到塘、马桥、元山、大塘、大市、双安13个养护站。是年，在市委、市人民政府的领导下，在衡阳市公路管理局的精心指导下，以科学发展观统领工作全局，贯彻落实市委经济工作会议精神，围绕争创一流的工作目标，动员全局上下顽强拼搏，扎实工作，务实创新，锐意进取，圆满完成了目标管理指标和各项工作任务，实现全局各项工作和谐持续发展。

【养护管理机制】2015年，按照“四定”方案以及中心养护站加道班形式合理调整各队养护管理模式，并注重养护计量计酬方式，强化养护站人员的主人翁意识，极大地调动职工生产积极性。按章办事，全力推行合同管理。重新制订《公路养护管理办法》《绩效奖励考核管理办法》。实行养护工作计划管理，即生产任务计划、经费计划、考勤计划，每月结合养护实际下达各项计划，月终进行考核计量验收，并予以通报和奖罚。

【养护质量管理】2015年，成立“迎国检”工作领导小组，加强领导；积极向市委、市人民政府汇报“迎国检”工作，获得了支持；加强与衡阳市公路管理局联系，获得业务上的指导。在日常养护中，以“七无”为标准，推进预防性和规范化养护。一是加强养护督查，进一步规范日常养护。增加养护力量，成立以省道214、省道320线两个片区，由养计股两名技术员蹲点服务，局督查小组每月到生产一线督查指导工作20天以上，及时整改问题。二是狠抓预防性和规范化养护，巩固养护质量，稳定公路路况。处治翻浆路面23552平方米，修补路面90210平方米，处治严重龟裂网裂油路近48公里，计134550平方米；省道320线补灌缝42.6公里，共用沥青灌缝料45吨，聚氨酯灌缝料20吨。新栽樟树9730余株，修复石砌水沟2014米；组织2台挖机对淤积水沟和反坡路肩进行了清理，共清理淤积水沟2405米，清整路肩46公里，计92000平方米；更换干线公路大理石公里碑和百米桩530块，更换公路标志标牌210块，划公路标线135公里，对安保钢护栏刷漆2571平方米。

【改善职工居住环境】2015年，启动省道214线罗桥中心养护站的改建工程，年末站房已基本建成；10月份启动省道320线龙门站房改建工程。

【桥梁养护】2015年，确保桥梁运行安全。完成松柏大维修改造竣工验收；完成了官岭东桥及西桥加固维修前期工作；是年5月，对桥梁进行定期检测，发现四类危桥1座。

【工程建设】2015年，完成县道080线大修3公里计310万元，省道320线大修5公里计832.5万元，省道320线换板4000平方米。

【队伍建设】2015年，每月制订工作计划清单，在月末进行考核。着重组织学习《中华人民共和国公路法》《湖南省实施〈公路法〉办法》及相关法律法规。同时，成立督查小组，采取明察暗访、设立举报电话杜绝违纪违规现象的发生。

【宣传工作】2015年，出动宣传车辆 2台在市公路局所管养的公路上进行滚动式巡回宣传1个月，增添永久性标语40条，刷新10条，宣传广告50幅，发放宣传手册2850余册、宣传单4000单。

【日常巡查】2015年，加大执法力度，要求路政员每月巡路在18天以上，干线公路每天巡查不少于1次，支线公路每四天巡查不少于1次。

【集中整治】2015年3月，出台《常宁市公路路政管理集中整治活动工作方案》，加大集中整治力度。据统计，拆除违法建筑（永久性）1栋，拆除违法棚点5处（其中街道临时棚屋1处，水果棚屋1处，洗车加水点3处）。搬迁省道320线兰江、荫田、省道214线松柏等“马路市场”3处，拆除非公路标志40处（其中龙门架14处），清除违法占用公路 58 处。疏通公路水沟200米、清理路面堆积物500多处。处理超限运输车辆 1000多起，收取损路赔（补）偿费60万多元，罚款近5万元。是年，强力推进治超工作，完善治理措施，建立目标责任制和责任追究制度，截至11月，已投入治超经费150万元。是年1—11月，通过宜潭治超站和两个流动治超点，共检测货物运输车辆8475台次，查处超限超载车辆627台次，卸载货物（含转运）2465吨，查处非法改拼装车辆106台次，强制恢复改装车辆87台次。同时，内业管理工作进一步规范。

【“交通杯”劳动竞赛】2015年，成立竞赛领导小组，实行领导包片及养护队、机关管理人员包线的责任制，形成全局上下齐抓共管的良好竞赛格局。加强职工教育培训，提高参赛人员业务能力。先后组织路政员、站班长及记录员培训班，提高路政人员、站班长、记录员的业务水平，促进竞赛高质量开展。

【安全工作】2015年，坚持“安全第一，预防为主、综合治理”的方针，认真执行各项安全制度，狠抓安全生产责任制的落实，全年没有发生一起大小安全责任事故。一是建立和健全局机关、站班和工地三级管理网络，层层签订安全生产目标管理责任状。二是精心组织积极开展“安全生产月”等各项活动。三是加大宣传学习力度。全年共组织安全学习教育4次，请安全方面专家讲课2节；利用黑板报、墙报、《常宁公路通讯》、横幅、安全标志牌、会议等形式，进行广泛的宣传教育。四是坚持安全生产“三个一”。每月坚持一次安全检查、一次安全例会、一次安全通报，做到安全隐患早发现、早处理、早通报，及时消除安全隐患。是年，机务工作管理井然有序。完善各种设备特别是养护施工用小型机具的管理，加强对进库设备的保养，切实维护好机械设备，确保设备完好率、利用率。

【队伍建设】2015年，领导班子队伍建设，重点学习科学发展观，着重抓好民主集中制、民主生活会制度的落实，对重大事项坚持集体研究决策。党风廉政建设在党员干部中深入开展反腐倡廉教育，落实党风廉政建设责任制，大力推行局务公开、政务公开，重视信访举报工作，重点抓好工程管理领域内的廉洁自律工作，有效地预防和杜绝腐败。群团组织建设，发挥桥梁纽带作用，在工作中给予关心，在经费上给予支持，使其充分发挥自己的职责。积极开展"送温暖"活动，走访慰问困难职工；对离退休职工发放慰问信、慰问金。

是年，财务、办公室、人事、职教、统计、法制、工会、计生、团支部等各项管理工作紧紧围绕大局，服务中心，全面履行各项职责，工作质量和服务水平都有新的改进和提高。

邮　政

【概况】2015年5月1日，常宁市邮政局更名为中国邮政集团公司湖南省常宁市分公司。是年，机关内设综合办公室、市场营销部、网运部；下辖代理金融中心、快递包裹中心、城区投递处理中心，松柏支局、柏坊支局、白沙支局、荫田支局、盐湖支局、罗桥支局、板桥支局、官岭支局、新洲支局、洋泉支局和青阳南路、青阳中路、城北、城西、泉峰、培元、大堡、富贵、江河、兰江、蓬塘、胜桥、松柏、田尾、西岭、烟洲、阳加等17个邮政所。是年，完成收入5888万元，累计进度100.96 %，同期增幅19.32。其中，邮务类板块完成收入 820.19万元，进度91.23 %；金融类板块完成收入4838万元，进度为104.17 %；速递物流板块完成收入133.76万元，进度为47.77%。

【代理金融业务】2015年，突出发展邮政代理金融业务。在一季度旺季营销中，利用2014年四季度扎实有效的客户走访采集的有效数据，把握好时间节点，瞄准各类客户，主动开发市场，主动参与市场竞争。一季度实现储蓄余额累计新增3.83亿元，代理保费新增9400余万元。是年，围绕活期占比、电子银行替代率和市场占有率"三提高"目标，强化项目营销和客户服务，有效增强网点的营销能力。是年，在对集团和省、衡阳市级转型网点进行标准化改造的基础上，在软硬件设施上也按转型网点标准进行配备，在人员配置方面按要求配备到位，在网点运营中严格按照转型要求导入，并在网点服务、业务营销技能等方面强化培训，网点营销能力明显增强。一季度全省代理金融百强网点中，培元所、荫田支局邮储及代理保费新增增幅均排名前列。

【寄递类和邮政保险两项重点业务】2015年，按照集团公司和省、衡阳市公司加快快递包裹业务发展要求，在接管县域速递后，迅速整合资源，配置精干力量成立快递包裹业务中心。通过加强网运资源整合，优化生产作业流程，创新邮件时限管控方式，强化快递业务市场开拓，整治投递服务质量，快递包裹业务发展步入佳境。是年，按照市公司要求，着力发展代理保险业务，突出发展境内中邮保险，严格落实上级要求的邮政渠道代理中邮期缴业务占比达到80%以上的要求，有效促进中邮期缴业务的常态化发展。

【经营发展】2015年，对部分机构进行了调整，对原发投部门进行撤分，将专业职能并入邮务中心，成立城区投递部，进一步提高投递服务质量。成立快包业务中心，加快寄递业务发展。同时，推行分、拣、投一体作业，优化工作流程，邮件提速，快包基本实现省内当天收寄次日送达。是年，加大正激励力度，发挥好薪酬分配激励机制作用，有效提高网点和一线员工发展动力与活力。进一步优化用工结构，重点解决结构性缺员的矛盾，在整合投递段道的基础上，将富余的高学历年轻投递员转岗到营业前台。通过开展竞聘上岗和双向选择，提拔和培养一批年富力强的支局长，打造了一支执行力强、能干事、肯干事、干成事的支局长队伍。通过加大人员盘活力度，重点精简了内部处理及生产辅助人员，将其充实到网点担任大堂经理，有效支撑旺季营销业务发展。是年，推进服务视察工作程序、内容、频次、基础资料、考核办法的规范化、标准化，针对业务发展中出现的新问题，制定、完善新的管理办法，外树形象抓窗口，内强素质抓队伍，提高水平抓管理，切实履行邮政履行普通服务义务职能，提升邮政企业服务形象。

【基础设施建设】2015年，对荫田支局、罗桥支局、松柏开发区、烟洲邮政所、培元营业所、阳加邮政所、青阳中路邮政所、青阳南路邮政所等8个网点实施标准化改造,共投入建设资金210余万元。是年,投入30余万元增加2台邮运车辆,将原来的2条自办邮路拓展为4条自办邮路,增加邮件运输频次,提高了邮运速度和效率,确保全市用邮客户邮件及时率。同时,更新投递工具,投入10余万元增加20台电动摩托车,在城区和部分乡镇实行投递电动摩托化,提高投递效率,确保用邮客户邮件安全。投入156万元增加了自助机具设备10台,基本实现了全市各乡镇都有ATM存取款机。同时,投入30余万元在各网点都增设了台席终端设备,增配了人员,大大地缩短广大客户办理业务等待时间。在全市共建设邮政便民服务站248个,超计划完成建站目标,站点已基本开通水电、通信、网络等代缴代办业务,开通包裹收寄业务,开通了电商平台(邮三湘),逐步开通邮政金融服务。共投入建设资金60余万元,有120个站点实现挂牌。同时,通过邮政电商平台,实现农产品进城、工业品下乡,从11月份起,通过邮政电商平台帮助白沙镇忠岭村解决无渣生姜滞销难题,共销售生姜2万公斤,让村民获得16万元收入。

【党建工作】2015年一季度,组织开展全司党员干部服务基层活动,机关20余名党员干部沉入基层,与基层员工同吃同住同劳动,跑投递段道了解群众意见,切实帮助职工群众解决问题和难题,并涌现一批先进和典型。6月,向市委组织部推荐1名优秀党员。

【党风廉政建设】2015年,贯彻落实衡阳市公司和常宁市委全会、市纪委全会要求,坚持将党风廉政建设与邮政事业发展同部署、同检查、同落实,定期召开党委(党组)会,明确领导班子成员的职责分工,落实好"一岗双责",完善党风廉政建设责任体系。是年,强化警示教育,通过上廉政党课、开展廉政谈话、利用各种会议进行廉政提醒和警示等方式进一步提高党员干部廉政意识。坚持好干部标准,严格执行干部管理规定,着力选好用好干部。

电 信

【概况】2015年,中国电信股份有限公司常宁分公司下设综合部、销售服务部、网络部、14个支局(所)、9个生产班组。共有员工127名,其中合同制员工81人,D类员工46人;女员工30人;具有大专以上文化程度的员工有80人;获得专业技术职称员工42人。有中共党员105人,设1个党委、7个支部。其中合同制员工在职党员58人,退休党员34人,D类员工党员13人,共有女职工党员15人。

【通信业绩】2015年,共新建渠道网点13个。建立完善规模发展/维系管控体系,通过挂图作战,依靠光网、4G网络优势,针对通信市场特征强化营销组织及管控引领移动、宽带、光网融合业务协同发展,确保实现平台收入的提升,同比提升幅度13.98%。是年,落实预算、考核、资源配置"三位一体"的综合评估管控体系,做好渠道全视图系统资源管理,深化多领域的集约运营,推动"四级划小、倒三角支撑"工作纵向延伸,同时以平台收入增长、高价值为发展导向,实行资源抢盘机制,实现四级经营单元、员工目标与企业利益相一致,全面进攻,确保基础业务规模价值突破、存量保有效果明显提升、平台收入稳步增长。是年,针对"商圈炒店、城市光网小区、赶集日营销、光网村营销"等日常营销活动的开展,不断完善营销组织和调优销售模式,同时引进直销团队,结合一线销售人员强化销售话术的培训,不断灌输成功的组织方法和销售经验,促使四大版块的日常营销活动有序开展并取得一定成效。

【通信网络】2015年,常宁分公司有移动基站177个,其中2G基站10个,3G基站104个,4G基站96个,4G室分系统6个.城区(含松柏)有3G基站19个,4G基站49个,重点乡镇均已覆盖2个以上4G基站。是年,接入点21个,OLT设备 44 套,PON 1100 个,主干光交48个,配线光交71个,现有光缆10180 皮长公里、74097纤芯公里。有乡镇27个,行政村704个,光网已覆盖所有乡镇,已建光网村199个,还有505村没有覆盖,全市现有AD宽带端口32076个,其中农村10000个,FTTH端口69416个,其中农村FTTH35000个,已建光网小区312个。城区光网覆盖覆盖率为95%,农村光网覆盖率为 30%,城市100兆覆盖率为95%,农村20兆以上覆盖率为30%。

【工作保障】2015年，开展“三亮”“三型”党员教育活动，通过“亮身份、亮承诺、亮业绩”，争创“学习型、服务型、创新型”党员，充分发挥党员先锋模范作用、服务人民群众、支撑企业发展、助基层成功、助渠道成功。开展党员、群众结对子活动，每一名党员与一名普通群众结成对子，共同发展、共同促进，组织、带领党员、群众在划小承包、破解生产经营难题、完成急难险重任务、争创一流经营业绩、提升倒三角服务支撑能力中发挥作用，促进企业科学发展。执行渠道“四条禁令”，约束员工、规范渠道经营，营造良好的渠道生存环境，有力地支撑企业经营发展。抓人力资源综合转型，真行差异化薪酬分配，树风清气正工作氛围。(阳辉)

移　动

【概况】2015年，中国移动公司常宁分公司内设综合部、市场部、网络部，共有员工68人，其中合同制员工32人，劳务派遣员工32人。是年，把握4G发展重大历史机遇，聚焦4G规模发展，坚持“网络质量是通信企业生命线”“客户为根、服务为本”理念，转变思想观念、快速适应形势变化，积极主动作为，乘势而上，加速推进以语音经营为主向以流量经营为主的营销体系转型，继续深化“3+2+1”驱动力建设，扎实开展好客户服务工作，持续开展基础管理能力提升，推动企业持续健康发展。完成了各项工作目标任务并取得了较好的工作业绩，市场经营业绩排名全市第三，网络建设维护工作全市排名第一，综合年度绩效考核排名全市第一。

【主要经营绩效指标】2015年，完成通信服务收入(按财务口径)共完成1.4亿余元，与2014年同比增幅6.62%，累计增幅全市排名第三。宽带业务收入完成全年任务104.5%。累计完成通信和信息化收入净增完成全年任务的101.7%。通信和信息化新增收入900万元，占运营收入比6.73%。全业务收入完成349万元，排名全市第五，数据业务收入完成6800余万元，完成目标任务全市排名第一。无线上网收入4500万元，完成目标任务全市排名第一。

【客户发展类情况】2015年，净增4G客户数完成5万余户，完成年度净增挑战目标值全市排名第五。期末4G客户渗透率23.8%，4G套餐客户发展数4.8万户，期末4G套餐渗透率全市排名第二。期末4G客户4G套餐办理率全市排名第三。净增宽带客户数累计完成1300户，完成全市排名第七。驻地网小区宽带端口半年使用率全市排第七。集团成员4G客户渗透率：ABC类集团成员4G客户渗透率为47.78%，完成年度任务目标值(40%)的119.45%，全市排名第二。核心渠道移动专营率：签订手机超市手机卖场协议渠道16个，签订核心商圈把控协议渠道2个，核心渠道移动专营率累计完成73.81%，超额完成年度目标值。

【数据业务类情况】 2015年，新入网三项业务开通率为252.24%，超出年度挑战目标值72.24PP，全市排名第二。移动数据流量月均渗透率为64.60%，年度挑战目标值(63.35%)超出1.25PP。

【客户服务】2015年，客户满意度领先完成14.59，完成年度挑战目标值，(10.33)的141.2%，全市排名第二。客户整体NPS领先值完成57.34，完成年度挑战目标值(43.24)的132.6%，全市排名第一。重点服务举措知晓率57.08%，距年度目标任务值(70%)差12.92PP，全市排名第四。投诉处理满意度79.92%，暂未达到目标值(80%)要求，全市排名第四。投诉量控制：累计全量投诉共产生6687件，超过目标限定值350件，投诉量控制全市排名第一。

【网络维护建设】2015年，小区退服率平均值分别为0.065%、0.043%、0.041%，T/L完成挑战目标，G网完成基准目标，主要原因为10月指标由于大面积停电严重超标。

	平均值	基准值	挑战值
G网	0.065%	0.1%	0.05%
T网	0.043%	0.13%	0.08%
L网	0.041%	0.15%	0.1%

平均值为3.65，主要扣分原因为集中故障管理指标部分月份未达标，预计得分为3.35。宽带业务装移机全程及时率平均值为98.12%，达到了挑战目标。宽带业务故障处理及时率平均值为97.26%，达到了挑战目标。网络感知满意度领先平均值为12.24，已经达到了挑战值；网络投诉解决率平均值为

63.48%,已经达到挑战值。

【工程建设】2015年,3.1期计划59站,开通59站,归档56站,开通率100%,归档率95%;室分、网补、湘桂共计划13站,开通13站,归档13站,开通率100%,归档率100%;3.2期室分、宏站共计划37站,开通24站,归档19站,开通率64.9%,归档率51.4%,因主设备和传输光缆未到货影响工程进度,可以申请减免考核。TD-LTE规划设计达成率为98.8,达到挑战目标。

【4G终端销售】2015年,利用春节、端午、五一、5·17等开展节假日专题促销,仅5·17专题促销现场就销售4G手机102台,其中办理4G套餐43笔。在常宁23个乡镇巡回路演促销。共完成促销48场次,销售4G终端1658台。其中办理4G套餐827户。是年,组织区域经理开展自有促销,并利用特价终端政策在厂区、广场开展现场促销,共销售波导L108手机339台,同时根据特价终端活动要求,100%办理4G套餐。是年三季度,对所有渠道网点铺放酷派8017及其他二款校园促销特价终端,销售酷派8017手机967台,校园促销特价终端42台,合计销售1019台。11月,开展的0元特价购终端掀起年度特价终端销售高潮,11月份仅仅13天销量"0元购及99购"终端712台。到12月27日,已销售特价终端1457台。

【线上终端订货与现场终端订货会】2015年,共计组织网点大型现场订货会4次,分别是:4月23日开展4G周年庆订货会,现场订货1702台。6月19日开展学生4G手机订货会,现场订货1662台。11月6日开展"0元购及99购"特价终端专场订货会,现场订货1239台。12月14日开展500元及以上特价终端订货会,现场订货1050台。

【网络建设】2015年,常宁2014年LTE建设项目总规模244个,已经开通244个,开通率100%,归档243个,归档率99.5%;2015年3.1期计划59站,开通59站,归档56站,开通率100%,归档率95%;室分、网补、湘桂共计划13站,开通13站,归档13站,开通率100%,归档率100%;3.2期室分、宏站共计划37站,开通24站,归档19站,开通率64.9%,归档率51.4%,主要原因是主设备和传输光缆未到货影响。是年,OLT工程开通OLT设备3端,开通率100%。

【网络运行维护】2015年,在省公司和衡阳市公司的相关维护工作要求下,分公司对各项维护工作都非常重视并狠抓落实:小区退服率完成挑战目标,运维维护质量管理大部分指标都达到预期目标,还有个别指标需要进一步加强,如故障工单质检合格率,超长故障管理。

联　通

【概况】中国联合网络通信有限公司于2009年1月6日在原中国联通和中国网通的基础上合并而成。在国内32个省(自治区、直辖市)和欧洲、美洲均设有分支机构,是中国唯一一家同时在纽约、香港、上海三地上市的电信运营商。中国联合通信有限公司常宁市分公司(简称常宁联通,下同)于2005年1月正式挂牌成立,隶属中国联合网络通信有限公司衡阳分公司,下设1个副县级分公司——松柏市分公司,3个营销部,营业网点115个,遍及常宁市各个乡镇,主要经营GSM、WCDMA和FDD-LTE制式移动网络业务,固定通信业务,国内、国际通信设施服务业务,卫星国际专线业务、数据通信业务、网络接入业务和各类电信增值业务,与通信信息业务相关的系统集成业务等。有职工总人数34人。2015年,是4G网络高速发展、全民信息安全化、家用宽带全线提速的重要一年,为实现全民的美好愿景,常宁联通全体干部员工在队伍建设、网络建设、文化建设及信息安全建设等方面都取得成绩,公司各项业务实现有效发展。是年,职工总人数34人。

【3G、4G业务平滑过渡】2015年2月27日,工信部在正式向运营商发布FDD制式4G牌照,中国联通获得此牌照。3G时代联通取得WCDMA主流制式,首先拔得头筹,而联通4G是在国际主流的WCDMA 3G网络上平滑升级过来的。为用户提供上网最快、覆盖最广、体验最好的移动宽带网络。

【全面实行电话实名制】2015年1月,工信部、公安部、国家工商总局联合印发《电话"黑卡"治理专项行动工作方案》，要求自2015年1月1日至12月31日，在全国范围联合开展电话“黑卡”治理专项行动，重拳整治“黑卡”，为进一步响应实名制要求，常宁联通2015年狠抓实名制、任何人不得姑息，并实行一票否决制。执行实名制，各个面同时抓，除对公司自有渠道及员工宣传、办理业务时做到100%实名；对渠道管理也一样，所有业务受理渠道必须匹配身份证识别器实名制入网，否则系统不能受理业务；对非实名入网用户通过电话、短信提醒至营业厅办理实名制登记，限期停机措施。对凡是违反实名制政策的员工一律予以开除，经销渠道则对其实施严重经济罚款并关停工号3个月，严重的将直接解除代办合同。实名制红线关系全民信息安全，任何时候、任何人不得跨越。

【网络质量更为完善】2015年，网络信号是运营商的核心服务，网络质量是优质服务的基础。常宁联通致力于网络的建设与优化，让所有客户都能体验到连通四海、沟通在世界的每个角落皆触手可及的便利。常宁联通公司每年投入大量的人力、物力进行网络建设优化，经过几年大力建设，全县3G基站已经近180个WCDMA 3G信号已覆盖92%的县域。2015年，新建4G基站43个，全市4G基站已达77个，辖区内居民最快上网速度达15兆/秒。以后常宁联通仍将继续加大4G基站建设，为境内居民继续提供网速最快、信号最广的4G通信服务。

【规范服务，提升客户满意度】2015年，中国联通秉承“以客户为中心，用服务促发展″的服务理念，以为用户提供优质通信服务及促进社会和谐为己任，倾力做到″消费请客户放心，服务让社会满意”。为进一步贯彻落实政府有关网络提速降费的相关政策，提升客户感知，中国联通自2015年10月1日起，公司将为手机用户提供月套餐内当月剩余流量单月不清零服务，即月套餐内当月剩余流量可延期结转至次月底前使用。该措施的实施有利于公司提升用户数据消费体验，加快用户和业务的转型升级，推动公司战略转型。

【全民进入光纤宽带时代】2015年，为推进“宽带提速工程”，提升宽带网络服务能力；全面启动光纤到户工程，改善宽带网络质量，为推动三网融合做出贡献。常宁联通先后投入大量资金进行宽带建设，截至2015年底，已开通建成19个乡镇的光纤宽带项目，其余的乡镇计划仍在继续实施，城区旧CPN项目已全部完成光改完毕，全民进入高速光纤宽带时代。常宁联通光纤宽带为了实现真正的提速、降费，宽带升级到10M起步，价格优惠一年只要699元。现行的智慧沃家业务，每月只要109.9元，话费、宽带、高清电视都有了。

【互联网+信息推广】2015年，互联网+的时代，联通公司以全球最成熟的FDD4G制式和全球互联网出口两大技术优势，为广大客户解决工作、生产、生活中存在的各类问题提供特色化、定制化的信息解决方案。可以为各级政府部门及企事业单位提供云计算、云存储、机房托管、各类办公系统软件定制开发等等，提供互联网+政务的智慧政务，已交付实施数字衡阳一期工程包括平安城市系统、智慧公交系统、智慧城管系统获得市人民政府的高度评价。全力打造互联网+企业的智慧企业，可以实现智能调度、智能仓储、智能监控、销售管家、大数据分析、智能WIFI等为企业从仓库管理到生产链到销售链的信息化服务；在医院系统打造的互联网+医院的智慧医疗可以为医院提供服务器托管、移动护士站、医院智能Wi-Fi网上医疗等服务。在民生方面全力打造了为农村留守人员安全的十户联防、为城市打造的社区智能管理、智能家居为广大城镇居民的生活安全和便利提供信息化解决手段；在商业方面打造智能酒店、智能商场，可以为酒店商场提供大数据分析平台解决精准营销问题。衡阳联通一直致力于互联网+的行业应用探索，争做互联网+时代的信息解决专家。

农·林·水

总类

【概况】中共常宁市委农村工作部(常宁市人民政府农村工作办公室)是全市农业农村工作综合、协调、指导、服务、管理单位。机关内设秘书财务组、组织人事组、综合调研组、产业扶贫开发组、科技教育法规组、新农村建设指导组,机关在职人员18人,退休人员15人。下设市农村能源领导小组办公室(简称市能源办,正科级)、市农村扶贫开发办公室(简称市扶贫办,副科级)两个二级机构。归口管理单位有市农业局、市林业局、市水利局、市农业机械管理局(简称市农机局)、市畜牧水产局、市农村经济经营管理局(简称市经管局)、市气象局、市移民开发局(简称市移民局)、市农业综合开发办公室(简称市农开办)、市民营经济发展局(简称市乡企局)等10个局(办)。是年,在市委、市人民政府的领导下,全市上下认真贯彻落实上级党委、政府"三农"工作决策部署,坚持解放思想,开拓创新,稳中求进,继续保持农业农村经济稳定向好的发展势头。实现农林牧渔业总产值76.1亿元,增长5.8%;农民人均纯收入13102元,增长11.6%。

【种植业生产】2015年,落实粮食播种面积78733.33公顷(水稻70733.33公顷),与2014年基本持平,产48.2万吨,较上年增长0.4%。夏收油菜26666.6667公顷,较上年增加1333.333公顷,总产4.91万吨,较上年增长0.9%。蔬菜、经济作物加快发展,新建专业蔬菜基地5个173.333公顷、时鲜水果基地3个93.333公顷、高产棉花基地2个10公顷、中药材基地266.666公顷。

【养殖业生产】2015年,出栏生猪126.2万头、牛3.66万头、羊15.12万只,分别增长0.8%、1.3%、10.6%;出笼家禽1615.5万羽,同比增长0.7%;水产品总量4.21万吨,同比增长9.8%。

【主导产业】2015年,以省道320、衡桂高速油茶走廊为重点,新造油茶2666.66667公顷,垦复油茶3666.666公顷,成功举办"大三湘第三届油茶花节"。烟叶生产提效。按照"控量、提质、增效"的原则,落实烤烟面积1866.666公顷,收购烟叶7.33万担,创税2100万元,比2014年增加1000万元,实现烟田面积减少,烟叶税收增加。茶叶产业提质。全力打造高山有机茶品牌,新建有机茶基地333.333公顷,在9月18日第七届湖南茶叶博览会上,常宁市荣获全省唯一"生态有机茶之乡"称号,塔山瑶族乡荣获2015湖南茶叶"十佳示范乡镇"称号。

【农业产业】2015年,衡阳市级农业产业化龙头企业发展到35家,新增9家,实现规模以上农产品加工业产值17.35亿元。休闲农庄发展到20家,其中省星级休闲农庄10家,新增3家。是年,休闲农业企业接待游客突破100万人次。常宁市农产品加工中心园区建设启动,完成前期规划、征地等工作。

【农田水利建设】2015年,完成小(二)型水库除险工程30处、农村饮水安全工程16处;广济水库加快建设;宜水张家堰小流域水土保持项目、西塘水库电站和双河电站电气化县项目、53个小农水重点村建设项目全面竣工;白甫水库、潭水河道治理、城北城市堤防工程、湘江柏坊段“四水”治理、亲仁电站和培元塔电站以电代燃料项目开工建设。农业综合开发方面，洋泉陈桥高标准农田建设、松柏楠木高标准农田建设等6个农业综合开发土地治理项目全面完成，洋泉东山高标准农田建设、洋泉中型灌区节水项目顺利开工。是年，新增农机专业合作社11家，总数达到33家；推广各类农机具2763台，农机总动力达到66万千瓦，增长11.86%。机械化育插秧技术推广步伐加快，培育机插秧大户60户、育秧技术员160名、机插秧技术员390名，完成机插秧面积20866.666公顷，打造了衡桂高速、省道320、省道214等3条水稻全程机械化生产示范带。是年，对全市29个区域气象站进行巡检，维护清理雨量筒、太阳能板，购置备份采集器和雨量筒，采购一批采集箱，有效保障区域自动气象站的通信率和可用率。加快突发事件预警信息发布中心建设，年末完成高清视频会商系统建设。

【城乡同治】2015年，围绕“深化城乡同治，打造秀美新常宁”这个主题，继续实行严格的考核和奖惩制度，城乡同治工作取得较好成效，实现“集镇变靓、乡村变美、水系变清、公路变绿”，在衡阳市前三季度考核评比中均进入先进县市行列，其中一季度排名第二，二季度排名第三，三季度排名第一，蓬塘、盐湖、烟洲、荫田、塔山等5个乡镇被衡阳市评为“十佳乡镇”，洋泉镇集镇整治、平安村和蔬菜村等示范村创建，得到衡阳市的充分肯定。

【生态建设】2014年冬至2015年春，全市共完成造林7万亩，超衡阳市分配任务1533.33公顷，其中“裸露山地”造林2000公顷；完成封山育林2400公顷、中幼林抚育13600公顷。创办义务植树基地7处，完成义务植树183万株；完成通道绿化366公里、河道绿化14公里。农村清洁能源加快推广，新建户用沼气池80个，安装太阳能路灯1350盏。

【新农村示范工程】2015年，启动第四轮新农村示范工程建设，从市直单位抽调106名机关干部，组成30个工作队驻村指导。是年，累计投入帮扶资金1702.7万元，在30个示范村先后实施生产发展项目99个，基础设施项目136个，环境整治项目46个，精神文明项目38个。平安、桐江、新铺、蔬菜等示范村工作主动，项目推进快、效果好。

【农村土地承包经营权确权登记颁证】2015年，全市按照既定时间节点，在完成组织机构成立、宣传动员、人员培训、方案制定、测绘队伍确立等工作的基础上，全面进入实施阶段。是年，共完成638个村的调查摸底，完成率90.5%；完成546个村的现场指界，完成率77.4%。

【一流转五服务】2015年，全市共流转耕地45.2万亩，占耕地总面积的60%；流转林地53.7万亩，占可流转林地面积的58%。切实加强新型农业经营主体培育和农村土地矛盾纠纷调处。是年，新发展农民专业合作社97个、家庭农场45个，公开审理农村土地纠纷案件3起。

【国有林场改革】2015年5月，启动国有林场改革工作。市委、市人民政府多次召开会议进行研究部署，在广泛调查摸底、征求意见的基础上，结合实际情况制订《常宁市国有林场改革实施方案》，报省国有林场改革领导小组进行批复，并按批复方案组织实施，做到“定性定编、职工社会保障、政事企分开、改革政策、建立健全管护机制”五个到位。是年10月，顺利通过国有林场改革省级验收。

【扶贫工作】2015年，出台《2015年常宁市精准扶贫工作实施方案》《关于在“三严三实”专题教育中开展领导干部“进村入户、访困问需、访贫问计”活动的实施方案》等一系列文件，实施驻村帮扶、结对帮扶、产业帮扶、安居帮扶、职业助学帮扶等一系列举措，确保了全市精准扶贫工作高效有序开展。是年，全市共投入帮扶资金5896万元，新建产业基地8000余亩，兴建交通、水利等基础设施建设231处，减少贫困人口8637人。

【移民开发】2015年，累计实施扶持项目212个，帮助移民库区整修山塘9口、水渠36条27.5千米，维修堰坝2处、排渍站机组6处，兴建安全饮水设施8处，实施渠道清淤工程3处，维修学校3处，新建、维修、硬化村级公路85.5公里，新建水果基地66.666公顷、中药材基地33.333公顷，新建、改造茶叶基地100公顷、新建、垦复油茶基地353.333公顷，发展水塘养殖基地6处、生猪养殖场2个，实施移民实用技术培训8期370人次。同时，切实抓好新库区移民安置工作。土谷塘库区移民安置补偿资金基本到位，库区工程建设有序推进；广济水库移民安置资金全部到位，移民安置区即将破土动工；白甫水库移民安置工作全面展开，已完成实物指标调查和移民安置方案草案。

【党风廉政建设】 2015年，开展涉农收费项目专项整治行动，取消违规收费项目6个，其中教育2个、国土1个、林业1个、民政1个、农机1个。认真抓好村级财务管理工作，重点加强对全市居委会的财务清理整顿。是年，全市61个居委会，已完成47个居委会财务清理，纳入核算中心监管的30个，资金8600万元。积极做好涉农信访和群众工作，查处了“关于盐湖镇莲江村村民反映多年未领取粮补资金的问题”等4起农民负担问题上访案，结案率100%。

【农业安全监管】 2015年，防汛方面严格落实防汛工作责任制，备足各类防汛抢险应急物资，加强隐患排查，确保了安全度汛；抗旱方面加强水源调度和输水管理，确保春耕生产对供水的正常需要。森林防火实行责任到人的“网格化”管理模式，严厉打击野外违规用火，保障全市森林资源安全。动物防疫做到应免尽免，畜禽集中免疫密度达100%。农产品质量安全例行监测实现常态化，全市未发生农产品质量安全事故。

农业

【概况】 常宁市农业局是市人民政府组成局，负责全市粮食、油料、经济作物种植生产的指导管理及食品安全工作。2015年，局机关内设办公室、计划财务股、人事宣教股、科技教育股、政策法规股、农业环境保护监测站（绿色食品管理办公室）、农产品质量检验检测中心（农产品质量安全监管股）、市场信息股、蔬菜股；下辖农业技术推广中心（下设植保植检站、土肥站、粮油站、经作站4个专业站及27个乡镇、街道办事处农技站）、农业行政执法大队、种子管理局、农业科学研究所、原种繁育场5个副科级单位。共有干部职工504人。是年，全市落实粮食播种面积78733.33公顷，总产量48.2万吨，总面积与2014年持平，总产量较2014年增加0.4%。其中早稻种植面积33666.66公顷；晚稻种植面积36266.66公顷，旱杂粮8000公顷。全市夏收油菜面积26666.66公顷，比2014年增加1333.33公顷，菜籽总产4.91万吨，较2014年增加0.9%。

【粮食生产“百千万”工程】 2015年，实施市有万亩示范区，乡有千亩示范片，村有百亩示范点。开展“万名干部下乡抓粮食生产”“万台农机闹春耕”等活动。市、乡、村、组四级万余名干部深入一线，抓好办点示范，把双季稻种植面积落实到户到田。

【“四定”技术服务责任制】 2015年，市农业局实行班子成员包片、技术骨干联乡、乡镇农技人员驻村蹲点制度，落实“四定”责任机制。“四定”即定示范地点和服务面积、定技术责任人、定目标任务、定技术措施内容。

【资金保障】 2015年，全市投入粮食生产的资金1300万元，其中市级财政投入800万元，乡村等投入500万元。主要用于主要公路沿线种子发放、集中育秧补贴等方面，为粮食生产提供资金的支撑。是年，市人民政府印发《关于2015年全市冬种生产的意见》，以冬种油菜、蔬菜、绿肥为重点，抓好市、乡、村三级冬种示范，油菜生产上着重办好湘江、宜水沿线；衡桂高速沿线；常胜公路沿线3个万亩油菜高产示范带和胜桥镇高田村33.333公顷“稻稻油”三熟制油菜全程机械化生产核心示范区。

【菜篮子工程】 至2015年，先后发展罗桥镇依波村33.333公顷“茭白”、宜阳镇万寿村26.666公顷大棚“草莓”、宜潭乡大屋村13.333公顷“黄秋葵”、大堡乡排山村33.333公顷“朝天辣椒”、江河乡大禾坪村66.666公顷“药桃+南瓜”等5个蔬菜基地，千方百计指导基地搞好品种布局和生产规划。全市蔬菜播种面积突破13333.33公顷，创历史新高水平。

【经济作物产业】2015年，以茶叶、柑橘、棉花、水果、中药材等为重点扩建经济作物种植园50余处，从场园选址到整地、打穴、施肥改土再到品种选用和引进管理，为种植园主提供技术信息服务。创办罗桥26.666公顷时鲜水果园、松柏镇清水村33.333公顷时鲜水果园、盐湖镇湖边村33.333公顷以柑橘为主的百果园；蓬塘乡满洲村6.66公顷棉花高产基地、洋泉邓家村3.333公顷棉花高产基地；茶叶产业发展迅速，全市种植面积有2066.66公顷，扩建塔山狮园、鳌头、上阳、下阳333.33公顷有机茶基地，较2014年新增200公顷。

【内部培训】2015年，对从现有农技队伍中筛选70名农业技术指导员进行轮番业务培训，选派53名农技推广骨干分批次参加省农委举办的业务知识培训，是年6月11日，邀请省市专家主讲常宁第一批田间学校辅导员培训班。

【农民培训】2015年，组建由局总农艺师牵头，8名高级农艺师组成的培训讲师团，通过阳光工程、田间课堂、科技下乡、实地观摩交流、发放技术资料等有效形式，培训科技示范户和种植大户278人，培训其他农民2800余人。

【推广农业新技术】2015年，筛选并发布主导产业3个、主导品种10个和主推技术8项，从全市遴选培育783户农业科技示范户，与电视台合作录制《农友之窗》6期，推广旱育保姆拌种育秧和测土佩服施肥技术、发行《湖南农业》《中国农技推广》等农业杂志3800余份、在宜潭乡和罗桥镇开展早籼晚粳生产性试种示范。是年4月，在板桥镇举办“科技创新”主题活动，吸引近8000名农民前来咨询政策、求解技术难题。是年5月，在罗桥镇召开农作物病虫害统防统治现场会，向全市推广机械化病虫害防治技术；在关键农时派出农业科技直通车下乡进行技术宣传，发放技术资料，并要求乡镇农技人员值守田间，随时为农户解答技术难题。据统计，全市科技入户率达80%，科技贡献率在60%左右。

【农业执法监管】2015年，先后制定《2015年农业行政执法工作方案》《2015年农资打假专项整治工作方案》，采取多种方式，以“3·16”“放心农资下乡”“送法律进乡村”等大型宣传活动为平台，提高农户的自我防范意识。是年，出动执法车辆150台次，出动执法人员700人次，检查农资批发商25家次、经销商260家次，共查处违法经营案件16起，共处罚金13万余元。同时，加强标准化生产监督管理，竖立标准化示范信息公示牌、标准化生产规程公示牌和高毒禁限用农药公示牌，明确监管责任人，公示标准化生产规程，标注高毒禁限用农药。是年，有10个示范基地竖牌。2015年，以开展全国农产品质量安全监管示范县创建为契机，健全“市、乡、村、组（社、企）农产品质量监管体系，加强日常监测监管。是年，共抽检蔬菜、大米、水果、茶叶等农产品样品6785个，平均合格率99.39%，实现了重大食用农产品质量安全事件的零发生。

【跑项引资】2015年，争取的农业项目有水稻集中育秧、粮食高产创建、“稻稻油”全程机械化生产示范、新增粮食产能田间工程、测土配方施肥、农村劳动力培训“阳光工程”、乡村清洁工程示范、“湘米工程”等10个项目。其中新增粮食产能田间工程已于2013年完工，2014年项目业已开工建设。加强在建项目管理，精心组织实施，积极调度项目进展，确保项目争得来，干得成，建得好。

【新农村建设】2015年，市委明确38位市级领导联系30个示范村，安排111个机关单位作为后盾单位包村帮扶，并从后盾单位中抽调106名作风实、能力强、经验丰富的机关干部组建30个工作队，分别进驻各示范村指导开展新农村建设。是年末，全市30个示范村落实新农村示范村帮扶项目资金1702.7万元，先后实施生产发展项目99个，基础设施项目136个,环境整治项目46个,精神文明项目38个。

【扶贫开发】2015年,全市累计投入扶贫开发资金5896万元,驻村帮扶、结对帮扶、产业帮扶贫困村49个实施扶贫开发项目467个,有力促进了贫困群众脱贫增收,2014—2015年,全市减少贫困人口8141人,扶贫开发工作被评为全省先进。

【农村能源建设】2015年,全市完成沼气池建设80口。所建沼气池成功率、产气率达99.8%,85%以上实行"三改"(改厨、改厕、改栏)配套。太阳能热水器正在组织招标,已安装太阳能路灯250盏。占任务总数的62%。

【场所改制】2015年,成立由市领导牵头的改制工作领导小组,出台改制方案。从全局系统抽调熟悉原种场、农科所情况的人员带着改制方案对场所职工进行走访,最大限度地征求民意,在保证符合政策的同时,尽量把职工的利益充分考虑进去。是年,改制工作基本完成,即将进入安置分配程序。

【作风建设】2015年,开展社会主义核心价值观宣讲教育。凝聚干部职工精气神,坚定理想信念,牢记宗旨意识,弘扬为民、务实、清廉之风。全市农业系统坚决做到"六下六解六促进",即切实做到信访接待下基层,解决矛盾促和谐;现场办公下基层,解决问题促发展;技术指导下基层,解决瓶颈促提高;扶贫帮困下基层,解决难题促民生;宣传政策下基层,解决疑惑促落实;接受教育下基层,解决"四风"促转变。践行"三严三实"要求,健全目标管理考核,完善奖惩机制。加强干部学习,强化机关考勤,规范财务管理、公务接待、公车使用。认真落实党风廉政责任制,切实做好计划生育、综治信访、工青妇、城市网格化管理等工作,为做好全局各项工作提供坚强的保障。

林 业

【概况】2015年,常宁市林业局内设办公室、人事宣教股(与监察室合署办公)、计划财务股、营林股(与油茶办合署办公)、资源林政股(与森林资源管理站合署办公)、法制股(与林权调纠办公室合署办公)、野生动植物保护股、林产品行业管理办公室、退耕还林办公室、绿化办等10个职能股室;下属单位有市森林公安局、市林业技术推广中心、市林业产权管理服务中心、市林业行政执法大队(以上4个为副科级单位),市竹木检查站、市林业基金征管站(隶属于市林业行政执法大队管理),市森林防火值班室、国营常宁市苗圃、荫田白马油科所、市三木林场及26个乡镇(办事处)林业工作站;挂靠市林业局机构有市森林防火指挥部办公室、市退耕还林指挥部办公室、市绿化委员会办公室。是年末,职工总数395人,其中在职329人,退休66人。2015年,全市共完成造林面积4666.66公顷,其中,油茶新造2666.66公顷,杉树造林1600公顷;完成封山育林2400公顷;完成中幼林抚育13600公顷;完成油茶低改3666.66公顷。同时,加强退耕还林质量管理,完成2014年冬2015年春退耕地造林100公顷任务,4月份顺利通过省级复查。

【义务植树】2015年3月9日,市级领导和各单位70余名负责人带头在省道214线罗桥镇路段参加义务植树。全市完成义务植树183万株,参与义务植树人数59万人次,尽责率91%。是年9月,西岭镇平安村被中国生态文化协会授予"全国生态文化村"称号。

【通道绿化】2015年,制定《常宁市2015年通道绿化实施方案》,完成岳临高速公路、省道320东段、省道214南段、岳临高速常宁境内三个出口及衡枣连接线、通乡公路和乡际公路及重要村级水泥公路的通道绿化,全市通道绿化里程366公里,兰江水河道绿化14公里。

【裸露山地造林】2015年,以衡桂高速公路、衡枣连接线、省道320线、省道214线、庙前到塔山蒲竹旅游线、兰江到塔山乡、盐湖湖边到义山旅游线路等7条线路为重点开展"裸露山地"造林,涉及18个乡镇(办事处),造林面积200公顷。

【种苗产业】2015年，全市林木种苗育苗面积54.9公顷，可产合格苗木1917万株，其中油茶育苗31.49公顷，杉木育苗7.4公顷，其他树种育苗16.0066公顷。全市育苗数量3960.392万株，其中油茶2985万株，其他树种850万株。积极发展专业合作组织育苗，全市有规模育苗基地0.666公顷以上的育苗户7户。强化种苗质量监管，严格落实“四证一签”(林木生产许可证、林木要种子经营许可证、林木种子质量合格证、植物检疫证，林木种子标签)制度，确保造林用苗正常供应。

【林业科技】2015年，举办林业系统林地测土配方技术应用培训班1期，发放宣传画报800份、信息系统二维码小卡片2000余份，查询信息系统人数突破1万人，知晓率达90%。开展林地测土配方示范基地建设工作，林业重点工程和面上造林项目，都应用林地测土配方信息系统进行作业设计，造林规划设计使用率达100%。加强了林地测土配方信息系统数据核查更新工作，修正立地因子等数据138719条。此外，加强林业科技推广项目管理，中央财政林业科技推广“朝霞”等油茶新品种高效栽培技术示范项目和油茶高效施肥关键技术示范推广项目通过年度绩效评价。

【油茶产业】2015年，积极探索油茶低改新模式，尝试机械化作业新方法。以公司、大户造林为主，从整地、苗木质量、苗木栽植实行严格把关，加强技术服务指导，造林质量全面提高。是年，及时安排部署维护油茶收摘工作，与祁阳县、金洞管理区签订油茶收摘边界联防公约，实行联防联治。印制9000份政府《通告》下发到村组，通过会议、督查、出动宣传车、典型案例曝光、村民自治等形式，维护油茶收摘秩序，确保按规定日期开山。是年，市三湘农产品质量安全行组委会牵头，各职能部门配合，在全市范围内开展为期1个月的茶油质量检查行动，打击茶油加工企业和茶油销售企业的掺杂使假行为，让消费者吃上放心的高品质茶油，有效保护常宁茶油地理标志产品。11月24日，“大三湘第三届油茶花节”在境内的西岭镇成功举办，吸引社会各界关注常宁油茶。

【推广良种杉树造林】2015年，从广西、福建等地引进杉树1.5代、3代，通过几年试点、对比观察，率先在全市丘陵地区大面积采用良种杉树造林，在衡阳市进行了全面推广。同时，办好塔山乡松塔村、罗桥镇江边村等3个楠竹低产林改造示范点，提高林农垦复改造楠竹的积极性，全市完成楠竹低改1000公顷。

【监管和服务】2015年，配合省林业厅对省级林业产业龙头企业进行质量抽检监测；采集3种初榨茶油样品，送省林产品质量检测中心对土壤影响茶油质量情况进行检测；开展林业企业调查摸底工作，全市有规模企业34家。组织兰亭雕刻艺术有限公司参展省第三届家具博览会。

【森林防火】2015年，森林防火工作实行“党政同责、一岗双责”责任体系，采取“一天一报、一事一查、一案一追”的工作机制，推行森林防火“网格化”管理体系，形成齐抓共管、群防群治的工作格局。是年，创新森林防火宣传形式，以知识上报、标语上墙、学生上课、巡逻上路、信息上网、干部上门、责任上心的“七上”宣传方式，织牢森林防火宣传网。在常宁电视台、报社开设防火专栏；印制《森林防火承诺书》31万份，实行入户签收；发放《一封信》15万份，张贴《禁火令》9000份；设立12块大型宣传牌、永久固定宣传牌2000块。是年，严格野外用火审批制度，采取“两锣”(即各村早晚打铜锣、不间断巡逻)，“两控”(即控制野外火源、控制火灾发生)，“两管”(即管住老人小孩，管住痴呆傻人)等措施，严禁一切野外用火。积极开展火灾隐患排查，消除火灾隐患。是年，组建60人的市森林消防大队，6支180人的半专业森林消防队伍，严格按照“乡镇不少于30人，村级不少于20人的标准”成立森林防火应急分队，组建武警森林灭火救援队伍。7月份，常宁市参加衡阳市森林消防队伍专业技能大比武中取得了第二名的成绩。“12119”在10月1日正式开通，市防火办坚持24小时值班和领导带班制度，实行双岗双待。对违令野外用火人员一律顶格拘留，全年治安拘留3人次。同时，对近几年的火灾案件逐一排查清理，清理积案2起。

【林政管理】 2015年，全面落实省、市生态公益林保护建设的工作要求，完善公益林档案，对护林员进行督查，重点公益林管护面积到位率和补偿资金到位率均达到100%。市人民政府与各乡镇（办事处）、局与林业工作站均签订森林资源保护目标管理责任状，全市下达商品材集体（个人）采伐指标9000立方米。同时，强化林地保护管理，做好林地征占用审核审批工作。6月，被衡阳市林业局评为“国家森林资源连续清查湖南省第七次复查工作市级先进单位”。

【林业有害生物防治】 2015年，全市林业有害生物发生面积2693.333公顷，防治率100 %。突出抓好了危害新造油茶林的广西灰象的防治工作，防治广西灰象2400公顷、防治马尾松毛虫33.333公顷。开展松材线虫病春季普查和除治工作，普查松林林分面积5740公顷，普查率100%。5月，在全市范围内开展林业有害生物普查工作，查出林业有害生物种类20多种。

【野生动植物保护管理】 2015年，开展“爱鸟周”宣传活动，制作宣传展板10块，发放爱鸟护鸟宣传资料500余份，悬挂横幅10条，图册展板15块，增强人们爱鸟护鸟意识。处理群众救助野生动物电话3次，放生国家二级鸟类猴面鹰2只，国家一级巨蜥1只，“三有动物”夜鹭125只，奖励举报人1000元。同时，对15个宾馆酒楼和5个集贸市场实施专项清理和执法整顿。

【湿地保护建设】 2015年，加强宣传，树立6块湿地保护宣传牌。建立春陵水等37处湿地保护小区，湿地保护增长面积1846.8公顷，增长率30.04%。是年，全市湿地保护面积4540.8公顷，保护率73.8%。同时，加强大义山自然保护区管理工作。

【打击涉林违法犯罪】 2015年，全市查处各类林业案件56起。其中行政案件47起，处理违法人员49人次，行政拘留3人次；刑事案件9起，取保候审3人次，移送起诉3人次。

【规范林权流转管理】 2015年，进一步规范林权流转管理，林权流转步入规范化管理。全市共清理林改遗留问题182个，除16个历史遗留的林权纠纷没有调处下来，其他166个林改遗留问题均已解决，并已确权颁证；对湖南中联天地油茶开发公司等9个林业公司（合作社）及2个林业大户的林权流转合同进行规范，面积约20400公顷，其中办理林权证的面积1733.333公顷。

【林权评估及抵押贷款和森林保险】 2015年，受理评估业务35笔，评估宗地308宗、面积473.6公顷，价值1975.5万元，通过抵押登记发放贷款1128万元。协助做好全市公益林和商品林保险工作，全市共完成森林保险面积104266.666公顷，本级财政支付森林保险保费117万余元；安排进行森林保险现场勘查7起，勘查面积约53.333公顷，为投保人挽回经济损失30多万元。

【国有林场改革】 2015年，常宁市有国有林场1个（弥泉国有林场）。5月，按省、衡阳市要求，启动国有林场改革工作。市委、市人民政府多次召开会议进行研究部署，结合实际情况制订《常宁市国有林场改革实施方案》，报省国有林场改革领导小组进行批复，并按批复方案组织实施，做到“定性定编、职工社会保障、政事企分开、改革政策、建立健全管护机制”五个到位。10月，顺利通过国有林场改革省级验收。

【林业外宣】 2015年，在常宁电视台、报社、林业局门户网开设《绿色常宁》专栏；印发《林业政策宣传栏》9000份，张贴到各乡镇、街道和村（居委会）。在电视台黄金时段定时滚动播放森林防火宣传标语，播放油茶收摘秩序通告和森林防火知识，推介先进典型、曝光违法案例3起。多次在省、市级媒体和杂志宣传林业工作，实现“报刊上有文章可读、电视上有新闻可看、网络上有信息可搜”的目标。

【落实评议整改】 2015年6月，市人大对林业局进行专项工作评议，经过两个多月的调查，提出了

《关于对市林业局专项工作评议的审议意见》，市林业局高度重视，认真进行研究，制订整改方案，成立整改工作领导小组，对人大交办的27项整改任务，逐条分解细化，明确责任领导、责任部门和责任人，采取“一个问题、一名领导、一个机构、一抓到底”的工作措施，做到“事事有交代、件件有落实”，提升服务水平，改善部门形象，有效推动林业工作更好更快发展。

【存在的问题】2015年，存在以下问题：一是造林和绿化提质任务艰巨，新造林抚育管护任务繁重，林分质量不高；二是由于政策扶持力度有限，造林业主自筹资金困难，在一定程度上影响造林绿化及林业产业的进一步发展；三是森林防火形势不容乐观，森林火灾的综合防控能力还有待提高；四是林业基层条件差。

水利

【概况】2015年，常宁市水利局内设办公室、人事股、监察室、财务审计股、水利管理股、水利建设股、电力股、水政水资源河道管理股(水政监察大队。是年，局机关有在职人员50人，有退休人员58人。下辖市洋泉水库管理局、市亲仁水轮泵水电站管理所、市梅埠桥水库管理所、市西塘水库管理所、市水土保持局、市野马水库管理所、市鸭婆堰管理所、市培元塔水轮泵水电站管理所、市大坪电站管理所、市水利水电工程建设有限公司、市水电技术推广中心服务部、市大渔排灌站12个单位；归口管理27个乡镇(街道办事处)水利水电管理站；市防汛抗旱指挥部、市水利建设指挥部在市水利局设立办公室，由市水利局负责日常工作。

【防汛抗旱】2015年，由于安排部署比较早，责任落实比较明，抢险力度比较大，督查检查比较勤，值班值守比较严，统筹调度比较准，各级配合比较好。水利系统各单位防汛方面确保了安全度汛，抗旱方面确保了农业生产对供水的正常需要，基本实现了市委、市人民政府落实“五个确保”的防汛抗旱目标要求。此外，还完成了宜水张家堰小流域农业综合开发水土保持项目，治理水土流失面积8.11公顷；启动潭水河道治理项目、城北保护圈城市堤防工程，进一步加大了河道行洪能力，确保防汛抗旱安全。

【水资源管理】2015年，常宁市以水资源开发利用控制、用水效率控制和水功能区限制纳污“三条红线”为主线，实施了严格的水资源管理制度，确保了常宁水资源管理制度规范有序。通过严格控制常宁入河排污口的数量、入河污染物排放量，科学设置重要水功能区的入河排污口，使常宁水功能区目前水质达标率在68%以上。结合城乡环境卫生同治，全面加强了全市水库(骨干山塘)禁止化肥养鱼的检测和巡查，确保境内水库(骨干山塘)水质达标和饮用水安全。

【排污调查与四水治理】2015年，对排污口进行调查摸底。水利部门联合环保部门组织了专项人员进行实地调查、摸底，共计调查36处排污口，并针对排污口对当地水质的影响进行水质检测、排污口类型、污水分类。是年，四水治理工程初见成效。柏坊镇湘江堤岸历来是个老大难工程，新建堤防1.76千米，总投资1320万元，其中中央投资660万元，是年9月底完工。

【环境治理和采砂整治】2015年，对擅自占用河道堤防、倾倒垃圾渣土、随意在河道管理范围内堆放障碍河道行洪的物体和种植各类阻碍行洪作物等违法行为，及时加大案件的查处力度，避免重大水事违法案件的发生。是年，对采砂整治重拳出击。境内河道采砂专项整治以2人一组轮换，与衡南县水利局常驻常宁市松柏镇湘江常宁段巡逻船进行24小时不间断巡逻。是年7月下旬，衡阳市人民政府召开常宁市、祁东、衡南三县市湘江河道执法打击非法采砂协调会，三县市按照会议精神迅速展开联合执法行动，出动水利、公安、海事等职能部门60余人进行联合执法，有效打击了非法采砂反弹势头。同时对潭水河段防洪尾堆进行清理，现场查处无证采砂、非法采砂、破坏河道20余起，非法采砂现象已得到有效抑制。

【除险加固项目】2015年，受厄尔尼诺天气影响，下半年雨水不断，造成很多水库道路不通，设备难以进场，施工环境恶劣，甚至出现个别水库连水都排不干的现象，受现场因素限制，除险加固施工任务十分艰巨。为此，市水利局多次召开专题会议，责任明确到分管负责人和现场技术人员，加强督察，发现窝工现象及时责令整改，发挥水利人员艰苦奋斗的优良作风，除险加固项目打响攻坚战。是年，小（二）型水库除险加固项目计划完成101座，投资8550万元，其中中央资金4530万元，地方配套资金4020万元，中央资金到位3165万元，地方资金已到位1000万元，财政贷款2000万元，余下的由2016年财政预算安排1020万元。该项目自10月份开工，年末完工水库45座，主体工程完工的水库有56座，已完成投资7620万元。

【蓄水建设项目】 2015年，白甫水库项目开工建设。列入全国抗旱规划的常宁市抗旱应急水源，是一处具有防洪错峰、集镇供水和抗旱灌溉功能的综合利用工程，库容160万方，可解决境内罗桥镇、三角塘镇5240亩农田灌溉和6.8万人的安全饮水问题，项目总投资8700万元，其中中央资金5100万元，中央资金已到位3570万元，地方配套资金到位1160万元。年末完成征地、拆迁，上坝公路及坝基土方开挖正在施工中，整个项目预计到2016年12月完成。其次是广济水库建设。广济水库总库容1010万方，设计解决罗桥镇、庙前镇、板桥镇灌溉面积1533.333公顷(其中水田1333.33公顷)，设计灌溉保证率85%，灌区范围涉及常宁市胜桥、板桥、罗桥共3个镇34个村，项目总投资2.6亿元，其中中央资金1.3亿元，已到位3960万元，地方配套资金已到位5360万元。年末，隧洞开挖完成，大坝浇筑主高程231米，整体工程进度为60%，预计2017年3月完工。

【安全饮水项目】2015年，全市计划兴建供水工程16处，其中新建10处、改扩建1处、续建4处、管网延伸1处，工程总投资3155.5万元，解决农村饮水不安全人数65729人,是年全部完成。

【班子建设】2015年，市水利局班子在干部选拔任用上，坚持按组织程序办；在公务活动中，带头严格执行各项财经制度；是年，全局公务接待同比节降49%，办文办会同比精简35%。干部职工的精气神和作风都变了，变得更接地气、更加务实、更加清廉。在班子建设上，倡导和树立四种意识：一是树立表率意识。从班子成员做起，在思想上、作风上、工作上勇当全局的排头兵，二是树立廉洁意识。把加强党风廉政建设作为领导班子思想建设的重要抓手，全面落实党风廉政责任制，贯彻执行党员干部从政准则。三是树立有为意识。领导一班人分工明确，绩效挂钩，做到各就其位、各司其职，谁的事，谁负责。四是树立大局意识。全局一盘棋，相互协助，共谋发展，重大问题集体研究、民主决策，体现了良好精神风貌。

【存在的主要问题】2015年，主要存在三个方面的问题：一是防洪减灾能力仍然不强。全市干旱严重地区，不仅无灌溉水源，而且居民饮水也发生了困难或达不到饮用水标准。通过多年来饮水安全工程的实施，全市农村人口饮水安全问题基本解决，局部地方的饮水安全问题和现有饮水工程提质改造有待于解决。二是干旱死角与农村饮水安全隐患仍然存在。常宁干旱严重地区，不仅无灌溉水源，而且居民饮水也发生了困难或达不到饮用水标准。通过多年来饮水安全工程的实施，全市农村人口饮水安全问题基本解决，局部地方的饮水安全问题和现有饮水工程提质改造有待于解决。三是河道采砂专项整治任务依然艰巨。境内河道采砂专项整治及规范化管理工作虽然取得了一定的成绩，但对照省、市河道采砂工作要求还有一定差距，采砂管理任务依然艰巨。

农业机械

【概况】2015年，常宁市农业机械管理局内设办公室、计划财务股、人事宣教股、科教质量股、监督管理股（加挂“常宁市农业机械安全管理执法队”牌子），下辖市农机安全监理站、市农机学校、市农机技术推广站和各乡镇农机站。共有干部职工314人，其中退休56人。是年，全市农机总动力

66万千瓦，较2014年新增7万千瓦，增长11.86%；农业机械总数67375台，其中耕整机25805台，拖拉机3978台，联合收割机793台，插秧机215台，农田基本建设机械88台，水泵24782台。

【农业农机专业服务队和合作社建设】2015年，计划全市共组建20个高标乡镇合作社组织。实际注册发展33个农机专业合作社，完成计划任务165%。

【乡镇基层农机站服务阵地建设】2015年，顺利实现乡镇基层体系改革，27个乡镇办事处都分设了农机站，站内所有工作人员工资待遇得到妥善解决。

【农机培训和技术推广中心】2015年，原计划建农机培训和技术推广中心需征地4万平方米，计划投资征地、基建和机械装备共需资金2000万元。因停建楼台馆所，加之没有经费投入，无法完成该任务。

【农机购置补贴项目】原定计划从2011—2015年，可争取和发放国家购机补贴资金8600万元。实际争取3937.01万元，发放国家农机补贴资金3628.32万元，发放到位率92.16%。农机补贴直接受益农户880多户。

【水稻生产全程机械化】2015年初，在罗桥镇启动“万台农机闹春耕活动”。之后，继续在罗桥、宜潭等17个乡镇推广机械化育插秧面积20866.6667公顷，并成功实现粮食增产增收。常宁市机械化育插秧工作多次受到省市领导称赞。全市近10个乡镇创建了万亩示范片。重点做好技术服务，抽派机关干部联片包乡镇，分头指导农户和农机合作社做好土地流转，种上双季稻。全市着力打造了衡桂高速沿线、省道320沿线和省道214沿线3条水稻生产全程机械化技术示范带；培育机插秧大户60户、育秧技术人员160名、机插秧技术人员390名。

【油菜生产全程机械化】2015年，在洋泉、宜潭、官岭等乡镇创办333.333公顷的油菜生产全程机械化示范片，有效地解决了农民种地省时省力省钱的问题。是年9月开始，市农机局着力引进油菜生产耕地、施肥、播种一体化的机器15台，比传统种植速度增加6倍以上。全市种植播种油菜6666.666公顷，规模效益逐渐显现。

【其他行业机械化】2015年，在农村农业生产和农民生活的各个方面，机械化也成为重要的助手。山地垦覆、茶叶收摘、焙烤烘干、揉搓、包装等，每一个环节都在引进机械化，不仅提高了工效，节约劳动力，更加重要的是为种植户产生了实实在在的经济效益。油茶产业化，林地垦覆，水产养殖，竹木加工和农副产品加工等各个行业，都在加快引进农业机械化，提高劳动生产率。

【补贴资金】2015年，争取并已经落实国家农机购置补贴近600万元，补贴机具1300多台，其中，新增水稻插秧机28台，收割机123台，油菜直播机13台，农田基本建设工程机械84台，烘干机7台，其他机械都相应增长。

【监管力度】2015年，根据农业部、财政部和湖南省的精神，常宁市成立以分管副市长为组长的农机购置补贴领导小组。各乡镇办事处成立相应的班子，明确专人专管、专人负责。制定农机购置补贴绩效管理考核办法，加大工作考核力度。建立“谁办理、谁负责，谁核实、谁负责，谁审批、谁负责”的责任倒查和追究制度。进一步强化机具核实。农机核查组人员对补贴机具随时进行抽查，确保补贴工作真实可靠。坚持阳光操作，规范管理。

【培训工作】2015年，对新购机具的农户进行技能培训，通过转变培训方式，提高农民从业技能。一是采取现场培训，在机械化育插秧现场进行大棚育秧与原田泥育秧比较技术培训，在油菜生产现场，就地举办培训班。二是采取集中办班培训，将学员请到教室来进行理论教学，然后再集中进行现场指导。三是送出去参加省和衡阳市举办的农机技能培训班。全年共举办农机技术培训班7期，共培训农机技术人员870人次，其中大中型拖拉机驾驶员164人,收割机驾驶员45人,插秧机操作人员43人,耕整机操作及维修人员618人。

【安全生产】2015年,以“平安兴机工程”为载体,围绕全年工作目标任务,认真落实农机安全生产专项整治各项措施,层层签订农机安全生产责任状。强化源头管理,狠抓宣传教育工作,以“打非治违”“久打久治”为重点,切实加强田间道路检查,加大事故隐患排查力度。建立农机安全档册,消除事故隐患,确保农机安全生产全年无重特大事故,维护一方平安。是年,实行“一岗双责”,局领导班子成员分片负责,监理站人员包干负责,明确职责范围,突出职责重点。实行分级负责,各乡镇农机站是各辖区的第一责任人,分头签订农机安全生产责任状,站内人员分工包村定职责。实行便民负责制,送检下乡,上门签证,便利农机驾驶员。分别到全市各个比较集中的乡镇集市进行统一年检年审,检验拖拉机1300多台。是年,开展“打非治违”“久打久治”“四大三基”等活动。创建平安农机示范乡镇和示范村,加强宣传教育提高农机驾驶员的安全自觉性和社会责任感。做到警钟长鸣,农机安全紧抓不懈。各乡镇站与农机驾驶员签订安全责任状4000余份,覆盖全市。

【机关作风】2015年,进一步加强管理,切实改进机关作风,切实杜绝“四风”问题,建立健全各项规章制度。结合群众路线教育实践活动的开展,进一步贴近群众,按照市委的安排部署,干部下基层,“1+1”联村工作和基层党建工作深入人心,精准扶贫突出解决问题和困难,机关各项工作齐头并进。农机老年科协工作受到市委表彰。办公室工作有序,财务严格增收节支,管理得到加强。组织人事、纪检监察、信访接待、综治维稳、工会和青年、计生妇联等各项工作全面推进。

【合作化情况】2015年,全市新增申报省级和衡阳市级现代农机合作社8家,积极支持和引导农户走合作化机械化的发展之路。是年,全市已发展农机专业合作社33家,注册资产总额2036万元,共有社员190户,拥有大、中、小型农机具410台(套),承担全市43333.33公顷耕地的生产作业任务。

【存在问题】2015年,主要存在三个方面的问题:一是工作经费严重紧缺。一方面农机补贴工作程序复杂,办理补贴手续烦琐,核查难度大,专项资金不足;同时,财政投入少,基层工作人员工作量大,工作经费严重不足,工作环境不优。另一方面,机关还有75人工资未进统发,不足部分无法保障到位,特别是“五险一金”缺口巨大。二是基础设施仍然滞后,如机耕道不畅,不能充分发挥农业机械的优势。三是农机合作社发展缺乏财政支持,对农机合作社的扶持力度不大,发展和壮大还有待激励。

畜牧 水产

【概况】2015年,常宁市畜牧水产局内设办公室、人事宣教股、财务审计股、法制股、兽药饲料管理与质量安全股,下辖畜牧兽医工作站、动物疫病预防与控制中心、动物卫生监督所、渔业站、渔政站、牧渔业执法大队、农产品质量安全检测检验中心和种猪场、种禽场、鱼苗鱼种场及26个乡镇(办事处)动物防疫站。是年,全局在职干部职工123人。按照“规模适度、设施齐备、环境优美、产业升级”的发展思想,着力提升主要畜禽水产品保障供应能力,稳量提质做强生猪产业,因地制宜发展草食牧业,优化结构发展特色渔业。2015年,全市出栏生猪126.2万头,牛3.66万头,羊15.12万只,出笼家禽1615.5万羽,水产品总量42100吨,期末存栏生猪81.62万头,牛9.18万头,羊12.96万只,存笼家禽1150.6万羽。

【动物疫病防控】2015年,市委、市人民政府及时召开全市动物防疫工作调度会议,对全市秋冬季重大动物疫病防控工作作了全面安排部署。市防重指挥部制订印发《动物防疫工作实施方案》,明确工作目标,细化工作任务,把任务分解到人,责任落实到人,把防疫任务完成情况与乡镇干部、村干部、动物防疫员的工作报酬及年终考核挂钩。根据《常宁市乡镇动物防疫站管理办法》规定,严格出勤考核制度。每个防疫员建立工作记事本,春秋两防期间，每月的出勤由村干部或养殖户签名考核，每人每月下乡到村(养殖场)至少15天。进一步完善工作考核制度，乡镇动物防疫员的免疫密度与村级动物防疫员的免疫密度挂钩，出勤考核和工作考核的结果作为动物防疫员绩效工资发放的依据。对防疫任务完成好、成绩突出，经考核评为优秀的乡镇动物防疫员由市人民政府给予奖励；对完不成任务，考核不合格的给予行政处分；连续两年完不成任务的乡镇动物防疫员坚决予以解聘。是年春防检查结束后，辞退考核不合格的小部分村级防疫员，重新调整村级防疫员队伍。是年，对每一个乡镇动物防疫员包片区域内养殖场的畜禽采血监测，以监测结果来科学评定动物防疫员的免疫注射工作。监测结果与免疫密度挂钩，与防疫员的绩效工资和年终考核挂钩。共监测畜禽血清样品6035份，其中H5N1禽流感免疫抗体1178份、H7N9禽流感抗体1351份、鸡新城疫免疫抗体1178份、猪口蹄疫免疫抗体692份、猪瘟免疫抗体692份、高致病性猪蓝耳病692份、羊口蹄疫免疫抗体96份、家畜鲁氏杆菌病156份。向农业部和省畜牧水产局送检样品420份，其中牛血清样品45份、牛OP液45份，羊血清样品15份、羊OP液15份，猪血清100份，家禽血清样品及病原学样品各100份。监测结果为：H5N1亚型禽流感抗体合格率为94.5%、新城疫合格率为80.4%、猪瘟合格效率为81.5%、高致病性蓝耳病合格率为89.8%、猪O型口蹄疫合格率为76%、羊口蹄疫免疫合格率为80%、家畜布鲁氏杆菌合格率100%、H7N9禽流感合格率为100%，禽流感等重大动物疫病的有效免疫抗体合格率在70%以上，完全符合农业部的要求。由于监测量大，覆盖面广，动物防疫员彻底消除侥幸心理，工作积极性明显提高。

【屠宰场监管】2015年，全市取消检疫收费，但监管更加严格，进一步加强和规范动物检疫工作，建立健全动物产地检疫申报工作，规范产地检疫申报示范点建设。是年，全市已建立15个生猪定点屠宰场。向每个屠宰场均派出专职检疫人员，实行瘦肉精检测与动物检疫同步。严把“四关”，并落实宰前、宰后的检疫及消毒和无害化处理工作。做到记录完整，确保“四个100%”，即进场畜禽的产地检疫率100%、屠宰检疫率100%、出场产品持证率100%、病害畜禽无害化处理100%，有效地杜绝不合格动物产品出场上市。定期对屠宰场和屠宰设备、污水排放、污物处理和各种兽医卫生制度的建立情况进行检查，不合格的责令限期整改，有效地促进了屠宰检疫工作的顺利进行。

【病死动物无害化处理专项整治】2015年，按照省农业厅、省食安委统一部署和衡阳市畜牧水产局实施方案要求，重点对湘江流域及其支流陆域、生猪家禽主产乡镇(办事处)畜禽规模养殖场(小区)、生猪屠宰场、农贸市场开展病害动物无害化处理专项整治，打击收购、加工、贩卖病害动物及其产品违法行为，彻底铲除加工病害动物及其产品的黑窝点，杜绝病害动物及其产品非法处置，防止重大动物疫病发生，保障动物产品安全。

【病死畜禽无害化处理及补助上报】2015年，在做好动物检疫工作的同时，开展病死畜禽无害化处理及补助上报工作。严格要求各地各养殖场无害化处理病死畜禽，不移动、不屠宰、不出售、不食用病死动物，在动物卫生监督人员的指导下采用深埋、化制或焚烧处理。及时将无害化处理的情况上报衡阳市财政局与衡阳市畜牧水产局，并积极申报病死猪无害化处理补助。通过强制实施无害化处理与积极开展补助上报工作，帮助养殖户减少养殖损失，增强其防止疫病传播意识和保护环境卫生意识。

【畜禽水产品质量安全监管】2015年，定期或不定期在全市开展“瘦肉精”专项整治、饲料及饲料添加剂专项整治、兽药质量安全专项整顿、病害生猪及其产品非法交易专项整治以及水产品专项整治。是年春节、3·15消费者日、质量安全活动宣传周以及中秋国庆期间，均派员对全市19家兽药店、349家畜禽规模养殖场(户)、47个屠宰场点和26个集贸市场开展拉网式大排查。结合上级通报的重点产品对兽药店进行全面清查，对非法和不合格产品逐一进行清理，对禁用物品和过期兽药及饲料坚决予以没收。是年，购买盐酸克伦特罗、莱克多巴胺及沙丁胺醇等“瘦肉精”检测试剂条23000条，价值13.6万余元，分发到各乡镇站和定点屠宰场，实行检疫与检测同步进行，取得了较好的成效。是年，共排查70公斤以上大猪220.5万头，检查猪肉生产及经营单位220余家次，兽药店130个次，养殖场户460多家次，查处并销毁未经检疫上市经营的白板肉370公斤，销毁病害猪肉产品50公斤，过期兽药440公斤，水剂1000余支（瓶）。是年，全市未发生任何重大畜禽水产品质量安全事故。是年4月21日，山东省畜牧水产局受国家农业部委托对常宁市养殖业投入品和养殖产品质量安全监管工作进行认真细致地检查。抽取肥大猪和育肥牛、羊的尿液当场进行瘦肉精快速检测，进场入户检查养殖户是否使用过期变质或假冒伪劣饲料、兽药，是否使用人用药和药物原料，是否建立或规范填写了《养殖档案》，是否建造病死牲畜无害化处理设施，是否无害化处理病死动物。检查人员共分1个督导组和8个检查组，随机抽取16个乡镇300多个牲畜养殖场（户），重点检查年出栏50～500头生猪的猪场、10～100头黄牛的牛场和20～200只山羊的羊场。检查结果显示：常宁市无任何牲畜养殖场（户）使用“瘦肉精”等违禁药物，无任何饲料、兽药及畜产品存在质量安全问题。

【养殖业技术推广】2015年，为切实做好全市基层农技推广工作，市畜牧局成立领导小组和专家组，从县乡两级养殖专业技术人员中挑选50余名技术骨干作为技术指导员，明确其工作责任，切实建立起机构完整、职能健全、服务到位、保障有力的推广机制。专家和指导员多次进场入户推广畜禽鱼新品种和畜牧水产新技术，主推的3个品种和4项技术入户率在97%以上。全市培育养殖业科技示范户139户，辐射带动1200户农户发展养殖生产。建成了两个养殖示范基地：一是罗桥镇瑶寨村“瑶寨特色养殖合作社”的竹鼠养殖示范基地；二是仙岭渔场无公害水产养殖示范基地。

【养殖业粪污治理】2015年，市畜牧局积极组织规模养殖场筹集资金完善粪污治理设施。针对不同畜禽、不同区域、不同规模的养殖场，因地制宜，采取不同治理模式，实现养殖达标排放。是年，市畜禽粪污治理模式主要有六种。一是种养结合模式，一个大型养殖场建一批沼气池，配备一个大型种植园。畜禽粪污通过排污管道进沼气池、沼液、沼渣用来肥树、种菜、灌田，实行“猪—沼—果”“猪—沼—菜”一体化。二是立体开发模式，把畜禽养殖场建在山塘水库旁，利用猪鸡鸭粪养鱼。畜禽粪便通过沼气池发酵后，细菌病毒被杀灭，作为有机肥供鱼类食用，既减少了环境污染又提供了鱼类饲料。这种“猪—沼—鱼”、“鸭—沼—鱼”的立体养殖模式在常宁被广泛推行。三是推行“公司+农户”模式，公司提供生猪、饲料、兽药、疫苗和生产技术，农户提供场地、人工、防寒保暖和粪污处理、动物防疫设施。通过“公司+农户”，适当缩小养殖规模，减少粪污处理压力。四是采用EM菌制剂养殖模式，部分养殖场在饲料中加入EM菌制剂，这种细菌能吞噬有害菌，吸收粪污中未被动物消化利用的营养物质，合成菌体蛋白供畜禽食用，既废物利用，又减少粪污排放。五是完善粪污处理与利用设施，猪场建设明、暗沟，污水从暗沟排放，清水从明沟排放，实现雨污分离，提高沼气池发酵效果。猪粪通过漏缝地板直接排入粪沟，既保持了猪舍干净、干燥、整洁，又减少了场地清洗用水量，减轻污水处理压力。通过建设三级沉淀池、沼气池、粪污处理池等收集粪污，集中治理。六是异地利用粪污资源模式，中小规模散养密集地区则采取集中处理的方法，将各场畜禽粪便收集后发酵处理，一户或多户建立沼气池，沼液、沼渣收集后制成有机肥还田利用。大中型养殖场一方面通过沼气处理、生态降解等方式避免粪污直接对外排放，另一方面通过配套建设一定面积的农、林、渔生产区或异地联系具有一定承载粪污处理能力的农、林、渔场，实现资源循环利用，促进生态平衡。既减少了环境污染，又增加产业附加值。是年，充分利用生猪标准化规模养殖场（小区）项目建设和粪污治理专项资金，利用菜篮子扶持项目和部、省级标准化规模养殖场示范创建活动，指导养殖场完善粪污处理设施，促进粪污达标排放，并以点带面，带动全市养殖粪污治理。

【牧渔业行政执法】2015年，为使《中华人民共和国农产品质量安全法》《中华人民共和国动物防疫法》《中华人民共和国畜牧法》等牧渔业法律、法规深入人心，采取了出动宣传车、张贴宣传横幅标语、印发宣传资料等多种形式广泛进行宣传，增强广大群众的法律意识，规范牧渔业生产经营秩序，得到广大人民群众对牧渔业执法工作的理解与支持。是年，在全市各大养殖场和所有兽药店进行了地毯式排查，对销售和使用人用药、药物原粉、假冒伪劣兽药的行为坚决进行查处。上半年，全市共出动执法人员800余人次，出动执法车辆200余台次，立案查处各类违法案件27起，共处罚款5万余元。处理的各类案件无一例申请行政复议，有力地打击各类违法者的嚣张气焰，从而促进了牧渔业持续、快速、健康发展。

【实行春季禁渔制度】为有效保护湘江渔业资源，促进渔业可持续发展，根据《湘江保护条例》，常宁市从2013年始，每年4月1日至6月30日实行春季禁渔。2015年，执法大队和渔政管理站执法人员联合执法，不分昼夜在江面上巡逻检查，严厉查处违法捕捞以及电鱼、毒鱼、炸鱼等违法行为。1—6月，共出动执法人员800人次，渔政执法行动60余次，立案查处渔业违法案件10件，拆除收缴电鱼船上的电鱼设备10套，依法没收并放生电力捕获的野生鱼类100多公斤。

【人工增殖放流】2015年4月15日，市畜牧局争取省局重视，在松柏镇大渔湾码头向湘江投放500组共1000尾价值40余万元的“四大家鱼”原种亲本。是年6月17日，市畜牧局与土谷塘电站联合举办湘江夏季四大家鱼人工放流活动，向湘江投放680万尾“四大家鱼”原种子一代夏花鱼种。是年6月19日，组织水产工作人员上塔山扶贫，在塔山乡东江、西江进行人工放流，共放流草鱼、鳙鱼、鲤鱼、鲫鱼等夏花鱼种40万尾，价值2万余元。自2012年起，省畜牧水产局每年都要组织相关部门在松柏镇大渔湾产卵核心区域增殖放流“四大家鱼”原种亲本，切实补充亲鱼产卵群体。四年来，累计投放“四大家鱼”原种亲本2756组，总投资达300万元。这些原种亲本适应能力强、繁殖水平高，对改善水质、治理污染、增殖湘江鱼类资源、维护水域生物多样性和生态平衡意义十分重大。

【问题与建议】2015年，存在的问题与建议：1.质量安全监管难度大。一是各类瘦肉精等违禁物品更新换代、层出不穷，给监管工作增加了压力。二是不法分子唯利是图、以身试法。畜禽水产品质量安全监管任重而道远。三是需要监测监管的范畴宽，需要对全市所有饲料兽药店、规模养殖场（户）、屠宰场（点）、畜禽水产品交易市场及畜禽水产品加工场所进行全面清查。2.重大动物疫病防控形势严峻，严重威胁养殖业发展。高致病性禽流感、鸭传染性浆膜炎、高致病性猪蓝耳病、牲畜口蹄疫、羊瘟、山羊痘以及羊传染性胸膜炎等疫情均在境内发生过地方性流行。病毒变异加快，各种亚型并存，让人防不胜防。3.市畜牧水产队伍素质还有待提高，培训尚需不断加强。为提高畜禽水产品质量安全监管水平，加大行政执法力度，加强科技推广服务，完善养殖基础设施，提升畜牧水产队伍素质，推动畜牧水产事业进一步发展，请求上级领导高度重视和大力支持，加大对畜牧水产事业的投入。

农村经济经营管理

【概况】 2015年，常宁市农村经济经营管理局（简称市经管局），内设办公室、财务审计股、人事宣教股、农村财务管理股（加挂村账乡代管办公室）、资产管理股（加挂农村土地流转指导服务中心）。下设27个乡镇（办事处）经营管理站，有在职人数86人、退休人员22人。常宁市农民负担监督管理领导小组办公室（简称市减负办）设市经管局，是市人民政府常设机构，与市经管局合署办公。

【农村土地确权颁证】2015年，市委、市人民政府将农村土地承包经营权确权颁证工作列入重要议事日程，主要领导亲自抓。是年6月24日，市委书记曾义国参加全省农村土地承包经营权确权登记颁证工作会议，并就如何开展好这项工作进行了专题调研；7月20日，市长李涛主持召开了全市农村土地承包经营权确权登记颁证工作动员会；市委副书记邹锟、副市长郭松青多次召开专题会议进行调度。市委常委会、市人民政府常务会议对农村土地确颁证工作进行专题研究。成立以市委书记任顾问，市长为组长，市委副书记、分管副市长和协管农业的副县级干部为副组长，市农业、财政、国土、经管等部门主要负责人为成员的农村土地承包经营权确权登记颁证工作领导小组。领导小组下设办公室，由市人民政府办公室分管副主任兼任，办公室地点在经管局，日常具体工作由经管局负责。各乡镇（办事处）成立相应机构和办公室。市、乡召开动员会、培训会，广泛宣传确权登记工作的目的、意义、程序以及相关法律法规。编印《常宁市农村土地承包经营权确权登记颁证政策法规55问》、翻印《农业部农村土地承包经营权确权登记颁证宣传册》各1800本发放到村组。制作宣传光碟，印发《致广大农民朋友的一封信》18万份，先后召开市、镇、村组干部业务培训会。市电视台、广播电台、常宁报、常宁手机报、常宁党政门户网、新常宁客户端及时进行宣传报道，常宁报对《政策问答——55问》进行连载。制定出台《关于开展农村土地承包经营权确权登记颁证工作的实施意见》《常宁市农村土地承包经营权确权登记颁证工作考核办法》。市人民政府与各乡镇（办事处）、乡镇与各村签订了责任书，并根据工作需要，实行“四包”，即市领导包片督导、市经管局班子成员包乡指导、联村干部包村考核、村干部包组协调，特别是明确要求各村工作组要吸收村民代表、熟悉村情的老干部等参加。考核实行100分制，分五大块。考核结果与乡镇（办事处）年度绩效考核挂钩，同时与下拨的工作经费挂钩。总得分在95分以上的，按一、二、三等奖予以奖励；得分在90分以下的，每少1分扣除镇村应拨经费1%。得分在80分以下的，将给予通报批评，并启动问责程序，责令限期整改落实，同时，取消当年绩效考核评先评优资格。对工作不力、进展缓慢、不能按期完成任务或验收不过关的，进行通报、约谈、问责。全市共调处矛盾100多起。2015年8月30日，在衡阳市财政局一楼招标大厅按程序进行了公开招标，确定省二测绘院、省地图院、省勘察测绘院、四川鱼鳞图、省有色地质勘查局二一七队5家测绘作业技术单位为测绘第一批测绘单位。领导小组办公室召开两次技术单位协调会，对全市土地确权登记颁证提出要求和标准，按“五个统一”予以推进。即统一标准，以《湖南省农村土地承包经营权确权登记技术方案》为依据，综合5家测绘作业单位设计方案，结合常宁实际情况，制定《常宁市农村土地承包经营权确权登记技术设计书》；统一数据，规定一致的数据格式、软件和表格；统一步调，测绘作业单位按《常宁市土地确权登记颁证工作整体推进工作日程表》《常宁市土地确权登记颁证工作整体推进工作步骤》六个阶段分步实施；统一时间，务必在2015年12月底前完成外业调查，2016年3月底前完成内业整理，2016年7月底前完成所有工作并通过省验收合格；统一协调，建立确权登记颁证工作QQ群，便于测绘作业单位相互学习交流，及时向市确权办反馈信息，及时解决矛盾和问题，提高工作效率。市委、市人民政府将确权登记颁证工作纳入到对乡镇（办事处）目标管理绩效考核内容。市委、市人民政府督查室每阶段开展督查1次，市确权办每周开展督查1次。市财政局将农村土地确权登记工作经费分两年纳入财政预算，是年市财政已安排市确权办年度财政预算经费308万元；安排乡村工作经费6元/亩，拨付3元/亩。市国土资源局及时提供了常宁市辖区1∶2000正射影像航拍图、基本农田数据和村组行政边界等成果资料；各乡镇（办事处）积极配合测绘作业单位开展确权登记，及时解决矛盾纠纷，及时上报工作动态和相关资料；市确权办完善操作规程，开展业务培训和指导，加强沟通协调。编发了《工作简报》6期，及时发布工作动态，总结推介好的做法和成效，得到省推介1篇、衡阳市推介2篇。是年底，全市已完成638个村的调查摸底，完成90.5%，已完成546个村的现场指界，完成77.4%。

【农村村级财务管理】2015年，在2014年清理整顿村级财务的基础上，对全市居委会财务进行全面清理整顿。成立了专门班子，制定了工作方案。确定全市所有居委会2008年1月1日至2014年12

月31日之间的财务均为清理对象。对财务问题比较突出、群众反映强烈的居委会，可以不受上述时间的限制。清理的内容及重点按照常政办发〔2014〕57号和常纪发〔2014〕9号文件规定，共涉及8项。是年，全市61个居委会，涉及23个乡镇。是年，完成47个居委会财务清理，纳入核算中心监管的30个，资金8600万元。至年底，尚有14个居委会（水口山12个、烟洲1个、罗桥1个）财务清理工作未完成。是年，召开贯彻落实“两个文件”整顿规范村级财务管理专题会。制订《贯彻落实“两个文件”整顿规范村级财务工作方案》，各乡镇（办事处）、市直相关单位向市纪委递交责任状。实行贯彻落实“两个文件”整顿规范村级财务“公开承诺制”，以承诺定目标，以承诺强责任。乡镇主要领导、分管领导及相关人员层层递交落实“两个文件”《承诺书》。各乡镇（办事处）、市直单位对自查出的问题，要归纳整理，列出“村级财务管理负面清单”，按照方案，乡镇清查10项，市直清查7项。针对问题开展整改自纠，制定、公开整改清单，并对照有关政策规定，逐案拿出处理意见，限期整改到位，追责到位。每一笔惠农资金发放实行回访制，严肃查处村级未入账资金。是年，各“核算中心”对村报账员交来的原始单据进行审查，重点查其手续是否齐全，开支是否合理、真实，对手续不完善的原始单据予以退回，对不合理和不真实的支出票据当场作废，年度审计面达100%。所有村级财务已审计完毕，全部出具了财务审计报告及结论。是年，财务审计工作已经基本完成，对查出的财务问题移交给相关部门处理。是年，为打牢村级财务委托代理服务工作的基础，完善自我约束机制，确保资金安全，村级财务每年必须完成两做账，2015年上半年度村级财务做账工作已全部完成。

【业务培训】2015年8月，市经管局与湖南农大联合，邀请湖南农大9名教授对常宁市经营管理干部进行为期1个月的集中培训，培训内容为农村财务管理、财经法规和会计电算化。参训人数60人。通过培训，农经人员基本具有会计资格证，做到了持证上岗。逐步实现农村财务管理科学化、程序规范化、理财民主化、监督制度化、手段现代化。

【发展专合组织】2015年上半年，全市新发展97个农民专业合作社，45个家庭农场，入社农户达到13400户。全市农民合作组织发展并呈现强劲的发展势头。年末，市金融办开展农村土地经营权贷款抵押担保创新试点。

【示范创建】2015年，重点搞好省级示范合作社湖南雨霖园林专业合作社、衡阳市示范合作社常宁市西江天堂瑶寨生态农业开发专业合作社和常宁市牧茗茶叶专业合作社等3个农民专业合作社的场地建设，组织指导合作社对成员进行法律法规、合作社知识、农业科技、财务管理、农产品安全生产、市场营销等知识培训，探索调研，解决合作社发展的瓶颈问题。完成了示范社项目建设内容。

【调处矛盾纠纷】2015年，市农村土地承包仲裁委员会重新聘任仲裁员。是年，市农村土地承包仲裁庭公开审理常宁市罗桥镇燕群村土地纠纷案3起，合同得到终止，收回林地经营权29.066公顷。

【土地流转】2015年，落实土地流转激励扶持政策，规范流转服务平台建设，继续推进“一流转五服务”工作，土地流转的方式由外出的向留守的流转、自然农户向有技术的种田能手流转转变为向种粮大户等有序流转。通过发展农民专业合作社、家庭农场和种养大户，全市土地流转呈逐年上升趋势。全市土地流转面积30133.33公顷，其中：出租15600公顷、转让600公顷、互换2000公顷、转包10400公顷、入股666.666公顷、其他266.666公顷，占全市总耕地面积的60%，涉及农户11万户。

【减负监管】2015年，落实农民负担政策文件会签制、惠农补贴备案制和涉农收费、价格“公示制”、农村基础设施建设项目审核制度、财政“一卡通”发放制度、农村报刊订阅“限额制”、涉农价格和收费公示制度、农民负担监督卡制度、农民负担案（事）件“责任追究制”、农民负担重点监控制和减负考核制度。以坚持教育、制度、监督、改革、纠风、惩治相结合，推进和完善农村惩治和预防腐败体系建设，从制度上规范、监督、防范各类违法乱纪和损害涉农利益行为的发生。

【专项整治】2015年，常宁市成立“深化整治损害涉农利益行为”整改工作领导小组，配备领导班子和工作人员，构建市、乡、村三级联动工作机制。按照整改工作的时间步骤，积极主动地开展自查自纠，并对自查自纠发现的问题“举一反三”进行了整改。全面清理了涉农收费项目，共取消了违规收费项目6个（分别为教育2个，平时复习试卷费、学习资料费；国土1个，证件代办费用；林业1个，技术服务费；民政1个，福利彩票费；农机1个，农用车喷漆保养费）。

【涉农案件查处】2015年，查处“关于盐湖镇莲江村村民反映多年未领取粮补资金的问题”等4起农民负担问题的上访案，结案率100%。报有关部门给予柏坊镇万松村妇联主任尹艳党内警告处分。

【联村帮扶工作】2015年，市委经济工作会议后，市经管局召开专题会议，立即赴烟洲镇江岭村指导走访，深入调查研究，解决帮扶资金3万元；帮助新农村建设联系村烟洲镇大泉村争取项目资金15万元；落实扶贫联系村烟洲镇山冲村4万元，解决贫困户慰问资金4500元。

【人大建议、政协提案办理】2015年初，市经管局收到市人大十六届四次会议第208号建议、市政协九届四次会议第152号提案后，立即召开会议专题研究，明确了分管领导及具体承办人，制定承办方案。通过调研，认真对建议和提案进行答复，召开面商会，人大代表、政协委员和相关单位比较满意。是年，各项农经统计数据，及时反映农村社会发展出现的新情况，新特点，为领导机关决策提供参考。党建工作、综治维稳、计划生育、档案管理等工作全部达标。

农业综合开发

【概况】2015年，常宁市农业综合开发办公室内设人秘、财务、土地治理、产业、评审5个股，下辖农业综合开发服务中心。年末，共有干部职工57人。是年，市委、市人民政府高度重视农业综合开发，根据上级有关文件精神及时做好市农业综合开发办公室的归口工作，进一步理顺常宁农业综合开发管理体制。为确保项目的顺利实施，成立以分管副市长任指挥长，各涉农部门为成员的农业开发项目建设指挥部，自上而下加强对农业综合开发的组织领导。衡阳市农开办、中共常宁市委、市人民政府、市人大、市政协主要领导经常深入项目区，督查、指导项目规划、实施，为项目建设鼓劲加油。是年，摘下常宁农开工作多年落后的帽子，在农开系统省、衡阳市两级树立了良好形象，极大地提振了常宁农开工作的信心。

【争资跑项】2015年10月11日，在衡阳市农开总结大会上，衡阳市常务副市长段志刚对常宁农开办争资跑项给予充分肯定。2015年，常宁市共争取土地治理项目、产业化项目、部门项目12个，争取项目财政资金3939万元，比上年增加80%。一是争取到洋泉镇东山高标准农田建设项目财政资金1568万元；二是市几家班子高度重视，主要领导亲力亲为,历尽艰辛，争取到优势特色产业园项目财政资金1000万元。三是争取到产业化项目扶持财政资金770万元；四是争取到部门项目财政资金490万元；五是争取到两个地方立项土地治理项目财政资金21万元。

【完成2014年度项目扫尾和验收】2015年，全面完成2014年度实施的洋泉镇陈桥高标准农田建设项目、松柏镇楠木高标准农田建设项目、洋泉镇丰龙种粮大户试点项目和三个地方立项土地治理项目建设的扫尾工作。6个项目财政投资1636万元，建成高标准农田820公顷。全面完成了2014年度实施的年产3万吨精米生产线扩建项目、100公顷丰产油茶基地改扩建项目和166.666公顷脐橙示范种植基地扩建项目、3个产业化经营财政扶持项目的扫尾工作。全面完成与水利部门共同管理的宜水张家堰水土保持项目。7月中旬，这些项目分别顺利通过了市级和省级考评验收，在省办负责几个地州市验收组的考评中，取得该组第一的好成绩。

被衡阳市人民政府评为2014年度农业综合开发先进单位。

【实施2015年项目】2015年，东山高标项目和千万优势特色产业园项目整体完成70%建设任务，地方立项项目完成70%的建设任务。同时对5个产业化项目、一县一特项目和两个部门项目的实施进行全面有效监管，督促企业和合作社完成建设任务，5个产业化项目全部竣工，一县一特产业化试点项目正在建设中，油茶部门项目完成80%建设内容，水土保持项目已完成90%建设内容。这些项目的实施带动常宁市茶叶、油茶产业发展，促进县域经济增长。

【制度建设】2015年，完善8项制度。日常考勤签到制，实行指纹考勤，加强督查，考勤结果及时公示，做到一周一通报、一月一小结；实行有事请假书面审批制，工作人员有事请假，必须填写请假审批单，经领导审批同意后方可离岗。通过严格落实，形成坚守岗位、勤于工作的良好工作氛围；安排工作计划制，通过建立工作周通报制度、月小结制度、重点工作督查制度,进一步明确每周、每月的工作目标、任务及完成情况，明确每个岗位完成的具体工作，使各项目标任务可报告、可量化、可核实，做到职责到岗、责任到人，工作效率大大提高；落实任务限时制，明确每项重点工作阶段目标和完成时限，确保任务按时完成；资金使用预报制，推行财务开支先预算申报，再使用，不得随意开支和多头开支现象；财务结算审批制，财务结算严格按照财务要求审批合理规范，杜绝随意开支；正常情况循章制，通常情况下，严格按照党组年初制定的各项管理制度办事；特殊情况党组决策制，工作计划安排之外，上级业务主管部门或市、市人民政府部署的工作，由党组集体研究，“三重一大”向纪工委报告，并邀请到会加强领导。

【加强管理】2015年，机关卫生坚持一天一小扫，一周一大扫，保持比较整洁清爽的办公环境。工程股人员同施工队一同吃住在项目区，现场跟班作业，“晴天一身灰，雨天一身泥”，任劳任怨，增强了责任，野外作业、驻村入户一直坚守。全办工作人员统一挂牌上岗，规范有序。是年，项目的申报、评估、审批、实施、验收等，都严格按照规定程序进行。在项目确立上，引入竞争机制，择优选项立项。在项目建设上，建立项目责任人制度，实行目标管理，层层抓落实，全面实行工程招投标制、工程监理制、项目资金和工程公示制、竣工项目决算审计、验收制。在工程工艺上，主排洪渠采用浆砌石挡土坪，斜坡种植马尼拉草皮，既提高工程质量，促进生态环境改善。是年，市产业化项目严格实行县级公示制，在全省首开先河，得到省、市主管部门领导的肯定。全省2015年15个“一县一特”产业化试点项目，常宁名列其中，是衡阳市唯一的一个。全省9个优势特色产业园项目落户常宁，且在全省项目评审中名列全省第一。是年，坚持专款专用，实行严格拨款制度。

【农业综合开发社会宣传】2015年，利用各种新闻媒体，向社会广泛宣传农业综合开发的成效和做法，努力营造社会各界关心、支持、重视、参与农业开发的良好氛围。特别是撬动金融资本投入高标准农田建设试点项目得到市委、市人民政府的高度重视，并作出重要批示，要求组建农业综合开发投资有限公司。

农村扶贫开发

【概况】常宁市农村扶贫开发办公室于2006年5月成立，是市委农村工作部（市政府农办）二级机构，副科级事业单位。2015年，有工作人员7人。主要职能是指导协调全市农村扶贫开发工作，制定全市扶贫计划，抓好项目申报、项目实施和扶贫资金的使用管理监督。是年，全市共投入扶贫开发资金5896万元，实施扶贫开发项目284个，全面完成年度减贫目标任务。

【保障扶贫】2015年7月29日，市召开精准扶贫工作调度会，就贯彻落实省委全会精神进行专题部署；是年8月11日、10月14日，市委先后召开两次（第六次、第七次）市委常委会议，研究部署扶贫开发工作，明确到2017年，实现全市贫困村全部摘帽、贫困人口整体脱贫，把塔山瑶族乡打造成衡阳市精准扶贫示范工程。

【资金投入】2015年，市财政落实扶贫资金1402万元，其中52个驻村帮扶村（49个省级贫困村和塔山乡上阳村、茶群村、天堂山办事处广济村）520万元，市扶贫办工作经费22万元，扶持塔山茶叶产业建设资金600万元，扶持西岭镇石山村基础设施建设资金60万元，扶贫小额信贷贴息风险防控基金200万元。同时，要求各行业部门履行扶贫责任，确保行业扶贫投入每年4000万元以上。引导社会投入，积极抓好扶贫办扶贫小额信贷贴息项目实施。是年，常宁农商行已完成评级授信14383户，发放贴息贷款655万元。

【政策支撑】2015年，出台《2015年常宁市精准扶贫工作实施方案》《关于下达2015年农村贫困人口脱贫计划的通知》《关于开展"四个一批"、"五个突出"相关数据核实工作的通知》《关于在精准识贫中开展"四类对象"清理工作的通知》《关于抓紧做好农村贫困D级危房和无房户识别鉴定工作的通知》《关于在"三严三实"专题教育中开展领导干部"进村入户、访困问需、访贫问计"活动的实施方案》《常宁市金融产业扶贫实施细则》等文件，为精准扶贫提供强有力的政策保障。

【增加扶贫人员】2015年，由市委组织部、市编办统筹解决人员编制，从市农办、市农业局调剂，增加市扶贫办人员7人。按衡阳市的统一安排，依程序上报将市扶贫办由副科级升格为正科级。同时，在各乡镇（办事处）加挂扶贫开发机构牌子，配备1～2名扶贫专干。

【督查调度】2015年，市先后召开1次工作部署会、3次工作调度会，开展了1次全面督查，举办了2次业务培训班。安排落实精准扶贫到户、贫困户复核及"四个一批"（通过扶持生产和就业发展一批、通过移民搬迁安置一批、通过低保政现兜底一批、通过医疗救助扶持一批）和"五个突出"（突出兜底保障全覆盖、突出基础建设补短板、突出培育产业强支撑、突出教育培训拔穷根、突出异地搬迁挪穷窝）相关数据核实、"四类对象"（对财政供养人员（含村干部）、个体工商户或私营企业户、有商品房和小汽车的等）清理、"雨露计划"助学、贫困D级危房户识别鉴定、金融扶贫等当前重点工作。

【完善机制】2015年，完成贫困户复核及"四个一批""五个突出"相关数据核实工作，并及时将有关核查资料全部汇总、归档，录入电脑，上报到省扶贫办。严格按照省扶贫办要求，积极抓好"四类对象"清理工作。是年10月27日，召开会议对"四类对象"清理进行安排部署，出台《关于在精准识贫中开展"四类对象"专项清理工作的通知》（常农扶〔2015〕4号），明确清理内容、清理原则、清理时间、清理方式、清理要求。11月上旬，完成"四类对象"清理工作，共清理不符合条件的贫困户270户，其中财政供养人员（含村干部）15户、购有汽车的62户、在城市（含集镇）购有商品房或自建住房的162户、个体工商户或经营公司企业的14户、其他不符合条件的贫困户17户。11月中旬，对"一进二访"和"四类对象"清理活动中清理出来的扶贫对象，又进一步进行校正复核。对52个贫困村的3204户贫困户建立精准扶贫台账。驻村工作队对有劳动能力的2615户贫困户落实产业扶贫项目；对760户危房户和无房户新建住房给予扶持。官岭镇虾塘村制定8个选项的产业扶贫"菜单"，分项制定以奖代补标准，让贫困户"点单"，该村有49户已启动种养项目。对贫困学子读书、贫困户建房、贫困户住院给予适当补助。

【驻村帮扶】2015年，出台《2015年常宁市精准扶贫工作实施方案》《常宁市市直单位开展驻村帮扶工作考核方案》等文件，按照"领导联村、单位包村、干部驻村"的要求，确定27名联点市级领导，安排107个市直单位，抽调107名中青年干部，选派52名第一书记和驻村工作队长，对52个贫困村（49个省级贫困村和塔山乡上阳村、茶群村、天堂山办事处广济村）开展干部驻村帮扶，建立一定三年的帮扶机制。要求把驻村帮扶工作作为一项政治任务，市直单位每年投入贫困村的扶持资金总额不少于10万元，每个工作队每年给所帮扶贫困村落实扶贫项目资金不少于30万元。4月27日，召开全市驻村帮扶工作动员会，在衡阳市率先启动驻村帮扶工作。年末，所有驻村工作队都已制定驻村扶贫三年规划和年度帮扶计划，建立贫困户精准扶贫台账，各联点市级领导积极深入贫困村开展实地调研和现场办公，共落实帮扶资金3670万元，实施扶贫项目284个。

【结对帮扶】2015年，出台《关于在"三严三实"专题教育中开展领导干部"进村入户、访困问需、访贫问计"活动的实施方案》，明确全市各级干部、各类企业主、农村党员干部、致富能人、农村经济合作组织以及社会团体等，要积极参与"一进二访"结对帮扶活动，确保结对帮扶全覆盖。其中，要求每名正科级实职以上领导干部每年为帮扶对象解决帮扶资金1000元以上，每名副科级实职以上领导干部每年为帮扶对象解决帮扶资金500元以上。市委组织部、市扶贫办建立专门台账，对每个领导干部结对帮扶情况进行详细记录，加强动态管理，及时了解工作推进情况。是年，全市22337户贫困户均有帮扶责任人，其中3019名参与"一进二访"结对帮扶活动的干部，共落实帮扶资金231万元。

【产业帮扶】2015年，全市累计投入产业帮扶资金650万元，采取直接帮扶、股份合作的产业扶贫到户模式，帮助2615户贫困户新建茶叶、中药材、油茶等种植业扶贫基地733.333公顷，养殖生猪、牛、羊等大牲畜3万头（只）、家禽18万羽，发展淡水鱼养殖水面100余公顷。

农村能源建设

【概况】常宁市农村能源领导小组办公室是隶属市委农村工作部（市农办）的二级机构，负责全市农村能源建设、监督、管理、指导和服务的正科级事业单位。2015年，内设文秘计财股、技术股、科技能源服务中心，共有工作人员9人。

【沼气池建设和太阳能利用】2015年，农村户用沼气池建设完成300口。所建沼气池成功率、产气率分别在99.8%、85%以上。实行"三改"配套。在建池的同时积极引导建池户综合利用沼气，形成以沼气为主的多种生态农业模式。是年，维修沼气池60多户。太阳能热水器正在组织招标，是年，安装太阳能路灯400盏。

【猕猴桃基地建设】2015年，庙前镇的石马村沼液沼渣种彩色猕猴桃基地种植5.3333公顷，亩产量在2000斤以上。是年4月，来常宁检查工作的衡阳市农办、能源办领导给予高度赞扬。

【推广秸秆发酵技术】2015年，在2014年大力推广秸秆发酵技术的同时，加大大堡乡枫林村、石江村，罗桥镇燕形村、稻草发酵制沼气示范点建设力度，扩大了影响。是年，使用稻草发酵制沼气已成为用户的自觉行为，效果十分明显，成为全省推广农村沼气的一大亮点。

【制度建设】2015年，市能源办召开技术员会，乡能源办主任会议。制订建池质量35项考评计分标准，建立专门的考评制度。促进能源建设。市能源办领导到石江、太星阳、燕群等村召开专题会议，宣传推广可再生能源，为群众解难释疑。

【资金投入】2015年，争取预算内农村沼气建设资金40万元，给予每户建池农户700元的技术工资补助和300元的沼气器材补助，另给农户600元的现金补助。新农村建设示范村，驻村工作队和扶贫村根据它的实际情况有的给予15000～20000元的现金补助。利用退耕还林项目资金60万元，给农户补贴太阳能每台1500元。市财政安排20万元推广新能源节能路灯，带动新农村建设资金123万元，已安装太阳能路灯400盏。争取省级能源综合亮点村1个，获得补助资金15万元。

【质量管理】2015年，组织一批60多人次的技术培训，对新老技术员进行排除安全隐患和建池质量提升技术辅导。是年，制订35项过硬的计分验收标准。督促提高建池质量。制定安全生产管理制度,张贴沼气池安全使用挂图,发放安全知识围裙。是年4月,组织技术员召开安全生产专题会议,确保沼气生产、维修、使用过程中人员和设施安全。

社会主义新农村建设

【概况】2015年,常宁市共建设社会主义新农村建设示范村30个,其中省级美丽乡村建设2个。是年,在全市各级各门部的共同努力下,扎实开展美丽乡村示范创建,先后打造西岭镇桐江村、平安村等一批产业示范典型;松柏镇大渔村、水口山蔬菜村等一批基础设施配套典型;盐湖镇新铺村、三角塘镇南岭村等一批村容村貌典型;宜阳办事处嵩联村、泉峰办事处曲市村等一批乡风文明典型;宜潭乡六福村、大堡乡大堡村等一批民主管理典型。

【完善帮扶机制】2015年,市委、市人民政府高度重视新农村建设工作,市委常委会研究新农村建设工作3次,政府常务会研究新农村建设工作2次。是年初,先后召开市委经济工作会议、市委农村工作会议,对新农村建设工作进行总结表彰和安排部署,新农村建设驻村工作队长、示范村支部书记参加会议。是年末,将新农村美丽乡村建设工作纳入对乡镇(办事处)目标管理绩效考核,层层传递责任。市委坚持实行"领导联村,部门帮村,工作队驻村"制度,明确37位市级领导分别联系30个示范村,安排111个机关单位作为后盾单位包村帮扶,抽调106名机关干部组建30个工作队,分别进驻各示范村。市新村办加强了对示范村工作的指导服务和综合协调,制定下发了《2015年新农村建设示范工程工作意见》《常宁市2015年新农村建设示范村目标管理考核办法》《常宁市2015年新农村建设工作队考核办法》等文件,以考核促建设,以考核促工作。并采取电话询问、重点督办、集中检查等多种形式,加大督促检查力度,狠抓工作落实。

【规划先行】2015年,常宁市规划局编制了塔山乡狮园村等7个村的美丽乡村建设规划。市新村办制订《2015年常宁市新农村建设示范工程工作意见》,明确美丽乡村的目标任务、工作要求。各示范村结合村情制订年度工作规划。并且,在工作规划制定过程中,坚持发挥群众的主体作用,组织村民代表对规划进行讨论,使规划更符合实际,更具有可操作性、更贴近农民生产生活需要。全市30个示范村都因地制宜地制订了年度规划文本,为各示范村新农村建设的健康有序发展提供了依据,示范点的带动能力稳步提升。

【整合资源】2015年,在推进新农村美丽乡村建设中,坚持发挥财政专项资金和惠农政策的引导作用,通过"政府引导,部门帮扶,社会参与、群众自筹",解决建设中的资金难题。市财政对每个示范点都安排了专项资金作引导。在联点市级领导的统筹调度下,对土地治理、农村公路、小型水利、造林绿化、科技推广、农村能源等涉农项目资金进行整合,形成联动机制,涉农项目、资金优先安排到示范村。同时,积极开展村企联建,充分发挥企业、能人在资金、技术、人才、市场、信息和经营管理等方面的优势,实行产业联姻、合作共赢、实事联办、捐资捐助等,有效推进了示范村的新农村建设。制定奖补办法,用优惠政策及措施引导群众,通过以奖代补等,激发群众建设热情。全市各示范村(片)共落实财政专项资金380万元,后盾单位扶持资金395万元,整合各类涉农项目资金2658万元,吸收社会资金849.6万元,发动群众自筹资金679.7万元,形成各方资金合力共建新农村的生动局面。

【发展村域经济】2015年,示范村共发展烤烟基地5个共175.933公顷;新建高产油茶基地8个,垦覆改造油茶697.533公顷;发展竹木基地3个,抚育楠竹、经济林等453.333公顷;新建茶园2个,种植优质茶叶53.33公顷。积极壮大蔬菜、水果等高效特色产业。发展无公害蔬菜基地7个,面积126.066公顷;发展红提、中秋枣等特色瓜果基地9个,面积150.666公顷。有序发展畜禽养殖。示范村共建成生猪规模养殖场24个,年出生猪栏达26.4万余头,发展鸡鸭等家禽养殖场14个,年出笼家禽13.2万羽,发展水产养殖大户35户。全市所有示范村基本做到“村村有主导产业、家家有致富门路”。西岭镇桐江村种植烤烟186.666公顷，改造油茶林80余公顷，成为全市有名的油茶、烤烟生产专业村。

【建设基础设施】2015年，全市示范村共完成组道硬化35.67公里、铺砂石路6.4公里，修生产道路20.8公里。完善各类水利设施，示范村共完成渠道护砌19.88公里，整修山塘14口，实施集中供水工程6个、改造水井3口。提升公共服务能力，示范村共新建村部4所、改造完善村部6所，改建和维修村小学3所。

【改善人居环境】2015年，示范村共拆除“空心房”64875平方米，村内道路绿化27.9公里，新建休闲广场8个。示范村共安装太阳能路灯595盏。引导农户实施“五改”1278户，其中，谭井村推广安装太阳能热水器、省柴灶120套，配套“五改”120户。蔬菜村等村全面完成清洁家园“五改”配套。各村都制定环境卫生管理制度，配强了村级保洁员队伍，配齐环卫设施，村内环境卫生常年保持干净整洁。其中，罗桥镇对江村投入10万元，购置封闭式垃圾收集箱7个，发放户用垃圾桶144套。平安村积极争取主管部门投资80余万元，开展农村生活垃圾和生活污水无害化处理。

【塑造美新农村】2015年，示范村广泛开展了“清洁卫生户”“星级文明户”等文明创建评选。加强农民教育培训。各村培训农民4200人次。加强民主政治建设。建立健全村务监督委员会，村级财务全面清理，村务财务定期公开，村务管理民主规范，充分保障农民的民主权利，干群关系进一步融洽，形成全村上下同心协力谋发展的和谐氛围。

【城乡同治】2015年，市委、市人民政府主要领导经常调度城乡同治工作，召开5次推进调度会议，1次集镇综合整治现场办公会，会上书记、市长亲自安排调度。是年，共出动宣传车100台次，张贴宣传画5万份，发放《农村环境整治宣传手册》、《农村垃圾分类小常识》、《文明市民手册》、宣传海报等资料20余万份。开展“大家动手，清理垃圾，美化家园”“农村生活垃圾5年专项整治”等活动。乡镇、村、组都有城乡同治工作宣传栏、宣传横幅，并在电视台、报社开辟城乡同治工作专题和专栏，充分利用电视、广播、网络等平台，在全市范围内开展城乡同治工作宣传教化活动，做到市、乡、村、户四级联动、整体运作，营造良好的工作氛围。是年，市财政进一步增加农村环境城乡同治经费投入，在去年的基础上增加100万元，达到1100万元，各部门支持项目资金也达到1000万元。添置卸载式垃圾桶150个、垃圾分类桶1000余个、大型垃圾压缩运输车1台，将沿线垃圾全部运输至市垃圾处理场进行无害化处理，减少对农村的污染。同时，为各乡镇（办事处）修建18个简易垃圾填埋场、3个垃圾中转站、1000余个垃圾处理池，添置5.6万余个垃圾分类桶、26台垃圾清运车、6台洒水车，并由乡、村、保洁公司聘请配备2006名保洁员和150名集镇管理员，夯实城乡同治工作基础。每月可处理垃圾2万吨，垃圾处理率91.3%，基本实现全域化保洁。是年，市水利、畜牧等部门组织开展“清洁水源”行动，以市人民政府的名义出台《常宁市河道保洁工作实施意见》文件，各乡镇（办事处）认真配合实施，全面禁止化肥养鱼，开展规模养殖畜禽粪尿和生活污水无害化处理，积极搬迁、关闭饮用水源保护区和湘江干流两岸500米以内的养殖场，做到河道、沟渠、池塘内无污染物，岸边无垃圾，减轻养殖业对水体的污染。市环保局争取整县全域推进农村环境卫生整治省级项目资金3000万元，分3年实施，确保在2018年底前全面完成全市农村环境综合整治工作，实现农村环境质量明显改善，建设美丽宜居乡村。市住建局积极向上级住建部门争取基础设施建设项目，计划在全市各联片乡镇建设6个垃圾中转站，洋泉、新河、官岭等乡镇正在启动垃圾中转站的建设。交通、林业、商务、住建、规划、公路、环保、能源、交警等相关职能单位积极参与集镇综合整治创建活动。各乡镇（办事处）把环卫整治纳入民情台账管理，对联村干部实行“周讲评、旬调度、月通报”，环环相扣抓好兑现。市同治办采取一天一检查、一天一通报，一月一评比、一季度一通报的方式，每天对全市27个乡镇（办事处）的环境卫生城乡同治工作进行检查，发现问题及时通知相关单位，并以短信形式通报给联点市委、市人民政府相关领导，以及乡镇（办事处）党委书记、乡镇长。是年，短信通报100期，文字通报2期，督办公函150份，做得好的给予表扬，有问题的督促整改，整改不到位的约谈乡镇主要负责人，从而形成全市上下互动，干部齐动，部门联动的良好工作局面。

【示范集镇创建】2015年，突出抓好洋泉镇的集镇整治示范镇建设，按照衡阳市要求，重点抓好“六化”（即净化、绿化、硬化、美化、亮化、序化）工作。在市委、市人民政府的支持下，组织市财政、交通、林业、商务、住建、规划、公路、环保、能源、交警大队等相关职能单位积极参与示范集镇综合整治创建活动，并召开现场办公会，分解任务，明确责任，规划集镇整治工作方向，各项工作正在稳步推进，集镇整治初见成效。

【示范村创建】2015年，突出抓好西岭平安村、水口山蔬菜村、盐湖新铺村、三角塘南岭村等56个重点村的环境整治工作，着重抓好垃圾分类减量就地处理、“三清五改”和村庄绿化。西岭镇平安村开展“空心房”治理、“穿衣戴帽”、“三边绿化”及“三清五改”等工作，村容村貌焕然一新，多次承办省、衡阳市现场办公会及各类活动现场，得到衡阳市领导的一致的好评。水口山办事处蔬菜村加大绿化改造力度，见缝插绿、拆违建绿、改墙透绿、治水添绿，传统工矿区变成生态宜居区，展现农村新风貌。

【节假日创建】2015年，在春节、端午节、环保日等节假日，组织开展全民卫生日活动，动员全市广大干部职工、人民群众积极参与节日创建活动，做到有方案、有安排、有检查，提前安排、调度。同时，严格落实每周五全民卫生日制度，认真开展全民卫生日大扫除大清洁活动。仅“1·24”全民劳动卫生日，全市共组织5000余名干部职工和6万余名群众一齐参与清运垃圾和清洗道路。

【奖惩措施】2015年，对乡镇、办事处的奖惩实行分类管理，全市27个乡镇办事处划分为4类，确定工作经费和季度奖励基数，按季度兑现奖惩，排名前三名的乡镇按季度奖励基数的两倍进行奖励，排名后三名的乡镇取消季度奖励资金。村级季度奖励基数为2000元。

气象

【概况】2015年，常宁市气象局内设办公室、防灾减灾科、气象科技服务中心、人工影响天气办公室，下辖气象台。共有工作人员23人。是年，在市委、市人民政府和上级主管部门的领导下，以党的十八届四中全会及中央纪委第五次全会精神为指导，围绕2015年全市党风廉政建设工作会议精神和市局党组的总体工作部署，以加快气象现代化建设为契机，推动气象事业又快又好地发展。

【基础业务】2014年12月至2015年11月，测报总基分13800.5分，太阳辐射总基分3524.0分。测报错情率为0.0‰，报表审核均为优。全年各项业务指标达标，观测数据保存完好，新型自动站运行稳定，常规数据上传率、及时率及可用率均为100%。按照上级气象部门要求，配合做好了辐射传感器检定、区域气象站骨干站点遴选工作。是年，按照中国局要求开展业务自查，对业务中存在的问题进行集中整改。按照要求开展台站标准化工作，优化观测场布局。对测报值班室进行了改造，完成了标准化标牌制作。是年，汛期前对全市29个区域站进行巡检，维护清理了雨量筒、太阳能板，清除了场内杂草和杂物，并对部分老化的电池进行了更换。年初购置备份了采集器和雨量筒，采购了一批采集箱，通讯率基本达99.8%以上。是年，土壤水分和GPS设备运行正常。按时上报各类农业气象材料，自动土壤水分观测站运行无故障，配合市局完成土壤常数校验工作。GPS观测全年无故障。是年，完成气象探测环境国家强制性标准在建设、规划等部门备案工作。8月中旬，对观测场东面的棕盛商业广场可能破坏探测环境行为进行执法，下达控高函，对方也出具绝不超过探测环境保护标准高度的承诺函，有效地制止破坏探测环境行为。是年，进行网络带宽升级，更换UPS蓄电池，配有无线网卡。制作并完善了相关网络制度，明确责任到个人，组织应急演练，确保每一位业务人员面对断网、断电、设备故障等突发事件均能得到及时、正确的应对，并对演练中发现的问题及时修正。

【公众气象服务】2015年，市人民政府下发气象灾害应急准备工作认证管理办法及实施细则。积极把气象服务范围延伸推广到各个领域，先后与环保、烟草、林业、农业、国土、保险、电站、冶炼等多个行业签订气象服务协议。继续开展烟叶、油茶等特色气象服务，并配合省气候中心，在常宁建设油茶高产稳产栽培示范基地。积极与电视台、广播电台联系，扩大气象信息传播范围，发布重要天气消息、节假日气象服务专刊、烟叶气象服务、气候简报等合计113期气象服务材料，并对5月13日、6月10日、7月2日三次天气过程进行服务总结。认真做好汛期气象服务各项工作。成立气象服务领导小组，入汛后，严格执行各项汛期服务工作制度。是年，汛期降水呈前少后多趋势，总共5次强降水天气过程，均精心组织，积极应对，通过电视、广播、纸质材料、政府办公网、手机短信平台、QQ群等手段，及时发布天气消息和预警短信，尽可能将灾害损失降到最低。是年，按照要求完成火箭炮和高炮年检工作，安排作业人员进行二次培训，并按要求进行人影作业资质的申报。首次联合烟草公司开展强对流天气人工消雹工作，在5月1—2日的强对流天气过程中，在兰江烟叶基地开展作业，整个常宁只是一个小雨过程，没有遭受强对流天气影响，为烟叶喜获丰收奠定良好的基础。气象局的气象服务和人工消雹作业准确、及时，服务到位，受到烟草公司的好评，为广大烟农挽回巨大经济损失，产生了良好的社会效益。

【党风廉政建设】2015年，认真贯彻落实党风廉政建设责任制，积极推进局务、政务公开，认真开展党风廉政宣传教育月活动，加强廉政风险防控，建立健全民主决策措施。积极开展党组书记上党课活动。副局长曹慧晴操办婚庆事宜严格按照文件实行事前和事后申报。按照市委、市人民政府和市纪委要求，积极配合村级财务规范清理工作。按照相关政策落实纪检人员补贴。组织参加“守纪律、讲规矩”网上答题活动。按照市委要求，确定党建扶贫点和党建扶贫工作队员，并对党建扶贫点开展“一对一”帮扶活动，提供扶贫资金2万多元。严格出国出境管理，所有护照、港澳通行证等证件统一由办公室保管。开展践行社会主义核心价值观活动。党组中心组学习《中国共产党党组工作条例》。

【气象现代化】2015年，按照省、市相关文件要求，积极加强联系和沟通，6月18日，出台《常宁市人民政府关于加快推进气象现代化的意见》（常政发〔2015〕23号），紧紧围绕常宁全面建成小康社会的总需求，加速常宁气象现代化进程，提高常宁的气象防灾减灾能力和公共气象服务水平。是年，在市人民政府在2015年第七次常务会议上讨论常宁突发事件预警信息发布中心建设工作，明确成立机构、出台管理办法和实施细则、安排人员和经费。此项工作正在稳步推进。完成高清视频会商系统建设，2015年6月1日起，均按时参加国家、省、市三级天气会商，及时掌握天气动态。

【安全生产】2015年，按照市人民政府应急办要求，选派人员参加衡阳市应急工作理论知识培训。是年6月1日，开始启动安全生产月活动，并于6月26日参加全市安全生产应急演练。6月12日，对境内水口山燃气站进行了雷击事故调查，撰写了调查报告，并提出整改意见。9月9日，接政府“12345”服务热线交办单，就常宁市第七中学南校门口附近遭受雷击事件进行事故调查，及时反馈并对灾情报告人进行电话回访。是年，按照国办发〔2015〕31号文件精神，根据文件要求的时间节点，在5月底以前取消“雷电灾害风险评估”、“防雷产品测试”、“新建、扩建、改建建筑工程与气象探测设施或观测场布局图”和“新迁建气象站现址现状图、新址规划图”4项行政审批中介服务事项。是年，检测企事业单位193家。结合防雷专项行动，开展全市防雷安全专项检查，组织实施防雷安全隐患排查工作。继续开展对市直各单位、乡镇防雷安全考核工作。是年，办理市人大交办的212号建议《关于加快我市中小学校防雷设施建设的建议》，由教育局出资，对全市的中小学校进行防雷设施的摸底，提出整改措施，对下阶段中小学校防雷设施的改进提出了详细建议。

【科普及宣传】2015年，先后利用“气象日”“防灾减灾日”、气象科普课堂等开展气象宣传活动。共发放宣传材料1200余份，气象宣传手册390本，发送科普短信600余条。将省应急办录制的防灾宣传光盘刻录100份送往相关学校和单位，进行防灾减灾宣传。是年，在中国气象报网发表稿件7篇，湖南气象网11篇、衡阳气象网13篇，常宁报2篇。

【培训与学术】2015年，廖喜生参加在职教育本科的学历培训，郭荣成功竞聘为助理工程师十一级岗位。积极开展科研课题研究，有3个课题已作好结题准备。在全国正式刊物发表论文2篇，3篇论文参加省气象学会论文交流，其中一篇获优秀论文并参与大会交流。

【机关工作】2015年，完善财务管理制度、公务接待制度、公车管理制度、考勤制度、请销假制度等一系列管理制度，进一步规范了管理，加强机关作风建设。成立常宁市气象局志愿者服务队，设立志愿者工作站，出台志愿者服务队管理办法，在团市委的组织下参与开展志愿者服务活动。积极筹备申报湖南省文明标兵单位。

【“十二五”规划】十二五期间，实施了山洪地质灾害气象保障工程。建设了29个乡镇区域站、1个新型自动站，安装能见度仪和固态降水设备，对综合业务平台进行改造。完成高清视频会商系统的建设，并已经投入使用。2013年完成常宁市洋泉人影标准化作业基地建设，并在2013年的特大干旱过程中发挥效益。修订完善了《气象灾害应急预案》，出台《气象灾害防御规划》，开展精细化暴雨洪涝灾害风险普查。自主开发常宁山洪地质灾害预警平台，进一步加强对境内市暴雨洪涝灾害风险的可控性，为地方政府的防灾减灾工作提供可靠的依据。

【“十三五”项目申报】2015年8月，按照气象现代化和常宁市“十三五”规划总体要求，积极拟定“空中云水资源开发利用”“农业气象服务和农村气象灾害防御工程”等四个项目，争取把气象现代化建设纳入到政府“十三五”规划重点项目中来。

移民工作

【概况】2015年，常宁市移民开发局内设办公室、财务股、后期扶持股、规划计划股、政策法规股、开发服务股、库区管理股。共有干部职工50人。在常宁市委、市人民政府的领导和市人大、市政协的关心、支持、监督下，在省、衡阳市移民部门的指导下，以开展“三严三实”活动为契机，认真落实大中型水库移民后期扶持政策，自觉履行新建库区工作职责，扎实有序推进各项工作，圆满完成年度目标任务，获得省局绩效考核的充分肯定，被衡阳市局向省局推荐为先进单位。

【编制年度项目计划】2015年初，移民局组成10个专门班子，分别深入移民乡镇（办事处）、村、组、户进行走访调查和前期勘查工作，建立2015年项目库，并按照省、衡阳市移民部门工作要求和“三重一大”议事规则，认真协商研究，精心编制9大类项目计划，涉及计划项目177个，项目总投资3396万元，其中移民扶持资金1057万元，部门配套及移民自筹资金2339万元。

【编制“十三五”规划】2015年，移民局将“十三五”移民规划编制工作作为重点工作认真抓好落实，成立局“十三五”移民规划编制工作专班子。5月，开展“十三五”规划编制前期调查，由局班子成员带队，组成10个走访调查小组，深入全市库区和移民安置区进行走访调查，组织召开移民乡镇、村、组干部及移民代表座谈会，广泛听取移民村村干部和移民代表意见，做到开门搞规划，广开言路，真正做到问计于民，问需于民。年末，已制定《常宁市大中型水库移民后期扶持“十三五”规划》草稿，并邀请专家进行指导。

【实施项目计划】2015年，按照上级移民部门提出的“资金跟着项目走，项目跟着计划走，计划跟着规划走”的工作要求，严格组织实施批复的项目计划，杜绝项目资金滞留，项目计划擅自变更的现象，维护项目计划的严肃性。已实施完成2015年度各类计划资金项目共计210个，投入资金3984万元，其中拨付移民资金1253万元，部门配套及移民自筹资金2731万元，项目完成率90%以上，受益移民13600人，扶持项目工程分别为：扶持移民专业合作社8个；新建、整修农田灌溉水渠36条、共27.5千米；整修山塘9口；维修堤坝、堰坝2处；维修、维护排渍站机组6处、共315千瓦；新建其他农田水利设施2宗；解决移民安全饮水项目8处，收益移民4620人；移民村路灯安装5宗；硬化移民村场地1处、300平方米；维修移民村学校3处；实施渠道清淤工程3处；支持新建、改建、维修村级公路111条、85.5公里；新建、垦复油茶基地5处、353.333公顷；新建、改造茶叶基地5处、100公顷；新建水果基地3处、66.666公顷；新建中药材基地2处、33.333公顷；新建楠竹生产加工基地1处；扶持生猪养殖基地2处、500头；扶持水面养鱼6处、2.666公顷；荒山开发2处、33.333公顷。通过扶持项目的实施，改善了库区移民生产、生活环境，一定程度上提高移民生活水平，解决库区基础设施、农田水利设施建设不健全、不完善等实际问题。

【发放移民直补资金】2015年，移民局按照国家相关政策规定，确定专门班子，明确职责，严明纪律，确保直补资金在15个工作日内准确足额发放到移民“惠农一卡通”上，发放率100%。是年，共发放移民直补资金845.5万元，发放人数14543人。

【后扶人口动态管理常态化】2015年，为维护政策的严肃性和公平性，移民局十分重视后扶人口动态管理工作，坚持经常抓、专班抓，落实责任、健全制度、严明纪律，基本上形成工作常态化。是年，共核减移民后扶人口176人。

【完成年度培训任务】2015年，按照衡阳市移民局下达常宁的年度培训任务，市移民局同常宁市农业广播电视学校和中钢集团衡阳重机技工学校合作，开展了8期移民技术培训班，培训人员370人，投入资金22万元，其中完成就业技能培训70人（a类30人，c类40人），完成实用技术培训300人（种植类225人，养殖类75人）。

【产业基地巩固发展】2015年，一是大堡元目村移民油茶示范基地初现成效。是年，该油茶基地收摘油茶籽10000公斤，比2014年增加2000公斤。二是盐湖移民油茶示范基地管理措施到位，长势良好。三是西岭万亩油茶示范片油茶苗抚育、施肥、道路建设等任务全面完成。新建改造666.666余公顷，四是在洋泉库区建设茶叶加工基地100余公顷。

【执行县级报账制】2015年，为进一步加强水库移民资金管理，规范会计核算工作，确保移民资金使用安全有效。对库区移民扶持资金实行专账管理，并严格按报账支付程序，实行转账支付，杜绝白条入账和现金支付工程款现象。根据项目实施计划和项目进度，首先由乡镇（办事处）、项目施工单位提出拨款申请，经过审查，对不符合要求的报账申请不予报账，对符合要求的报账申请，凭工程发票及时拨付资金到项目实施单位。

【项目实行联合验收】2015年，移民项目验收要经过移民局项目验收小组成员和市财政局相关人员共同把关，验收通过后，经村民理财小组签字确定，最后通过市财政局对工程决算进行审核才能拨付资金。项目工程验收不合格，项目资料不完善、不真实、项目标示牌未设置、审批程序不到位、资金拨付渠道不正确，坚决不予拨付资金。

【移民资金管理】2015年，根据省人民政府对衡阳县、衡东县审计发现问题整改通知精神和中共常宁市委、市人政府关于涉农资金整改的有关文件精神，市移民局成立以局长为组长的移民资金自查自纠工作领导小组，并组成工作专班到衡阳、衡东等县学习取经；制订工作方案，落实整改责任，基本纠正工作中存在的问题，完善工作流程和制度，健全项目资料，推行项目公示牌，清理多年项目结余资金，年末，对结余资金正在编报项目计划。

【新建水库工作效果】2015年，常宁有新建大中型水库2座，即广济水库和土谷塘航电枢纽工程；小型水库1座，即白甫水库。为了认真做好新建水库的移民安置工作，移民局举全局之力，主动履职，专门班子负责，有序推进，完成年度工作任务，取得各方面认可的好成绩。一是广济水库移民安置工作取得了阶段成果。移民搬迁安置协议12月底完成，移民安置区破土动工，移民安置资金全部到位。二是土谷塘库区工作基本满足蓄水条件。移民安置补偿基本到位，兑现各类补偿资金4056万元，完成总任务的99.6%；7户搬迁安置户得到妥善安置；7.9公里的护岸和2处涵闸工程完成分部工程验收；小型专项设施改复建工作完成验收；公路、桥梁改复建工程完成工程量的85%；58米以下工程全面完工。第一批抬田工程双发A、B、C完成分部工程验收，燕形A、B片完成85%工程量，第二批抬田工程完成招投标、合同签订等工作，工程施工有序进行。松柏千吨级码头建设移民安置任务全面完成，松柏阳世杰货运码头复建正在紧锣密鼓进行。环保防护工程正在等待分部工程验收，环保临时防护工程正在加紧推进。三是白甫水库移民安置工作正在全面展开，完成实物指标调查和移民安置方案草案。

【全市库区社会政治大局稳定】2015年，境内库区移民涉及面广，分布全市27个乡镇（办事处）311个村，特别是近尾洲库区遗留问题多，群众反响强烈，加之新建库区建设期间矛盾困难重重，库区维稳压力大。为确保社会政治大局稳定，一是变上访为下访。倾听移民诉求，全面掌握民情，加强全面沟通与交流，增进互信与感情，增强理解与共识，把矛盾处理在萌芽状态，把问题解决在一线。调动全局干部职工实行分片包村负责制，全面深入村组，进户调查了解，切实掌握情况，面对面交流与沟通，有效化解矛盾和疑虑，收到良好效果。二是依法依规解决移民的诉求。凡是移民群众反映的问题，只要在合理合法的范围内，都会在第一时间作出反映，在第一时间解决问题，移民群众对移民局的做法十分满意，给予充分的理解和信任。是年，由于工作扎实深入，全市未发生集体上访事件和群体性事件，5起来信、来访件都得到了妥善解决。

【排渍站防汛保安工作】 2015年雨水较多，为保证排渍站正常运转，移民局一方面加强对排渍工作人员的管理，对汛期值班、责任人、应急措施等作了周密安排，要求在遇有大雨天气，做到领导到岗，责任人到位，值班电话和值班人员手机全天候开通，使全局工作人员从思想上高度重视，树立防大汛、抗大洪、抢大险的思想意识；另一方面加强了对排渍设备的巡查巡检，对发现的机器故障及时检修处理。

【计生综治工作】2015年，落实省局计生综治政策，努力建立计生利益引导机制，实行一系列计生综治措施。一是助学，共资助10余名考取全日制大学的移民户子女每人3000元。二是扶孤，对新河镇1名失独老人每年发放1200元扶助金。三是助残，对全市因手术并发症致残移民户进行补贴。四是协助移民乡镇对移民户欠缴计生抚养费对象进行上门宣传政策，协助征缴，全年共完成30余例征缴。五是重点扶持，对移民独生子女和两女户，出台措施进行优先重点扶持。

【办理人大代表建议】2015年，市移民局共收到市十六届人大四次会议代表建议4件，并按程序认真办理，酌情解决5个实际问题。扶持罗桥镇庙山村基础设施建设项目资金5万元；扶持江河乡大坪、双坪、吕坪等3个村移民安置小区生态设施建设项目资金共计30万元，即大坪5万元、双坪5万元、吕坪20万元；扶持天堂山办事处谭井村公路硬化项目资金5万元。

【“1+1”联村工作】2015年，按照市委、市人民政府的安排，市移民局7名班子成员对大堡乡麻州村实施“1+1”联村活动。是年5月，全局15名党员干部组成6个走访小分队深入麻洲村12个村民小组，逐一进入群众家中走访调查，确定7名结对帮扶对象，走访慰问14户特困家庭，送去慰问金共计1万余元，支持该村跨河桥梁建设资金15万元。在全市新农村建设中，做到接受任务不讲价钱，落实任务不打折扣，全面完成领导交办的工作任务。是年，支持新农村建设点大堡乡大堡村公路建设资金5万元，支持扶贫点大堡乡双音村公路建设资金10万元。

【基础性工作】2015年，进一步完善基础数据库和项目库建设及统计工作，各类统计报表按时按质完成，报送及时、全面、准确，各项统计任务做到全面、准确。各类规划及年度计划编制做到科学、合理，政务信息上报做到高效、及时。

【党风廉政建设】2015年，党风廉政建设内容包括：一是成立领导小组，切实加强对党风廉政建设工作的领导。二是制订工作方案，确保工作有序推进。三是层层签订责任状，把责任分解传达到每个党员干部。四是承诺公开，自觉接受监督。全局干部职工向社会公开作出6个方面承诺，即承诺不违纪违规违法，不损害移民利益，不插手移民工程，不索拿卡要，不以权谋私，不徇私枉法。五是常抓常议，做到逢会必讲，逢事必谈，做到警钟长鸣。由于工作一环紧扣一环，大家自觉负责，严格要求，全局没有发生一起违规违纪违法的人和事。

【学习型机关建设】2015年，市移民局定期组织全体干部职工学习党的路线方针政策和移民政策法规等知识，提高干部职工的政策理论水平和业务技能。通过学习和严格落实日常管理制度，全局干部职工队伍素质、工作作风和服务移民的意识等方面都有了明显的提高。

【存在的问题和困难】2015年，存在的问题和困难主要有两点：1.移民后期扶持政策实施以后，基础设施面貌有改善，但由于库区和安置区基础设施薄弱，生产生活条件落后，移民贫困面大，项目资金投入远不能满足建设对资金的需求。2.在落实移民后扶政策的后续工作中，需要做大量的调研工作，工作任务明显增重，工作经费不能满足日常工作需要。

乡镇企业·民营经济

【概况】2015年，常宁市乡镇企业局内设人秘股、企业指导股、财务审计股、政策法规股、计生宣教股、科学技术股。机关共有干部职工共24人，其中副科以上12人，科员3人，工勤人员9人。

【争资跑项】2015年，上报省级项目4个，衡阳市级项目6个，共争取农业产业化扶持资金93万元，其中省扶持资金18万元，分别是福塔茶叶10万元、瑞丰茗香茶叶8万元；衡阳市扶持资金75万元，分别是大山生态10万元、飞腾农业10万元、翊园生态10万元、齐家茶油18万元、福塔茶叶27万元。

【小康建设】2015年，根据省下达的小康建设任务，成立了局小康建设领导小组，具体负责规模以上农产品加工产值的小康指标建设。一是规范农业产业化龙头企业管理，出台《关于规范农业产业化龙头企业管理的通知》（常政办函〔2015〕107号），从规范申报资格、规范品牌建设、规范统计报表、规范奖励扶持四个方面，规范农产品龙头企业管理。二是组织规模以上企业申报，通过与统计、经信、国税等部门共同努力，成功新增6家农业产业化企业进入省统计笼子。三是优化企业发展环境，多次深入企业进行调研，参与优化环境测评，整治乱收费、乱罚款等行为。年底，全市进入省统计笼子的农产品加工企业共计15家，规模农产品加工产值小康指标完成17.74亿元，与农业总产值比为25%。

【综治维稳】2015年，积极配合市委政法委的民调工作，做好学习宣传、电话模拟调查与电话回访等工作，并派出4名夜间巡逻人员，参与全市的夜间巡逻。全年做到无集体上访、无越级上访。

【精准扶贫】2015年，局班子成员为罗桥镇燕群村送去结对帮扶资金3500元，解决项目帮扶资金3万元，用于垦复油茶及开发新茶林、修路、亮化村道、整修山塘等帮助脱贫。

【党风廉政建】2015年，根据年初安排部署，加强组织领导，落实好“两个责任”。局党组以机关“道德讲堂”为平台，组织在每月底的固定学习日，进行集中学习，加强党员干部的素质教育，狠抓作风建设，积极传达各项会议精神；加强领导干部廉洁自律意识，促使工作人员规避岗位廉政风险点，认真执行中央、省委、市委各项规定，无违规现象发生。

【机关文明创建】2015年，参与“四城同创”工作，每周五上午组织人员打扫机关卫生，下午4时，到所包干的西上社区进行卫生打扫，并从局财务拨付2000元资金，用于西上社区的宣传与活动开展。

商务·贸易

总述

【概况】2015年，常宁市商务局内设办公室、商务管理服务股、市场体系建设股、财务股、对外贸易管理股，下辖常宁市市场服务中心、常宁市商务综合行政执法大队，负责对常宁市民用爆破器材专营有限责任公司和衡阳市南华爆破工程有限公司常宁民爆一服务站的管理。是年，在市委、市人民政府的领导下，认真贯彻落实市委经济工作会议精神，紧紧围绕“凝心聚力活商贸，突出重点兴市场，落实政策惠民生”的工作目标，不断强化大局意识、创新意识和服务意识，努力加强内贸流通基础建设，规范整顿市场秩序，提升管理服务水平，扎实有效推进商务工作平稳健康发展。是年，社会消费品零售总额完成80.05亿元，累计增速为10.7%。完成10个新开工项目。

【农贸市场升级改造】至2015年，已完成对荫田、富贵、兰江等8个农贸市场升级改造工作，改造后的农贸市场功能分区合理，设施设备先进，管理措施到位，市场卫生整洁，给市民提供了舒适的购物环境。

【重点项目】2015年，为更好地服务重点项目，分别成立南门市场项目和中国•油都项目建设服务小组，投资2650万元的南门市场已经投入使用，建筑面积约2700余平方米，市场内安装中央空调，是常宁首家集多功能于一体的星级集贸市场。该市场得到了上级商务部门的一致好评，并称赞其迈入全省一流农贸市场行列。中国•油都正在抓紧建设中。在市人民政府还没有正式成立尚邦物流项目建设服务小组和莲花市场建设服务小组的情况下，市商务局主动介入，积极协调各职能部门，尚邦农产品物流园于2015年7月正式动工，规划设计通过规委会评审；莲花市场已完成规划设计调整。

【市场调控】2015年，在元旦、春节等节假日期间，加强对生活必需品市场，特别是粮、油、肉、蔬菜等“米袋子”“菜篮子”商品的市场监测工作，加强与生产企业、经销企业的联系，掌握生产、库存及购销情况，密切关注市场供应和价格变动情况，及时发布市场信息，引导市场消费。是年，全市商品市场供应充足，价格平稳。

【商品促销】2015年，组织城区超市、家电、批发等经销企业，积极开展“元旦”“春节”“五一”等传统节假日的让利惠民的促销活动。9月，举办家博会，繁荣城乡市场，扩大城乡消费。

【安全生产】2015年，加大商务领域安全生产检查力度，对城区重点商贸流通企业进行定期或不定期的安全生产大检查，重点检查商场、超市、市场等人员密集场所的电梯、游乐设施安全状况。督促各商务企业认真开展隐患排查整治活动，确保消防设施完好齐全，疏散通道安全畅通。发现安全隐患，及时整改到位。

【电商平台建设】2015年，在网上发布常宁市农产品供求信息，宣传推介无渣生姜、茶油、塔山茶叶等特色农产品，以促进农产品流通。引导帮助企业建立网上销售平台。先后动员东升百货、海啸电器、佬农夫特产、齐家茶油等企业建立自己的营销网站，开展电子商务业务。积极与电商平台企业对接。积极联系常宁市邮政局，就推进常宁电子商务项目、加快电子商务进农村等进行对接。把发展电子商务作为适应经济发展新常态、培育经济新动力和调整经济结构的大事来抓。把握国家和省人民政府鼓励和扶持电子商务产业发展契机，积极筹建常宁市电子商务协会，鼓励常宁传统企业转型升级，健全电子商务支撑体系。通过整合，将境内的茶油、茶叶等农副产品实现网上交易，带动仓储、物流、配送等行业的发展。是年，全市有物流10家，快递8家，网购已深入到千家万户。

【商务执法】2015年，以加强屠宰管理为重点，全面加强商务领域行业管理。实行分散和集中相结合的执法检查，广泛发动群众，建立和落实举报制度，加大执法力度，严厉打击私屠滥宰以及制售注水和病害肉等不法行为。是年，开展全市成品油市场专项整治行动。对全市所有加油站点进行年检，并对于影响恶劣且经多次查处后仍然顶风作案的非法加油站点，商务、公安、消防、安监、乡镇等多部门联合执法，强制拆除烟洲、松柏、白沙和庙前镇4个非法加油站（点），全市所有非法加油站点取缔到位，净化全市成品油市场环境。是年，突出开展了肉类市场安全大检查活动，重点对农贸市场、商场超市、饭店的肉品检查管理，确保货源渠道正规，产品质量安全。同时重点开展专项整治行动，地维护市场经营秩序。

【理论学习】2015年，组织学习中央、省委、衡阳市委的重要文件，深入学习贯彻十八大和十八届四中全会精神。认真学习和落实“八项规定”“六项禁止”和“五个一律免职”，全面落实党风廉政建设责任制，进一步转变工作作风，密切联系群众，并结合各自工作实际，深入研究和推进全年商务工作任务的落实，并为今后开展商务工作提出新思路。通过较为系统的学习，使班子成员进一步树立政治责任感、历史使命感，使干部职工的整体素质普遍得到提升，服务大局、服务群众、服务发展的意识明显增强，抓工作任务落实，推动工作上台阶、上层次的能力明显提高。

【机关建设】2015年，按照建设廉洁、勤政、务实、高效机关的总体要求，牢固树立“管理就是服务、公务员就是服务员”的理念，以转变观念、加强服务、强化效能和优化环境为目标，切实加强行政效能建设。围绕服务项目、服务企业，进一步简化办事程序，认真落实首问负责制、限时办结制和责任追究制。深入开展自查自纠，切实找准在效能建设中存在的问题，建立和完善服务承诺制、公开透明制等制度。进一步完善和制定绩效考核和奖励制度，与效能建设相挂钩，以实绩为核心，从德、能、勤、绩、廉各个方面，对干部职工进行全面考核，充分调动了广大干部职工的积极性和落实效能建设各项要求的主动性，促使全局干部职工的工作作风得到进一步改进，工作效能明显提高。

【老龄工作】2015年，关心局退休人员的身心健康，组织离退休人员到中医院体检，为离退休人员提供专门健康服务。利用重阳节、七一、春节等节日召开座谈会，并送上慰问金，对生活困难和患重病的老党员、老干部给予重点帮助和关怀。离退休支部组织学习重大的时事政策，积极开展参观印山书法展、考察重点项目，让离退休人员在参与中真正体会到老有所为，老有所乐。落实老干部经济待遇，从办公经费中节省出13多万元，将2003年以来拖欠退休人员的津补贴全部发放到位，得到全局离退休人员的一致好评，是年，市商务局老干工作被评为全市先进单位。

国有商业

【概况】2015年，常宁市商业总公司内设办公室、机要室、财计股、人事股、信访室、监察室、计生室、保卫股、改制办及档案室。有在职干部职工22人，离退休人员22人。是年，按照年初市委经济工作会议目标和总体要求，以十八大及十八届四中、五中全会精神为指引，团结拼搏、奋勇争先，紧紧围绕“企业改制、维护稳定”这项中心工作，服务于企业，服务于职工，圆满完成商业系统企业改制工作。

【企业改制】2015年初，围绕企业改制这块“硬骨头”，总公司党委下达最后“军令状”，抓实抓好商业综合公司这最后一家企业的改制工作，历时两年时间，从改制拍卖资产到职工做好失业培训领取失业金，坚决从“职工利益无小事”做起，认真抓好改制中的每一个环节，让职工在年内拿到失业金，力争矛盾不出商业，无重大信访事项发生。至年末，商业系统全面完成企业改制工作，为后续总公司改革轻装上阵打下良好基础。

【扶贫工作】2015年4月，按照中央、省、衡阳市委文件精神，继续抓好扶贫工作队伍建设，继“1+1”联点扶贫、计生扶贫工作，认真落实精准扶贫工作，抽调精干人马奔赴联点村胜桥龟田村，同时总公司党委成员都抽出一定的时间去关心慰问困难群众、帮扶困难村民，让联点村村民享受到改革改制的成果和政策关怀，与残联共同在精准扶贫联点村投入人力、物力、财力，帮助残疾村民找准差距、号准脉，以药材种植基地、水果种植、农村合作社等形式为依托，帮助联点村困难村民以现金入股、以工代劳等多种形式参与生产经营。年内，为龟田村向市公路局争取一条水泥马路修建指标，路灯亮化工程也紧锣密鼓上马，山塘清淤、护坡夯实等工程也陆续开工，共计投入资金7.6万元。

【作风建设】2015年，召开大小会议几十次，无论是在党委会议还是在总公司大会上，每提必议作风建设和廉政建设，从自身做起、从身边做起，坚决不犯原则性错误，不搞腐败性浪费；学习党的十八大以来的各项方针政策，认真学习《廉政准则》中的各项规定，严格执行总公司的各项规章制度。结合党的群众路线教育实践活动要求，总公司党委自觉按照“一岗双责”的要求，在认真履行工作职责，做好企业改制、企业维稳、重大项目建设、对外招商引资等各项业务工作的同时，依照“一把手负总责、分管领导各负其责”的原则，严格遵守“三重一大”制度，自觉接受纪委监督，及时汇报反馈工作中重要情况和问题，严格按照党风廉政建设工作职责，全力做到“五个到位”。

【创建文明机关】2015年，按照“四城同创”工作要求，成立工作领导小组，由“一把手”负总责，分管领导具体抓，办公室负责全面协调各股室，有专人全天候负责“门前三包”工作，购买卫生清洁用具，聘请物业保安、保洁人员。是年，对待来人来访职工群众规范文明用语，让每一位前来办事的职工群众都有如沐春风之感，让职工群众觉得总公司依然是他们的“娘家”。

【计生工作】2015年，有在职职工计生家庭23户，离退休职工家庭20户。组织育龄妇女一年四次“三查四术”工作全部到位；对本单位所有在职职工及联点村计划生育情况在2014年的基础上进行完善并做了详细的摸底调查，为总公司在职的25个家庭及所联村20户困难家庭交纳了计生家庭保险费；按照市计生委要求，在每月初向人计局上报《单位职工计划生育信息变动报告单》，基本做到计生工作不漏一人，不虚报、不瞒报。

【综治维稳】2015年，聘请物管，实行单位内全天候24小时保安人员值守制度，节假日期间都安排了值班人员，落实值班制度，进一步明确了分工职责。落实市委、市人民政府《关于开展2015年度市直机关干部职工城区夜间巡逻活动》的文件精神，上报的巡逻小组成员都配备了雨靴、雨伞、强光手电等设备，并且及时发放补助，保障工作的有力开展。

【面临困难和问题】2015年，面临的困难和问题：一是由于企业改制完成，总公司无任何职能职权，系统内涉军人员多，历史遗留问题多，上访人员诉求过高，短期内无法解决历史遗留问题和矛盾。二是机关在职人员和离退休人员出路问题，由于企业改制扫尾，财政拨款甚少，没有其他经费来源，总公司机关何去何从是个未知数。三是信访维稳工作压力大，随着改制工作的完结，如何做好维稳工作将是总公司在未来一段时间内工作的重中之重。

供销合作

【概况】2015年，常宁市供销合作社机关内设办公室、人事股、业务股、财务股、审计股、群工站（信访室）、计生办、保卫股、工会，有机关工作人员27人。是年，全系统完成营业总收入43675万元，占年度计划110%；实现利润总额254万元，占年度计划110.4%，农民专业合作社发展到5个，农村综合服务中心增加到383家，庄稼医院增加到19家。争资跑项已完成23个项目的申报工作，争取项目资金补助10万余元。

【创先争优】2015年，市社一班人确定“创先争优”为总体目标，围绕这个目标，在业务项目、综治维稳、信访安全、党风廉政、基层党建、计生工会等各项工作，广泛开展争创先进活动。计划生育、综治获全市先进单位，李雪容获工会先进个人，尹秋成获安全生产先进个人，谭荣莉获档案先进个人光荣称号。段湘云、张思亲、邓冬云、申德元荣获常宁市表彰，郭跃武荣获衡阳市表彰。被衡阳市社授予2014年综合业绩特等奖单位。

【抓管理强素质】2015年，一是倡导公平正气。处理事情公正、公平、公开、民主，不搞一言堂，反对歪风邪气，在单位机关大力宣传正面典型、先进人物的优秀事迹，促使浩然正气的形成；二是整顿班子队伍，结合群众路线整改落实和“回头看”活动，针对班子和党员个人自身存在的问题，制订整改措施，调整强化“三重一大”领导班子；三是严格制度管理，建立健全一整套机关管理制度，用制度管人管事，做到公平、公正。

【树形象谋发展】2015年，利用会议、活动，大力倡导“社兴我荣、社衰我耻”“我为供销社添光彩”“爱国爱家爱社”等理念，机关干部职工没有出现任何违法犯罪现象，大家不打牌、不进娱乐场所，远离黄赌毒，休息时间打打乒乓球、羽毛球、看看书、练练字，培养健康向上的生活习惯；组织班子一班人到衡阳、祁东、衡山等地学习外地先进经验；通过与省、衡阳市衔接协调，向中央财政申报了23个小项目，结束了常宁市三年来争资跑项的空白历史。

【关心职工】2015年，共找班子成员、职工、退休老干部、下岗职工谈话100多人次，召开各类会议20多次，通过交心通气，干部职工心头的疙瘩解开了，大家心齐气顺。是年，对所有在职、退休人员进行了体检，这是近20年来供销社进行的第一次体检，干部职工认为单位把自己看得重，对单位的热爱之情油然而生。是年，组织干部职工登山、读书等有益活动，既加强了交流，又锻炼了身体。

【化解矛盾】2015年，化解红网发帖、28个法人争取400元生活补助、退休人员要求落实2012年待遇、双安和荫田供销社改制遗留问题、涉军群体等10个上访问题。是年，市社班子成员共找各类重点人物进行150多人次谈话，耐心说服，效果明显。每个班子成员、干部职工包信访案例，做到责任上肩，人人有责。

烟草专卖

【概况】2015年，常宁市烟草专卖局（分公司）内设办公室、综合室、纪检组（监察科、整顿办）、内管派驻组、财务室、市场服务分部、烟叶生产经营分部、专卖监督管理股、物流配送分部等机构。共有在编人员103人。是年，在常宁市委、市人民政府的领导下，紧紧围绕“稳中求进”的工作总基调，团结拼搏、开拓进取、真抓实干，在全面完成业务工作的同时，深入推进落实机关文明创建、精准扶贫、作风和党风廉政建设等各项工作任务。

【经济效益】2015年，实现“两烟”销售收入9.03亿元，同比增长3.91%；实现税收1.07亿元，同比增长53.50%。卷烟零售户盈利水平稳步提升，户均毛利率在10%以上。

【卷烟销量】2015 年，销售卷烟2.99万箱，同比减少211箱，减幅0.7%；其中，销售省外品牌卷烟8746箱，占比29.20%；卷烟单箱销售均价26089元，同比增加1700元，增长7.38%。

【烟叶质量】2015年，全市实际烟叶种植面积2.82万亩，全年烟叶销售收入2.32亿元，实际收购烟叶7.32万担，均价26元/公斤，同比提高3.68元/公斤，烟叶质量和烟叶等级结构较2014年的明显提升。

【市场监管】2015年，共查处真烟非法流通案件49起，其中查处5万元以上非法收购倒卖、无证运输卷烟案件11起；共查获真品卷烟251.1万支，涉案金额达119.64万元，实现罚没款27.21万元。是年，共查处销售假烟案件34起，其中，常宁烟草、公安两部门共同侦办的2015年“3·18”利用互联网销售假冒卷烟案件成功告破，被湖南省烟草专卖局审定为国标网络案。

【烟基项目】 2015年，投入行业补贴资金5021.72万元，完成各类烟基项目1441个。修筑沟渠4.33千米，修复300立方米水池1个，建造提灌站1处；修建5.2公里机耕路，为12个种烟乡镇235个烤房更换烟叶调制设备，对10个老旧烤房设施进行改造；购置烟用机械31台(套)，对0.33万亩土地启动土地整理工作。

【广济水库项目】 2014年2月开工的广济水库，项目概算18014.30万元，其中常宁烟草争取行业援建资金13021.64万元。截至2015年末，所有临建工程均已完工，渠首隧洞已开挖，坝址用地手续已办好，国家林业局已经批复林地使用手续，灌区工程已开工建设。

【四城同创】 2015年，局党组成立以党组书记、局长唐海峰为组长，其他党组成员为组员的创建工作领导小组。根据“四城同创”工作新要求，以争创文明单位为突破口，召开专门会议将创建责任分解到人。同时，局党组将创建工作纳入重要议事日程，纳入机关考核，做到与业务工作同部署、同管理。

【学习制度】 2015年，执行党组中心组学习制，严格学习纪律，干部员工每年至少递交6篇学习心得体会，同时通过外聘专家培训、互动交流、集中观看电影等方式丰富学习形式。

【教育奖励制度】 2015年，支持干部员工加强在岗继续教育学习，鼓励他们攻读在职学位。凡是干部员工取得学位或者各类职业资格证、职称，都予以认可并在薪资体系中加分提档。

【政务公开制度】 2015年，利用单位内外网及公示栏等平台，向社会公开烟草许可、市场监管及内部监管的政务信息。2015年度，在烟草专卖局网站上办事公开民主管理栏目公开73项信息。

【处理来信来访】 2015年，凡是群众来电、来信、来访，或者来机关办理烟草许可证、卷烟订购咨询等事宜，干部员工都必须实行首问首办负责制，确保事事有答复，件件有着落。

【法制宣传】 2015年，以“3·15”“12·4”等重大节日为契机，全方位宣传烟草专卖法律法规、真假卷烟识别技巧及卷烟打假政策，发放宣传资料1570余份，出动宣传车20余次，营造“涉烟犯罪，人人喊打”的社会氛围。

【创建文明单位】 2015年，认真落实“门前三包”责任制，将单位非办公区域的卫生清洁工作进行外包，由专门人员定期进行清扫，保持单位整体形象的干净整洁。在办公区域内，部门内部组织实施卫生工作值班制，由员工自发进行办公室卫生清扫，营造舒适整洁的办公、办事环境。是年，常宁盐湖烟站更是因为基础设施好、卫生环境佳、业务能力强而被国家烟草总公司授予“2012—2014年度全国烟草行业烟叶工作站标兵单位”称号。

【扶贫工作】 2015年，在新农村建设中，帮扶困难群众、赈灾捐款等各类捐款项目上落实资金347万元，开展“一进二访”活动，工作队进村上门走访近20人次，扶贫助学19人。此外，常年在对口扶贫的塔山西江村驻派扶贫专员，负责收集扶贫信息，跟进扶贫动态。是年，帮助该村安装了路灯、修缮了水渠、安装了自来水、办起了加工厂。

【办公用房与公务用车整顿】 2015年，本着宁愿少1平方米，也不多0.1平方米的原则，自查调整7人次，清理超标办公用房174.79平方米，确保人均办公面积完全符合相关要求。实行公务用车调配制度，所有公务用车由办公室统一调配，全年没有出现一例公车私用的现象。

【改进会风文风】 2015年，一方面尽量减少会议次数、压缩规模。能够通过其他方式传达部署工作的，主题不明确、准备不充分的，对推进工作意义不大的，一律不再召开会议。对会议时间、参会对象或工作内容相似的会议尽可能整合召开。另一方面严格控制会议时间,会议一般不超过2小时,汇报简明扼要、交流言简意赅,每人发言时间一般控制在7分钟以内,领导讲话控制在10分钟以内。全年召开会议次数同比下降16.54%。此外,严格规范行文发文,全年发文29篇,同比减少22.18%。

【"三严三实"民主生活会】2015年,根据省局、衡阳市局"三严三实"专题教育的部署,常宁市局(分公司)党组于2015年12月31日召开专题民主生活会,进行了充分准备,深刻对照检查,批评和互相批评触及灵魂,整改措施具有针对性和可行性。

粮　食

【概况】2015年,常宁市粮食局有干部职工55人。机关内设办公室、人事股、财基股、调控股、行业管理股、监督检查股、纪检监察股、审计股、国资办、信访办、执法大队、工会、妇联、行业协会,下辖国家储备粮库。是年,全市国有粮食购销企业收购粮食30000吨,销售23660吨;推广落实粮食订单面积14000公顷,优质稻生产面积4000公顷;落实地方粮食储备规模5000吨,库存粮食"四无"(无虫害、无杂质、无鼠雀、无事故)率100%,储备粮"一符三专四落实"(账实相符,专仓存储、专人保管、专账记载,数量落实、质量落实、品种落实、地点落实)达到100%。

【企业管理】2014年5月,将全市6家国有粮食企业整合重组为3家,企业也彻底改变了原来"人人持股、平均持股"的国有控股体制,市粮食局实行行业管理,并切实加强企业经营、财务等方面的有效监管,使企业有序运转,良性发展。通过资产整合、企业合并,从2013年至2015年国有粮食企业共实现盈利369.6万元,2015年1—6月盈利194.3万元。粮食企业自第二次改革重组以来,企业的经济效益和职工待遇大为改观,员工的精神面貌焕然一新,干劲十足,企业进入良性发展轨道。

【仓储基础设施】2015年,通过积极向上级争取修仓资金和向本级财政争取,累计投入资金300多万元,支持和扶持企业修缮整固仓房26栋,增加有效仓容28000吨,进一步改善了常宁粮食收储条件,确保农民粮食颗粒归仓。

【粮食收购】2015年,为充分发挥国有企业粮食流通主渠道作用,帮助企业积极协调农发行争取收购贷款,想方设法为企业创造收购条件。是年,积极争取国家政策,继续启动最低价粮食收购预案,国有粮食企业收购农民粮食3万吨,民营粮食企业收购2万吨,促进农民增收1000万元以上。

【仓储检查监督】2015年,通过引导和鼓励企业积极运用现代储粮科学技术,严格执行规范化储粮管理制度,各企业坚持"勤查、严防、早治"管理方针,全市仓储粮食达到"一符四无"和"三专一落实"的标准,没有出现一例粮食变质和损毁现象,确保了储粮安全。同时按照"有仓必查、有粮必查、有账必核、查必彻底"的原则,定期做好全市粮食清仓查库工作,确保企业粮食质量达标,库贷挂钩良好,账实、账账相符,各项补贴到位,特别加强9000吨省储粮和3000吨地方储备粮的监管,保证常宁的粮食安全。

【法规宣传】2015年,采取多渠道、多形式,深入宣传有关粮食法规政策,共张贴标语50余幅,发放宣传资料200余份。同时,充分利用电视、广播、信息等途径,深入宣传《粮食流通管理条例》有关粮食法规政策,增强粮食经营者的法律法规意识。

【市场准入】2015年,开展《粮食收购许可证》年度审核工作,在常宁电视台、常宁报上公示审核内容、审核时间及审核程序。是年,全市有30家粮食经营户的《粮食收购许可证》通过审核。

【市场监督检查】2015年夏秋粮收购期间,开展粮食质量专项检查。共检查粮食经营户30家,出动人员200余人次,对检查中发现收购不符合国家粮食质量标准的3家经营户,下达责令整改通知书,并就整改情况进行跟踪监督检查,切实杜绝了收购不符合国家粮食质量标准的行为，有效维护全市粮食市场流通秩序。

【“双学”工作】 2015年，市粮食局党委中心组带头加强理论学习，修订完善学习制度和议事规则，全年中心组专题理论学习不少于12次。把每周五定为例行学习日，利用周五学习时间，举办知识竞赛、学习上级文件精神等，掀起理论学习热潮。是年，根据加强学习型机关建设的具体要求，开展专题业务学习不少于4次，业务考试2次，并将业务学习与解决实际问题结合起来，提高学习的针对性和实效性，受到机关干部的普遍欢迎。

【“双强”工作】 2015年，通过健全学习教育、议事决策、考核评价等机制，进一步增强了领导班子的凝聚力、号召力和战斗力。健全各项规章制度，量化岗位目标，细化工作职责。同时，大力正风肃纪，实行了上下班指纹签到制度，坚决杜绝上班时间未履行请假手续擅自离岗，上班时间玩电脑，到休闲娱乐场所活动等。并通过走访服务对象、积极开展“1+1+4”联村活动、召开座谈会等多种途径，虚心倾听群众呼声，广泛征求各方意见，力所能及帮助解决了一些困难，切实加强和人民群众的联系。

【矛盾化解】 2015年，高度重视信访维稳工作，在平常的工作中坚持有访必接，接而必办，办而必果的工作制度，做到件件有回音，事事有结果。是年，通过细致的群众工作，耐心细致的走访，不断进行说服教育，真心实意地为群众解决问题，在政策范围内的，想方设法解决信访群众的诉求，在政策不允许的情况下，耐心做说服工作，在极大程度上防止非正常上访案件的发生。近年来，粮食系统越级上访、非正常上访现象发生。同时，还扎实做好老干部工作，综合治理达到了“六无”要求，安全生产常抓不懈，杜绝各类事故发生，实现粮食系统平安和谐稳定。

【存在问题】 2015年，存在仓容不足，新粮收购压力巨大；粮食产业发展方面存在企业少、名牌少、精深加工少等问题。

盐务管理

【概况】 2015年，常宁市盐务管理局内设人事办公室、盐政股、运销股，有在职人员10人。是年，共销售各类盐2303吨。其中小包盐完成1830吨；新品盐销售712吨；非盐商品销售额309979元。

【运销情况】 2015年初，根据常宁的销售情况及片区分配情况作了细致的任务分配，实行工效挂钩。领导班子成员各带一个片区深入市场，收集信息，加大访销力度包片负责。促进网点布局更加优化、合理。进一步创新和优化仿销配送体系。是年，严格制度的执行，采取多种有效措施，全面实行发证、建档、跟踪、“合同+许可证”管理模式；“多品种盐”供应一律直达用户，取消中间环节；严格控制大包装供应，严格执行供应管理规定，实行逐级审批层层把关的措施。积极开拓多品种盐销售市场。贯彻落实省、市公司多品种盐宣传促销会议精神，在常宁市范围内开展多品种盐宣传促销活动。按衡阳市公司的要求制定多品种盐促销奖励方法、给职工下达一定的销售任务、鼓励职工上门推销、散发宣传单和有奖促销等多种方法，加快培育多品种盐市场，加大多品种盐的销售力度。通过开展一系列的活动与努力使新品盐的上市率、消费者的认知率得到空前提高。是年，完成新品盐计划的160%。同时，还要求全体员工提升工作方式方法，提高应对突发事件的能力；及时对市场需求和客户的心理变化进行分析。一切都是为了更好地培养市场、服务网点让客户满意。

【盐政管理】 2015年，强化执法宣传，营造良好的执法氛围。坚持在日常市场检查中边检查边宣传，进村入户与群众谈心说法，使群众知晓盐业法规，认识私盐危害，自觉抵制私盐。在“3·15”、“5·15”期间，分别与常宁市相关单位联合开展了两次集中宣传活动。活动期间共发放各类宣传资料千余份，悬挂横幅三条，活动宣传栏5幅，设立咨询点2处，宣传车1台。进一步提高城乡居民的守法经营意识和自我保护意识。创新执法方式，提高执法效能。坚持常年开展“走百村进万户”的日常检查。着力对重点区域和重点对象开展驻点跟踪、追根溯源、暗访突破行动。通过多方努力成功将2014年年底查获移交的一起涉盐案件完成了司法程序，4名当事人均得到法律的制裁。强化管理夯基础，企业发展更趋健康 抓好各项工作重在管理。认真贯彻执行省、衡阳市下达的各项管理规定，坚持制度创新，不断推进建立健全各项经营管理制度工作，促进内部管理水平不断提高。

【党支部建设】2015年，党支部建设始终把政治思想教育工作渗透到日常工作和支部生活的各个方面。注重发挥凝聚、激励、协调功能。着眼于提高党支部和党员干部战斗力、创造力，加强公司党组织建设，积极谋划活动载体，促进党组织建设工作。通过开展“三严三实”活动，科学规范地制定和完善公司的各项管理制度，明确了各岗位的工作职责，使公司全体职工对党的方针、政策有了更深刻的理解。积极组织开展民主生活会，在会上大家本着实事求是、增进团结、改进工作作风的原则，认真开展批评与自我批评，较好地解决了一些实际问题。同时支部还根据常宁目前的人员配置情况以盐政运销一盘棋为工作思路，认真开展职工的思想教育工作，使两者有机地结合起来。相互协作，互相支持。作为企业的基层单位，始终将政治思想工作同企业经营工作紧紧结合起来，取得了明显效果。

外经外贸

【概况】2015年，常宁市招商合作局机关内设办公室、招商股、外贸股、政策法规股、财务室、考核奖励股，其中外贸股加挂常宁市对外劳务服务中心牌子。有干部职工31人，退休人员7人。是年，全市共引进招商引资项目31个，引进资金29.6亿元。其中，引进内资项目25个，引进内资26.87亿元；引进外商再投资项目6个，引进资金4546万美元。完成外贸进出口1050万美元。

【引进项目】2015年，引进广州喜宝鞋业有限公司投资兴建的喜宝鞋业公司，总投资1.5亿元，生产安踏等品牌运动鞋，已投产；浙江温州富罗迷鞋业公司投资兴建的泰森鞋业有限公司，项目总投资1.2亿元，生产经营童鞋，已投产；德国百年老企业梅塞尔集团投资的工业气体项目，为常宁市金铜项目配套建设工业气体，一期投资1.3亿元，年末进行设备安装；浙江佳盈鞋业公司投资5000万元在宜阳工业走廊兴建鞋厂，已投产；湖南绿兴丰农业开发投资有限公司投资兴建玫瑰博览园项目，总投资3.5亿元，在罗桥镇、三角塘镇等乡镇流转土地2000余亩，种植玫瑰500亩；深圳德兴隆电子有限公司在宜阳工业走廊投资兴建电子产品项目，总投资1.8亿元，正在进行厂房建设；中国民营企业500强美欣达集团有限公司投资3000万元兴建病死畜禽无害化处理中心，将病死畜禽进行固液分离，干化物作为有机肥料或宠物饲料、油脂进行综合利用，已办理公司注册登记手续，进行了初步选址；湖南鸿丰科技有限公司在水口山经济开发区投资兴建稀土抛光粉项目，总投资1亿元，已开工建设；湖南新华水利电力有限公司兴建风力发电项目，总投资约18亿元，在庙前镇、弥泉乡设立风电场，现已开工建设，预计2017年5月投产运行；广州市宝峰胶合板有限公司在宜阳工业走廊兴建板材厂，总投资8000万元，正在进行厂房建设；河南省平顶山大自然农业科技发展有限公司来常宁市进行农业开发，建设绿色生态农业示范区，总投资40亿元，已签订协议；深圳鑫源盛电子有限公司拟投资1.2亿元在水口山经济开发区铜产业园兴建铜丝生产线，将依托水口山铜原料，年生产铜丝1万吨，已签订入园协议书；深圳惠格浩电子有限公司拟在水口山铜加工产业园兴建铜丝、铜杆生产项目，是年，该公司董事长一行来常宁进行实地考察，达成了初步投资意向；桂林恒泰环保科技发展有限公司拟投资兴建垃圾环保煤发电项目。是年7月，常宁市组织有关部门对投资方进行了考察，对该项目进行可行性论证。

【重点在谈项目】2015年，重点在谈项目有：长沙江铜铜材有限公司拟来常宁兴建铜杆、铜排生产项目；湖南金龙国际集团拟在水口山兴建铜压延深加工项目；长沙博高电子商务有限公司、浙江真爱网、杭州农淘公司拟建常宁电商产业园项目；长沙坛香公司拟来常宁开发农产品项目；广东远联物流公司、湖南恒邦物流公司拟来常宁建设物流园项目。

【外经外贸工作】2015年,指导、协助齐家茶油、湖南绿兴丰农业投资有限公司、福塔农业有限公司等企业进行自营进出口权登记备案,办理海关、外汇、商检等部门的相关审批手续。完成外贸进出口1050万美元。是年,大力发展海内外劳务市场,全年外派劳务人员510人,完成劳务合作营业额516万美元。

【存在问题】2015年,主要存在四个方面的问题:一是面临政策调整。税收方面:中央将对税费优惠政策进行清理。国家税收优惠政策尤其是区域优惠政策过多过滥,下一步中央将下大力气清理整顿,税收优惠政策统一由专门税收法律法规规定,严格禁止各种越权税收减免。土地方面:国家将实行最严格的耕地保护制度。今后包括工业用地在内的土地使用,将必须严格按照规定手续办理,同时,由于指标所限,可用土地资源将越来越紧张,工业用地成本也不断提高。政策方面:随着税费奖励政策的变化和土地指标越来越稀缺,传统的以零地价和低地价政策作为廉价资源吸引外来投资的优势将不复存在,拼资源、拼政策的老路已经行不通了。二是需要优化服务。招商思想解放不够,大招商、大开放的意识还不是很强。一些部门和乡镇还没有把招商引资作为加快发展的重大战略举措来抓,没有把精力投放到招商引资上。这些年来,市出台一系列方便外来投资的政策和措施,但法定性政策不足,未能形成有效的依法调整、规范投资活动的法制环境,就是现行的一些政策、措施,执行起来往往也不到位。部门与部门之间一定程度上还存在互相推诿、扯皮和各自为政的现象,缺少互相信任与有机协调。三是缺少激励政策。招商引资尚无系统化的政策、规划、措施及科学的评价考核标准。对全市形象的宣传、产业优势的推介、项目的包装、信息的收集、整理、发布等没有明确的程序和方法;审批、收费的透明度不高,使得招商部门在组织招商引资工作时对市情把握不准,优势讲不清。四是亟待强化队伍。招商引资涉及面广,专业性强,招商人员不仅要清楚市情,本地产业导向、特点、行业规划、优惠政策等,还要针对不同行业研究客商心理,分析客商心理,分析客商需求,收集相关资料,及时提供信息,且能熟练运用谈判策略、技巧。常宁恰恰缺乏这样一个招商群体。同时,招商信息来源渠道单一,信息不能共享。很多的招商渠道大都是客户、朋友、亲戚或外商找上门来的,常宁还没有建立起有效的信息来源。

财政·税收

财 政

【概况】2015年,常宁市财政局机关有干部职工168人。正科级挂靠单位有市农业综合开发办公室、市乡镇财政管理局、市非税收入征收管理局、市财政监督检查局、市人民政府采购管理办公室、市国库集中支付局、市国有资产管理局、市资源枯竭型城市资金管理办公室、市财政投资评审中心、市农村综合改革办公室、市交通建设资金管理办公室、市教育经费集中核算中心(主任高配副科);正股级单位有常宁市财政网络信息中心。局机关内设办公室、综合规划股、税政法规股、预算股(加挂"常宁市控制社会集团购买力办公室")、国库股、行政政法股、教科文股、经济建设股、农业股、社会保障股、企业股、对外经济贸易股、绩效评价股(加挂"金融与债务管理办公室")、会计股、人事教育股、工资发放管理中心。下辖宜阳办事处财政所、泉峰办事处财政所、培元办事处财政所、宜潭乡财政所、水口山办事处财政所、松柏镇财政所、柏坊镇财政所、荫田镇财政所、天堂山办事处财政所、白沙镇财政所、烟洲镇财政所、三角塘镇财政所、江河乡财政所、官岭镇财政所、罗桥镇财政所、塔山乡财政所、洋泉镇财政所、庙前镇财政所、兰江乡财政所、盐湖镇财政所、板桥镇财政所、大堡乡财政所、胜桥镇财政所、西岭镇财政所、蓬塘乡财政所、新河镇财政所、弥泉乡财政所。

是年,完成地区生产总值269.29亿元,同比增长9%,财政总收入从"十一五"期末的8亿元提高到16.31亿元,翻了一番多,年均增长15.3%,地方一般预算收入完成12.72亿元,较2010年增长128.78%,全市经济发展持续稳定。

【向上争取资金】2015年,发挥财政的职能作用,积极配合各职能部门向上争取各项财政补助资金27亿元,地方政府债券资金4.5亿元,缓解全市支出压力。

【推进项目建设】2015年,科学调度财政性资金5.8亿元,重点支持水口山金铜、瓦松铁路、特色产业、循环经济产业、"135"园区、省道214线、省道320线、广济水库、白甫水库、城区环线等项目建设,偿还宜阳工业走廊标准厂房集资本金及利息,经济发展内生动力进一步提升。

【加大企业扶持力度】2015年,进一步落实减税清费企业税费优惠政策,取消、暂停和免征31项行政事业性收费,清理各项税收优惠政策40项,优化了企业发展环境。安排各项扶持企业发展资金5542万元,扶持企业进行技术改造、科技创新、产业发展、转型升级等。

【拓展政府投资融资渠道】2015年,创新融资载体,拓宽融资平台,全市融资担保平台体系逐步建立。全年融资近10亿元,有力支持了西一环、东一环、北一环等重点项目建设。

【财政收入管理】2015年,面对各种困难叠加的严峻形势,全市财税部门克服不利因素,坚持征管和挖潜双管齐下,努力实现财政收入平稳增长。是年初,及时将收入预算分解到各征管部门,每月、每季督促落实收入任务。坚持以旬保月,以月保季,分月抓好收入组织。市委、市人民政府高度重视收入调度工作，多次召开财税收入联席会议，督促收入均衡入库。是年，加强税负分析和纳税评估；规范票据管理，强化“以票控税”；对房地产等重点行业进行专项稽查，开展所得税清缴、查处虚开虚抵发票等专项行动，努力挖潜增收，全年共清理各项税款1493万元。进一步规范非税收入征收缓、减、免，国有土地收入实行网上招拍挂。加大对罚没收入、行政事业性收费及国有资产收益等非税收入的监管，进一步规范非税收入缴库行为，确保了非税收入的及时入库。是年，全市非税收入入库5.66亿元。

【财政支出管理】2015年，全市民生支出32.64亿元，占公共财政预算支出的比重达63.76%，较2010年增加19.83亿元，增长154.80%。按照上级政策要求，安排资金1.6亿元，全市财政供养人员工资从2014年10月起，人平增资300元/月。乡镇工作人员从2015年元月起，人平增资350元/月。是年，投入农林水事务专项资金6.72亿元，较2014年增长23.88%。开展涉农资金专项整治，保障国家强农惠农政策落实。启动农业“三项补贴”改革，将直补、综补、粮补三项补贴合并为农业支持保护补贴，通过“一卡通”形式累计发放各类涉农补贴2.3亿元，保护农民种粮的积极性，促进粮食增产和农民增收。安排资金1.36亿元，继续支持茶叶、油茶、烟叶等产业发展。健全“一事一议”财政奖补制度，完成项目346个。洋泉、白沙、松柏小城镇建设加速推进，村级组织运转经费均提高至7万元。全力支持全市开展精准扶贫工作。是年，认真落实义务教育经费保障制度，投入教育专项资金7.92亿元，较2014年增长27.11%。用于城区学校扩容改造、中小学危房改造、落实义务教育“两免一补”等，统筹支持职业教育、高中教育等各类教育事业发展。投入科技、文化体育专项资金8342万元，用于支持产业自主创新和项目研发、基础设施建设以及发展文化体育事业。是年，投入社会保障和就业专项资金7.85亿元，较2014年同期增长60.83%，主要用于城乡居民最低生活保障、落实就业再就业政策、城乡居民养老保险、企业养老保险、保障性住房建设等。将城区社区和农村社区经费分别提高到15万元/年和8万元/年。投入医疗卫生和计生专项资金7.99亿元，较2014年同期增长35.14%，进一步提高医保和基本公共卫生服务补助标准，城镇居民基本医保、新农合人均财政补助标准提高到380元，基本公共卫生服务人均财政补助标准提高到40元。支持全面实施县级公立医院改革，推开城乡居民大病保险。

【财政改革】2015年，一是推进预算管理改革。完善政府预算体系，推行全口径预算，将社会保险基金预算纳入预算管理体系。建立跨年度预算平衡机制。“三公”经费在2014年基础上压减5%。扎实推行预决算公开，除涉密信息外，全市及所有部门预算单位财政预决算和“三公”经费预决算全部公开，主动接受监督。二是规范政府性债务管理。进一步核定政府债权债务余额限额，把政府存量债务通过清理甄别后纳入预算管理。建立政府性债务风险预警机制和债务考核问责机制。三是深化国库集中支付改革。加强国库现金管理，盘活财政存量资金，加快预算执行进度。对结余结转资金进行清理，回收往来资金2.55亿元。进一步扩大国库集中支付改革范围，纳入国库集中支付系统管理的单位209家，国库直接支付比例99.12%。四是加快政府采购转型。严格执行“先预算，后采购”。进一步完善政府采购目录，扩大政府采购范围，全市共完成政府采购金额1.43亿元，162批次，节约财政资金1400万元，节资率在10%以上。

【财政监督】2015年，以建立健全财政监督机制为保障，不断提高监督质量和绩效水平。一是开展专项资金绩效评价。对全市专项资金进行绩效监督，重点对金铜、农业开发、计划生育奖补资金等项目开展了绩效评价工作，并将绩效评价结果作为下年度预算安排的重要依据。二是开展涉农资金专项整治。重点对土地出让金和征地拆迁补偿、水利资金、扶贫资金、农村危房改造资金、粮食直补综补等涉农资金进行了清查。三是加强国有资产监管。完善国有资产信息化平台，对全市579家单位国有资产信息化平台进行更新，科学掌握各单位资产动态。严格国有资产经营性和非经营性收入管理，全年共完成残值收入、非经营性收入和经营性收入等6203万元，国有资产科学化、规范化、精细化管理水平进一步提高。四是强化财政投资评审。对财政性投融资项目工程概算、预算进行评价审查,有效控制财政投资项目建设资金,提高财政建设资金的使用效益。是年,共审计项目604个,审减工程预决算资金2.87亿元,审减率14.13%。五是开展财政监督检查。对外开展会计信息质量、财政收支、和“四风”突出问题等监督检查。共查处违纪金额512万元,收缴财政41万元。对内开展财政存量资金清查,摸清全市财政存量资金底子。对5个乡镇2个办事处财政所2015年度会计基础工作及内部控制制度执行情况进行专项检查,全面提升了财政内部管理质量。

【“三严三实”教育活动】2015年,把解决财政干部“不严不实”问题作为学习活动的出发点和落脚点,制定学习方案,及时召开动员会、多次召开民主生活会,认真开展批评和自我批评,对自己查摆出来的问题和民主生活会上相互批评指出的问题列出实打实的整改措施,边查边改、立行立改。局主要领导率先垂范,带头上党课,带动全市财政干部践行“三严三实”。

【改进工作作风】2015年,认真执行中央、省、衡阳市及常宁市有关改进作风、密切联系群众及倡导厉行节约、反对铺张浪费的有关规定。对财政系统机构职能和责任清单进行梳理,进一步建立规范权力运行,强化监督制约机制,严格实行机关考勤、限时办结、服务承诺、首问责任等制度,提高工作效率。

【党风廉政建设】2015年,认真执行党风廉政建设责任制,落实党组主体责任和纪检监察监督责任,坚持“一把手”负总责,党员干部认真履行“一岗双责”,将廉政建设各项任务合理分解到每个领导班子成员和相关责任主体。年初由局长与所属各局(股)室、各乡镇办事处财政所负责人签订《党风廉政建设责任状》,使每个领导干部都能知其任、明其职、出其力、尽其责,形成工作合力。

【精准扶贫】2015年,安排一名年轻干部到洋泉镇新瓦村开展驻村帮扶,制定精准扶贫三年工作规划。开展“一进两访”活动,全局23名副科以上领导干部与帮扶村23户农户实行结对帮扶,从资金、技术、产业等方面最大力度实施帮扶。是年,共为贫困村解决产业发展资金、基础设施建设资金、慰问资金在20万元以上。

国家税收

【概况】2015年,常宁市国家税务局共有123人。内设机构有办公室、机关党委办公室、机关工会、人事教育科、监察室、财务管理科、收入核算科、税源管理一科、税源管理二科、政治法规科、征收管理科、纳税服务科,直属机构有稽查局,派驻机构有宜阳税务分局、松柏税务分局,事业单位有信息中心。是年,在市委、市人民政府的领导下,在社会各界的大力支持下,紧紧围绕税收现代化建设目标任务,坚持服务常宁市争当县域经济发展排头兵这个大局,负重前进,真抓实干,圆满完成各项税收工作任务。

【组织收入】2015年,组织各项税收收入34678.6万元,其中入库县级税收31287万元,同比增收2686万元,增长9.4%。面对组织收入严峻形势,坚持每季召开收入形势分析会,加强预测分析,强化税源监控,研究增收对策,局党组靠前指挥,突出组织收入工作的前瞻性。国税局综合施策,精准发力,通过强化日常管理、清理追缴欠税、严格减税核查、深化纳税评估、推进专项检查。是年,完成风险管理应对结果纳税人139户。其中,纳税评估75户,移送税务稽查14户。纳税评估入库217万元,税务稽查查补税款553万元。

【助推发展服务】2015年,发挥税收职能作用,让纳税人最大程度享受税收政策红利。积极落实小微企业所得税优惠、“营改增”、固定资产加速折旧等税收优惠政策,为5户出口企业办理退税1056万元,实现免抵调库200万元,福利企业、资源综合利用等方面享受优惠2939万元,小微企业政策受惠面达100%,在助力小微企业发展、外贸稳定增长、高新企业做大做强、重点群体创业创新等方面发挥重要作用。局领导亲自带队进园区、进企业调研,为常宁经济发展积极建言献策,向市委、市人民政府主要领导呈递专题汇报20余篇,其中《关于抢抓“营改增”机遇促进常宁经济转型升级的调研》荣获2015年度常宁市人民政府系统“政务大调研”第一名。

【征管创新】2015年,加强大企业风控管理,逐步形成集中分析、统一推送、分类应对、跟踪评价的闭环管理。稳步推进“一照一码,三证合一”登记制度改革工作,指派专人负责监控和接数据,第一时间通过电话联系要求纳税人及时办理相关数据采集手续。通过4次人工压力测试、2轮真人实景演练、200余人次培训、400多小时加班加点,实现18个用例125个小项业务平稳运行,全员参与、历时半年的金税三期工程上线推广工作圆满完成。

【党风廉政建设】2015年,党风廉政建设和作风建设丝毫不懈怠。组织全局干部职工学习《中国共产党廉洁自律准则》和《中国共产党纪律处分条例》,筑牢廉洁从税底线。党组和纪检监察部门压实“两个责任”,落实“一岗双责”,层层签订党风廉政建设责任书。是年,没有被上级部门和当地纪委通报一起违法违纪案例,没有一例负面涉税舆情。

地方税收

【概况】2015年,常宁市地方税务局有干部职工78人。下设一、二、三、四、五税务分局和稽查局、办公室、财务科、人教科、收入核算科、监审室、税政科、征管科、信息中心、办税服务中心等机构。是年,在市委、市人民政府和衡阳市地税局的领导下,全面落实科学发展观,坚持聚财为国、执法为民,大力组织税费收入,加强执法能力建设,深化优质服务,推进和谐地税建设,不断提高系统的发展水平、管理水平和执行水平,全力打造管理科学、执法公正、服务一流、社会满意的地税机关,为全市经济社会发展作出了积极贡献。

【税费收入】 2015年,把“组织收入”作为中心任务,坚持“依法治税,应收尽收”的收入原则,克服政策性减收因素、区域经济发展不平衡和地方税源结构不合理等影响,在收入基数越来越高、增幅要求越来越大的压力下,保持了组织收入的稳定增长。具体工作中,收入任务早布置,早落实,建立健全收入责任制和考核制,加强税源调查,拓宽收入思路,挖掘增收潜力,确保重点税源,抓紧零散税种、小税种征管,强化税收稽查,狠抓大案要案,努力做到应收尽收。严把收入质量关,禁止虚收、空转和有税不收等行为,确保税款按规定的级次和税种及时、足额入库。是年,全市地税系统积极构建持续稳定的收入增长机制,组织地方各项收入75143.2万元,比2014年增收13722万元,增长22.3%。收入结构更趋合理。营业税、企业所得税、个人所得税三大税种持续稳定增长,契税、城市维护建设税、土地增值税齐头并进,规模不断壮大。房地产、建筑、金融等行业税收成为主要增长支柱。第三产业税收占总收入的比例逐年提升,收入增长贡献率处于重要地位。

【依法治税】 2015年,坚持贯彻中央全面深化改革相关要求,深化推进税务行政执法责任制,加大责任追究力度,完善规范性文件管理制度,全面推进依法治税。一是大力开展税收专项治理整顿,严厉打击涉税违法行为。先后对重点纳税企业、区域重点行业、房地产、金融、保险、交通、教育卫生等行业开展税收秩序专项检查,通过整顿和规范税收秩序,有力地打击各种税务违法行为,起到查处一案,教育一片,震慑一方的作用,促进社会各界依法纳税意识和广大纳税人诚信纳税意识,税收法治环境明显改善。二是强化税收执法监督,完善监督制度。建立起统一的事前、事中、事后执法监督机制,形成多层次、多方位的内部执法监督格局。按照省市局要求清理规范性文件,从源头上保证执法依据的合法性。三是开展执法检查。每年全局集中开展一次综合执法大检查,组织开展普通发票、税款票证、营业税起征点调整、税收优惠政策、税务行政许可实施情况等方面的专项行政执法检查。结合月度工作目标管理考核,开展对税法执行、行政处罚实施等方面的日常检查。四是加强税收宣传教育。坚持贴近大局、贴近纳税人、贴近实际，坚持日常宣传与集中宣传相结合，与时俱进，不断创新方式方法，在“纳税服务日”，举办形式多样的税收主题宣传活动，努力构建大宣传工作格局，增强宣传实效。五是落实优惠政策。全面落实各项税收优惠政策，与国税局联合编印宣传手册，利用多种渠道宣传政策，发挥税收服务经济发展的职能作用，积极落实支持“大众创业、万众创新”相关税收优惠政策，提高享受税收优惠政策的纳税人覆盖面，开展跟踪服务，建立小微企业咨询服务岗和12366反映诉求平台，进一步优化地方经济发展环境。

【征管体系】2015年，一是大力推行税源专业化管理、房地产税收一体化管理和以票管税制度。严格减免税审批，加强欠税监控和清缴。加强个人所得税代扣代缴和重点纳税人管理，全面推进契税代征改自征和个人所得税代征。深化纳税提醒、稽查预告、质疑约谈等制度，完善纳税服务体系，税收征管工作得到规范。二是全面规范税务稽查。深入推行“阳光稽查”。通过开展稽务公开、查前告知、查中反馈、查后回访、政策辅导等，为纳税人提供查前、查中、查后的优质服务。不断推行约谈式稽查，赢得广大纳税人对稽查工作的理解和支持。积极为促进征管服务，贯彻落实“一案双查双报告”制度，对稽查中发现的征管薄弱环节，稽查部门定期召开案情通报会，提出意见建议，促进了稽查与征管的良性互动。三是加强协税护税网络建设。充分利用《湖南省税收保障办法》，加快“政府牵头、部门配合、社会参与”的社会协税护税网络建设；加强与国税、工商等部门的信息交流，全面推行“三证合一”，落实户籍信息交换制度，定期与国税部门开展定额核定信息交换、比对，开展国税窗口代征地方税费；健全与社保、财政等部门的社保费征缴网络；与房管、规划、住建、国土、财政等部门密切协调配合，搭建信息共享平台，实现先税后证。四是不断落实科技管税。全力开展金税三期工程项目推广工作，2015年10月8日金税三期正式上线。通过利用金税三期的平台，促进税收征管，促进组织收入，促进纳税服务，促进行政管理，提高信息管税水平和纳税服务水平，加快地税征管科技人才队伍建设，推进地税事业的持续发展。

【纳税服务】2015年，一是更新服务理念，规范服务标准。坚持“始于纳税人需求，基于纳税人满意，终于纳税人遵从”为目标，贯彻落实《全国税务机关纳税服务规范》，规范办税服务厅窗口功能，明确岗位职责和考核评价标准，优化办税服务业务流程，简化程序，减少环节，设立管理服务平台，纳税人申请办理的各类涉税事项集中归口统一受理或办理，实现一站式服务、一窗式管理。建立健全纳税人和社会各界对纳税服务工作的评议评价制度，强化日常监测考核，实现税收服务形式、手段、内容和效果的统一。二是拓展服务内涵，提升服务手段。提供畅通的信息服务。充分利用新闻传媒、网站、触摸查询系统、手机短信、宣传栏、税法讲座等手段，及时提供纳税信息；拓展12366纳税服务热线的功能，利用12366短信平台进行税收政策宣传、开展纳税申报提醒服务。提供快捷的办税服务。积极推广多元化申报方式，通过推行电子申报、电话申报、银行网上申报、税务代理、自助办税终端等多种申报方式，为纳税人提供多渠道的申报服务；积极宣传推广网上办税服务厅，大力推行财税库银横向联网缴税，投入使用自助办税终端设备，形成以网上办税、电子缴税为主体的办税服务体系。提供特色服务。开展提醒服务、限时服务、承诺服务、预约服务和延时服务等纳税服务方式，对残疾人、老年人以及有特殊困难的纳税人提供个性化援助服务；开展纳税信誉等级评定，为纳税人提供“诚信服务”。提供优质的环境服务。进一步增加办税服务厅硬件配置，完成办税服务厅装修和改造，完善设施服务功能，设立纳税人之家和纳税人学校，为纳税人创造便利、和谐的办税环境。三是建立长效机制，打造服务品牌。坚持以纳税人为中心，注重纳税服务环境的改善、服务质量的提升、服务品牌的优化，把为纳税人服务融入办税各个环节，推出一批有特色、有实效、有影响的服务项目，在倾心倾力服务中，不断总结完善，塑造并保持“五星级办税服务厅”纳税服务品牌，以鲜明的时代特征和情感色彩，为构建优质、高效、规范、透明的现代纳税服务体系注入丰富内容。

【干部队伍建设】2015年，一是领导班子建设全面加强。以提高素质、培养能力、改进作风、增强团结为重点，全面加强领导班子建设，充分发挥领导班子的领导核心和表率带头作用。强化理论武装，提高政治思想水平。完善党组中心组理论学习制度，系统学习党的十八大及十八届三中、四中全会精神和中国特色社会主义理论体系，扎实组织开展党的群众路线教育实践活动。通过个人自学、集中学习、集体研讨、专题讲座、实地考察等多种形式，切实提高学习效果，平均每个季度至少组织1次专题集体研讨。强化作风建设。修订完善党组议事规则和局长办公会议等制度，认真开好各年度的民主生活会，落实基层联系点制度，落实局领导接访制度，改善基层工作、学习和生活环境，积极帮助基层和干部职工解决实际困难。思想政治工作改进提升。积极探索新形势下思想政治工作的新形式，增强思想政治工作的及时性和有效性。加强理论学习，每年制定专题理论学习计划，充分利用春训、集中研讨、地税讲坛、网上交流、学习征文等形式，推动理论学习。先后开展中国特色社会主义理论体系、社会主义核心价值理论、党的群众路线教育实践活动、"三严三实"等学习教育活动，形成了系统科学发展的共识。强化人本兴税意识，坚持倡导和谐理念，积极营造"真诚协作、和谐融洽"的内部关系，坚持开展谈心活动，尊重和鼓励每个员工的创造热情，培育团队精神，把系统上下的能动性调动起来、力量凝聚起来、智慧发挥出来，形成想事、干事、成事的生动和谐局面。二是党风廉政建设扎实推进。认真贯彻落实党风廉政建设责任制，签订《目标责任书》，围绕着责任分解、考核和追究环节，把反腐倡廉工作与税收工作一起部署、一起落实、一起考核，全年两次对各单位党风廉政责任制落实情况进行专项检查考核，切实落实"一岗双责"。扎实推进惩防体系建设，分解细化工作目标和任务。认真学习贯彻《廉政准则》，坚持开展经常性党性党风党纪教育、廉政勤政教育、职业道德教育、上廉政党课、专题报告会、参观警示教育基地，观看警示片和家庭助廉等活动，把反腐倡廉教育作为干部教育的重要内容；运用提醒、告诫、纠错等手段，积极发挥预防提醒和警示的作用。政风行风建设成效显著。坚持不懈地抓好政风行风建设，每年开展一项主题教育活动，精心打造地税系统政风建设品牌，主动接受社会各界和纳税人监督，落实外部监督办法，开展外部监测，发放调查问卷、《廉政监督卡》和定期回访纳税人。三是专业能力建设迈上新台阶。以改善知识结构、提高干部队伍素质为目标，大力加强专业能力建设，积极打造学习型机关。建立健全教育培训机制。有针对性地制定年度教育培训计划。突出学习的针对性和实效性，分级分类抓好各项培训，尤其突出加强业务培训，有针对性地提高干部业务水平和岗位技能；大力开展"三项教育"("两个务必"教育、感恩惜福教育和警示教育)，进一步增强干部职工的知足感、忧患感和责任感，激发廉政勤政、干事创业的动力；依托省、市局"一网三库"(即地税干部教育培训网络学院、师资库、人才库、试题库)建设为平台，完善干部职工学习积分制管理，继续做实"成才学苑"品牌，提高干部队伍素质和岗位技能。

金融·保险

金 融

中国人民银行常宁支行

【概况】中国人民银行常宁支行于1984年正式挂牌。作为中国人民银行总行的派出机构，在人民银行总行、武汉分行、长沙中支及衡阳中支的领导下，负责在常宁市范围内依法履行中央银行各项职能。2015年，支行内设办公室、人事政工股、国库会计股、业务股。共有干部职工17人。是年，常宁支行在中支党委的领导和地方政府的支持下，认真落实上级行工作会议精神，严格贯彻执行稳健货币政策，加强和改进窗口指导，切实维护金融稳定，推进金融创新，努力提升金融服务水平，推动地方经济、金融持续健康发展。

【信贷投入】2015年，研究制定了《2015年常宁市货币信贷工作指导意见》并发至各金融机构执行，把贯彻执行稳健的货币政策与推动经济社会发展结合起来，将优化信贷资源配置、促进经济结构调整、助推产业升级、加大对实体经济的信贷支持作为今年信贷工作的重点。引导金融机构加大对“三农”、小微企业、战略性新兴产业和重点项目等信贷投入。全市金融运行总体平稳，存贷总量平稳增长，资产质量稳步提升，经营效益不断改善，至2015年11月末，全辖金融机构各项存款余额为202.61亿元，比年初增加27.51亿元，增长15.71%；各项贷款余额为80.23亿元，比年初增加 14.96亿元，增长22.92%。

【创新支农贷款方式】2015年，引导涉农金融机构加大农村金融服务力度和对小微企业的支持力度。共争取政策性再贷款19000万元。一是为常宁农商银行争取小支再贷款14000万元，二是为常宁珠江村镇银行争取支农再贷款5000万元，有效缓解了常宁市金融机构涉农信贷资金不足的状况。

【综合评价工作】2015年初，根据上级行的安排，通过金融机构自我评价和人行现场评估相结合的办法，从业务合规性、风险管控能力、社会责任履职、外汇管理等四个方面对辖内金融机构2014年的经营情况开展了综合评价工作，并针对存在的一些问题提出了切实可行的整改意见。

【建立金融机构涉农信贷导向评估机制】2015年，按照总行对法人金融机构新增存款一定比例用于发放当地贷款的考核办法，对常宁市农商银行、珠江村镇银行两家法人金融机构2014年的数据进行采集、审核和确认，考核为达标。另外，在建立涉农信贷政策导向评估方面，按照上级行的要求，在规定时间内完成了对金融机构的评估考核。协调政府完善对金融机构的激励机制，通过市人民政府奖励金融机构140余万元，鼓励金融机构增加信贷投放。

【征信服务与管理】2015年，支行以征信管理系统为依托，不断完善征信系统管理制度和操作流程，拓宽征信系统的应用领域。一是开展3·15金融消费权益保护日及《征信业管理条例》颁布实施周年宣传活动。二是开展“以加快社会信用体系建设，促进征信市场健康发展” 为主题和口号的“第七次信用记录关爱日”专题宣传活动，有力推动了征信知识的普及与教育。

【党建工作】2015年，支行党支部围绕完善落实党建工作制度、增强基层党组织凝聚力、战斗力、提高党员先进性意识和解决党员队伍中的突出问题，认真抓好党建工作。一是抓好党员日常教育学习，深入学习党的十八大精神，中央关于加强作风建设的各种要求，国家的经济金融方针，深刻领会和把握党的十八大以来提出的一系列重大战略思想，提高党员素质。二是建立党员示范岗，开展党员民主评议、领导干部点评党员活动和"学先进找差距活动"，充分发挥党支部的战斗堡垒作用和党员的先锋模范作用。三是深入开展创先争优等活动，并与推动工作开展和提高履职能力结合起来抓，行领导和部分职工深入挂钩扶贫村进行联村入户，调查民情、了解民意，帮助群众解决实际问题，做好事、办实事。对困难党员家庭进行慰问。四是深入开展"清廉家风大家谈"活动，学习文件精神和相关内容，党员个人撰写征文，过好党员民主生活会，让为民务实清廉的理念深入党员心中，体现在实践工作中

中国农业发展银行常宁支行

【概况】2015年，中国农业发展银行常宁支行有干部职工15人。是年，各项贷款余额为37783万元，较年初增加17900万元，增幅90%；各项存款62048万元，较年初增加54562万元，增幅728.85%；日均存款29981万元，较年初增加24380万元，增幅435.28%；实现利润1250万元，增幅1137.62%，人均利润83.3万元；中间业务收入27万元，国际业务结算6.1万美元，不良贷款继续为零，圆满地完成了全年工作任务。

【项目营销】2015年，重点营销常宁市易地扶贫搬迁贷款5亿元和水口山农民搬迁及配套基础设施建设贷款8亿元两个项目，贷款申报资料已全部上报省分行；储备了宜阳城区棚户区改造项目、水利、农村交通、人民医院扩建等8个项目36.7亿元贷款。为推动项目落地，支行做了大量的工作，多次同政府及相关部门沟通协调，召开联席会议，集中力量解决贷款抵押物不足、项目进度滞后等难题，保障了项目顺利推进。

【抓机遇谋超越】2015年，支行抓住专项建设基金这一历史性机遇，以"上下联动、提前介入，全程跟踪、快速反应"的营销思路，加强同当地政府及发改局对接，是年，共营销上报基金四批、项目6个，申报基金额度58790万元，投放到位57790万元，促成了基金业务的大发展。

【贷款投放】2015年，常宁水口山经济开发区工业园区农民安置房建设项目2亿元贷款获批后，支行全力落实贷款条件，上半年根据进度及时投放贷款19900万元，实现年度贷款总额增长90%，有效地支持了地方经济社会的发展，农发行在当地的影响力日益彰显。

【高端营销政府财政性存款】2015年，支行加强与当地党政及相关部门沟通协调，克服财政资金清算、农发行国库支付系统没开通等不利因素，先后从国库划入特色县域经济补偿资金2090万元，债券资金7000万元，交通资金1500万元，国家级循环工业产业园补贴资金5700万元。

【全员营销非税收入存款】2015年，支行确定以"三个一"为核心的工作方案，即每一名员工开好一个非信贷客户存款账户、营销一个非税执收单位、揽入非信贷客户存款100万元，来夯实非税平台的客户基础。2015年，支行开设非信贷客户存款账户33个，新增林业局等非税执收单位11个、吸收非税收入资金7000余万元。

【组织同业存款】2015年，支行利用衡阳市分行与华融湘江银行签订合作协议的契机，积极同华融湘江银行、农商行等金融机构联系，在互惠共赢的基础上成功营销了农商行期限三个月的同业存款6000万元。

【落实对标管理】2015年，支行认真落实市分行《高标准、零差错基础管理工作合规对标活动实施方案》，在信贷管理领域，坚持以文件为本，执行规章制度不打折扣，"三项制度"（人事、用工、分配）、"五查（查责任落实、查舆论宣传、查心德笔记、查调研成

果、查边查边改)十控”及基础工作督查形成了长效机制;在财会领域,严格坚持晨会制度,认真执行四双制度、查库制度等会计基本制度,认真开展会计基础工作专项整治活动,强化财会内控监督管理。

【风险防控】2015年,支行先后进行了“五查十控”排查和信贷基础工作督查,排查企业5家,发现问题2个,问题得到及时整改。通过督查,支行对企业经营管理的信息能够及时获取和处理,有效防止了风险隐患和问题积累,实现风险防范关口前移,全行信贷基础工作得到进一步夯实。

【系统运行平稳】2015年,支行开展了财会基础工作专项整治活动以及“一加强、两遏制”专项自查,掌握内部管理现状;经常开展基础工作“回头看”,通过专项整治活动不断强化干部职工依法合规意识,有效防范了操作风险,防止差错和案件事故的发生,实现全行综合业务系统和CM2006系统的安全稳定运行。是年,支行先后接受省、市分行财务专项检查、信贷基础检查、安全保卫检查等多项检查,均未出现大的问题,档案管理等级行二级申报顺利通过了省分行的验收,这些情况表明支行的基础工作进一步得到夯实,合规管理初见成效。

【践行“三严三实”】2015年,为践行“三严三实”,落实从严治党、从严治行要求,支行开展了支部书记讲党课活动,进行“不作为、乱作为、贪腐谋私,执纪不严”专项排查,在全行范围内进行工作作风整顿,认真落实“首问负责制”“责任追究制”,提倡“马上就办”,全方位提升服务水平;树立“三个标杆”,即责任标杆、规范标杆、执行标杆,要求干部职工用这“三个标杆”来衡量自己工作的质量,自觉强化责任心、规范工作行为、提高执行力。

【学习培训】2015年,支行将学习培训作为提高全行干部职工的业务素质和工作能力的重要举措,通过全行集中学、部门组织学、晨读早会等形式来抓落实,全面提高了员工的综合素质,有效缓解了支行人力资源严重不足的问题。

【队伍建设】2015年,支行被衡阳市分行工会推荐为企业文化先进单位,完成办公院落美化工程,改善外在的视觉形象;开展多样性文娱活动,组织法律、法规知识等劳动竞赛活动,营造良好的氛围;坚持“五必访”(员工生病住院必访、家族发生纠纷必访、员工天灾人祸必访、员工婚丧嫁娶必访、员工遇到生活内容必访)制度,开展重阳节座谈,对员工进行人文关怀,这些举措取得了较好的成效,干部职工的凝聚力和向心力继续得到增强,呈现出良好的精神风貌。

中国银行常宁支行

【概况】2015年,中国银行常宁支行各项存款稳定增长跑赢大势。年末,各项存款余额为13.86亿元,较年初净增1.26亿元。其中个人储蓄存款余额11.61亿元,较年初净增8210万元,公司存款余额2.25亿元,较年初净增3170万元。各项贷款余额22168万元,全年累计发放贷款19035万元。其中公司贷款余额9888万元,当年新增4228万元,累计投放8328万元;个人贷款余额12280万元,当年新增4640万元,累计投放6707万元;票据贴现4000万元。实现业务净收入3118万元,实现拨备前利润1790万元。个人贷款、银行卡不良控制在0.5%以内。

【客户营销】2015年,重点加强对源头客户的营销,大力营销工资代发业务,积极营销公司目标客户捆绑个人业务联动发展。利用“三通”产品、惠农产品等增加支行业务产品的附加值,增加客户收入,提高客户对支行产品的依赖度和忠诚度。是年,一是利用衡阳市分行实施的“121”工程,积极对接境内重点企业和重点项目,通过中银信贷工厂、微型金融模式等信贷产品,积极信贷支持广大中小微企业。二是加快重点企业、重点项目的信贷投放。三是加快存量授信客户已批未放贷款的投放。四是进一步优化授信业务结构,稳健发展中小微企业授信,逐步夯实客户基础。是年,“121工程”贷款投放额和投放户数均完成省市分行下达的任务,成为辖区内唯一全面完成“121工程”任务的经营机构,有力地支持地方经济、助力中小企业发展。

【内部管理】2015年，支行明确内控副职必须履职到位、程序到位、措施到位；加强对日常操作业务风险点的管理；加大对网点内控副职和部门负责人内管检查工作的督促。支行利用调阅电子监控方式，检查“双十禁”(中国银行柜员十个“严禁”和中国银行营业机构负责人十个“严禁”简称“双十禁”)及内控管理检查各项工作是否到位。利用每周的学习时间，支行领导层在灌输“员工是最大的财富，培训是最好的福利”的观念的同时，加强对各项业务的学习辅导；狠抓技能培训、服务培训，不仅使支行的服务水准得到提升，进而提升客户体验，促进业务发展。

【队伍建设】2015年，按照“三严三实”要求狠抓作风建设，促进员工队伍整体素质提高。支行管理层带头落实中央和总行、省行各项规定，同时要求全行员工严以修身、严于律己，树立良好的服务文化。结合衡阳市分行“121工程”加强客户经理队伍建设，提升专业服务水平。要求客户经理要加强业务学习，提升专业水准；加强工作节奏，提高办事效率；要善于攻坚克难，提高业务贡献度。借鉴分行每周学习例会制度，打造学习型队伍，建立学习型组织。支行有目的的加强业务学习，同时创新学习方式，通过员工就工作实际中发现的问题带着提出问题、分析问题、解决问题的方式进行学习提高，有效地提升全行员工的专业素养。

中国建设银行常宁支行

【概况】2015年，中国建设银行常宁支行有干部职工36人。是年，一般性存款余额在四大行排名继续保持第二，特别是个人存款市场份额新增在四大行中占比为31%，进一步缩小与农行差距，新增市场份额四大行排名第一。对公存款时点余额新增强劲，市场份额新增在四大行排名第二，余额总量在四大行中继续保持第一。

【存款业务】2015年12月31日止，支行一般性存款时点余额181829万元，较年初新增13621万元，完成计划55.82%，日平余额186282万元，日平新增22629万元，完成计划97.35%。其中个人存款保持了稳步增长，个人存款时点余额124827万元，较年初新增9150万元，完成计划48.22%，日平余额124973万元，日平新增13083万元，完成计划78.65%。在四大行中市场新增份额占比为25.4%，新增市场份额排第二。对公存款时点余额57002万元，比年初新增4471万元，完成计划81.29%；日平余额61369万元，日平新增9546万元，完成计划144.45%。对公存款时点新增市场份额在四大行排名第二，余额总量在四大行中继续保持第一。

【贷款业务】2015年，小企业方面，非贴现客户新增7.5户，完成计划188%，大数据业务客户新增2户，完成计划200%，实现信贷投放5483万元，贷款余额新增1483万元，授信客户6户，大数据业务客户数量已有13户。大中型客户方面，五矿铜业在同业强劲的营销攻势下，本已归还4.9亿元贷款，支行通过对客户的二次营销，成功的稳固主办行地位，年末又投放1亿元，预计在2016年1月又将投放至少2亿元。在储备项目方面，成功营销常宁市人民政府几大民生工程项目，贷款储备余额超过10亿元，年末项目前期资料收集、跟踪工作都在顺利推进中，有望在2016年实现贷款投放。个贷业务方面，截至2015年12月31日个贷余额19177.19万元，较年初新增4747.69万元，其中个人住房贷款投放18035.69万元，新增4272.93万元，完成计划106.82%，个人消费、助业贷款余额833.99万元，较年初新增211.76万元，完成计划41%。

【中间业务收入及利润】2015年，支行实现中间业务收入651万元，完成计划83.28%。实现利润4457.22万元，人均创利123.8万元；上缴当地各项税金442万元。

【信贷营销】2015年，非贴现客户新增7.5户，完成计划188%，大数据业务客户新增2户，完成计划200%，其中助保贷客户8户，储备助保贷客户4户。同时成功营销了一系列政府民生工程项目，贷款储备余额超过10亿元。

【分期业务】2015年，完成分期业务3020.9万元，完成额在分行排名第一，完成率134.20%，排名第五。分期业务的全面发展，主要源于支行正确的营销方针与员工的敬业精神，抓住了关键的市场、关键的客户。

【电子银行业务】截至2015年11月30日，支行共营销网上银行、手机银行、电话银行、短信金管家12000余户。在省行开展的“手机银行过千万”活动中，支行营销手机银行10497户，完成计划的93.72%，衡阳市排名前十。

【银行卡业务】2015年，支行共发行金融IC卡25000余张，结算通卡4000多张，惠福农卡5960张，福农卡1000余张，银行卡发卡总新增位列衡阳市第七位。

【信用卡】2015年，全行信用卡业务坚持做常态营销，将任务指标分解到每一个月。截至2015年10月，全行信用卡发卡新增2487张，信用卡客户新增2232户，发卡数量居衡阳市第一位，信用卡预审批登记率、预审批成功率位居衡阳市前列。在做好信用卡营销的同时，支行做好信用卡客户的激活工作，2015年支行信用卡活动率89.74%，大大超出全省平均水平。

【安全营运】2015年，支行坚持每周双基讲堂与月度案防例会，让规章、制度深入每个员工的心中，双基管理工作得到了较好的落实，保障了全行业务的快速健康发展，实现了零事故的安全运营。

中国农业银行常宁支行

【概况】2015年，中国农业银行常宁支行有员工111人。是年，综合绩效考核得990.3分，列衡阳市第6；比上半年多86.1分，前进6位。实现中间业务收入1188万元。有效收单收入排衡阳市第四名。

【各项存款】2015年12月底，各项存款余额27.76亿元，较年初净增18354万元。其中个人储蓄余额23.77亿元，较年初净增12360万元；对公存款余额3.99亿元，较年初净增6299万元，同比多增1906万元；任务完成率112%。对公存款日均净增1008万元，完成年度计划的100.8%。

【资产业务】2015年12月底，全行各项贷款76522万元，新增投放4319万元。其中，小微企业贷款新增投放3090万元，完成任务的119%。非农个贷投放5340万元，同期多增3080万元，完成任务222%，排全市第二，特别是“随薪贷”个人贷款积极营销2470万元。

【电子银行、信用卡】2015年，个人网银新增1788户；个人手机银行新增1699户；个人电话银行新增1699户；K码支付新增1005户；短信合同服务新增12723户；电子银行收入118万元。是年，信用卡新增有效客户1100户；有效活动客户新增4511户，同比多增411户；信用卡收入264万；信用卡不良97万元。个人贵宾客户产品交叉销售率当年提升27%排全市第四，特别是荫田分理处一、二季度提升21.6%、常宁水口山支行三季度提升22.1个百分点，列全省同考核网点第三。贵金属销售收入排衡阳市第一。

【四个战役】2015年，按照支行统一部署，先后三次召开员工大会，向全行员工讲述2015年的工作思路、工作计划和工作目标，详细讲解员工绩效考核方案。并分别对网点主任、客户经理、运营主管、大学生员工等不同群体召开专题会议。针对个别问题突出的员工进行单独谈话。全方位、多层面深入动员，尽最大可能调动全行员工的积极性。支行按市分行的要求，每个季度制定周密的竞赛方案，组织打好“春天行动”“夏日激情”“收获金秋”“赢在冬季”四个战役。分解任务落实到网点，落实到团队，落实到个人，开展不同群体的分类竞赛。

【精准营销】2015年，深度营销涉及社保资金收、支各环节的对公存款客户。从建行把常宁市工伤保险中心（支出户专户）账户营销到农发行开户，当月存款余额达1200万元，日均存款余额600万元；积极主动对接政府主导型项目，确定重点目标客户营销。如常宁市水口山国家级循环工业园项目客户衡阳湘钢梅塞尔气体产品有限公司、政府风电项目客户湖南新华印山风电有限公司，两客户转入注册资金6600万元，日均存款达2800万元，并深度营销到欧、美元外币账户各1个，270万元外币信用证业务；开辟营销新渠道，拓展PPP项目投资平台公司；常宁市城市和农村建设投资有限公司、常宁市融合投资有限公司共计资金7200万元，日均3000万元。建立了常宁中小微企业项目库，并逐企业了解掌握情况，筛选出基本符合贷款准入的企业跟踪，储备4个小企业贷款项目，常宁兴华农业有限公司贷款3000万元、常宁市天伦机电有限公司3000万元、常宁市沿江锌业有限公司3000万元、常宁市宏兴化工有限公司3000万元；大中型企业2个，湖南新华印山风电有限公司5000万元、湖南中联天地科技有限公司5000万元。营销8个楼盘按揭贷款项目，正大置业、新华园、辉煌房地产、玉虹房地产、帝煌山庄、凯旋名居、家馨花园、南门湖、油都房地产公司。

【不良贷款清收和核销】2015年，对已起诉的26户115万元农户不良贷款，在开展诉讼清收的同时，做好呆账贷款的核销工作，确保核销贷款75万元以上，核销12笔。对有清收潜力不良贷款，加强清收力度，确保全年再收现金187万元。

【员工行为管理】2015年，对员工的行为管理：一是听，即听本单位、内部员工、负责人的评价反映。二是看，即调阅监控录像、工作日志、谈话记录、学习记录等。三是谈，即当面座谈、谈心，了解员工思想动态。四是报，即支行设立举报箱、举报电话，广泛了解，及时掌握。五是访，即由支行班子、网点负责人不定期对出现苗头、历史有过不良记录员工进行家访和向有关方面进行外访。排查率达到100%，不留死角。支行班子成员找中层干部和员工谈心73次，本部部室负责人、网点负责人找员工谈心123人次，排查出重点关注对象3人，均妥当处置。支行根据上级行要求对员工进行分层、分片、分线、分类管理，第一类：自我激励类员工74人，占总人数的69.81%，第二类：鞭策鼓励类员工24 人，占总人数的22.64%；第三类：关注提高类员工 5人，占总人数的4.72%；第四类：帮扶引导类员工3人，占总人数的2.86%。全面覆盖，切实落实对三类、四类员工的帮扶措施，制定“2+1”、“3+1”帮扶方案，明确网点主任、部门经理为具体负责人。

【基层党组织建设】2015年，支行共有党支部9个，其中支行本部党支部1个、网点党支部7个、老干支部1个。全行党员人数89人。其中，男党员77人，女党员12人。为优化网点班子组合，提升基层班子成员的素质和战斗力。年初，对基层班子书记实行了竞聘上岗，组员实行自由组阁，部分员工变换工作岗位，激发了员工上进心，优化了劳动组合，克服一些内部矛盾，对工作不积极主动的员工和党员促动较大，提高了整个队伍的战斗力。加强基层班子培训，提升素质。先后组织两次全体基层班子书记参加的业务培训，重点学习《中国共产党纪律处分条例》《中国共产党廉洁自律准则》，提高基层班子书记的业务理论水平和操作技能。

【干部选拔任用】2015年，通过走访座谈、调查摸底、民主评议和组织考察等方式选优配强网点主任，支行党委、对中层干部进行适当调整，调整网点主任4名、部门负责人2名，提拔2名工作积极表现好、业务能力较强、执行力好的客户经理担任网点主任。

中国工商银行常宁支行

【概况】2015年，中国工商银行常宁支行有在职员工26人。是年，认真学习贯彻党的十八大和十八届三中、四中、五中全会精神，深入开展“三严三实”教育活动，面对较为严峻的经济形势，正视困难，敢于亮剑，确保了全年各项工作正常运转。两大存款比年初净增968万元，其中储蓄存款净增2605万元；各项贷款净增6643万元，其中个贷净增9038万元，位列全市第一；有效遏制了资产质量下滑势头，不良贷款率仍在控制比例之中；实现中间业务收入275万元、净利润1065万元，较2014年均有减少；全年安全平稳，无案件事故发生。

【存款业务】2015年，在抓存工作上，支行实行“一把手负总责，班子成员共同对存款任务完成负责”的抓存工作机制。紧盯存款同业市场，瞄准进位争先目标，坚定必胜信心，提振员工士气，切实加大存款组织推动。是年初，支行制订《2015年常宁支行员工绩效考核办法》和《重点产品计价奖励竞赛办法》，锁定任务目标，明确工作责任，缜密部署，抢抓开局，做好存款工作“早”字文章。牢牢抓住元旦、春节“两节”期间客户维护的黄金旺季，锁定“财政、社保、医保、公积金、国土”等系统优质客户和五星级以上个人客户，实行名单管理制和专职客户经理负责制，由行领导带队逐户走访重点核心客户，上门征求意见，了解客户动态与需求，实现信息沟通与交流常态化。充分发挥代发工资业务，在增加储蓄存款、提振个金产品营销所起到的相关作用，盯住同业，瞄准目标，多点发力提振工资代发业务龙头效应。坚持定期召开存款工作分析督导会议，对存款工作的得失及时进行分析，研究解决对策和措施。

【贷款业务】2015年，重点抓住医院、学校、政府采购项目、上市拟上市公司、新能源等客户，充分利用当地资源禀赋，加强与当地政府和有关职能部门的联系沟通，实行“一把手亲自抓、主管行长具体抓、营销人员上门抓”的贷款营销策略，及时了解、捕捉招商引资信息和动态，并提前介入，主动出击，挑选大项好项，以优质高效服务，为客户及时提供贷款意向，深化合作领域。是年，发放公司贷款2000万元。达成融资意向的有：常宁市人民医院贷款6000万元、常宁市中医院贷款5000万元。是年，在风险可控前提下，继续加大个人贷款营销工作的组织与推动力度，重点开展优质按揭贷款、个人经营贷款、小额助业贷款、汽车分期付款等个人信贷品种的营销推广，扩大优势，做响品牌，再创佳绩。2015年，累计发放个人住房按揭贷款9038万元，在全市系统内名列第一，在常宁境内遥遥领先于同业，成为工商行业务发展亮点。

【中间业务】2015年，把中间业务作为经营效益提升和收益结构调整的重点工作之一，按照总量、增量、增幅“协调发展、赶超同业”的总体要求，坚持优先发展和重点发展工作思路，挖掘中间业务增收潜力。把信用卡分期付款业务作为拓展优质客户群体、提高银行卡业务盈利能力和中间业务收入水平的一个主打产品，加大营销工作力度，促进分期付款业务规模与效益贡献度同步提升。全年信用卡分期付款业务实现中间收入约90万元，达到预期目标。

【转型业务】 2015年，按照“加快拓展市场确保领先地位、加强风险控制确保健康发展”的经营理念，注重有效发卡、注重收单和分期付款业务、注重资产风险、注重服务品质，着力推动信用卡业务稳健和提速发展。深入推进柜面业务分流，分流低端客户，稳定中端客户，服务高端客户，提升网点的竞争力和服务效率。加快手机银行业务发展，提高手机银行市场占比和交易规模。采取多项措施，从员工入手，大力推广融e联的下载注册和使用，内外兼修，多维推动，加快营销，积极推动“融e联”的营销推广工作。

【内部管理】2015年，加强员工职业道德教育，帮助员工树立正确的世界观、人生观和价值观，明白“有所为、有所不为”。加强员工警示教育，用血的教训，铁的事实让员工明白内控案防重要性、可行性及违章操作的危害性，从而在思想上消除安全隐患，达到预防效果。加强员工业务培训，让员工熟练掌握业务操作流程和各项规章制度，弄清业务风险点，树立风险防范意识。加强“违规参与民间融资活动，基层机构负责人和客户经理违规经营，小企业贷款贷前调查，票据贴现，违规办理信用卡分期付款，会计核算专用章管理”等重要风险点防控治理工作，对案件易发部位进行经常性的和不定期检查，做到检查有记录，整改有报告，处罚有通报，不走过场，不搞形式，防微杜渐。

【三严三实”活动】2015年，严格按“三严三实”要求学以致用，严以修身、严以用权、严以律己，谋事要实、创业要实、做人要实。始终坚持正确的政治方向，树立正确的价值观、权力观；领导干部严格要求自己，群众做到的自己首先做到，要求群众不做的自己坚决不做，时刻牢记“吃苦在前，享乐在后”；坚持营销在前，当开路先锋，及时捕捉信息，积极与当地党政沟通汇报，取得他们的有力支持，主动出击，快速抢占先机，绝不坐等客户上门；从严管理，带好队伍，加强全员培训，提高服务技能、服务水平；时刻关心员工，为群众办实事、解难事，通过业务发展，提升士气，努力提高全员收入水平。

中国工商银行水口山支行

【存款余额】2015年底，中国工商银行水口山支行存款余额88327万元，较年初增长5187万元，其中：储蓄存款余额80896万元，较年初增长2718万元，完成市分行任务46.8%；对公存款余额7018万元，较年初增长2718万元，完成市分行任务135.9%。

【贷款规模】2015年，法人客户贷款表内余额39842万元，较年初下降4462万元，其中，公司法人贷款36800万元，较年初下降4924万元，个人贷款2014万元，较年初下降332万元，票据贴现余额1028万元，较年初上升794万元。但表外融资黄金租赁余额13950万元，较年初增长10950万元。因此表内外融资余额53792万元，较年初增长6288万元。

【转型业务】2015年，为水口山有色公司办理600公斤、期限12个月的实物黄金租赁业务，实现中间业务净收入89万元。积极营销法人贵金属积存业务，实现中间业务收入602万元，名列全市第一，营销个人定期积存金175户，全市排名第五，为全行利润提供了新的增长点。

【项目营销】“水口山金铜综合回收产业升级技术改造项目”是湖南省人民政府招商引资和重点签约建设项目。该项目由五矿铜业(湖南)有限公司实施，总投资30.3亿元，申请银团贷款19.02亿元(其中项目贷款13.15亿元，流动资金贷款5.87亿元)，经过多年持续的营销，至2015年，五矿铜业(湖南)有限公司在水口山支行开立一般性存款账户，该项目完成总行评估和授信。

【票据贴现】2015年，在信贷资金规模十分紧张的情况下，充分发挥票据直贴窗口的作用，加强与上级行的沟通，与市分行票据中心的合作，采用“灵活报价、服务高效、操作合规、注重效益”的经营方式，全年办理贴现额5658万元，实现利息收入112万元，同时实现了票据业务零风险。是年，为2户小微企业办理贸易融资160万元，完成市分行下达的考核任务。

【内部管理】2015年，为进一步贯彻从严治行和解决分配最后一公里问题，支行制订一系列管理和产品计价、绩效考核等办法，并取得了很好的效果，内控评价被评为二类行，评为衡阳市分行党风廉政建设和内控案防三等奖，实现了安全年。

【廉政建设】2015年，开展“三严三实”主题教育活动，在党风廉政建设方面，认真落实中央八项规定精神、坚决反对“四风”。在日常工作、生活、公务接待等方面，能做到自警、自醒、自洁、自爱。坚决贯彻落实个人廉洁自律各项规定，保持清正廉洁的工作作风，从不向业务单位索、拿、卡、要、报。

常宁市农商银行

【概况】2015年，常宁市农商银行各项存款余额708232万元，比年初净增102823万元，增幅16.98%。完成省联社分配任务82000万元的125%。其中低息存款余额为 254619万元，占存款总额的35.95%，比年初增加45257万元，增幅21.62%。单位存款余额为118401万元，占存款总额的17%，比年初上升31715万元，占比上升300分点；各项储蓄存款余额为584645万元，占存款总额的82.55%，比年初增加75102万元，占比下降2.45百分点。各项贷款余额达到406179万元，比年初净增83501万元，增幅25.88%，完成省联社分配任务42000万元的199%。其中涉农贷款余额282353万元，比年初净增27481万元，涉农贷款占比69.5%、新增占比32.91%；小微企业贷款140580万元，比年初净增29820万元，占比35%，增幅26.92%，申贷率80.61%，较2014年同期增加5.81%，实现小微企业

“三个不低于”（小微企业贷款增速不低于各种贷款平均增速，小微企业贷款户数不低于上年同期户数，小微企业申贷获得率不低于上年同期水平）目标。实现各项财务总收入36706万元，其中贷款利息收入22998万元，同比增加 830万元；通过发行首款理财产品“幸福常宁”、购买债券、同业存放、质押式回购等业务，用活富余资金，实现资金业务收入17980万元，资金收益率6.2%。同比增加3972万元，实现中间业务收入528万元，完成省联社760万元的69%，实现经营利润为14788万元，完成省联社分配任务17600万元的84.02%。福祥卡发行总量107万张，比年初增加13.2万张。福祥便民卡发行7960张，比年初增加2456张，便民卡贷款余额75724万元，实现利息收入4577万元。完成187个行政企事业单位社会保障卡发卡银行签章确认、数据采集工作。开通网上银行6910户，其中个人网银6729户，企业网银181户。“三行一通”营销推广，其中ATM等自助银行58家，比年初新增10家。建成自助银行1个。POS助农及特约商户1774户，比年初增加301户。开通手机银行11595户，完成省联社分配任务8866户的131%，电子银行替代率45.44%，完成省联社分配任务39%的116.52%。五级分类不良余额15349万元，不良贷款率为3.78%。资本充足率为10.54%，大于8%的标准值；核心资本充足率9.45%，大于标准值4%。贷款损失准备余额24043万元，比年初增加6571万元，贷款损失准备充足率210.88%。拨备覆盖率156.6%，拨贷比5.92%，比年初上升0.51%，单一贷款集中度8.21%，小于10%。资产质量不断改善，各项监管指标一直在商业银行监管允许区间良好运行。

【改善负债结构】2015年，实施“千米百户百分百”工程，对营业网点周围附近1000米、排名前100名的客户，实行100%上门走访，通过赠送磨砂杯、蒸锅、毛毯等礼品，加强与基础客户互惠互动，有力推进了“两扫五进”活动，实现了产品与门店、社区、商会、园区等客户群无缝对接。是年，对公存款客户增加155户、个人优质客户增加4506户，全行客户突破100万户。发挥人大代表和政协委员作用，在年初市人大和政协会议上，提交《关于“钱存农商银行，建设美丽常宁”》等提案，受到政府相关部门高度重视和认真答复；以全省农信存款突破6000亿元为契机，在高速公路出入口、城区交通要道布放3块大型广告牌；在杜鹃狮园、漂流西江、中国印山等人流密集区域，做美墙体广告2000平方米；在春节、清明、端午、“五一”等重大节假日，推出横幅广告100条；与常宁人民广播电台、常宁电视台和常宁报社签订广告包干协议，刊发4个头版头条，12个全版和15条广告性新闻信息，做实产品和形象宣传，为资金组织工作营造了良好的外部环境。是年，以行庆两周年为契机，开展“同心同行两周年，存款突破70亿”专项竞赛，积极拓展系统客户、行业大户、个人客户，争取各类财政性资金和民生资金到农商行行开户结算。先后与常宁市非税收入征收管理局、常宁市国土资源管理局成功签订国土招拍挂专户保证金三方协议，与中国农业发展银行常宁市支行成功签订战略合作协议，引入资金95户，余额4.8亿元；农业发展银行下游客户1505户全部到行开户，代理结算资金5230万元。结合业务旺季、重要节日和产品推广，开展专题营销、特色营销，提升常宁农商银行的影响力、吸引力，先后开展“2015迎春纳福”“粽情端午”“中秋月·农商情”暨客户答谢会等活动，稳住存量客户，争揽新客户。是年末，各项存款余额711996万元，比年初增加106587万元，其中低息存款比年初净增50229万元，占比36.46%，较年初提高0.56个百分点，负债结构进一步改善。

【规范经营】2015年，成立信用村创建工作领导小组，建立信用村创建专项考核机制，出台信用村创建总体工作方案，完善信用村创建工作流程。通过争取市委、市人民政府和乡镇党政支持，第一批“信用村”——西岭桐江村、宜潭枫坪村成功创建授牌。是年，推行信贷产品化管理。新推出商户联保贷款，实行商户联保。公职人员贷款“薪诚好”由单位担保，按揭贷款“安居乐”由新房抵押。对新放贷款实行“T+1”跟踪监测。推进信贷重点工作，信贷投放重点向“三农”和小微企业倾斜，信贷营销服务力度加大、领域拓展，特色县域经济、新型农业经营主体、金融产业扶贫、“六个一百”等重点信贷工作有序推进、效果明显，实现小微企业“三个不低于”目标。以信贷重点工作督查、大额贷款检查、现场检查为契机，加大督查整改力度，全面加强大额贷款风险管控，严格制度、流程约束，严禁跨区域贷款、化整为零贷款，收回超权限、化整为零、借款主体不符等违规贷款1700万元，对2笔超资本金比例贷款已压缩到资本金规定比例以内，修订完善《常宁农商银行按揭贷款管理办法》等31项信贷制度。制定"阳光信贷工程"实施方案，通过推行公示制度，实行阳光操作，承诺办理时限，公开定价标准，强化社会监督，打造了一条公开透明、规范高效、互惠互利的办贷绿色通道。对连续三年贷款质量考核排名后五名的支行实施贷款分账考核。分账考核贷款收息含量工资按其他一般贷款标准的两倍计算，贷款到期收回率、利息回收率、表内外应收利息压缩任务考核参照一般贷款标准减半执行。差异化考核的实施，促进对后进支行的激活，经营管理进入新常态。对支行按贷款收回率、当期利息回收率、利息收入、不良贷款率等指标推行经营等级排名，实行奖优罚劣，对每月排名前十名支行，比上月上升五个名次以上的支行分别给予1000元奖励，极大地鼓舞士气，形成了比学赶超的氛围。

【转型业务】2015年，先后举行"电银e时代""福祥人生·同心同行"主题抽奖以及"约惠光棍节·欢度双11"等活动，吸引客户使用"三行一通"产品，争揽大批年轻客户和优质客户，增加银行与青年客户的黏合度，提高电子银行替代率。充分发挥全员人脉资源优势，主动与客户预约，稳住存量客户逾3000户。实行办ETC赠100元油卡，城乡轮动，带设备上门服务，全员任务化营销ETC，拓展大批中高端客户。结合省联社微信银行推广，在全市范围内开展"疯狂来数钱，开心赢大奖""七夕何夕，回家缴费"等一系列特色营销活动。微信银行的推出，丰富和完善农商行电子银行产品体系，提升了农商行品牌形象。在继福祥便民卡、福祥贷记卡(金)之后，在衡阳农信系统率先推出借贷合一的福祥福民卡。是年9月23日，集中推介福民卡，与首批20位VIP客户举行福民卡签约仪式。福民卡的成功推介提高了农商行电子银行业务市场核心竞争力。市农商行与常宁市人社局通力合作，先后完成34.8万名农村居民社保IC卡发放、激活、验收、数据切换工作，187个行政企事业单位社保IC卡发卡银行签章确认、数据采集工作。是年，布放金融电子机具，新装ATM机10台、POS机262台，营销ETC业务1725台，设立自助银行2家；布放助农服务终端12台，交易笔数21808笔，交易金额807万元，日均业务笔数61笔，有效分流柜台业务。是年，制定绩效考核系统建设工作方案，成立绩效考核系统建设领导小组，经过前期科研攻关，绩效系统已基本建成，现阶段正在进行存款、贷款认领和数据验证工作。对LED实行远程统一控制。农商行对所辖48个营业网点电子显示屏进行升级改造，实现全辖网点电子显示屏远程统一控制，节省了人力、物力，提高了工作效率，保证宣传内容的及时性、统一性和专业性，实现电子显示屏规范化管理。

【清非攻坚】2015年，制订《常宁农商银行全面风险管理长效机制建设工作实施方案》，印发《常宁农商银行全面风险管理机制建设3年战略(2015—2017年)》，成立领导小组，明确目标任务，召开了动员大会，聘请专家开展风险管理知识培训，对427名员工分四批进行了轮训，对全面风险管理、流程银行建设、风险管理创造价值形成共识。是年，按照《关于开展法人行社营业网点重点风险排查的通知》，对辖内网点，按网点存贷比、跨区域贷款、大额贷款占比、近两年新增不良贷款、涉及民间融资的贷款客户情况逐一排查，不留死角，实事求是，排查风险隐患，增强了风险管控能力。是年，制定《常宁农商银行2015年度不良贷款管理方案》，对表外资产及原上划表内不良贷款清收、处置的组织管理、账务管理，流程管理、档案管理、利率管理、计酬管理进行明确，确保全行一盘棋，不打乱仗，实行全员清收，手续费坚持谁收谁得，充分调动员工清收积极性。是年，为扭转不良贷款反弹的不利局面，下发《关于不良贷款及到期贷款收回率考核的通知》，对支行五级分类不良贷款在上年底基础上增加的，按每笔贷款本金的1%由责任人押交收回保证金，并按收回比例逐月返还，滚动考核。是年，开展"户户清·人人动"不良清收竞赛。全行分成五个片区，由5个党委委员分别管片，组建10个不良贷款清收专业队，队员由部门经理、机关协行人员、支行人员组成，做到人人有任务，个个有压力，实行周周赛，月月比，综合运用拍卖清收，公告催收，诉讼清收，打包清收，委托清收，竞标清收、责任清收，调动一切力量，清收取得实效。是年末，全行共收回不良贷款3889.75万元，其中收回核销及央行票据置换贷款426.38万元，收回股购贷款530.41万元，收回表内到期贷款2932.96万元。

【勤查严管】2015年，按照省联社及银监局要求，扎实开展了加强内部管控，遏制违规经营和违法犯罪专项检查。实行支行自查，总行检查，双管齐下，内容涵盖贷款业务、存款业务、表外业务、内控管理。通过检查，发现了问题，排除了隐患，加强了预警，落实了责任，为稳健发展起到了保驾护航作用。是年，开展表外资产检查。落实省联社要求，制定《常宁农商行表外不良贷款专项审计方案》，以核销手续是否齐全，核销理由是否真实，是否存在道德风险为主线，对所有存量表外不良贷款开展了专项审计，进一步澄清了央行票据置换、政府土地置换、股东出资购买及呆账核销贷款的真实性、合法合规性及变现情况，进一步强化了呆账核销及表外资产管理，严防在处置、管理过程中出现操作风险和道德风险。2015年上半年，衡阳银监分局对常宁市农商行开展为期两个月的现场检查，重点检查信贷业务，检查比例为2014年底余额的10%和发生额的10%。常宁市农商行积极配合，指定专人联络，及时提供资料，对于检查过程中查出的问题，不推诿塞责，及时进行整改。是年，按工作计划对盐湖、双安等16个支行实施整体移位稽核。对柜面业务、账务核对、财务损益、贷款业务、内控制度等进行全面检查。对所辖38个支行先后开展8次“飞行”突击检查。成立库存现金风险排查领导小组，制定排查工作方案，抽调精干力量组成风险排查工作队，通过深入排查，杜绝了风险隐患，强化了内控案防管理。对辖内15个营业网点进行头寸押运和交接演练。是年，以省联社对常宁农商行进行安全保卫检查为契机，进行全面安全检查。对检查发现的问题进行立行立改，对问题责任人按照《衡阳市农村信用社员工行为规范积分考核办法》进行从严从重处罚，通过安全保卫检查，消除安全隐患，强化夜间守库值班制度执行，规范了安全联防人员履职。

【党建工作】2015年，召开党建工作会议，总结了前期党建工作成绩，指明了后阶段党建工作方向，表彰了先进，弘扬了主旋律，凝聚了发展共识。按照“三严三实”专题党课的要求，面向全行党员和中层干部讲了一次专题党课。18个基层党支部先后召开了民主生活会，重点对党员进行“三亮”（亮标准、亮身份、亮承诺）、“三比”（比技能、比作风、比业绩）、“三评”（群众评议、党员互评、领导点评）活动，要求每个党员写出学习心得，促使党员干部牢固树立宗旨意识和马克思主义群众观点，改进了工作作风，提高了服务群众的能力。是年三季度，组织4名内训师，以分组竞赛模式对所有临柜人员进行了“人性化服务在柜台闪光”知识培训，对其他员工进行了“人性化服务在岗位闪光”培训。按照扶贫工作要求，以江河乡的湖观村和白沙镇的胜利村为试点，运用行业特色开展扶贫工作。已为常宁争取200万元的扶贫风险基金，制定了扶贫贷款发放办法。

【营造福祥文化】2015年，对机关部门进行撤并整合，按市办要求设置12个部门，对部门总经理全部实行竞聘上岗，通过机构改革和人力重组，理清部门职责，提升团队执行力。是年，在每月的23日举办生日会。全年共为226名员工集体庆贺生日。同时，以每月的农商银行日为载体，重温从业誓词，以农商银行日为学习日、劳动日、评比日，搞好“五小”建设，改善行风行貌，增加员工的认同感、归属感。每月组织城区临柜人员举行标杆网点汇报会，通过晨会展示、柜台服务知识抢答，标杆网点检查通报，增强了员工标杆服务意识，提升金融服务水平。组织退伍军人前往庙前镇石马地质公园进行户外拓展，展示员工风采，增强退伍军人员工主人翁意识。与西岭镇人民政府成功举办“福祥杯”羽毛球友谊赛，加强与地方政府的交流联系，提升银政合作水平，丰富员工文化生活。是年9月23日，隆重举办2015年客户答谢会，通过舞蹈、诗歌朗诵、小品、书画、大合唱等形式，展现发展成果，宣传福民卡等特色金融产品和服务，加深与高端客户之间的沟通交流，增进了客户情谊，提升银行企业形象及知名度。银行班子成员参与各项业务竞赛，同任务、同考核，班子成员分片包干，三季度人均每周下乡不低于2天。是年，规定每周二晚上为机关集中学习时间，每月最后一个周四晚上为考试时间，每月在线系统学习不少于5个小时，并将学习态度、考试成绩与工资挂钩。规定全体员工白天不得饮酒，夜晚不得酒驾。严禁劝酒、斗酒，一经发现即停岗反省。同时，采购人丹、十滴水、夏桑菊等防暑降温应急常用药品分发到全行员工，保障全行员工平安，经营稳健。

中国邮政银行常宁支行

【概况】2015年，中国邮政储蓄银行常宁支行辖4个自营网点，共有员工45人。是年，完成业务收入3301万元。个人存款余额71253万元，年净增10453万元。代理保险完成2114.65万元。IC卡累计发放10153张；结算机具布放80台。信用卡进件1528张；基金销售158.72万元；理财销售5593.35万元。ETC业务完成219台。有效理财计划5800万元，完成5593.35万元，国债发行计划210万，完成 106.4万元，兑付10万元，代理有效基金计划105万，完成158.72万元。基金定投计划210户，完成160户。ETC全年计划950台，完成219台。国际业务：全年计划10万元，至12月底完成5万元，完成计划50%目前排全市第一位。代发工资月代发额7000万元，年累计代发万元12万笔，代发单位30个。贷款余额为41640万元。全年累计发放贷款26702万元。存款结余34149万元，年净增11580万元。

【抢抓市场】2015年，加强与相关职能部门的沟通协调，加快他项权证的办理速度，缩短抵押贷款业务受理时间。加强一手房项目的营销力度，其中“万象壹号”“北湖明珠”“锦泰苑”“宜水新城”“锦鸿苑”“君安豪庭”6个项目获批；“碧云天”“北城美郡”项目已报市分行，等待审批。一手房年放款 5301万元。走访政府相关涉农单位市农业局、是农机局、市经管局、市畜牧局等单位，获取区域内种养殖大户等信息。有针对性地开展营销。加强与工业园区的合作力度，与宜阳工业园、宜阳工业走廊管委会领导达成良好的合作关系，“两委”把园区优质企业推荐给邮政支行。

【项目营销】2015年初，成立了三个项目领导小组，分别由行领导带队，并且对三个小组实行打分评比，对揽收较好的小组优者实行奖励。项目小组成员每天及时深入到各家各户做好客户前期发放准备工作，晚上三个小组汇总本天的工作情况及次日的工作安排，从而减少在实际工作中遇到的各种困难，有效地确保在“两款”揽收中的优势。是年，征地款、补偿款的存款金额超过2100万元。与乡财局、非税局、民政局、畜牧局、林业局、烟草局等行政事业单位都有代发项目合作，年代发资金超过6000万元。

【党群组织建设】2015年，支行党支部每月及时召开党内民主生活会，“作风建设、三严三实”有条不紊开展。新办公楼搬迁后，陆续解决职工食堂、阅读室、职工娱乐室等设备设施，先后添置乒乓球台、桌球台、跑步机、动力单车等娱乐设施。支行成立的“乒羽”球队参加市分行第三届职工“乒乓球羽毛球”赛荣获团体第一名。

常宁市珠江银行

【概况】2015年，是常宁珠江村镇银行步入新阶段的开局之年，是无比艰辛的一年，也是收获颇丰的一年。是年，新任领导班子在总行领导的大力关怀下，借助各部门的鼎力支持，坚定“发展”信念，积极完善结构治理，推进精细化管理和规范化服务，强化市场营销，大力拓展业务外延，提高风险防控能力，不断提高盈利水平。

【存款余额】2015年12月末，各项存款余额50306万元，较年初增加22708万元，增幅82.28%。其中，储蓄存款余额20779万元，较年初增加5279万元，增幅34.06%；对公存款余额29527万元，较年初增加17429万元，增幅144.07%。日均存款33637万元，较年初增加11980万元，增幅55.32%。网均存款（按三个网点，其中泉峰支行在12月28日开业；如果按两个网点计，网均存款25153万元，较年初增加11354万元，增幅82.28%）16768.67万元，较年初增加2970万元，增幅10.76%。人均存款1324万元，较年初增加726万元，增幅82.37%。

【贷款投放】2015年12月末，各项贷款余额41573万元，比年初增加14371万元，增幅52.83%；日均贷款33702万元，较2014年增加12331万元，增幅58%。

【监管指标】2015年，流动性比率60.75%，满足监管要求；调整后存贷比72.70%；净上存比例11.78%，满足监管要求；拨备覆盖率341.05%，满足监管要求。“三个不低于”指标中，“小微企业贷款余额”20442.84万元，比2014年同期增加9513.44万元，同比增速87.04%，比各项贷款与2014年同期持平；“小微企业贷款户数”154户，比2014年同期增加2户。

【客户数量】2015年12月末，对公客户数共148户，较年初增加35户，增幅31%，其中年日均存款余额50万元以上的对公户23户，较年初增加6户，增幅35%；个人客户数9659户，较年初增加3659户，增幅61%。12月末，贷款客户615户，较年初增加281户，增幅84%。

【外部关系】2015年，银监分局对常宁市珠江银行的工作支持明显加强，对珠江银行的进步予以充分肯定；是年，成功申请支农再贷款5000万元，较2014年增加1500万元；财政性存款增加14080万元。

【不良管控】2015年12月末，账面不良贷款余额550万元，较年初增加285.36万元，不良贷款率1.32%，较年初增加0.35%；实质不良贷款余额564.28万元，较年初下降578.78万元，实质贷款不良率1.36%，较年初下降2.84%；年内化解高风险贷款6笔约800万元、起诉贷款5笔共826万元、共判决案件5笔共948万元，累计收回不良贷款837.16万元。

【盈利能力】2015年，共实现拨备前利润1434万元、完成考核任务的143%，成功扭亏为盈并实现税前利润835.17万元，较2014年增加1221.93万元（2014年为-386.76万元），盈利能力有明显提升。

【市场竞争】2015年，通过深挖重点项目，包括320省道、民生保障工程、国土局账户及非税业务，以及开发“公职贷”，与历年相比，市场竞争力有所提升。存款规模在常宁金融市场占比2.12%，较年初增加0.54%；贷款规模在常宁金融市场占比4.52%，较年初增加0.20%。

保 险

中国人民财产保险股份有限公司常宁支公司

【概况】中国人民财产保险股份有限公司常宁支公司是由中央管理金融企业中国人民保险集团在常宁市设立的经营财产保险、责任险及人身意外险、政策性农业险的县级分支机构。中国人保财险常宁支公司成立于1984年，是常宁市历史最久、规模最大的非寿险保险公司。率先在全国开通365天24小时金牌服务专线95518，及全新电话投保热线4001234567，完善的销售和服务网络遍布全市。2015年1—11月，保费收入4460万元，实收保费4246万元，完成年计划4870万元的91.58%，完成报表利润515万元。

【业务工作】2015年，公司以农险为首，在改变以往承保模式的情况下，推动政府在全市召开农业保险协调会，农业保险工作布置大会，各乡、镇分别召开了农险工作培训、调度会议，各村协保员会议。是年11月底，公司已完成农险签单1822万元，并在烟叶、水稻查勘、理赔工作中得到政府、乡镇、农户的多次好评。公司于2015年率先开展烟叶烟农意外险，收取保费20多万元。车险方面一直是公司的薄弱环节，发展速度慢，台均保费低，续保率一直处于全市倒数。针对这些情况，公司采取加大续保考核，建立专职电、网销团队，抓好分散客户业务；营造良好氛围，采取不同竞争方式，抓好新车、车行业务发展；根据不同客户心理、层次结合台均保费情况。采取送油卡、公司品牌礼品等多种形式，抓好竞回业务，出台政策，提升员工积极性，落实好摩托车业务承保。

【内部管控】2015年，严格执行衡阳市分公司《承保管理实施细则》中的各项承保管理规定和实务操作流程。严把承保质量关，加强出单环节的建设和管理，落实承保管理岗位责任制。加强见费出单管理。建立考核制度，将效益与员工业绩考核挂钩。加快结案进度，提高理赔质量。加强未决赔案的清理，集中力量清理历史积压赔案，加快案件处理速度。强化理赔成本管控，牢固树立理赔是最大的成本支出观念，以降低赔付率为中心，加强理赔关键环节管控，提高查勘技能，从细从严抓好每一个赔案、每一个环节，大力积压理赔水分。加强与相关职能部门的联系，加大对各类虚假骗赔案的查处力度。以高度的责任感和良心，充分发挥和调动员工积极性，采取产品费用包干政策，三农业务分设考核政策、劳动竞赛办法等，使政策落地。关爱员工，提升队伍凝聚力。

中国人寿保险股份有限公司常宁支公司

【概况】2015年，中国人寿保险股份有限公司常宁支公司总人数19人（其中男性10人，女性9人）。公司贯彻落实年初省公司工作会议精神，落实“重价值、强队伍、优结构、稳增长”的经营思路，秉承“价值共创、收益共享”的经营理念，坚持“创新引领、强司富员、进位争先”的工作方针，实施“强队伍、重对标、大营销”的经营策略，紧紧围绕分公司下达的各项工作指标，以业务发展作为全年的工作主题，明确经营思路，把握经营重点，积极有效地开展工作，经过全体员工的团结拼搏，取得了较好的成绩。

【经营情况】2015年，公司保费总收入1.07亿元，期交保费1593.71万元，（其中十年期及以上保费收入931.86万元，十年期以下保费收入661.85万元）、趸交保费2942.08万元，短险保费749.14万元。公司营销队伍执证人力544人。业务指标突出十年期发展，保费增长率20%。个险渠道新单保费收入1069.49万元，完成市公司下达目标的82.3%，其中十年期交保费831.56万元，达成目标的90.38%，短期险保费105.79万，达成目标的93.6%；个险至12月有营销代理人466人，其中持证人数466人，持证率100%；2015年新增持证人力200人，各级主管28人，其中处经理1人，组经理27人。实现了业务规模和团队人力的双重稳定。自从推进新的育成体系后，公司“三晋”（三个月必须转正后的达标率）率领先全市，“三晋”率67%。团险渠道完成短险业务643.35万，完成全年任务目标的90.23%，同比增长22%，增量117万元。其中学平险保费302.96万元，完成比72.48%，工伤补充保险成功签约并取得一定成效，与常宁工伤中心签订三年合作协议，是衡阳地区唯一一家承办工伤补充保险的中国人寿分支机构，共收取工伤补充保险保费120万元。囊括常宁市莲花、泉峰、松柏三个车站的乘客意外伤害保险，完成保费60万元。银保渠道完成趸交保费2945.08万元，期交保费546.07万元，完成比105.01%，其中十年期122.15万元，十年期以下410.35万元，短险保费14.71万元。

【工作体会与不足】2015年，增员工作发展滞后，团队整体素质仍然偏低，特别是县（市）城团队及城区发展，需补充高素质人才，开拓高端客户市场。新人留存率不高，大进大出的现象依然存在；新人衔接工作跟不上节奏。部分主管责任心和工作能力跟不上市场发展的需要，整体水平有待提高；团队总体的活动量不足，人均产能、件均保费仍然偏低，与市场要求有差距。要进一步认清形势，制定好城区及农村业务发展的思路和规划。随着寿险事业的快速发展，改革旧的管理办法，建立适应现代寿险企业发展的管理机制已迫在眉睫。要在总结过去改革经验教训的前提下，根据上级公司有关政策，进一步加大改革力度，制定出一套符合常宁支公司快速发展的路子。

中华联合财产股份有限公司常宁支公司

【概况】中华联合财产保险股份有限公司常宁支公司（以下简称中华保险常宁市支公司），公司地址位于常宁市泉峰东路210号，于2006年4月5日正式开业。公司秉承“忠诚服务、笃守信誉、回报社会”的服务宗旨，坚持“稳健、创新、持续、高效”的经营理念，弘扬“团结、负责、勤奋、进取”的企业精神，九年来充分发挥市场、品牌、人才和服务等优势，公司业务逐年发展和壮大，内控管理不断完善，外部环境日趋良好。公司设综合岗、财务岗、业务岗、客服岗4个岗位部门，经营各类财产险、责任险、农业保险、人身意外伤害险、健康险等险种。员工按工作性质分为管理类、技术操作类、业务销售类三种。办公设备齐全，配备9台办公电脑及其他配套办公设备，查勘队伍强大，共有2名专业查勘员，配备2台专用查勘车及全套查勘设备，可为广大客户提供24小时的客服服务。是年，保持在常宁市财险市场前二、前三的位置。人力资源有员工9人，其中大专以上学历2人，本科学历3人。是年，荣获衡阳市公司非车险发展奖。

城乡建设·环境保护

城乡建设

【概况】 2015年，常宁市住房和城乡建设局机关内设办公室、人事股、计财股、法规股、建设股、勘设股、开发办、燃气办、村镇办、供排水办、风景办、绿化股、监察室、信访办。有干部职工113人，其中在职79人，退休34人。下辖城建开发总公司、城市公共交通管理处、自来水公司、建筑工程公司、市政建设工程公司、城建档案馆、建筑设计院、水松城建办。是年，共实施城建项目20多个，完成投资3亿多元。

【旧城提质改造】 2015年，道路通畅工程完成破损路面补修约6000平方米，投入资金300万元；主干道改造完成泉峰东路改建和常荫路降坡并通车，年内共投入资金1200万元；桥梁建设完成一中濂溪人行天桥建设工程，投入资金90万元；公共设施配套完成公园塘抢修及东风广场和公园村两处公厕建设，正在进行南一环、宜水新城、市林业局三处四所公厕施工，锡爵塘公共停车场工程已经完成土石方、硬化、亮化、给水、排水，正在进行地面麻石铺装和绿化，谷家洲防洪堤工程正在进行基础工程施工，共投入资金750万元；背街小巷改造完成三和巷、太原巷、九联塘、西上167号巷、北外街小巷等12条改造任务，共投入资金200万元；城市路灯节能改造工程前期工作加快推进，正在组织政府采购。

【城市环线建设】 2015年，东一环工程泉峰东路到潭水大桥段道路完成水稳砂，正在进行路缘石，准备进行沥青施工，潭水大桥正在进行桥面施工，潭水大桥以北段完成土路基施工；西一环南段完成部分标段路面破除、雨水管安装、路基及水稳砂施工，桥梁完成全部下部构造，正在进行右幅底板、腹板、顶板浇筑；北一环宜水新城西段已完成路面稳定砂结构层，东段正在进行路基、土石方和排水工程施工，青阳北路至东一环段正在开展拆迁、征地工作；南二环路建设完成设计，即将进行招投标；宜水新城完成宜水大桥以南段防洪堤建设，西一环（往北延伸至宜水大桥）、富园路正在进行土石方施工；南门湖工程完成部分支路路基和下水道、湖内护坡施工。

【城市供水】 2015年，新建供水管网15公里、改造8公里，共投入资金1200余万元，新增自来水用户3715户，供水水质综合合格率在98%以上；塔岭水厂扩建工程已经竣工验收；水价调价工作于2015年9月1日起正式实施阶梯水价。

【城镇供气】 2015年上半年，共敷设供气管道44公里（其中：城区主干管网2公里，庭院管网25公里；水松镇区主干管网12公里，庭院管网5公里），新开户4000余户，新点火2000余户。

【污水治理】 2015年，市污水处理厂二期、松柏污水处理厂建设工程全面竣工，年内共投入资金1000多万元；宜水西岸纳污主干管总长1.7公里，敷设700余米，投入资金300万元；旧城区排水管网改造完成劳动北路（紫阳步行街路口至宜阳小学路段）、劳动南路、常荫路（宜潭乡政府旁）、夏联渠截污工程、郭家坳小区路段等5个项目，投入资金50万元。

【垃圾治理】 2015年，乡镇垃圾中转站工程一期

6个乡镇中，新河完成三通一平建设，正在进行主体施工，投入资金100万元，官岭正在进行基础平整施工，洋泉完成选址工作，罗桥、柏坊、西岭正在进行招投标准备工作；铁塘垃圾填埋场治理工程完成可行性研究、环境评值、地质勘探、地形测量测绘等前期工作，正在开展征地、施工图设计准备工作；松柏垃圾填埋场工程可研内容进行了调整并获批复，已经拉通进场道路，正在进行场区土石方施工。

【城市建设开发总公司】2015年，常宁市城市建设开发总公司内设办公室、市场经营部、工程技术部、物业安保部、投资发展部、财务股、开发建设安装工程队。是年，公司现有商用营业性房屋21000平方米，保守估价净资产在5000万元以上。公司有干部职工95人，其中在岗48人，上岗人员中70%的人员有工程建设所需要的专业技术职称。

建筑施工及管理

【概况】常宁市建筑工程管理局于2006年11月升格为正科级全民事业单位。2008年1月被列为参照公务员管理单位。2015年，局机关内设办公室、建筑市场管理股、建设经济管理股、财务劳保管理股、建筑工程管理股、人事宣教股，下设建设工程质量监督站、建筑工程安全监督站、建设工程招标管理办公室、建设工程造价管理办公室、建设行业劳动保险基金统筹管理办公室、建设工程交易中心6个单位。有在职干部职工69人。是年，在市委、市人民政府的领导下，在上级主管部门的精心指导下，按照2015年初提出的目标和任务创新机制，强化监管，各项工作进展顺利，走势良好。质量安全监督新注册46个；竣工验收36个，建筑面积约82.5万平方米，竣工验收备案15个，建筑面积约46.1万平方米，对进行司法鉴定的项目进行备案5个，私人住房建设备案69个，建筑面积约7.9万平方米。完成招标工程项目93个，总中标造价9.1亿元，总建筑面积约100万平方米，其中公开招标工程项目55个，邀请招标工程项目38个，实现了招标率和公开招标率两个100%；发放建设工程施工许可证35个，建筑面积约75.32万平方米，工程报建率在95%以上；查出违法违章建筑工程65个，立案30个，结案20个，对违法违章工程下达整改通知65份（含居民个人建房），收缴罚款和补缴行政规费72.3万元；办理施工合同备案70个，工程造价约8.97亿元，建筑面积84.17万平方米；实验室共完成了检测单项11851组；已完成财政非税收入209.55万元，超额完成91.55万元，其中事业性收费150.17万元，罚没收入59.38万元。劳保办共征收劳保基金1405.83万元，劳保基金拨付支出1289.85余万元，无累计调剂金支出。全年通过安全认证企业1家，创省标化工地2个。

【工程质量】　2015年，按照年初上级下达的工作目标，从提高监管效能入手，进一步规范市场主体的质量安全行为，推进工程质量和安全生产源头监管，取得了扎扎实实的成效。一是全面实行安全生产责任目标考核。年初，与全市建筑施工企业和所有入境企业驻常工程项目部签订安全生产责任状，施工企业又围绕责任状的内容落实到项目部，项目部又细化到班组，到责任人，进一步强化责任。二是制定质最安全工作要点，部署质安重点。按照省市相关文件精神，结合常宁实际，制订《2015年度常宁市建设工程质量安全监督工作要点》，要点从队伍建设、监督执法、质量安全责任制建设、专项治理、建筑节能、责任追究等几个方面进行部署，为开创科学高效、保障有力的监管工作打下良好基础。三是加强从业人员培训，提高从业人员素质。按照省厅和衡阳市住建局的部署，安排一线安全监督人员进行继续教育培训，提高一线安全监督人员的工作能力和水平。是年，下达办理建设职业技能培训与鉴定通知11份，分别在市区和松柏举办三期职业技能培训班，并完成鉴定发证635人。同时，根据省住建厅对全省质量安全监督机构考核的精神，进一步加强对质量安全监督人员的考核力度。四是加强建设工程信息平台的监督力度。根据省住建厅的有关精神，加强建设工程信息平台的监管工作，及时上报调整了信息录入人员，安排专人负责信息录入的日常工作，使建设工程信息平台录入内容进一步完善。是年，已录入建筑工程在建数量为32个项目。至年末，信息监管平台录入的项目累计109个，其中保障性住房在建项目录入17个，录入率

100%。办理合同段竣工验收29个,办理竣工验收备案18个。五是推进质量安全监管体制机制创新。启动用户投诉快速反应机制,及时处理投诉个案,处理投诉个案24起,已落实22起。进一步规范工程检测中介服务机构的从业行为,推进质量通病防治工作。继续开展“安全生产月”活动,加强施工安全技术规范和相关安全生产知识宣传力度。是年,全市工程主体结构质量整体提高,单位工程一次竣工验收合格率100%。

【规范建设招标投标】 2015年,将招投标的各个环节纳入监管,强化对招投标代理机构的监督管理。完善招投标活动运作规则,加强对招投标每一个环节的监管,严格依法监督业主及招投标代理机构履行招投标程序,做到程序到位,不走过场。在资格预审、发布招标公告、招标文件备案等过程中,严格认真审查把关,从程序和制度上保证建设工程招投标的公开、公平、公正。同时,加强有形建筑市场的建设,继续完善有形建筑市场的相关配套设施建设,基本实现无恶性投诉案件、无行政复议的既定目标,招投标工作得到平稳推进。

【依法行政】 2015年,共审批施工许可证35个,对部分申请项目资料不齐全或前置条件落实不到位的被暂缓发放工程施工许可证。对五方(建设、勘察、设计、施工、监理)责任主体不齐全的建设项目不予备案,不准交付使用。是年,清理不报建、不办理质量安全监督手续、无施工许可证擅自开工以及少报多建和扰乱市场秩序的建设各责任主体市场行为。共查处违法违规建筑65个,对违法违章工程下达整改通知65份,下发质量安全隐患整改通知书16份,无行政复议案件,错案率为零;加强了招标投标活动全过程和合同履约情况的监管,进一步遏制违法发包、违法分包、明招暗定、围标串标和签订阴阳合同等违法违规行为的发生;继续深入开展在城市规划区内严禁使用竹木脚手架行动。是年,共下达禁止使用竹木脚手架通知书48份。2015年春节后,落实衡阳市及市安委有关节后开工复产的通知要求,组织专项检查组对要求开工复产的项目进行监督检查,对不符合开工复产条件的一律严禁开工,对存在隐患的下发整改通知或停工通知。是年,开展“九打九治”打非治违专项行动,共下发停工通知5份,下发不良行为告知书4份,对4个项目进行行政处罚;开展危险性较大的部分项目工程落实施工方案专项整治行动,下发《关于开展危险性较大的分部分项工程落实施工方案专项整治行动的通知》,并结合全市质量安全大检查开展专项督查。是年,开展安全生产月活动。利用电视、报纸、宣传标语等形式向全市人民宣传建筑工程安全生产知识;聘请专业技术人员深入基层、面向一线操作人员进行安全知识培训;在市安委会统一部署下开展“安全生产咨询日”活动,向广大市民宣讲安全生产知识,发放安全生产资料,共发放安全生产资料1000余份。是年,组织开展安全生产隐患排查治理。根据省、衡阳市深入开展安全“打非治违”专项行动实施方案,结合常宁建筑业工作的实际情况,6月22日至7月2日对全市在建项目进行一次拉网式的质量安全大检查,共检查40个工程项目计86个单位工程(其中外地驻常企业13个,计30个单位工程)。检查共发现隐患420项次,下发26个项目的局部整改通知,9个项目的停工整改书。是年,严格预拌商品混凝土企业资质管理,规范商品混凝土的准入制度,根据《中华人民共和国建筑法》《建筑工程质量管理条例》《衡阳市预拌(商品)混凝土监督管理办法》和《常宁市预拌商品混凝土综合整治工作方案》等法律、法规及政策的规定,下发《常宁市建筑工程管理局关于严禁使用无资质企业生产的预拌商品混凝土的通知》,禁止全市所有建设工程项目使用无资质企业生产的预拌商品混凝土,共清查出10家无资质商品混凝土企业,并下达责令整改通知7份,另有3家在筹办之中。

【服务建筑市场】 2015年,坚持以《湖南省建设工程造价管理办法》和推进工程量清单计价为主线,认真做好施工合同备案和结算审核报告备案工作,以备案为手段,重点抓国有投资和国有投资为主的项目结算审核跟踪管理,防范造价纠纷,防止新的工程款拖欠;举办材料价格听证会一次,发布材料预算价格六期,印发《材料预算价格》180份;及时转发上级造价管理部门的造价政策;按时按质完成季报表任务的催报和审核工作。打造工程造价信息平台,按季度发布建筑行业材料信息,确保材料价格更贴近市场。加强对造价中介服务机构的监督,进一步规范造价咨询单位从业行为。是年,加强劳保基金管理,劳保统筹管理认真按照上级要求,加强对在建项目的跟踪监督,加大对历年歉收劳保基金的追缴力度。根据省建设厅、省财政厅下发的《关于严格执行建筑企业劳动保险基金计取标准的通知》,进一步规范劳保统筹管理,收取劳保基金1405.83万元。是年,加强资质、资格和职业技能培训管理。共检查考核施工企业21家,责令要求存在问题的企业进行整改,并约谈部分企业负责人。常宁市建筑工程公司完成企业改制资质变更,其相关申报资料已审核上报衡阳市住建局。完成二级建造师注册20人申报工作。完成“三类”人员审查申报50人已通过。2015年,下达办理职业技能培训与鉴定通知38份,举办三期职业技能培训,完成鉴定颁证300人。是年,受理农民工工资拖欠投诉7起,市场股对甲乙双方进行了调解,并责令其施工单位清还拖欠的农民工工资。

【风廉政建设】2015年,利用宣传栏、大厅电子屏幕等多种形式进行宣传市委关于改进作风的“十条规定”和“五个一律免职”的纪律要求,继续深入开展党的群众路线教育实践活动。是年,制订《常宁市建工局2015年党风廉政建设工作计划》和《市建工局深入开展“三严三实”专题教育的实施方案》。局党组书记、局长与各股室、各直属单位负责人签订党风廉政建设责任状,工作责任到人,切实做到工作程序化,活动内容规范化,组织党员干部认真学习《中国共产党廉洁自律准则》《中国共产党纪律处分条例》。是年,签订建筑业计生管理责任状25份,计生合同40份,行业流动人口计生率100%。持婚育证明率100%。是年,为落实市委、市人民政府《常宁市城市网格化管理工作实施方案》精神,制订实施方案,努力创新工作举措,让城市网格化工作推进建筑业文明城市创建工作。是年,工青妇、档案、统计、科技等工作有所发展。

城乡规划

【概况】常宁市规划局是常宁城乡规划行政主管部门,系常宁市人民政府正科级工作部门,2015年,内设“六股四室三站一队”(用地股、工程股、市政股、设计股、人事股、法规股,办公室、财务室、监察室、总工室,城区宜阳、培元、泉峰三个管理站,执法大队),下设水口山规划分局(副科级)、城市规划服务中心、城市规划测绘队以及23个乡镇规划管理所。是年,全局共有183人,其中局机关82人,水口山分局26人,各乡镇规划所75人。

【控违拆违】2015年,全面推行“分区划格”管理模式。城区设立宜阳、培元、泉峰、宜潭四个规划管理站,将城市规划区分成4片17格,并将30多名规划管理人员相应分配到17个格区,通过定区域、定人员、定奖惩的方式,落实管理责任,调动工作人员的积极性,提高跟踪管理覆盖率。是年,出台控违拆违实施意见。市政府组织规划、国土、法制办、城管执法等部门联合起草《关于加强城市规划区控违拆违工作的实施意见》(简称《实施意见》),经反复讨论研究并修改完善,于11月19日由市委、市人民政府正式印发。该《实施意见》出台后,进一步理顺全市规划执法体制,明确乡镇(街道)、市直有关部门控违拆违的职责和责任追究。“领导靠前指挥、规划一线拆违、相关单位配合、乡镇负责维稳和善后工作”的大执法格局已基本形成。从待安置的退伍军人中择录30人,组建规划拆违大队,进一步夯实规划执法力量。通过发布公告、出动流动宣传车、悬挂横幅、印发“致全市人民一封信”等方式,营造控违拆违的浓厚氛围;组织开展城市规划区违法建设调查活动,澄清底子,建立台账;强化日常巡查管控力度,开展部门联合执法行动16次、片区联合执法行动48次,制止抢建46户,捣毁基脚39户,强制拆除28户。8月13日,市人民政府牵头组织国土、公安、办事处开展联合执法行动,依法强制拆除西一环路南段控制红线内两处违法建设,有效拆除建筑面积200多平方米,对违法建设起到一定的震慑作用。

【规划编制】2015年，完成对《常宁市总体规划实施评估报告》《常宁市城市总体规划强制性条文修改论证报告》常宁市、衡阳市、省住建厅三级审查工作。编制《常宁市城市总体规划（修改）》《常宁市城镇体系规划（修改）》，并经10月13日市人民政府常务会议、10月16日市委常委会议研究讨论后进一步修改完善。根据修改的城市总规，城市发展方向为：北扩、东拓，向西控制发展，向南适度发展。规划至2020年城市规模为25万人、25平方公里。是年，水松地区总规修改完成初步方案，并于10月13日经市人民政府常务会议讨论通过，进一步修改完善。编制砚池山公园、西门湖公园、新嘉坡三期、南一环路富康大厦、幸福老年公寓、鼎盛国际、泰华山庄等项目修建性详细规划；完成朱家山路、宜阳路、北外环路、东外环路等道路设计。新编成品油布点、电力等专项规划，完成对旅游产业发展规划的深化设计。是年，完成对官岭等18个乡镇总规局内技术审查工作，对接乡镇党委、政府，督促设计单位修改完善。新编塔山乡狮园村美丽村庄规划，成果已交付使用。编制9套《常宁民居建筑风格户型图》，对常宁市统规统建起到较大的推动作用。柏坊镇万新村等7个“美丽村庄”规划编制正在加紧推进。

【规划审批】2015年，执行建设项目局集体审批、专家论证、规委会评审“三级会审制”，全面运行《常宁市城市规划行政技术准则（试行）》，强化对建设用地和建设工程的审批，规范权力运行，减少自由裁量和行政干预。是年，召开局集体审批会19次，审查项目413个；召开局技术审查会5次，审查项目20个；召开专家论证会4次，审查项目4个；召开市规委会专题会议4次，审查项目17个。城市规划区内，核发“选址意见书”15份、“建设用地规划许可证”306份、“建设工程规划许可证”247份。乡镇核发“选址意见书”62份、“建设用地规划许可证”151份、“建设工程规划许可证”56份，“乡村规划许可证”66份。

【规划服务】2015年，突出加强对城市战略发展、产业布局、工作薄弱环节等重大事项进行研究，一些成果被融入市委、市人民政府的决策部署中。湘江取水工程、人民医院、市一中等项目选址，市委、市人民政府多次听取并采纳规划部门的意见。城市地下管网普查、预留安置用地管理、旧城改造、水口山工业新城建设等，市规划局也提出好的意见和建议。主管副市长的牵头组织和市人大常委会的督促指导下，年初会同市国土局、住建局、发改局、财政局等部门，合理编制城市规划年度计划。对纳入计划的项目，采取“一个项目，一名班子成员带一名技术人员”的模式，强化监管和服务，并定期向市人大常委会报告计划执行情况。通过编制规划年度计划，城市近期建设有章可循，有的放矢。5月份以来，推行规划办证服务全程代办制。凡城市规划区内“两书四证”（选址意见书、规划设计条件书；用地规划许可证、工程规划许可证、乡村规划许可证、竣工验收合格证），建设业主可委托城乡规划局代办中心全程办理，不再直接同局内其他股室联系。代办中心根据相应的办事流程、法定的办理时限，与市规划局各业务股室进行对接办理，协调解决具体问题。证件办好后，代办中心工作人员及时告知业主前来领证。整个过程建设业主“只进一道门，只找一个人，不增加任何费用，办证时限由原来21个工作日压缩到17个工作日。”此举得到广大建设业主的普遍认可。

【存在问题】2015年，乡规划工作还存在以下问题：一是城市特色不明显。主城区建设建筑色彩、建筑立面、建筑造型还较为单一，缺乏高层建筑和一些地标性建筑；开发建设数量多，但精品少；“显山露水”的规划理念体现不够，城区绿地、广场偏少；对常宁地域文化等保护和传承不够。二是规划执行压力大。城乡规划的执行，需要各有关部门的协同配合以及全社会的广泛参与。实际工作中，一些部门、开发项目甚至一些领导干部不理解、不支持，说三道四的多，背后指责的多。如《常宁市城市规划行政技术准则》施行以来，审批时市规划局对停车位、绿化率、容积率、建筑物退让间距等强制性指标严格把关，一些建设业主不理解、不配合，甚至调动一切社会关系打招呼，施压力。三是控违拆违是短板。虽然加大了控违拆违工作力度，但效果不是很理想，违法建设势头没有得到根本的遏制。未批先建、少批多建，不按批准方案进行建设的情况依然存在。四是城乡统筹任务重。乡镇规划原隶属于市住建局管理,2014年元月纳入规划局统一管理,但乡镇规划人员整体业务素质不高,专业人员不到总人数的10%,无法适应规划服务和管理的需要。同时由于人员编制、工作经费等事宜尚未明确,乡镇规划管理机构无归属,工资无保障,人心不稳定,城乡统筹任重道远。五是办事服务有差距。部门规章多,审批程序繁杂,办事时效性不够,替群众办事服务做得不够。群众对规划许可"搭车收费"意见大。六是专业技术人员短缺。学城乡规划专业的人员不足总人数的30%,尤其是第一学历学城乡规划专业的不到10%,能独当一面的骨干少。乡镇规划设计、管理人员少之又少。

城乡建设投资

【概况】常宁市城乡建设投资有限公司内设综合部、财务部、工程部、资产资源管理部、户外广告资源管理部、助保贷管理中心。2015年末,公司有干部职工63人。是年,在市委、市人民政府的领导下,在市直相关部门的支持下,城乡投作为政府融资平台,通过政府支持、资源支撑,积极发挥融资平台作用,探索出一条资源资产资金资源的良性循环路子。在坚持总路线不动摇的前提下,各项工作稳步推进,总体呈现出"一高二快三增强"的特点。

【资产归集】2015年,公司与市国土部门、规划部门进行协调沟通,达成意向性确定摘牌109.2公顷土地。截至2015年12月,公司摘牌土地约60公顷(包括到省国土资源厅报批土地),打破2014年土地储备零收益的历史;归集市委大院、市财政局、市人社局等9家单位资产约2.26亿元。

【项目建设】2015年,根据市委、市人民政府安排,市城乡建设投资有限公司承担全市70%的重大基础设施建设任务,在建的重大工程项目10个,累计完成投资约14亿元。其中,在一环建设项目上,各项目服务工作组进行对接,积极配合,参与各项目的征地、拆迁及工程质量、进度监督过程。截至2015年末,公司拨付到各项目的资金合计约26050万元。其中,拨付到一环各指挥部的资金约14500万元(东一环项目5500万元,西一环(南段)项目1000万元,青阳新区北一环项目4000万元,宜水新城北一环项目4000万元),北二环项目1700万元,南一环项目3000万元,培元湿地公园项目2000万元,人民医院项目2000万元,水口山民生工程项目1500万元,白甫水库项目1000万元,白沙荷叶塘新区项目350万元。

【融资能力】2015年,落地融资额共计8.39亿元,意向性融资15亿元—20亿元,同比增长35.7%。是年,加强与国开行、农发行、建行、华融湘江银行、工商银行、中江国际集团等金融机构的对接,力争为常宁的经济建设提供强劲的资金保障。

【资本运作】2015年,利用国家相关政策,对接各大金融机构,依托政策性国有银行、对接商业性股份制银行融资。盘活现有资产,变存量为增量,变资本为资金。拓宽融资渠道,积极吸纳社会资本。在进一步做强城乡投政策性融资平台的基础上,新建融和投和融通投两大经营性融资平台。同时,充分利用PPP、EPC等融资模式,积极吸纳社会资本。探索运用债券、基金、工业地产、项目商业配套等多种方式融资。开展"助保贷"业务,解决自身融资难的问题。

【优化发展环境】2015年,在投融资工作的内外环境中,最重要的是政府环境和金融环境。在政府环境方面,诚信与效能最为关键。政府保持行政行为的一致性、连贯性,摒弃朝令夕改、暗箱操作,各部门按章操作,有序运转,办事效率高,执行力强,才能保证项目的顺利推进,才能坚定银行与政府及政府企业合作的信心。同时,政府应该完善与金融机构的信息沟通机制,树立大发展、大融资的理念,改变一事一议、零打碎敲的融资方式,与金融机构建立全面有效的合作机制,共同创造有利于城市可持续发展的金融环境。

环境保护

【概况】2015年,常宁市环境保护局内设办公室、计划财务股、法制宣教股(自然生态股)、环境影响评价股、总量控制股、重金属污染防治办公室、人事股、纪检监察室、环境科学学会，下设环境监察大队、固体废物管理站、环境监测站。2015年，市环保局在市委、市人民政府的正确领导和市人大、市政协的监督支持下，以党的群众路线为指导，全面贯彻落实十八大会议精神，紧紧围绕市委、市人民政府中心工作，从加快推进省级生态县建设，继续加大流域水环境、大气污染治理，有效落实污染减排，严格环境监管等方面，强化大局服务意识，夯基础、攻重点、抓长效，提升生态文明建设水平。城市空气环境质量达到二级和优于二级的天数达260天，优良率占总监测天数的95.2%；城市集中式饮用水水源洋泉水库、自来水取水口断面水质分别达到Ⅰ类、Ⅲ类水质标准，达标率100%；湘江松柏断面水质已达到Ⅲ类水质标准，春陵水罗渡断面各项污染因子浓度较2014年均有不同幅度的下降，基本达标。

【环境宣传】2015年，开展省人民政府“一号重点工程”的宣传，制作大型宣传专栏5块、路杆宣传牌60块、高速宣传标语2条；组织全市各乡(镇)人民政府、市直机关单位、社区和学校参加省环保厅“新环保法”知识竞赛网上答题活动。抓住特殊时期，搞好主题宣传。2015年5月12日，参与市人民政府组织的应急宣传活动，发放《环境安全知识手册》1000余份，接受群众咨询22余人次。“6•5”世界环境日当天，与常宁首创水务公司组织以“践行绿色生活，共建两型社会”为主题的宣传活动，在东风广场设立咨询台，展示环保宣传专栏，向过往行人发放宣传单，耐心解答群众咨询。共发放各类环保宣传资料3000余份，接受群众环保咨询100余人次，取得较好的宣传效果。

【污染减排】2015年，工程减排项目有10个。其中，工业项目3个，市污水处理厂二期工程、松柏生活污水处理厂已完成并试运行，湖南省水口山四厂烟气脱硫项目完成并认定部分减排量，环保部将继续认定；农业项目7个，已全部完工。通过持续开展污染减排工作，全市主要污染物排放量大幅削减，经初步核算，是全市化学需氧量排放量、二氧化硫、氮氧化物、氨氮削减率均完成省、衡阳市要求的减排任务。

【省人民政府“一号重点工程”】2015年，全市纳入湘江污染防治第一个″三年行动计划″项目共计36个，截至2015年11月，全市第一个“三年行动计划”已完成项目20个；常宁市水口山地区曾家溪和康家溪重金属污染治理工程等7个项目已完成主体工程建设，衡阳水口山金信铅业公司重金属废水提质改造项目等4个项目已开工建设。

【大气污染防治】2015年10月，颁布《常宁市大气污染防治2015年度实施方案》。一方面，推进燃煤锅炉治理淘汰，按方案要求2015年底前完成燃煤小锅炉淘汰任务。是年，全市城镇燃煤锅炉淘汰项目6个，通过实际摸底调查，全市自加压力增加5个燃煤锅炉项目。11个项目均在实施过程中。另一方面，抓好加油站油气回收治理，按方案要求到2015年底，完成全市加油站、储油库、油罐车油气回收治理任务。通过与商务局沟通，年初确定全市需安装油气回收装置的加油站29个，并下发《关于在全市开展油气回收综合治理工作的通知》，对加油站油气回收项目分时间，分批次进行具体安排。

【城乡生态环境保护】2015年，进一步加强城市污水处理厂的日常环境监管，开展饮用水水源保护调查，继续强化餐饮娱乐行业环境综合整治；城区空气质量监测能力不断提高，环境、空气两个监测点位有序进行，每月监测14天；通过前期的重点生态功能区建设，常宁为湖南省省级重点生态功能区，成为湖南省54个生态环境质量考核的县区之一。是年，生态环境质量考核工作已顺利完成；以“市为主导、政府牵头、部门联动、市场驱动、村民参与”为基本思路，开展农村环境综合整治整县推进项目，项目涉及15个镇、6个乡、1个民族乡及2个街道办事处，共计685个村，18个居委会，7452个村民小组、202371户，780980人。是年末，项目已制定切实可行的工作方案和实施方案并上报。是年，全市有国家级生态乡镇3个，省级生态乡镇8个，省级生态村9个。

【环境监管】2015年，环境监察、环境监测能力建设明显加强，达到国家标准化要求，已通过省验收；环评审批不断规范，是年，共完成70个建设项目的环境影响评价及审批手续，34家企业的“三同时”验收工作；排污费征收工作超额完成，是年，前三季度已征收排污费900余万元；及时处理来信来访，共接到环境信访案件89起，已结案79件，另10起在调查处理中，信访投诉办结率100%，有效维护群众环境权益。

【编制十三五环保规划】2015年，根据国家导向政策，常宁市编制“十三五”各项环保规划，包装重点项目50多个，投资近100亿元，正在与国家规划院对接，力争将水源涵养区、天堂湖生态湖泊治理、“三年行动计划”和农村环境综合整治挤进国家计划笼子；根据《2015—2017年湖南省水口山及周边地区重金属污染防治实施方案》，计划三年内建设实施16个重金属污染治理项目，通过竞争性评审方式向财政部、环境保护部申请重点区域重金属治理资金9.2亿元，已拨付到常宁市1.89亿元。

【存在的困难与不足】2015年，存在的困难主要有三个方面：一是环境历史欠账多。常宁市是全省重金属污染治理的7个重点区域之一，历史包袱沉重，环境治理项目较多，减排任务比较艰巨，特别是水松地区土壤污染对湘江水体的二次污染风险比较高，但整治任务短期难以完成。二是安全防护不合理。水松地区涉重金属企业占区域企业总数的90%，大部分为有色金属采、选、冶炼企业。由于这些企业起步早，大部分企业为便于排污，均依湘江而建，直接影响湘江水质。另外，水松地区城镇建设是依托企业的发展而发展，造成四厂、六厂700米范围内4718户16371人混杂在企业周边，安全防护不足，产业布局亟待调整优化。三是治理资金缺口大。由于历史原因，遗留环境问题十分突出，重金属污染综合整治任务重，公共治污项目多，环境基础设施建设投资需求量大。虽然从湘江流域重金属综合治理等方面争取大量资金支持，省、衡阳市也给予大力关怀，但与实际需求相比治理资金还有较大缺口。

城市管理行政执法

【概况】2015年，常宁市城市管理行政执法局内设办公室、财务股、城市管理股、法规股，下辖城市管理行政执法大队、市政公用设施管理处、环境卫生管理处、园林绿化管理处四个直属副科级事业单位。

【建议、提案办理】2015年，承办建议、提案共计16件，市人大代表建议、市政协委员提案各8件。主要涉及公厕管理、市容秩序整治、环境卫生管理、园林绿化管理及城管队伍素质建设5个方面。全部办结，并纳入常态化管理，通过城市网格化管理巩固成效。

【提升市容面貌】2015年，开展出店经营、占道经营整治工作。对东正街、解放北路、宜阳街、草桥路、泉峰东西路、青阳路、群英路、劳动路、解放路、桃江路、西一环路等规范经营秩序，做到主干道店内经营。累计规劝整治出店经营、占道经营10000余人次，取缔早夜市摊位600余处。是年，查处违章户外广告活动800余起，进一步规范户外广告的审批行为。开展每周五的全民劳动卫生日活动，组织执法队员对城区主干街道、沿河风光带清洗“牛皮癣”，共计清洗“牛皮癣”50000余平方米，使城区市容市貌有明显改观。是年，共计查处乱发小广告行为100余起，收缴小广告纸20000余份，出动流动宣传车30余台次，宣传《常宁市城市管理办法》和城市管理相关法律法规。规劝、查处违规燃放烟花爆竹行为1000余起。

【规范渣土运输】2015年，组织渣土执法队员，对城区在建工程进行逐一摸底，邀请渣土运输企业法人代表召开座谈会3次，并印发《常宁市人民政府关于进一步加强建设工程渣土管理工作的通告》发放到每个工程建设工地，要求所有建设工程必须建立冲洗平台，配备冲洗设施，安排保洁人员，并对工程进出口道路进行硬化。有11个建设工地建立清洗平台。是年，对所有渣土运输工地，严格审查手续，对无规划、国土等手续的坚决不予以办理许可手续。对办理审批手续的，建立专门档案，实行一工地一档案，做到有据可查。是年，对渣土运输实行每日申报制度。要求所有渣土公司在每日开工运输前，必须申报运输方案，明确运输时间（晚上9时至凌晨5时）和路线，确定参运车辆和保洁人员，并与施工所在地环卫所协调搞好卫生保洁。对当日未上报申报计划的，不予批准。凡是群众举报施工扰民的，限定时间运输。是年，共办理车辆准运证手续714台次，除政府指挥部工程外，城区工地渣土外运基本做到有效管控。同时，采取分片、分班、分时段在城区主要路段实行全天候、无缝隙管理，发现问题，及时查处。累计查处未经许可擅自处置渣土的违法行为12起，散装货物运输车辆带泥上路、未盖篷布等污染环境卫生的行为35起，规劝教育120余起，混凝土公司搅拌车沿途撒漏10余起。

【规范户外广告】2015年以来，对户外广告全面实施高位精品管理，严把“三关”，规范户外广告设置管理工作，严把户外广告审批关。根据《中华人民共和国广告法》及《常宁市城市管理办法》等规定，规范广告审批，严格审批流程。严把实地勘察关。在严格进行审批基础上，对户外广告地点严把设置，做好实地勘察，要求新设置户外广告从空间布局上高品位设置。严把日常巡查关，组织执法人员对户外广告定期进行巡查，对一些“破、旧、乱、差”或存在安全隐患的广告设施，要求广告业主及时整改，对巡查中发现的未经审批或不按审批要求设置户外广告的行为，予以严肃查处。是年，对城区破旧和未办理审批手续的户外广告、门牌，开展集中清理专项整治活动9次，拆除青阳路、群英路、西二环等破旧广告45块。

【环卫保洁】 2015年，环卫工作按照第二轮环卫定额包干作业方案要求，严把环卫清扫保洁质量考评关，加大道路清扫保洁工作力度，提高城区的环境卫生质量。改变环卫作业方式，调整清扫保洁时间，按照清扫要彻底、保洁要经常、清运要及时的工作要求，明确环卫作业要求，细化目标责任，推行定人、定岗、定责任的全天候17小时清扫保洁制，强化重点地段、时段的环境卫生管理，有效地解决管理人员与作业人员工作时间脱节的问题，杜绝保洁员空挡现象。建立督查考核机制，狠抓责任落实到位。考核分白班和晚班，白班考核从以前的两个组增加到三个组，对三个环卫所分别进行考核。加强公厕管理，解决市民如厕难问题。将体育场、泉峰市场、紫阳步行街、书香苑、常宁一中及魏家湾等6座公厕，按二类标准改造到位；完成城区所有公厕指示牌更换安装；在公路所广场、马巷子、泉峰西路与西二环交汇处、新公安局附近及南一环风光带等5处地段，新建移动公厕5座。

【市政维护】2015年，对城区背街小巷硬化路面6000余平方米，较2014年同期增加2000多平方米，先后对青阳北路松柏进城路口路面进行硬化，捣制路面混凝土1440.8 平方米；青阳北路（北城美郡）路面硬化，捣制路面混凝土980平方米；垃圾转运站路面硬化，捣制路面混凝土657 平方米；原柏纺公司老仓库路面硬化，捣制路面混凝土534.6 平方米等。积极发挥疏通管道车的作用，累计清理检查井1100座、雨水井4300座，分别较2014年同期增加150座、3000座；完成下水道维护改建工程12余处，更换下水道主管780米，其中天堂湖安装₵600下水道管148.2米；改造安装交通路北侧800厘米、600厘米口径的下水道管500米。累计修复城区主干道路沿石2000米；完成城区主次干道人行道板砖补修8000平方米；其中市人民政府西向围墙边人行道铺麻石地板砖2176.36平方米；青阳路、群英中路铺设彩色地板砖1900平方米；紫阳步行街补修麻石地板砖200平方米。是年，对全城主次干道及背街小巷路灯进行全面维修，累计更换灯泡2400个、镇流器2300个，配电箱20个，250安三箱断路器15个，电缆线1800米，确保路灯亮灯率在90%以上；新安装社区路灯25盏，其中北城美郡安装路灯13盏、天堂湖小区安装路灯2盏、东湖小区安装路灯10盏，确保市民安全出行；改造武装部院内路灯，安装LED灯15盏；更换宜阳工业走廊路灯电缆线350米、镇流器80个、灯泡80个。查处群英路、职业中学、新村路、常荫路等路灯线路故障56处。组织人员每天上街巡查，做到发现问题及时处理上报。累计清查破损雨水井盖60处，缺失井盖8处，清理违规横幅150幅，巡查无审批手续的户外广告100个，拆除破损广告300块，整治乱破乱共道路150处。

【园林绿化管理】 2015年，健全业务学习制度，除每周五固定为园林绿化技术人员集中学习之外，分三批次组织专业技术人员赴衡阳、郴州、常德等县市学习取经。是年，根据各个路段不同情况，严格按照规定苗木规格和栽植的质量要求进行补植。累计补植樟树、杜英、银杏、樱花、雪松等大型乔木1600多株，补植全城绿化带及广场内紫薇、石楠、红桎木要、杜鹃、金叶女贞等小灌木40余万株。是年，修剪绿篱9-10次、修剪草皮6-7次及草皮切边3次；对街道绿地每年修剪8-9次，全面施肥3次，及时进行病虫防治，及时清进杂草及枯枝；于5月份对沿河风光带进行了全面修剪，并成完了南三环及工业走廊绿化带约4万平方绿化带除草、修剪工作。对城区进行道树每年全面修剪1次，并针对影响电力电信等设施行道树进行专门修剪，精管细养，强化园林绿化管理。是年，启动绿线审批及验收制度，并成立专门领导小组，严格按新城区绿地率30%，旧城区绿地率25%的标准进行绿线审批，同时在竣工验收前进行绿化专项验收，对未达标项目进行处罚和收取绿化补偿费，绿化补偿费入库收入43万余元。还组织专门园林监察队伍，分区分片分路段全天候对全城绿化进行巡查保护管理。对破坏公共绿地案件做到件件必查，对绿地巡查人员报告的损绿行为做到及时处置，常态巡查代替应急巡查，查处率100%，结案率100%。

【信访维稳】2015年，信访维稳工作坚持树立“群众利益无小事”的思想意识，坚持为群众释疑解惑、排忧解难全心全意为人民服务的宗旨。全年，接待信访案件100余起，回复率100%。

【践行“三严三实”】2015年，在开展党的群众路线教育实践活动中，以践行“三严三实”要求为抓手，全面提升党员干部综合素质；积极开展多种形式的学教活动，学习焦裕禄精神，进一步坚定理想信念，提升思想境界，努力践行社会主义核心价值观，做到严以修身；加强制度建设，转变工作作风，认真梳理整改“四风”方面的问题，做到严以用权；在工作过程中，严格遵守规章制度，心存敬畏、慎独慎微、勤于自省，做到严以律己。通过认真践行“三严三实”要求，全面提高干部队伍素质，城管形象不断提升。

【存在的问题】2015年，存在三个方面的问题：一是市民素质与加强城市管理存有较大差距。市民一方面期盼加强城市管理，改善居住环境，另一方面，自身陋习又一时难以摒除，如乱丢乱倒垃圾、乱搭乱建摊棚等，特别是对触及自身利益的，可能还会极力反抗和抵制；二是广大城市管理执法人员自身与加强城市管理的工作要求存有较大差距。一些执法人员还存在不会管、不想管、不敢管的现象，缺乏责任心和主动作为意识，有的出工不出力，有的不能长期坚持，有的方法简单粗暴；三是大城管的体制还未真正形成。市委、市人民政府虽对城市管理实行了网格化管理，但绝大多数责任单位还没有真正按照网格化管理的要求，认真履行职责，拘于形式的多，敷衍应付的多，在城区一些主要街道和路段还抓得比较好，对一些背街小巷还存在很多死角死面，部分市民认为城市管理只是市城管执法局、交警大队等几个部门的事，与他们没多大的关系，各级各部门齐抓共管的“大城管”格局还未形成。

文化·新闻出版·广播电视

文化新闻出版

【概况】2015年，常宁市文化广电新闻出版局机关设办公室、行政审批与政策法规股、文艺与遗产保护股、新闻出版股、文化产业股、计划财务股、广播电视管理中心和监察室、工青妇等机构，局机关有工作人员23人。辖文物管理局（副科级）、文化馆、图书馆、歌舞剧团有限责任公司、电影放映有限责任公司5个直属单位及22个乡镇、5个街道办事处文化站。是年，实施“文化强市”战略，以弘扬社会主义核心价值观为契机，以满足人民群众精神文化需求为目的，出色完成本职工作任务。常宁第三次被文化部命名为“中国民间文化艺术之乡”；继歌剧《夏明翰》获得省人民政府“五个一”工程奖之后，小歌剧《卖蘑菇的老师》在湖南省第四届少数民族文艺调演中获金奖；湖南省第五届艺术节中，常宁市获奖人数和奖项都居衡阳市各县市首位；常宁“田园”群众文化艺术节被省文化厅作为群众文化活动品牌在全省推介；在小康数据考评中，常宁市人均公共文化设施面积居衡阳市前茅；在衡阳市文广新系统目标管理考核中，常宁市文广新局在连续七年总分名列第一的基础上，再次夺魁。

【欢乐新春群众文化活动】2015年，作为“中国民间文化艺术之乡”，文广新局将丰富群众节日文化生活作为文化惠民的重要举措，充分利用各种文化设施和文化资源，发挥常宁独特的民俗文化优势，精心策划，组织筹备一系列形式多样、内容丰富的新春文化活动。文化馆举办送春联下乡、非物质文化遗产剧目演出、版画作品展、书法笔会等活动；电影放映公司开展春节电影免费放映周活动；图书馆举行春节有奖灯谜会活动，把欢乐送到老百姓身边，受到老百姓的一致好评。

【田园”群众文化活动】2015年，为宣传社会主义核心价值观，展现新农村和谐家园的新面貌，歌颂美好生活，组织文广新系统干部职工在全市范围内开展了第二届“田园”群众文化活动，整个活动与“送戏下乡·演艺惠民”相结合，分为“免费送戏下乡”“版画展”“龙狮大汇”三部分，充分展示常宁市农村文化建设成果，丰富广大农民群众文化生活，营造欢乐、喜庆、祥和的文化氛围，促进了美丽乡村建设。

【广场舞培训展演活动】2015年，为推广湖南省第二套原创广场舞，丰富群众业余文化生活，组织全市各乡镇广场舞爱好者进行免费培训，并将培训成果以展演形式向全市人民展示。整个活动涉及广、影响大、节目精彩，对丰富群众文化生活起了巨大作用。

【常宁版画】2015年，组织常宁版画团队参加第二届中国（深圳）国际文化产业博览交易会暨第九届中国（观澜）原创版画交易会，共展出作品110件，销售19件，交易额6万多元；肖健、刘丽荣等人的30多件作品获省级以上奖励；“常宁版画艺术课堂”荣获第五届湖南艺术节“三湘群星奖”。因为版画，常宁第三次被文化部命名为“中国民间文化艺术之乡”。

【常宁歌剧】2015年，常宁歌剧继《夏明翰》获湖南省田汉优秀剧目奖和“五个一”工程奖后，小歌剧《瑶寨情》再获湖南省中青年演员折子戏和新创小戏比赛一等奖，歌剧《卖蘑菇的老师》获湖南省第四届少数民族文艺调演金奖。

【常宁书法】2015年，为提高书法爱好者的创作热情，组织召开全市美术书法摄影创作工作会。是年，刘军林、邓立、尹志超、邓春艳等的书法作品先后在省、衡阳市获奖。

【乡镇文化站免费开放】2015年，制订《常宁市乡镇文化站管理办法》《常宁市乡镇（办事处）文化站目标管理考核办法》《常宁市乡镇文化站免费开放资金管理制度》。加强对乡镇文化站免费开放工作的管理，要求全市具备免费开放条件的22个乡镇综合文化站必须全面实行免费开放和免费培训。是年末，全市22个乡镇场组建广场文艺活动队伍，有158支队伍，3122人。

【文化馆免费培训】2015年，文化馆开展的活动明显地多样化、经常化，举办教育培训及科普讲座不少于4期，举办大型文艺活动3次以上，接待群众及文艺爱好者达上千人次。市文化馆每周为社会文艺团体、中老年艺术舞蹈队进行免费培训辅导，人数1500人次，免费课时200小时；免费举办讲座4次，参与人数2000余人；免费对外开放场地使用时间120个工作日。

【图书馆免费借阅】2015年，在馆舍拆除后，为满足群众借阅的需求，图书馆从公用经费中挤出资金在泉峰西路租场地继续开展免费借阅活动。

【农家书屋图书补充和更新工作】2015年，全市共建成农家书屋707家，每个行政村都装备了农家书屋，书屋总面积20000多平方米，共有农业、科技、文史等各类图书150多万册。是年，为每个农家书屋补充图书438万册，共计309666册，不断满足广大群众日益增长的精神文化需求。

【“村村响”工程建设】2015年，市文广新局继续主动向上级主管部门请示汇报，争取上级对常宁市“村村响”工作的关心和支持，并配合市直有关部门做好相关工作。通过努力，全市706个村的“村村响”建设全部完成，共安装广播7230个，实现全覆盖无死角、安全播出无事故、百姓欢迎“无差评”。2015年12月7日，衡阳市“村村响”工程现场会暨广播电视公共服务三项工程推进会在常宁市召开，省、衡阳市领导对常宁市“村村响”工程建设给予高度评价。

【文广新市场管理】2015年，始终坚持“守土有责、守土负责、守土尽责”的管理方针，以文化、广电、新闻出版市场行政审批为重点，依法加强市场监管，规范全市文广新市场环境。为确保文化市场健康有序发展，根据上级对出版物专项整治的要求，对书店、音像制品店、报刊亭、流动摊点和农村集日市场临时摊点均加强监管，维护出版物市场的健康稳定、有序发展，有效地净化综合文化市场，为广大人民群众营造一个健康和谐的社会文化环境。

【文物保护和非遗管理】2015年，水口山铅锌矿冶遗址保护规划通过国家文物局批复立项；中田村古民居群纳入国家文物局实施的“全国270个集中成片传统村落保护和利用工程”支持范围，国家将投入专项资金1500万元对中田村古民居进行全面维修；将传统医药“南詹正骨疗法”传承人尹新生、欧礼和传统技艺“常宁油茶榨油技艺”刘哲军、廖建军申报衡阳市级传承人。

【乡镇文化站管理】2015年，组织制订一系列行之有效的管理制度，并不定期地对乡镇文化站工作进行督查，每次督查后将督查结果在全系统通报，能充分发挥文化站阵地作用，真正丰富农村群众文化生活，繁荣农村文化事业。在首次全国乡镇文化站评估定级中境内的宜潭、新河两个文化站被评为一级站。

【专业队伍建设】2015年，建立人才引进机制、加强培训等举措，推进文化人才队伍建设。鼓励和支持文艺工作者外出创作、进修培训，营造良好的成才环境；为鼓励文艺工作者潜心创作，修订《常宁市文学艺术及新闻报道奖励办法》，对在各种赛事中获得奖项的专业人才给予奖励，提高文艺专业人才的积极性；择优重用，充分发挥人才的能力优势；安排文艺专业人才参加组织各种文艺活动，发挥其指导和引领作用。

文化市场综合执法

【概况】2015年，常宁市文化市场综合执法大队内设办公室、财务股、人事股、法规股、执法监督股、执法一股、执法二股、执法三股，共有工作人员39人。紧扣文化市场综合执法这个核心加强执法队伍建设和执法体系建设，突出三项重点工作：护蕾行动（以整治网吧为重点、以保护青少年健康成长环境为目的的专项行动）、百日行动（以市人大、市政协两会，元旦春节两节为节点，以打击非法出版物为重点的专项活动）、安全生产。抓制度、抓服务、抓监督、抓案子。

【提高服务能力】2015年，引导文化市场经营单位创新经营模式，走多业态经营化路子。是年，全市多业态经营的互联网服务场所在2014年的基础上增加6家，新型网吧在提供互联网服务的同时，跨界经营，集休闲娱乐于一体，有效带动境内传统互联网上网服务行业转型升级、发展繁荣，改善城市文化消费环境。是年，通过文化市场行业协会建立经营业主QQ群，宣传相关政策和法律法规，传达有关信息，征求各方面意见，收到很好的社会效果。

【转变执法理念】2015年，确立"两个坚持"的工作方针，即坚持两手抓的思路，坚持"四个执法"的理念。两手抓即一手抓监管，创建绿色市场；一手抓繁荣，服务文化市场发展。四个执法即依法执法、公正执法、廉洁执法、人本执法。此执法理念统领执法全过程，防止简单粗暴的执法方式，严禁执法不公、违规执法。

【创新执法方式】2015年，严格落实《日常巡查制度》，提高市场见面率，把执法人员的信息及责任区域进行公开公示，接受监督。是年，开展"扫黄打非"工作；坚决封堵政治性非法出版物，打击侵权盗版和传播淫秽色情活动，整治文化市场和新闻出版行业秩序；扎实开展"护蕾"行动，重点打击网吧违规接纳未成年人上网现象；组织开展"校园周边环境整治行动"等专项整治。共出动执法人员1800余人次，查处违规网吧26家，其中停业整顿11家；查处违规歌舞娱乐11家；拆除和收缴非法安装使用的卫星电视广播地面接收设施9套。2015年6月，联合公安、消防、工商、安监等部门，对全市的网吧、娱乐场所进行联合执法。及时上报全大队执法信息，加强网上办案力度，提高网络潇湘监控平台的安装率和见面率，加强网络监管。

【日常检查】2015年，执法人员每周必须至少保证有3个工作日去网吧进行巡查，并建立巡查日志；执法监督股人员每周必须保证有2个工作日去网吧监督检查；大队领导每周必须保证1个工作日去网吧检查。

【强化整治】2015年，对黑网吧一律取缔；对违规经营的行为通过批评、教育，责成整改后仍屡教不改的，依法予以严厉查处。坚决做到整改一批，查处一批，吊销一批。主要做到：一是坚持四查，即平时巡查、加强督查、违规严查、举报必查。二是突出四个重点，即重点地段、重点时段、重点人群、重点违规现象。

【强化监督】2015年，设立"12318"和"0734-7667788"两个举报电话，并对网上举报的问题第一时间进行查处和回复。同时，健全义务监督员制度，聘请包括市人大代表、市政协委员、学生家长、学校老师在内的网吧义务监督员，进行监督。

【强化问责】2015年，实行三包责任制：即领导包股室、执法股室包片区、执法人员包网吧，并向社会公布包网点执法人员的信息。与三个执法股室签订责任状，对网吧监管进行专门考核，专项问责。

新华书店

【概况】常宁市新华书店是一家走过60多年光辉历程的国有图书发行企业,是党和政府的宣传文化“窗口”,是输送精神食粮的前沿阵地,其全称为湖南省新华书店有限责任公司常宁市分公司,隶属于中南出版传媒集团股份有限公司。公司经营场地分别位于常宁市青阳中路95号和青阳南路121号,主要经营范围包括:中外文图书、教材、电子出版物、音像制品、文化用品、电子产品、家用电器。2015年,公司深入研究和准确把握形势,科学制订和实施公司产业发展战略,不断提高整体产业水平,增强企业服务能力,为更好地推进常宁文化建设事业进步发展不懈努力。

【组织架构】2015年,经理、书记张文霞,副经理廖柏云、雷虹、邓立群,内设综合管理部、财务管理部、教材业务部、常宁书城,市场开发部5个部门,共有干部职工71人,其中在岗50人、内退1人、退休20人。

【经营情况】2015年,实现年度销售5020 万元,真正实现社会效益与经济效益共赢。是年,举办“4·23”世界读书日系列活动,进一步在常宁扩大全民阅读文化推广程度。“六一儿童节”当天在常宁书城邀请小朋友们举行了益智趣味的互动活动,既带给孩子们欢声笑语,也让他们收获了知识。2015年下半年,在市委、市人民政府和市委宣传部的大力支持下,举办第二届“书香宜城•文化常宁”大型活动。公司多次以常宁书城为平台,推广本土作家优秀文学作品,开展常宁市版画艺术家作品展览等,努力拓展常宁市民的艺术兴趣,推动地方特色文化建设。2015年,公司旗下常宁新华三星专卖店是三星电子中华区S最高级别店,凭借专业的终端形象、正品保证和优质服务,获得广大消费者的良好评价,大幅度提升三星品牌在大众心中的影响力。是年,开展一系列营销活动并推出各式各样最新款产品,让顾客零距离体验三星智能产品,为市民带来全新的数码感受。

【党群工作】2015年,根据中央、省委及上级公司党委“三严三实”活动总体部署,公司狠抓党风廉政自律建设和作风建设,顺利完成“三严三实”学习教育听取意见、查摆问题,开展批评、整改落实建章立制等基本任务。公司党支部还多次召集全体党员参与形式多样的学习教育活动,如观看教育影片、参观革命纪念馆、重温入党誓言、开展专题党课等,党员们进一步坚定理想信念,严以律己,发挥党员先锋模范作用。

广播电影电视

【概况】2015年,常宁市电视台内设办公室、总编室、人事股、财务统计股、监察室、广播电视转播室、广播电视规划发展办公室、常宁人民广播电台、时政综合频道、经济生活频道、资讯影视频道、经营管理办公室、安全保卫股。下辖常宁电广网络公司、常宁广播电视宽带网络中心。共有干部职工 244人。是年,市广播电视台围绕全市“打基础、抓改革、创环境、促发展、惠民生”工作主线,创造性地开展工作,为全市经济社会发展积极发挥自身作用。

【新闻宣传成效】2015年,抓好“两会”、市委经济工作会议等重要会议精神的宣传报道。围绕“六大战略”,精心组织策划水口山工业新城、核电、教育、城市一环等系列报道稿件40余篇,并配以现场采访,出镜、评论等形式多样的报道手段,使市委决议深入人心;围绕乡镇区划调整和并村工作,一方面积极主动宣传政策精神,注重宣传引导;另一方面组织记者深入水口山镇、罗桥镇等乡镇,就调整过程中出现的新问题、新举措、新气象进行详细的报道,为全市区划调整工作助力。其中,《常宁水口山:乡镇改革 改出服务新效能》《常宁罗桥镇:并村更并心》等一批稿件被衡阳新闻联播原文播发;围绕新农村建设等农业农村重点工作,组织记者深入田间地头,制作一批接地气、有影响的节目。其中《互联网+邮三湘助力白沙生姜销售》,被湖南新闻联播、衡阳新闻联播采用,《常宁:工厂化育秧实现早稻快播早耕》《常宁:金铜项目有望10月底供气》《常宁:明前茶飘香塔山采茶忙》等10余篇新闻被衡阳新闻联播采用;围绕“社会主义核心价值观”宣传报道,推出常宁好人系列报道,讲述凡人善举,使社会主义核心价值融入各行各业实际工作;围绕民生，将镜头对准困难群众，推出系列关爱性报道，共发稿20余篇。通过新闻的力量，为困难群众筹集不少帮扶善款，解决群众的燃眉之急。2015年，《常宁新闻》在做好重大政治、经济活动报道的同时，积极创新报道形式和内容，在会议报道上进行大胆突破，简化程序报道，注重实际内容；在题材选择上，更注重民生、民情和人文精神的表现，加大社会新闻和自采新闻的信息量。是年，共播发电视新闻2600余条，开展《城管瞭望台》，以及“金铜项目”“湘江流域重金属治理”“核电站”“发展湖南教育”等主题报道10余项，与职能部门合作录制《大众卫生》《计生纵横》《农友之窗》，以及“政协提案追踪”等重大电视系列片20期（部）。是年，在衡阳市台各媒体播发新闻 90多条，在省台各媒体播发新闻 15条。其中，《衡阳常宁：80万亩油茶有序开摘 预计产油超5000吨》《纪念“九一八”事变84周年：铭记历史 缅怀先烈 展望未来》《市委书记谈新闻行业十不准》《互联网+邮三湘 助力白沙生姜销售》《常宁 洪水过后 村民忙自救》等5篇稿件在《湖南卫视新闻联播》播出。

【节目创新】2015年，在人力物力缺乏的情况下，坚持自主创新，推出人文历史性专题节目《常宁故事》，以多层次、多角度挖掘和展示常宁深厚的人文历史底蕴和丰富多彩的地理民俗。自3月份开播以来，摄制组先后深入柏坊、塔山、大堡、罗桥、烟州、白沙、洋泉、荫田、蓬塘10余个乡镇，行程2000余里，拍摄节目素材600多分钟，编辑播出节目33期共390多分钟，挖掘一批人文历史，推介一批民俗文化，介绍一批特色产业，赢得观众的认可和喜爱。在做好自办节目的同时，还与长沙天择传媒合作，引进《记者再报告》《观点致胜》《非常幽默》《女人故事》等节目版权，进一步丰富电视荧屏内容，收视率一路飙升。是年，在做好“双蹲书院大讲坛”“老年艺术节文艺汇演”等近20项文化、晚会活动的节目录制工作的同时，积极融合新媒体的表现形式，创新电视表现手法，先后为城管、交通等部门拍摄微电影、微视频7部。组织、协调，为市油茶办摄制常宁台首部自编、自导、自演的MTV《山岚茶语》，在省茶交会上获得广泛好评。

【“村村响”工程】2015年10月底，全市706个行政村已安装喇叭7230个，新建调频广播播控机房和三级联动大数据机房，新建信号发射塔2个、二级差转站3个，实现广播全覆盖，形成一个集“市、乡、村”三级联动，综合应急于一体，可控可管的农村广播服务网络，奏响三个响亮的音符。“村村响”宣传党的惠民政策100余次，解读政策30多期，扶贫惠农等好政策第一时间温暖了民心；精心编排文艺节目400多期，丰富群众精神文化生活；播出各种科普知识、生活小常识200多条，开展微信互动、现场连线活动20多次，促进城乡和谐稳定。编排《农广天地》《对农科技》等对农节目1000余期，发布诸如企业招工、市场供求信息200多条，成为老百姓了解市场信息，创业创富的好帮手。广播村村响有效整合各部门应急预警和日常宣传教育资源，在发生重大自然灾害、突发事件、公共卫生与社会安全等突发公共危机时，第一时间通过语音广播把防灾消息迅速告知老百姓，从而使老百姓生命财产损失降到最低。自开通以来，共发布各类通知2000多条，极大地方便了人口分散、通信不畅的偏远、山区村民，达到响应及时、便民利民的效果，受到群众普遍欢迎，得到各级领导的充分肯定，被省、衡阳市领导赞誉为全省广播村村响“梦开始的地方”，并在常宁市召开“衡阳市村村响工程”现场会，推介常宁经验和模式。新华社《新华每日电讯》、湖南卫视《新闻联播》、中央人民广播电台等多家媒体进行推介。

【事业发展】2015年，在工作中进行有力探索，引进有实力的广告公司进行代理，确保全年广告创收任务的完成。同时，面对市场竞争的巨大压力，常宁网络有限公司迎难而上，全年新增有线电视基本客户4500多户；净增宽带客户4364多户；新建宽带专网5条；净增无线数字电视4300多户。

教育·科技

教 育

【概况】 2015年，常宁市教育局机关有干部职工183人(含二级机构)，教育局班子成员11人。下设一级机构21个(办公室、人事股、师训股、计财股、普教股、职教成教股、体卫艺股、民办教育股、招生办公室、法规股、审计股、监察室、信访办公室、毕业生就业管理办公室、计划生育管理办公室、机关总支部、教育工会、妇委会、团委会、退休教工协会、教育督导室)，二级机构6个(勤工俭学管理站、教育技术装备站、教育信息中心、教育科学研究室、学生资助管理中心、教育经费核算管理中心)；下辖23所市直学校，26个乡镇(办事处)中心学校。全市共有中小学校、职业学校239所，学生12万多人，现有在编教职工6772人。现有幼儿园185所，其中公办幼儿园42所(含幼儿教育点)，民办幼儿园143所(普惠性民办幼儿园60所)，幼儿教师1525名，在园幼儿26975名，全市学前教育三年毛入园率72.5%。

【党政重教】2015年，全市教育工作迎来了新的发展机遇。5月，市委主要领导深入常宁一中、常宁二中、宜阳小学等学校调研教育工作，专题研究一中、二中迁、扩建等一系列教育工作；9月，市长李涛到常宁一中、常宁二中、常宁六中等学校现场办公，为高中教师解决绩效工资、民办学校的公办教师的工资发放等问题；11月份，市人大常委会主任李新华带队赴永州四中考察学校建设情况；市政协主席王若君多次督办城区扩容提质工程。“四大家”领导分别牵头督促完成一所或几所城区学校建设。7月10日，市委十一届四次全会通过《关于加快高中教育发展 全面振兴常宁教育事业的意见》，吹响全面发展教育事业的总号角，掀起“发展教育、建设学校、提高质量、提升品质”的高潮。

【部门支教】2015年，在国土、房产、规划等部门的帮助下，全市所有学校完成产权手续办理工作，为教育基建工作解决一个心头大患。为抓好学校的周边环境，各乡(镇)街道和公安、工商、文化、城建、卫生、综合执法、消防、交警等部门组织各项安全专项检查4次，涉及校舍、食品卫生、消防、校内外治安环境、交通等诸多安全工作，帮助学校整改50多次。报社、电视台等新闻媒体积极帮助宣传教育，营造社会发展教育氛围。通过各部门的共同努力，全市教育2015年实现大局稳定，全市所有学校没有一起安全主体责任事故，安全事故数量大幅减少。

【社会助教】2015年，社会各界兴办教育、支持教育的力度达到空前高潮。为办好人大重点建议件，星子坪村村民免费赠送土地用于新建星子坪小学。衡阳市八中教育集团在常宁市投资1.5亿元新建衡阳市八中尚宇学校；广东冠昊生物科技股份有限公司向蓬塘中心小学捐资1000万元，帮助该校新建教学楼；除此之外，近几年，其他数额不等的捐款还有900余万元。

【教育教学质量】2015年，通过全市几千教育人的共同努力，全市教育教学质量又有了新的提升。是年，全市高考本二以上上线1256人，上线率在衡阳市排名第一。根据衡阳市教育局的工作安排，2016年，常宁职中将被衡阳市推荐参评省卓越中职学校。义务教育阶段教学质量达到衡阳市中等水平。

【城区扩容】2015年暑期，城区完成东塔小学、泉峰小学、东湖小学、宜城小学二期工程、进修附小等建设项目，大规模扩容城区学位，包括高中学位在内，全市2015年城区增加学位2000多个。在此基础之上，从2015年起，以后每年由市财政安排2000万元城区扩容提质专项经费，不断扩大城区义务教育阶段学校办学规模，化解城区学校大班额。

【农村“两校一园”建设】2015年，启动乡镇“两校一园”工程(即在每个乡镇建设好一所初中、一所中心小学或完小、一所中心幼儿园)，实现规模化办学，优化农村教育资源，提高农村学校办学效益。

【教育装备投资】按照上级教育现代化建设的要求，近几年在教育现代技术装备方面投入了大量资金。2013年投入4918万元，2014年投入4220万元，2015年安排3890万元的装备任务。是年，除了日常的教育教学设施外，全市所有乡镇片完小以上学校都安装光纤宽带，实现宽带校校通，每个学校都有至少一个多媒体教室，逐步实现多媒体教学。

【化解全市中小学债务】2012年，对教育欠债情况进行了审计，全市教育共欠款1.2亿元，除高中阶段的4000万元外，义务教育阶段学校欠款有8000万元，其中“两基”基建建设经费欠4000万元、义务教育学校日常运转经费欠4000万元。为此，教育局近几年通过压缩一切非生产性支出，为学校化债。2013年、2014年两年，义务教育学校“两基”基建欠款已偿还约2000万元，义务教育学校的日常运转经费化债约3000万元。2015年，又下拨了义务教育阶段中小学化解专项经费1000万元。年末，全市118所公办片完小以上义务教育学校中，仅28所学校还有约1400多万元债务，化债总额6000多万元。

【队伍管理】截至2015年7月，全市教育干部有近10年未曾交流轮岗，造成一些学校干部，特别是校长的职业倦怠情绪严重。为此，2015年暑假，市教育局对全市教育干部，特别是校长进行大交流。在市纪委、市教育局人事股和纪检监察室的共同努力下，有56名中小学校长换到更合适的工作岗位，提高了教育干部的工作积极性。

【补充教师数量】2015年，全市共补充教师296人，其中本级教师招聘80人，到位特岗教师192人，安排免费师范生24人。除此之外，利用顶岗实习工作，积极争取衡阳师院、湘南学院、常宁教师进修学校等师范院校学生到农村学校顶岗实习。新进的年轻教师有的多才多艺，有的专业水平很高，既缓解教师缺编压力，又优化教师队伍的年龄结构和学科结构。

【教师培训】 2015年，除了组织对新教师进行岗前培训外，还认真组织所有教师参加国培、省培，以及本级培训，“国培”“省培”送培合格率达100%，并在此基础上启动信息能力提升全员培训，同时，要求所有学校必须开展校本研训活动。对全市所有教师实行“三年一大考，一年一小考”。通过开展各种教师培训活动，全市教师素质得到整体提升。

【搭建教师交流平台】 近几年，通过“推门听课”“名师工程”“送课下乡”等活动，引领全市各级各类学校自主行动，积极教研教改。同时，大力落实支教政策，搭建城区、农村教师交流学习平台，不少城区教师主动要求到农村学校支教，促进教师互相交流学习。

【教师待遇】2014年，教师绩效工资由原来的每年1.8万元，增加到每年2.2万元；下半年起，又落实边远地区学校教师岗位津贴政策，安排55万元用于白沙、塔山、天堂山等9个偏远乡镇550个教师职位的岗位津贴。2015年，财政预算津贴总额提高到200万元。在全市在落实乡镇公务员农村生活补贴的同时，也落实乡镇教师的津贴。同时提高教师工作生活条件，做到环境留人。加大教师公租房和周转房建设力度，年末，全市已完成并交付使用的公租房有93套，即将建设的还有145套。同时，加大对学校，特别是寄宿制学校的澡堂、厕所等生活设施建设，力求让教师在学校生活方便，工作安心，做到环境留人。

【教育管理】2013年以来,常宁提出“依法兴教、规范管理、优化资源、提升品质”的发展思路。在此思路的指引下,2015年初,市教育局编印《常宁市教育系统管理制度汇编》,为各级各类学校规范管理提供制度依据。大部分学校科学管理、民主管理、规范管理意识更强了,学校面貌逐步发生变化。扩大落实教学常规工作战果,将2015—2016年度定为教学常规落实年,使教学常规落实到每个学校、每一位教师的实际工作中,推动学校管理工作规范化。

【存在的问题与困难】2015年,存在三个方面的问题:一是城区大班额压力仍然较大。随着城市建设进程的加快,城区人口急剧增加,而学校建设无法与城市建设同步,造成城区学校班额严重超标,大班额问题严重,这样既造成较大的安全隐患,更制约全市教育教学质量的提升,还影响常宁教育事业的长远发展。二是教师严重缺编。按照国家现行编制标准,全市教职工应安排7780人,而全市实有在编教师6547人,加上未入编特岗教师514人,共有7061人。2016年,教师队伍减员预计将达270人(含退休、辞职、离职等),还有一些老弱病残等不能上岗人员220人,加之国家放开二孩政策,女教职工休产假人数将大量增加,预计在200人以上。尽管每年都招聘80～170名教师,但是,一些专业教师缺编严重,如中学的数学、物理、地理、生物等学科教师,农村中小学的音、体、美等学科教师,造成全市教师结构性缺编问题依然存在。三是教育规模仍需扩大,教育质量有待提高。全市近年来教育质量确实有所提升,但办学规模、教育质量与人口总量相比还不相称。

常宁市2015年高考录取名单

考生号	姓名	录取院校名称	专业代号	专业名称	录取批次代码	批次名称
0425155393	熊　敏	衡阳师范学院	28	经济学	2	本科二批
0425151481	刘　超	湖南信息学院	05	软件工程	2	本科二批
0425151483	廖　祥	邵阳学院	20	轨道交通信号与控制	2	本科二批
0425151485	胡　慧	湖南城市学院	06	财务管理	2	本科二批
0425151488	雷　丽	青海民族大学	06	财务管理	2	本科二批
0425151493	肖　宇	湖南工业大学	37	自动化类	2	本科二批
0425151499	魏堃霖	湖南城市学院	29	土木工程	2	本科二批
0425151500	廖　坚	湖南文理学院	20	通信工程	2	本科二批
0425151514	彭知初	湖南理工学院	23	软件工程	2	本科二批
0425151518	廖小玉	邵阳学院	10	市场营销	2	本科二批
0425151522	王集岗	湖南工业大学	05	应用物理学	2	本科二批
0425151527	谢胜男	湖南女子学院	12	计算机科学与技术	2	本科二批
0425151533	王　鹏	湖南理工学院	20	光电信息科学与工程	2	本科二批
0425151562	吕　球	宜宾学院	09	环境工程	2	本科二批
0425152054	谭敏娜	湖南涉外经济学院	05	英语	2	本科二批
0425152062	雷智勇	湖南科技学院	19	计算机科学与技术	2	本科二批
0425152063	李志平	湖南科技学院	08	物理学（师范）	2	本科二批
0425152065	郭俊龙	湖南财政经济学院	20	金融学	2	本科二批
0425152074	李其朋	湖南理工学院	15	应用化学	2	本科二批
0425152076	廖　宇	湖南理工学院	35	电子信息工程	2	本科二批
0425152082	徐章雄	湖南工业大学	39	包装工程	2	本科二批
0425152085	吴锦宇	湖南工业大学	08	金融工程	2	本科二批
0425152086	谭　筱	湖南科技大学	09	数学与应用数学（师范）	1	本科一批
0425152090	魏广檐	中国计量学院	18	计算机科学与技术	2	本科二批
0425152095	彭怀生	大连民族大学	08	电子信息工程	2	本科二批
0425152097	吕华德	中国计量学院	01	应用物理学	2	本科二批
0425152098	张　宇	长沙医学院	14	中医学	2	本科二批
0425152099	刘　敏	怀化学院	30	国际经济与贸易	2	本科二批
0425152124	刘文嘉	云南财经大学	01	新闻学	2	本科二批
0425152131	刘智源	湖南文理学院	35	电子信息科学与技术	2	本科二批
0425152135	谭　昕	湘南学院	32	护理学	2	本科二批
0425152138	邓　鹏	湖南涉外经济学院	31	电子商务	2	本科二批

0425153267	唐　兵	湖南城市学院	18	城市地下空间工程	2	本科二批
0425153268	滕　灏	湖南警察学院	05	侦查学	G	刑警公安类本科
0425153272	江小斐	湖南工程学院	22	计算机科学与技术	2	本科二批
0425153273	李诗玲	湖南涉外经济学院	30	软件工程	2	本科二批
0425153274	龙　芬	湖南商学院	31	电子信息工程	2	本科二批
0425153277	唐霄豪	长沙医学院	18	临床医学	2	本科二批
0425153278	张理文	湖南人文科技学院	13	电子商务	2	本科二批
0425153280	黄强晋	湖南交通工程学院	07	财务管理	2	本科二批
0425153283	贺喜玲	怀化学院	07	信息与计算科学	2	本科二批
0425153291	唐誉民	湖南工学院	20	计算机科学与技术	2	本科二批
0425153296	谢静宜	湖南商学院	30	财务管理	2	本科二批
0425153303	吴　峥	湖南信息学院	05	软件工程	2	本科二批
0425153307	周金桃	湖南涉外经济学院	01	金融学	2	本科二批
0425153308	周连利	长沙学院	10	汽车服务工程	2	本科二批
0425153310	徐　乐	枣庄学院	02	食品科学与工程	2	本科二批
0425153311	李太威	河南师范大学	02	电气工程及其自动化	2	本科二批
0425153316	刘雨行	中南林业科技大学	47	森林工程	1	本科一批
0425153322	黄柏香	湖南商学院	29	会计学	2	本科二批
0425153323	李文婷	湖南第一师范学院	16	市场营销	2	本科二批
0425153327	段小峰	湖南人文科技学院	21	计算机科学与技术	2	本科二批
0425153399	阳　娟	衡阳师范学院	37	广播电视学	2	本科二批
0425153402	段林志	长沙学院	10	汽车服务工程	2	本科二批
0425153412	贺　健	湖南理工学院	16	材料成型及控制工程	2	本科二批
0425153414	刘玉婷	长沙学院	21	英语	2	本科二批
0425153416	钟成骞	长沙学院	10	汽车服务工程	2	本科二批
0425153417	李含梅	湖南中医药大学	35	中医学	V	农村学生专项计划
0425153418	谭丹婷	湘南学院	12	人力资源管理	2	本科二批
0425153419	唐忠威	南华大学	21	机械设计制造及其自动化	1	本科一批
0425153421	曹　广	湖南涉外经济学院	21	机械设计制造及其自动化	2	本科二批
0425153427	廖升仁	湖南工业大学	06	应用化学	2	本科二批
0425153428	张金平	湖南信息学院	05	软件工程	2	本科二批
0425153434	刘　丹	湖南工学院	01	电气类(中外合作办学)（电气工程及其自动化）	2	本科二批
0425153435	谢常琼	湖南女子学院	03	商务英语	2	本科二批
0425153436	刘妙玲	衡阳师范学院	11	数学与应用数学（师范）	2	本科二批

0425153441	李　婷	长沙理工大学	14	金融学	1	本科一批
0425153442	吴胜权	吉首大学	35	环境工程	2	本科二批
0425153774	邓玉环	辽宁中医药大学	04	市场营销	2	本科二批
0425153776	王端生	邵阳学院	19	电子科学与技术	2	本科二批
0425153780	李康喜	湖南工程学院	37	电子信息工程	2	本科二批
0425153784	刘玉兰	衡阳师范学院	01	动物科学	2	本科二批
0425153785	吴慧娟	邵阳学院	22	网络工程	2	本科二批
0425153787	王逸康	内蒙古农业大学	01	机械设计制造及其自动化	2	本科二批
0425153792	张叶婷	湖南人文科技学院	29	通信工程	2	本科二批
0425153793	徐　茜	吉首大学	06	软件工程	2	本科二批
0425153796	陈文武	湖南文理学院	23	网络工程	2	本科二批
0425153797	龙　芝	湖南第一师范学院	10	英语	2	本科二批
0425153798	周　波	湖南工程学院	35	材料成型及控制工程	2	本科二批
0425153799	李文波	怀化学院	20	光电信息科学与工程	2	本科二批
0425153801	彭文婷	湖南中医药大学	13	临床医学	1	本科一批
0425153804	刘阳玲	海南医学院	08	中医学	2	本科二批
0425153807	李　平	衡阳师范学院	04	翻译	2	本科二批
0425153808	胡争明	湖南科技学院	22	土木工程	2	本科二批
0425153823	袁　赛	湖南城市学院	10	信息与计算科学	2	本科二批
0425153824	雷滋润	湖南科技大学潇湘学院	11	会计学	3	本科三批
0425153825	曾令园	湖南理工学院	10	人力资源管理	2	本科二批
0425153829	廖　翻	湖南工学院	24	化学工程与工艺	2	本科二批
0425153830	尹　怡	湖南涉外经济学院	12	会计学	2	本科二批
0425153831	廖　娜	湖南工学院	08	物流工程	2	本科二批
0425153832	朱红任	湖南人文科技学院	26	财务管理	2	本科二批
0425153835	陈远信	邵阳学院	33	机械设计制造及其自动化	2	本科二批
0425155394	吴　朋	邵阳学院	36	电子信息工程	2	本科二批
0425155395	毛甫成	西安邮电大学	11	计算机科学与技术	2	本科二批
0425156101	袁启伟	长沙理工大学	45	交通工程	1	本科一批
0425156102	付光耀	湖南工业大学	38	土木工程	2	本科二批
0425156103	杜丽君	衡阳师范学院	06	化学（师范）	2	本科二批
0425156104	廖　鑫	湖南工业大学	42	广告学	2	本科二批
0425156105	张　玲	湖南工程学院	41	广告学	2	本科二批
0425156106	陈　秋	湖南工程学院	39	土木工程	2	本科二批
0425156107	欧建东	湖南文理学院	37	土木工程	2	本科二批

0425156109	吴　琼	石家庄学院	03	化学（师范）	2	本科二批
0425156115	王　刚	湖南工程学院	37	电子信息工程	2	本科二批
0425156128	姚泽阳	哈尔滨商业大学	10	工业工程	2	本科二批
0425156153	李　洁	南昌大学	50	产品设计	N	艺术类本科
0425112458	曹诗文	湖南农业大学	18	行政管理	1	本科一批
0425112469	李雨维	吉首大学	11	汉语言文学（师范）	2	本科二批
0425112470	刘　茜	怀化学院	02	思想政治教育（师范）	2	本科二批
0425112473	雷　薇	湖南涉外经济学院	14	国际商务	2	本科二批
0425112475	李　辉	吉首大学	05	翻译	2	本科二批
0425112476	尹朝爱	衡阳师范学院	12	地理科学（师范）	2	本科二批
0425112478	王　雯	怀化学院	04	商务英语	2	本科二批
0425112483	陈　芳	南华大学	08	人力资源管理	1	本科一批
0425112491	朱　艳	湖南女子学院	15	英语（师范）	2	本科二批
0425114019	李　娜	湖南女子学院	07	商务英语	2	本科二批
0425114024	邢广源	湖南交通工程学院	04	汽车服务工程	2	本科二批
0425114030	徐　莉	南华大学	05	工商管理	1	本科一批
0425114048	徐　倩	湖南女子学院	18	会计学	2	本科二批
0425114049	阳天娇	湖南商学院	07	经济学	2	本科二批
0425114050	尹志远	湖南人文科技学院	04	法学	2	本科二批
0425114051	刘姣丽	湖南人文科技学院	02	商务英语	2	本科二批
0425114053	伍飞艳	南华大学	11	国际经济与贸易	1	本科一批
0425114060	廖　倩	南华大学	02	翻译	1	本科一批
0425114066	刘嘉琪	湖南师范大学	30	新闻学	1	本科一批
0425114067	张　梦	湖南文理学院	02	日语	2	本科二批
0425114068	周海敏	江苏师范大学	02	广播电视学	2	本科二批
0425114069	周文霞	湘南学院	18	护理学	2	本科二批
0425114071	李林芳	长沙师范学院	06	学前教育（师范）	2	本科二批
0425114076	吴　敏	湖南农业大学	23	日语	V	农村学生专项计划
0425114083	胡冬艳	大理大学	06	英语	2	本科二批
0425114437	黄　峥	湖南商学院	08	税收学	2	本科二批
0425114443	杨艳萍	湖南警察学院	06	法学	2	本科二批
0425114453	徐章谱	成都师范学院	02	汉语言文学	2	本科二批
0425114454	吕　雯	湖南交通工程学院	07	财务管理	2	本科二批
0425114457	李晶律	湘南学院	11	旅游管理	2	本科二批
0425114465	刘　铱	湖南涉外经济学院	17	行政管理	2	本科二批

0425114468	吕　平	湖南文理学院	10	英语（师范）	2	本科二批
0425114474	朱梦玲	湖南工业大学	07	工商管理类	2	本科二批
0425114516	张　梦	湖南人文科技学院	20	体育教育	2	本科二批
0425114517	邓　珂	湖南涉外经济学院	36	社会体育指导与管理	2	本科二批
0425117271	易　倩	南阳师范学院	08	舞蹈学	N	艺术类本科
0425150028	雷智衡	长沙学院	16	生物工程	2	本科二批
0425150048	李逸凡	广东石油化工学院	05	化学工程与工艺（卓越班）	2	本科二批
0425151001	唐　浩	湖南科技大学	57	土木工程	1	本科一批
0425151002	朱建平	西北工业大学	33	电气工程及其自动化（国际班）	1	本科一批
0425151003	彭　柯	湖南工业大学	19	通信工程	2	本科二批
0425151004	龙雷翔	湖南科技大学	57	土木工程	1	本科一批
0425151005	张　洁	湘潭大学	23	会计学	1	本科一批
0425151007	雷　琴	苏州大学	25	医学检验技术	1	本科一批
0425151008	邓宁升	北京石油化工学院	02	机械电子工程	2	本科二批
0425151009	张　武	武汉大学	06	地理信息科学	1	本科一批
0425151010	龙顺发	湖南工学院	27	工程管理	2	本科二批
0425151011	贺　禹	河北工程大学	36	化学工程与工艺	2	本科二批
0425151012	尹　聪	湖南农业大学	54	计算机科学与技术	1	本科一批
0425151013	盛昱斌	南京医科大学	09	口腔医学	1	本科一批
0425151014	朱树策	湖南商学院	19	物流管理	2	本科二批
0425151015	李文杰	大连海事大学	17	交通管理	1	本科一批
0425151016	肖　锋	湖南科技大学	87	自动化	V	农村学生专项计划
0425151017	曹　娟	湖南理工学院	26	制药工程	2	本科二批
0425151018	吴世宏	湖南工业大学	40	印刷工程	2	本科二批
0425151020	刘畅之	湖南工业大学	04	信息与计算科学	2	本科二批
0425151021	詹亮志	湖南理工学院	38	计算机科学与技术	2	本科二批
0425151022	刘经鹏	长沙理工大学	37	土木工程	1	本科一批
0425151023	何　波	长安大学	06	地质学	1	本科一批
0425151024	詹天俊	湖南师范大学	32	统计学	1	本科一批
0425151026	徐广英	苏州大学	09	金属材料工程	1	本科一批
0425151027	贺佐安	湖南交通工程学院	04	汽车服务工程	2	本科二批
0425151028	廖　林	湘潭大学	17	国际经济与贸易	1	本科一批
0425151029	雷　蕾	武汉理工大学	20	数学类	1	本科一批
0425151030	彭石娟	南华大学	56	医学影像学	1	本科一批
0425151567	邬文慧	湖南警察学院	11	信息安全	2	本科二批

0425152145	黎才钦	湖南工学院	35	土木工程	2	本科二批
0425152147	谭　峰	武警警官学院	01	武警指挥类(武警部队初级指挥警官（合训）)	C	指挥类本科(男)
0425152160	李志强	长春科技学院	03	道路桥梁与渡河工程	2	本科二批
0425152164	刘　辉	桂林理工大学	11	建筑类	2	本科二批
0425152168	雷　千	吉首大学	34	制药工程	2	本科二批
0425152169	周　婷	池州学院	01	高分子材料与工程	2	本科二批
0425152179	陈　磊	塔里木大学	08	电气工程及其自动化	2	本科二批
0425152180	阳文潇	长沙医学院	18	临床医学	2	本科二批
0425152202	周群峰	长沙理工大学	28	能源与动力工程	1	本科一批
0425152206	唐　伊	安徽建筑大学	04	工商管理类（会计学、财务管理）	2	本科二批
0425152218	阳宇宁	湖南涉外经济学院	22	车辆工程	2	本科二批
0425152221	李明军	吉首大学	45	旅游管理	2	本科二批
0425152225	彭尉泰	湖南涉外经济学院	12	会计学	2	本科二批
0425152226	唐明君	长治医学院	06	医学影像学	2	本科二批
0425152228	廖声亮	邵阳学院	33	机械设计制造及其自动化	2	本科二批
0425152234	张　涛	湘潭大学	46	焊接技术与工程	1	本科一批
0425153330	谭丽军	湖南涉外经济学院	23	汽车服务工程	2	本科二批
0425153333	黎家兵	湖南信息学院	04	电子信息工程	2	本科二批
0425153334	阳智超	湖南人文科技学院	27	机械设计制造及其自动化	2	本科二批
0425153343	张　星	南华大学	68	机械设计制造及其自动化	V	农村学生专项计划
0425153344	张　妮	邵阳学院	02	商务英语	2	本科二批
0425153346	刘厚财	湖南涉外经济学院	10	工商管理	2	本科二批
0425153353	张　芳	井冈山大学	01	园林	2	本科二批
0425153354	吴良欧	湖南文理学院	02	电子信息科学与技术（国际教育项目）	2	本科二批
0425153356	李　霞	湖南工学院	14	金属材料工程	2	本科二批
0425153359	曾　磊	湖南女子学院	10	英语	2	本科二批
0425153361	杨正利	长沙理工大学	39	给排水科学与工程	1	本科一批
0425153362	唐华斌	湖南理工学院	36	电子科学与技术	2	本科二批
0425153364	吴　萍	湖南涉外经济学院	15	人力资源管理	2	本科二批
0425153375	吴芷聪	吉林财经大学	10	税收学	2	本科二批
0425153376	尹　进	长沙学院	10	汽车服务工程	2	本科二批
0425153378	张　湖	湖南理工学院	30	工程管理	2	本科二批
0425153380	吴名广	湖南科技大学	51	自动化	1	本科一批
0425153383	何　勇	长沙学院	29	软件工程	2	本科二批

0425153384	陈　健	吉首大学	19	物理学（师范）	2	本科二批
0425153389	吴尚云	红河学院	04	计算机科学与技术	2	本科二批
0425153460	吴必聪	湖南文理学院	36	自动化	2	本科二批
0425153461	张茗楚	长沙医学院	18	临床医学	2	本科二批
0425153464	易翔媛	湖南城市学院	23	风景园林	2	本科二批
0425153466	周冰剑	湖南商学院	30	财务管理	2	本科二批
0425153473	卢　维	邵阳学院	39	土木工程	2	本科二批
0425153475	张　含	衡阳师范学院	32	电子信息科学与技术	2	本科二批
0425153479	吴加伟	吉首大学	50	土木工程	2	本科二批
0425153484	刘静云	山东农业大学	10	测绘工程	2	本科二批
0425153486	伍　莹	湖南财政经济学院	15	信息管理与信息系统	2	本科二批
0425153488	邹　娜	长沙医学院	18	临床医学	2	本科二批
0425153490	黄艳贵	衡阳师范学院	34	物联网工程	2	本科二批
0425153499	袁　娟	衡阳师范学院	06	化学（师范）	2	本科二批
0425153503	李孝财	成都东软学院	01	软件工程	2	本科二批
0425153513	李　宁	长沙学院	28	计算机科学与技术	2	本科二批
0425153520	唐赵群	空军航空大学	01	航空飞行与指挥	I	单独招生 本科提前
0425153524	雷　勇	北京航空航天大学	05	飞行技术	I	单独招生 本科提前
0425153527	黄　丹	湖南理工学院	29	生物工程	2	本科二批
0425153842	刘力齐	湖南科技大学	34	应用化学	1	本科一批
0425153847	刘美花	湖南涉外经济学院	09	商务英语	2	本科二批
0425153848	江红梅	湖南财政经济学院	23	会计学	2	本科二批
0425153849	李　洁	湖南人文科技学院	26	财务管理	2	本科二批
0425153850	阳　敏	南华大学	61	医学检验技术	1	本科一批
0425153853	肖诚梁	湖南医药学院	01	临床医学	2	本科二批
0425153858	廖维维	湖南交通工程学院	07	财务管理	2	本科二批
0425153860	廖　荣	湖南第一师范学院	03	科学教育（师范）	2	本科二批
0425153861	刘　纤	湖南工学院	21	软件工程	2	本科二批
0425153867	李　奇	湖南农业大学	05	植物科学与技术	1	本科一批
0425153868	刘颖平	潍坊医学院	04	医学影像学	2	本科二批
0425153875	欧阳韶	新疆农业大学	07	食品质量与安全	2	本科二批
0425153880	李　星	广东警官学院	01	法学	2	本科二批
0425153888	廖　峰	邵阳学院	33	机械设计制造及其自动化	2	本科二批
0425153890	周文思	湖南警察学院	11	信息安全	2	本科二批
0425153895	尹　丹	湖南涉外经济学院	05	英语	2	本科二批

0425153897	李　杰	武汉工程大学	03	生物科学类	1	本科一批
0425153900	雷　婷	怀化学院	35	通信工程	2	本科二批
0425153902	张校欣	湖南人文科技学院	07	生物技术	2	本科二批
0425153903	刘　涛	衡阳师范学院	30	财务管理	2	本科二批
0425153910	周　围	丽水学院	03	教育学类（师范）	2	本科二批
0425157344	朱　叶	长沙医学院	14	中医学	2	本科二批
0425157345	周自佳	湖南工程学院	37	电子信息工程	2	本科二批
0425157348	彭伟妮	天津农学院	02	设施农业科学与工程	2	本科二批
0425155391	邓　超	湖南科技学院	06	法学	2	本科二批
0425155392	周自胜	衡阳师范学院	06	化学（师范）	2	本科二批
0425153919	刘　剑	湖南财政经济学院	23	会计学	2	本科二批
0425153920	曾小峰	湖南工业大学	27	化学工程与工艺	2	本科二批
0425153921	曹梽程	湖南警察学院	11	信息安全	2	本科二批
0425153922	王龙归	湘潭大学	05	数学与应用数学	1	本科一批
0425153932	张广萍	湖南文理学院	11	数学与应用数学（师范）	2	本科二批
0425153933	周　游	吉首大学	40	城乡规划	2	本科二批
0425153934	段湘辉	湖南师范大学	40	旅游管理	1	本科一批
0425153938	詹香兰	吉首大学	30	电气工程及其自动化	2	本科二批
0425153947	邓　波	湖南文理学院	06	应用化学	2	本科二批
0425153948	王　鑫	景德镇陶瓷学院	05	机械设计制造及其自动化	2	本科二批
0425153951	李夏婉	湖南文理学院	31	财务管理	2	本科二批
0425154603	邱广广	西安音乐学院	03	音乐学（音乐教育）	N	艺术类本科
0425154631	左　敏	浙江传媒学院	25	播音与主持艺术（法汉双语播音）	N	艺术类本科
0425155101	刘媛琪	湖南科技学院	02	生物技术	2	本科二批
0425157355	廖友情	湖南工程学院	37	电子信息工程	2	本科二批
0425157360	唐红发	湖南涉外经济学院	34	音乐学	2	本科二批
0425157362	徐志斌	湖南应用技术学院	07	环境设计	2	本科二批
0425157413	刘　健	湘南学院	41	社会体育指导与管理	2	本科二批
0425157422	廖利成	衡阳师范学院	47	体育教育（师范）	2	本科二批
0425114093	彭永强	湖南师范大学	15	俄语	1	本科一批
0425114113	周亚丹	湖南人文科技学院	01	秘书学	2	本科二批
0425114114	王惠彬	湖南涉外经济学院	07	日语	2	本科二批
0425114137	张海艳	合肥学院	06	日语	2	本科二批
0425114140	唐　佳	湖南科技学院	06	法学	2	本科二批
0425114144	雷　磊	北华大学	03	历史学	2	本科二批

0425114147	刘　微	湖南科技大学	08	英语（师范）	1	本科一批
0425114149	廖越丽	湖南涉外经济学院	17	行政管理	2	本科二批
0425114535	伍利梅	衡阳师范学院	30	体育教育（师范）	2	本科二批
0425114615	吴诗婷	湖南涉外经济学院	10	工商管理	2	本科二批
0425114618	尹　婷	陕西理工学院	04	音乐学（师范）	N	艺术类本科
0425114619	谢湘萍	湖南师范大学	89	舞蹈学	H	单独划线 师大舞蹈
0425114620	鄢　炜	长江大学	09	音乐学	N	艺术类本科
0425114622	谢孟轩	泰山学院	01	音乐表演	N	艺术类本科
0425114624	袁　鹏	湖南涉外经济学院	30	音乐学	2	本科二批
0425114625	张芷若	四川音乐学院	21	舞蹈表演	N	艺术类本科
0425114626	张可迪	四川音乐学院	02	音乐学	N	艺术类本科
0425114627	李锦涛	湖南师范大学	76	音乐学（师范）	N	艺术类本科
0425114628	贺素云	吉首大学	37	舞蹈表演	2	本科二批
0425114630	尹　玲	云南艺术学院	14	舞蹈学（舞蹈教育）	N	艺术类本科
0425114653	曾政豪	四川师范大学	18	数字媒体艺术	N	艺术类本科
0425114658	谢　忠	青岛科技大学	06	服装与服饰设计	N	艺术类本科
0425114659	汪书佳	钦州学院	05	视觉传达设计	N	艺术类本科
0425114664	李　贝	湘南学院	22	美术学	2	本科二批
0425114669	吕文娟	湖南应用技术学院	07	环境设计	2	本科二批
0425114672	吴　龙	河北工程大学	07	环境设计	N	艺术类本科
0425114673	廖　明	北海艺术设计学院	05	视觉传达设计	2	本科二批
0425151031	张　林	长春理工大学	25	探测制导与控制技术	1	本科一批
0425151032	詹福鸿	湖南科技大学	52	计算机科学与技术	1	本科一批
0425151033	范　婕	湖南师范大学	08	汉语言文学（师范）	1	本科一批
0425151034	肖英琦	东北大学	19	机械类（含机械工程、过程装备与控制工程、车辆工程）	1	本科一批
0425151035	吴正东	广州中医药大学	11	药物制剂	1	本科一批
0425151036	姚涛林	西南交通大学	09	材料类	1	本科一批
0425151037	邓成可	河北工程大学	18	能源与动力工程	2	本科二批
0425151038	张泽优	广西大学	02	植物保护	1	本科一批
0425151039	贺佐强	长沙理工大学	11	通信工程	1	本科一批
0425151040	汤广清	武汉大学	36	工商管理类	1	本科一批
0425151041	罗玲涛	湘潭大学	56	网络工程	1	本科一批
0425151042	张祥毅	西南交通大学	31	交通运输类	1	本科一批
0425151043	陈　宇	吉首大学	30	电气工程及其自动化	2	本科二批
0425151045	唐艺文	湖南第一师范学院	01	小学教育	L	其他类本科

0425151046	雷益华	中南大学	26	机械设计制造及其自动化	1	本科一批
0425151047	邓　琼	湖南商学院	29	会计学	2	本科二批
0425151048	刘智红	中南林业科技大学	08	地理信息科学	1	本科一批
0425151049	廖　菲	南华大学	54	临床医学	1	本科一批
0425151050	欧紫玲	衡阳师范学院	19	高分子材料与工程	2	本科二批
0425151051	蒋梦婷	湖南中医药大学	09	制药工程	1	本科一批
0425151052	欧　聪	东北大学	10	冶金工程	1	本科一批
0425151053	熊芷水	苏州大学	19	轻化工程	1	本科一批
0425151054	周玉姣	湖南商学院	29	会计学	2	本科二批
0425151055	雷明慧	湖南师范大学	02	临床医学	1	本科一批
0425151056	吴胜男	湖南中医药大学	13	临床医学	1	本科一批
0425151057	王　潇	北京语言大学	12	数字媒体技术	1	本科一批
0425151058	陆海军	海南大学	11	海洋科学	1	本科一批
0425151059	胡志立	南华大学	16	电子商务	1	本科一批
0425151060	周常辉	长沙学院	16	生物工程	2	本科二批
0425151061	谭旭欣	湖南工业大学	37	自动化类	2	本科二批
0425151062	滕德军	长沙理工大学	10	电子科学与技术	1	本科一批
0425151063	张洪瑞	长沙学院	27	电气工程及其自动化	2	本科二批
0425151064	肖　聪	中南大学	33	粉体材料科学与工程	1	本科一批
0425151081	邓宏文	广西大学	07	应用化学	1	本科一批
0425151082	陈臻宏	北京化工大学	14	能源化学工程	1	本科一批
0425151083	谢祥聪	湖南工学院	36	建筑学	2	本科二批
0425151084	闫淑英	湖南科技大学	27	会计学	1	本科一批
0425151085	易　茜	衡阳师范学院	36	计算机科学与技术	2	本科二批
0425151086	陈慕竹	广西大学	16	风景园林	1	本科一批
0425151087	邓广弟	湘潭大学	11	日语	1	本科一批
0425151090	肖学峰	湖南大学	38	机械类	1	本科一批
0425151091	吴世文	广西医科大学	05	护理学	2	本科二批
0425151092	刘小莉	湖南商学院	31	电子信息工程	2	本科二批
0425151093	徐瑞准	中南林业科技大学	40	计算机科学与技术	1	本科一批
0425151094	曹　威	中南林业科技大学	42	土木工程	1	本科一批
0425151095	陈　苗	中国地质大学(武汉)	01	机械设计制造及其自动化	A	非指挥类本科(男)
0425151096	朱雄飞	中国矿业大学	05	物理学类（应用物理学、光电信息科学与工程）	1	本科一批
0425151097	尹双成	长沙理工大学	37	土木工程	1	本科一批
0425151098	邓远东	成都理工大学	28	地下水科学与工程	1	本科一批

0425151099	吴尚峰	湖南科技大学	40	工业设计	1	本科一批
0425151100	唐文卓	湖南工业大学	32	机械类	2	本科二批
0425151573	吴　鹏	湖南科技学院	01	信息与计算科学	2	本科二批
0425151576	龙　坤	衡阳师范学院	47	体育教育（师范）	2	本科二批
0425151581	廖大伟	中南林业科技大学	46	交通运输	1	本科一批
0425151587	吴友辉	湖南工程学院	18	焊接技术与工程	2	本科二批
0425151592	吴良衡	湖南工学院	27	工程管理	2	本科二批
0425151598	雷湘荣	湖南交通工程学院	01	机械设计制造及其自动化	2	本科二批
0425151599	谭　思	中国计量学院	14	通信工程	2	本科二批
0425151603	曾美容	湖南文理学院	04	计算机类(中外合作办学)（网络工程）	2	本科二批
0425151607	汤小林	湖南工业大学	07	生物技术	2	本科二批
0425151610	伍　品	吉首大学	42	国际经济与贸易	2	本科二批
0425151622	陈　怡	湖南科技学院	23	制药工程	2	本科二批
0425151649	封成彪	湖南涉外经济学院	41	社会体育指导与管理	2	本科二批
0425152240	黄湘莉	衡阳师范学院	16	电子商务	2	本科二批
0425152244	汪世鸽	沈阳理工大学	11	金属材料工程	2	本科二批
0425152245	尹亚男	南华大学	63	护理学	1	本科一批
0425152248	蒋雯华	湖南理工学院	36	电子科学与技术	2	本科二批
0425152252	李名望	湘潭大学	55	软件工程	1	本科一批
0425152253	李富强	湖南文理学院	33	机械设计制造及其自动化	2	本科二批
0425152254	詹孝祥	湖南理工学院	38	计算机科学与技术	2	本科二批
0425152260	张佳文	临沂大学	01	机械设计制造及其自动化	2	本科二批
0425153001	李孟轲	长沙理工大学	01	土木类(中外合作办学)（土木工程）	1	本科一批
0425153002	蹇润龙	湖南医药学院	01	临床医学	2	本科二批
0425153003	张　普	河北建筑工程学院	05	建筑电气与智能化	2	本科二批
0425153004	蔡　亮	四川农业大学	28	土木工程	1	本科一批
0425153005	刘沐琳	湖南中医药大学	13	临床医学	1	本科一批
0425153007	雷展新	浙江农林大学	10	园艺	2	本科二批
0425153008	董重瑞	武汉大学	29	能源动力类	1	本科一批
0425153009	李芝兰	海南大学	29	药学	1	本科一批
0425153010	欧蔚萱	河南科技大学	30	环境工程	2	本科二批
0425153011	詹子凡	青岛理工大学	40	机械设计制造及其自动化	2	本科二批
0425153012	朱小青	湘潭大学	22	市场营销	1	本科一批
0425153013	黄　杰	湖南师范大学	53	软件工程	1	本科一批
0425153015	曹　鹏	长沙理工大学	35	软件工程	1	本科一批

0425153016	贺　喜	哈尔滨工程大学	16	计算机科学与技术	1	本科一批
0425153017	欧　湛	湖南科技学院	02	生物技术	2	本科二批
0425153018	彭　辉	川北医学院	02	麻醉学	2	本科二批
0425153019	易　晖	兰州理工大学	17	土木工程	2	本科二批
0425153020	柏逢辉	湖南工程学院	15	汽车服务工程	2	本科二批
0425153021	吕贻鹏	湘潭大学	48	能源与动力工程	1	本科一批
0425153022	黄　帆	石河子大学	26	中药学	1	本科一批
0425153023	邓诗洋	湖南工程学院	22	计算机科学与技术	2	本科二批
0425153024	邓正成	西北大学	12	微电子科学与工程	1	本科一批
0425153025	刘海祥	南华大学	21	机械设计制造及其自动化	1	本科一批
0425153026	李　青	湖南师范大学	39	电子商务	1	本科一批
0425153027	唐　庆	湖南科技大学	48	通信工程	1	本科一批
0425153028	邓　桢	南华大学	34	核工程与核技术	1	本科一批
0425153030	彭运昌	浙江理工大学	14	土木工程	1	本科一批
0425153031	刘梁贵	武汉大学	37	电子信息类	1	本科一批
0425153032	彭景奇	北京科技大学	14	计算机科学与技术	1	本科一批
0425153033	彭　惠	长春大学	01	数学与应用数学	2	本科二批
0425153531	徐瑞刚	湘潭大学	64	环保设备工程	1	本科一批
0425153533	陈　望	湖南中医药大学	07	医学信息工程	1	本科一批
0425153534	刘志玉	湖南文理学院	15	生物科学（师范）	2	本科二批
0425153535	谭　波	湖南涉外经济学院	21	机械设计制造及其自动化	2	本科二批
0425153540	谢　佳	衡阳师范学院	02	应用化学	2	本科二批
0425153541	吕诗广	衡阳师范学院	16	电子商务	2	本科二批
0425153542	李志方	湖南文理学院	23	网络工程	2	本科二批
0425153546	黄芝敏	衡阳师范学院	11	数学与应用数学（师范）	2	本科二批
0425153564	尹牧磊	湖南理工学院	34	机械设计制造及其自动化	2	本科二批
0425153565	颜水凤	湖南女子学院	07	物流管理	2	本科二批
0425153570	段志广	湖南工程学院	20	电子科学与技术	2	本科二批
0425153573	段林杰	湖南涉外经济学院	10	工商管理	2	本科二批
0425153575	邓义军	湖南商学院	05	信息与计算科学	2	本科二批
0425153579	褚　俊	湖南中医药大学	07	医学信息工程	1	本科一批
0425153264	李　广	福建工程学院	04	电子科学与技术	2	本科二批
0425155103	阳　茂	长沙师范学院	03	小学教育（师范）	2	本科二批
0425155104	左易烊	湖南涉外经济学院	17	行政管理	2	本科二批
0425155107	彭　兰	湖南交通工程学院	01	机械设计制造及其自动化	2	本科二批

0425155108	蒋海雁	湖南警察学院	11	信息安全	2	本科二批
0425155110	肖佳文	湖南科技学院	16	电子信息工程	2	本科二批
0425155112	欧　杨	河北农业大学	02	车辆工程	2	本科二批
0425155118	王文莉	湖南警察学院	11	信息安全	2	本科二批
0425155120	王　媛	吉首大学	09	应用化学	2	本科二批
0425155121	刘清华	湖南工业大学	03	数学与应用数学	2	本科二批
0425155122	王佳龙	内蒙古科技大学	30	测绘工程	2	本科二批
0425155123	张兴旺	湖南文理学院	21	光电信息科学与工程	2	本科二批
0425155124	尹　珂	湖南科技大学	63	能源化学工程	1	本科一批
0425155127	肖　晴	湖南文理学院	25	食品科学与工程	2	本科二批
0425155131	周承乐	湖南理工学院	19	电气工程及其自动化	2	本科二批
0425155133	周　恒	湖南工程学院	37	电子信息工程	2	本科二批
0425155135	李　智	湖南农业大学	54	计算机科学与技术	1	本科一批
0425155136	吴　斌	中原工学院	07	车辆工程	2	本科二批
0425155139	朱艳平	湖南文理学院	14	地理科学（师范）	2	本科二批
0425155141	尹　鹏	河南理工大学	11	材料类（含材料科学与工程、材料成型及控制工程等两个专业）	2	本科二批
0425155142	彭先和	内蒙古科技大学	31	化学工程与工艺	2	本科二批
0425155144	黄　琦	盐城师范学院	03	物联网工程（嵌入式培养）	2	本科二批
0425155146	廖宸宇	湖南工业大学	19	通信工程	2	本科二批
0425155147	郭保成	湖南人文科技学院	03	数学与应用数学	2	本科二批
0425155148	吴　奇	长沙医学院	07	生物技术	2	本科二批
0425155150	陈　章	怀化学院	35	通信工程	2	本科二批
0425155151	刘承恩	海军工程大学	18	电子对抗指挥与工程(雷达对抗指挥干部)	C	指挥类本科(男)
0425155152	孙榕泽	湖南警察学院	11	信息安全	2	本科二批
0425155154	廖慧婷	衡阳师范学院	06	化学（师范）	2	本科二批
0425155156	张　广	新疆医科大学	03	临床医学	2	本科二批
0425155159	龙　兵	湖南科技学院	18	通信工程	2	本科二批
0425157453	吕　衡	平顶山学院	02	音乐学	N	艺术类本科
0425157455	张　靖	中央民族大学	46	视觉传达设计（影像设计）	N	艺术类本科
0425114015	阳金华	南华大学	02	翻译	1	本科一批
0425114156	刘　珂	湖南第一师范学院	16	广播电视学	2	本科二批
0425114160	邓　馨	怀化学院	11	英语（师范）	2	本科二批
0425114161	廖　芳	湖南第一师范学院	08	公共事业管理	2	本科二批
0425114162	欧阳孝杰	湖南理工学院	16	新闻学	2	本科二批

0425114165	李　静	湖南信息学院	01	财务管理	2	本科二批
0425114174	崔雅洁	湖南交通工程学院	07	财务管理	2	本科二批
0425114177	邹　骄	怀化学院	04	商务英语	2	本科二批
0425114179	肖丽琴	湖南科技学院	15	广告学	2	本科二批
0425114180	谭　慧	湖南人文科技学院	11	旅游管理	2	本科二批
0425114185	丁楚楚	湖南城市学院	01	汉语言文学	2	本科二批
0425114187	汤归凤	湖南人文科技学院	03	应用心理学	2	本科二批
0425114188	詹梦婷	衡阳师范学院	08	历史学（师范）	2	本科二批
0425114201	刘启旭	邵阳学院	17	国际经济与贸易	2	本科二批
0425114202	张芊惠	湖南文理学院	15	市场营销	2	本科二批
0425114203	欧阳慧红	湖南工业大学	11	法学	2	本科二批
0425114208	唐梦萍	湖南涉外经济学院	05	英语	2	本科二批
0425114211	孟　帆	长沙师范学院	02	英语	2	本科二批
0425115000	董　志	湖南中医药大学	10	中医学	1	本科一批
0425115001	詹海波	三峡大学	07	市场营销	1	本科一批
0425115004	李孔向	邵阳学院	28	社会体育指导与管理	2	本科二批
0425115005	王　冠	中央戏剧学院	03	表演（歌剧表演）	N	艺术类本科
0425115006	吕超男	安徽师范大学	07	音乐学（师范）	N	艺术类本科
0425115007	刘　琛	西华师范大学	03	音乐学（师范）	N	艺术类本科
0425115008	张　阳	佳木斯大学	08	设计学类	N	艺术类本科
0425115009	袁文俊	中南财经政法大学	27	金融学	1	本科一批
0425115013	肖　超	佳木斯大学	07	美术学类	N	艺术类本科
0425115014	詹月婷	湖南涉外经济学院	34	产品设计	2	本科二批
0425115015	戴城乡	吉首大学	11	汉语言文学（师范）	2	本科二批
0425115016	崔丹妮	湖南涉外经济学院	12	会计学	2	本科二批
0425115017	邓　湘	衡阳师范学院	07	汉语言文学（师范）	2	本科二批
0425115021	徐　洋	周口师范学院	03	小学教育（师范）	2	本科二批
0425115025	刘玉婷	湖南警察学院	06	法学	2	本科二批
0425115026	周　颖	湖南女子学院	08	学前教育（师范）	2	本科二批
0425115027	周海源	湖南工业大学	01	汉语言文学	2	本科二批
0425115030	尹　宁	衡阳师范学院	01	汉语国际教育	2	本科二批
0425115031	徐　斌	湖南财政经济学院	13	信息管理与信息系统	2	本科二批
0425115032	夏　宁	长沙医学院	01	汉语言文学	2	本科二批
0425115033	詹　敏	湖南涉外经济学院	06	西班牙语	2	本科二批
0425115035	彭丽婧	河北工程大学	01	国际经济与贸易	2	本科二批

0425115041	徐 婷	湖南涉外经济学院	20	酒店管理	2	本科二批
0425115042	唐 军	北方民族大学	11	经济学	2	本科二批
0425115046	崔文静	湖南城市学院	11	房地产开发与管理	2	本科二批
0425115047	张霁鑫	四川音乐学院	24	表演	N	艺术类本科
0425115048	唐楚恒	湖南涉外经济学院	01	金融学	2	本科二批
0425115055	廖美玲	武汉学院(原中南财经政法大学武汉学院)	01	国际经济与贸易	2	本科二批
0425115056	李 乐	湘南学院	08	英语（师范类）	2	本科二批
0425115057	吴 琼	海口经济学院	05	财务管理	2	本科二批
0425115059	李 帆	湖南人文科技学院	13	英语	2	本科二批
0425112493	詹 烨	湖南第一师范学院	01	小学教育	L	其他类本科
0425112497	文 敏	吉首大学	09	学前教育（师范）	2	本科二批
0425112498	詹 丽	河南大学	06	新闻传播学类	1	本科一批
0425112521	罗丽莎	湖南商学院	17	电子商务	2	本科二批
0425112524	廖加文	中南财经政法大学	05	经济学	1	本科一批
0425112526	刘 萍	衡阳师范学院	11	学前教育（师范）	2	本科二批
0425112541	陈丽清	湖南商学院	14	审计学	2	本科二批
0425112549	吴广传	长沙学院	03	物业管理	2	本科二批
0425112551	唐路平	楚雄师范学院	13	社会体育指导与管理	2	本科二批
0425112561	管 姣	邵阳学院	01	商务英语	2	本科二批
0425112562	吴 情	邵阳学院	05	法学	2	本科二批
0425112564	张 凤	长沙学院	02	市场营销	2	本科二批
0425112568	廖佳伟	河北经贸大学	01	财政学类（财政学/税收学）	2	本科二批
0425112569	詹孝艳	长沙理工大学	04	翻译	1	本科一批
0425151101	肖 锐	三峡大学	06	机械电子工程	1	本科一批
0425151102	胡莎莎	广西中医药大学	07	药学类（含药学、制药工程、药物制剂 3 个专业）	2	本科二批
0425151103	吴松衡	安徽工业大学	06	材料成型及控制工程	2	本科二批
0425151104	廖兴辉	长沙理工大学	24	车辆工程	1	本科一批
0425151105	陈佳文	湖南工学院	11	工业设计	2	本科二批
0425151106	袁 平	武汉大学	23	物理学类（物理学基地班）	1	本科一批
0425151107	毛益华	衡阳师范学院	35	电子信息工程	2	本科二批
0425151108	贺 超	南京农业大学	26	电子信息科学与技术	1	本科一批
0425151109	贺寰振	成都信息工程大学	16	电子信息工程	2	本科二批
0425151110	潘俊宇	哈尔滨理工大学	13	自动化	2	本科二批
0425151111	郭志玉	衡阳师范学院	26	网络工程	2	本科二批
0425151112	欧 坤	湖南中医药大学	14	医学影像学	1	本科一批
0425151113	朱森泉	海南大学	39	会计学	1	本科一批
0425151114	梁诗佳	南京工程学院	08	电气工程及其自动化(电力系统继电保护)	2	本科二批

0425151115	赵子仪	湖南中医药大学	13	临床医学	1	本科一批
0425151116	廖喜明	沈阳药科大学	11	药学（英语强化班）	1	本科一批
0425151117	李学成	长安大学	07	机械工程	1	本科一批
0425151118	刘忠康	湖南工业大学	19	通信工程	2	本科二批
0425151119	徐瑞任	湖南理工学院	37	通信工程	2	本科二批
0425151120	刘　兴	西安财经学院	11	计算机类	2	本科二批
0425151121	尹　婷	佛山科学技术学院	02	经济与贸易类	2	本科二批
0425151122	蒋玲玲	湘潭大学	31	酒店管理	1	本科一批
0425151123	刘　宁	山西农业大学	13	林学	2	本科二批
0425151124	陈真媛	湖南文理学院	11	数学与应用数学（师范）	2	本科二批
0425151125	郭荣杰	中南大学	40	自动化	1	本科一批
0425151126	李子琦	中南大学	c3	软件工程	1	本科一批
0425151127	康　维	湖南工业大学	21	计算机科学与技术	2	本科二批
0425151128	欧阳娜	南华大学	59	药学	1	本科一批
0425151129	刘　娟	曲阜师范大学	05	电子信息科学与技术	2	本科二批
0425151130	唐康宁	济宁医学院	08	临床医学	2	本科二批
0425151131	陈书舟	湖南工程学院	38	自动化	2	本科二批
0425151132	汤可俊	湖南农业大学	43	行政管理	1	本科一批
0425151133	周珏茜茜	吉首大学	36	食品科学与工程	2	本科二批
0425151134	滕　志	中南林业科技大学	32	材料化学	1	本科一批
0425151136	潘荣枝	湖南科技大学	45	无机非金属材料工程	1	本科一批
0425151137	朱国兵	湖南农业大学	08	烟草	1	本科一批
0425151138	张婷婷	桂林医学院	05	护理学（助产护理方向）	2	本科二批
0425151139	王振宇	湖南工业大学	19	通信工程	2	本科二批
0425151140	肖　盖	长沙理工大学	37	土木工程	1	本科一批
0425151141	王福康	石家庄铁道大学	14	物流管理	1	本科一批
0425151143	贺慧敏	湖南师范大学	28	金融学	1	本科一批
0425151144	邬　丹	湖南商学院	29	会计学	2	本科二批
0425151145	钟　爽	湖南农业大学	03	环境科学（中外合作办学）	1	本科一批
0425151161	袁雪峰	湖南理工学院	20	光电信息科学与工程	2	本科二批
0425151163	徐　健	湘潭大学	53	自动化	1	本科一批
0425151164	殷　杰	长沙理工大学	37	土木工程	1	本科一批
0425151165	欧鹏飞	上海电机学院	02	车辆工程	2	本科二批
0425151167	吴　鑫	解放军第二炮兵工程大学	08	军队指挥类〔二炮导弹初级指挥军官（合训）〕	C	指挥类本科(男)
0425151168	汤梦朝	湘潭大学	36	材料成型及控制工程	1	本科一批
0425151651	郭智俊	青海师范大学	03	统计学	2	本科二批
0425151652	刘　奇	湖南理工学院	32	会计学	2	本科二批
0425151654	李沅録	湖南农业大学	48	机械电子工程	1	本科一批
0425151655	曹升利	湖南科技学院	22	土木工程	2	本科二批

0425151656	朱红丹	衡阳师范学院	25	地理信息科学	2	本科二批
0425151659	尹先和	湖南人文科技学院	27	机械设计制造及其自动化	2	本科二批
0425151660	李茂源	湖南人文科技学院	06	化学	2	本科二批
0425151662	谢家豪	湖南科技大学	37	机械设计制造及其自动化	1	本科一批
0425151675	谭　群	长沙医学院	14	中医学	2	本科二批
0425151677	郭　旦	湖南科技学院	09	化学（师范）	2	本科二批
0425151678	黄　婷	湖南交通工程学院	01	机械设计制造及其自动化	2	本科二批
0425151684	陈　璇	怀化学院	17	公共事业管理	2	本科二批
0425151686	刘时满	怀化学院	21	计算机科学与技术	2	本科二批
0425151688	廖　鹏	湖南交通工程学院	03	车辆工程	2	本科二批
0425151692	谢佳群	湖南理工学院	29	生物工程	2	本科二批
0425151693	吴佳洛	西藏民族大学	10	财务管理	2	本科二批
0425151696	陆金彪	邵阳学院	35	电气工程及其自动化	2	本科二批
0425151698	欧　朝	湖南中医药大学	03	应用心理学	1	本科一批
0425151701	王　宏	湖南文理学院	37	土木工程	2	本科二批
0425151725	刘诗娟	湖南涉外经济学院	12	会计学	2	本科二批
0425153034	廖利萍	湘南学院	29	临床医学	2	本科二批
0425153035	邓志莉	长沙理工大学	49	工程管理	1	本科一批
0425153037	段　寒	湖南科技大学	36	工程力学	1	本科一批
0425153038	陈思思	湖南师范大学	57	资源循环科学与工程	1	本科一批
0425153039	陈家骏	长春理工大学	22	电子信息工程	1	本科一批
0425153040	雷阳柯	延边大学	08	土木工程（建筑工程方向）	1	本科一批
0425153041	吴以琪	湖南大学	23	工商管理（包含工商管理、市场营销）	1	本科一批
0425153042	黎文娟	吉首大学	42	国际经济与贸易	2	本科二批
0425153043	龙　伟	湖南科技大学	54	网络工程	1	本科一批
0425153044	陶　超	河南城建学院	11	生物工程	2	本科二批
0425153046	李昌衡	湖南科技大学	57	土木工程	1	本科一批
0425153047	秦　静	湖南科技大学	21	翻译	1	本科一批
0425153048	陈霞丽	湖南文理学院	32	酒店管理	2	本科二批
0425153049	尹增强	湖南农业大学	48	机械电子工程	1	本科一批
0425153050	滕　婷	黑龙江八一农垦大学	03	动物医学	2	本科二批
0425153051	黄　容	湖南中医药大学	19	药学	1	本科一批
0425153052	秦智辉	海南大学	18	化工与制药类(化学工程与工艺、应用化学、生物工程)	1	本科一批
0425153053	胡　峥	湖南商学院	23	信息管理与信息系统	2	本科二批
0425153054	李海艳	湖南商学院	26	国际经济与贸易	2	本科二批
0425153055	王　珩	江南大学	10	微电子科学与工程	1	本科一批
0425153057	雷　明	济宁医学院	04	医学信息工程	2	本科二批
0425153058	唐　峰	湖南师范大学	30	法学	1	本科一批
0425153059	刘志鹏	北京航空航天大学	12	物理学类	1	本科一批
0425153060	李　韬	湖南农业大学	86	电子信息工程	V	农村学生

						专项计划
0425153061	胡一民	昆明理工大学	20	电子信息类（含电子信息科学与技术、电子科学与技术）	2	本科二批
0425153062	刘　岗	重庆交通大学	13	土木类	1	本科一批
0425153063	陈　昆	长沙理工大学	24	车辆工程	1	本科一批
0425153064	陈书维	湖南农业大学	45	土地资源管理	1	本科一批
0425153065	刘　亮	湖南文理学院	23	网络工程	2	本科二批
0425153066	张佳莉	湘潭大学	39	测控技术与仪器	1	本科一批
0425153071	徐良平	中南大学	10	矿物加工工程（工科试验班）	L	其他类本科
0425153072	王宇康	长安大学	28	交通运输（交通运输管理）	1	本科一批
0425153073	彭柏荣	郑州大学	35	水利水电工程	1	本科一批
0425153074	黄澍棵	中北大学	21	化学工程与工艺	1	本科一批
0425153075	唐文慧	湖南第一师范学院	01	小学教育	L	其他类本科
0425153076	廖昭君	湖南商学院	11	税收学	2	本科二批
0425153077	唐　鹏	长沙理工大学	45	交通工程	1	本科一批
0425153078	张泽坤	湖南理工学院	15	应用化学	2	本科二批
0425153080	廖　艺	大连理工大学	20	化工与制药类	1	本科一批
0425153081	黄　慧	长沙理工大学	35	软件工程	1	本科一批
0425153082	李　典	中国地质大学(武汉)	26	环境工程（卓越工程师）	1	本科一批
0425153083	刘慧玲	中南大学	30	材料化学	1	本科一批
0425153084	滕　婷	南华大学	54	临床医学	1	本科一批
0425153085	刘　胜	武汉大学	45	临床医学（5+3）	1	本科一批
0425153086	刘敬好	湖南文理学院	16	旅游管理	2	本科二批
0425153087	李　姝	湖南工学院	19	自动化	2	本科二批
0425153088	张永昊	中国民用航空飞行学院	08	交通运输（空中交通管制、飞行签派、航行情报）	2	本科二批
0425153089	吕　珍	杭州电子科技大学	10	金融学	1	本科一批
0425153090	左　欣	重庆交通大学	16	建筑类	1	本科一批
0425153091	段欣昀	中南大学	b1	矿物加工工程	W	综合评价录取
0425153092	郭美玲	华北理工大学	20	中医学	2	本科二批
0425153093	肖　倩	大连理工大学	21	过程装备与控制工程（含安全工程专业）	1	本科一批
0425819001	徐建英	湖南女子学院	01	计算机科学与技术	2	本科二批
0425151169	陈　鑫	东华大学	31	计算机科学与技术	1	本科一批
0425151170	邓檐铃	太原理工大学	37	环境工程	1	本科一批
0425151171	廖　旺	湖南中医药大学	03	应用心理学	1	本科一批
0425151172	李业随	湖南师范大学	05	医学检验技术	1	本科一批
0425151173	汤成龙	长江大学	31	电气类（电气工程及其自动化、自动化、测控技术与仪器）	2	本科二批
0425151174	詹岳陈	南京工业大学	12	测绘工程	1	本科一批
0425151175	胡同希	厦门理工学院	01	机械设计制造及其自动化（光机电一机化）	2	本科二批
0425151176	刘海荣	湖南商学院	16	人力资源管理	2	本科二批
0425151177	郑广辉	中南林业科技大学	73	汽车服务工程	V	农村学生专项计划

0425151178	肖世伟	湖南商学院	32	计算机科学与技术	2	本科二批
0425151179	黄孝峰	中国海洋大学	14	材料化学	1	本科一批
0425151180	罗　艺	云南师范大学商学院	04	会计学	3	本科三批
0425151181	张　涛	曲阜师范大学	12	化工与制药类（说明：含化学工程与工艺、制药工程专业）	2	本科二批
0425151182	詹　婷	广西科技大学	01	英语（商务英语方向）	2	本科二批
0425151183	刘正中	湖南中医药大学	16	中医学	1	本科一批
0425151184	雷青松	长沙理工大学	37	土木工程	1	本科一批
0425151185	张　欢	北方工业大学	04	计算机类	1	本科一批
0425151186	何智旺	南京工业大学	20	安全工程	1	本科一批
0425151187	李以晴	湖南理工学院	31	法学	2	本科二批
0425151188	王　乐	湖南工业大学	07	生物技术	2	本科二批
0425151189	周　洋	湖南科技大学	20	英语	1	本科一批
0425151190	王　茜	邵阳学院	30	生物工程	2	本科二批
0425151191	刘承常	湖南中医药大学	14	医学影像学	1	本科一批
0425151192	张素湘	湖南农业大学	07	茶学	1	本科一批
0425151193	陈治宇	长沙理工大学	10	电子科学与技术	1	本科一批
0425151194	蒋依晴	防灾科技学院	05	计算机类（包含计算机科学与技术、网络工程两个专业）	2	本科二批
0425151196	杨　威	湘潭大学	35	机械设计制造及其自动化	1	本科一批
0425151197	吕坤玲	南京邮电大学	15	网络工程	1	本科一批
0425151198	何　诞	武汉工程大学	12	材料类	1	本科一批
0425151199	汪凌峰	湘南学院	29	临床医学	2	本科二批
0425151200	姚　湘	南京理工大学	03	工商管理类（财务管理、工商管理、会计学、人力资源管理、市场营销）	1	本科一批
0425151201	詹　文	北京联合大学	08	会展经济与管理	2	本科二批
0425151202	欧诗芳	湖南科技大学	13	生物科学（师范）	1	本科一批
0425151203	刘智萍	华中农业大学	19	水族科学与技术	1	本科一批
0425151204	张贻生	湘潭大学	53	自动化	1	本科一批
0425151205	罗　庆	上海海事大学	05	网络工程	1	本科一批
0425151206	刘梅桃	广东医学院	02	医学影像学	2	本科二批
0425151207	廖书佳	中南林业科技大学	51	食品科学与工程	1	本科一批
0425151208	刘　琪	江苏科技大学	11	工业设计	1	本科一批
0425151209	唐　辉	大连财经学院	01	金融学	2	本科二批
0425151210	吕鸿章	湖南财政经济学院	15	信息管理与信息系统	2	本科二批
0425151211	唐　嘉	中南大学	35	能源与动力工程	W	综合评价录取
0425151212	欧玉杰	北京航空航天大学	05	飞行技术	I	单独招生本科提前
0425151213	雷鑫娑	上海理工大学	13	金融学类	1	本科一批
0425151214	陈　林	中南大学	30	材料化学	W	综合评价录取
0425151215	曾梓凡	湖南工业大学科技	12	土木工程	3	本科三批

		学院				
0425151216	谭林青	西安电子科技大学	22	计算机科学与技术	1	本科一批
0425151217	王欣艳	上海对外经贸大学	04	国际经济与贸易	1	本科一批
0425151218	陈　婷	湖南科技大学	58	建筑环境与能源应用工程	1	本科一批
0425151220	谷　衡	南华大学	54	临床医学	1	本科一批
0425151221	廖常超	吉林化工学院	32	自动化	2	本科二批
0425151738	尹升燕	湖南女子学院	05	市场营销	2	本科二批
0425151744	刘　超	湖南交通工程学院	04	汽车服务工程	2	本科二批
0425151751	周香妮	湖南女子学院	11	英语（师范）	2	本科二批
0425151753	王翰芳	长沙医学院	19	医学影像学	2	本科二批
0425151756	段意强	怀化学院	01	电气工程及其自动化	2	本科二批
0425151759	杜音萍	湖南工业大学	23	网络工程	2	本科二批
0425151761	刘　豪	湖南财政经济学院	20	金融学	2	本科二批
0425151771	王　欢	琼州学院	15	体育教育（师范）	2	本科二批
0425151772	阮会姗	湘潭大学	55	软件工程	1	本科一批
0425151773	刘　武	湖南农业大学	23	生物技术	1	本科一批
0425151774	刘友洪	吉首大学	26	电子商务	2	本科二批
0425151776	刘　芳	湘南学院	30	药学	2	本科二批
0425151778	黄明佳	塔里木大学	06	应用统计学	2	本科二批
0425151804	陈嘉鑫	池州学院	01	高分子材料与工程	2	本科二批
0425151807	何　璐	湖南商学院	30	财务管理	2	本科二批
0425153094	肖　骏	中南大学	37	电子信息工程	1	本科一批
0425153095	罗一夫	北京信息科技大学	06	信息安全	2	本科二批
0425153096	廖　坤	湘潭大学	39	测控技术与仪器	1	本科一批
0425153097	阳　洋	湘潭大学	46	焊接技术与工程	1	本科一批
0425153098	徐昭芳	湖南农业大学	11	动物医学	1	本科一批
0425153099	曹婷婷	昆明医科大学	01	法学	2	本科二批
0425153100	邓　惠	武汉大学	37	电子信息类	1	本科一批
0425153101	詹翔骥	贵州理工学院	03	电气工程及其自动化	2	本科二批
0425153102	张振超	哈尔滨工业大学（威海）	05	焊接技术与工程	1	本科一批
0425153103	陈自强	湘南学院	29	临床医学	2	本科二批
0425153104	郑启金	长春大学	04	工业工程	2	本科二批
0425153105	詹志峰	湖南科技大学	39	机械电子工程	1	本科一批
0425153106	郭怡清	吉林大学	31	软件工程	1	本科一批
0425153107	雷　韬	解放军信息工程大学	05	信息安全（密码研究技术干部）	A	非指挥类本科（男）
0425153108	全玲枝	重庆交通大学	15	外国语言文学类	1	本科一批
0425153109	张　毅	太原理工大学	47	建筑学	1	本科一批
0425153110	秦　玲	湖南农业大学	16	水族科学与技术	1	本科一批
0425153111	李修远	北京科技大学	32	材料科学与工程	1	本科一批
0425153112	谭　睿	海南大学	18	化工与制药类（化学工程与工艺、应用化学、生物工程）	1	本科一批
0425153113	王　翔	湖南商学院	26	国际经济与贸易	2	本科二批

0425153114	陈　奇	河南理工大学	03	英语	2	本科二批
0425153115	阳乔欣	北京联合大学	22	物流工程	2	本科二批
0425153116	朱振兵	湖南工业大学	25	建筑环境与能源应用工程	2	本科二批
0425153117	李戚湘	湖南商学院	06	英语	2	本科二批
0425153118	欧阳涛	陕西科技大学	17	材料类	1	本科一批
0425153119	魏吉康	大连海洋大学	05	环境科学与工程类（含环境科学、环境工程专业）	2	本科二批
0425153120	何　静	长沙理工大学	34	计算机科学与技术	1	本科一批
0425153121	段绵超	哈尔滨工程大学	13	航空航天类	1	本科一批
0425153122	欧阳炳慧	大连海事大学	15	财务管理	1	本科一批
0425153123	尹　鑫	武汉科技大学	10	通信工程	1	本科一批
0425153124	唐忠昱	长沙理工大学	53	水利类	1	本科一批
0425153125	周　靖	东北大学秦皇岛分校	07	机械工程	1	本科一批
0425153126	雷文韬	中国矿业大学	11	机械类（机械工程、测控技术与仪器）	1	本科一批
0425153127	柏艳萍	郑州大学	53	预防医学	1	本科一批
0425153128	谭锐杰	湖南文理学院	05	管理科学与工程类(中外合作办学)（信息管理与信息系统）	2	本科二批
0425153129	何权旺	中国矿业大学	17	土木工程	1	本科一批
0425153130	刘　欢	湖南中医药大学	14	医学影像学	1	本科一批
0425153131	陈书文	湘潭大学	46	焊接技术与工程	1	本科一批
0425153132	王掌斌	湖南理工学院	26	制药工程	2	本科二批
0425153133	刘　丹	中南林业科技大学	42	土木工程	1	本科一批
0425153134	刘香归	衡阳师范学院	07	生物科学（师范）	2	本科二批
0425153135	何　颖	浙江理工大学	10	工业设计	1	本科一批
0425153136	吴　涛	南华大学	47	生物科学类	1	本科一批
0425153137	欧　烽	中南林业科技大学	A0	工程管理	V	农村学生专项计划
0425153138	王淑岚	湖南师范大学	10	物理学（师范）	1	本科一批
0425153139	刘元凤	湖南理工学院	26	制药工程	2	本科二批
0425153140	唐友莲	湘潭大学	19	知识产权	1	本科一批
0425153146	唐素平	长沙理工大学	19	会计学	1	本科一批
0425153147	贺　湘	湖南科技大学	10	物理学（师范）	1	本科一批
0425153148	胡腾飞	三峡大学	13	环境工程	1	本科一批
0425153149	刘　辉	山东科技大学	04	金属材料工程	1	本科一批
0425153150	易文璋	怀化学院	30	国际经济与贸易	2	本科二批
0425153586	李　广	湖南理工学院	24	网络工程	2	本科二批
0425153593	熊湘粤	湖北中医药大学	27	中西医临床医学（全科医学方向）	2	本科二批
0425153595	王　晶	楚雄师范学院	02	物理学（师范）	2	本科二批
0425153596	易林杰	湖南涉外经济学院	22	车辆工程	2	本科二批
0425153600	何　婷	湖南涉外经济学院	31	电子商务	2	本科二批
0425153604	刘　芊	湖南工学院	04	商务英语	2	本科二批
0425153611	胡　鹏	兰州交通大学	18	计算机科学与技术	2	本科二批
0425153613	郭泽玉	湖南涉外经济学院	05	英语	2	本科二批
0425153615	蔡　微	邵阳学院	02	商务英语	2	本科二批

0425153619	欧　成	湖南女子学院	15	会计学	2	本科二批
0425153623	雷小明	湖南信息学院	05	软件工程	2	本科二批
0425153624	蒋水山	湖南师范大学	20	应用化学	1	本科一批
0425153627	刘惊枝	南华大学	27	无机非金属材料工程	1	本科一批
0425153629	邓敦宝	湖南人文科技学院	22	网络工程	2	本科二批
0425153630	邓荀优	湘南学院	06	生物技术	2	本科二批
0425153633	周姝平	怀化学院	13	法学	2	本科二批
0425153635	周　晶	湖南第一师范学院	01	小学教育	L	其他类本科
0425153636	廖梓宪	吉首大学	19	物理学（师范）	2	本科二批
0425153640	曹兰英	湖南商学院	29	会计学	2	本科二批
0425153641	陈　辉	长沙学院	26	机械设计制造及其自动化	2	本科二批
0425153642	何尹雄	内蒙古医科大学	02	针灸推拿学	2	本科二批
0425155162	李　慧	湖南工业大学	16	仪器类	2	本科二批
0425155182	肖雅臻	衡阳师范学院	07	生物科学（师范）	2	本科二批
0425155183	王育斌	衡阳师范学院	18	信息与计算科学	2	本科二批
0425155184	卢　超	湖南人文科技学院	24	食品科学与工程	2	本科二批
0425155185	李　念	湖南工程学院	36	电气工程及其自动化	2	本科二批
0425155187	郭勇刚	湖南涉外经济学院	21	机械设计制造及其自动化	2	本科二批
0425155190	谢昭伟	湖南涉外经济学院	21	机械设计制造及其自动化	2	本科二批
0425155192	廖声亮	湖南工业大学	38	土木工程	2	本科二批
0425155193	陈雅婷	怀化学院	10	生物科学（师范）	2	本科二批
0425155194	章厚鹏	湖南工程学院	17	高分子材料与工程	2	本科二批
0425155196	张　影	湖南交通工程学院	07	财务管理	2	本科二批
0425155197	唐日旺	邵阳学院	35	电气工程及其自动化	2	本科二批
0425155198	彭显鹏	湖南工业大学	37	自动化类	2	本科二批
0425155199	曾艳红	湖南理工学院	10	人力资源管理	2	本科二批
0425155200	刘菁芳	湖南文理学院	31	财务管理	2	本科二批
0425155201	胡　勇	湖南工程学院	34	机械设计制造及其自动化	2	本科二批
0425155206	李松柏	湖南工程学院	17	高分子材料与工程	2	本科二批
0425155210	唐忠三	湖南文理学院	36	自动化	2	本科二批
0425155212	王　鼎	衡阳师范学院	30	财务管理	2	本科二批
0425155217	曹美英	长沙医学院	18	临床医学	2	本科二批
0425155219	周　涛	湖南工业大学	17	无机非金属材料工程	2	本科二批
0425155226	谢云峰	甘肃中医药大学	05	医学影像学	2	本科二批
0425155228	朱籽平	湖南涉外经济学院	18	物流管理	2	本科二批
0425155229	刘　淋	湖南工业大学	38	土木工程	2	本科二批
0425155230	徐小美	湖南应用技术学院	01	园林	2	本科二批
0425155232	尹柏鑫	湖南大学	31	自动化	1	本科一批
0425819100	李恩茂	湖南科技学院	06	电子信息工程	2	本科二批
0425819101	黄昭琼	湖南涉外经济学院	05	电子信息工程	2	本科二批
0425819102	管高长	湖南涉外经济学院	05	电子信息工程	2	本科二批
0425819103	邓　美	湖南信息学院	03	电子信息工程	2	本科二批
0425819115	王行卿	湖南信息学院	03	电子信息工程	2	本科二批
0425819200	张思琳	湖南信息学院	13	财务管理	2	本科二批

0425819500	段　婷	长沙医学院	04	药物制剂	2	本科二批
0425819501	李　梅	长沙医学院	04	药物制剂	2	本科二批
0425819504	尹　乐	长沙医学院	04	药物制剂	2	本科二批
0425819508	罗　芬	长沙医学院	02	生物技术	2	本科二批
0425819521	眭洋洋	长沙医学院	02	生物技术	2	本科二批
0425112575	吴　丹	怀化学院	18	广播电视学	2	本科二批
0425112577	郭　锋	成都信息工程大学	08	会展经济与管理	2	本科二批
0425112602	王　乔	南华大学	07	会计学	1	本科一批
0425112603	金素楠	南华大学	01	英语	1	本科一批
0425112604	蒋亚婷	海南大学	16	旅游管理	1	本科一批
0425112605	朱和珍	湖南女子学院	05	汉语言文学（师范）	2	本科二批
0425112606	雷　玲	湖南科技学院	01	汉语言文学	2	本科二批
0425112607	罗　清	长沙学院	01	汉语言文学	2	本科二批
0425112612	曹梦圆	湖南涉外经济学院	15	人力资源管理	2	本科二批
0425112613	贺思思	湖南第一师范学院	02	思想政治教育（师范）	2	本科二批
0425112622	易子薇	湖南科技学院	09	汉语言文学（师范）	2	本科二批
0425112625	彭玲慧	湖南农业大学	19	劳动与社会保障	1	本科一批
0425112629	唐　锦	吉首大学	19	自然地理与资源环境	2	本科二批
0425112634	邓　鹏	曲阜师范大学	06	历史学（说明：师范，含国学卓越班）	2	本科二批
0425112635	欧阳五群	湖南信息学院	01	财务管理	2	本科二批
0425112411	谭双艳	湖南第一师范学院	14	会计学	2	本科二批
0425112412	李贤婷	湖南文理学院	12	城乡规划	2	本科二批
0425112413	邓玉菲	湘潭大学	41	法学	v	农村学生专项计划
0425151222	吴　雨	哈尔滨工程大学	23	机械设计制造及其自动化	1	本科一批
0425153151	刘珏江	中南民族大学	25	经济学	2	本科二批
0425114220	曾能艳	湖南涉外经济学院	02	国际经济与贸易	2	本科二批
0425114226	李琳睿	湖南第一师范学院	16	广播电视学	2	本科二批
0425114228	易　金	湘南学院	08	英语（师范类）	2	本科二批
0425114246	何泽兴	长沙医学院	17	医学影像学	2	本科二批
0425114252	钟　幸	湖南科技大学	25	旅游管理	1	本科一批
0425114254	王　丽	湖南科技大学	05	汉语言文学（师范）	1	本科一批
0425114256	吴　妮	湘南学院	17	新闻学	2	本科二批
0425114259	魏路路	湖南理工学院	16	新闻学	2	本科二批
0425114271	郭秋萍	衡阳师范学院	18	旅游管理	2	本科二批
0425114272	叶培意	湖南人文科技学院	04	法学	2	本科二批
0425114275	廖诗岚	湖南文理学院	04	法学	2	本科二批
0425114276	宁　姿	衡阳师范学院	10	英语（师范）	2	本科二批
0425114282	贺湘金	湖南文理学院	05	思想政治教育（师范）	2	本科二批
0425114283	廖翊婷	湖南文理学院	03	商务英语	2	本科二批
0425115061	殷海燕	湖南工业大学	12	新闻学	2	本科二批
0425115062	何　果	邵阳学院	28	社会体育指导与管理	2	本科二批
0425115064	胡碧涛	湖南涉外经济学院	33	环境设计	2	本科二批
0425116417	邬文慧	首都师范大学	09	美术学类	N	艺术类本科

0425116430	周佳丽	湖南科技学院	11	财务管理	2	本科二批
0425151224	谢逸韬	湖南人文科技学院	18	能源与动力工程	2	本科二批
0425151226	朱港华	湖南工业大学	32	机械类	2	本科二批
0425151244	肖　峰	湖南城市学院	37	广告学	2	本科二批
0425151245	尹巧林	湖南工业大学	36	电子信息类	2	本科二批
0425151247	肖　华	湖南商学院	14	贸易经济	2	本科二批
0425151260	胡荣荣	湖南中医药大学	09	制药工程	1	本科一批
0425151264	张　琦	吉首大学	30	电气工程及其自动化	2	本科二批
0425151265	段　珊	长沙学院	21	英语	2	本科二批
0425151267	邓港坤	吉首大学	08	信息与计算科学	2	本科二批
0425151277	邓　旭	湖南人文科技学院	04	信息与计算科学	2	本科二批
0425151278	吴　磊	湖南文理学院	05	信息与计算科学	2	本科二批
0425151279	罗　茜	衡阳师范学院	16	电子商务	2	本科二批
0425151280	廖思成	湖南工学院	19	自动化	2	本科二批
0425151282	阳　洁	湖南工学院	28	工业工程	2	本科二批
0425151286	方慧寒	湖南财政经济学院	17	房地产开发与管理	2	本科二批
0425151289	吴　月	衡阳师范学院	36	计算机科学与技术	2	本科二批
0425151293	李亚菲	湖南人文科技学院	25	金融工程	2	本科二批
0425151295	李丹丹	湖南理工学院	14	英语	2	本科二批
0425151296	阳　霞	湖南人文科技学院	29	通信工程	2	本科二批
0425112660	黎　盼	湖南商学院	26	会计学	2	本科二批
0425112687	陈丹丹	西南政法大学	05	法学	1	本科一批
0425112690	刘海潮	湖南科技学院	04	日语	2	本科二批
0425112692	贺子为	南华大学	05	工商管理	1	本科一批
0425112695	蒋　韬	湘潭大学	15	经济学	1	本科一批
0425112698	龙星宇	湖南涉外经济学院	36	社会体育指导与管理	2	本科二批
0425112713	贺存辉	杭州师范大学	05	旅游管理	2	本科二批
0425112714	邓芊芊	湖南人文科技学院	05	思想政治教育（师范）	2	本科二批
0425112716	袁广萍	南方医科大学	03	商务英语	1	本科一批
0425112718	张　帆	河池学院	01	英语（师范）	2	本科二批
0425151811	龙亚娟	邵阳学院	11	人力资源管理	2	本科二批
0425151819	唐　乐	吉首大学	05	人力资源管理	2	本科二批
0425151825	阳占富	湖南理工学院	22	自动化	2	本科二批
0425151828	邹　婷	怀化学院	29	投资学	2	本科二批
0425151830	尹柏成	长沙学院	13	通信工程	2	本科二批
0425151839	王　伟	湘潭大学	57	土木工程	1	本科一批
0425151840	朱　杰	湖南工业大学	25	建筑环境与能源应用工程	2	本科二批
0425151844	周　卉	长沙学院	11	功能材料	2	本科二批
0425151845	毛　红	湖南理工学院	30	工程管理	2	本科二批
0425151846	雷海峰	湖南科技大学	37	机械设计制造及其自动化	1	本科一批
0425151847	廖南洲	怀化学院	22	软件工程	2	本科二批
0425151853	陈广园	湖南涉外经济学院	10	工商管理	2	本科二批
0425151855	李　翔	湖南文理学院芙蓉学院	06	自动化	3	本科三批

0425151856	贺逸雯	湖南信息学院	02	电子商务	2	本科二批
0425151859	段柏慧	衡阳师范学院	31	旅游管理	2	本科二批
0425151861	李威远	邵阳学院	33	机械设计制造及其自动化	2	本科二批
0425151866	雷淑茜	湘南学院	34	音乐学	2	本科二批
0425151885	周晓辉	湖南人文科技学院	21	计算机科学与技术	2	本科二批
0425151887	滕淑梅	湖南科技学院	14	英语（师范）	2	本科二批
0425153152	邓娇岚	安徽工业大学	02	会计学	2	本科二批
0425153153	刘　群	西安工程大学	31	市场营销	2	本科二批
0425153154	汤　情	湖南工业大学	32	机械类	2	本科二批
0425153155	袁得钦	江苏科技大学	22	机械设计制造及其自动化	1	本科一批
0425153156	李亚竞	湘潭大学（能源工程学院）	01	采矿工程	1	本科一批
0425153157	欧佳涛	北京工商大学	01	经济学类（财经类）	1	本科一批
0425153158	李　靓	湖南理工学院	34	机械设计制造及其自动化	2	本科二批
0425153159	李秀康	湖南商学院	33	软件工程	2	本科二批
0425153160	贺崇轩	河南理工大学	04	土木类(中外合作办学)（与爱尔兰利莫瑞克大学合作办学）	2	本科二批
0425153161	廖　叶	南京信息工程大学	01	数学与应用数学	1	本科一批
0425153162	易丽萍	湖北经济学院	06	财政学类（含财政学、税收学(注册税务师)）	2	本科二批
0425153163	聂　琦	郑州大学	41	生物医学工程	1	本科一批
0425153164	徐明智	广东工业大学	13	信息工程（卓越工程师班）	1	本科一批
0425153165	唐婷婷	四川大学	36	医学技术类	1	本科一批
0425153166	陈　欢	中南民族大学	18	市场营销	2	本科二批
0425153167	刘施佳	湖南财政经济学院	08	人力资源管理	2	本科二批
0425153168	谷文健	广东石油化工学院	07	电气工程及其自动化	2	本科二批
0425153169	曹志梅	湖南大学	24	会计学（包括会计学、财务管理、财务管理（金融工程））	1	本科一批
0425153170	陈祎茜	湖南中医药大学	05	公共事业管理	1	本科一批
0425153171	刘　赟	湖南工业大学	40	印刷工程	2	本科二批
0425153172	范德山	长沙理工大学	44	交通运输	1	本科一批
0425153173	曹　露	南华大学	17	经济学	1	本科一批
0425153174	陆　友	中南大学	26	机械设计制造及其自动化	1	本科一批
0425153175	尹　斌	湖南大学	08	数学类	1	本科一批
0425153176	唐忠健	南华大学	19	电气工程及其自动化	1	本科一批
0425153177	邓　越	郑州大学	32	给排水科学与工程	1	本科一批
0425153178	彭　敏	湖南科技大学	32	电子商务	1	本科一批
0425153179	熊金虎	中南林业科技大学	01	园艺	1	本科一批
0425153180	陈远樑	成都理工大学	26	地质工程	1	本科一批
0425153181	周登勇	北京信息科技大学	01	会计学（注册会计师）	2	本科二批
0425153182	陈管富	湖南科技大学	04	资源勘查工程	1	本科一批
0425153183	唐文广	沈阳化工大学	14	物联网工程	2	本科二批
0425153184	包　凯	长沙理工大学	30	电气工程及其自动化	1	本科一批
0425153185	刘祖剑	哈尔滨工程大学	16	计算机科学与技术	1	本科一批
0425153186	肖　宇	湖南警察学院	04	治安学	G	刑警公安类本科

0425153187	李世平	湖南农业大学	24	生物信息学	1	本科一批
0425153188	王广英	吉首大学	06	软件工程	2	本科二批
0425153189	李业飞	江苏大学	21	土木工程	1	本科一批
0425153190	殷　姣	南京理工大学	03	工商管理类（财务管理、工商管理、会计学、人力资源管理、市场营销）	1	本科一批
0425153191	周江南	湖南科技大学	37	机械设计制造及其自动化	1	本科一批
0425153192	胡留源	新疆大学	14	土木工程	1	本科一批
0425153193	章晓乔	湖南师范大学	13	生物科学（师范）	1	本科一批
0425153194	李　鸿	湘南学院	29	临床医学	2	本科二批
0425153195	郭港归	昆明理工大学	28	水利类（含水利水电工程、水文与水资源工程）	2	本科二批
0425153196	李　姣	湖南工业大学	10	工商管理类	2	本科二批
0425153197	李　成	吉首大学	32	网络工程	2	本科二批
0425153198	余　辉	湖南文理学院	33	机械设计制造及其自动化	2	本科二批
0425153199	邓　琳	广东外语外贸大学	17	商务英语（含国际商务管理、国际贸易、国际金融、国际经济法 4 个方向	1	本科一批
0425153200	何青洋	大连海洋大学	01	生物技术	2	本科二批
0425153201	肖汉杰	南京航空航天大学	27	飞行器设计与工程	1	本科一批
0425155234	唐　捷	湖南医药学院	01	临床医学	2	本科二批
0425153656	李常友	长沙学院	26	机械设计制造及其自动化	2	本科二批
0425153657	刘连胜	天津理工大学	08	电子信息类	2	本科二批
0425153658	刘　娜	怀化学院	22	软件工程	2	本科二批
0425153667	唐桂香	湖南中医药大学	14	医学影像学	1	本科一批
0425153668	张　芬	湖南商学院	23	信息管理与信息系统	2	本科二批
0425153677	李　欢	湖南女子学院	03	商务英语	2	本科二批
0425153678	雷　云	湖南涉外经济学院	23	汽车服务工程	2	本科二批
0425153679	胡雅丽	长沙学院	08	酒店管理	2	本科二批
0425153681	吴正清	湖南警察学院	08	法学	2	本科二批
0425153682	阳明珠	湖南信息学院	01	财务管理	2	本科二批
0425153686	管金平	湖南理工学院	23	软件工程	2	本科二批
0425153690	陈　丹	湖南科技学院	23	制药工程	2	本科二批
0425153694	陈文勇	南华大学	12	市场营销	1	本科一批
0425153706	唐丽君	潍坊医学院	02	临床医学	2	本科二批
0425155236	阳　巧	吉首大学	36	食品科学与工程	2	本科二批
0425155238	周　弦	湖南人文科技学院	29	通信工程	2	本科二批
0425155239	廖　德	山西农业大学	31	农业电气化	2	本科二批
0425155263	雷志锦	南京林业大学	13	产品设计	N	艺术类本科
0425155264	张佳平	西北农林科技大学	05	水土保持与荒漠化防治	1	本科一批
0425155265	吴敏健	中北大学	09	高分子材料与工程	1	本科一批
0425155266	廖　伟	湖南工业大学	21	计算机科学与技术	2	本科二批
0425155267	王泽建	邵阳学院	16	材料成型及控制工程	2	本科二批
0425155269	赵　磊	山东农业大学	24	森林保护（说明：菌物资源与利用）	2	本科二批
0425155270	姚江华	衡阳师范学院	30	财务管理	2	本科二批

0425155272	丁承欣	湖南人文科技学院	30	软件工程	2	本科二批
0425155276	罗玉萍	衡阳师范学院	07	生物科学（师范）	2	本科二批
0425155278	郑启和	河南财经政法大学	03	经济与贸易类（含国际经济与贸易、贸易经济专业）	2	本科二批
0425155279	曹兴权	湖南工学院	05	信息与计算科学	2	本科二批
0425155282	邓　鹏	长沙学院	07	旅游管理	2	本科二批
0425155286	吴　娟	湖南工业大学	39	包装工程	2	本科二批
0425155287	王　腾	湖南工学院	22	网络工程	2	本科二批
0425155288	徐望胜	湖南文理学院	37	土木工程	2	本科二批
0425155289	廖一舟	长春工业大学	09	测控技术与仪器	2	本科二批
0425155290	李盟伟	湖南涉外经济学院	14	国际商务	2	本科二批
0425155295	李　平	湖南文理学院	33	机械设计制造及其自动化	2	本科二批
0425155296	陈　靓	湖南文理学院	03	动物科学	2	本科二批
0425155297	詹喜娟	衡阳师范学院	23	自然地理与资源环境	2	本科二批
0425155299	刘尉莹	湖南科技学院	25	生物工程	2	本科二批
0425155300	邓声桂	湖南工学院	18	通信工程	2	本科二批
0425155305	张　津	湖南中医药大学	07	医学信息工程	1	本科一批
0425155306	王　洪	滨州学院	01	飞行技术（说明：驾驶方向）	I	单独招生本科提前
0425155307	黄泽成	衡阳师范学院	35	电子信息工程	2	本科二批
0425155308	欧陈洋	吉林大学	26	道路桥梁与渡河工程	1	本科一批
0425112732	李　琼	湖南城市学院	04	商务英语	2	本科二批
0425151888	吴国玺	湖南理工学院	19	电气工程及其自动化	2	本科二批
0425153202	陈　志	兰州大学	03	教育技术学（教育软件与知识工程方向）	1	本科一批
0425110993	胡　琴	衡阳师范学院	28	视觉传达设计	2	本科二批
0425112291	王　婷	怀化学院	10	土地资源管理	2	本科二批
0425112296	刘　丹	怀化学院	11	英语（师范）	2	本科二批
0425112302	唐含香	衡阳师范学院	21	广告学	2	本科二批
0425112307	李　欣	吉首大学	05	翻译	2	本科二批
0425112308	周　梅	湘潭大学	12	德语	1	本科一批
0425112312	易心贝	湖南交通工程学院	07	财务管理	2	本科二批
0425112314	阳沁茗	云南大学	07	政治学与行政学	1	本科一批
0425112319	刘　莹	长沙理工大学	15	人力资源管理	v	农村学生专项计划
0425112323	邓慕童	湖南理工学院	09	公共事业管理	2	本科二批
0425112330	吴培建	衡阳师范学院	16	国际经济与贸易	2	本科二批
0425112331	刘杰敏	湘南学院	13	国际经济与贸易	2	本科二批
0425112332	彭冬丽	湖南涉外经济学院	01	会计学（中外合作办学）	2	本科二批
0425112333	钟　佳	湖南财政经济学院	09	审计学	2	本科二批
0425112334	尹昭珍	湖南交通工程学院	07	财务管理	2	本科二批
0425112734	王　璐	曲靖师范学院	05	商务英语	2	本科二批
0425112736	邓　东	北华大学	01	历史学（历史文化产业方向）	2	本科二批
0425112762	邓英豪	暨南大学	08	旅游管理	1	本科一批
0425112767	杨　娟	衡阳师范学院	06	思想政治教育（师范）	2	本科二批

0425112770	刘兰芳	山东政法学院	01	法学	2	本科二批
0425112777	刘琳丽	湖南涉外经济学院	12	会计学	2	本科二批
0425112779	刘 懿	西藏民族大学	07	广播电视学	2	本科二批
0425112785	黄余蓉	湖南城市学院	11	房地产开发与管理	2	本科二批
0425112786	廖慧玲	闽江学院	01	法学	2	本科二批
0425112787	易洪印	湘南学院	11	旅游管理	2	本科二批
0425112788	李泽江	吉首大学	22	工商管理	2	本科二批
0425112805	何 丹	四川师范大学	02	广播电视学	2	本科二批
0425112807	吕思贝	湖南科技学院	04	日语	2	本科二批
0425112809	肖阳明	湖南工学院	06	物流管理	2	本科二批
0425114294	唐 倩	长沙医学院	03	市场营销	2	本科二批
0425114307	彭俊铭	邵阳学院	02	历史学	2	本科二批
0425114319	张 驰	湖南商学院	26	会计学	2	本科二批
0425114320	李 佳	山东工商学院	01	法学	2	本科二批
0425114331	贺文慧	湘潭大学	34	广播电视学	1	本科一批
0425114346	谭杜娟	湖南商学院	26	会计学	2	本科二批
0425114347	董慧琳	渤海大学	01	市场营销	2	本科二批
0425114348	胡可欣	湖南女子学院	14	英语	2	本科二批
0425114349	姚义朋	湖南城市学院	15	广告学	2	本科二批
0425114352	何美婷	海口经济学院	09	交通运输（空中乘务）	2	本科二批
0425114358	徐 霞	衡阳师范学院	11	学前教育（师范）	2	本科二批
0425114360	阳 漪	邵阳学院	11	旅游管理	2	本科二批
0425117121	周思佳	湖南应用技术学院	03	行政管理	2	本科二批
0425117147	周 丽	湖南女子学院	16	数字媒体技术	2	本科二批
0425151322	唐政闻	湖南人文科技学院	30	软件工程	2	本科二批
0425151327	吴 涛	长沙医学院	12	护理学	2	本科二批
0425151328	郭 敏	衡阳师范学院	15	物流管理	2	本科二批
0425151330	刘宝玉	南华大学	04	软件工程	1	本科一批
0425151331	周 乾	湖南工业大学	34	金属材料工程	2	本科二批
0425151332	董昭升	怀化学院	17	公共事业管理	2	本科二批
0425151337	郭荣昌	海南大学	14	材料类(高分子材料与工程、材料科学与工程)	1	本科一批
0425151339	刘鸿宇	湖南中医药大学	13	临床医学	1	本科一批
0425151350	唐精灵	怀化学院	15	学前教育（师范）	2	本科二批
0425151351	彭媛媛	吉首大学	07	园林	2	本科二批
0425151352	刘 姣	湖南女子学院	05	市场营销	2	本科二批
0425151355	李孝游	武汉商学院	05	休闲体育	2	本科二批
0425151359	张 鑫	怀化学院	23	网络工程	2	本科二批
0425151380	刘 鹏	长沙理工大学	37	土木工程	1	本科一批
0425151382	张鸿飞	湖南工学院	32	机械设计制造及其自动化	2	本科二批
0425114432	张诗婷	江西师范大学	02	汉语言文学（师范）	2	本科二批
0425151891	吴 晗	长春工程学院	29	电气工程及其自动化	2	本科二批
0425151912	彭霆裕	怀化学院	36	电子信息科学与技术	2	本科二批
0425151914	刘 锋	长春大学	03	车辆工程	2	本科二批

0425151917	陈怡文	怀化学院	06	数学与应用数学（师范）	2	本科二批
0425151918	唐朝凤	湖南文理学院	14	地理科学（师范）	2	本科二批
0425151919	易　璐	长沙医学院	19	医学影像学	2	本科二批
0425151927	刘　月	湖南工业大学	08	金融工程	2	本科二批
0425151929	雷秀达	邵阳学院	40	食品质量与安全	2	本科二批
0425151935	陈小亮	湖南城市学院	27	电子信息工程	2	本科二批
0425151936	蒋泽辉	怀化学院	36	电子信息科学与技术	2	本科二批
0425151941	刘　丹	中南林业科技大学	61	园艺	V	农村学生专项计划
0425151942	李　雄	衡阳师范学院	36	计算机科学与技术	2	本科二批
0425151963	蒋艳子	邵阳学院	02	商务英语	2	本科二批
0425151967	袁　维	青岛工学院	05	电子信息工程	2	本科二批
0425151968	周治林	长沙医学院	14	中医学	2	本科二批
0425151971	尹　明	南昌理工学院	14	软件工程	2	本科二批
0425112335	张　婷	湘南学院	11	旅游管理	2	本科二批
0425151402	黄　慧	湖南文理学院	31	财务管理	2	本科二批
0425155348	蒋成午	湖南人文科技学院	23	物联网工程	2	本科二批
0425155349	彭三青	衡阳师范学院	34	物联网工程	2	本科二批
0425155351	尹显益	湖南城市学院	20	化学工程与工艺	2	本科二批
0425155353	谭　婷	合肥师范学院	02	物联网工程	2	本科二批
0425155354	廖　卫	长沙学院	15	环境工程	2	本科二批
0425155356	廖福成	湖南文理学院	37	土木工程	2	本科二批
0425155361	李　玲	衡阳师范学院	21	食品科学与工程	2	本科二批
0425155366	刘文涛	淮阴工学院	01	材料成型及控制工程	2	本科二批
0425155367	刘建明	怀化学院	03	园林	2	本科二批
0425155368	姚艳飞	衡阳师范学院	08	法学	2	本科二批
0425155371	刘建谱	吉林化工学院	04	材料成型及控制工程	2	本科二批
0425155373	吕厚运	烟台大学	01	航海技术	J	航海类本科
0425155374	唐彩利	湖南科技学院	24	食品质量与安全	2	本科二批
0425155375	徐达圣	吉林大学	40	自动化	1	本科一批
0425155382	唐志民	江西理工大学	13	材料成型及控制工程	2	本科二批
0425155389	唐忠元	怀化学院	23	网络工程	2	本科二批
0425153716	刘丽萍	湖南工学院	28	工业工程	2	本科二批
0425153718	王知平	邵阳学院	22	网络工程	2	本科二批
0425153720	彭　芬	湖南科技学院	09		2	本科二批
0425153726	李肖晶	衡阳师范学院	06	化学（师范）	2	本科二批
0425153727	张晴旺	吉首大学	50	土木工程	2	本科二批
0425153729	欧鹏程	长沙医学院	18	临床医学	2	本科二批
0425153731	陈　雪	吉首大学	17	小学教育（师范）	2	本科二批
0425153732	张　琳	湘潭大学	38	过程装备与控制工程	1	本科一批
0425153734	陈文涛	邵阳学院	33	机械设计制造及其自动化	2	本科二批
0425153735	李　环	邵阳学院	40	食品质量与安全	2	本科二批
0425153742	张永德	衡阳师范学院	12	物理学（师范）	2	本科二批
0425153749	廖　茂	湖南商学院	26	国际经济与贸易	2	本科二批

0425153751	申　赟	湖南理工学院	39	土木工程	2	本科二批
0425153753	胡　蝶	曲靖师范学院	06	会计学	2	本科二批
0425153754	周　琦	湖南涉外经济学院	05	英语	2	本科二批
0425153756	张　杰	湖南工程学院	26	轻化工程	2	本科二批
0425153759	彭　骑	广州航海学院	02	轮机工程	J	航海类本科
0425153760	刘丽娟	衡阳师范学院	36	计算机科学与技术	2	本科二批
0425153203	邓朝归	长沙理工大学	37	土木工程	1	本科一批
0425153204	段凌云	吉林大学	25	车辆工程	1	本科一批
0425153205	吴文华	湖南涉外经济学院	12	会计学	2	本科二批
0425153206	周　丹	长沙学院	15	环境工程	2	本科二批
0425153207	刘子源	西南政法大学	11	劳动关系	1	本科一批
0425153208	陈贤聪	空军工程大学	06	飞行器动力工程(空军飞机与发动机工程技术干部)	A	非指挥类本科(男)
0425153209	刘　鑫	江西农业大学	40	电子商务	2	本科二批
0425153210	李缘钦	东北大学	19	机械类（含机械工程、过程装备与控制工程、车辆工程）	1	本科一批
0425153211	贺珊珊	湖南商学院	28	市场营销	2	本科二批
0425153212	尹　丹	东华大学	21	传播学	1	本科一批
0425153213	余　欣	江西科技学院	01	工商管理	2	本科二批
0425153214	尹志坚	广西大学	28	城乡规划	1	本科一批
0425153215	何　维	武汉理工大学	39	土木类	1	本科一批
0425153224	段　磊	中南民族大学	34	通信工程	2	本科二批
0425153225	李晓岚	湖南中医药大学	16	中医学	1	本科一批
0425153226	汪　涛	邵阳学院	26	制药工程	2	本科二批
0425153230	李相成	吉首大学	29	材料科学与工程	2	本科二批
0425153231	雷秀娟	湖南理工学院	30	工程管理	2	本科二批
0425153236	徐婷婷	邵阳学院	14	英语	2	本科二批
0425153239	李志慧	长沙学院	06	公共事业管理	2	本科二批
0425153240	周俊华	邵阳学院	36	电子信息工程	2	本科二批
0425153243	李佳璐	湖南人文科技学院	24	食品科学与工程	2	本科二批
0425153258	郑佳滢	陕西学前师范学院	01	化学（师范）	2	本科二批
0425153259	黄　鑫	安徽科技学院	14	食品质量与安全	2	本科二批
0425153261	邱　林	湖南商学院	01	社会工作	2	本科二批
0425151974	粟仁港	湖南工学院	21	软件工程	2	本科二批
0425151980	尹梓傲	湖南科技学院	06	法学	2	本科二批
0425151981	詹　焱	重庆文理学院	19	制药工程	2	本科二批
0425151985	吴艳花	湖南涉外经济学院	01	金融学	2	本科二批
0425151988	吴尚柯	湖南理工学院	27	城乡规划	2	本科二批
0425151990	刘　洋	北华航天工业学院	08	电子信息类（电子信息工程、通信工程）	2	本科二批
0425151991	熊　婷	湖南科技学院	21	数字媒体技术	2	本科二批
0425151994	吴锦霖	长沙理工大学	10	电子科学与技术	1	本科一批
0425151996	伍方兴	吉首大学	29	材料科学与工程	2	本科二批
0425151997	曹富林	吉首大学	06	软件工程	2	本科二批
0425152016	李　欢	湖南文理学院	24	建筑电气与智能化	2	本科二批

0425152017	陈　圆	安徽工业大学	19	给排水科学与工程	2	本科二批
0425152021	徐增辉	湖南文理学院	24	建筑电气与智能化	2	本科二批
0425152041	刘乙丁	北华大学	30	音乐学	N	艺术类本科
0425152043	王伟印	浙江理工大学	11	电气类（自动化、电气工程及其自动化、测控技术与仪器）	1	本科一批
0425151406	周　浪	湖南人文科技学院	27	机械设计制造及其自动化	2	本科二批
0425151407	王　芳	怀化学院	14	科学教育（师范）	2	本科二批
0425151421	滕　丹	湖南工程学院	27	生物工程	2	本科二批
0425151422	袁　宵	衡阳师范学院	34	物联网工程	2	本科二批
0425151425	廖　荣	南昌航空大学	18	电子科学与技术	2	本科二批
0425151426	邓　港	南昌工程学院	10	城乡规划	2	本科二批
0425151427	廖雪梅	湖南商学院	29	会计学	2	本科二批
0425151428	李远忠	湖南文理学院	34	机械电子工程	2	本科二批
0425151437	邓　辉	湖南文理学院	34	机械电子工程	2	本科二批
0425151438	易　莉	湖南人文科技学院	02	商务英语	2	本科二批
0425151439	尹　莹	湖南工程学院	40	化学工程与工艺	2	本科二批
0425151440	刘　丽	湖南科技大学	24	应用统计学	1	本科一批
0425151441	陆鹏程	湖南工业大学	17	无机非金属材料工程	2	本科二批
0425151444	崔雅琪	贵阳学院	01	电子信息科学与技术	2	本科二批
0425151448	雷　聃	东华大学	08	电气工程及其自动化	1	本科一批
0425151449	廖柏炎	吉首大学	50	土木工程	2	本科二批
0425151451	吴达旺	中南林业科技大学	60	物流工程	1	本科一批
0425151452	唐谋伸	湖南工业大学	07	生物技术	2	本科二批
0425151455	张　婷	长沙学院	24	物流管理	2	本科二批
0425117163	彭正海	湖北民族学院	08	音乐学	N	艺术类本科
0425117168	秦　涛	黑河学院	01	音乐学(师范)	N	艺术类本科
0425117177	刘青平	兰州大学	17	设计学类（含视觉传达设计、环境设计）	N	艺术类本科
0425117178	贺　辉	湖南警察学院	06	法学	2	本科二批
0425114363	胡　欢	湖南第一师范学院	01	小学教育	L	其他类本科
0425114368	管孝敏	湖南商学院	26	会计学	2	本科二批
0425114369	黄方丽	湘南学院	13	国际经济与贸易	2	本科二批
0425114372	黄　艳	吉首大学	01	商务英语	2	本科二批
0425114374	雷　盈	湖南人文科技学院	11	旅游管理	2	本科二批
0425114375	白一果	湖南文理学院	04	法学	2	本科二批
0425114379	欧阳丹	湖南文理学院	03	商务英语	2	本科二批
0425114386	陈　婷	湘南学院	10	物流管理	2	本科二批
0425114387	钱先灿	湖南科技学院	06	法学	2	本科二批
0425114390	詹秋玲	湖南工程学院	09	英语	2	本科二批
0425114403	黄　湘	吉林师范大学	03	公共事业管理	2	本科二批
0425114411	廖淑君	湖南财政经济学院	21	会计学	2	本科二批
0425114412	周强强	湖南文理学院	12	城乡规划	2	本科二批
0425114413	何　檐	吉林财经大学	02	会计学（含注册会计师方向）	2	本科二批
0425114419	周　婷	吉首大学	03	软件工程	2	本科二批
0425114424	谭春艳	桂林航天工业学院	04	工商管理类(中外合作办学)	2	本科二批

				（人力资源管理）		
0425114426	吴传涛	湖南文理学院	16	会计学	2	本科二批
0425112814	张梦妮	湖南财政经济学院	22	财务管理	2	本科二批
0425112841	李　林	衡阳师范学院	23	音乐学（师范）	2	本科二批
0425112843	范卓琳	赣南师范学院	12	音乐学（师范）	N	艺术类本科
0425112845	雷　辉	衡阳师范学院	23	音乐学（师范）	2	本科二批
0425112846	尹心怡	梧州学院	02	音乐学	N	艺术类本科
0425112847	张巍敏	周口师范学院	12	音乐表演	N	艺术类本科
0425112848	贺思思	安徽师范大学	07	音乐学（师范）	N	艺术类本科
0425112849	周小军	黔南民族师范学院	04	音乐学（师范）	N	艺术类本科
0425112850	阳　毅	昆明学院	02	音乐学	N	艺术类本科
0425112881	张正午	武汉商学院	03	动画	N	艺术类本科
0425112882	陈棋晖	北海艺术设计学院	04	动画	2	本科二批
0425112885	郭思靖	湖北工业大学	03	设计学类	N	艺术类本科
0425112886	李　静	湖南应用技术学院	07	环境设计	2	本科二批
0425112889	何卫容	湖北大学	07	设计学类	N	艺术类本科
0425112890	蒋　亮	西南林业大学	09	环境设计	N	艺术类本科
0425112891	雷　玲	湖北大学	07	设计学类	N	艺术类本科
0425112892	王　淇	三峡大学	24	美术学	N	艺术类本科
0425112895	曹志文	九江学院	10	视觉传达设计	N	艺术类本科
0425112896	尹　凌	浙江理工大学	10	设计学类（环境设计、视觉传达设计、产品设计、数字媒体艺术）	N	艺术类本科
0425112897	阳　璨	太原理工大学	09	动画	N	艺术类本科
0425114001	包丽娜	湖南商学院	05	法语	2	本科二批
0425114007	段　婷	忻州师范学院	02	思想政治教育（师范）	2	本科二批
0425114011	陈美芳	湖南女子学院	19	财务管理	2	本科二批
0425114012	黄颖媛	湖南工业大学	01	汉语言文学	2	本科二批
0425114013	杨　芬	湖南商学院	26	会计学	2	本科二批
0425112338	蹇　玥	浙江传媒学院	10	广播电视学	2	本科二批
0425112340	胡维瑾	湖南师范大学	83	体育教育	1	本科一批
0425112342	邓　娜	湖南人文科技学院	13	英语	2	本科二批
0425112348	尹一可	衡阳师范学院	07	汉语言文学（师范）	2	本科二批
0425112361	周　纯	北京物资学院	02	法学（流通法）	2	本科二批
0425112362	尹兴涛	湖南工业大学	09	财务管理	2	本科二批
0425112363	徐　亮	滨州医学院	02	中医学	2	本科二批
0425112364	唐　亮	湖南人文科技学院	04	法学	2	本科二批
0425112366	段小玉	湖南涉外经济学院	12	会计学	2	本科二批
0425112368	郭　翠	吉首大学	27	广告学	2	本科二批
0425112377	李姝格	湘南学院	05	金融工程	2	本科二批
0425112378	尹淑兰	湖南女子学院	11	物流管理	2	本科二批
0425112389	易小芬	湖南涉外经济学院	01	会计学（中外合作办学）	2	本科二批
0425112391	李思家	湖南工业大学	02	英语	2	本科二批
0425112399	谭　淦	西藏民族大学	08	会计学	2	本科二批
0425112400	周　琮	湘潭大学	42	市场营销	V	农村学生专项计划

0425112405	潘梅艳	怀化学院	04	商务英语	2	本科二批
0425112406	肖怡娴	长沙学院	20	广播电视编导	2	本科二批

科 技

【概况】2015年,常宁市科学技术局内设办公室、计划成果和知识产权股、高新技术股、农业与社会发展股;下设常宁市地震局、常宁市知识产权局、科技咨询中心、科技咨询部。是年,全市高新技术产业产值增加值约为12亿元,高新技术产业增加值占GDP比重为4.3%;申报国家、省、市级各类科技计划项目3项;1—10月申请专利68件,比2014年增长10%,授权专利48件,其中发明专利授权9件;新建省级“12396”星火科技服务站点12个,为全市各农业专业户服务70余次;科技宣传活动6次;开展科技培训5期,培训5100余人次;开展多形式的地震科普宣传3次,继续完善地震应急预案。

【申报科技项目】2015年,常宁市人民政府申报的“湖南省常宁市国家可持续发展实验区”项目为国家级重点项目。常宁市兴华农业开发有限公司申报的“塔山瑶族生态智慧旅游应用及示范”项目获省科技厅科技惠民重点项目支持。

【扶持发展潜力高新技术企业】2015年,按照“产业化、规模化”的要求,按照“下游配套、中游支撑、上游开发”的产业发展思路,推进高新技术企业稳步发展。新培育诚创鑫科技、齐家茶油等2家民营科技企业,全市民营科技企业10余家。帮助企业深挖科技资源,积极引导企业向高新技术企业发展。引导诚创鑫科技、齐家茶油和省知名专利代理机构建立战略合作关系,帮助企业挖掘核心创新技术。

【服务农村农业科技】2015年,发挥科技计划项目的引领作用,对各级的科技计划项目认真组织实施,重点突出夏橙、红提、烟草特色水果和特色经济作物等产业,建立3个科技示范基地。采取请专家讲课,指导员进村培训,科技顾问定点培训和送科技下乡等形式开展农村实用技术培训。是年,开展各类技术培训7场次,培训2000人次,发放技术资料4000余份,科技人员进村入户90人次。

【知识产权(专利)战略】2015年4月26日,科技局在东风广场开展以“服务知识产权强市建设,支撑常宁创新驱动发展”为主题的“4·26知识产权日”现场活动。在现场咨询中重点宣传《中华人民共和国专利法》《湖南省专利条例》,国家、省及衡阳市专利配套政策,向过往行人和群众发放知识产权宣传材料近10余种,约计3300余份,接受群众答疑咨询60余人次。组织全局机关执法人员进行行政法律法规学习,尤其是对《中华人民共和国行政许可法》《中华人民共和国促进科学技术成果转化法》《中华人民共和国专利法》《专利行政执法办法》和《湖南省专利保护条例》等一系列科技法律的学习,通过学习增强干部职工依法行政意识和能力。为了有效遏制专利侵权行为,增强全社会知识产权保护意识,促进科技创新,营造发展高新技术产业的良好环境,规范市场经济秩序,在常宁市区域内大型超市和药房中进行知识产权行政执法20次,查处假冒专利2项。

【地震应急能力】2015年,继续按照“试点先行,逐步推开”的原则,继续抓好大立村、八合村、金龙村、板桥村、谭井村、群益村6个示范村,在继续巩固好原有6个示范村建设成果的基础上,又建设了江河乡吕坪村,在该村开展形式多样的宣传活动,成立专门班子对该村农居建设现状进行调查摸底和现场技术服务。10月18日,在吕坪村开展“农村民居抗震设防实用技术讲座”,100余名村民参加讲座。新建农居工程示范户30户。是年,在松柏镇三香小学开展“读一本地震科普读物、举办一次科普讲座、上一堂地震应急知识课,举办一次地震知识手抄报比赛,组织一次地震应急疏散演练的五个一系列地震科普宣传教育活动。5月9日,市应急办、市地震局对三香小学创建工作进行现场验收,观看了学校的科普专栏,手抄报展览和应急演练,市地震局专业技术人员对全校师生作了一堂生动的地震科普知识讲座,三香小学的创建工作得到常宁电视台和常宁报的推荐报道。及时处理有关突发事件,同日,市科技局接到通知,松柏镇金水小学旗杆异常摇晃,引起周边村民恐慌。市科技局立即组织人员到现场调查了解,并将调查情况及时向汇市人民政府和上级主管部门汇报,后在市人民政府应急办的组织下,又协调市国土、经信等部门开展深入的调查分析，初步查明异常原因，及时消除了村民的恐慌情绪。

【存在的问题】2015年，存在的问题是：一是高新技术产业发展缓慢，企业研发投入偏少，虽然每年都申报了高新技术企业，但是高新技术企业还很稀缺。二是农村农业综合科技资源不足，全市农业基础设施建设经费投入较少，农村基础设施薄弱，农村劳动者的文化素质普遍不高，科技成果转化缓慢，科技型人才资源不足，科技宣传、科技培训工作还需进一步得到加强和改进。三是科技经费投入不足，根据国家规定，对科技经费的投入不得低于本级财政支出的1.1%，常宁远没有达到标准，且分布各部门的科技投入经费没有形成整体合力，没有明确“科技项目”预算，更没有形成“三项经费”的规范化管理监督和考核。同时受经费制约，各项科技工作涉及面不广，层次不够深，引导和支撑作用不够明显。

卫生·体育·旅游

卫 生

【概况】2015年,全市卫生事业经费13550万元,占财政收入的0.083%,全市医疗收入4.66亿元。常宁市卫生局机关有工作人员93人,内设15个科股室,爱卫办设卫生局内,与卫生局合署办公;有6个群团组织;下辖人民医院、中医院、妇幼保健院、疾病预防控制中心、卫生监督所、新型农村合作医疗管理委员会办公室、二医院、三医院、四医院等9个市直医疗卫生机构,22个乡镇卫生院,4个社区卫生服务中心。有民营医院3所。卫生系统共有卫生工作人员4061人,卫生技术人员2871人,执业医师836人,执业助理医师692人,全科医生97人,注册护士1481人,高级职称75人,中级职称586人,初级职称1843人。村卫生室708个,乡村医生775人。全市共开设病床3987张,病床使用率95%。全年完成诊疗102.1万人次,住院病人手术13587台次,出院病人103442万人次。是年,乙类传染病报告10种1333例,死亡3例,报告发病率163.7/10万,死亡率0.37/10万,发病率较2014年同期上升4.39%。乙类传染病报告发病以肺结核、肝炎为主,共计报告1192例,占报告乙类传染病总数的89.42%。丙类传染病报告6种741例,无死亡,报告发病率91/10万,发病率较2014年同期上升11.26%。

【卫生基础建设】2015年,市人民医院扩建项目被列入衡阳市和常宁市2015年两级重点工程建设项目,规划总用地15.25公顷,计划投资2亿元,已进入征地拆迁环节。市中医院医疗综合大楼总投资1.5亿元,已完成所有内外工程,即将投入使用。是年,争取到采煤沉陷区综合治理专项建设基金3.18亿元(人民医院扩建项目2.8亿元,乡镇卫生院建设3800余万元),新河和塔山2所卫生院建设项目总投资340万元、板桥镇卫生院周转房项目总投资约40万元,47所村卫生室建设项目总投资约470万元。投入181万元建设常宁市120急救指挥调度中心,加强全市的医疗急救管理和急救力量。

【医政科教】2015年,举办常见的内儿及中医药的合理应用、麻醉药品的临床应用等科目培训,对基层医疗机构医护人员培训两次共136人,采用“一对一”的个性化模式开展全科医生转岗培训16人;全市各医疗机构向上级医院派出76余人进修学习。对乡镇(社区)卫生院院长26名,内儿科20人、护理人员25人共计71人参加继续教育。是年,全市776名乡村医生参加各个乡镇(社区)卫生院为期一周的IPTV集中培训,在7月初参加市卫生局举办的乡村医生培训班,增强基本公共卫生服务能力和对常见病、多发病的诊治能力。市中医院制订《中医药人才队伍建设中长期规划》,抓中医药人员配备和人才培养,投入300万元,将全院45岁以下的医师分批去衡阳市中心医院重症监护室轮训两个月,选派多名年轻医学专业技术人员到国内知名医院进修学习,以提高急诊急救能力。为检验和提高医疗机构的急诊急救水平,11月下旬市卫生局举行“第一届全市急救技能大赛”,对全市所有医疗机构的代表队进行理论考试和心肺复苏、除颤、气管插管、包扎、搬运等急救环节的考核。此次大赛将有效加强医护人员院前紧急救援处置能力,提升医疗服务水平,进一步保障医疗质量和安全。

【新型农村合作医疗】2015年,共有670243名农民参加新农合,参合率99.84%,农民个人缴费标准为90元/人,财政补助380元/人;统筹基金补助174313

人次，补助金额27261.52万元，其中住院补助99261人次，补助金额24675.9万元；门诊统筹补助69499人次，补助金额1053.3万元。全市实际住院补偿率（受益度）为64.69%，其中县乡两级政策范围内住院补偿率（受益度）为74.01%，在衡阳市各县市区中排前列。是年，设立常宁市新型农村合作医疗家庭门诊账户，每人每年50元，可用于在当地乡镇卫生院就诊的普通门诊费用的报销，余额可结转下年。继续落实五保户基本医疗费用全免政策，在市（县）、乡两级医疗机构住院的基本医疗费用按相应比例核报，不设起付线，意外伤害的不降低比例。是年，全市新农合基金补偿住院五保对象5402人次，补偿金额969.59万元。加大农村重大疾病救治保障的力度，免费救治14岁以内的先心病参合患儿33人，对14岁以内白血病参合患者、妇女两癌参合患者的医疗费用按80%分别补助56人次、132人次，对终末期肾病、重性精神病分别补助47人和19人。强化基金监督管理，加大基金监管和费用控制工作力度。认真落实《常宁市新型农村合作医疗定点医疗机构费用控制和监管措施》，严格控制参合病人次均费用。建立举报有奖制，狠抓冒名项替等违规行为，发现冒名顶替15例，及时拒付基金约20余万元。

【**基本公共卫生服务**】2015年，规范实施基本公共卫生服务项目，夯实百姓健康基础。全年新增居民健康档案21927人，累计建档人数72万余人，其中电子建档66万余人，共查出高血压63113人、糖尿病患者29471人，重性精神病患者3418人，并建立慢性病患者管理档案，进行规范化管理，高血压患者54718人，糖尿病患者26406人，重性精神病患者2508人，规范化管理率分别为86.7%、89.6%和73.4%，管理率和随访质量逐步得到提高。对35岁以上居民进行首诊测血压制，对查出高血压、糖尿病确诊病例建立了慢性病专门档案。乡镇卫生院、社区卫生服务中心对65岁以上居民建立健康档案，免费为老年人进行一次健康体检。是年，累计健康管理88123人，完成体检人数49864人，规范化管理48268人，规范化管理率54.7%。是年，全市共出生4820人，建卡4672人，建卡率96.92%，建证4520人，建证率93.77%。全程接种率99.94%，流动人口全程报告接种率94.36%。全市共设固定预防接种咨询点26个，接待预防接种知识咨询900人次，发放宣传资料4300余份，张贴宣传海报860张，悬挂横幅26条，手写标语163张。

【**卫生监督**】2015年，在全市范围内开展医疗执业监督执法检查，共出动执法人员400余人次，出动执法车辆80台次，宣传车20台次，对城区、松柏、官岭、烟州、白沙、洋泉等非法行医较为突出的地段采取错时段、节假日、便衣暗访、蹲点守候等各种巡查方式，共取缔非法诊所14家，没收药品30箱，累计金额2万余元，罚款10万元，有效震慑非法行医者。非法行医得到有效的打击，保障全市人民的用医安全。强化公共场所、学校卫生、生活饮用水卫生、职业卫生和放射卫生监督。共检查118所学校（其中幼儿园13家），饮用水集中式供水39家，学校自建设施供水79家，管供水人员86人，下达卫生监督意见书118份。是年，通过调查核实，全市医用放射单位共计17家，监督检查的医用放射单位共计17家，监督覆盖率达100%，发现4家存在违规行为，均对其责令限期改正或行政处罚。

【**疾病控制**】2015年，开展以霍乱为重点的肠道传染病防治工作，共登记腹泻病人469例，开展病原学检索60例，检索率12.79%，未发生霍乱疫情。为防止发生人感染H7N9禽流感输入性病例。采集和检测常规标本66份，职业暴露人群血清标本50份，应急监测采集各类标本27份，未发现阳性标本。加强免疫规划工作，全年无百日咳、白喉、新生儿破伤风病例、流脑、乙脑、AFP病例报告。麻疹2例，风疹1例、乙肝38例，其中15岁以下乙肝报告3例，流行性腮腺炎6例。是年，全市共出生4820人，全程接种率99.94%，流动人口全程报告接种率94.36%。加强艾滋病和结核病防治工作。VCT门诊全年累计完成自愿咨询检测266人，市人民医院、中医院、妇幼保健院检测9385人，发现HIV初筛阳性病例3例。继续加大高危人群的干预力度，共干预娱乐场所服务人员467人次，美沙酮门诊累计入组283人，发放防艾宣传资料800余份。1—6月共接诊疑似结核病人1259例，发现活动性肺结核病人486例，结核病病人治愈率95.27%。加强寄生虫病、地方病、慢性病防治工作，监测疟疾病源，防止疟疾复燃和疫情扩散，重点开展发热病人的血检工作，全年完成血检235人份，未发现疟原虫阳性病例。

【妇幼保健】2015年，全市活产数为8930人，产妇数为8885人，孕产妇死亡为零，孕产妇保健管理8375人，孕产妇保健管理率94.26%，孕产妇系统管理7529人，系统管理率84.31%，早孕建卡7734人，早孕建卡率86.61%，住院分娩活产8823人，住院分娩率为98.80%，8335名产妇进行了产后访视，产后访视率为93.34%，剖宫产活产数2519人，剖宫产率为28.21%，高危孕妇筛查1853人，筛查率为20.86%；7岁以下儿童67439人，其中57700人进行了保健管理，保健管理率为85.67%；3岁以下儿童29021人，其中2498人进行了系统管理，系统管理率为86.08%，8338名新生儿进行了访视，新生儿访视率为93.37%，5岁以下儿童死亡62例，5岁以下儿童死亡率为6.94‰，婴儿死亡48例，婴儿死亡率为5.38‰，新生儿死亡35例，新生儿死亡率3.92‰。继续实行农村孕产妇住院分娩基本医疗全免费政策，扩大群众的受益面，全年农村孕产妇住院分娩3217人，补助资金96.51万元。

【中医药工作】2015年，市中医院按照省卫生厅确定的中医药适宜技术推广项目，组织专家遴选了10余种常见疾病的30余项中医药适宜技术推广项目，供全市培训中医药人员使用。同时，印发《常宁市中医药适宜技术推广实施方案》，并成立推广工作领导小组和技术专家组，选派经验丰富的临床专家赴基层开展培训工作。大力开展中医药适宜技术推广应用工作，加大三级中医药服务体系的建设。建立中医药适宜技术推广网络视频平台，完成视频网络平台对接工作，共组织300人次参加国家中医药管理局的网络培训。大力宣传和发展“南詹正骨”特色专科技术，争取打造成全国知名品牌。11月28日，由省中西医结合学会骨伤科专业委员会主办，常宁市中医院承办的“南詹正骨疗法暨新技术新进展”讲习班开班，来自省内外200余名骨伤科专家和同行参会，探讨南詹正骨学术思想和骨伤科相关学术问题，湖南省卫计委副主任、省中医药管理局局长邵湘宁出席讲习班并作重要讲话，并表示下一步将对独具特色和疗效的“南詹正骨”中医技术将进行深入挖掘和整理，让其更好地服务人民。12月底，市中医院“南詹正骨”技术的疏经术、理经刀、鹤嘴式整骨钳、波浪板等4项成功入选湖南第一批18个中医药专长绝技项目，获得省人民政府的授牌表彰。

【爱国卫生工作】2015年，结合“城乡卫生同治”、“爱国卫生月”等系列活动，扎实开展城乡环境清洁行动，全市城乡环境卫生状况明显改善。积极开展健康教育宣传活动，以“5·31”世界无烟日为契机，大力开展控烟宣传活动，发放宣传资料5000余份，并推行无烟医疗卫生系统创建工作。积极开展灭鼠灭蟑工作，在市人民政府的统一部署下全面开展对城区的病媒生物防治杀灭工作，对城区单位、社区、城中村、农贸市场等区域共投放灭鼠毒饵5.78吨，灭蟑粉剂6527包，水剂药物368公斤，投药覆盖率达到100%，有效降低了城区虫害密度。

【县级公立医院改革】2015年，县级公立医院综合改革是中央、国务院深化医药卫生体制改革的五项重点任务之一，医改工作攻坚克难的主攻方向，对解决群众看病难、看病贵问题至关重要。常宁是全省第三批75个县市之一，市人民医院、市中医院被列为县级公立医院综合改革单位。中共常宁市委、市人民政府将县级公立医院改革作为一项重要民生工程安排部署。1月，成立以市长为组长的县级公立医院改革领导小组，组织发改、卫生、人社、法制等相关单位共同部署推进。市卫生、财政、物价等单位成立测算工作小组，对市人民医院和市中医院的资产、床位、编制、人员、上年度药品销售额、医疗服务、绩效考核、收支及负债等情况进行摸底登记。3月，常宁市出台县级公立医院改革实施方案及配套方案，明确县级公立医院取消药品加成减少的合理收入，约80%通过合理调整医疗技术服务价格来弥补，县级财政投入15%，剩余5%通过医院压缩运行成本的方式解决。4月1日，市人民医院、市中医院正式启动县级公立医院综合改革，从零时起实行药品零利润销售。市领导和有关部门对两大医院开展多次督查，两大医院药品零利润销售政策执行到位，老百姓知晓率较高，没有出现问题和矛盾。是年，通过推进县级公立医院改革，取得了“两升三降一回归”的良好效果：4月份两所医院的业务量同比增长19.65%，环比增长15%；门急诊人次和出院人次同比分别增长17.1%、27.51%，环比分别增长25.35%、29.65%。门急诊次均费用、出院次均费用和床日费用等三项指标环比分别减少9.65%、6%、6.5%；“一回归”就是药品回归到治病功能，零差率销售后，医院收入摆脱了对药品收入的依赖，改变了过去“以药养医”的旧机制，医生开方更理性，群众用药更合理，公立医院的公益性得到进一步彰显，“救死扶伤”正面形象进一步改善，老百姓满意度不断提升。

【基础设施建设】2015年，市人民医院扩建工程在市几大家的关心和支持下，被列入市委、市人民政府重点关注的民生项目之中，已选址泉峰片区，规划总用地15.25公顷，计划投资2亿元，年末进入征地环节，争取年内破土动工，2016年底前完成主体工程。市中医院医疗综合大楼总投资1.5亿元，地上主楼15层，附楼6层，已完成主体、水、电、消防、空调管线安装及大部分外墙装饰装修工程。兰江卫生院项目已建1层，年底完工。争取塔山、新河等卫生院的建设，改善偏远、少数民族地方的医疗条件。村卫生室建设完成2014年38所任务的29所，年底全部完工。2015年，逐步对计划中的47所村卫生室进行建设，逐步改善农村医疗卫生条件。

【人才队伍建设】2015年，举办常见的内儿及中医药的合理应用、麻醉药品的临床应用等科目培训，对基层医疗机构医护人员培训2次共136人，采用“一对一”的个性化模式开展全科医生转岗培训16人；全市各医疗机构向级医院派出76余人进修学习。对乡镇（社区）卫生院院长26名，内儿科20人、护理人员25人共计71人参加继续教育。5月开始，全市776名乡村医生参加了各乡镇（社区）卫生院为期1周的IPTV集中培训，在7月初参加市卫生局举办的乡村医生培训班，增强基本公共卫生服务能力和对常见病、多发病的诊治能力。市中医院制定《中医药人才队伍建设中长期规划》，狠抓中医药人员配备和人才培养，投入300万元，将全院45岁以下的医师分批去衡阳市中心医院重症监护室轮训两个月，选派多名年轻医学专业技术人员到国内知名医院进修学习，以提高急诊急救能力。为检验和提高医疗机构的急诊急救水平，11月下旬，市卫生局举行“第一届全市急救技能大赛”，对全市所有医疗机构的代表队进行理论考试和心肺复苏、除颤、气管插管、包扎、搬运等急救环节的考核。此次大赛将有效加强医护人员院前紧急救援处置能力，提升医疗服务水平，进一步保障医疗质量和安全。

【建设群众满意的乡镇卫生院】2015年，按照省卫计委的统一部署，从6月起在全市启动“建设群众满意的乡镇卫生院”活动，通过加强基础设施建设、人才队伍建设、强化医疗质量和安全等措施来提高乡镇卫生院的服务能力，通过积极转变服务模式、加强医患沟通、加强医德医风建设等措施来密切乡镇卫生院和群众的联系，达到看病就医方便经济、医疗服务安全可靠、公共卫生服务可及、内部管理规范有序、农村居民满意信任的效果。6月24日，召开全市“建设群众满意的乡镇卫生院”活动动员大会，对整个创建活动进行部署推进，力争到2016年全市30%的乡镇卫生院（6所）达到标准，2020年全市所有的乡镇卫生院均达到标准。

【人大建议、政协提案办理】2015年，市卫生局共承办市人大代表建议5件，市政协委员提案8件，市卫生局对办理工作高度重视，制订办理工作方案，组建办理班子，落实承办责任，共办成A类12件，B类1件，代表、委员们以“非常重视、非常认真、非常有效”高度评价了市卫生局的办理效果。

【计划生育】2015年，强化目标管理责任制，把人口和计划生育纳入综合目标考核“一票否决”重要内容，并加大查处力度，本年度计划生育工作顺利通过上级检查。

【安全生产】2015年，与各单位签订安全生产责任状，开展安全生产大排查、大督查、大整改“三大行动”，通过自查自纠和督查整改，积极排查消除安全隐患，推动医疗卫生单位安全形势持续好转，无安全事故发生。

【综治维稳和信访接待】2015年，积极配合全市民调工作部署，在卫生系统各单位开展综治民调宣传活动，并安排专人夜间巡逻，促进全市治安不断改善。认真做好群众来信来访和网络舆情监控处置工作，共接待群众80余人次，受理信访案件38件，办结28件。

体育

【概况】2015年，常宁市体育局机关内设办公室、市场管理股、体育彩票管理股、群众体育股，下设体育场和业余体校，有工作人员25人。是年，贯彻落实党的群众路线教育实践活动，以发展体育事业为目的，以服从服务于广大人民群众为宗旨，携手并肩，勤奋工作，全市体育事业取得长足发展。

【政治学习】2015年，开展“三严三实”专题学习、“党的群众路线教育实践活动回头看”等多方位的学习，聚焦国家战略，充分认识全民健身上升为国家战略的重要意义，不断推动体育产业与体育事业实现良性互动，逐步提高市民身体素质和健康水平。进一步找准找实制约全市体育事业发展的症结，统一全局干部职工的思想，形成科学发展体育事业的共识，为全市体育事业的又好又快发展打下坚实的基础。

【体育基础设施建设】2015年，通过向上级积极争取，多方筹措资金，新增三条健身路径、76套农民体育健身器材，深受群众欢迎。同时积极解读政策，充分挖掘资源，根据本市实际情况已向上级申请90个农民体育健身工程和194套农民体育健身路径，待全部到位，常宁将有79%以上的行政村拥有健身器材，极大改善农民健身条件。

【发展体育单项协会】2015年，发展龙狮协会、裁判协会、羽毛球俱乐部等社会体育组织，壮大社会体育力量，并不断加大体育社会指导员培训力度，增强基层体育站点，服务队伍力量。10月14日，承办衡阳市文体广新局“送体育下乡”暨乡镇社会体育指导员培训班活动，对来自27个乡镇、办事处，55个健身站点的180个社会体育指导员进行5个项目（排舞、广场舞、健身军鼓、柔力球、太极拳）的培训，参训人员均获得衡阳市二级省会体育指导员证书。

【群众体育活动】2015年，先后开展国庆围棋比赛、羽毛球精英选拔赛、“学府华庭”杯乒乓球比赛、“人大”杯第三届乒乓球赛、公安系统篮球赛、老年人运动会等活动，并承办衡阳市国税系统篮球赛、衡阳市人社系统职工运动会，大力推动群众参与体育活动的热情。

【教体结合】2015年，为了培养和选拔优秀体育人才，重点抓基地建设，帮助协调各个基地建设与学校的关系，理顺基地建设中的场地建设、教练配备、设施完善、人才选拔、资金筹备等问题。为贮备人才，确保选拔人才的质量，相应的建立基地的训练网点，如常宁一中田径、女子摔跤基地，就以宜阳小学、双蹲小学、常宁七中、常宁八中为网点；水局中心校游泳基地以松柏镇中学、松柏中心小学、希望中学等为网点。通过网点的建设，现在基地训练的重点运动员有100多人，各网点训练项目的在训人员有200多人。同时，加大向上级输送人才的力度，形成选材、训练、竞赛、输送一条龙的训练体系。

【参赛十运会展竞技体育成绩】2015年8—9月，衡阳市十运会举行。常宁市组队参加21个大项的比赛，参赛运动员400余名，其中青少组获得金牌30块、银牌17块、铜牌36块，成年组获得金牌4块、银牌4块、铜牌4块，并承办十运会的篮球比赛。

【体育场馆】市体育馆修建于20个世纪80年代，各种设施设备老化陈旧，对于全民健身的开展十分不利，为贯彻落实国务院颁布的《全民健身条例》，进一步改善公共体育设施条件，加快全民健身事业的发展，2015年，在市委、市人民政府的支持下，投资190万元对市体育馆进行改造和加固。此次工程历时60

天，对体育馆顶棚、外墙、室内篮球场地板、看台等进行翻新，展现在市民面前的是一个焕然一新的篮球馆。10月，自筹资金60万元，对体育场的护坡及室外篮球场进行全面加固和改造，年末，室外风雨灯光篮球场已投入使用，免费向市民开放。

【体育产业】2015年，多措并举，体育场馆经济效益逐步提高，体育彩票发行工作顺利，新增4个体彩专营店，体育彩票网点月销量逐步提高。

【存在的问题】2015年，存在的主要问题有两方面：一是群众体育发展不平衡。群众体育工作虽然在全市名列前茅，但城市和农村发展不平衡，存在较大差距。二是体育场地严重不足。面对参与健身锻炼的人群日益增加，境内现有体育场地已不能满足人民群众参与健身活动的需要。

旅游

【概况】2015年，常宁市旅游局机关共有干部职工17人，内设办公室、市场开发股、行业管理股、规划财务股，下辖庙前风景区管理所、西江漂流有限公司。全年，共接待游客185万人次，创旅游综合收入5.3亿元，分别比2014年同期增长18%和21%。

【项目建设】2015年，北京万景集团控股有限责任公司成功落户常宁。根据合同，北京万景集团投资庙前旅游资金不少于4亿元，主要用于庙前景区提质改造工程建设。与万景集团的积极对接，6月完成庙前景区经营权的移交。常宁万景恒昌旅游开发有限公司完成印山停车场、溶洞灯光一期改造等工程项目的建设。10月，由浙江远见公司编制的《常宁市庙前景区总体规划》通过评审，项目建设将陆续启动。是年，天堂山景区基础设施建设全面启动，对天堂山登山游道进行修整，天堂山景区生态停车场、旅游厕所、游客服务中心选址、设计工作已完成，已进入建设施工阶段，预计2016年4月可投入使用。是年12月，《常宁市旅游产业发展总体规划和重点项目概念性规划》通过专家评审。该规划基础资料翔实完整，编制内容齐全，有较好的超前性和可操作性，对各个项目的建设启动有较好的指导作用。根据省财政厅、旅游局文件，指导飞腾农业开发有限公司将板桥农业生产观光休闲园项目成功申报为2015年湖南省旅游发展专项资金项目。

【宣传促销】2015年，以“山水天堂，印章王国、魅力瑶寨”为主题，通过各种途径，全力打造常宁旅游品牌。是年，传统媒体宣传常抓不懈，及时更新网络、报刊等平台资料，建立常宁旅游微信平台，让局里、所里每位同事都参与宣传，形成良好的宣传氛围。广告宣传牌推陈出新，在S61（岳临高速）庙前段，往返方向精心制作两块“山水天堂，常游常宁”的大型广告牌，更换了天堂山风车口位置的宣传牌。组织参加中国浙江义乌国际旅游商品博览会和省旅游商品博览会，精心准备参会商品，其中齐家茶油获省旅博会银奖。是年，先后4次邀请衡阳电视台“乡里乡亲”栏目组对塘湾村油菜花、天堂山杜鹃花、塔山西江瑶寨、东江峡谷等多个景点进行专题拍摄报道。是年11月，邀请湖南国际频道“世界看湖南”栏目到常宁拍摄中田古民居古建筑群专题宣传片。

【行业监管】2015年，在春节、清明、五一、端午、国庆等节假日前，组织有关单位召开专题部署会议，安排有关工作，并下发《关于做好假日期间旅游服务工作的通知》；假日期间不定时到景区巡查，机关干部实行24小时值班制，及时掌握旅游情况，确保各景区、旅游企业有序运转。是年，为保证旅游活动的安全、顺畅，旅游局与各景区签订安全责任状，每个季度深入景区进行安全检查，排查隐患。多次派员深入漂流公司检查和督查，给船工进行培训，帮助漂流公司提升安全管理水平。是年，在庙前、塔山等乡镇发展了十余家“农家乐”，对符合条件的“农家乐”进行了统一挂牌。是年，向全市旅游景区、酒店发放了数百份旅游抽样调查问卷，了解常宁的旅游客源市场和消费情况，为旅游营销和产品开发做参考。配合湖南省远景旅游规划公司专家对常宁西岭五冲，罗桥田野绿世界等旅游资源进行实地考察，并纳入《常宁市旅游产业发展总体规划》当中去，进一步完善和修改《总规》文稿。协助万景公司做好庙前景区总体规划工作。

计划生育

人口与计划生育

【概况】 2015年，常宁市人口和计划生育局内设办公室、人事股、统计股、科技股、法规股、奖扶办、流管站、财务股、宣传股、信访室、执法局、妇委会、纪检监察室、市直业务考核办，下设市计划生育药具站、市计划生育服务站和27个乡镇（办事处）计生服务所，市计划生育协会为挂靠单位。2014年10月1日至2015年9月30日，全市共上报出生11664人，出生率为12.3‰，其中政策内出生8585人，符合政策生育率为73.6%，出生人口性别比为109.48。

【落实责任】2015年初，市委、市人民政府与27个乡镇（办事处）、20个综治部门、128个机关单位分别签订目标管理责任书，形成党组主导、部门配合、齐抓共管的工作格局，并明确对在人口计生工作中不履行、不正确履行职责和履行职责不力，造成不良影响和后果的有关人员进行责任追究。严格按照市委、市人民政府的要求，经常进行督查、指导。严格落实“一票否决”制。在2014年全市人口计生工作考核评估中，对5个市直机关企事业单位实行“黄牌警告”；对3个村和联村责任人实行“黄牌警告”；对2个村和联村责任人实行“重点管理”；对荫田镇万泉村实行“一票否决”，免除该村的村支部书记、主任和计生专干的职务，并扣减其当年度50%的误工补贴，对联村的镇干部实行待岗一年。

【抓实基层工作】2015年，规定乡镇每月在召开计生工作例会时，局机关联点工作人员对村专干掌握本村出生情况进行随机抽查，抽查结果纳入村级年度计生工作考核，并与村专干工资待遇挂钩。同时，采取以会代训的方式对村专干进行培训。是年7月，对市、乡两级500余名计生专干进行集中轮训，培训后举行了闭卷考试。全面清理、规范“三位一体”阵地，及时、准确做好村务公开工作。是年，在世界人口日等活动期间，组织4支计生宣传小分队，在城区主干道巡回宣传计生政策，营造良好的计生工作氛围。每天利用广播“村村响”平台，宣传计生政策法规、优生优育知识、计生惠民政策等。

【核实基础数据】2015年，组织镇村干部逐村、逐组、逐户、逐人清查，全面掌握、报实人口出生信息。同时，对实时通、流管平台、新生儿入户信息、出生证办理信息、预防接种信息、农合资料等进行清理校核，确保全面、准确掌握出生情况。对24个月的村级报告单、专干手册、近三年的法律文书等业务资料进行全面清理，确保数据一致、逻辑一致、账账相符、账实相符。对城区流入人口开展全面清查清理，通过清查共发现新增流入人口1866人，变更流入人口定位信息263条。

【协同管理】2015年，市委宣传部加强舆情监控与应对处置，记录1条舆情信息并处理到位。市委统战部对全市非党领导干部再生育和违法生育进行登记、备案，并建立台账资料。市工商联将非公有制经济代表人士生育情况进行登记造册。其他部门也都严格按照要求落实协同管理职能。

【信息通报】2014年10月1日至2015年9月30日，卫生系统共录入“实时通”信息13930条，公安系统共录入“实时通”信息13495条，民政部门录入“实时通”信息9013条，人社局录入“实时通”信息141条，工商局录入“实时通”信息56条。市教育局、市移民局、市建工局等部门也都严格按照要求及时通报相关信息。

【依法行政】2015年，明确规定农村违法生育人员首次征收社会抚养费，不得低于应征金额的40%，凡未达到标准的乡镇(办事处)取消其人口计生工作年度评先评优资格。认真开展社会抚养费征收管理使用自查自纠工作，规范社会抚养费征收行为，加强社会抚养费使用监管。对违法生育对象社会抚养费征收情况进行全面清理，并组织镇村干部逐户上门征收。全市共上解社会抚养费2096万元。2015年，全市立案217起，冻结或征收社会抚养费182.7万元，起到“查处一案、震慑一片、教育一方”的效果。同时，继续开展党员干部和国家公职人员违法生育专项整治行动，从严查处违法生育的国家公职人员。

【惠民政策】2015年，为2640名奖扶对象发放奖扶资金269万余元，为236名特扶对象发放特扶资金86.9万余元，为1142名独生子女发放保健费27.4万余元，为163名计生手术并发症对象发放扶助资金23.5万余元。稳妥实施“单独两孩”和“城镇独生子女父母奖励”政策，共办理“单独两孩”再生育证346个，录入城镇独生子女父母奖励对象6609人，奖励金全部落实到位。教育、民政、工商、农办、移民等综治部门结合实际，制定针对计生家庭的优惠政策。

【优质服务】2015年，落实免费孕前健康检查项目。是年，全市共有目标人群5002对，至9月30日已完成3199对，按月进度覆盖率达到82%，早孕随访率为93.5%，妊娠结局随访率为86.8%。是年，共通过计划生育手术并发症对象31名。全力做好出生缺陷防控工作，积极动员已孕对象，及时参加产前筛查，及时做好叶酸增补，将出生缺陷防控工作纳入年度计生工作考核，对责任不落实、工作不到位的单位和个人，进行严肃追责。

【生育关怀】2015年，继续设立“生育关怀”专项资金，由市财政安排部分资金，并从征收的社会抚养费中提取10%共同作为生育关怀专项资金，主要用于帮助“五关怀”对象，实行专账管理、专款使用，坚持“县收县管乡用”的原则。近五年来，共筹集了680万元生育关怀资金，惠及人数11万人，该做法得到《中国人口报》的推介报道。是年，为2672户计生困难家庭发放117万元生育关怀资金。市计生协会积极走访慰问农村计生困难家庭，发放慰问金13万余元，为122名留守儿童发放12万余元助学慰问金，为10户计生家庭创业提供了15万余元扶助资金。同时，继续为1万多户计生家庭免费购买意外伤害保险。

【存在的问题】2015年，存在的问题：一是基层基础工作依然薄弱，个别乡镇对计生政策理解不透，计生工作有所松懈，造成工作被动，力度不够，管理不规范，台账资料不实，掌握情况不准，上报数据不全。二是人员素质参差不齐，业务能力不强，对工作程序掌握得不全面、不具体，工作质量不高，总体素质有待提高。三是社会抚养费征收难度大，存在着社会抚养费征收不到位、征收到位率低的情况，执法力度进度缓慢，非诉案件完成效果不理想。

乡镇街道概况

宜阳街道

党工委书记:周林文
党工委副书记、主任:唐　成
党工委副书记:徐章桥
党工委委员:李桂林、李文彬、王承军、王　军
人大工委主任:魏圣银
政协工委主任:廖继成
副主任:刘艳华、贺海娟、刘秋成、邓柏成
人大工委副主任:吴　诚
工会主席:徐三贵

【概况】 宜阳街道办事处位于常宁市城区北部,驻北外街龙家小区40号,地处常宁市区中心,常宁市人民政府坐落在辖区内,是全市政治、经济、文化中心;东与宜潭乡接壤,南与泉峰街道为邻,西隔宜水与培元街道为界;宜水,潭水在境内交汇,属丘陵地区。2015年,辖城北、城东、群英、嵩宜4个社区,东湖、嵩联、嵩塘、万寿、石洲5个村,23个居民小组、47个村民小组。辖区总面积9.27平方千米,其中陆地8.2平方千米,水域1.07平方千米。

【基层党建】 2015年,要求党员干部积极适应新常态,把纪律和规矩挺在前面,全面抓好"两个责任"的落实,党工委的主体责任和纪工委的监督责任,将责任扛在肩上,始终做到心中有党、心中有民、心中有责、心中有戒,规范自己的言行,在思想和行动上始终与党中央保持高度一致。是年,出台《宜阳街道办事处关于改进工作作风的考核制度》,坚持上下班签到和按指纹制度,以制度管人,用制度管事,推动各项工作积极开展,切实增强党组织的凝聚力、战斗力和感召力,把党员干部的忠诚、干净、担当转化为促进经济社会发展的正能量。以村(社区)"两委"班子换届选举为契机,着力整顿软弱涣散党组织,把群众差评的班子成员特别是支部书记换掉,把政治素质高、能带领群众共同致富、群众呼声高的能人志士推荐进班子,提高班子的战斗力和公信度。抓实(村)社区规范化建设。为加强对党员的教育管理,每个村(社区)都更新高性能的电脑和电视,城东社区和嵩宜社区还配备投影仪。嵩宜社区成功创建为衡阳市级"同心社区",成为全市唯一获此殊荣的单位。受到省市领导的充分肯定和高度评价。此外,在社区两化两体系建设工作中,城东社区和嵩宜社区为全市作出了表率,树立了标杆。

【项目建设】 2015年,将项目建设作为年度重点工作,强化干部职工以项目建设论英雄的思维,从人力、物力、财力等各方面对征地拆迁工作的推进给予全力保障,强化工作措施,量化工作任务,坚持对各项目实行"一周一调度、一月一总结",发现问题及时处理,全力以赴为项目建设打造良好的外部环境,通过干部职工"5+2"、白加黑的持续工作,各个项目建设进展良好,12个项目中,常荫路改造和泉峰东路改造项目已全面完工。东一环南段、东一环北段、北一环东段、北一环中段、北一环西段全面完成了征地拆迁工作,为年内拉通城市一环打下坚实的基础。北二环和城北变电站完成大部分征拆任务,振安实验学校征地工作基本完成,培元湿地公园已完成踏界,农民运动旧址完成收购前的准备工作,城北防洪堤全面启动。

【城市管理】 2015年,城市管理强化日常监管,狠

抓责任落实，充分发挥好“三个社区、三条街”的城市网格化管理作用，落实好门前“三包”责任制，集中力量对城市“脏”“乱”“赌”问题进行攻坚，通过开展交通劝导、东正街集中整治、常衡路摊担占道经营行为整顿等活动，以及广大党员干部的示范带动引领全社会共同管理好城市，“城市是我家，管理靠大家”的风尚蔚然形成，“脏”、“乱”、“赌”现象得到有效缓解，城市面貌焕然一新，以干部的辛苦指数换来了群众的幸福指数。

【计划生育】2015年，办事处计生协会被评为全省先进计生协会，流动人口服务管理有效覆盖，是年完成计划生育率75.15%，人口出生率12.70‰，性别比110.5，人口死亡率7.1‰，初婚率7.6‰，完成结扎216例，上环126例，社会抚养费全面征收到位。

【安全生产】2015年，落实安全生产“一岗双责”和“党政同责”，成立领导小组，出台工作方案，强化对安全生产各行业各领域的宣传和监管，做到不留盲区和死角，强化工作举措，夯实工作基础，以务实的作风和严厉的举措开展好安全生产各专项活动（行动），力争人民群众生命财产安全万无一失，由于领导重视，措施得力，工作到位，全年，辖区内未发生较大以上的安全责任事故和群死群伤事件。

【综治维稳】2015年，以民调为载体，办事处机关干部下去主动“搜索”问题，排查问题，建档立册，并及时化解。启动夜间巡逻，以实际行动提升群众安全感和满意度。是年，共调处民事纠纷100余宗，社区矫正累计108人，解除72人，安置帮教12人。司法工作的成效让群众感受到了公平正义就在身边，“五五”普法深入推进，成效显著，群众法制观念强化，依法而为意识增强。公安工作是年共刑事立案涉及304人，行政立案涉及398人，治安拘留106人，刑事拘留40人。依法有效打击北门交通路小旅社公然招嫖卖淫行为，现场抓获一批卖淫嫖娼人员，取缔一批非法小牌馆。是年，对群众的合理诉求及时受理，尽快解决，对久拖不决的重难点信访案件，做好解释工作，并实行领导包案，做好稳控措施，引导其依法逐级上访，力争不出现越级访和非正常访。共接待群众来信来访20余批次。

【环境保护】2015年，按照“一统”“两化”“三基”“四清”的要求，开展环境卫生城乡同治，持续开展卫生清洁评比，督促和引导广大民众自觉搞好房前屋后的环境卫生；大力开展增绿行动，在公共场所植树栽花，进一步绿化、美化家园。同时以保护常宁母亲河为主题，对宜水、潭水河道垃圾进行清理。通过不断的努力，群众的环保意识增强了，环境变靓了，家园变美了。

【其他工作】2015年，精神文明建设不断加强；新农村建设扎实推进；新农合、新农保工作成效显著；森林防火积极预防，科学扑救；农业生产喜获丰收；城市统规统建有效实施，植树绿化顺势而为，城乡低保清查清理公平、公正、公开进行，村级财务清理整顿有效开展，党风廉政建设和反腐倡廉贯彻执行良好，工会、妇联、共青团工作有声有色，阳光、廉洁、高效、便民政府建设可圈可点。

培元街道

党工委书记：梁宇琦（2015年7月离任）
罗格文（2015年7月任）
党工委副书记、主任：刘劲松
党工委副书记：邓秋顺
党工委委员：滕林峰、廖建军、贺洪武、汤岳华、尹国锋、张志成
人大工委主任：吴煜斌
政协工委主任：陈春雷
副主任：刘清华、李启强（借调至常宁市国土资源局挂职）、赵治成、尹小明、周　青
人大联络工委副主任：朱艳云
工会主席：刘冬梅

【概况】常宁市培元街道办事处成立于2008年8月，地处常宁市中心城区，东与宜阳街道、泉峰街道办事处隔宜水河相望，南与板桥镇交界，西与兰江乡相连，北与宜潭乡接壤。辖区东西最大距离4千米，南

北最大距离8千米，总面积15.07平方千米，其中陆地13.83平方千米，占91.8%；水域1.24平方千米，占8.2%。2015年，辖塘山、虎溪、莲花、黄枝、金桥、大立等6个村和两江、西上、桃江3个社区。

【项目建设】2015年，先后完成征地和房屋拆迁工作，为一环建设的加速创造有利的条件，北一环、西一环两座桥梁已基本建成，西一环线全线贯通。南三环完成征地拆迁，拆迁户得到妥善安置。南门湖内的常宁大剧院已全面装修并正式投入使用。两幢耸立于泉峰西路尽头的33层大型商居建筑已成为常宁城市的新地标。宜水新城、玉虹豪庭等一批配套设施完备的生活小区正在不断扩容加速，功能齐全、品位档次较高，已成为培元宜居小区典范。民生工程项目落地生根。坐落于莲花村的市人民政府保障房项目，经过几年连续大规模建设，60幢房屋已全面建成，部分无房户已喜迁新居。是年，耗资300万元将锡爵塘建成居民休闲的文化广场和社区服务站，为社区居民办事、休闲提供更好场所。宜阳工业园区进驻的企业已近10家，为培元的经济增添了活力。招商引资也有新的进展，常宁市丰源贸易有限公司，喜宝鞋业等一批工业企业项目和贸易公司已落地生根，华岁商贸城、湖南一品建设稳步推进。街区经济、私营个体经济得到快速发展，涌现了大立大棚蔬菜基地、车站路建材街、西二环汽贸街、莲花新区市场等特色商贸街。

【城市管理】2015年，以城市精细化管理为切入点，加大环境卫生城乡同治的工作力度，强化村级自我管理责任和社区对背街小巷和居民小区管理的主体责任，重点抓住农村垃圾堆、城乡接合部、城中死角点的集中整治、解决一批垃圾山、污水沟和泥泞路，使人居环境得到改善；抓好文明村（社区）创建工程，加强社会主义核心价值观教育，提升公民素质；坚持抓好底线底板工作，通过创新社会管理综合治理方法，全面推行综治维稳网格化管理，强化安全生产意识，保障人民群众安居乐业，加大计生工作服务力度，守住计生底线，增强环保意识，改善人居环境，确保一片绿水、蓝天。

【民生工作】2015年，新农合参合率在98%以上，排名全市第一；是年，分别对农村五保和城市低保进行了清查整改，通过清查整改，使部分不符合政策的对象得到清理，为141户217人办理农村低保、245户284人办理城市低保，14人享受了“五保”待遇。全面落实耕地地力保护补贴（原粮补直补）等惠民政策，共发放耕地地力保护补贴31.7万元，一事一议奖补资金17万元，农村危房改造 4户资金5万元；基础教育得到进一步加强，莲花小学、虎溪小学扩建征地已经完成。现有完全小学3所、村小学3所，教学班87个，在校学生5700多人，入学率达100%。

【计生服务】2015年，各类计生奖扶政策均落实到位；落实节育工作，做好三查四术；积极为符合条件的居民申请“生育关怀”专项资金。在全市人口计生工作考核中被评为先进单位。

【综治稳定】2015年，组建专职治安巡逻队伍，进行全天候不间断巡逻巡查；强化基层基础，全力推进城市网格化管理，加强村级治保、调解队伍建设，进一步织密安全保障网络。是年，按照“属地管理、分级负责、归口办理”的原则，集中化解一批信访积案。2015年，共开展拉网式安全生产大检查5次，隐患整改落实率达到100%。2015年4月，银河化工厂发生氯气泄漏事件，村、办事处接到报告后主动介入，在向上级汇报的同时，村、办事处干部第一时间赶赴现场进行处置，在防控事态扩大、妥善安置群众、及时救治伤者、稳妥处置善后工作中做出巨大努力，赢得了群众满意、上级领导满意、自己满意的良好结局。

【“三严三实”教育实践活动】2015年，党政班子坚持高标准、严要求召开高质量专题民主生活会、组织生活会，狠抓“四风”问题整改，认真落实常宁市纪委“三个不准”、“三个一律”、《党风廉政建设主体责任和监督责任追究办法》，群众关注的突出问题得到有效解决。

【干部队伍建设】2015年，强化民主集中制，实行集体研究、民主决策和分线作战相结合的工作运行机制，形成班子成员之间分工明确、各负其责、团结协作的良好工作格局。强化干部日常监督，修订汇编《机关管理制度》等，切实做到用制度管人、按制度办事，提高了广大干部干事创业的积极性和主动性。

【基层组织建设】2015年，按照上级的要求，坚持依法、稳妥、有利于工作的原则，全面完成社区整合和并村工作，通过整合，辖区由原有6个村4个社区整合合并为3个村3个社区（即：塘山村、虎溪村合并为虎溪村，黄枝村、莲花村合并为莲花村，金桥村、大立村合并为培元村，城西社区、两江社区整合为两江社区，西上社区、桃江社区不变）。强化村（居委会）财务管理，落实党务村务公开。以社区“两化两体系”建设为契机，社区财务全部实现了办事处村级财务核算中心代管，充分发挥核算中心的监管作用；全面坚持“在贤人中选能人”，高质量进行并村工作中村两委任命工作。高度重视党员发展，新发展党员6人。大力加强社区党建工作，积极落实规范村级财务管理和惠农补贴资金“二十四条”铁律，广大基层党组织的战斗力明显增强。

泉峰街道

党工委书记：谢金山（2015年11月离任）
曹行贻（2015年11月任）
党工委副书记、主任：刘向阳（2015年11月离任）
李芳林（2015年11月任）
党工委副书记：刘继荣
党工委委员：尹晓晖、肖志勇、蹇永旭、周　辉、贺传江、黄小林、郭少华
人大工委主任：张文斌
政协工委主任：贺国斌
副主任：彭永芳、孙江云、刘旭宝、吴诗强
工会主席：何　超

【概况】泉峰街道办事处地处常宁市中心，是全市政治、经济、文化中心之一。东与宜潭乡、三角塘镇相连，南与板桥镇接壤，西隔宜水河与培元办事处相望，北至群英东路以南和宜阳办事处毗邻。2015年，辖夏联、茶箭、青市、南市、曲市、学墙、冷水7个村和劳动路、城南、泉峰、胜利、东宜（由宜东、青宜两个居委会合并而成）6个社区，共计103个村（居）民小组。境内户籍人口5.9万人，常住人口近10万人，共有基层党组织35个，党员人数895名。辖区面积约为16.82平方公里，东西最大距离4.3千米，南北最大距离4.3千米。陆地16平方千米，占95.2%；水域0.8平方千米，占4.8%。辖区交通、通信设施非常便利，衡桂高速公路省道南北向214线、东西向320线形成十字交汇于此穿境而过，村村实现公路硬化畅通目标，电话、宽带网进入程控自动网络。辖区内有全日制重点示范性高级中学1所，初级中学2所，完全小学3所，公立医疗卫生机构5家，全民体育健身活动中心1个。是年，目标管理考核被评为全市优秀单位，政法综治工作被评为全市先进单位。

【班子建设】2015年，抓住党建工作的关键环节。即建设一支政治过硬、素质较高、能做事又能做成事的干部队伍。首先是办事处的党政班子建设，打造一支团结的班子、务实的班子、清廉的班子和能干事、会干事又能干成事的班子。办事处的班子成员定期坚持集中学习，党工委中心学习组制订学习计划，学理论、学政治和法律，做到定时给自己学习充电，班子成员间的交心通气会每半年召开一次，民主生活会每年召开一次，通过制度建设和管理，使班子成员间的气更顺、心更齐，形成团结和谐的共事氛围。其次是全力抓好村（居委会）基层班子建设，打造一支过硬的基层干部队伍，特别是选好一个好的支部书记，是做好党的事业的坚强保证。围绕基层班子，办事处党工委认真研究，把那些政治素质高，作风过硬，在党员群众中威信高、口碑好的人选到干部队伍中来。现在办事处各基层单位形成了有人管事，有人做事，各项工作也会做出出色的成绩。为整个基层党建工作的推进打下坚实的基础。

【项目建设】　截至2015年，已建成的项目有南一环东段，南三环东段，常盛物流，棚户区改造，东一环在泉峰境内的全部工程建设基本完成。已完成征地拆迁的项目有中国油都、青市车站、兴邦物流、人民医院、尚宇中学、裕达食品等项目。年末，正在强力推进的工程项目有西一环南段、齐家茶油、砚池山公园等

项目。对抓好项目建设工作,办事处党政班子形成高度共识,特设立项目工作组专抓项目,特安排一些负责人专门负责项目。

【综治维稳和城乡同治】2015年,泉峰办事处把综治维稳和城乡环境卫生同治工作作为一项重要工作抓落实。几年来,泉峰辖区内的治安状况很平稳,治安条件、刑事案件和上访事件都比较少,得益于把工作落到实处。每月开展的大走访、大排查工作化解大量的矛盾。在近几年的全省综治民调中,泉峰办事处的民调排名在衡阳市前几名。随着拓城提质步伐的加快,城市环境卫生的管理和农村卫生的提升也提到了议事日程,不惜投入大量的人力、物力和财力,改善城乡环境卫生的硬件设施建设,加大宣传教育力度,使环境卫生城乡同治工作深入人心。

【民生工程】2015年,农村的新型农村合作医疗,失地农民养老保险,城乡低保户的清理核查等各项民生惠民工作,泉峰办事处都是严格执行政策、严格标准、严格工作的落实进度。办事处班子成员能够沉下去,掌握第一手资料,做到了公开、公平、公正的原则,各项惠民政策的执行,上级对泉峰放心,群众很满意也很开心。

【计划生育】2015年,加大对计划生育的工作力度。办事处专门成立计划生育工作组,负责辖区内的计生对象的服务和管理,加强计生软件建设,完善计划生育网络建设,强力推进硬件建设,"三查四术"对象到位率100%完成。加强对流动人口的计划生育管理工作。出台严格的规章制度,约束机关干部和村(居委会)干部抓好计划生育这一底板工作。

水口山街道

党委书记:尹建恒(2015年11月离任)
党委副书记、主任:刘清河(2015年11月离任)
副 书 记:徐剑波、蒋 奇(挂职)
党委委员:刘美玲、段耀华、彭巧桂、郭艳萍(2015年11月任)
李小牛(2015年11月离任)
人大工委主任:徐运成
政协工委主任:何 刚(2015年 11月离任)
副 主 任:夏生程、刘国程、李毛芽

【概况】水口山街道办事处位于湘江之滨,湘江河与春陵河交汇的金三角地带,水陆交通十分便利,东、南、西与松柏镇双林村、朱坡村、南阳村、大渔村交界,北隔湘江与衡南县松江乡相连,省道214线贯穿全境,衡桂高速途经境内松阳村、三香村。2015年,辖蔬菜、松阳、三香、新华、松柏、青年等6个农业村,开航、松柏、青园、文明、沿江、松阳、松渔、水口山8个社区。辖地总面积27.95平方公里,有耕地面积333.333公顷,其中水田266.67公顷、旱地40公顷。境内湘江口岸有年吞吐量400吨货运码头,正在拟建一个千吨级码头,水上运输可通过长江口岸达沿海地区。民营企业有宏兴化工、志辉冶化、春华工贸、隆盛化工、宏伟冶化、沿江锌业、四建、五建、六建等20余家。是年,坚持科学的发展思路,办事处明确提出了"抓住一个中心,突出两个重点,兼顾三项工作"的整体工作思路,把街道经济、项目工程、税源培植作为工作重点。年底,水口街道办事处与松柏镇合并,成立水口山镇。

【制度建设】2015年,结合党的十八大精神进行了全面深入的学习,并在办事处广泛开展"全面提升服务工作,建设高效文明机关"活动,进一步规范完善机关规章制度,提高机关干部的整体素质,转变工作作风,提高办事效率。

【群众工作】2015年,健全完善群众工作网络,在办事处设立群众工作站,在各村、居委会设立群众工作室,积极接待来访群众,迅速解决群众诉求。是年,做好基础性工作,进一步丰富和完备《民情台账》,驻点包村干部每周下村走访调查,做好民情日记,及时地发现和了解群众困难,做到件件事情都心中有数。每周一、二分别为书记、主任接待日,每天坚持开门接访,积极处理群众矛盾纠纷,并要求对辖区内滞留下来未解决的矛盾纠纷予以排查解决。全年没有一起重大群体性事件发生,信访落实、回复率100%,息访、

息诉率达100%。

【财税收入】2015年，紧紧围绕市人民政府年初布置的任务及办事处制定的目标，坚持做好国、地、财三税的征收工作，通过实行党政一把手亲自抓协税护税，成立了税费征管专业工作组，任务完成与工作考核挂钩，强化"勤征细管"，采取"一周一督查、一旬一突击"的办法，做到应收尽收。是年，办事处财政一般预算收入累计入库330.9万元，占年度预算的100%。其中，国税收入179万元，占年度150%，超额完成63万元；地税收入115万元，占年度预算100%；财政收入36.9万元，占年度预算的100%，其税种分别为耕地占用税入库1.9万元，契税入库完成37.4万元，圆满完成了财政收入目标。

【基础设施建设】2015年，大桥路工程：加铺沥青工程起于大桥路和新园路交会转盘处，止于水松一桥，桥头至灯塔处长651米，宽10米，灯塔至新园路接口处，长973米，宽20米。总投资320万元。新园路工程：起于曾家溪止于水口山2号公路。该工程全长2813米，宽40米。总投资2040万元。

【小区和商圈建设】2015年，华兴宾馆项目位于松柏大桥路与新园路交叉口，总用地面积7734.41平方米，总建筑面积为30910.13平方米。其中，宾馆楼一栋，地下1层车库，地上13层，1～4层为商业，五层以上为客房；住宅两栋，项目总投资3100万元。雲晟小区总用地33646平方米，总建筑面积42668平方米，项目总投资1860万元。隆锦新区小区总用地44063平方米，总建筑面积74908平方米，项目总投资1600万元。御景新城小区总用地115172平方米，总建筑面积208558平方米，项目总投资5600万元。

【重点项目建设】2015年，金铜项目选址于常宁市松柏镇水口山有色金属工业园内，建设用地1000亩，配套工程包括瓦松专用铁路和水口山集团供电系统扩容升级改造，金铜项目总投资29.46亿元。2015年12月份试运行，计划2016年3月份正式投产。松柏镇污水处理厂位于松柏镇常青路与新园路交汇处东南角，设计规模近期为1.0万立方米/天，远期为3.0万立方米/天，工程总投资为8476.46万元。水松自来水厂位于松柏大渔村，建设规模为5万立方米/天，其中近期为3万立方米/天，主要建设内容包括取水工程、原水输送工程、净水厂工程、配送水工程，工程总投资为13889万元，现工厂建设已全部完工，管网铺设正在进行中。水松地区燃气利用工程LNG储备站及输配管网建设项目位于松柏村，主要建设内容为LNG储备配站1座，总建筑面积240平方米，该项目总占地面积为1.23平方米，总投资3092万元。松柏生活垃圾卫生填埋场位于三香村铁子冲组石灰皂，新建处理垃圾100吨的垃圾处理场，总库容131万立方米，服务年限为30年，总投资为5100万元，垃圾填埋场已在进行建设中。陈家洲休闲农业度假村：项目投资2000万元、占地89亩，该项目集休闲农业园、水陆娱乐场、旅游度假村为一体。

【城镇规划管理】2015年，依法办理"一书两证"336份，其中工程许可证166份，建筑用地面积269660平方米；用地许可证170份，用地面积18162平方米；规划审批准确率100%，执法准确率100%。违法查处3起，查处率100%。

【城市监管】2015年，一是对大桥路实行控制性管理，有效地取缔了松柏大桥桥头马路市场。二是成立了专门的市容监察组，对沿街门面及摊点进行规划性管理，遏制了"脏，乱，差"现象。三是对文明路，大桥路等十字路口实行了"站台"管理，使城区内的出租车，三轮车，老爷车有序停靠。四是严格要求城区范围内行驶的货运车辆加盖雨布避免撒漏。五是规范建筑材料占道围挡施工的安全管理。

【卫生管理】2015年，一是成功接管一直以来由水口山有色金属集团环卫科管理的常青路、文明北路、渡口北路和金融路卫生管理工作。是年，日清扫面积28万平方米，日清运垃圾60余吨。二是重点地段派人值守，扭转城市十字路口为垃圾中转场的不良习气。有效地遏制了"脏、乱、差"现象。三是洒水车每天洒水两次以减少灰尘污染。

【人口与计划生育】2015年，人口与计划生育在全市排名前茅。人口出生率控制在10.9‰；计生率90.7%；男女性别比控制在109/100；节育措施落实率为98.7%；村民自治合格率为94%。各项指标全面完成上级下达的要求。

【社会保障】2015年，为认真开展扶贫帮困和救济工作，进一步规范低保程序，确立城市低保范围和对象，严格低保待遇的申请、审核。围绕"上为政府分忧，下为百姓解难"的工作大局，做到不错保、不漏保，健全低保档案，把符合低保条件的城市困难居民及时纳入最低保障范围，做到"应保尽保"。重新核查城镇、农民低保1200户，新增101户；临时救助11人；核查五保供养人员28人；完成民房恢复重建9户；办理住房补贴手续563户。群众较为满意。是年，进一步做好新型农业合作医疗，参合率在99.1%以上。是年，做好新型农村养老保险续保工作，续保率99.3%。继续做好新型城乡居民养老保险工作，参保率在99%以上。

【社会治安综治】2015年，为维护辖区社会稳定，开展为期2个月的专项综治整治，得到常宁市四大班子的高度肯定；积极、冷静应对金融风暴引发的各类社会矛盾，坚持定期下访与书记、主任接访相结合的矛盾排查制度，积极消化矛盾，有效遏止了群体性事件的多发趋势，防止事件升级。社会治安群众满意率明显上升。

【安全工作】2015年，成立以办事处主任为组长、主抓安全副职为副组长、各村委会主任为副组长的安全领导小组，加强对安全工作的领导。实施责任到人，包单位到人，专门明确3名班子成员负责建筑、铅锌矿的安全生产，另外明确3名班子成员负责沙场的安全生产，并与各厂签订目标责任书。加强巡查，除了积极配合上级的联合行动外，街道安监站还重点坚持定期到铅锌矿、沙厂、石材加工企业排查隐患，对存在安全隐患，整改不到位的企业坚决予以断电、停产。与各村签订安全目标责任书，要求各村明确1名安全员，一旦发现安全隐患，及时上报。开展"安全生产月"宣传咨询活动，大力宣传《中华人民共和国安全生产法》《中华人民共和国安全生产许可证条例》等安全生产法律、法规，取得了良好效果，为安全工作的顺利开展打下坚实基础。是年，高度重视防汛工作，制订防汛抢险预案，排查险情，落实值班制度，保证安全度汛。

【党建工作】2015年，开展学习实践科学发展观教育活动，努力做到"五个更加注重"：更加注重务求实效、更加注重简便易行、更加注重分类指导、更加注重强化基层、更加注重统筹协调。在农村各党支部积极开展争创"五好党支部"、推行"4+2"工作法和党员"红旗争创"活动；在教育、卫生党支部开展"双比双争"活动；在私营企业党支部开展"遵纪守法、树好形象、服务发展、促进和谐"活动；在街道直属机关党支部开展"讲党性、重品行、做表率"活动。街道党委以"办实事、办好事、办难事"为着力点，下功夫解决一批行路、吃水、看病、上学等群众最关心、最直接、最现实的利益问题，使广大党员群众切身感受到学习实践活动带来的新变化、新气象。截至年底各党支部共为群众办实事、好事、难事300件，通过学习实践教育活动，街道机关干部队伍整体水平明显提高，街道干群精神面貌焕然一新。

【"4+2"工作法】2015年，在推广"4+2"工作法过程中，结合当地实际，多措并举，狠抓落实，实现了加强党的领导与推进群众自治的有效衔接和良性互动，促进了经济社会和谐发展，"4+2"工作法已经实现街道全覆盖。

【存在不足】2015年，存在的不足主要是争取资金，跑项目的办法不多。现有项目留下的资金缺口压力大；工业发展整体优势发挥还很不明显，没有形成很好的产业链，产业科技含量普遍偏低；城镇管理，尤其是环卫方面没有得到质的突破，市民文明意识没有得到很好的提升；农村发展速度还是很慢，土地流转等新政策增产效果不明显；城镇居民劳动就业率不高，增资速度不快等。

天堂山办事处

党工委书记：王元春（2015年11月离任）
彭益玲（女，2015年11月任）
党工委副书记、主任：李尤生
党工委副书记：沈继荣
党工委委员：廖常红、彭德金（武装部长）、雷湘珑
人大工委主任：吴志红
政协工委主任：李文彬
副主任：张石柏、陈书文、刘 鑫、满 勇
工会主席：肖 斌

【概况】天堂山办事处成立于2008年8月1日，办公地点是撤区并乡前的黄洞乡政府。2015年，党工委下辖17个党支部。管理处下辖山群、林峰、白竹、谭井、六宝、江龙、太竹、广济、黄洞、黄江、元冲、高塘、田木等13个村，120个村民小组，总面积53.6平方公里，其中有山林面积43.33平方公里。境内气候适宜、土壤肥沃，盛产杉木、楠竹、茶叶、蓼叶、板栗、山苍子和中药材等，粮食作物有水稻、红薯、高粱、粟米、黄豆等。境内资源丰富、风景优美、民风淳朴，常宁市主要水系之一宜水从桂阳流入，穿境而过进入天堂湖。是年，全面贯彻党的十八大三中、四中全会精神，紧紧围绕市长提出"打基础、抓改革、创环境、重创新、促发展、惠民生"的工作主线，突出山区生态特色，大力改善基础设施，稳步推进各项中心工作全面落实。

【林业生产】2015年，办事处积极组织群众开展消灭荒山、迹地造林、培兜、补植等工作。全年累计种植杉树55万余株，植树造林面积100余公顷，中幼林抚育1410.666公顷。

【有机茶叶种植】2015年，黄洞村有机茶苗基地得到巩固壮大，由原来的3.333公顷，扩大到6.66公顷；黄洞、元冲、高塘茶叶生产示范片茶场已垦覆10公顷，移植茶苗20余万株。茶叶产业的发展为当地的人民群众，特别是为在家的中老年人提供了临时就业岗位，累计增加人民群众年纯收入达80万元。

【猕猴桃种植】2015年9月，办事处组织各村支部书记到常宁市煜文农业综合开发有限责任公司庙前镇弥猴桃种植示范基地学习参观，并与公司签订合同，实行"公司+农户"的模式，通过土地流转方式承包黄江村土地6.66公顷，发展猕猴桃种植项目。

【基础设施建设】办事处成立以来至2015年，各村累计硬化村道21公里，极大改善了人民群众出行难的问题。2015年，办事处积极争取项目资金70余万元，新硬化组道2公里，新建山群村沙土路1000米，完成道路整修17公里，真正把"致富路"修到人民群众家门口，修到山脚下。给群众生活带来方便。是年，办事处通过协调，电力局将全处各村纳入网改计划，预计2016年全部完成。

【实施多项开发】2016年，办事处以"建档立卡"落实扶贫到户政策。全面开展贫困家庭的调查摸底，建立贫困家庭档案350户1084人（其中：精准扶贫户189户655人），完善扶贫对象动态识别机制，通过项目规划到户、资金扶持到户、产业发展到户、素质提升到人、帮扶责任到人、档案建立到人，确保精准扶贫政策全面落实。为实施分类扶贫，制订帮扶计划和措施，确定扶贫内容、方法、途径和落实各项惠农政策提供可靠依据。同时，办事处将广济、白竹、山群、黄洞、江龙5个村作为扶贫攻坚整村推进的有效载体，落实政策兜底一批、医疗救助一批、扶智助学一批、移民搬迁一批、危房改造一批、产业扶持一批的扶贫方针，着力改变农村面貌。是年，办事处和扶贫后盾单位对贫困户发放慰问金8.8万元，累计投入项目资金213.75万元。其中：高塘村发展茶叶产业投入30万元；白竹村发展茶叶产业投入20万元、安装路灯11万元，村部建设9万元；黄洞村硬化公路15万元，村部建设11万元，安装路灯11万元，引进映山红公司，建立茶叶生产基地，投入资金120万元；山群村公路通达工程投入资金9.9万元 。全处扶贫工作取得阶段性成效。

【落实惠农政策】2015年，发放耕地保护补贴176585.85元。全处13个行政村全部实行低保户民主票决制，让全处真正困难的群众140户366人得到国家低

保、五保政策补贴。

【公共卫生、医疗事业】2015年,积极开展卫生下乡活动,组织公共卫生办人员及各村乡村医生深入村组免费为老百姓进行健康体检,普惠1700余人,其中65岁以上老年人体检407人,发现高血压病患者81人,糖尿病患者9人,精神病患者34人,全年网报传染病12人,先心病初筛对象1060人,复筛10人,妇女两癌初筛对象1230人,复筛16人,其中儿童先心病免费手术治疗2例,共计更新老年人健康体检资料1775人份,向村民发放健康教育资料3800份。从而,使老百姓能够有病早发现、早治疗。积极推行新型农村合作医疗制度,全处参合率98%。全面实施农村新型养老保险,参保率95%。人口和计生工作走上规范化管理轨道,注重依法行政,强化优质服务,全处人口出生符合率74.7%。

【安全稳定工作】2015年,围绕“保增长、保民生、保稳定”的要求,把维护社会安全稳定工作摆在更加突出的位置,强化各项措施的落实。全年,没有发生安全生产事故。深入开展大走访活动,及时化解各种矛盾纠纷,维护了一方的稳定。

【勤政廉政建设】2015年,组织学习宣传贯彻党的十八大精神和十八届三中、四中、五中全会精神,要求全体干部职工做到五要:要用心谋事、要勤奋做事、要创新成事、要依法办事、要廉洁干事、,切实树立为民、务实、清廉的良好形象。严格贯彻执行中央改进工作作风,密切联系群众八项规定,要求干部职工从自身做起,身体力行,在改进工作作风,密切联系群众方面狠下功夫,求真务实,真抓实干,真心实意地为群众服务。

【作风建设】2015年,进一步健全完善干部包村、上下班等多项制度,不断地提高政府机关干部职工的整体素质。积极拓宽“快捷、便民、服务”新渠道,组建便民服务中心,实现资源共享,达到群众办事“一站式办理”,服务水平得到有效提升。同时,在全处13个村设立便民服务站,接受群众委托代办等服务。政务、村务“三公开”工作不断规范,切实保障群众的知情权、表达权、参与权和监督权。

松柏镇

党委书记:彭文忠
党委副书记、镇长:刘政兵
党委副书记:聂鹏峰
党委委员:刘明月、柏　平、粟仁成、聂家科(纪委书记)、朱红军
人大主席团主席:李芳林
政协联络工委主任:黎　元
副镇长:廖珍容、徐富艳、张月升
人大主席团副主席:黄顺利
工会主席:尹为政

【概况】松柏镇位于常宁市东北部(东经112°40′～112°41′北纬26°31′01″～26°36′20″),东傍舂陵河,南接烟洲镇,西交柏坊镇,北靠湘江。境内属丘陵山地,地势西高东低,西部的大排岭最高海拔312.5米,东部的燕形村侧塘垅口海拔62.76米,域内总面积66.52平方公里。2015年,下辖双发、双泉、凉水、楠木、南阳、大渔、金联、金水、高华、水邻、朱陂、新同、天勤、独石、清水、燕形、紫山、双林18个村委会,松渔社区和水口山社区2个社区(由大渔、松鱼、水口山、枫树塘、坳岭5个居委会合并而成)221个村民小组、19个居民小组。有耕地面积1126.9万公顷,山林面积3112.6公顷,主要盛产优质稻、玉米、花生、大枣、柑橘、葡萄、蔬菜等。省道214线穿境而过,衡桂高速正式开通,并在辖内的大渔村开有互通口,镇政府南至常宁市城37千米,北到衡阳市城39千米,东有17千米松瓦公路与京广铁路、107国道相连.大渔村建有5000吨级货运码头一座,由此可通达湘江沿岸各地。境内矿产资源丰富,有铅、锌、金、银、铜、铁等20余种,尤以铅锌为最.水口山有色金属集团有限公司、康华化工、大渔化工、大禹矿业、富通公司、龙王山金矿等国有、民营经济撑起松柏镇经济半壁江山。是年,镇机关内设机构有党政办、纪委办、信访办、经贸办、社会事务办、综治办、统计管理办等7个职能部门,事业单位设有村账乡管服务中

心、财政所、规划所、计生办。2015年，镇党委、政府按照常宁市委、市人民政府的总体战略部署，围绕“建设宜工、宜商、宜居工业新城”的发展目标，以项目建设为中心，以作风建设为抓手，做实民生工作，守住底线工作，突出强工、兴镇、富民、亮村，力争打造国家级生态文明强镇。是年末，松柏镇与水口山街道办事处合并，成立水口山镇。

【项目建设】 2015年，金铜项目、瓦松铁路是全镇项目建设工作的重点，征地拆迁任务重、工作压力大，镇、村干部发扬“白加黑”、“5+2”的拼搏精神，团结一心，攻坚克难。年末，已完成金铜项目一期安置任务（一期安置总户数83户，安置面积10020平方米），二期安置任务也在相继展开，瓦松铁路已完成红线范围内所有征地16.06公顷、迁坟、房屋拆迁共19户。对于重点项目，实行“领导逐个分管负责、工作任务一包到底”的工作机制，确保了10余个续建项目顺利推进。是年，新自来水厂的通水管正在抢抓工期施工，年内通水到户；水松地区固体废弃物处置场一期工程已投入使用，二期工程正在有序施工；S214线改造工程完成沥青路面的铺设，交通标志设置、道路两旁绿化及排水沟渠建设有序进行；衡桂高速水口山互通口沿水口山希望中学至新园路一带已初步完成了道路绿化带建设；湖南金翼10万吨粗铅整合入园项目、华兴冶化、大宇锌业和一品新能源公司等4家大型民营企业入园建设项目正抢抓工期，在工业园区紧锣密鼓地施工建设。

【农业农村工作】 2015年，完成早稻集中育秧3公顷，早稻播种面积286.66公顷，中稻800公顷，经济作物200公顷，油菜种植40公顷（预计数），完成土地流转653.33公顷，实现耕地抛荒清零，农作物病虫害统防统治面积800公顷；积极推进造林绿化工作，新造油茶林333.33公顷，中幼林抚育1333.33公顷，完成村道绿化6.5公里；动物、家禽防疫工作完成猪免疫2.5万头（猪瘟免疫密度达100%）、鸡免疫14万羽（鸡禽流感免疫密度达100%）、牛免疫800多头、羊免疫700多只，免疫率均达100%。是年，对动物、家禽实施免费检疫，有效确保了养殖产品的来源安全。是年，按上级要求继续打造好大渔村和独石村两个新农村建设示范村。同时，还在全镇范围内开展“平安卫生村庄”创建活动。镇财政加大资金投入，确定大渔、双泉两村为示范村庄，增添硬件设施，安排专人负责清扫，并利用电视、广播、网络等宣传手段强化环境卫生城乡同治的宣传，发动村民制定村规民约，有力地推动全镇平安卫生村庄的建设。全镇18个行政村实现“村村响”广播全覆盖，村民的文化生活更加丰富。

【森林防火】 2015年，抓好森林防火工作不动摇，节假日期间加强森林防火宣传及人员蹲守。镇财政投入专项资金2万元，设立永久性森林防火宣传牌53块；分发防火宣传资料6000余份、悬挂宣传横幅10幅、各村（居）自写宣传标语50余条，出动森林防火宣传车20余次；校园内开设有森林防火知识宣传课，切实加强了宣传工作，全年较大森林火灾发生率为零。

【计划生育】 2015年，全镇已婚育龄妇女人数为5336人，共完成“三查四术”手术约3400例，其中完成“三查”3000余例，“四术”完成345例，计划生育率为73.88%，人口出生率控制在14‰以内；同时，完成社会抚养费征收约70万元，计生成果保持在全市一流方阵。

【综治维稳】 2015年，镇财政投入综治维稳经费3万元，走访村（居）民2000户，电话回访3000户，发放宣传单5000份。2015年，国家、省、市两会期间无一人非正常上访。在镇辖区内，组织镇机关、派出所、司法所、综治办等相关单位人员开展夜间巡逻，并在镇辖区内重点场所开展打击“黄、赌、毒”专项活动，使群众安全感大幅提升。组织开展“打非治违”专项行动，打击非法加层、非法建设10余起；积极开展“六五”普法工作，认真落实镇干部学法用法工作制度，加大法制法规宣传力度；在维护稳定上，增加人防、物防、技防投入，在主要路段及镇机关安装摄像头，确保全镇治安稳定。

【安全生产】 2015年，安全生产主要做了四项工作：一是实行镇主要领导带队到非煤矿山企业、渡口码头检查安全生产状况制度。二是继续加大力度消除企业生产中存在严重的安全隐患。三是依法治理超限超载现象，开展高速公路护路联防工作。四是积极开展各类安全检查，协调处理好相关矛盾。是年，对辖区内企业全面开展消防、防雷检查，对临街商铺开展液化气安全检查，对辖区内13处沼气池开展了安全检查；并与国土分局依法取缔双林村采石场一座；为强化学校和企业出行人员交通安全，在松柏镇中学、松柏镇联盟完小、小太阳幼儿园3所学校及林鑫农业开发有限公司附近设置标线及限速标牌；同时，还与相关单位协商处理好水口山铅锌矿园山护坡滑坡事宜，并对水口山联盟小学至水口山康乐亭路段的交通安保及路面保洁工作作了协商处理。

【帮困扶贫】 2015年6月，境内遭遇特大暴雨，部分村庄受灾，镇党委、政府及时派出应急抢险分队，成功转移南阳村受洪灾围困村民10余名，得到当地群众一致好评；镇政府还认真细致做好了被征地农民养老保险参保人员转保工作，扎实做好了新农合、新农保参保工作，落实好五保户、低保户应享有的各项优惠政策待遇；积极开展精准扶贫工作，针对建档立卡的贫困户开展全方位的扶贫行动，并积极宣传“雨露计划”，为参加中职、高职的在档贫困户学子申请国家助学资金。同时，加快推进为民办实事工程建设，松柏镇新敬老院及松柏镇公租房项目年底完工。

【创建衡阳市文明村镇】 2015年，中共常宁市委、市人民政府将松柏镇确定为创建省级文明村镇的排头乡镇，而文明创建的第一步就是创建衡阳市文明村镇。是年，多次召开镇村干部会议，积极宣传文明村镇创建知识，并开展“文明扫墓”“保护母亲河”“无偿献血”“最美媳妇评选”等活动，全镇掀起了一股文明创建的新热潮。

【乡镇区划调整】 2015年10月，常宁市启动乡镇区划调整工作，按照市委、市人民政府的工作部署，松柏镇将与水口山街道办事处合并后设立水口山镇，积极配合市人民政府做好了相关资料的报送工作及财务清理工作，为合并后的新镇运行提供保障。

【存在的问题】 2015年，存在四个方面的问题：一是拆迁安置工作任务重，维护项目施工环境压力大。二是新农村建设资金缺口大，各片区行政村发展不均衡。三是招商引资工作压力大。四是市政道路卫生维护难度较大。

水口山铅锌矿社区服务中心

党委书记、主任：唐百才

副主任：周志华、彭秀贞、彭　嵩

【概况】 水口山铅锌矿社区服务中心位于中国近

常宁市水口山铅锌矿社区服务中心工作人员一览表

姓　名	职　　务
唐百才	主任、书记
周志华	副主任
彭秀贞	副主任
彭　嵩	副主任
屈建强	正科级干部
易君威	党政办主任
贺长青	党政办副主任
陈文明	妇联主任
吴林君	社会事务股股长
伍晓华	财务股股长
阳　智	工会副主席
雷明利	工会文体专干
屈　佳	工会专干
朱见来	工会专干

代史上名闻中外、享有“世界铅都”和“中国铅锌矿工业摇篮”之美誉的水口山铅锌矿境内，距离松柏镇6公里。境内有原国务院副总理耿飚参加革命时，亲手栽下的大枫树；水口山工人运动俱乐部旧址——康家戏台；水口山工人运动陈列馆；国家重点文物保护单位有忆苦窿、苏联专家楼、五坑井口、老鸦巢冶炼旧址等矿冶旧址；水口山有色金属集团公司铅锌矿和康家湾铅锌金矿选矿厂。2015年，中心内设综合股、社会事务股、财务股、工会、妇联等部门。

【建立健全各项规章制度】2015年，中心狠抓内部基础管理，建立健全各项管理规章制度，进一步明确各岗位的职责；分类别公开社区管理服务《办事指南》，推行服务承诺，落实工作责任追究制；建立“阳光台”，向公众公布中心工作人员的岗位职责，向服务对象发放便民联系卡，做到“有疑问随时回复”“求帮助随喊随到”。推行集约化办公“一站式”服务，对来访的离退休职工做到“满脸微笑有迎声”“耐心细致有答声”“热情握手有送声”。让离退休人员来时有怨，去时舒畅。使中心树立了良好的“窗口”形象。是年，按市委要求开展信访工作“五零”专项行动，共接待离退休职工来信来访98批次，排查各类矛盾纠纷38起，受理、调解处理侵害老人司法权益2次。同时，认真做好“中国人民抗日战争暨世界反法西斯战争胜利70周年”纪念活动期间和十八届五中全会期间社区的信访维稳工作；为79名企业工亡职工家属落实2015年抚恤费提标政策，全年新增支付8万余元；帮助因病去世的退休职工的遗孀到省人力资源和社会保障厅办理一次性补偿费：190多万元；着力解决关闭破产企业退休职工人员的民生问题，为150户无房困难户解决落实了棚户区改造，投入2万余元对社区42盏不亮化的路灯进行了维修，投入8万余元支持水口山集团公司铅锌矿园山护坡安全整改、投入7万余元对中心老年文体活动场所走廊雨棚进行安全整改等4件好事、实事。

【服务工作】2015年，中心根据湖南省人力资源和社会保障厅的要求，在一年一度的离退休人员养老金领取资格认证工作中，积极开展便民服务。水口山铅锌矿参加湖南省社保厅养老金社会统筹的离退休职工已降至1000多人，由于许多老人居住分布范围广，子女又不在身边，给自身上网认证带来诸多不便。一是做好一年一度离退休人员养老金领取资格认证工作的宣传工作，化误解为理解，形成良好的认证氛围；二是对130多名高龄、病、残的离退休人员上门服务，帮助离退休人员做好认证工作，免去他们的顾虑之忧；三是对水松地区以外居住的异地离退休职工，推动异地上门认证服务，解除离退休人员来回奔波之苦，得到广大离退休职工的好评。

【解决具体问题】2015年，按独立工矿企业生活区为基准，以各小区基层党支部为核心，分片建立各基层小区离退休人员管理服务站，再按栋以15～20人为一组建立服务点，加强离退休职工自我管理、互助服务。依托社区信息网络，对离退休职工中发生的“矛盾纠纷、生病住院、发生重大困难、因病去世、对上级相关政策产生疑虑或误解、对中心管理事务产生不满情绪”等六个问题时，开展及时上门走访活动。建立社区志愿者服务队和义务治安巡逻队，对孤寡老人提供生活照料和代办代购服务。开展“重阳节”和“端午节”走访慰问银发老人活动。为70岁以上老人们送慰问金，为80岁以上老人送米、油。是年，中心共为18名离退休老人向水口山集团公司工会申办困难补助1.32万元；在矿区内走访慰问离退休人员84名，1.26万元；走访外地老人58名，0.78万元；看望走访慰问生病住院的离退休人员148人，慰问金额1.48万元；走访慰问困难离退休人员42人，支付慰问金额1.2万元；为松柏镇水口山联盟完小支持教育经费1万元，为松柏镇金联村新农村公路建设支持1万元，为蒋汉卿等3名“寒门学子”捐款助学共计6000元。

【各类文娱活动】2015年，中心根据老年人的喜好，建立了各类文娱活动协会，有计划有步骤地开展“三八”妇女趣味赛、迎“五一”扑克赛、老年门球竞技赛、广场舞、乒乓球、老年书法、社会主义核心价值观知识抢答竞赛等各类体育趣味比赛活动，共有468人次参加。正确引导社区离退休职工自觉、自愿、积极的参与机制。推动独立工矿社区离退休职工文化建设，有效地发挥先进文化满足离退休职工精神需求、陶冶情操、凝聚人心的良好功能，促进了良好社会道德的向心力。是年，中心组织参加了市老年文体协会开展的各类活动，均获得优异成绩。中心的老年国画、摄影作品在参加常宁市和衡阳市“欢乐潇湘•美丽衡阳•魅力常宁”的群众艺术、书法、摄影活动中获得好评。其中离退休职工王跃的摄影作品获湖南省委宣传部参加“欢乐潇湘”书画摄影展总决赛三等奖，退休职工李常宁的国画《老矿新城》荣获衡阳市宣传部“欢乐潇湘•美丽衡阳”活动二等奖。

白沙镇

党委书记：邓清华
党委副书记，镇长：雷金荣
党委副书记：段国钢
党委委员：刘振东、贺自灵
人大主席团主席：谢元德
政协主任：何　晖
副　镇　长：刘国华、张国生、刘立常
人大主席团副主席：周成志
工会主席：李长喜
正科级干部：谢国顺

【概况】　白沙镇位于湘江支流春陵河的上游，东与耒阳隔河相望，西南依大义山与桂阳接壤，东南与永兴毗邻，是常宁、耒阳、桂阳、永兴四县市边境上的重要集镇。白沙镇在常宁境内与西岭、荫田镇夹角相邻，位于常宁市东南部，距市区53公里，东经112° 35′ 22″ ～112° 41′ 31″，北纬26° 06′ 04″ ～26° 16′ 49″，镇人民政府驻下洲村。辖区东西最大距离9千米，南北最大距离19千米，总面积75.47平方千米，其中陆地71.85平方千米、占95.2%，水域3.62平方千米、占4.8%。白沙镇历史悠久，境内物产丰富，是柑橘、大豆、黄花、药材、棕片、生姜等多种农副产品的重要产区。出产的无渣生姜列入《中国名优特新产品大全》；水豆腐、烧饼、黄牛肉是全市的特产，远近闻名。主要矿藏资源有金、银、铜、锡、钨、铅、锌、砷等28种。2015年，辖大路、南马、伍家、石湾、上洲、下洲、杜家、杜阳、砂坪、西棉、福坪、黄排、管钟、金招、茅坪、阳市、董湾、红卫、徐洲、上游、星光、荣华、井边、冲口、阳歧、胜利、忠岭、观音等28个村和白沙、阳加2个社区（是年，将上洲、中洲、下洲居委会合并为白沙社区，阳加居委会更名为阳加社区），204个村民小组。2015年，在市委、市人民政府的领导和广大干部群众的共同努力下，紧紧围绕市委、市人民政府决策部署，以开展“三严三实”专题教育为契机，以镇党委提出的“推进‘五大工程’，实施‘五化’战略”为载体，团结拼搏、真抓实干、务实进取，圆满完成年初经济工作会议提出的各项目标和任务。

【规模农业】2015年，继续推动“一流转五服务”工作，土地流转200余公顷。冬种油菜生产重点突出一线两片，打造白沙油菜生产新亮点，以三白公路沿线为依托建设10公里油菜走廊，同时建好星光、红卫、徐洲、上游、董湾两个千亩高产示范片，全镇落实油菜播种面积333.33公顷，落实油菜育苗面积53.33公顷。是年，冬春造林400公顷，超额完成上级分配任务。新引进一个造林公司，已承包西棉村和杜家村200余公顷荒山，开始整地。石湾林业合作社计划冬季造林200余公顷。冬季造林绿化全面起动，预订20余万株种苗，“两年消灭宜林荒山、三年全面绿化白沙”计划有序进行。加大森林防火工作力度，加大对森林管护员的管理，组建护林员队伍。全年，无一例较大的森林火情。

【社会维稳】2015年，继续开展“平安白沙”活动。社会治安整体防控能力得到明显增强，人民群众法制意识明显提高。强化干部责任，积极开展“大走访”活动，及时调解各村纠纷，把矛盾消化在村组、消除在初始阶段、消灭在萌芽状态，是年，全镇无重大群体事件、无重大治安事件、无重大民转刑案件，实现人心安定，社会稳定。是年，高度重视安全生产，时刻绷紧安全生产这根弦，探索制定安全生产长效机制，依法有序开展“隐患大排查”“安全生产月”专项整治活动，配合省、衡阳市、常宁市三级政府组织开展“三大行动”“九打九治”等打非治违行动。实现安全生产零死亡事故。整顿白沙矿业秩序，矿山整合工作稳步推进。集中力量开展了4次打非治违，累计出动100余人次，关闭矿山非法开采点10个，关停河道非法采砂

点6个，整治矿业选厂3个。白沙矿业生产正在向合法化、规范化、安全化迈进。

【人口计划生育】 2015年，计生工作围绕年度目标考核、包村责任追究制，不断创新工作机制，通过强化经常性基础工作，夯实基础。做到责任到人、措施到位、奖罚分明。截至2015年9月，全镇2015年共上报出生469人（男孩244人，女孩225人），其中计内出生335人（一孩242人，二孩93人），计外出生134人（多孩61人），符合政策生育率为71.43%，人口出生率为12.78‰，性别比为108.4。

【城乡同治】2015年，镇党委、政府加大了环境卫生城乡同治工作力度，进一步细化实施方案，做到“五同”，即同志、同步、同干、同投入、同考核。紧紧围绕“城乡一体化、镇村共建”新农村建设总体思路，以改善人居环境质量为目标，狠抓环境整治，城乡面貌得到了新的改善，特别是春陵水沿岸、白沙集镇卫生面貌变化喜人。加大财政投入，是年，投入50余万元用于白沙、阳加集镇周边环境卫生保洁工作。各村（社区）结合实际，配备了60多名保洁员，并将保洁员工资与考核挂钩。

【教育事业】2015年，辖区内小学、初中入学率和升学率进一步巩固提高。教师爱岗敬业，业务水平不断提升，教育设施进一步完善，白沙中学和阳加中学的新教学楼、山上井边等村的六福联校均已竣工使用。

【社区两化两体系】2015年，广泛宣传社区两化两体系建设工作的方法步骤、坚持以党的十八大十八届三中和四中全会精神为指导，以服务群众为宗旨，合理设置社区规范，完善社区服务场所。白沙镇的工作目标：一是社区整合，2015年6月底全面完成；二是社区规模划分，通过整合，按地域地缘因素划分为两个社区，即白沙社区、阳市社区；三是规划了两社区办公服务用房建设，选好址、筹备好配套资金、向上级积极争取了政策和资金的扶持，争取2016年全面完成；四是配好两社区的支部班子和临时筹备领导小组。实现社区合并大局稳定，风清气正、班子和谐，增强社区班子的凝聚力、战斗力。

【小城镇建设】2015年，切实抓好立项、规划、筹集资金、项目招商、征地、拆迁、协调矛盾等城镇建设工作。做到高起点规划、高标准建设、高速度推进、高效益经营，打造阳加新市场建设和荷叶塘新区建设两个亮点，让小城镇建设增效、让老百姓增收、让集体经济增强。

【扶贫工作】2015年，全镇有4个扶贫村，即冲口、阳岐、胜利、福坪村，贫困人口较多的村有5个，分别是忠岭、井边、观音、西棉和石湾村。全镇总扶贫户数1142户、3312人。其中，扶贫户350户，1208人；低保户362户、682人；低保扶贫户402户、1394人；五保户28户、28人。镇成立精准扶贫工作领导小组，设立扶贫办，确定了2名专职干部抓精准扶贫工作。在建档立卡的基础上，对2015年的精准扶贫对象进行了全面详尽的摸底排查，经筛选把关，确定了贫困人口名单、帮扶责任人、帮扶措施以及帮扶具体目标。各村建立一支由驻村组长为组长、市帮扶单位干部、镇蹲点干部、村干部为成员的扶贫工作队，“1+1”结对帮扶贫困户。通过扶贫工作队进行实地调研、进村入户走访、分析致贫原因并找准帮扶突破口。全镇“四个一批”“五个突出”具体落实助学的37人，危房改造129户，搬迁户数279户，兜底一批618人，救助一批42人。

【民生项目】2015年，完成阳岐、冲口两个村通村公路建设。筹备上渡大桥建设项目，在市人民政府的领导下协调好耒阳市的280万元资金，做好配套工程建设的前期工作。是年，山上饮水工程的建设取得成效，6个村集中供水管网建设大部完成并开始供水，保障了山上7000余名缺水群众的生活生产用水。是年，积极向水利部门争取，请求在项目上、资金上予以倾斜，加强白沙镇的冬修水利建设和欧阳海灌区左干渠和支渠的重点维修及清淤。是年，与市电力部门衔接，启动董湾、阳市、荣华、井边、阳岐5个村的农村电网改造。是年，财税所、经管站加强资金管理，各项惠农资金全面落实,公开透明;国土所与派出所、规划所加强联系,严格保护耕地,依法打击非法用地;企业、农电、畜牧、广播电视等站所的工作为白沙镇经济发展发挥了积极作用;农业、林业、水管、统计、档案、办公室等工作着眼全镇一盘棋,在各自的岗位上尽职尽责。各部门总体工作水平和效率有了显著提升。

【存在的问题】2015年,存在的问题主要有五点:一是外出务工人员较去年有所增加,水稻生产面临的困难将增大。二是各村农田水利设施基础薄弱,排水不方便,严重损害了农户种田的积极性。三是村集体经济薄弱,绝大多数村只靠财政转移支付维持日常工作需要。四是部分村还剩余未修水泥硬化路段急需维修,给老百姓出行带来不便。五是一些重大的民生工程还未建成,如上渡大桥工程建设、白沙小城镇建设、白沙上片的电力户改等。

洋泉镇

党委书记:彭旭大
党委副书记、镇长:刘朝阳
党委副书记:陈风顺
纪委书记:刘运中
党委委员、武装部长:廖青峰
党委委员、组织委员:贺林贵
人大主席团主席:段满福
政协主任:廖　宁
副镇长:唐孝忠　杨泽成　廖成生
人大主席团副主席:张云香
工会主席:胡仁超

【概况】洋泉镇位于常宁市西南部,东接胜桥乡,南接黄洞乡、弥泉乡,西连官岭镇、祁阳县,北邻兰江乡。辖地面积180平方公里。2015年,有耕地面积2394.13公顷,其中水田2074.2公顷。镇机关有工作人员110人。辖洋泉、西南、巷平、洋洲、泉峰、太湖、严冲、畔林、高林、坦冲、西桥、东元、丰龙、群龙、杉树、新瓦、野马、乐园、同心、梅元、香湖、祁元、桐坪、桃源、阳桥、颈塘、杉桥、毛田、灯塔、马坡、东山、韩冲、陈桥、稠术、新楼、太井、石枧、太山、水龙、庄泉、土桥、邓家、四泉、两益、东塘、农胜、许和、中心、兰田等49个村和洋泉社区,676个村民小组。是常宁市地域面积最大,人口最多的乡镇。境内自然资源丰富,农林特产种类多。全镇80%的村以农业为主,主要种植水稻、红薯、高粱、黄豆等。境内兴源、杉树两个片有60%的村组以林业为主,主要生产杉树、楠竹、茶叶、土纸、蓼叶、山苍子、药材、竹笋、茶油等。杉树年采伐量1万立方米以上,森林蓄积量、年采伐量居衡阳市乡镇之首。地下资源有煤、锡、铅等。境内水力资源丰富,有衡阳市最大的中型水库——洋泉水库,另有小(一)型水库1座,小(二)型水库1座。是年,完成农业生产总值3.5亿元,比2014年增长12%,农民纯收入达到4860元,比2014年增长10%。被市委、市人民政府授予:2015年度计划生育协会先进单位,2015年度安全生产先进单位,2015年度衡阳市环境卫生城乡同治50强,2015年度目标管理绩效考核良好单位,2015年度维护社会稳定工作先进单位,2015年度烟叶生产先进单位,2015年度农业生产先进单位。

【农业产业结构调整】2015年,在巩固水稻制种基地、养羊基地、蔬菜基地、水果基地的基础上,重点突出烤烟生产,是年连片150公顷的烤烟,亩平均产值4800元,比2014年增收40%,纯收入1800元。全镇万亩杉树片形成,200公顷油菜连成一片。在祁元、香湖两村发展茶叶产业,茶叶种植面积在33.33公顷以上,成立了茶叶专业合作社。是年,全镇有种植大户14户,养殖大户14户。

【森林资源开发与保护】2015年,全镇共完成造林面积385.466公顷,其中荒山造林353.8公顷,世行等项目造林164公顷,是年冬,造林整地106.66公顷,造林小班苗木成活率在96%以上,工程小班垦复管理537.06公顷,退耕还林小班树木长势喜人。为了确保造林质量,一方面搞好苗木调运,严把质量关和数量关,确保调运苗木质量。另一方面切实搞好技术服务指导,确保造林质量。同时组建森林防火队伍,加强森林保护,全年无重大火灾发生,保障林业生产安全,坚定林区群众在山靠山、以山致富奔小康的信心和决心。

【民营经济】2015年，不少经济能人依靠资源优势，挖掘潜力，顺应市场需求，大力发展竹木加工业、茶叶产业和养殖业，成为洋泉经济发展的新亮点。是年，全镇规模养猪大户达到6户，新增4户，年出栏生猪在500头以上，得到上级的专项资金扶持；全镇规模养鸡、养鸭达到10000羽的有20户，每户出笼都在7000羽以上。

【财税征管】2015年，克服洋泉税源少、征收难、负债重的困难，全面完成上级分配国税、地税、财税任务。镇财政比2014年增收80万元，增长15%。在抓财政收入的同时，继续强化财政管理，严控非生产性支出，同期比2014年减少20%，实现了镇财政的三保目标，尽最大努力偿还镇财政债务近100万元，财政消赤减债迈出了坚实的步伐。

【交通条件】2015年，常洋、洋浦公路穿洋泉集境而过，近年随着天堂山旅游事业的发展，洋泉镇党委、政府已投资120万元，修建了一条5公里长环洋西路分流车辆，缓解交通压力，镇党委、政府对集镇全面规划，以234国道为契机，新规划集镇道路2条，拓宽城市骨架。

【水利设施】2015年6月，群龙、马坡、水龙、陈桥等村在市农开办的支持下，对河道进行加宽护砌，总计15公里，投资500万元，年末完成3公里。是年，完成山塘清淤500口，危险水库加固5处。

【集镇街亮化】2015年，镇投资1100万元，对集镇进行综合整治工作，实施“硬化、净化、美化、亮化、绿化、序化”工作，强化管网建设，从根本上彻底解决农村集镇“环境脏，秩序乱，设施差”现象综合整治，为广大居民出行和休闲提供了舒适的条件。

【计划生育】2015年，镇党委、政府围绕年度人口与计划生育的目标，工作力度进一步加大，计生水平进一步提高，在全市乡镇排名前移，实现了升位的目标。是年，出生94例，比2014年提高两个百分点。在抓计划生育工作中，首先是严格镇村干部工作责任制；全面落实计划生育优惠政策，办理养老保险和解决低保。

【综治工作】2015年，镇党委、政府坚持“打防”并举的工作方针，紧紧依靠政法队伍和充分发挥基层治保调解作用，始终开展“春夏严打、抓赌禁毒”和“打拐扫黑”等专项斗争。是年，派出所破获刑事案件10起，刑拘8人，批准逮捕8人，直诉3人，追回在册逃犯6人。处理治安案件26起，其中治安拘留32人，罚款38人。调处各类纠纷11起，法庭受理各种案件50起，审结47起，庭外调解3起。司法所调解民间纠纷23起，调解成功率100%，有效地维护了洋泉的社会稳定。

【新农村建设试点村】2015年，香湖村在上级领导和有关部门的大力支持下，大力发展经济，带动农民致富，根据从当地实际情况，着力发展茶叶基地，成立了茶叶专业合作社。

【民生工作】2015年，收缴合作医疗基金近600万元，全镇实际参合人数在95%以上，解决了农民看病难，治病贵的问题。对生活特别困难的900多村民办理了低保。对符合条件的五保户，按标准100%实行五保供养，同时进一步加强了敬老院的管理。全镇危房改造共60多户。

【作风建设】2015年，开展以“提效能、转作风、促发展”为主题的纪律教育学习月活动。以“十件民生实事、十项中心工作，重点项目”为载体，开展工作进度公开，考核评分公开，实行插红旗表扬、黄旗警告制度。加强干部队伍建设及管理，使党员干部勤政务实，勇于担当，敢于担当，有所作为，同时全面促进全镇各项工作的落实。另外，抓好阳光工程三公开，推动基层党风廉政建设。坚持实施镇村党务政务村务公开信息联络员制度。指定专人专项负责党务、政务、村务公开工作，做到“常务”长期公开，“要务”定时公开，“急务”及时公开。抓好廉政风险防控工作，推进惩防体系建设。建立廉政风险意识防范管理制度。针对镇村两级领导干部权力运行的“关节点”，内部管理的"薄弱点"，问题易发的"风险点"，建立健全廉政效能风险防控长效机制。开展"三严三实"党员干部联系服务群众活动。开展党员干部驻点普遍直接联系服务工作是打通服务群众"最后一公里"抓手。从开展该项工作以来，在全体镇村干部的共同努力下，通过创新活动载体，建立长效机制上，真抓实干。到年末，11个团队60多人走访群众6771户，解决群众问题384件，正在处理的问题45件，帮扶慰问困难群众20人，发放困难慰问款8000元。

宜潭乡

党委书记：朱桂虎（2015年11月离任）
刘向阳（2015年11月任）
党委副书记、乡长：张明武
党委副书记：刘文峰
党委委员、纪委书记：周　荣
党委委员、武装部长：欧耕耘
人大主席团主席：吴毅勇
政协联络工委主任：唐　晖
副乡长：何桂成、罗　旻（2015年11月离任）
人大主席团副主席：陆　勇

【概况】宜潭乡位于常宁市城郊，省道214线、320线纵横过境。东与盐湖镇、蓬塘乡相连，南接三角塘镇，西与新河镇、宜阳镇交界，北与江河乡、柏坊镇接壤，从东西北三面环绕常宁市区。省道214线、320线、衡桂高速贯穿全乡与乡道乌长、乌田、桐江、桐西公路构筑全乡交通主枢纽。2015年，辖地面积101平方公里。境内为丘陵地区，宜水、潭水纵贯境内，沿河两岸地势开阔，土地肥沃，是常宁市重点产粮地区之一，东部和南部丘岗多油茶林，北部以紫色页岩为主，主要经济为种植业和养殖业两大类。粮食作物有水稻、大豆、高粱、红薯、玉米等近600个品种，经济作物有油菜、烤烟、花生、西瓜、辣椒、芝麻、湘莲等，全乡形成优质水稻、瘦肉型生猪、高质油菜、檀桥板栗、良种葡萄、美国红提、冬枣和反季节蔬菜等商品基地，具有"水果之乡"美称。工业产品有水泥、红砖等，老年公寓、廉租房三期建设、工业走廊、中粮集团、天衡儿童玩具有限公司等市重点项目纷纷落户宜潭。辖南京、六福、塘湾、盟山、新建、群英、和平、新华、船山、江水、曹同、福寿、黄桥、新联、新和、由市、上义、中义、乌联、梅塘、紫阳、大堰、石桥、联坪、星子坪、长塘、曹塘、八角亭、书泉、珠塘、大桥、虎洲、金塘、枫坪、茶元、砂岭、崔家、回江、大屋、董家、郪兰、上洞等42个行政村，412个村民小组。

【粮食生产】2015年，重点突出万亩优质水稻连片基地建设，抓省道214线、省道320线和乌长公路、乌田公路、桐江公路沿线各村双季稻种植工作。油菜种植主要工作重点抓好两个生产高产示范片：一是沿宜水河岸的黄桥、曹同、塘湾、盟山、江水、船山、新华等村连片333.33公顷的油菜高产示范片；二是衡桂高速公路沿线的石桥、联坪、星子坪、长塘、金塘、枫坪、茶园、大屋等村连片333.33公顷油菜高产示范片。各村按照乡分配的冬种任务，合理完成了油菜、绿肥、蔬菜、冬粮等冬季作物的种植面积。每个村都办好一个连片6.66公顷的油菜示范点作为各村冬种项目。是年，完成冬种面积2333.33公顷，其中油菜1266.66公顷，绿肥333.33公顷，蔬菜200公顷，其他冬季作物333.33公顷。

【大棚蔬菜、水果基地、花卉苗木基地建设】2015年，全乡大棚蔬菜种植以乌联、大屋为龙头，辐射董家、茶元、枫坪、长塘、金塘、砂岭、回江、郪兰、上洞、上义、梅塘、中义、新和、新联、黄桥、曹同、塘湾、六福等村，形成宜潭蔬菜种植基地，种植面积达400公顷；以塘湾、中义、上义、郪兰、回江、崔家堰等林为主葡萄基地种植面积达400公顷；以枫坪、星子坪等村为主的花卉苗木基地面积达133.33公顷；以塘湾、长塘等村为主的梨子基地等做到了一村一品。

【生猪养殖大户】2015年，通过政策引导、项目资金扶持、技术指导，以新五丰公司为龙头，全乡养殖规模不断扩大。是年，全乡出栏生猪7.5万头。

【林业生产】2015年，全乡春季造林400公顷，其中油茶林153公顷，果林、国外松66.66公顷；充分挖掘现有荒山，上半年荒山流转突破333.33公顷。加大防火宣传，明确防火责任，制定森林防火预案，加强村组日常值班和巡山，投入15万元添置防火、灭火工具，基本上把火灾控制在萌芽状态。

【水利建设】2015年，完成乌此支渠、联坪支渠、鸭婆堰渠道三个灌区渠系的清淤工作，和各村电排渠道、田间排水、灌溉渠道和山平塘的清淤工作。每个村完成1000米以上的渠道清淤，至少完成一口以上山平塘清淤，特别是对本村病险水库排查和维修，发现一处维修一处。是年，对全乡的主系渠道进行了清淤，对骨干山塘进行维护蓄水，确保全乡水田灌水得到保障。全乡共完成渠道清淤87千米，渠道水泥硬化7000米；堰坝维修26处；电排维修4处；山平塘清淤180口以上，山平塘硬化14口。

【畜牧养殖】2015年，全面推行标准化养殖，提高畜牧养殖效益。开展春季、秋季畜禽防疫，做到"两个百分之百"，即动物免疫密度100%，免疫目标挂牌100%。免疫密度100%。开展畜产品安全监督，让群众吃上放心肉。

【计划生育】2015年，完成"三查"1839人，发放计生宣传资料3500余份，发放避孕药具6000余份，为210人免费提供孕前健康体检。

【教育、文化、卫生】2015年，乡党委、政府积极为学校教育工作排忧解难，重视留守儿童的教育管理，为留守儿童入学提供方便。同时加强对学校周边的综合治理，为学校提供良好的教学环境。医疗卫生、疫病预防，健康知识得到普及。是年，新农保与新农合收缴工作再上台阶。自全市召开人力资源和社会保障工作会议以后，乡立足于早、立足于快，充分结合实际，扎实推进城乡居民社会养老保险收缴工作。年末，全乡实际参保19474人，收缴保险费金额202.7万元，参保率79%。而新型农村合作医疗参保94.21%。宜潭乡新农合参合费收缴已逾36593人，全乡42个自然村除盟山个村外，其他全部完成90%以上，收缴金额达4484760元。同时加大对老年事业的投入，组织老年人开展健康运动，文艺表演，丰富了老年人的晚年生活。

【化解社会矛盾】2015年，专题召开信访维稳工作会两次，共排查出50多起隐患，对各起隐患都进行了及时的调处，全部化解在基层。解决各种纠纷80余件，受理群众来电来访和上级交办督办案件90多件，在相关职能部门的配合下，群众反映的问题都得到了解决，做到来信来访和上级交办督办的案件，百分之百处理，百分之百回复。

【环境综合治理】2015年，党政一把手对城乡同治亲自抓，解决资金安排、责任分工、机制建立等问题，从创造清洁、整齐、优美的人居环境和生产生活条件入手，全面推进。要求各村要定期集中时间对村头村尾、道路两旁、房前屋后、公共场所等垃圾死角进行全面清理，做到定点倾倒，集中处理。各村聘请保洁员专门清扫路面、清运垃圾，购置垃圾清运车、铁锨等工具，乡村卫生环境得到明显改善，城乡同治工作遥遥领先。

【惠农政策】2015年，全面落实对种粮农户的粮食直接补贴、农资综合补贴、农机补贴、水稻良种推广补贴和家电下乡补贴政策，退耕还林资金100%落实到户，认真落实党的强农惠农政策，密切党群干群关系。

【安全工作】2015年，结合实际情况，突出重点、加大隐患排查力度，对重点单位、重点部门、重点环节，等生产经营单位每月进行排查，每月实行一次拉网式排查。在排查中发现的问题及时提出整改意见并限期整改。并规范制度、对照细则开展自查自纠，对全乡内各企业、各村的小作坊开始排查清理，并提出自查要求。排查安全隐患8起，查处道路交通违规86次，查处违法营运车辆12台，查处建筑安全隐患17处，排除地质安全隐患4处。是年，全乡无安全事故发生。

【存在的问题】2015年，全乡经济总量偏小，财政收入低，项目资金欠缺，经济发展后劲不足；财政任务基数大，压力大，可用财力有限；农业基础条件差，抵御自然灾害的能力不强。

兰江乡

党委书记：彭　评
党委副书记、乡长：彭益玲(2015年11月调出)
邓运香(2015年11月调入)
党委副书记兼纪委书记：龙文章
党委委员：詹春绿、王旭芳、
邹建科(武装部长)、张彦晶
人大主席团主席：吴晓斌
政协联络工委主任：雷云峰
副乡长：李　华、段　军
工会主席：李　娟

【概况】兰江乡位于常宁市西南部，距市区7公里，传说流经境内的宜水支流两岸树木四季常青，映水成兰，而得名兰江。东邻市区，南与洋泉、胜桥两镇相接，西与官岭、新河两镇接壤，北与宜潭乡交界；辖地面积77.2平方公里；交通便利，省道S320线贯穿东西，县道常洋、常新公路纵贯南北，乡村公路星罗棋布，与省、市道交错构成完整的交通网络。2015年，辖兰江、高益、宜合、洞山、江星、珠琳、景星、太子塘、八合、仙岭、湖塘、铁塘、东冲、双合、砂华、元茶、元山、谭坪、合群、上庄、正同、芭梨、平江、江洞、南枫、东塔、荆堰、八一、茅塘、老鸦桥、金星、新山、应伏、花玉、波江、麦田、新塘铺37个行政村和1个社区、406个村民小组。辖地水利资源丰富，共有两个灌溉渠系，洋泉水库左干渠可灌溉兰江21个村、522.4公顷面积，红星水库可灌溉6个村、120.8公顷面积；有山平塘3327口，小(一)型水库1座，小(二)型水库5座。境内资源丰富，江星村的矮晚柚、礼品瓜、布朗李、无籽西瓜，湖塘的奈李，新山、八一的甜橙在全市享有盛名，其中江星的礼品瓜、布郎李已在衡阳市香江百货的柜台销售；元山竹木加工厂、东塔家俱厂因物美价廉，产品质量过硬，远销广东等沿海城市。是年，完成生产总值3878.9万元，增长9.8%；完成财政总收入687.6万元，经济社会继续保持又好又快的发展势头。

【粮食生产】2015年，完成早稻种植面积523.73公顷，其中烤烟107.06公顷，马路沿线及重点村17个，共集中育秧4.36公顷，犁翻板田5.9公顷，非马路沿线各村集中育秧1.59公顷。发展种粮大户15户。种植早中晚稻13.33公顷以上的大户1户，6.66公顷以上的6户，3.33公顷以上的8户；水稻保险工作，全乡共完成水稻早、中稻保险119784元，1996.4公顷。

【烤烟生产】2015年，围绕控规模，调结构、提质量、创特色的总要求，完成优质烟叶4343担，创产值593.4478万元，兑现2014年烟农补贴资金37万元。

【水利建设】2015年，投入水利建设资金180余万元，完成劳动工日20.45万个，移动各类土石方16.5万立方米。

【畜牧养殖】2015年，新增年出栏1000头以上生猪养殖场1个，以及年出笼1万羽以上的蛋鸡养殖专业户1户，50头以上的养羊大户9户；实行重大动物疫病防控责任制，动物防疫“五个不漏，两个百分之百”，接种率100%，建档率100%，畜禽死亡率控制在0.21%。年末，全乡存栏猪26500头、家禽167564羽、羊1790头、牛257头。

【林业生产】2015年，春季造林绿化，全乡共完成新造油茶林整地33.33公顷，荒山造林66.66公顷，共计划调苗油茶良种苗30000株，良种杉木苗60000株、其他苗木10000株，实行荒山土地流转，鼓励大户承包。加强森林防火工作，乡财政投入3万元成立兰江乡森林防火领导小组及宣传组和扑火应急小分队，重点山头责任分解到人，重点人群严密监控，对精神病、无民事行为能力的人加强管理，全年无一起火灾。

【基础设施建设】2015年，37个行政村“水泥路村村通”，新修公路10条，组织各村全面搞好了道路维护。是年，引进的粤兴房地产公司投资1000余万元，顺利启动占地5.1公顷的集镇二期工程；“三杆”搬迁、“三通一平”、排水设施、路灯安装已全面完成，主要道路全面硬化，中心幼儿园和农贸市场建设已全面竣工并使用。示范片开展了“乡村清洁工程”、“三清五改”工程、改厨改厕、房前屋后硬化。金元休闲农庄建设已经形成规模，合群村400亩的无公害蔬菜基地已经全部种上各种蔬菜，并且取得不错的收益。700亩红提、脐橙、沙田柚、香梨等名优特产水果基地的果树取得了可喜的收入。100亩的水产养殖收入可观，200亩的花卉、苗木植树造林披绿装，元山村200亩大棚西瓜基地的西瓜爽甜可口。

【企业发展情况】2015年，全乡新增农业产业化有6个：新香园农庄、应辉农林牧合作社、新山种养合作社、雄鹰生态农业合作社、应辉种养合作社。民营企业新增有5个：华泓铝合制品厂、兰江加油站、华泓家具厂、东塔木材加工厂、君潮铝合金制品厂。

【民生改善】2015年，全乡共有低保户923户1521人，五保供养对象310人，残疾军人5人，三属人员4人，在乡老复员军人24人，参战人员56人，优抚人员118人，90岁以上老人16人，孤儿18人，残疾人467人（其中残疾军人5人）。以上人员的抚恤和生活费已及时发放，且落实到位。抓好中小学基础设施建设及危房改造工程，兰江中心小学投入资金40多万元，完成跑道、校门的修建；东塔小学正式启用，金源综合楼建设又投入60万元；兰江中学、兰江完小、东塔小学、湖塘完小、金源完小学生课桌及教师办公桌更新共计120余万元。危房改造40户，修缮3户。新农保征缴工作顺利完成，全乡已参保人员15408人，金额171万元。新农合征缴工作顺利开展，现已完成总任务数的98%。

【综治维稳】2015年，共调解各类纠纷60起；派出所接到各类报警276起，其中共立刑事案件32起，破案12起（其中年前案件破案4起），打击处理3人（盗窃1人、容留吸毒1人、故意伤害1人），查处治安案件17起、行政拘留17人、罚款9人；调处各类纠纷170余起，交通事故30余起。成立乡村两级综治领导小组和调解委员会，大力推进“三调联动”，机制构建“大调解、大稳控、大安全”的格局。是年，共排查调处各类矛盾纠纷192起，成功率99%，其中化解疑难积案22件，防群体上访5起。

【计划生育】2015年，全乡有已婚育龄妇女6908人；全乡户籍人口出生445人，其中政策内生育328人，政策外生育117人，政策符合育率73.7%，出生率为12.5‰，总性别比为108:9，死亡230人，死亡率6.53‰，人口自然增长率5.97‰。

【信访工作】2015年，共接待群众来访54次，其中立案调查38起，处理信访案件38起，结案38起，同比2014年信访量减少60%，未发生重大集体访、越级访案件，维护了社会的稳定。

【城乡同治】2015年，全乡各村配备了同治专干38人，共印发《“洁净兰江行动”倡议书》每户1份，签订村级责任状38份，悬挂横幅22条，张贴宣传标语380幅，设立城乡同治永久性宣传牌98块。完善二套制度，建立长效工作机制，出台了《兰江乡环卫城乡同治实施方案》《“洁净兰江”大行动考核办法》。建立三支队伍，强化城乡同治工作力度，全乡各村、居委会，根据人口和面积的大小，配备3～7名保洁员，共配备村级保洁员268人。由5人组成专门班子，建立乡督查考核队伍。四是打造四张网络，全面推进城乡同治。是年，以一事一议资金为主体投入，对全乡“村村通”工程进行扫尾，预计新增通车里程达7.5公里以上。加强对兰江水、宜水两条河流及6座小（一）（二）型水库的水源保护，组织清理河流及漂浮物3次，禁止向河道倾倒生活垃圾和建筑垃圾，建立并实施分段承包保洁制度和禁止水库化肥养鱼管理制度。乡财政投入近10万元，村自筹资金10万元，用于环卫同治工作基础设施建设。新修了垃圾填埋场水泥公路1.3千米，添置混凝土焚烧池、车载垃圾箱等部分设施。第四是商业网。出台并实施《兰江乡环境卫生管理办法》，对主要街道实行全天保洁，垃圾清运率达100%。市场及周边环境做到“三有三无”。

【安全生产】2015年，每村设立安全生产专栏，自然湾场累计张贴红字标语1200条，书写石灰标语45条，悬挂横幅22条，发给8000份安全生产宣传单。是年，共查出安全隐患22件，并派专人督促整改，确保整改率100%。是年，取缔江洞和元茶的非法锰矿并进行一周一巡查，杜绝其死灰复燃；四是严厉打击非法客运，对“三无”车辆进行查处。对食品、药品安全进行了专项整治。对境内烟花爆竹零售点进行检查，开展“清剿火患”战役活动，并且还对学校、重点消防单位和重点村进行了安全巡查。

【纪检监察工作】2015年，一是抓党风廉政建设责任制的落实；二是抓好宣传教育，营造浓厚廉政的氛围，悬挂横幅标语70条，制作宣传专栏3个，举办黑板报4期。三是率先垂范，规矩做事。四是加强管理，搞好职责范围内的廉政建设。是年，共排查各类信访案件68件，年末，已处理60件，余下8件2016年初可以解决，切实做到件件有落实，事事有回音。是年，共查处3件违纪案件，已办理2件，还有1件正在办理之中，党纪处分3人。

【机关工作】2015年，党政办共对各类上级来文120余件进行收文登记，共发文65件，其中党委发文35件，政府发文30件，人大发文8件，纪委发文3件，办公室发文2件。对所有来文都按照登记、呈阅、传阅、交办和归档的程序进行及时处理。努力提高机关工作效率，坚持上、下班考勤工作，坚持出勤适时督查工作，坚持按周进行工作部署。

三角塘镇

党委书记：雷发清
党委副书记：漆詹洪（2015年12月调入）、刘金芳
党委委员：彭胜昔（纪委书记）、王祯宇、吴良兵、尹小方
人大主席团主席：阳少华
政协联络工委主任：彭贵华
副镇长：肖智华、彭　波（2015年7月调出）
人大主席团副主席：阳继文
工会主席：陈晓春

【概况】三角塘镇位于常宁市东南部，北距市中心6公里，镇政府驻地幸福村牛市坪，北接宜潭乡，南抵罗桥镇，西临板桥镇，东靠盐湖镇，省道214线、衡桂高速公路穿境而过，潭水自南向北纵贯全境，潭水河上有全省最早的拦河坝——鸭婆堰水利枢纽工程。1995年撤区并乡，并原罗桥区的渔池乡、宜阳区的瑶塘乡、三角塘镇，两乡一镇合并建立三角塘镇。境内沿潭水两岸地势平坦，土地肥沃，是国家大型商品粮生产基地和万亩优质稻高产优质种植示范基地，是常宁市重点产粮地区之一，盛产稻谷、大豆、红薯、高粱、玉米、茶油、奈李、茶叶、黄花菜、杉木、楠竹、香圩、柑橘。矿产资源丰富，已探明的矿种有18种，其中煤、锰、锡储量，分别占常宁市的30％、20%、22％。2015年，辖地总面积61.6平方公里；辖塘冲、白铺、双湾、罗田、山河、清合、老屋、南岭、长江、渔池、白沙、泉塘、石岭、幸福、三角塘、双渔、何曹、江南、千家、毛巷、市群、周家、市塘、麻冲、瑶草、玉沙、檀下、寨下、石尾、朱田、阳庙、大陈、太合等33个行政村和1个社区，354个村（居）民小组。

【烤烟产业】2015年，烟草种植由2014年的221.13公顷调整为200余公顷。烟叶产量7000余担，产值1200万元，创利税200余万元。亩产值4000余元。年末，烟农现正抓紧翻耕起垄，烧制火土灰，备耕面积266.66公顷。

【粮食生产】2015年，在2014年的基础上打造样板和示范片，以江南峒万亩高产优质稻种植示范基地和柳三公路、省道214线瑶塘片区、高速公路沿线“三线”双季稻种植面积为重点，设立20万元粮食发展基金，扶持创建耀鑫农业农机专业合作社、鸿丰农业专业合作社、华飞种植农民专业合作社3个拥有各种农机20余台的示范性农机合作社，大力发展面积3.33公顷以上的种粮大户82户，稳定粮食总产在1.5万吨以上的总目标。为改善土壤结构和农民增收，免费提供湘杂油188种子8000包、绿肥草籽种2000包，全镇油菜种植面积在800公顷以上。

【蔬菜产业】2015年，千家、江南、双渔3个村沿河连片蔬菜基地面积增加12%，面积32公顷，在老屋、南岭、何曹、青合等村实行大棚种植蔬菜，试扩种优质反季节蔬菜瓜果，如板栗南瓜、韩国萝卜和礼品西瓜

等蔬果,面积33.33公顷。

【油茶产业】2015年,按照市委、市人民政府建设"绿色常宁"、"三年绿化"的要求和部署,全镇共完成新造林140.87公顷,退耕还林及幼林抚育培管38.6公顷,冬季整地样板133.33公顷。白沙、塘冲、白甫、渔池等村为核心66.66公顷油茶低改项目,有力推动了全镇油茶产业迅速发展。

【项目建设】2015年,市民政社会福利中心项目经市国土、规划、民政等部门和镇村两级的共同努力,现已完成征地5.72公顷,预计项目在2017年6月底前可投入使用。衡阳市八中尚宇中学项目建设部分坐落在境内玉沙村,其中需要征地2.66公顷,经过几轮镇村党员干部群众座谈会,征地协议已签订。瑶草国有工矿企业棚户区改造项目,一期已完成征地拆迁任务180余亩,18栋楼房主体即将完工。226.66公顷的土地整理项目已完成。三角塘、山河、双湾、罗田、塘冲、渔池等村多年种烟村配合烟草部门,启动了226.66公顷烟田整理项目,工程已完工,将极大地改善项目区各村的生产条件,提高生产效率。省道214线及配套设施三角塘镇段全部全工。常盛物流项目建设接近完工。

【新农村建设】2015年,南岭村人均面积不足0.5亩,用地建设矛盾突出,为了进一步改善群众的居住环境,提高节约集约利用土地水平,镇党委研究决定以南岭村为示范,实施空心房改造工程,积极向市人民政府及市住建局争取,将南岭村纳入全市危房改造整体推进建设项目,实行统一规划。老宅现已撤除100余栋,已规划好建设用地5000多平方米,有110户居民申请待建。近年来,致力打造"水杉之乡"建设,加大村道绿化力度,从上级林业主管部门争取水杉苗,在山河、青合、老屋、南岭、长江等村补种11000余株,在各自然湾场移栽水杉树、桂花树等30000余株,对全镇村道绿化近20公里。是年,开展环境卫生城乡同治工作,重点抓好集镇和沙水、潭水沿河各村河道保洁。对各村及镇直单位划定卫生责任区及负责人,签订门前卫生"三包"责任状,工作绩效与下拨经费挂钩。是年,开展环卫整治检查8次,下发整改通知书3份,有力推动全镇环境卫生的持续改善。2015年,镇财政出资20余万元在三角塘新街至何曹村沿线,安装太阳能路灯50盏,全镇各村积极向上级争资或自筹资金共安装路灯400余盏,极大地方便了百姓、上晚自习学生夜间出行,保障广大驾乘人员的行车安全,提升小城镇品位。

【综治维稳】2015年,开展严打专项整治工作,深入打击两抢一盗、流氓斗殴、涉恶势力,全力扫除"黄、赌、毒",持续推进"平安三角塘"建设。开展道路交通秩序专项整治工作。全年无重大群体性事件发生,无明显突出的治安问题。人民群众的安全感普遍增强。

【来信来访】2015年,充实、调整镇信访领导小组成员,成立"便民服务中心"和"群众接待室",实行镇领导信访接待日制度。镇主要领导接访20余起,亲自处理重大信访案件10起;接待群众来访 18批104人次,民事调解率达100%,调成率98%。明确村支部书记为信访工作第一责任人,村干部为直接责任人,村干部包组,蹲点干部包村,出现矛盾纠纷能积极化解。做到小事不出村,大事不出镇。

【安全生产】2015年,强化"一岗双责",开展"打非治违"。建立安全生产巡查制度,多次对辖区内的重点场所进行安全生产大检查。对学校等重点区域每周检查1次,发现问题及时整改或限期整改。常规安全检查20余次,整改安全隐患23处,两家烟花爆竹企业已全面停产,年末正在做退出的善后工作;全面禁停非法采砂,采取不同形式的整治行动共20次,拆除非法砂场多家,清理辖区内的潭水、沙水河道砂石尾堆,确保了河道畅通。

【民生保障】2015年,农村低保对象1152户1289人低保覆盖面为3.9%。通过清查清理清除42人,其中已死亡22人,条件好转20人;城市低保保障对象共155户163人,通过城市低保清查清理,清除对象34户35人;五保对象239户,散养208户,集中供养31户,清除对象51户。保证五保低保评定公平公正。多方筹资10万元对镇敬老院实行改造,修缮厨房、餐厅及澡堂设施,提升了在院老人的幸福感。

【党建工作】2015年,在2014年“三联三帮三服务”活动的基础上,重点对罗田、石尾、阳庙三个弱软涣散村加强班子和党员队伍建设,配备五基督导员,党委书记雷发清挂罗田村,人大主席阳少华挂石尾村,政协主任彭贵华挂阳庙村。各党支部分别召开党员座谈会,制订整改方案。石尾村投入12万元为民办实事,安装31盏太阳能路灯,阳庙村筹资40余万元修建通村公路,罗田村争取市物价局和镇“一事一议”资金,安装40盏路灯。党委书记雷发清多次到已建村部的10个村进行党建工作指导,要求支部书记限期整改,抓好村部的办公条件建设和党员活动中心,提升服务党员、服务群众的工作水平,达到班子好、党员队伍好、群众反映好。同时,要求其他班子成员每周到各支部检查指导工作不得少于1次,每月召开1次专题会议研究党建工作,做到“两手抓”,即基层组织建设与经济工作同部署、同检查、同考核。

【党员学习教育】2015年,把活动场所建设与农村社区服务站、现代远程教育站点、农家书屋、文化站(室)等建设结合起来,实现场所共建、一室多用。要求各支部每月不定期组织党员观看红星视频教育不少于两次,学习党的方针政策、先进典型经验等。为党政负责人及各村支部书记安装党员“E信通”和“新常宁”智能客户端,实现党建工作宣传和党员教育资源在互联网、手机等媒体的多元传输和整体覆盖。

柏坊镇

党委书记:张晓军
副书记、镇长:谢春桂
副 书 记:胡同文
党委委员:胡同文(纪委书记)、陈小辉、李 娟(女)
人大主席团主席:阳 群
政协联络工委主任:雷爱平
副 镇 长:蒋能宇、刘利红(女)、张满元
人武部长:尹孟林
工会主席:詹志方

【概况】柏坊镇位于常宁市城北18公里处,省道省道214线贯穿东西,湘江宜水结伴而行,水陆交通十分便利。清咸丰三年(1853年)设圩场,以四通八达得名“八方”,后因至县城官道上建有迎送官吏的石雕牌坊,翠柏成行,故得“柏坊”。境内丘陵起伏,东南部种植油菜为主,中部种植水稻为主,西部为紫色页岩山丘,盛产菜油,红枣;辖内矿石资源丰富,有铜、金、银、锰、耐火泥、石灰石等,以生产锰、水泥、机压砖、耐火材料、化工产品等为主,水口山柏坊铜矿、衡阳市柏坊煤矿等座落其中。2015年,辖地面积128平方公里,辖柏坊、东白、小柏、夏柏、大柏、大新、斗岭、东坡、铜鼓、双白、袁益、芦井、桐木、堤上、平洞、小河、联合、沙水、万新、万松、鲤鱼、雁鹅、大坪、大同、桐市、新家、建议、泉水、丰富、玉丰、宜元、红泥、新南、兰田、易塘、双通等37个村杨家湾和柏坊、新街3个社区(是年,杨家湾居委会改为杨家湾社区、柏坊居委会和罐子窑居委会合并为柏坊社区、新街居委会和李家居委会合并为新街居委会),628个村(居民)小组。有耕地面积2533.33公顷,林地面积5954.73公顷,城镇面积2.8平方公里,常住城镇人口13000余人;是年,在市委、市人民政府的正确领导下,围绕建设“小康柏坊、宜居柏坊、平安柏坊、和谐柏坊”的总体思路,坚定信心、团结一致、务实创新,较好地完成主要工作任务,开创了柏坊经济社会发展的新局面。

【制度管理】2015年,实行蹲点干部晚上值班制度,每人每周值班不得少于两晚。由镇主要领导带队,严格执行周末党政负责人带班值班、周头例会制度。严格执行联系群众制度,扎实开展“三有两评”、驻村联户、结对帮扶等工作。

【基层组织建设】 2015年,将7个居委会整合成3个社区,减少4个居委会,完成新建1个社区办公服务用房的任务,杨家湾社区占地5亩、3层楼房,建筑面积达1100平方米,功能办公室等一应俱全,各项服务功能完善,得到省市领导的好评。是年,确定4个软弱涣散党组织,镇主要领导带头分别挂点任“五基”

督导员，对相关村的整顿情况进行定期指导和督察。加强党员队伍日常管理，推行党员积分制管理，严格按规定开展民主评议党员和处置不合格党员工作，保证基层党组织的纯洁性。

【素质教育】2015年，组织党员学习贯彻上级文件精神，组织联村、社区党员干部学习健全党员干部学习教育培训制度，落实“三会一课”制度。镇党委和各村支部每月召开1次支部委员会、1～2次党小组会，每季度召开一次党员大会、上一堂党课。

【村财务管理】 2015年，对村级财务实施监管，严格落实“两个文件”精神。查处村级财务开支中的不规范行为。理顺村级财务管理体制，提高班子内透明度和老百姓信任度。继续整治农村低保，保证农村低收入家庭的生活水平。杜绝所有涉农收费行为，所有费用由镇财政承担，堵住乱收费、乱开支的渠道。

【服务项目建设】 2015年，坚持把维护企业和工程项目周边环境作为柏坊镇经济社会发展的大事来抓，创造宽松的发展环境，解决企业的后顾之忧。年末，北高峰碳酸钙工业园的千吨级码头已基本完成，厂房基础基本完工，预计2016年可以正式投产。投资1200余万元的开泰化工环保治理工程正在按部就班地进行，投资1200余万元的湘江防洪堤治理工程也于最近完工。

【林业生产】近几年来，镇政府一直致力于加强对林业生产工作的宣传，加快流转宜林荒山，用多种形式促进林业生产工作。形成以碧翔公司为龙头的油茶产业格局，发展以易塘、小柏等村为中心的万亩油茶基地。至2015年，已新造油茶林17300余亩，投资4000万元，既拓宽农民增收途径，也发展柏坊的大油茶产业，打造全市林业生产工作的亮点。

【水利建设和土地流转】2015年，柏坊有水田3.8万亩。是年，完成12座小(二)型水库除险加固，整修硬化骨干山塘60口，整修硬化干支渠40公里。硬化骨干山塘33口，硬化干支渠16公里。为落实粮食生产任务，年初镇党委政府研究制订方案，责任到人，奖罚分明，加快土地流转，以奖代补扶持和培育种粮大户，大部分水田被种粮大户成片经营，有效地杜绝了抛荒现象的出现。

【民生工作】2015年，积极争取安全饮水工程，加快推进柏坊水厂10000吨/日改扩建工程。夏柏、大新、铜鼓、大柏、桐梓、新建等村的管网延伸工程总投资330余万元，已完成工期建设。到年底，柏坊近3万人可以喝上自来水，多次向省市县三级争取，完成雁鹅村农电网改，其他小水电自供区网改正在稳步推进。投入近7万余元，对大坪公路、桐田公路22.8公里进行了养护。

【计生工作】2015年，抓紧落实节育措施，狠抓人口出生清查清理，全年出生人口810人，完成四术316例，创新举措，落实免费奖励措施。

【扶贫帮困】2015年，共实施临时医疗救助人106次；发放医疗救助款28万元；共发放春荒救灾款13万元，救助困难群众600人；开展春节前慰问活动，共计入户慰问800人，发放慰问金8余万元，将党和政府的关心、机关干部的温暖送到千家万户；对境内的贫困农民住房问题进行扶助，共扶助对象46户，为解善贫困线下的人民群众生活条件雪中送炭。

【安全生产】2015年，安全生产是老百姓的最大利益，镇主要领导亲自带队。切实夯实安监站建设和企业标识化建设。加强巡查力度，开展水上交通、农用车等重点领域安全整治。在点多面广的安全生产压力下实现了安全生产零事故。

【维护社会稳定】2015年，围绕“两抢一盗”和黄赌毒等重点领域，刑拘11人，治安处罚30人次。围绕群众反映的民事权属等突出问题司法调解20起，防止事态的升级。主动稳妥处理一批突发性事件，及时调处矛盾纠纷，消除不稳定因素，稳控大局，保持浩然正气和锐意进取的士气。

柏坊铜矿社区服务中心

主任、党委书记：梁武钢
副书记、副主任：曹廷文
副主任：陈利华、唐奇超、肖志甫
工会主席：郑松林

【概况】 常宁市柏坊铜矿社区服务中心座落柏坊镇内，主要负责为原柏坊铜矿留守机构移交地方管理人员服务，协调处理留守人员与国家、集体和个人之间的各类矛盾纠纷，保护好留守人员各种合法权益，维护铜矿社区和谐稳定。2015年，中心内设党政办、社会事务股、财务股、工会、妇委会等机构。是年，在市委、市人民政府领导下，认真贯彻党的十八届四中、五中全会精神，积极协调推进“四个全面”战略布局，开展“两型”社区建设，创新群众工作机制，建立老人关爱服务体系，实行共建共享的社会治理格局，使社区服务中心的各项工作有条不紊地展开。

【离退休人员管理】 2015年，社区中心在离退休人员管理方面，积极与水口山集团公司、柏坊铜矿联系协调工作，解决历史遗留问题。到省社保厅办理抚恤金结算费用共97万余元；办理离退休人员工资异动16人次；办理老年待遇证28个。走访慰问退休人员120人，看望住院病人和吊唁死亡退休职工33次，共发放慰问金4.6万元；接待退休人员来电来访183人次，切实解决各类问题171人次，保障了大家基本利益。

【党建工作】 2015年，社区服务中心党委在夯实基层组织建设中，始终贯彻党的群众路线教育活动要求，坚持“三会一课”教育活动，组织党员理想信念、党性党风党纪和道德品行教育，树立正确的社会主义核心价值观。以“三严三实”要求加强作风建设和党风廉政建设，学习新修订的廉洁自律准则和纪律处分条例，切实加强作风建设。加强退休支部建设，解决党员思想懈怠、精神懈怠、政治懈怠的问题，解决退休党组织软弱涣散的问题。各支部注重发扬退休党员特色，使广大退休党员保持“退休不退党、退岗不退职”的本色，认真履行党员的义务。对居住域外的离退休党员不定期地开展走访慰问活动，了解离退休党员的实际情况和面对的困难，共走访慰问老党员35人。

【老年文化建设】 2015年，社区服务中心积极与柏坊铜矿协调，将原老年活动室搬迁到新的老年活动中心，更换活动室桌椅，改善老年人的活动环境。积极参加水口山集团公司及常宁市举办的各种体育活动中，特别是老年门球队在水口山集团公司的门球赛中取得较好成绩。在三八、五一、中秋、国庆和春节期间，相应组织开展各项活动，极大地丰富了老年文化生活，也为以后创建文明社区打牢了基础。

【小区建设】 2015年，在“两型”社区建设中，为打造“平安社区、优美社区”，社区服务中心积极改善居民小区基础设施建设，添加运动器材，修缮破损道路等各类基础建设，将小区打造成“宜居、生态、环保”的文明小区。

【其他工作】 2015年，对有关村和杨家湾居委会支持帮扶资金3余万元，协助其基础建设；完成捐资助学年度计划，资助贫困学生2名，帮扶特困家庭2户；安排零就业家庭5人就业；为搞好政治理论思想宣传工作，完成报刊发行任务；在维护社会稳定中，配合市政法委做好民调、综治维稳工作，协调处理各类矛盾纠纷。

蓬塘乡

党委书记：颜晓曦
党委副书记、乡长：阳韶清
党委副书记：刘仁谷
党委委员：何年鸿（纪委书记）、袁雨生、刘　源、欧展林（武装部长）
人大主席团主席：段良奇
副乡长：欧德胜、雷卫华
人大主席团副主席：王　艳
工会主席：段光辉
正科级干部：何许清（2015年11月调出）、郭　军

【概况】蓬塘乡位于东经112°27′47″～112°35′43″,北纬26°23′28″～26°32′35″。处于常宁市东北部,东临烟洲镇、荫田镇,南接盐湖镇、宜潭乡,西靠柏坊镇、北依松柏镇。距常宁市城区22千米。辖区东西最大距离12千米,南北最大距离16千米,总面积112.25平方千米。其中陆地104.62平方千米,占93.2%;水域7.63平方千米,占6.8%。2015年,辖七站八所,共有工作人员105人,全乡总面积112平方公里,有耕地面积2323.6公顷,有林地面积3106.33公顷。2015年,辖水口、官水、山田、团结、大市、虎泉、竹山、横洲、平洲、排楼、蓬塘、渣洲、三塘、邹塘、李井、杨塘、桐塘、柘冲、易头、天井、新星、梅江、新田、田市、天江、芝江、阳江、满洲、生丰、沙塘、五塘、山歧、先锋、新庄、黄歧、埠塘等37个村524个村民小组和田尾居委会。境内土地肥沃,素有常宁"粮仓油海"之称,水稻是主要农作物,茶油是传统特色农副产品,全乡油茶林面积400余公顷,形成了县道075线和衡桂高速公路两条"油茶走廊"。盛产葡萄、柑橘、奈李等水果。渔业以淡水养鱼为主,养殖水面160公顷,常年水产品总产量144吨。境内矿藏有煤、铅、锌、锰、金、银等,其中仙人岩矿区的金矿储藏量是亚洲最大。是年,在市委、市人民政府的正确领导下,乡党委、政府团结和带领全乡广大党员、干部和人民群众,以党的十八大精神为指导,以全面建设小康蓬塘为核心,以创建平安蓬塘为主线,以加强党的建设和提升公信力为保障,全面贯彻落实湖南省、衡阳市、常宁市委经济工作会议精神,着力打造"四个强乡",大力推进基层建设,扎实改善民生,创新社会管理,凝心聚力,攻坚克难,真抓实干,顺利完成全年目标工作任务。实现了社会和谐稳定,经济持续发展。

【基层党建】2015年,"围绕经济抓党建,抓好党建促发展"的指导思想,落实党委主体责任,纪委监督责任,以领导班子建设、干部队伍建设和基层组织建设为重点,推进农村党建标准化、机关党建规范化,充分发挥基层党组织推动蓬塘发展、服务全乡群众、凝聚百姓人心、促进文明和谐的作用,实施"135"治理模式,夯实了基层基础,为经济发展提供坚强组织保证。扎实开展双述双评工作,村支部书记向乡党委、党员大会、村民大会或村民代表会议进行述职,报告任期和年度责任目标完成情况、存在问题和下一步工作打算。同时,接受上级组织和群众评议。评议结果与落实村干部个人经济待遇直接挂钩。对李井、天井、排楼、邹塘4个后进村转化工作高度重视并对以上4个村的工作进行安排部署。乡主要领导为五基督导员,副科以上干部开展对困难群众进行结对帮扶。是年,全乡46个党支部,现有党员1500多名,是年又发展新党员20名,按期转正29名,都是各工作战线的业务骨干和先进典型。抓好支部阵地建设,为农村党员接受教育提供学习环境。选优配强了村两委班子,组织村支部书记轮训学习,组织37个村1个居委会的所有支部书记参加培训,提高了村干部工作能力。成立村级财务整顿监督小组,对所有村级下拨款进行监督,实行工程验收凭工程验收单报付。加强村级资金的监管,要求各村定期对党务村务进行公开。全乡各级党组织战斗力、凝聚力不断提升,农村基层政权更加巩固,基层党组织驾驭全局、执政为民和服务水平进一步提高。

【机关部分场所改造维修】 2015年,在机关大院内新建羽毛球场,移种90余株树木,使得机关院内环境优美,空气清新;是年,投入70余万元,将乡会议室、食堂重新改造升级,解决了房屋漏雨问题,重新更换老化的水管和电线,建立来人来客接待室。机关干部的办公、住宿条件得到了极大的提升,工作积极性和主动性也大幅度提高。

【打造生态农村】2015年,逐步将X075线、乌田线沿线的村打造成为蓬塘乡环境卫生亮化带。同时,全乡80%的村已用桉树完成了通村公路的绿化,山田村村道两边绿化树木已完成颁证工作,成为全省首例;连续三年超额完成造林绿化工作任务;护林员每人配备一个定位手机,并支付半年通信费,系衡阳地区首例。

【加快土地流转】2015年,将把土地流转作为撬动全乡壮大村集体经济发展的杠杆,加快公路沿线的村做好土地流转工作,杜绝耕地抛荒。全乡水稻种植面积2252.13公顷，双季稻在85%以上，蓬塘、杨塘万亩示范片一带的双季稻在95%以上。鼓励大户承包种植双季稻，提高机械化耕作水平，减轻劳动强度，降低生产成本，借力发展现代化农业。全乡土地流转在65%以上。土地流转租金由政府统一发放落实到户。

【建设特色板块】 2015年，全乡种植烤烟161.86公顷，现已生产优质烟叶6678担；油菜种植面积1000公顷，较2014年增加266.66公顷以上，增加了农民种植效益。

【发展休闲农业】2015年，山田村利用地形地貌优势吸引投资建设了蓬塘乡33.33公顷湘莲基地，开办了6家农家乐等大力发展休闲观光农业，彰显蓬塘的特色，盘活了农村经济。官水村千亩玫瑰花种植基地、平洲村33.33公顷格桑花种植基地及蓬塘乡油茶生态公园建设也在积极酝酿当中。

【特色产业】2015年，继续加大招商引资的力度，在确保环境和税收的同时，为好项目大项目落户蓬塘提供更宽松、更优惠的政策，不断增强经济发展后劲。把全乡在外的知名人士，致富能人引进乡内带头致富，促进更多的就业岗位。年末，成功培育并包装推出农业新产品“双春米”，实现农民家门口就业，增加收入来源，改善生活条件。是年，田尾豆油、蓬塘木榨粉的相继推出，受到了各方关注。湖南农大专家团3次来蓬塘考察田尾豆油，其品质得到肯定和褒奖，并成功申请衡阳市非物质文化遗产；蓬塘木榨粉因其无任何添加剂成分，纯手工制作，在乡党委政府的大力支持下也受到关注。

【城乡同治】2015年，成立以党政领导为成员的农村面貌改造提升领导小组，制订切实可行的实施方案，建立长效机制，实行领导包街包村，乡村干部包社包户。加大宣传力度，悬挂标语100余条、发放宣传单1000余张，大力宣传“城乡同治”，动员全党、发动全民，充分利用专栏、传单、标语、开院坝会等形式开展环境综合治理宣传教育活动，增强群众的环保意识，与农户签门前三包责任书3500份。2015年乡政府不惜财力，投入资金62.1万元，3个市场配置垃圾箱119个、斗车11台、水泥垃圾桶600余个，建垃圾池78个、垃圾处理场3个，聘请专职保洁员52名、环卫工人200名，全天候保洁，垃圾日产日清，乡村面貌焕然一新并在一季度衡阳市环境卫生检查中被评为“衡阳市最美乡镇”。

【综治维稳】2015年，开展“六五”普法教育，发放法制宣传资料3000余份，组织全体联点机关干部参加法律法规考试。民间纠纷得到了有效的处理，全乡辖区内无邪教人员并结合群众路线教育实践“回头看”活动，完善村规民约，基本实现“小事不出村、大事不出乡、矛盾不上交”；对商贩摊位整治，组织开展20次安全生产和消防安全大检查，共排查安全隐患6处，整改6处。受理“12345”政府服务热线电话20余件，信访案件40余件，都得到及时有效处置。全乡综治维稳工作总体情况平稳，没有发生重大群体性事件。

【安全生产】2015年，确定专人落实安全生产工作，与各村、企业、高危行业、经营业主、车主签订目标责任书，层层落实责任。扎实开展大排查，每月开展一次全乡范围内的不稳定因素排查活动，分别落实包案领导、责任人和整改时限，强化安全意识，牢固树立安全发展理念。高度重视并切实抓好食品药品质量安全和安全生产监管，各村要加强对村内的安全隐患排查，掌握情况要及时上报乡党委，坚决遏制重特大安全生产事故、火灾事故，保障人民群众生命财产安全。

【人口计生工作】2015年，全乡共发放帮扶资金8.7万元，41户独生子女父母奖励金全额落实到位；全乡享受计生奖励扶助政策177人，其中享受特别扶助政策23人，确认零误差。全乡人口出生率为12.4%，自然增长率控制在7‰以内，综合节育率均100%达到常宁市的责任目标。

【民生工作】2015年，全乡共有农村低保1191人。其中，五保户274人，入院供养60人，城乡低保户14人。完成养老保险参保人18500人，参合比例

74.10%；完成新农合收缴443.393万元，新型农村合作医疗保险逐步扩面，参合率达96.27%，全乡参加农村新型合作医疗38733人。是年，组织参加常宁市广场舞等文化活动；蓬塘村的农耕木艺被评为衡阳非物质文集遗产并在湖南省获奖。是年，对全乡9座病险水库除险加固，争取上级资金640万元；争取主干渠闸门27条，涉及资金12万余元，完成渠道清淤12公里。是年，全面落实各项惠农政策，切实保障农民各项合法权益，兑现各项补贴资金，坚决处理挪用、占用、贪污惠农资金的行为。是年，完成市武装部的2015年度征兵任务，全乡参检青年56人，双合格26人，顺利参军入伍17人。工会、共青团、妇女、宣传、统战等工作顺利开展，各项目标任务的全面完成。完成工会统计、完成共青团志愿者服务注册等各种活动组织以及关爱留守儿童等工作。是年，在乡党委、政府的共同努力下，争取到了蓬塘籍在外知名人士朱卫平先生1000万元资金，为蓬塘中心学校改扩建所用。专款专用，新建的蓬塘中心学校将成为全市最好的乡村学校。

【党风廉政建设】2015年，执行上级廉政教育规章制度，坚持开好民主生活会，认真开展批评与自我批评，增强廉洁自律意识，使班子成员树立正确的价值观、纪律观、责任观和金钱观，自觉履行党风廉政责任制，班子成员整体素质得到提高。认真开展整风和民主评议，从而使各村、各所站的服务水平和群众满意度不断提升。加大违法违纪案件查处力度。是年，共查处各类违法违纪案件5起，结案5起，对5名违法违纪的党员作出党内警告处分，维护党员干部队伍的纯洁性。

烟洲镇

党委书记：曹行贻（2015年11月调出）
袁立明（2015年11月调入）
党委副书记、镇长：李　平
党委委员、纪委书记：易　楠
党委委员：彭凌峰（武装部长）、唐　锐、周燕梅
人大主席团主席：罗鹏志
政协联络工委主任：陈开才
副镇长：胡江元、周小平（2015年12月免）
人大主席团副主席：吴启生

【概况】　烟洲镇位于常宁市东北部，东邻舂陵河，与耒阳市隔河相望，南连荫田镇，西接蓬塘乡，北通松柏镇，距常宁市区38公里。3条主要交通干道分别是烟荫线、烟龙线、烟水线。镇区总面积72.9平方公里，其中耕地面积1891.2公顷。2015年，辖石泉、新阳、亲仁、麻塘、江水、火田、江岭、向星、群力、烟洲、青山、新龙、万众、二塘、苍冲、矮岭、双塘、民主、情理、石坪、石岭、良和、山冲、双龙、跃进、丰山、大泉、大众、毛院、麻石、太阳、江华、向群、新明、东洲等35个村，烟洲1个社区（2015年11月前为居委会），396个组。烟洲镇农业生产以两油一粮为主，其中油茶、油菜籽生产居常宁市前茅，素有“常宁市茶油库”之称。境内矿产资源丰富，主要有煤、锰、锡、金等。水利资源丰富，建有亲仁水电站。2015年，在市委、市人民政府的正确领导下，烟洲镇以铸造“踏石留印、抓铁有痕”的干部作风为抓手，着力抓项目、强基础、优环境。

【组织建设】2015年，着重抓强基层党建，优化村干部队伍，提倡村干部60岁到龄退休，劝退2名村支书、2名村主任，6名村支委干部。新建火田、江岭等5个村级活动阵地，打造10个示范性村级活动场所。整治软弱涣散党组织，派驻第一书记，明确整改时间和措施，限时验收。严格把关发展新党员，组织“三严三实”书记讲党课活动，切实开展党员干部评议，清退农村不合格党员。

【完善基础设施】2015年，初步实现自来水厂通水，对卫星渠系全面清淤，硬化村级渠道20余公里，除险加固一批骨干山平塘，集中力量对主要的3座小（二）型水库进行大修。推进电力秩序整治，改变逢年过节用电紧张历史。积极支持220千伏线路建设，成立专班全天候驻村工作，及时帮助协调解决相关问题。实施断头路修复工程，加速烟荫线河坝段硬化，实现主干道交通无障碍。省道347（烟洲-常宁）即将动工，常茶高速加速落地。

【构建基础网络】2015年，加强烟洲门户网、短信、微信平台建设，编发烟洲简讯25期，在衡阳日报、常宁手机报等媒体发表宣传文稿40余篇，多渠道正面宣传，做到专人专管，资讯及时更新，广泛凝聚民心，塑造烟洲新形象。

【国防动员】2015年，巩固和完善民兵组织建设，切实履行党管武装职责，加强普通民兵预备训练，常年保持合格的动员力量在5000人以上。积极送检义务参军，全镇送检士兵均在40人以上，录取率60%左右。

【政务环境】2015年，强化镇村干部目标管理考核，定岗定责到人。加强政务中心管理，缴纳上岗押金，确保正常运作。推行公章便利化管理，由一线工作人员保管，工作日全天候在岗，方便群众办事。民主测评最不受欢迎的窗口人员，提高服务水平。着重加强社会治理能力建设，注重发挥村级主体作用，扎实推进回访走访。

【经济环境】2015年，强化打黑除恶，镇机关和主干道新装12个高清摄像头，提高群众安全感。开展亲情招商，主动对接企业和项目，清明节邀请同乡会，端午节邀请看龙舟赛，烟洲籍外地老板认同感在增强。突出乡风民俗引导，举办戏台庆典系列活动，组织广场舞比赛，评选最美教师和最美身边烟洲人等，群众满意度明显提升。

【社会环境】2015年，落实回访制，先后开展粮补直补、危房改造、大病救助、农机补贴等多项涉农惠农资金走访核查。实行联村责任捆绑，明确联村干部作为驻村第一监管人，对所有村级工作都必须积极参与，涉及资金的要签字认可。凡涉及资金问题一律提交镇党政联席会议讨论，坚决防止灯下黑。建设和完善阳光公示栏，实行镇级专项集中公示，村级全面精细公示，并要求所有公示都必须拍照留底存档。

【社会项目】2015年，推进公租房建设，总投资800万元，年末4栋6000平方米楼房接近完工，下一步将加快完善相关配套设施。敬老院投资380万元，已挂网招标，计划2016年完成主体竣工。2000个学位的烟洲小学已搬迁入住，教学环境极大改善。镇公办幼儿园启动建设，占地3000平方米。

【农业项目】2015年，推进春陵江休闲农庄、茂顺农场创四星级、五星级，完善三湾农场基础设施，新阳、麻石、民主、江岭、良和等村的农场农庄建设遍地开花。实行绿化、秩化、亮化、美化工程，重点做好环卫同治工作。规范集镇摊担秩序，新建垃圾填埋场。突出秀美村庄示范建设，启动江华、麻石等9个村的环境综合整治。

【集镇项目】2015年，推进集镇亮化、绿化建设，打造宜居示范城镇。开展粮站改址民意征求活动，拉通集镇十字路口。做好春陵休闲广场的立项、规划和建设。统一规划门面广告标识，建设集镇公厕。统一集镇规划，拉通集镇环线，修建居委会大桥。启动集镇地下管网建设规划、设计和可行性研究，按项目要求进行包装，力争通过省厅2016年实施项目的立项。

【两油一烟产业】2015年，各林业公司下拨到村的炼山费及租金统一汇到经管站，不与村里直接发生关系。油菜种植稳定在1333.33公顷，春陵河万亩示范片得到巩固。保持烤烟种植133.33公顷左右，提升烟叶品质，是年，缴售烟叶5100余担，均价13.5元/斤，居常宁前列。

【粮食生产】2015年，坚持政策引导，坚决落实谁种田谁受益，凡是荒田一律不造册。是年，核减双季稻面积133.33公顷。大力培育种粮大户和专业合作社，新引进2家公司成片承包，出台更严格的考核办法防止耕地抛荒，山冲、民主等村边远山区村变化明显。

【蔬菜生产】2015年，蔬菜生产资金打捆投入，打造双龙村大棚蔬菜基地，是年的1.33公顷本地辣椒喜获丰收。积极联系销路，采取政府兜底包销，群众保质包产的方式，做大做强双龙绿色无公害蔬菜基地。

【创业就业】2015年，鼓励和支持返乡农民工创业就业，出台了一系列优惠措施，成立相关专业合作社20余家，动员群众共同经营共同致富。种植油茶近万亩，承包土地经营粮食生产200余公顷，发展土鸡、豪猪和山羊等特色养殖户50余家。

【民生工作】2015年，组织募捐，对贫困学子进行长期资助。结合环卫同治全面推进新农村建设，在东洲、大泉等村安装路灯200余盏，硬化村道20余公里。规范医疗秩序，严查利用关系骗报、假报医疗保险，督促新农合、新农保收缴。统筹推进缓解群众“就医、出行、居住、养老”等难题。是年，着重加强村级财务管理，全面执行报账制，坚决禁止党支部书记管财管帐。严格资金监管，所有涉农资金一律由镇核算中心一个账户运转。经管站人员不坐点，专管账务。发挥村务监管委员会职能，出台具体细则，切实搞好村务公开。扎实推进五保、低保大清查，核减五保180余人，清退低保1200余人。是年，摸准底子精准扶贫，扎实开展一进二访活动，瞄准水、电、路等基础设施扶贫，积极联系雁北监狱等结对帮扶单位，争取资金支持。优先考虑山冲村等边远山区重点户扶贫，对部分不适宜居住地段的村民实行集体搬迁。重点发展规模种养等产业扶贫，特别是支持土鸡养殖等成本低效益高的产业。

【其他工作】2015年，计划生育工作全力落实四术任务，春季节育活动圆满完成，配齐了村专干队伍，分队督查村级阵地建设，顺利通过打假治水和例行检查。坚持政策放松队伍不松、作风不松，做实做细基础性工作。是年，持之以恒开展大走访活动，评选蹲点干部优秀民情日记，大力化解江岭、枫山等村矛盾纠纷，妥善处理火田村群众食源性疾病等问题，社会大局稳定。是年，对渡口渡船、农用车载客、校园安全开展联合执法，对太阳村非法开采等进行查处。强化渡船安全防范，升级码头、轮渡等基础设备。是年，配强护林员队伍，严格落实属地责任，实行失火必查必究，火烧迹地全部垦复。是年，确保耕地面积红线不退，加大田地流转，力争3年内通过承包经营全面消灭荒田。大力开展违规占用耕地执法，在新阳、良和等村制止非法用地5起。

荫田镇

党委书记：阳宏斌
党委副书记、镇长：张静扬（2015年11月离任）
党委副书记：刘政宏
党委委员：肖　峰（纪委书记）、李　宇、肖启标
人大主席团主席：刘扬徕（2015年12离任）
政协联络工委主任：雷鹏辉
副镇长：李晓牛（2015年7月离任）、
肖　媛、吴　函
人大主席团副主席：刘志平
工会主席：周玉文

【概况】荫田镇位于常宁市东部，历史悠久。地名源自雅句“福荫德田”。自古以来，商贸文化底蕴深厚，商贸经济繁荣。荫田市场开墟设市于清乾隆年间，至今已有300多年历史，是常宁市东部最大的商品集散地。水陆交通便捷，省道320线穿境而过，是常宁连接京珠高速、武广高铁、京广铁路、107国道的“大动脉”。春陵河自南向北沿境汇入湘江，水路畅通。荫田人文旅游资源丰富。现存有“张飞古渡”“福荫石桥”“白马宋代古窑址”等历史遗迹。境内土质肥沃，多为红壤，传统农作物种植以水稻、花生、黄花菜、红薯、凉薯、茅薯、马铃薯、萝卜、生姜、板栗、柑橘等为主，其中“衡头萝卜”以个头浑圆、质脆汁甜不空心等独特优点闻名遐迩。林业品种丰富，山中有松、杉、柏、樟、栎、椿等。尤以油茶为最，占有林地90.2%以上，为常宁市最大产油区，享有“油茶之乡”的美誉。烟叶产业是荫田新兴的“支柱产业”。荫田矿产资源丰富，包括有色金属、黑色金属、可燃性有机盐（煤）、陶瓷材料、建筑材料以及辅助材料等矿藏，以煤、铁、铜、锰、锡为主，量多质优，其中锰矿量达200万吨以上、品质45%以上。辖区总面积114.6平方公里。2015年，辖荫市、红阳、红星、丛保、太冲、双湖、同意、源龙、观龙、小泉、湾里、三湾、上浯、张力、黄塘、松堰、划塘、爷塘、红联、新泉、湖州、小栗、群星、白马、斛林、迎新、万泉、古塘、衡市、石洲、印塘、龙州、烟塘等33个村和荫市社区（2015年11月由荫市、新建、新街3个居委会合并而成），共330个村（居民）小组。是年，环卫同治工作获衡阳市先进单位；目标

管理绩效考核为常宁市良好单位;安全生产工作、农业“四冬”生产工作被评为常宁市先进单位;烟叶生产被评为常宁市规模乡镇。

【农业产业基础】2015年,共种植双季稻1066.66公顷,双季稻比例达到75%。三个省定粮食生产监测点双季稻种植比例达到100%。为常宁市争创衡阳市粮食生产先进县作出重要贡献。共种植油菜1333.33公顷。是年,全镇共缴售烟叶1万余担,产值1500余万元,创利税160余万元。职业烟农队伍进一步壮大。烟叶基础设施更进一步完善。常宁市种烟规模乡镇的地位更加巩固。齐家茶油200公顷种植基地落户荫田,新增油茶种植面积333.33公顷,引进油茶公司3家,新造油茶林陆续进丰产期,油茶产业的效益逐步显现,荫田茶油品牌日渐响亮。畜牧产业蓬勃发展,全年没有发生一起重大动物疫情。畜牧工作被评为常宁市先进单位。共发放农机购置补贴35万元。帆兴农机专业合作社获省财政专项资金扶持。农业基础地位更加坚固。

【项目实施规模】2015年,投资6500万元,面积600公顷的国土整理项目基本完工。12座小(二)型病险水库除险加固工程实施;将实现荫田镇病险水库清零。衡头支渠4公里渠道硬化已全面竣工。张力村农电改造工程接近尾声。龙五公路安保工程全线竣工。邹家一桥、邹家二桥重建工程已进入扫尾阶段。群星村通组公路的全线贯通让偏僻的小山村不再偏远。衡市村危房改造整体推进项目,按照打造衡阳市示范工程的标准正在紧张施工之中。小栗、丰源、斛林等村路灯安装开启荫田镇“乡村亮化”模式。遍地开花的项目建设为荫田社会发展提供源源不断的动力。

【集镇建设】2015年,进一步加大小城镇建设的治理力度,对无序开发和违法用地继续保持高压态势,集镇建设进入健康良性的发展模式。农贸市场改造已全部完工。商业街下水管网改造工程实施,彻底解决商业街排水不畅问题。府前街建设征用荫田工商所土地的问题圆满解决,标志着府前街一期工程已基本完工。科学的集镇规划方案让荫田的小城镇建设方向更加准确,思路更加清晰。集镇管理的力度进一步加大,城管队和环卫人员的努力,让集镇居民的居住环境更加整洁靓丽。

【改革创新举措】2015年,全镇从33个村调整为17个村,调整比例为48.5%。在村级区划调整工作中,广大干部充分理解,全力支持,积极配合,在常宁市率先完成工作任务,获得市委、市人民政府的充分肯定。是年8月23日,成功举办捐资助学首发仪式,共资助学生65人,发放助学金8万余元,在全镇营造浓厚的尊师重教氛围。镇村两级财务运行更加规范高效。是年,在财政压力巨大的情况下,想方设法,筹措资金,偿还历年所欠应付村级资金达60余万元。所有村级应付资金款项全部拨付到位,镇财政不再截留一分一厘。土地确权颁证工作顺利推进,已完成外界作业。农业适度规模经营改革有序进行。是年,新成立农业合作社3家,家庭农户5户。林地流转速度进一步加快,流转效益进一步充分展现,农村活力进一步充分激发。

【民生保障网络】2015年,深入开展“一进二访”活动,实现扶贫精准灌溉。全年,共脱贫582人,新农合参合人员33465人,参合比例在95%以上,新农保参保18075人,参保比例达到90%,率先在常宁市完成参保任务,新农保工作经验在全市推广。低保实现动态管理,应保尽保,应退尽退。是年,共发放民政救急资金20余万元。筑牢民生保障的最后防线。

【城乡环境】2015年,荫田镇环卫城乡同治工作获衡阳市季度性“十佳乡镇”,全年综合考评荣获衡阳市先进。村道加宽提质改造、通组公路开工、通道绿化全面实施,人民群众出行更加快捷、方便、舒心。小栗、丰源、斛林等村亮化路灯安装,开启荫田“乡村亮化”模式。非法采矿整顿、河道采砂整治持续发力。让荫田的发展既有金山银山,更有绿水青山。

【作风建设】2015年,持续巩固深化党的群众路线教育实践活动成果,建章立制,严防“四风”反弹。广泛深入开展社会主义核心价值观宣传。荫市社区夏七英被评选为常宁市“十佳好人”荣誉称号。松塘村尹德玉获“身边雷锋•常宁好人”提名奖，其家庭荣获常宁市“文明家庭”光荣称号。抓党风廉政建设，开展惠农资金专项整治行动，出台规范村级财务管理制度，健全干部考核监督机制。

【其他工作】2015年，安全生产工作获常宁市先进单位，计划生育工作位居常宁市前列，在全市计划生育工作会议上作典型发言。派出所、司法所为荫田镇综治维稳工作作出重大贡献。信访量大幅下降，化解重大信访案件3起。基层党建工作成效显著，全镇上下基层党建意识进一步强化，严控党员入口关，经过严格审检考核，全镇发展7名党员，基层党建阵地建设获得衡阳市委组织部充分肯定。

西岭镇

党委书记：詹辉云

党委副书记、镇长：周志强

党委副书记兼纪委书记：陈运牛

党委委员：李国平、朱志毅（武装部长）、李经瑞

人大主席团主席：漆詹洪（2015年11月离任）

政协联络工委主任：黄小华

副镇长：董少文、詹行发、吴劲草

人大主席团副主席：张运华、周贵龙

【概况】西岭镇位于常宁市东部，东与白沙、荫田两镇接壤，南抵大义山与郴州市桂阳县桥市乡交界，西与庙前、罗桥两镇相连，北与盐湖镇毗邻。大义山脉面西而立，绵延百余里，西岭因此而得名。境内属半山区、半丘陵地带，西南部地势较高，属半山区；东北部地势平缓、开阔，属丘陵地带，被誉为常宁“有色金属之乡”“油茶之乡”“杉木楠竹之乡”，已探明的矿种主要有铜、锡、钨、铁、铅、锌、锰等有色金属和莹石、钾钠长石、大理石、高岭土、硅灰石、碳酸钙、煤等非金属；农产品主要有烤烟、油茶、优质稻、无渣生姜、楠竹、药材、柑橘、双苞菇、板栗、竹笋、白薯、棕片等，其中烤烟、油茶、楠竹、无渣生姜是西岭的特色产品、主导产业。2015年，全镇土地面积123.88平方公里。辖西坪、溪源、五冲、青竹、新棕、桐排、五门、石山、清冲、青溪、桐江、石江、西冲、西楼、冲头、湾塘、中坪、车荷、朝阳、黄坪、西塘、六图、上安、下塘、下安、小松柏、桥峰、平安、超英、大排、大洪等31个建制村和1个社区，共245个村民小组、2个社区小组。是年，西岭镇党委政府紧紧围绕“富裕西岭、生态西岭、幸福西岭、和谐西岭”十六字方针，以将西岭建设成为产业强镇、工业重镇、旅游大镇、城镇靓镇为目标，努力推进各项工作。

【党建工作】2015年，召开党政班子专题会议分析研究党建工作10余次。实行“一岗双责”，形成书记总抓，分管领导直接抓，班子成员结合分管工作抓，“纵横联结”抓落实的党建工作格局。对群众反响较大的两个村进行班子、阵地、财务、治安、作风等全方位的整顿，并对支部书记予以免职，对工作推进不力的两个村两委班子在全镇党员大会上进行诫勉谈话，并限期整改。根据2014年度各村基层党建考核结果，对定为软弱涣散党组织的五门、清溪、西坪3个村级党组织展开了集中整治。并派送“第一书记”“五基督导员”，实施专项帮扶，帮助软弱涣散村级党组织制定整改措施，建立销号管理台账，整改效果较好。是年，全镇31个村已经严格按照标准完成了村务财务党务全透明公开的硬件建设，及时按要求公开规定内容。班子成员严格带头落实“1+1”联村制度，积极开展“一进二访”活动，人均联系挂点村群众3户，切实帮助群众解决实际问题64个。是年，利用远程教育平台，以会代训等方式，认真贯彻落实党的路线、方针、政策。是年，在镇机关讲党课4次，到相关村组讲党课5次，开展集中学习7次，举办村支部书记培训班2次。认真举办入党积极分子培训班，使入党积极分子综合素质得到提高，同时严格把关，确保发展党员工作的质量。发展党员10人，为队伍注入了新鲜血液。坚持定期开展党的组织生活会，坚持“一会四评”“双述双评”制度。分支部组织对全镇1266名党员进行民主评议，定期开展党员党性分析，从严教育管理党员。认真执行“三会一课”制度，要求每个支部全年召开支部党员大会不少于4次、支委会不少于12次、党小组会不少于12次，上党课不少于4次。是年，对村均7万元的村级运转经费做到了不截留，不拖欠，

及时足额发放到村。同时按照省市要求落实基层干部待遇,按时按标准发放村组干部岗位补贴,全镇村两委干部、退休村两委干部生活补贴全部实行打卡发放,确保基层干部的待遇保障。每村2000元的党建工作经费列入财政预算,用于党建工作专项考核。

【粮食产业】2015年,通过集中育秧、示范带动,落实捆绑责任与奖励措施相结合,发动各水稻种植村扩大种植规模,杜绝水田抛荒;扶持种粮大户,种植高产、高效水稻;推广机械化作业,做好农机购机补贴手续办理服务。2015年,全镇双季稻种植率在90%以上,比2014年上升5个点,亩均产超过1000斤,实现稳产增效。

【烤烟产业】2015年,为稳固烤烟产业,积极争取烟水配套工程建设,不断完善全镇的沟渠水利、机耕路等烟叶建设;为推进烟叶生产各项工作的落实,实行早部署、早安排、做好生产、交售各项服务工作。是年,全镇烟叶种植面积300公顷,交售烟叶1.73万担,产值2000余万元,创税200余万元,实现稳面提质。

【油茶产业】2015年,在"公司+基地+农户"发展模式的推动下,加强了与大三湘、中联天地油茶产业基地的扶持与鼓励,并为其做好土地流转等相关服务。既让公司各项工作顺利推进,又让农民真正得实惠。是年,各公司已流转土地近2000公顷。利用"中国(常宁)油茶文化节""大三湘油茶花节"等品牌活动进行画册、海报、条幅及各种媒体宣传,将西岭生态茶油推向全省、全国,提高了境内油茶品质和知名度。宣传惠农政策、落实惠农补贴,对油茶各项惠农政策落实到位。是年,全镇垦复油茶林166.66公顷,新造3900亩。

【旅游产业】2015年,西岭八景吸引了八方来客,获得了很好的口碑。各地游客纷至沓来。是年,全镇游客量超过10万人,给当地经济注入了新的活力。

【种养产业】2015年,借助精准扶贫项目的进村入户,几家生态种养专业合作社相继成立,带领一方农户种植生姜、香芋、板栗等土特产,养殖土鸡、土鸭、牲猪等。是年,全镇生姜产量10万余斤,通过与杭州农淘公司签订销售协议,借助淘宝、微信平台,目前已交售95%。土鸡、土鸭交售万余只,存量3万余只,平安过龙岭生态农业发展有限公司蛋鸡存栏近3万余羽。全镇种养产业初具规模。

【工业企业】2015年,开展"打非治违"专项活动,重拳整治非法办矿,全力保护资源,取缔了所有乱采滥挖的非法矿点,确保了矿产资源合法、有序、规模、高效开采。支持鑫裕公司20万吨配方泥项目和春兴公司年产10万吨重质碳酸钙项目,引导和帮助企业不断提升加工水平,切实提高企业效益。

【医疗教育】2015年,协同教育主管部门,抓西坪小学、中心幼儿园等学校的新建和西岭中学、双安中学、西岭中心校、双安完小等学校的功能完善及改造工程,确保教育硬件达标。支持医院改扩建工程,扩大新农合参保范围,加强资金监管,确保参合农民受益。

【社会保障】2015年,扩大新农保范围,抓保费收缴和60岁以上老人的资金兑付;低保扩面提标,提升受益面,提高低保标准;扩大五保集中供养范围,完善了敬老院建设;积极争取危改项目,让群众住有所居。在保证村干部离退休待遇基础上,响应政策积极探索推行全镇村两委干部社会养老保险制度,切实解决基层干部的后顾之忧。是年,全镇已安排5万余元对部分特困群众进行了关心,年底继续筹集安排5万元,对全镇特困户、残疾人进行一次大走访、大慰问。

【惠民政策】2015年,不折不扣地落实粮食、油菜、农机具、生态公益林、能繁母猪补贴等各项惠农惠民政策,确保各项惠农惠民资金及时足额发放到群众手中。

【计划生育】2015年,镇党委、政府始终把计划生育工作作为一项中心工作来抓。切实加强组织领导,狠抓计生队伍建设。实行分区负责管理,全镇上下齐抓共管计生工作。实行分村承包,分片包干,层层落实责任。计生工作的各项指标均控制在上级下达的指标内。

【社会安全】2015年，认真落实“安全第一，预防为主，综合治理”的方针，建立建全安全生产责任制，对各企业安全建档立卡，加强各部门的联系，通力合作，综合治理，不留安全死角，杜绝特大事故，遏制重大事故，减少一般伤亡事故，确保了国家和人民生命财产的安全。维护好交通、矿山等生产秩序，做好安全工作。做好防汛、防火，特别是森林防火工作，加强公益生态林队伍建设。

【群众文化】2015年，加强对各村农家书屋管理，成立西岭镇诗词学会，不断提升群众文化素养。支持和引导群众发展管弦乐、民族乐、歌舞队、腰鼓队，挖掘和弘扬西岭本土文化，不断培养和推介西岭农民艺术家，促文化大繁荣大发展。

盐湖镇

党委书记：管志善（2015年12月1日离任）
刘清河（2015年12月1日到任）
党委副书记、镇长：刘新华
党委副书记兼纪委书记：吴旭东
党委委员：杨英文、陈振华、刘　勇、
秦贵华（武装部长）
人大主席团主席：崔春红（女）
副镇长：詹克成、周　祥、邓　霜
人大主席团副主席：周三生
工会主席：尹红辉
正科级干部：李国义

【概况】　盐湖镇位于常宁市东部，距市区12公里，东经112°28′19″～112°33′14″，北纬26°17′30″～26°26′07″。东与荫田镇、西岭镇相连，南与罗桥镇为邻，西与三角塘镇、宜潭乡交界，北与蓬塘乡毗邻，镇人民政府驻盐湖村。辖区东西最大距离6.9公里，南北最大距离15.7公里，总面积59.7平方公里。其中陆地56.9平方公里，占95.4%；水域2.8平方公里，占4.6%。属丘陵地区，地面高程海拔103~507米，最低点梅花村松柏组、海拔103米，最高点义山村五子行孝峰，海拔507米（据常宁县志记载）。2015年，辖上冲、官冲、连江、梅花、冷洞、源头、新浦、小湖、湖边、枫山、花亭、玄塘、瓦文、湖文、七坪、双冲、义山、盐湖等18个村裕民社区（由盐湖居委会和裕民居委会整合而成），164个村民小组，14个居民小组。全镇以种植、养殖、林业、矿业和加工业为主。其中，种植业有水稻、烟叶等，养殖业有生猪、鸡、鸭、鱼、羊、牛等，林业有油茶、杉木、楠竹等，矿业有煤矿、硼、锰、瓷泥等，加工业有竹木加工、鞭炮加工和铸造业等。衡阳市裕民煤矿坐落盐湖村。是年，盐湖镇根据市委、市人民政府工作要求，认真贯彻落实党的十八大，十八届三中、四中、五中全会精神，市争创全省县域经济前十强的总体目标，紧紧围绕“争项目，夯基础；强产业，促增收；抓教育，强素质；保稳定，构和谐”的总体要求，始终把发展经济、服务群众、改善民生作为执政兴镇的第一要务，团结和带领全镇干部群众凝心聚力、攻坚克难，开创经济社会蓬勃发展的新局面。完成税收收入125万元，同比增长11.6%，其中地税收入68万元，国税收入8万元，耕地占用税和契税37万元，矿产资源税12万元。

【农业生产】2015年，盐湖镇把加快发展、调整结构作为第一要务，注重打基础、调结构、促转型、扩总量、提质量，镇域综合经济实力明显提升。以水稻、蔬菜、油茶、烟叶、果园、养殖为特色，全镇早稻种植面积200余公顷，新造油茶380.44公顷，蔬菜面积66.66公顷，粮食总产量1.1万吨。平均产量650公斤/亩，同比增长12%。烤烟种植面积186.66公顷，产量6900担，创税收45万元。养殖业蓬勃发展，其中养殖生猪1.08万头，出栏生猪0.48万头，总产值1620万元。

【惠农政策】2015年，发放涉农资金290万元，资金发放11项，发放农户数7698户，粮补直补资金157万元。

【环境卫生】2015年，成立农村环境卫生综合整治领导小组，制定了整治方案，实行网格化管理，联点干部包村，村干部包片的工作机制，以创建为目标，大力推动农村精神文明建设。以“改善环境、美化村貌、提升品质”为目标，推行农村清洁工程市场化运作机制。开展了“城乡同治党员先行实行”活动，取得了较好效

果，衡阳市城乡同治检查，盐湖镇在全衡阳市222个乡镇中被评为“衡阳市城乡同治工作十佳乡镇”。

【电力、水利基础设施建设】2015年，电力创新又建佳绩，获得一项国家实用新型专利，镇供电所现为市十强、省百强标准化供电所。完成供电量2879万千瓦时，售电量3386万千瓦时。通过春检、安全月及专项清理，完成安全隐患排查156处，处理63处(如线路加高、更换拉线、电杆、下户线等)，对玄塘、莲江、枫山、官冲的变压器增容，花亭、梅花、玄塘几个村的智能电子表更换。完成瓦文余家冲骨干塘除险加固工程，湖文村水江四个组的自来水工程，解决500余人的饮水困难。

【农村社会保障】2015年，全镇参保9602人，完成1771人，完成比例18%。2月，在市人民政府广场招聘输送劳动力235人，转移劳动力334人，共办理就业失业证12人；启动60岁以上“人脸识别”工作，确保养老基金发放到位；构建和谐劳动关系，维护劳动者权益，建立劳动仲裁调解委员会，处理劳动纠纷案件3起，落实2起。

【农村社会救助】2015年，城乡低保工作，做到应保尽保，应退尽退，低保对象公平公正，真正实行精准扶贫。是年，全镇共有城乡低保对象633户，873人。其中，农村低保364户，586人，城市低保269户，287人，发放低保金80万元。新增城乡低保对象113人，核减城乡低保对象49户，51人。是年，有五保对象140人，其中面上104人，集中供养36人，面上五保对象每月每人生活费220元，就医全免，发放门诊医疗救助卡200元/人，用电每月免费10千瓦时；集中供养五保对象每月每人发放30元零花钱，养老保险75元/月。是年上半年，共发放救灾款4.2万元，大病救助资金4.4万元，救助97人，办理重度残疾人护理生活补贴42人。是年，全镇原有盐湖和裕民两个居委会，根据市委要求，整合为裕民居民委员会，成立新的裕民居委会及居委会支部，居委会办公服务用房建设正在抓紧进行，选址定为裕民煤矿老矿部，总建筑面积1600平方米，总占地面积4000平方米，办公及健身器材齐全，环境优美。

【教育事业】2015年，盐湖中心校的小六成绩位于全市乡镇的第二名，盐湖中学初三会考成绩在全市初中(含城区初中)排名第一。是年，盐湖中学食堂、综合楼耗资60多万元，校门口道路硬化投资4万元，校内路面硬化投资12万元，校门围墙投资40万元，改建了宿舍、厕所、修建了运动场共投资60万元，配置现代化的实验室、仪器室、餐桌椅共投资60多万元，安装校园广播系统、光纤入网班班通投资6万元。装备多功能会议室共投资50多万元，建五小工程。投资130多万元新建师生宿舍、食堂、计算机室、多功能会议室一体的综合楼。改建厕所投资20万元，新建校门投资25万元，新建两个篮球场投资20万元，修整了运动场投资10万元，改换教室铝合金窗，投资8万多元，学生劳动基地通过省、衡阳市验收并获得好评。

【卫生计生事业】 2015年，共出生236人，符合政策生育率74.3%，死亡116人。“三结合”基地三个(莲江村、官冲村、新铺村)，落实帮扶207户。村级计生综合改革、村(居)民自治开展面88%，已婚育龄妇女签约率95%，履约率90.13%。避孕节育措施落实率97.27%，及时率92.57%。宣传教育普及率在95%以上。流动人口总数7302人。其中流出7234人，(育妇流出2904人)，办证2806人。流入人口68人，(办验证68人)。优质服务到位率100%，“三查”达95%。农村计划生育奖励扶助申报，年审达100%，征收社会抚养费60万元。长效节育措施落实率92.93%，发放奖特扶资金26.9万元。

【“平安盐湖”建设】2015年，始终树立“稳定是第一责任”的执政理念，以创建“平安盐湖”为载体，构建盐湖镇安定和谐的社会新秩序。开展安全生产政策宣传活动。对辖区内的各企业、非煤矿山、危险化学品、烟花爆竹开展隐患排查整治及“九打九治”专项行动，在“安全生产月”期间，在镇政府大门与省道320沿线主要道路悬挂宣传横幅110余幅，张贴宣传标语100余条，从源头上积极消除安全隐患，确保全年无任何生产安全事故发生。

【为民服务体系建设】2015年，不断完善服务群众功能，推进四项制度的贯彻落实。为民服务中心6

个窗口及2个为民服务站运行正常，既方便了群众，又有效提高了政府机关工作效率和服务质量。是年，强化勤政意识，提高工作公信力。坚持办聚人心、暖民心的好事，真正把好事办到群众急需处，把实事办到百姓心坎上。是年，广泛听取社会各界对政府工作的意见和建议，进一步强化政务公开，政府行政效率和服务效能明显提高。狠抓服务作风建设。切实增强解决问题、攻坚克难、干事创业的能力；打好重大工程、重点项目攻坚战，提高敢想善干的能力；自觉接受镇人大的监督，加强与工会、共青团、妇联等人民团体的联系，广泛吸纳各方面的意见建议，政府机关形象有了新的提升。

罗桥镇

党委书记：彭晓洪
党委副书记、镇长：汪　珀
党委副书记：彭民政
党委委员：袁　瑛（纪委书记）、李福章、何卓建（武装部长）
人大主席团主席：陈　青
政协联络工委主任：尹恒生
副镇长：刘先开、谭丽艳
人大主席团副主席：李　平

【概况】罗桥镇位于常宁市南部，东接大义山脉与西岭镇交界，南与庙前镇毗邻，西与板桥镇、弥泉乡接壤，北与三角塘镇相连。2015年，辖地面积106.33平方公里。辖石盘、柏坪、大枫树、柏树园、新屋、罗市、建江、建群、金泉、荆坪、尧冲、六联、依波、上湾、湖波、南湖、三合、三联、茶坪、羊山、楼上、李家、红旗、阳家、新湾、马桥、双周、利群、燕群、六合、东桥、江边、和群、下冲、对江、庙山、湾坪、樟梓、南坪、瑶寨40个行政村（其中瑶族村1个）和罗桥社区，382个村民小组、3个居民小组。潭水穿境由南向北流过，长17.2公里；衡桂高速、省道214线沿潭水东西两岸南北穿行；镇政府往南1.5公里处有衡桂高速公路互通，形成方便、快捷的交通网络。境内属丘陵地带，气候温和，土地富饶，盛产稻谷、烟叶、茶油等农产品，有“常宁粮仓”之美称，石盘贡米曾经在南宋时期称为“皇室佳品”而享誉江南；油茶、杉树、楠竹等广泛种植；已探明的矿产资源有金、银、铜、铁、硼、锰、锡、硅、硼矿石、硅灰石，居湘南之首；中建集团、伟成鞋业、台商农牧休闲公司相继落户其内。2014年、2015年连续两年在全市目标管理综合考核中被评为优秀单位。

【项目建设】2015年，境内有三个衡阳市重点项目，占常宁市的衡阳市级项目的十分之一，分别是田野绿世界（百万樱花园）项目、玫瑰博览园项目、白甫水库项目。百万樱花园项目推进加快，已初具观赏规模；玫瑰博览园、白甫水库全面开工；依波茭白种植基地落地生根，初始种植面积13.333公顷；罗市、汤市水厂不断扩村增户，人畜饮水安全覆盖面进一步扩大；庙山两头塘等4处小（二）型水库病险工程改造项目全面开工；下堰滚水坝已开工建设；潭水防洪堤全面完工；尧冲空心村改造已完成一期工程；罗桥市民广场建设基本完成；罗市沿江西路提质改造工程已接近尾声；红苹果幼儿园建成投入使用；欣欣向荣等18家家庭农场合作社不断发展壮大；田园小气候、小休闲、小农庄各具特色；衡阳市农产品龙头加工企业“三益米业”实施挖潜改造，加工能力大大提高；伟成鞋厂应对市场效益看好。项目的落地、开工、建设、推进、投产，为罗桥的大发展提供了旺盛的后续保障。

【粮食生产】2015年，精细做好湖波洞133.333公顷双季稻核心示范区，完善了种植、服务、扶持奖补等长效机制，全面推行机械化育秧、插田、治虫、收割，完善核心区内路、渠配套，改善灌、排条件，确保农民增产增收，以示范带动全镇粮食生产，粮食品牌进一步做实，成为省、衡阳市、常宁市粮食生产核心示范现场，连续两年被评为衡阳市、常宁市粮食生产先进单位。

【烟叶产业】2015年，烟叶种植面积154.4公顷，收购烟叶6400担，实现产值992万元，增加了烟农收入，实现了烟叶生产产前、产中、产后服务的一体化合作社管理模式，尽管政策调控多变，全镇烟叶产业始终保持着昂扬的发展势头。

【油茶产业】2015年，全镇新造油茶林80公顷，完成油茶垦复13.33公顷，垦复油茶353.33公顷，封山育林266.66公顷，其他造林106.66公顷，清查未造林山地133.33公顷，分村、分山头造册，责任落实到人，制订工作台账，一块山头一块山头地研究造林方案，并且以营造油茶林为主，突出油茶产业发展，提前做好山地流转和山地垦复的相关工作，计划2016年全面完成消灭荒山任务。

【油菜产业】2015年，全镇种植油菜面积突破333.33公顷，连续几年保持了种植面积增加的势头。采取鼓励、引导、扶持、奖补等措施培植大户、农户连片集中种植。创办新屋、罗市、大枫树3个村连片133.33公顷的油菜示范片，利用机械犁田，化解劳动力不足难题，油菜产业不仅解决了群众食用油不足的缺陷，而且逐渐成为农民增收的产业资源。

【计生工作】2015年，共落实四术770例，其中女扎281例，上环328例，长效节育措施110例，补救措施51例，三查3366例，人口出生率为12.16‰，符合政策生育率为73.63%，全面完成了上级分配的任务，在做好计生奖补政策上，做到不漏户、不漏人，让能够享受政策的感受到政策的温暖，在计生优质服务上，简化程序，实行全方位服务，顺利通过衡阳市、常宁市全年计生工作检查。

【安全生产】2015年，镇党委、政府紧扣安全这根弦不放松，采取写标语、悬挂横幅、宣传栏、宣传牌、宣传车、宣传窗、宣传墙和会议等形式广泛宣传安全知识，安全生产意识得到增长。是年，共召开安全生产调度会12次，开展安全生产工作检查24次，发现隐患20处，排查隐患15处，关闭取缔非法矿山、沙场4处；组织相关部门开展联合执法行动5次，多次组织对非法采砂和农用车、三轮车载客、烟花爆竹、加油站等进行专项检查整治，确保全镇平安。

【维稳工作】2015年，综治部门共接警380起，处警380起，调处各类纠纷66起，立刑事案件34起，受理行政案件29起，调处交通事故45起，成功处置群体事件10余起。为增强群众安全感，开展平安创建活动，实行夜间巡逻，全镇没有发生非正常上访和群体性案件，社会治安秩序明显好转，平安罗桥建设得到有力地推进。

【美丽乡镇建设】2015年，罗桥镇第十四届人民代表大会第四次会议通过的《罗桥镇经济发展规划纲要》是罗桥镇发展的指南，为打造“美丽乡镇”示范镇。一是出台《罗桥镇村民建房管理细则》《罗桥镇村民建房建筑设计参考图案》《罗桥镇沿省道214线和湖罗线危房改造方案》，将引领美丽罗桥建设向前推进。二是通过组织学习、宣传、会议落实三个方面已在S214沿线和湖罗线14个村先行试行，在建的房屋统一实行了坡屋顶，已启动奖补。对南坪、庙山至罗市新农村建设示范片区以危房改造为主的新农村建设规划已全面立项实施，庙山村已整体拆除危房190户，下冲10户，零星挂补对象47户，沿线村也陆续拆除。贫困户异地扶贫安置地点也正在选址，安置点人员已两次确定，新农村危改建设资金到位229万元，以危房改造为主的新农村建设已进入实施阶段，尧冲集中危房改造40户，第一批19户房屋已全部建成，工程进展顺利，第二批21户，将在2016年1月开工建设，庙山村整体危房改建190户已开工建设。

【小城镇建设】2015年，罗桥镇小城镇规划区总体规划已完成编制工作，并经过罗桥镇人大主席团讨论通过，现已进入专家审定、论证阶段，有望在近期通过。铁腕控制镇区规划内的用地控制，对拟在集镇控制范围内新建房的农户一律叫停，待总体规划通过后方可进行按规划建房，组织多次集中联合执法，对利用节假日和强行下屋基的集镇建制内的新屋村12户农户实行强制清除，遏制违规、违法建房，确保了用地控制。是年，罗桥市民广场已投入使用，集休闲、锻炼、娱乐于一体，投入资金170万元，现已对外开放。便民服务大厅已开业，投入资金20多万元，入厅服务部门将实现全覆盖，群众一到大厅，事情即可办成，极大地方便人民群众。标准化小幼儿园全面建成，现已投入使用，投入资金200万元，缓解了幼儿学前教育压力。罗桥中学公租房已投入使用，罗桥医院公租房在年底也竣工封顶，公租房的建设可彻底改善教职员工和医务人员的居住条件，为提高教学质量，医疗服务质量提供保障，与此同时也为小城镇建设增添了靓丽的建筑风景。

【乡村道路建设】2015年，友谊桥的改造维修项目投资约150万元，已建成通车；湖罗线庙山等危桥正在翻修加宽，投入资金约100万元；省道214线到镇政府的道路已进入全面施工扫尾阶段；镇政府至庙山路段规划全面加宽，由原来的5米加宽到8米，交通部门已进行了规划测量；南坪、燕群、红旗、湖波、新湾等还未硬化的村、组道得到了全面硬化，实现全镇村道硬化100%的目标。

【基层党建】2015年，首先抓实镇党委中心组理论学习，全面提升班子综合政治理论素养，树立引领标杆。抓实基层党建三年行动计划，履行和落实党建工作责任，制订镇村两个层面的党建工作考核方案，全面推行值班、坐班和全程代理制度，出台《干部下村工作十不准》和《干部下村工作就餐规定》，建立镇村干部工作考核系统方案，采取督查、通报、考核、约谈、讲评等多种形式抓实制度落地，利用并村契机，配齐配强村两委班子，开展新村干部任前培训，新村干部综合素质实现了大提升，通过抓党风、抓作风，镇村干部作风实现大改观，精神面貌焕然一新，有力地推动各项工作的开展。

【城乡同治】2015年，共投入40万元，配备88名专业保洁员，每个村至少2名，由镇、村两级共同管理，日常考核保洁由村里负责，季度考核由镇负责，环境卫生明显改观。罗市、石盘、和群、荆坪、湖波等19个村安装了太阳能路灯，投入资金200万元，安装路灯460余盏。为加强集镇交通管理，配备2名城管人员，对车辆乱停乱放进行整治，对沿街店面的牌匾、雨棚进行清理。对沿街旧房子进行拆除，投入10万元，做成高2米的宣传文化墙，既达到美化效果，又宣传了党的方针政策。

【并村工作】2015年12月20日，全面完成了并村工作，由原来的40个村，合并为19个村，村合并率为52.5%。2015年12月24日，常宁市并村现场会在罗桥镇召开。

庙前镇

党委书记：罗格文（2015年7月离任）
党委第一副书记：彭国喜（2015年8月任）
党委副书记、镇长：张　涛
党委副书记：朱先锋
党委委员：占小苏（纪委书记）、尹　灿、陈秋艳、廖启云
人大主席团主席：易金平
政协联络工委主任：尹运华
副镇长：唐　强、晏　未

【概况】庙前镇地处常宁市南部，天堂山下，潭水上游，是“常桂十里画廊”中心地段，东与桂阳县桥市乡相邻，南与桂阳县莲塘镇接壤，西靠弥泉乡，北接罗桥镇，东北与西岭镇毗邻。京珠复线衡桂高速庙前镇有一个互通口，省道214线贯穿境内，区位优势非常明显。2015年，辖地面积78.6平方公里。辖西湖、石马、庙前、中田、冲山、天堂、金龙、双冲、泉井、双联、双义、弥泉、双凤、双桥、麻洞、长春、侯家、枫树井、春和、新荣、勘井、石铺、国正23个村1个社区，173个村民小组。境内属于喀斯特地貌，山地、平原、丘陵相间，土地肥沃，盛产稻谷，主要农作物和经济作物有烤烟、水稻、柑橘、竹笋等；山地养殖发达，以羊、牛为主；全镇共有林地4213.33公顷，经济林1066.66公顷；已探明的矿产资源有锡、大理石、花岗石、瓷泥等；有“国家AAA级旅游景区”“首批中国传统村落”“省级文物保护单位”“省级地质公园”等旅游资源，有旅游景点15处，已开发的景点中国印山、财神洞、石马景区已晋升为AAA景区，中田古民居、野猪林、古龙洞等在进一步开发；水力资源丰富，属于潭水水系，发源于桂阳天子地北坳下，向北流至桂阳县天窗岩。是年，有行政编制26人。

【经济持续发展】2015年，全镇产粮8000吨，新增3个农业专业合作社。石马村6.66公顷彩色猕猴

桃基地全部挂果，产品供不应求。烟叶生产实现控规模、增效益目标，是年，种植14.66公顷，完成合同内交售烟叶3000担，亩平产值4000元，可为镇财政创税60万元。加大森林防火和打击力度，有效保护森林资源，完成冬季造林整地100公顷，其中双冲村53.33公顷、泉井村3.33公顷、侯家村3.33公顷、石马村6.666公顷、中田村6.666公顷、双义村6.666公顷。完成老油茶林垦覆20公顷，中幼林抚育133.33公顷。在巩固传统养殖基础上，大力发展以草食动物为主的特种养殖，出现了一批养殖专业户。是年，全镇饲养生猪3250头，出栏2430头，存栏820头，其中母猪85头。全年发展养牛专业户3户、养羊专业户12户、养禽专业户15户。现存栏牛1200头，羊2350只，家禽饲养量11万羽，实现产值2000万元。工业经济实现新跨越，北高峰钙业有限公司下的香里颜采石场试投产，在建设巷道的同时已产出碳酸钙原矿。产品白度、质量较好，预计年产值6000万元。衡阳市国土局矿产储备中心在庙前镇狮形岭继续探矿，属衡阳市重点工业项目。神州电器有限公司生产的高档打火机销路较好，预计年产值4000万元。是年，旅游直接收入1500万元，新增4家高规格农家乐饭店，旅游及相关产业实现产值8000万元。劳务经济实现质的飞跃。市人力资源社会保障局加大对庙前镇剩余劳动力转移培训力度，全年分三期对150人次进行就业技能培训，对外输出人员素质提高，就业本领增强，收入大幅提高。据粗略统计，全镇务工人员劳务收入2亿元左右。

【基础设施建设】2015年，围绕打造“宜居旅游名镇”，加快推进小城镇建设和新农村建设步伐。道路设施日趋完善。冲山村至西岭五冲村旅游公路已全部硬化，总里程11公里。国正村积极争取上级资金支持，硬化了7组通组道路，弥泉村向上级争取20万元硬化5组通组道路，农佳生态合作社用8万元完成了路基3000米，硬化道路100米。农业基础设施逐年改善，是年，完成了黄冲水库抢险工程，西湖水库除险加固工程已完成实物量80%，春和片粮食产能项目顺利推进。在冬修水利中，各村发动群众筹资、筹劳，积极争取一事一议项目资金，弥泉村完成了龙口堰坝维修及渠道硬化，双桥村、西湖村、庙前村相继完成了辖区内渠道硬化任务，小城镇建设加速推进。7月，翠薇园、舜印广场建成投入使用，为景区增添了一道风景线，给群众提高了休闲娱乐场所。商品房建设进度加快，销售前景看好。人居环境大力改善，大力推动环卫同治“大评小奖”活动深入开展，镇财政拿出5万元奖励环卫同治先进村和先进湾场，严格落实垃圾分类减量，分户处理，每月对各村、每季度对自然湾场检查评比。镇财政拿出15万元购买了一台垃圾清运车和10个固定封口垃圾箱，投入20万元组建洁美环保公司，每天对镇区范围内进行清扫保洁。冲山村、泉井村、双联村、麻洞村、枫树井村相继启动亮化工程，共安装太阳能路灯100盏，投入资金40万元。枫树井村在枫子湾投入30万元改扩建广场3600平方米，新建污水管网200米，安装太阳能路灯18盏。弥泉村在5组高速公路搬迁安置点投入资金20万元，用于建设及安装排污管网，居民生活条件得到改善。实现户户喝上干净、放心的自来水，庙前水厂改扩建工程全面竣工，春和水厂铺设管网已接近尾声，即将顺利通水。镇区提质改造有序推进，《庙前镇小城镇建设2016～2030年规划》已经出台，并经镇人大主席团表决通过。对镇区范围内桥梁护栏重新安装，即将启动高速出口至庙前景区各村房屋风格统一装修。加强集贸市场管理，做到划行入市，保持市场干净整洁。重拳整治集镇范围交通秩序，重处乱停乱放行为。

【项目建设】2015年，成立18个项目协调服务领导小组，实行1名班子成员对接2～3个项目。万景集团投资700万元，对财神洞进行改造，新建一个停车场；健康城已完成规划选址。冲山至石马旅游环线已完成测量。泉井村土地整理项目即将开工，春和片粮食产能项目进展情况良好，对提高境内粮食生产能力，实现旱涝保收奠定基础。基础设施项目建成使用，能提高景区承载能力，打造旅游开发和小城镇建设升级版。由交通旅游公司作为业主，建好中田路，已完成规划设计工作。在省道214旁，泉井村范围内建设一个大型停车场，游客在这里换乘景区电瓶车进入景区。整合上级拨付的危改、棚改资金，对景区范围内的房屋进行统一风格装修，积极争取专项资金，对中田古民居进行修缮；建好翠薇峰游道，按照绿化、美化、亮化标准建设好潭水风光带；加大集镇改造力度，安装生活污水处理管网，建设一个生态污水处理厂，实现两污分流，严禁污水流入潭水流域，保护好生态环境。加强与电力部门沟通、衔接，争取更多二期农网改造指标，用2～3年时间完成剩下各村农网改造任务。是年，完成冲山、双凤、天堂等村农网改造工作。是年，北高峰钙业有限公司的原料供应基地——香里颜采石场抓紧建设，矿石运输巷道，2016年可正式投产。投资4.1亿元安装15座风电机组的风力发电项目正在办理各种审批手续。核工业418队在狮形岭勘探锡矿成功，庙前将成为常宁经济发展的又一高地。

【社会事业】2015年，全镇医保参保8841人，参保率90%，居全市第二，对低保对象进行动态管理，对不符合条件的31人停发低保资金；是年新增12人享受低保，清退城市低保1人；对农村五保对象全面清理、清退20人，是年，新增五保对象6人。打卡发放优抚经费80万元，残疾人护理费7.2万元，临时救济款5万多元。通过“一卡通”发放的惠民资金546万多元。社会事业持续健康发展，教育事业稳步发展，教育基础设施逐步完善，教学质量稳中有升。是年，春和完小合格学校建设破土动工，2016年秋季开学可交付使用。计划2016年建设好公办幼儿园，庙前中学综合楼已竣工验收。庙前中心校教学质量迅速提高，进入全市先进行列。尊师重教氛围浓厚，教师节前夕专题召开议教会，为各学校解决用水难等问题，全体班子成员参加了庙前镇第31个教师节表彰大会，镇财政安排1万元慰问金。文化体育卫生事业日益繁荣，活动场所逐年增加。是年，有冲山、中田、双桥、枫树井等村安装了农民健身体育器材，庙前村、中田村坚持组织群众参加广场舞活动，文化局为各村图书室新增了一批实用读物。新型农村合作医疗运行健康，农民受益面、受益度逐年攀升。是年，全镇完成参合人数16305人，参合率98.2%。新卫生院综合大楼已基本完工，即将搬迁投入使用。给65岁老人免费健康体检。金龙、双联、双义等村卫生室建设进展顺利。社会治安综合治理成效明显。通过开展普法宣传活动，强力推动“一强三治”、打击“黄、赌、毒”和村痞地霸等专项活动，全镇未发生一起重大刑事和治安案件，民调群众满意度提高。健全信访排查，调处机制，工作日由一名班子成员带班接待信访群众，实行领导包案制，信访总量较2014年明显减少，未发生越级上访行为，深入开展安全生产示范创建活动。开展大规模以“打非治违”为重点的隐患整治4次，效果很好。便民服务中心正常运转，解决了群众办事难问题，镇核算中心配合纪委开展规范整顿村级财务活动，为各村挽回了损失，维护财政纪律的严肃性。土地确权颁证扎实推进，各项工作进展顺利。严格按程序依法开展村级区划调整工作为农村经济发展增添活力。

【其他工作】2015年，宣传、统战、财政、农技、农机、畜牧、国土资源管理、统计、公路、档案、工、青、妇、党管武装等工作取得较好成绩，为全镇经济社会发展作出新贡献。

弥泉乡

党委书记：唐贵林（2015年11月离任）
党委副书记、乡长：陈辉华
党委委员：吕飞宏（纪委书记）、
周　平（人武部长）、彭利国
人大主席团主席：廖武生
副乡长：尹建成
工会主席：尹　俊

【概况】弥泉乡地处常宁市南部边陲山区，东与罗桥镇和庙前镇接壤，南与桂阳县光明乡、白水乡、杨柳乡交界，西与洋泉镇和塔山乡毗邻，北与板桥镇相连，距常宁市区32公里。1995年撤区并乡，把原弥泉国有林场和铜钟岭国有林场合并为弥泉国有林场，同时成立乡人民政府，实行“一套人马，两块牌子”的管理体制。2007年省人民政府批准成立铜钟岭省级森林公园，2009年国家林业局批准设立天堂山国家森林公园。2011年环境保护部授予弥泉乡“全国环境优美乡镇”称号。2015年，辖双河、农林、更生、立新等4个建制村，28个村民小组，以及方家桥、铜钟岭、周家排

3个营林管理区。有干部职工200人,其中乡机关27人,站所16人,林场职工157人。辖区总面积58平方公里。弥泉乡地处南岭山簇余脉,以山地为主。境内群峰起伏,层峦叠嶂,坡度平、缓、斜、陡、险皆有,地形比较复杂。地势东南高西北低。境内最高峰天堂山海拔1263.7米,最低点海拔213.6米,相对高差1050.1米。属中亚热带山地湿润季风气候型,历年平均气温17.9℃,无霜期270天左右,相对湿度大于80%。境内降水充沛,年降水量1800毫米,年平均相对湿度80%左右,为白水、宜水、潭水发源地及湘江支流汇水区。境内盛产笋干、生姜、茶叶。境内生物资源丰富,动植物种类繁多,国家一级重点保护植物4种,国家二级重点保护植物14种,列入国际公约保护植物名录CITES附录Ⅱ中的兰科植物20种。森林植被资源有白栎、水青冈、化香灌丛、高山草甸。珍贵植物资源有古银杏、三尖杉、金叶白兰花、摇钱树、鹅掌秋、野人参、红豆杉、罗汉松、苍叶红豆、花榈木等,其中花榈木树龄有600年,价值达2000万元。地文景观资源有天堂山、狮子脑、猴子洞、观音坐莲台、和尚脑、双嘴斗猴等。天象景观资源天堂山云海、天堂山日出与晚霞、瑞雪与雾凇。人文景观资源有天堂庙、公主庙、忠孝寺等。有野生动物143种,隶属于27目71科。有野猪、黄鼬、华南兔、穿山甲等,大山雀、白鹭、山麻雀、山斑鸠、乌龟、鳖、竹叶青、银环蛇等,两栖动物有中华大蟾蜍、大树蛙、虎纹蛙等。是年,目标管理被市委、市政府评为良好单位。

【国有林场改革】2015年,完成国有林场改革试点工作。通过改革,明确林场为公益Ⅰ类正科级事业单位,其主要功能定位为保护培育森林资源、维护国家生态安全;核定弥泉国有林场全额事业编制157个;完善了社会保障体系,补足林场提前退休安置35人的社保、医保费用;实现社会职能剥离;建立健全绩效考核办法和建立分级管理的森林资源监管体制。

【造林绿化】2015年,始终坚持林业的基础地位不动摇,下大力气做到全乡宜林荒山能造则造。新造林80.66公顷,生态公益林抚育333.33公顷。

【森林防火】2015年,组建一支森林防火应急队,配备服装鞋帽,增强扑救力量。添置森林防火器材锯、扑火拖把、砍刀、头灯等用具。加强宣传力度,采取宣传车下乡,到各村、管理区、通路的工班山头进行森林防火宣传;给林场护林人员配备了宣传喇叭;制定永久宣传牌、书写宣传标语,宣传森林防火知识。在乡主干道设立3个检查站,对来往车辆进行严格检查,并发放温馨提示卡片,提醒用火安全,排查火灾隐患。周一至周日全天都安排了森林防火值班人员,特别2015年初的干煤天气,为了严防森林火灾,全乡上下放弃春节休假,农历正月初二,全体机关干部、林场各管理区管理人员、护林人员全部下到各村组、农户、各山头,全部投入防火一线,做好巡逻。与周边乡村签订护林防火公约,全民防火意识更加强化,实现群防群治。配合市林业局建立森林防火瞭望台,全年,境内未发生一起森林火灾事故。

【森林公园建设】2015年,在市委、市人民政府和市直相关部门的大力支持下,严格按照"经济发展与生态保护并重"的森林公园建设理念,协助市人民政府加快森林公园各项建设。是年,乡党委书记、乡长参加森林公园建设培训。在市财政的支持下,聘请湖南林业勘察院的专家完成了天堂山森林公园总体规划。在乡财政困难的情况下,规划、硬化乡政府门前和南江园景区两个停车场,解决旅游车辆停放问题。

【广济水库建设】2015年,为了确保广济水库工程建设的顺利开展,多次召开党政负责人会议研究工作,成立专门工作组,并安排人大主席具体负责联系广济水库建设,抽调几名党政负责人协助工作。工作组多次下乡召开村组干部会议和村民代表会议,大力协助指挥部在调查走访、宣传政策法规、移民拆迁方案论证、补偿安置方案的制定、矛盾纠纷调处等方面做了大量的工作,乡政府花费一定的财力和物力,为工程顺利开工做出一定的成绩。

【计划生育】2015年,落实计生系统作风整顿会议精神,制订考勤制度,实行指纹打卡签到,建立工作考核方案,实行责任追究制及落实情况。是年,对人口出生清查清理,2013年清查出生4人,其中计内划2

人，计划外2人；2014年清查出生2 人，其中计外2人。2015年清查出生2 人，其中计外2人。对党员干部违法生育情况进行了清理清查。1990年至2009年党员干部违法生育有14人。

【惠民工作】2015年，开展关爱困难群众大走访活动，了解民意民情，为民解决具体问题。了解部分群众生活困难后，争取上级民政部门及时发放生活救济金。是年，争取改造指标7户，给无房户和危房户改造进行补贴。同时积极协调第二批棚户区改造工作进展。棚户区改造完成后，职工在城区每户有一套50～80平方米的房子。是年，协调上级公路部门及时对弥塔公路弥泉部分进行了清理，并对两旁的杂草和树枝进行割灌清除，拓宽了行车视野，对特殊路段修建了排水沟。对农林村至粟生村的沙石路乡财政拨2万元进行养护，保障群众能顺利出行。是年，成立以乡长陈辉华为组长的新农合筹资工作领导小组，结合弥泉乡实际情况，制定弥泉乡新农合筹资工作方案，责任到人，奖罚分明。

【城乡同治工作】2015年，成立专项工作小组，与各村签订责任状。乡党委书记、乡长分别不定期带领分管领导和公路沿线所在村的蹲点干部对各村的清理清运情况进行全面督查。紧抓造林绿化，美化绿化农村环境。在完成林场的基本生产造林的同时，组织村民在马路沿线栽种了水杉、樟树、楠木，在庭院栽种了一些花草，有条件的还栽种了桂花树、罗汉松等，掀起了植树的热潮，绿化了山头，美化了家园，净化了环境。是年，完成村庄绿化2公顷。

【基础设施建设】2015年，完成7户农村危旧房改造，解决部分农村倒房户、危房户、无房户住房难的问题。在弥塔公路设立道路标示牌，提醒广大游客注意道路路况。协调市公路部门，完成乡政府道旁300米的安保工程，路为旅客的出行提供了极大的方便，并确保了安全。与市移动公司联系，在农林村建立一个移动信号基塔。

【党风廉政建设】2015年，全面贯彻执行中央和省市委关于领导干部廉洁自律的各项规定，组织开展班子党风廉政建设和反腐倡廉的专题学习。通过示范教育、警示教育等形式狠抓党风廉政建设的学习教育，筑起拒腐防变的思想堤防。落实党风廉政建设责任制。建立定期向社会通报反腐倡廉情况制度，继续实行并完善公示制度、谈话制度、述职述廉制度、重大事项报告制度。乡班子成员认真抓好职责范围内的党风廉政建设和反腐败工作，班子成员切实管好自己，管好家属、子女和身边工作人员，抓好本部门、本单位的党风廉政建设。

【综治民调】2015年，开展民调大走访活动，全体乡机关工作人员、所有乡直单位工作人员、全体村两委干部、弥泉林场所有管理人员、护林人员、生产人员参加，每人联系本辖区内20户固定电话或手机用户，联系户覆盖全乡所有村组。

【信访维稳】2015年，信访化解工作成立专门领导小组。努力解决疑难复杂的重点信访问题，教育劝解部分坚持过高要求、无理缠访人员，依法处理部分非正常上访人员。对重点人员监控划分领导责任、行政责任和直接责任，尤其是对立新村上访人员实行干部24小时轮流值班监控制，极力做好其思想稳控工作。

【安全生产】2015年，成立安全生产领导小组，创建衡阳市示范安监站，成立安监站，安排了人员，为安监站办公室配备新的办公桌、文件柜等。落实"一岗双责"制度，与各村签订安全生产目标管理责任书，层层落实责任。结合实际，重点做好森林防火、道路塌方的监控工作，确保群众生命财产安全。坚持每逢节假日期间都由分管领导带队对全乡进行大检查，对检查出的问题及时进行整改。

【存在的问题】2015年，主要存在三个方面的问题：一是林业资源严重匮乏，林场难以经营。二是森林公园建设发展缓慢，资金问题尤为突出。三是由于历史遗留问题和发展中遇到的新问题导致矛盾不断，村干部干事魄力不足，信访案件时有发生，维稳压力大。

板桥镇

党委书记：刘湛艳
党委副书记、镇长：段　立
党委副书记：陈治国
党委委员：张小华（纪委书记）、廖金爱、
　　　　李文县（武装部长）、曾国辉
人大主席团主席：李　衡
政协联络工委主任：胡青春
副镇长：曾昭才、陈昌贵
人大主席团副主席：刘同春
工会主席：刘忠辉

【概况】 板桥镇位于常宁市南部，南与罗桥镇、弥泉乡接壤，东与三角塘镇相邻，北与宜阳镇相接，西与胜桥镇、兰江乡相连，距常宁市城区16.8公里，X078道贯穿南北，属丘陵地区，是湘南石灰石储存量最大的地方、生产水泥的最大原料基地，素有“水果之乡”“剪纸艺术之乡”的美誉。2015年，辖区总面积82.2平方公里，有耕地面积1850.6公顷，其中水田143.93公顷、旱土410.66公顷。辖干沙巷、新陈、黄铺、肖山、鸡公塘、晓星塘、李田、太丘、太星阳、板桥、西洞、铁鹅、西华、群益、中桥、长冲铺、长中、丫田、合塘、青塘、樟塘、高银、新竹、南湾、大陂、五坳、新桥、粟新、洪塘、水群、群英、仙塘、仙桥、福和、伏龙、石塘、高桥、关坳等38个行政村，2个居民小组，402个村民小组。镇内有小（一）型水库4座，1310米长的板桥渡槽横跨板桥西洞；有精石灰厂2个，机制砖厂11个，采石场8个（其中大型采石场5个），胶合板厂1个，中小学校8所，衡阳市烟草局烟叶收购仓库1座。乡村公里四通八达，有线电视、通信网络覆盖全镇。是年，镇党委、政府团结和带领全镇广大党员、干部和人民群众，以党的十八大精神为指导，以全面建设小康板桥为核心，以创建平安板桥为主线，以推进新农村建设为抓手，以加强党的建设和提升公信力为保障，全面贯彻落实省委、衡阳市委、常宁市委经济会议精神，着力优化“两个环境”，大力推进基层建设年活动，切实改善民生，创新社会管理，凝心聚力，攻坚克难，真抓实干，顺利完成全年目标工作任务。实现了社会和谐稳定，经济持续发展。

是年，镇机关有工作人员99人。

【党建工作】 2015年，党建工作始终坚持“围绕经济抓党建，抓好党建促发展”的指导思想，以领导班子建设、干部队伍建设和基层组织建设为重点，以严格落实基层党建责任制为抓手，以推进农村党建标准化、机关党建规范化、非公企党建特色化为主线，强化政治功能，注重政治引领，充分发挥基层党组织推动发展、服务群众、凝聚人心、促进和谐的作用，实施“135”（强化社区党组织；三支队伍；社区工作者队伍、社区党员队伍和社区志愿者队伍；实现“五在”：实现美在社区、爱在社区、乐在社区、安在社区、和在社区）治理模式。一是严格落实基层党建责任制。落实党委主体责任，纪委监督责任。开展双述双评。村支部书记向镇党委、党员大会、村民大会或村民代表会议进行述职，报告任期和年度责任目标完成情况、存在问题和下一步工作打算。同时，接受上级组织和群众评议。评议结果与落实村干部个人经济待遇挂钩。二是继续抓好整顿软弱涣散村级党组织工作。2015年4月下旬，组织召开集中整顿软弱涣散村级党组织工作会议，对肖山、李田、鸡公塘、永群、南湾等5个后进村转化工作进行安排部署。选派了五基督导员，镇主要领导联点后进村，副科以上干部开展对困难群众进行结对帮扶。三是科学规范党务村务公开，不断加强农村干部队伍建设。2015年，全镇54个支党支部，发展新党员22名。同时抓好支部阵地建设，争取投资40万元为太阳村建设一个标准的村部，建设农民健身运动场。发放远程电教设备9套，为农村党员接受教育提供学习环境。是年，选优配强村两委班子，组织村支部书记轮训学习，已组织鸡公塘、永群、五坳、新桥等村支部书记参加培训，提高村干部工作能力。是年，开展“青年创新创业”评选活动，涌现出一大批先进集体和先进个人，培养基层服务型党组织后备力量。是年，规范村级财务的管理，镇成立工程验收组，对所有村级下拨款，进行监督，实行工程验收凭工程验收单报付。要求各村定期对党务村务进行公开。

【改善机关干部办公环境】 2015年，为了解决教师住房紧张，积极争取常宁五中40套公租房项目，完成土地征用及项目申报等前期工作。5月，镇政府机关办公楼置换工作全面启动，完成土地、房产手续过户，资产处置全部到位。12月5日，新办公楼乔迁使用。

【调整产业结构】2015年，一是深入推进“国土绿化”，打造生态农村。自城乡同治工作开展以来，镇容、村貌发生了变化。为打造生态农村奠定了基础。此外，进一步加强镇村环境整治，要把常板线、洋板线，沿线的村打造成为板桥镇环境卫生样板村。同时，结合“国土绿化”工作会议精神，完成部分通村公路的绿化，建设山清水秀的板桥。二是依法有序加快土地流转。是年，将把土地流转作为撬动全镇壮大村集体经济发展的杠杆，加快公路沿线的村做好土地流转工作，杜绝耕地抛荒。组织创建高银、新竹、大陂的“粮食制种”精品示范基地，以“制种基地”建设为助力，结合本镇农业生产特点，流转种植大户6户，流转土地280公顷，创新思路谋高产，转向集约化生产模式，降低成本，提高农民种植效益，带动全镇农业生产由粗放农业向精设农业转变。鼓励大户承包种植双季稻，提高机械化耕作水平，减轻劳动强度，降低生产成本，借力发展现代化农业。三是建设特色板块，打造精品乡镇。是年，加大对农民实用技术和职业技能培训力度，鼓励青年农民到本地企业务工，引导农民自主创办各种实体经济，鼓励技术成熟的烟农种植烤烟、中药材等经济作物，拓宽致富渠道，实现农民增收致富。是年，全镇种植烤烟124公顷，生产优质烟叶5580担。四是因地制宜发展休闲农业，长冲铺村利用周边的地形地貌逐步建设垂钓中心，开办农家乐等发展休闲观光农业，彰显板桥农业的特色，盘活了农村经济。

【招商引资】2015年，继续加大招商引资的力度，在确保环境和税收的同时，为好项目大项目落户提供更宽松、更优惠的政策，不断增强经济发展后劲。把在外的知名人士，致富能人引进境内办企业，培育更多的市场主体，促进更多的就业岗位。3月，成功引进上规模港资企业凯能制品有限公司，成功落户五坳村，现招聘生产工人50人，生产服装商标，年产值达2000万元，实现农民家门口就业，增加收入来源，改善生活条件。

【优化投资环境】2015年，板桥镇树立“把麻烦留给自己，把方便让给企业”的服务理念，切实为企业当好勤务兵，解决发展中的用工、办证、融资等难题。加强企业周边综合环境整治，坚决杜绝干扰企业正常生产经营的事件发生，严厉打击偷盗行为，切实加强企业安全生产监管，落实企业安全生产责任制。为企业提供优质的服务。

【重点项目建设】2015年，市重点项目有南三环、广济水库、常宁二中在境内征地拆迁，镇党委、政府开拓思路，创新举措，坚定克服一切困难、铲除一切障碍的信心和勇气，以“闯劲、韧劲、巧劲、干劲”四劲加快推进重点项目建设，取得了较好成绩：广济水库占地 28公顷，涉及干沙港、新陈、鸡公塘、粟新、永群等5个村577户，全部完成征地补偿工作；市南三环、常宁二中征地工作全面完成，补偿到户工作已全部完成；为重点项目提供良好的施工环境，重点项目工作顺利施工。

【城乡同治】2015年，开展农村环境综合整治活动。镇党委、政府高度重视农村环境卫生，精心安排，周密部署，成立以党政领导为成员的农村面貌改造提升领导小组，制订切实可行的实施方案，建立长效机制，实行领导包街包村，乡村干部包社包户。是年，加大宣传力度。悬挂标语500余条、发放明白纸、宣传单3000余张，大力宣传“城乡同治”，动员全党、发动全民，充分利用专栏、传单、标语、开院坝会等形式开展环境综合治理宣传教育活动，增强群众的环保意识，与农户签订门前三包责任书4000份。是年，新购置垃圾箱20个、斗车3台、垃圾桶100余个、建垃圾池15个、中转站1个、垃圾处理场1个，聘请专职保洁员5名、环卫工人5名，全天候保洁，垃圾日产日清，清运垃圾10余方，清除死角100余个，整治散放点10余个。同时，新购植1000余棵风景树用于集镇绿化建设，实行政府栽植，居民户管护，美化了环境，净化了空气。镇村面貌焕然一新。

【民调综治】 2015年，积极推进平安创建活动，开展综治民调，入户走访了解民情民意。深入开展打黑除恶斗争，打击农村村霸、沙霸等强买强卖，确保人民群众安居乐业。矛盾纠纷有效化解。积极开展“六五”普法教育，发放法制宣传资料10000余份，组织机关干部、村社干部、学校等参加法律法规考试人数达200人次。民间纠纷得到了有效的处理，无邪教人员。结合群众路线教育实践“回头看”活动，完善村规民约，深化“网格化管理、组团式服务”，实现“琐事不出网格、小事不出村、大事不出镇、矛盾不上交”；投入60余万元建设市场服务中心。对商贩摊位整治，组织开展12次安全生产和消防安全大检查，共排查安全隐患26条次，发出整改通知书18份。受理“12345”政府服务热线电话16件，信访案件17件，接待群众来信来访26批次，56人次；都得到及时有效处置。全镇综治维稳工作总体情况平稳，没有发生重大群体事件。

【安全生产】2015年，确定专人落实安全生产工作，与各村、企业、高危行业、经营业主、车主签订目标责任书，层层落实责任。扎实开展大排查，每月开展一次全乡范围内的不稳定因素排查活动，分别落实包案领导、责任人和时限，强化安全意识，牢固树立安全发展理念。高度重视并切实抓好食品药品质量安全和安全生产监管，各村要加强对村内企业的安全隐患排查，掌握情况要及时上报镇党委，坚决遏制重特大安全生产事故、火灾事故，保障人民群众生命财产安全。

【人口计生工作】2015年，全镇共发放帮扶资金5万，78户独生子女父母奖励金全额落实到位；认真落实计生奖励扶助政策，全镇享受计生奖励扶助政策132人，享受特别扶助政策11人，确认无误差。全镇人口出生率14‰，自然增长率控制在8‰以内，计生率达到了常宁市的责任目标73.5%，综合节育率在93%以上。

【社会服务】2015年，加强对低保、困难家庭及五保户的日常管理，全镇共有农村低保1261户1617人。其中，五保户 301人，入院供养42人，城镇低保户36户，享受残疾人生活补助 624人。申报临时救助200人，累计发放临时救助资金41000元。是年，完成养老保险参保人17322人，完成基收179万元，参合比例达73.5%；完成新农合基金收缴410.06万元，新型农村合作医疗保险逐步扩面，参合率达93%，参加农村新型合作医疗41091人，群众“看病难、看病贵”的问题得到缓解，就医负担大大减轻。是年，组织参加常宁市广场舞等文化活动，先后在板桥村、居委会进行宣传演出；板桥村的剪纸艺术和荷叶花灯被评为衡阳非物质文化遗产。在2014年镇财政筹资护砌胜利水库1000米水渠的基础上，继续加大对胜利水库干渠的维修改造加固力度，预计再投入30万元。全面落实各项惠农政策，切实保障农民各项合法权益，坚决兑现各项补贴资金，坚决处理挪用、占用、贪污惠农资金的行为。是年，投资总额达1040万元，建设板桥水厂日供水量达2000吨，惠及31个村，2万余人。该项目自启动实施以来，得到中央审计署、水利部等领导的高度重视。镇党委、政府组建了强有力的工作班子，对项目实行保姆式服务，先后化解各类矛盾30余起，优化了施工环境，确保了工程顺利进行。年底，完成主供水管铺设、处理池、办公房主体工程以及取水口土建工程。全面实行“承诺、公示”制度。每个村“两委”班子要向镇党委、向群众公开承诺办好两件以上实事，全镇不少于78件实事，并进行公示，实行挂账督办，落实责任奖惩，切实解决群众在生产、生活中的难点、热点问题。为消灭贫困，实行精准扶贫，已启动扶贫两个村。

【部门工作】2015年，完成市武装部的2015年度征兵任务，全年为森林扑火应急出动民兵480人次，有力保障板桥镇人民群众生命财产安全。工会、共青团、妇女、宣传、统战等工作顺利开展，各项目标任务的全面完成。完成工会统计、完成共青团志愿者服务注册等各种活动组织以及关爱留守儿童等工作；与妇联等部门联合设立“妇女维权站”，在农村中开展青年农民致富竞赛活动；教育、文化、广播电视、卫生、民政、计划生育等社会事业工作稳步发展，提高群众的综合素质，丰富群众的精神生活。中小学开展了教育示范镇的创建工作。是年，在中心学校、常宁五中两所学校的共同努力下，争取了资金，为学校配备了多媒体教室、实验室，配备了投影机、电脑桌凳、柜，新建和改造了两所学校的厕所和部分教室。另外争取到了价值30余万元的图书用于充实学校的图书室。宣传《中华人民共和国国土法》，使国土政策深入人心；确认报批农村建房20户，新建住房面积2220余平方米，复耕面积3568平方米，新增耕地1348平方米，无违法乱占现象；完成了对集镇约1.2平方公里的土地勘察测绘，为下一步的规划打好基础。

【党风廉政建设】2015年，开展班子廉政建设，严格执行上级廉政教育规章制度，坚持开好民主生活会，认真开展批评与自我批评，增强廉洁自律意识，使班子成员树立正确的价值观、纪律观、责任观、金钱观和态度观，自觉履行党风廉政责任制，班子成员整体素质更加提高。是年，开展纠风和民主评议，从而使各村、各所站的服务水平和群众满意度不断提升。是年，查处各类违法违纪案件5起，结案5起，对6名违法违纪的党员作出开除党籍的处分，维护党员干部队伍的纯洁性。

胜桥镇

党委书记：王志华
党委副书记、镇长：张良相
党委副书记：刘新志
党委委员：吴传厚、曹艳丽、曹晓蔚、张柏生（纪委书记）
人大主席团主席：滕德胜
政协联络工委主任：陆元春
副镇长：罗　贻、贺美玉
人大主席团副主席：邓　原

【概况】胜桥镇位于常宁市西南部，东南与板桥相连，西南与洋泉相接，北与兰江乡相交。1995年撤区并乡，把原来的胜桥、到塘、官泉、大塘4个乡合并，成立胜桥乡；1996年3 月撤销胜桥乡，改设胜桥镇，管辖范围不变。2015年，辖地总面积82平方公里。有耕地面积2400公顷，其中水田206.66公顷，旱土333.33公顷，山地2400公顷，水面186.66公顷。辖竹塘、泉江、巷子口、胜江、红米田、前进、渣石、合益、合泉、尹桥、大塘、玉龙、高田、大茅坪、同玉、利群、胜塘、三和、泉峰冠、烟竹、石溪、后洛、相丰、文堰、双洪、玉泉、新元、田元、日新、株术、官陂、高曾、竹和、新塘、泉桥、中南、巴塘、高峰、太源、龟田、到塘、建成、留田、苍坪、大群等45个村和胜桥社区（原名胜桥居委会，是年11月改名为胜桥社区），458个居民小组。境内腹地为平地，周边为山地，宜水穿境而过，土地肥沃，历来以种植水稻为主，是常宁产粮重点乡镇之一。西南山地属用材林基地，盛产木材，胜桥木材市场吞吐量为全市之最。东南山地多为油茶林，农副产品主要有稻谷、甘薯、茶叶、高粱、豆类、蔬菜、烟叶等。水果主要有柑橘、柰李、板栗、中秋柚等。养殖业主要有生猪、鲜鱼、伊莎380蛋鸡、蛋鸭等，所产鲜鱼以质优味美而闻名遐迩。乡镇企业有农机、水电、化工、建筑、建材等行业300余户个体和民营企业。是年，完成市里分配的各项经济指标任务并实现年初既定的预期目标，新农保收缴78%，新农合筹资95%。“稻—稻—油”项目获得省农科院高度赞扬；环卫同治取得衡阳市明检暗检好成绩；农村党员远程教育站点建设获得衡阳市领导检查的好评。

是年，镇机关在岗上班人员共61名。

【小城镇建设】　2015年6月4日，市委组织有关人员对胜桥镇经济社会进行调研，并形成《关于胜桥镇调研会议纪要》7月28日，副市长张昕在市人民政府主持召开相关局会议，专题研究胜桥镇小城镇建设有关问题，并形成常宁市人民政府专题会议纪要《关于胜桥镇小城镇建设有关问题的会议纪要》。是年，启动《胜桥镇十三五规划（小城镇建设）实施方案》：目标计划到2030年集镇面积增至1.5平方公里，常住人口达到1.5万人。主要从以下4个方面着手：一是做好总体规划，拉开集镇骨架；二是抓好功能配套，完善基础设施；三是注重宜居宜业，突出生态特色；四是注重稳妥推进，分年逐步实施。启动胜桥小学新校址的奠基开工仪式。启动机关大院的“五小”设施建设与维修工程。启动幸福路硬化、新农贸市场建设、振胜路拉通的拆迁协调工作。其他项目正在积极开展调研、规划等前期工作，工作进展顺利。

【计划生育】2015年4月6日，市委推介了胜桥镇的三抓典型经验：抓好领导带头、抓好督查调度、抓好奖惩兑现；“5·29”开展计生协会活动及计生专干培训活动；在重要节日发放生育关怀资金，营造良好的利益导向效应。同时，计生业务整建规范有序，卫计合并后机构运转良好。

【种养业生产】2015年,种养业形成了六大支柱:粮食、烤烟、生猪(仅亿成养殖场的存栏生猪4300头,母猪250头)、油茶(完成280公顷造林计划)、油菜(已形成了以合益、高田为中心的油菜生产基地)和苗木(形成以正雄花卉为龙头的苗木生产基地66.66公顷)加快深化了土地流转。培育了新型农业经营主体。是年,全镇已注册农业合作社有28家,居全市首位。家庭农场已拿证48家。水稻种植实现了全程机械化。全市最大的农机合作社——一起合作社在屈壮成长中稳步发展;衡阳境内最大、常宁唯一的一起谷物烘干中心有烘干机组5台,日烘干能力150吨,并配有300吨粮食贮备仓库,运转顺利,正在积极影响全镇农业合作社、甚至周边县市合作社的格局。

【新农村建设】2015年,社会主义新农村建设按照生产发展、生活宽裕、生态文明、村容整洁、管理民主的标准,改造空心村、广场亮化、硬化组级路。整体推进胜江广场、龟田村广场、文堰空心村的改造工程。前进与到塘等村安装了路灯。

【安全维稳】2015年,在成功创建衡阳市安全生产示范乡镇的基础上,加强领导落实责任、强化基层夯实基础、加强宣传教育培训、开展安全生产大检查、大督查、大整改"三大行动"、开展"六打六治"打非治违行动。是年,确保全镇范围内无一起安全生产事故。综治方面坚持"预防为主、打防并举、标本兼治、重在治本"的方针,认真开展排查、调解、帮教、禁毒、打黑除恶、反邪教等工作,积极推进社会治安综合治理各项工作措施的落实,创造安定、和谐、稳定的胜桥治安环境。

【环保工作】2015年,高标准实施环境卫生城乡同治。突出抓好组织领导、宣传发动、措施保障、奖惩兑现、管理机制等五个到位。全年以"全面抓、经常抓、大力抓"的常态化思想抓城乡同治。是年,不仅是主干道、市场、机关、宜河、示范村要搞好,其他村道、湾场、农户都要搞好;不仅搞好卫生、整顿秩序,而且做到"六化",即硬化、净化、绿化、美化、亮化、序化。规定了三天一大扫、一天一小扫,不干净就扫,并形成常态。进行了建章立制,强化考核,奖优罚劣,持之以恒。出台《胜桥镇保洁员管理办法》《城乡同治实施方案》《考核办法》等一系列文件。

【林业生产】2015年,共流转山地1026.666公顷,植树造林,累计造林266.66公顷。双洪村发展苗木基地20公顷,太源村苗木基地8公顷,玉泉村有苗木基地6.66公顷,新元村成立了园林合作社以培育山油茶苗木,进一步把苗木、园艺、木材加工融为一体,做大做强苗木产业。是年,强森林防火网格化管理,严控野外用火,严查森林火灾案件,严防森林火灾发生。

【基层党建】2015年,按照市委基层党建工作要点29个方面的工作要求,基层党建工作重点是落实"五基建设"(基层组织、基本队伍、基本活动、基本制度、基本保障),出台《2015胜桥镇基层党建工作要点》;抓党组织整顿,对4个软弱涣散党组织制定了实施方案,进行了治理整顿。立足发挥党支部的战斗堡垒作用,是年初,重新设置了党总支、镇机关企事业单位党组织及其领导班子成员任职,让党员有阵地,有舞台。发挥党员先锋模范作用,规范发展党员,对党员干部教育管理。发挥党代表参政议政作用。制定出台《无职党员岗位设定和责任目标》。发挥群团组织的桥梁纽带作用。对8个工作组、6个专线办公室实施考核管理。推行联点干部的民情汇报会。发挥远教站点的宣传教育作用,抓村支部的建、改、租与管理使用,抓"重基础、勤督促、严考核"推进红星视频的建、管、学、用。

【存在问题】2015年,存在五个方面的问题:一是镇财政收支矛盾仍然突出,财源建设滞后,经济增长的动力还不够强;二是交通、工业企业、资金、人才等四个方面的瓶颈仍制约着全镇经济社会的发展;三是一些群众关注的热点、难点问题有待进一步解决,尤其在新常态下的城乡同治问题上,百姓观念与上级期望有一定差距;四是小城镇建设需加快进展;五是农村基层党组织发展参差不齐，且水平不高。

塔山瑶族乡

党委书记：彭小冬
党委副书记、乡长：盘凤成
党委副书记：胡诗伟(挂职)
党委委员、刘书生(武装部长)、赵　玲、滕卫华
人大主席团主席：尹　辉
政协联络工委主任：陈志刚
副乡长：盘开成、赵　玲、
尹建成(2015年12月调入)、
张克勤(2015年12月调入)

【概况】常宁市塔山瑶族乡地处衡阳市西南方，五岭山系余脉，位于三市(郴州、永州、衡阳)四县(新田、桂阳、祁阳、常宁)交界处，地势较高，属山地地区，地形为南北高，逐渐向中部倾斜，主要山脉有五岭山系，平均海拔800米(最高峰天堂山海拔1256米，最低点蒲竹村井边组海拔452米)，是衡阳市唯一的少数民族乡，境内有弥塔公路，全长18千米，洋塔公路，全长31千米。1984年10月1日建乡，1995年由原塔山乡和蒲竹瑶族乡合并而成，全乡总面积87.5平方公里。2015年，辖塔山、狮元、鳌头、茶群、板角、东江、上阳、下阳、西江、蒲竹、松塔、毛坳、高岭13个行政村，111个村民小组。其中，汉瑶族杂居组6个，纯瑶族村2个，纯瑶族组12个。主要农作物有茶叶，水稻、玉米、大豆、蔬菜；特种养殖有本地黄牛、兔子、竹鼠、宁乡土花猪、黑山羊；盛产杉木、楠竹，有"常宁竹海"之称；已探明的地下矿藏有镁、铁、瓷土、石英石、石灰石、辉绿岩、煤等20余种。由于地处高寒，自然条件恶劣，基础设施落后，属于典型的边、穷少数民族乡，也称衡阳的"西藏"。2015年，乡党委被常宁市委授予"先进基层党组织"称号。9月，在湖南省第七届茶博会上，塔山乡被授予"湖南茶叶千亿产业十佳示范乡镇""生态有机茶之乡"等称号；综合治理、综治民调继续保持衡阳市先进、常宁市第一；基层党建位列常宁第一；乡镇目标管理绩效考核、维护社会稳定、党风廉政建设、安全生产、宣传思想等工作为常宁市先进；乡人大、政协工作均被评为常宁市先进。乡领导班子整体考核在常宁市评测中优秀率100%。是年，有机关干部职工36人。

【建章立制】2015年，修订完善乡工作纪律规定、乡党政正职"四个不直接分管"及"三重一大"制度、请示汇报、财务管理、食堂等接待管理、用车管理、机关资产管理、印章管理、考勤考宿和入户调研、带薪年休假、民情台账、收发文、值班、会议、学习、稿酬奖励等16项制度，并汇编成册，做到人手一本，并严抓落实。是年，乡领导班子及机关工作人员已严格落实每月在乡工作22天以上，在乡住宿12天以上，做到了群众"找得到人，办得成事"。2015年7月，乡党委被常宁市委授予"先进基层党组织"称号。

【组织建设】2015年，加强对软弱涣散党组织的整顿，着重抓了党的理论教育培训、党员管理、制度完善和不合格党员处置工作，配齐配强班子成员。是年，严格落实了党支部阵地建设。全乡12个支部均新建村级活动室，配齐远教设施，完善了党员教育管理制度。农村党员学习、组织生活正常开展。是年，抓好支部书记培训工作。6月16—18日，乡党委举办党支部书记集中(扩大)学习培训班，并以训代会、以学促干，全部进行结业考试，并颁发了结业证书，评选6名优秀学员。通过连续两年举办支部书记集中培训班，进一步提高村党支部书记的政治素养和综合素质，提升支部书记抓班子、带队伍、促抓发展、优服务的能力。是年，"七一"评选表彰了4个先进基层党组织、45名优秀共产党员和24名"十个模范"党员。全乡基层党建工作进一步加强，党组织的战斗堡垒作用得到充分发挥，党员的先锋模范作用得到进一步体现。

【党风廉政建设】2015年，认真履行党风廉政建设第一责任人的职责，严格执行中央、省、衡阳、常宁各级对党员干部党风廉政建设的要求，完善了机关廉政食堂，严控"三公"经费支出，全年"三公"经费压缩30%以上。针对村级财务管理和财务公开中存在的问题，完善《村级财务管理制度》《村财务公开制度》《村报账员制度》等制度，进一步规范基层财务管理、财务公开。加强督查，要求各村严格落实"四议两公开"制

度。全年无一个机关人员及村两委干部受到党纪政纪处分。

【扶贫工作】2015年，结合本乡实际，组织出台了《塔山瑶族乡扶贫工作和全面建成小康塔山的实施方案》，指导各村制订扶贫工作规划，建立贫困帮扶台账。按照“四个一批”“五个突出”的要求，对全乡所有农户采取“五看”方法，对照“八不准”的要求，按照“一筛二评三票决四公示”的程序，全乡共精准识别贫困户总数650户2346人，其中扶贫户392户1600人，扶贫低保户149户529人，低保户107户215人，未成年五保户2户2人。是年，以“一进二访”“结对帮扶”为载体，融洽干群关系，有力推进精准扶贫工作。带领乡机关工作人员深入开展“一进二访”活动，准确分析致贫原因，摸准贫困户发展需求，科学划分贫困户类别，制订一户一策脱贫方案，从而达到扶真贫，真扶贫。乡、村、组三级干部和全乡所有党员，以及各级党代表、人大代表、政协委员，与贫困户“结对子”，采取“1+1、心连心、手拉手、面对面”等形式，在资金、信息、技术等方面进行帮扶，着力解决贫困群众就业难、就学难、无房住、创业难等问题。是年，指导全乡各村的贫困户加入乡内公司、企业及专业合作社，充分利用塔山丰富的资源，突出发展茶叶、旅游业和特种养殖业，借助各级各部门的扶助，壮大产业规模，形成脱贫致富长效机制。，新组建6个专业合作社，新开辟有机茶园200公顷，新增牛、羊1500头，新建两个旅游休闲农庄。现在，全乡所有贫困户都加入乡内公司、企业、合作社，走上“茶叶+旅游”的脱贫致富之路。2015年9月，在湖南省第七届茶叶博览会上，塔山瑶族乡被授予“湖南省千亿产业示范乡镇”“生态有机茶之乡”等称号。

【生态立乡】2015年，一是创新科学谋划、部门联动、乡规民约、活动创建、生态补偿、生态保护等工作机制，把塔山的穷山恶水变成人见人爱的“绿翡翠”。二是坚持科学发展，把瑶乡群众的“里子”做得更实。通过做大有机茶园，铸造“聚宝盆”；发展特色种养，集聚“抢手货”；提升人文山水景点品位，做活了“招财手”；培育民族风情，买来“收银机”。

【社会各项事业】2015年6月30日，西江村被省民宗委评为新一轮全省民族团结进步示范单位（为全省3个村级单位之一），10月15日，省民宗委党组成员、副主任余开家莅临瑶乡授牌。是年，加大民族文化、民俗的挖掘、继承和发扬，全力推进文化强乡战略。积极响应《国务院关于加快发展民族教育的决定》，扎实推进瑶族文化、瑶族知识、日常瑶语进课堂，科学稳妥地实施双语教学，是年9月15日，乡中学瑶族特色文化课正式开课，此后每周开设一节瑶族文化课，瑶族同胞一直以来的夙愿终于“开端”。是年，继续在全乡范围内积极推行“免费体检”工作模式，为全乡910名65岁以上老人建立健康档案。是年，新型农村合作医疗参合率达98%以上，新型农村养老保险参保率95%，低保覆盖面不断扩大，真正做到应保尽保。四是农村劳动力就业培训工作进一步加强。是年，开展茶叶种植、加工、旅游、烹饪、特色养殖创业、就业培训4次，培训劳动力2000人次，极大提高了农民群众就业及创业致富能力。

【维护社会稳定】2015年，认真落实市委工作要求，制定党政领导干部信访接待日制度，对重点信访案件实行领导包案负责制。是年，共收到群众来信来访21件信访室受理信访来信3件，来访5件，电话举报10件，均已办结，办结率为100%。是年，同乡直各单位、学校、公司、企业等签订“社会治安综合治理责任状”，明确工作任务目标，健全考核制度，量化工作责任。是年，定期开展同周边5个相邻瑶族乡的联谊交流活动，增进干群友谊，交流信息，掌握社会动态走向，有效确保社会稳定和谐。在衡阳市、常宁市综治民调考核中，分别位居第四名、第一名。

【中心工作】2015年，无一处森林火灾发生，未出现安全事故，没有出现越级上访案件，农业生产、计划生育等工作均通过主管部门验收。11月，顺利完成原弥泉乡与塔山瑶族乡合并成立新塔山瑶族乡的并乡工作，群众一致通过并乡方案。

官岭镇

党委书记：易泽忠
党委副书记、镇长：周　泉
党委副书记：左晓林
党委委员：刘　伟、欧爱民、吴建国、李　宙
政协联络工委主任：孟小广
副镇长：郭怀宏、尹峥嵘
人大主席团副主席：刘　斌
工会主席：唐晓宁

【概况】 官岭镇位于常宁市西部，距市区16公里。东临兰江乡，南连洋泉镇，西接祁阳县石鼓源乡，北抵大堡乡和新河镇，省道320线贯穿全境，素有常宁“西大门”之称。镇人民政府驻七龙村(电话区号0734，邮政编码421518)，辖地面积90.2平方公里，主要农作物有水稻、油菜等。境内林业、水利和矿产资源丰富。有中型水库1座，小(二)型水库11座，大型水堰20座，高标准山塘2000余口。据地质部门探测，青石(石灰石)、铜和煤资源含量丰富。2015年，辖官岭、三房、龙团、七龙、龙堰、虾塘、锡盆、中康、淡元、麦元、岩门、金龙、老农、畔冲、车贤、龙华、竹塘、富贵、大联、江边、勒塘、观音、老屋、香花、新仓、高桥、石龙、大林、梁林、林场、金源、凤塘、鹅峰、金市、鹅院、双溪、鹅桥37个建制村和官岭社区，434个村民小组和3个居民小组。是年，被评为常宁市目标管理先进单位、常宁市综合治理先进单位、常宁市计划生育先进单位、衡阳市城乡同治十佳乡镇、衡阳市计划生育先进单位、衡阳市安全生产先进单位。

【浯水河治理】 2015年，投入300万元搞好河道两岸硬化、绿化、亮化工程，充分发挥浯水河排灌和观光休闲功能。年末，完成河道清淤、护栏修砌工作，硬化、绿化、亮化规划已出炉，进入招标程序。

【省道320线镇域段道路建设】 2015年，集产业、文化、环境于一体，建成长13公里的“官岭大道”，使之成为官岭的名片和对外宣传的窗口。同时，积极配合上级交通部门做好S320线镇区段改道工作，把新修的道路建成长2.6公里、宽20米的致富大道。S320线改道项目已获省相关部门批复，改道工作已进入业主施工阶段，省道320线改造已完成征地和路障清扫工作。

【农业产业】 2015年，投入一定发展资金建设好枣业基地，成为官岭朝阳产业。是年，全镇共种植烟叶93.33公顷，实现利税800万元；新开垦油茶林42.53公顷，发展楠木、樟树、杉树等苗圃3.06公顷，积极引导农民成立行业产业合作社，走规模化、专业化、机械化道路，新成立合作社13个和农场5个，为建设好枣业基地打下坚实基础。

【敬老院建设】 2015年4月，镇党委政府启动“尊老爱老敬老”捐赠活动，已募积善款360万元，加大争资跑项力度，已投入1180万元建设新敬老院，新敬老院主体工程、刮胶、地板砖铺设年末完工。

【教育投资】 2015年，突出常宁四中知名品牌这个重点，完善教育基础设施，全镇教育投入资金480万元兴建常宁四中综合楼，官岭中心小学运动场征地1.06公顷，鹅院学校教学楼征地0.266公顷，推动官岭中小学校硬件建设大步前进。是年，组织“迎七一”捐资助学活动，共计捐赠资金1万多元，为2015年境内考上大学的困难学生送去实实在在的帮助。

【城乡环境卫生】 2015年，成立专人专班，设立专门办公室，安排一定数量公益性岗位，常年管理集镇，建立五好星级户评选机制，形成齐抓共管局面，巩固农村集镇整治成果，建设宜居宜业官岭。继续巩固集镇综合整治成果，年初，与广州市标准环保有限公司签订合同，推动了环境卫生城乡同治工作市场化运作全面铺开，实现全镇55.25千米主干道的全天候保洁。加大财政投入力度，从中联重科购进车载垃圾箱20个安放在人口密集场所，及时收集垃圾，帮助居民形成良好的卫生习惯。争取项目投入，垃圾中转站项目落户官岭，年末破土动工。

【粮食生产】 2015年，重点抓好了粮食生产四个“进村入户”，切实保护和增强粮食生产综合能力。加大了“单改双”力度，扩大双季稻种植面积200公顷；加大了土地流转力度，完成土地流转266.66公顷，加

强了“一流转五”服务;加大了粮食生产保险宣传力度,全面完成农业保险资金收缴工作;加大农机安全宣传,农机具补贴发放到位,成功创建“农机安全示范镇”。积极主动配合市经管局做好全镇1866.66公顷土地确权颁证工作。

【安全生产】2015年,开展“九打九治”打非治违专项行动、安全生产月活动,每季度组织1次安全生产大排查、消防隐患大排查和非法营运大整治,共查处安全隐患4起,已整改3起,扣查摩托车40余台,非法营运三轮摩托车50余台。

【林业生产】2015年,流转土地75.93公顷,新造林地153.33公顷,完成通道绿化126.66公顷,完成金源、石龙两个村的村庄绿化,完成七龙村村部周边的公路绿化。

【防汛保安】2015年,镇党委妥善安排,完善防汛人员、物资、车辆等硬件配备,对全镇范围内的小二型水库进行全面的摸底排查,投入资金200余万元,完成小(二)型病险水库除险、加固5处。

【党务工作】2015年,出台《2015年官岭镇基层党建工作要点》,明确了考核细则;严格党员发展,严把“入口、培训、审查、座谈”四个关口,吸收一批有能力、有文化、群众基础好的年轻人到党员队伍中来,增强了党组织活力,2015年上半年共发展党员22个;进一步加强班子建设,对于几个软弱涣散党组织选派了第一书记和五基督导员,对于两个精准扶贫村也安排第一书记和五基督导员,为这些村党建工作上新台阶奠定坚实基础;加强远教站点设备的维修和使用,强化红星视频学用和考核力度,每周一进行工作安排,每月月头进行汇总通报,全镇各村(居)红星视频学用整体水平大幅度提高,参学率达到100%。镇党委认真落实党风廉政建设主体责任,纪委严格落实监督责任,重点在治理“雁过拔毛”腐败方面下功夫。镇财务核算中心成立了精干的领导小组,组建了精练的业务队伍,安排专门的办公场地,实行村账乡代管,确保了各种惠农资金走向公开透明,规范有序,惠及民生。加强基层群众思想政治工作,积极培育和践行社会主义核心价值观,紧紧抓住国家公职人员和青少年学生这个关键少数做好宣传教育,引导他们做好带头示范,传递社会正能量。同时,按照上级要求及时搞好十八届五中全会宣讲工作,统一思想,凝聚民心,把力量集中在“十三五”发展规划上来。提速提质服务,推进机关办公室办文办会、参谋服务、后勤保障工作,机关高效运转,彻底整治了“庸、懒、散”机关病。

【法制工作】2015年,公安司法机关受理刑事案件33起,破案8起,诉捕9人,追逃2人;受理治安行政案件31起,查处22起,拘留15人;调处各类矛盾纠纷76起;司法调解10件,还官岭人民一个朗朗乾坤。

【存在的问题】2015年,主要是存在四个方面的问题:一是交通路况较差,严重制约经济社会的发展;二是农业结构调整步伐较慢,群众增收困难;三是小城镇建设用地审批难度大,严重影响小城镇开发;四是农技推广经费欠缺,培训工作不力,种养业科技含量低,严重影响农业生产和经济的发展。

新河镇

党委书记:邓智军
党委副书记、镇长:刘卫菊
党委副书记兼纪委书记:刘云平
党委委员:唐连香、雷建林、詹　彪(武装部长)
人大主席团主席:唐建军
政协联络工委主任:李启红
副镇长:王成顺、何　刚
人大主席团副主席:许桂华
工会主席:陈　红

【概况】新河镇位于常宁市西北部,湘江中游南岸,东与兰江乡毗邻,西南与官岭镇、大堡乡共界,西与祁东县隔江相望,北与江河乡相连。2015年,有机关干部职工46人。全镇总面积91.93平方公里。辖湖坪 、太江、八正、陶岭、新坪、中华、五里牌、新长、河州、清泉、高朋、新江、联桥、兴旺、新冲 、柏洲、相时、上河、瑞湖、塘头、江堡 、青阁塘、五星、石畔 、星火、合心、灯坪、五家围、太和29个村和新河社区(新河居委会、河街居委会合并而成)。水陆交通十分便利,衡枣高速公路常宁连接线穿境而过,素有常宁“西大门”之称。境内多紫色页岩丘陵山区,传统以种植水稻为主,以塘库稻田养鱼而闻名,是市内渔业生产基地之一,主要农作物有水稻、西瓜、花生、油茶、油菜、豆类等,水果有柑橘、奈李、夏橙、冬枣等,养殖业有鸡、鸭、猪、羊等,工业有砖厂、建材、化工、家具、木材加工等企业。是年,实现地区生产总值2.3亿元,增长11.5%,财政收入突破451万元,增长10%,完成固定资产投资8500余万元,农民人均纯收入6100元,增长9.8%。

【农业农村工作】2015年,为大发展农业生产,从镇财政安排资金20余万元用于支持农业生产。全镇粮食作物和经济作物实现总产值5500万元,粮食播种面积在2266.66公顷以上,粮食优质率在85%以上,农作物覆盖率达到100%。全镇种植油菜面积800公顷,油茶造林整地266.66公顷,荒山造林333.33公顷,新造油茶林200公顷。山塘养鱼面积560公顷,新增养殖专业户22户,实现全年渔牧养殖业总产值2800万元。是年,实施衡邵干旱走廊项目,总投入资金220多万元,动工45处,投劳3300多个,整修山坪塘43口,硬化渠道2条800米,渠道清淤35条1.2万米,使农业水利基础设施条件得到了极大改善。积极向上争取资金,硬化了灯坪、相时、柏洲、太和等村近10公里的村道、组道。全镇各村于2015年11月全面完成农村土地确权颁证工作。农村安全饮水工程五龙山水厂,争取国家投入资金700多万元,建成后可解决周边老百姓17000多人的生活用水,主体建设基本完工,年末实现通水。

【项目建设】2015年,35千伏变电站项目、垃圾中转站项目、城区直饮水项目、新河至塔山国道项目、高速公路项目等重点项目纷纷落户新河,镇党委政府顺势而为,多管齐下推项目,实行一个项目落实一名主要领导、一套专班、一抓到底。同时,镇里出台优化乡镇经济发展环境的规范化文件,持续开展专项治理,从严打击破坏经济发展环境的人和事。运用行政、经济、法律手段维护发展环境和项目施工环境。同时,建立党政班子成员联系企业制度,主要领导要联系重点、难点企业。

【小城镇建设】2015年,新河镇已经成功申报为全国重点小城镇建设乡镇,由省规划设计院对集镇建设进行了高起点、高品位规划设计。顺势启动鲜鱼专业交易市场二期工程,打响“河洲渔”餐饮品牌,提高知名度。精心打造“浯洲岛”农业休闲项目,以精品聚人气,通过试运营,现“浯洲岛”初具规模,逐步成为常宁市民休闲娱乐的“后花园”。在集镇建设方面,对集镇道路进行了硬化、亮化、绿化,进一步加强规划设计,投资约200多万元,对富园南路和富园北路进行了全面硬化,降低了中心小学至浯洲岛的下坡坡度,消除安全隐患;完成集镇居民门前路面硬化、安装路灯亮化等,镇容镇貌将焕然一新。同时,对群众反映强烈的桥南小区和集镇市场的排水问题,镇党委、政府高度重视,下定决心,排除各方矛盾,克服历史遗留问题,通过部门协调,多方筹集,解决集贸市场改造升级资金100万元,启动实施两处排水沟的改造工程,使集镇居民生活质量和集镇形象得到进一步提升。

【民生事业】2015年,在全镇范围内开展的低保、五保清查清理,全镇享受农村低保政策人员共741户,1055人,城市低保政策人员共61户,73人;享受五保供养政策人员341人,其中分散五保供养人员259人,集中五保供养人员82人。享受孤儿待遇35人。已享受残疾人护理补贴402人。享受军人优抚政策327人,其中享受重点优抚对象126人,享受60周岁农村籍退役士兵老年生活补助111人,享受优抚双定人员90人。享受90岁老人补贴人员43人。享受基本养老服务补贴173人。发放春荒困难救济款31000元,惠及103人。1—6月份,报销大病住院医疗救助款74000元,惠及35人。享受门诊医疗救助卡救助人员42人。五保老人住院审批253人次。精减职工临时定救36人,涉及金额22138元。建档立卡贫困户2292人,计划减贫任务378人。享受残疾人无障碍设施项目政策2人。已建幸福院4个,新增新建农村幸福院一个。积极推动敬老院建设,整合各类资源,投入300余万元,建筑面积1892平方米,年末新敬老院已经投入使用,可容纳100人入住。

【环境卫生】2015年,继续加大对环卫城乡工作的资金投入,在巩固现有的环卫基础设施上,添置、配齐环卫工具,维修环卫车辆,重新组建镇村两级环卫队伍,保障和落实保洁员的待遇,确保环卫城乡同治工作有效开展。建立环境卫生管理长效机制,出台《新河镇环境卫生城乡同治工作考核办法》《新河镇开展环境卫生综合整治实施方案》等制度,规范管理和市场化运作镇环卫所,制订集镇环卫管理措施,整顿马路市场,抓好房前屋后的美化亮化和大桥两侧的绿化,对高耗能、高污染的企业进行全面改造,确保镇区绿色、节能、环保,宜居的良好环境。对镇主要干道的环卫保洁,创新思路,实行市场化运作模式,主要干道卫生得到较大改善。

【党建工作】2015年,镇党委研究制订党建工作计划,明确党委书记负总责,组织委员具体抓。与各党支部签订目标责任书,实现基层党建两落实,一是落实党建工作责任制,完善党建工作考核体系,二是落实双述双评,完善评价运用制度。同时,积极完善推进措施。利用远程教育平台,组织党员干部收看党的方针政策和农技教育等;邀请市农广校讲师到镇、村开展农机手、新型农民、农业技术等培训;组织入党积极分子参加党的理论学习。注重党员管理,建立流动党员登记制度,及时掌握动向,利用短信、微信平台向他们传达党的大政方针和镇党委的中心工作,争取党员的大力支持。开展结对帮扶和一进二访活动,每位党政班子成员每月进村入户不少于10次,重点帮扶1名困难群众,解决帮扶资金500～1000元,为群众解决生产生活中遇到的困难。

【社会事业】2015年,落实定期排查、领导包干负责的追究等制度,大力开展矛盾纠纷排查调处活动,努力把问题解决在基层,化解在萌芽状态,将维护稳定工作落得细而又细、实而又实,突出重点,狠抓落实,确保全镇社会大局稳定。是年,共化解矛盾纠纷22起,化解市交办积案1起,信访案件办结率100%。建立"12345"政府服务平台,自"12345"开通以来,共受理上级交办的群众反映10余件,每件均有镇分管领导的亲自督办,给老百姓一个满意的答复。

【安全生产】2015年,镇与各有关部门签订了2015年度"安全生产目标管理责任书",要求辖镇内企业按照行业规范,强化施工现场管理,合理布置施工设备,严格规范设备操作程序。同时,通过各种途径广泛宣传安全生产法律法规和公共场所安全、用电安全、消防安全、交通安全等安全知识,增强全民安全意识,提高全民安全防范能力。

【教育、卫生】2015年,围绕市委十一届四次全会精神,召开专题会议研究教育工作,加快推进新河镇中心初中综合楼建设和珠塘学校合格学校建设。是年,进一步巩固完善城乡医疗救助体系,健全农村医疗卫生服务网络,提高医疗水平和服务质量,新型农村合作医疗基金的收缴力争突破300万元,完成比例达95%以上。

【其他工作】2015年,劳动保障工作获得表彰,组织开展农民技能培训、创业培训500人次;新农保参合率达85%,60岁以上老人基础养老金全面发放。计划生育工作以"村民自治"为载体,抓好优生优育政策宣传、流动人口管理、计生服务、社会抚养费征收等,制定集中节育服务活动方案,计划生育各项工作按要求落到了实处,切实加大各项奖扶政策的兑现,努力探索新时期计生工作新方法,确保符合政策生育率不低于85%,人口自然增长率控制在6‰以内。老干工作卓有成效,经常性看望慰问退休老干,组织老干参加事关民生和发展的各类活动,积极为新河的发展建言献策。此外,财政、金融、科技、国土、规划、广电、农机等其他各项事业均有新的发展。

【存在问题】2015年,存在三个方面的问题:一是城镇基础设施建设相对薄弱,投资环境亟待改善。二是一些群众关心的热点、难点问题有待进一步解决。三是一些干部在工作中还存在思想不够解放、作风不够扎实、大局意识不够强的问题,工作能力、工作效率有待提高。四是镇财力薄弱，发展相对滞后。

大堡乡

党委书记：王元成
党委副书记、乡长：吴瑞嵘
党委副书记兼纪委书记：孟双成
党委委员：徐富贵、唐春华、唐晓兰
人大主席团主席：阳秋生
政协联络工委主任：尹　松
副乡长：李　波、谢柠泽、罗志国
人大主席团副主席：阳春生

【概况】大堡乡位于东经112°07′56″～112°14′38″，北纬26°23′06″～26°30′38″。地处常宁市西部，湘江中游南岸，东与新河镇毗邻，南与官岭镇接镶，西与祁阳县黄泥塘镇交界，北与祁东县河洲镇隔江相望，素有“一脚踏三县”之称。2015年，辖省胜、排山、檀山、东风、新立、元目、永安、泥冲、板桥、桥头、联丰、丰胜、永红、到湖、大堡、寨子、高竹、玉荷、石江、培龙、枫林、枫树、龙凤、大堡、深水、乔木、三黄、双音、复兴等29个村和大堡社区（由堡兴、大堡两个居委会合并而成），339个村民小组，总区域面积为78.9平方公里。境内农产品以种植杂交水稻、芙蓉花生、油茶、大豆、油菜等传统产品为主，以茶油、芙蓉花生为特色农产品，多数销往广东、广西、华东等地；矿产资源十分丰富，大堡石灰在湘南地区很有名气，铅、锌、铜、锰、煤炭等矿物质储藏有十种之多。是年，全乡29个村确权颁证完成了97%。完成地区生产总值5.4亿元，比2014年增长8.8%，全乡人均纯收入5100元，财政收入增长10%，确保了民生项目、乡村两级正常运转和重点工程项目的支出。

【投资产业项目】2015年，全乡新增社会投资产业项目3个，其中大堡新敬老院建设项目总投入资金700万元，已经完成了第一期项目，第二期附属工程项目和配套设施正在筹划，资金来源主要依靠大堡乡在外知名人士和社会力量投资，鼓励民间募捐。年末，敬老院装修工程正在紧锣密鼓地进行；投入200万元的大堡医院综合楼已经投入使用；投入60万元的大堡新农贸市场已经开张迎市；湘江麻洲大桥完成招投标，基础工程正在推进。

【农业产业项目】2015年，全乡新增家庭农场13个、农业农机合作社1个，农业产业初步形成以养殖（养猪、养牛、养羊、养鱼等）、种植（种植水稻、烤烟、油茶、油菜等）为主的规模化产业群，形成以中联公司为龙头的荒山造林、以弘盛为龙头的生猪养殖、以宏茂公司为龙头的苗木基地，打造以枫树、排山、龙凤、麻洲、到湖、永安等12个村为主的烟叶生产基地，并解决一大批农村闲置劳动力就业的问题。全乡落实烤烟种植面积100公顷，缴纳烤烟4000担；新造油茶林153.33公顷，完成油茶垦覆面积120公顷，落实油菜种植面积2000公顷；新增农业合作社6个，规模养殖场3个，养羊基地2个。

【新农村建设】2015年，大堡、培龙、深水、复兴、玉荷、高竹、石江等村完成通组公路6.8公里，新建沼气池58个，安装太阳能路灯120盏，绿化通村道路3.8公里。

【水利设施】　2015年，全乡14座小(一)、小(二)型水库除险加固工程，除两座正在加大维修力度外，其余全部完成。解决灌区遗留问题1个，成功实行祁阳大江水库向境内新立、元目、永安、东风等村供水。

【金融、税收】2015年，按时完成了市人民政府年初下达的财税任务。加大了打击和处置非法集资工作的宣传力度，成立了专人专班，并同居民和农户签订了“不参与非法集资承诺书”，在集市发放资料500份，张贴宣传画册50张，书写红纸标语200副，并悬挂横幅10条。

【社会保险】2015年，全乡城乡居民养老保险完成90%，城镇居民基本医疗保险达到95%。2016年度全乡新农合缴费工作已经完成，完成率96%，并做好全民社会保险参保登记，建立相关台账和档案。

【民生工作】2015年 对全乡农村和城镇低保户

和五保户进行了一次全面的清理清查,共清理出不符合条件的低保户280户、五保户90户;对全乡危房进行调查摸底,并向上级有关部门申请危房改造指标,是年对全乡36户符合条件的困难户进行危房改造,其中重点户6户,每户获得国家补助资金1.5万元,普通户30户,每户获得国家补助资金7500～10000元。

【教育事业】2015年,做好控流保学工作,确保生源不流失。实行"引进来、带出去",将优秀教师引进来,把好的学生带出去。大堡中学2015年中考在全市乡镇中学名列前茅。是年,完善麻洲小学附属设施。加大学校周边环境整理整治力度,重点整治网吧,禁止学生和未成年人上网,加强老爷车非法载客监管力度,杜绝非法搭载学生上学。

【城镇管理】2015年初,出台《大堡乡小城镇管理办法》,规范集镇区域内的交通、卫生、和居民生活行为,并实行网络化管理,重点整治集镇内乱停、乱建、乱倒等"三乱"现象,环境卫生保洁实行专人专段负责,将原来由乡环卫所负责全乡环境卫生工作,改革为由乡环卫所只负责集镇区的环境卫生,乡主干道的环境卫生由各村或包段的保洁员负责清理,并添置了设备,保洁员的工资按月考核,月底考评发放。全乡环境卫生明显改善,全乡居民环卫意识明显增强。

【城镇建设】2015年,市民生重点工程项目:投资700万元的乡敬老院工程,经过近两年的建设,年末装修工程已接近尾声,2016年上半年,全乡200户五保老人有望搬进新家共享晚年。市医疗重点项目:投资200多万元的乡卫生院综合楼竣工已投入使用,解决了大堡百姓看病难的问题。积极向上级争取项目资金70万元,对老市场进行扩改,年末新市场正式开市。

【计划生育】2015年,人口计生工作2015年度被衡阳市评为先进单位,连续10年荣获衡阳市和常宁市"先进乡镇"称号,实行人口计划生育工作与社会和谐发展,确保底线基础不动摇,建立服务计生的长效机制。

【扶贫和统计工作】2015年,按照精确扶贫工作的总体要求,全乡确定将工作重点放在省级贫困村和贫困户,实行精确扶贫建档建册,搞好协调,为对口扶贫单位搞好服务,让有限的资金和项目发挥更大的作用。是年,扶贫单位为双音村和排山村在修路、修塘、新农村建设等项目上提供的支助。统计工作实行网上联报,确保数据及时更新和按月上报相关表格和数据。

【社会管理】2015年,强化综治信访维稳工作,积极开展民调、平安创建和禁毒活动,加大宣传力度,共发放宣传单7000份、张贴宣传标语800余张、悬挂横幅10幅。机关干部共电话访问2000户,调查了解问题150个,摸访排查各类矛盾纠纷200个,解决问题100余个。认真开展信访大接访活动,实行领导干部信访包案制,重点围绕重要信访案件、重点信访人员,实行专人专案,负责包干,确保非常时期无越级上访。综治维稳工作被评为衡阳市先进乡镇,民调工作在衡阳市各乡镇排列靠前。加大了安全生产监管力度,对道路、水上交通、企业、集镇、个体户、学校进行常规性安全隐患大排查。湘江通航实行签单发航,尤其是市人民政府督办的湘江麻洲码头隐患整治工作,已经全部完成警示牌安装。

【两项工程】2015年,着重抓好广播电视"村村响"和"村村通"工程,在全乡29个村建立村级广播室,安装喇叭65只、播音设备29套;安装户户通直播卫星天线2500套,全乡都能收听收看到中央和地方台的节目。

【文明创建和"四城同创"】2015年,宣传社会主义核心价值观,用社会主义核心价值观引领全乡,围绕"三个倡导"、结合开展文明创建和"四城同创"活动,通过安装《新常宁》手机软件、书写红纸标语、悬挂横幅、创建宣传栏等方式,全方位、多角度地宣传社会主义核心价值观、开展文明创建和"四城同创",在全乡上下形成人人参与、个个争做文明城市宣传者和创建者的氛围,加大未成年人思想教育,认真开展"一村一文明示范户"活动。

【文艺队伍和阵地建设】2015年，以文化站阵地为中心，抓好群众文化活动队伍建设，新建农民广场舞(腰鼓)队6个，村级文化活动室5个，开展群众文化活动8次。

【林业生产】2014年以来，围绕“两年内消灭荒山”的目标，全面推进生态文明建设，谋计划，想办法，以荒山资源为橄榄枝，面向公司和个体老板，利用“公司+个体户”的承包模式，在复兴、排山、枫林等村荒山造林200公顷；在永安、新立、桥头等村油茶垦复133.33公顷，完成全乡通道绿化3.8公里，全面实行封山育林和开展秀美村庄建设，落实森林防火机制，严格防火信息员管理和防火措施，建立乡、村、组三级联防网络，有效化解火灾隐患。

【环境保护和治理】2015年，开展湘江河区域500米范围内的养猪场拆迁工作，共拆迁猪场17个，有效化解湘江污水排放问题；协同水利监察部门开展挖沙船整治行动。对水面垃圾漂浮物进行日常化清理。全乡29个村确权颁证基本完成。是年，开展环境卫生城乡同治，实行农村环境卫生包干包段和专人负责及日常化管理，加大经费投入，对保洁员按月量化考核，月底发放工资；在新农村建设方面，安装太阳能路灯，新建沼气池在村部村道开展植树造林，农村环境进一步改善；积极开展两型社会建设宣传，大力推广节能、低碳技术和运用。

【耕地保护】2015年初，乡政府与村(居委会)签订“大堡乡基本农田保护责任状”，召开耕地保护专题会议。2014年来，配合市土地执法部门开展了土地执法检查，共查处麻洲、东风村个别村民违法占用耕地案件3起，并强制恢复土地原貌，加大宣传，利用各种宣传途经进村入户，有效杜绝耕地乱建行为的发生。

【机关干部考勤】2015年，通过实行机关干部上班日每天白天实行指纹打卡签到、晚上由主要领导带组轮流值班签到，并通过每周一坐点干部白天去村里开展工作，晚上召开周头会，总结上周工作，部署本周工作等方式，确保工作任务完成的时效性，有效地束缚“走读干部”，使乡村干部在作风上得以改变。

【方便群众办事 】2015年，建立乡村两级便民服务中心(站)。规范民政、人社、信访、国土、规划、财政等部门的办事流程和管理。在乡里，实行首问责任制，采取谁受理、谁办理(代办)；在村里，实行村民事务代办制，村民事务统一由村干部受理并代办好，减少群众直接来乡办事的环节，办事效率不断加强。群众满意度极高。是年，对危房改造、民政救助、村“一事一议”等民生项目和资金，由包村干部实行定项回访，确保资金不出差错。

【人民武装工作】 2015年，组织党政班子成员和机关干部认真学习了《中华人民共和国国防法》《中华人民共和国兵役法》和《民兵工作条例》等法律、法规。提高机关干部的国防意识。利用宣传标语、宣传栏、微信群等板块和媒体，在全乡进行广泛宣传，做到人人皆知。在政府机关安排专用的办公房，配备办公用品，并张贴各项制度，制订突发事件应急预案，在乡机关和各村，建立民兵应急值班制度。是年，通过乡村两级的共同努力，在秋冬征兵工作中，共送检适龄青年25人，完成征兵人数8人，安排工作经费1.5万元。

江河乡

党委书记：张静扬(2015年11月任)
袁立明(2015年11月离任)
党委副书记、乡长：欧伯春
党委副书记兼纪委书记：邓雄君
党委委员：周爱国、雷　萍、周　叶
人大主席团主席：张亚琼
政协联络工委主任：王志峰
副乡长：唐智明、曾春龙、龚　兰
人大主席团副主席：张振雄
工会主席：胡建成

【概况】江河乡因乡政府驻地坐落在宜河与湘江汇合处得名，位于东经112°17′38″～112°24′19″，北纬26°30′04″～26°34′20″。地处常宁市西北部，东与柏坊镇接壤，南与宜潭乡相邻，西与新河镇为邻，北与祁东县粮市镇、衡南县近尾洲乡隔湘江相望。

乡人民政府驻吕坪村，电话区号0734，邮政编码421512，距常宁市城区22公里。2015年，乡机关共有工作人员38人。辖江河社区和湖关、双坪、大禾坪、新喜、新民、吕坪、湘江、丛井、宜潭、坳霞、茶山、宝山、陈洲13个建制村和1个社区，172个村民小组3个居民小组；辖区东西最大距离10公里，南北最大距离7.6公里，总面积40.76平方公里。其中陆地35.23平方公里，占86.4%；水域5.53平方公里，占13.6%。境内大部分为紫色页岩结构，属丘陵地带。河道属湘江、宜河两大流域，河流总长度31.5公里。其中，湘江流域面积30.5平方公里，占75%，宜河流域面积10.19平方公里，占25%；主要河道有一级河湘江，长19.5公里；二级河宜水，长5.5公里；四级河2条，长6.5公里。年底，江河乡与新洲镇合并，成立新的新河镇，江河乡改为江河乡。

【干部队伍建设】2015年，新一届党政班子主要领导上任伊始，即把干部队伍建设作为开展一切工作的根本和抓手。在干部队伍的建设上，坚持“严管理，强作风，提本领”的理念，打造一支招之即来，来之能战，战之能胜的干部队伍。在管理上，大力完善机关和农村党支部书记管理制度，真正做到靠制度管人，靠制度管事，杜绝管理的随意性。

【农村基础设施建设】2015年4月，小河渡改桥全面正式开工，计划在年底修通。全长180余米，路面设计8.5米宽，总投资730余万元。全面完成桐官公路沿线安装太阳能路灯600盏。是年，全面建成11个村村两委活动室，活动室基础设施、硬件设备得到较大提升和完善，为“党员活动、村民议事、便民服务、教育培训、文化娱乐“提供保障，年末正加紧实施湘江村秀美山庄建设项目。是年，完成吕坪村安全饮水工程，解决群众饮水困难问题。

【农业产业结构调整】2015年，机关工作人员入村串户开展春耕生产的宣传工作，营造好浓厚的春耕氛围。组织乡技术人员深入各村组实地检查、指导今年春耕备耕工作，向群众详细讲解相关政策及田间管理技术，加大对病虫害的防治，确保粮食丰产增收。在发展传统农业的基础上，发展适宜经济作物，种植酥脆枣26.66公顷，西瓜26.66公顷、花生13.33公顷、百合13.33公顷、药材8公顷。

【计划生育】2015年，人口与计划生育工作，以稳定低生育水平，提高人口素质为核心，继续加强计生基础工作，树立优先优育风尚，严格执行计划生育“一票否决制”。人口自然增长率控制在正常范围内，各项指标均控制在目标值内。村组干部、村妇联主任作用也得到充分发挥，计生信息系统进一步完善，计划生育行政执法工作切实开展，群众生育观念发生转变，人口素质得到进一步提高。

【民政救济工作】2015年，开展对困难群众和农村低保困难补助的发放、农村危房改造等惠民工作，切实解决贫困人口温饱及住房问题。至2015年10月10日，全乡完成城乡低保、五保，实行应保尽保、应退尽退。全乡干部群众都感受到党的恩情、政府的温暖，享受到改革与发展的成果。

【安全生产、防汛及信访】2015年，专门成立乡安全生产委员会，并落实专（兼）职工作人员，完善乡村应急救援预案等工作，制订安全生产的各项工作制度、机制，做到经常排查安全隐患，定期督查，发现问题及时整改，全面整治小型建筑施工队。认真落实防汛抗灾工作，成立防汛抗灾工作领导小组及应急预案，通过村民大会、村务公开栏、横幅等形式的宣传，提高群众的灾害防范意识及应急处理措施；高度重视社会稳定工作，认真落实定期排查、领导包案、责任追究等制度，大力开展矛盾纠纷排查调处活动，努力把问题解决在基层，化解在萌芽状态。是年，全乡共调解矛盾纠纷18起。

3月7日，常宁市委经济工作会议在市一中体艺馆召开

重阳节，衡阳老干部来常视察

2015年伊始，松柏污水处理厂通水试运行

1月12日省环保厅厅长刘尧臣调研湘江流域综合治理

广济水库建设现场

衡阳市委副书记、市长周海兵（前排左四）赴水口山调研金铜项目建设及湘江流域综合治理

2月15日，衡阳市副书记邓群策（左）慰问西岭敬老院老人

1月15日省有色集团党委书记黄国平（前左），衡阳市委常委、常务副市长段志刚（前右）调研金铜项目建设。

衡阳市委常委、市纪委书记包昌林莅常考察党廉政建设

1月28日衡阳市委常委、组织部长、统战部长何录春（中）调研常宁茶叶生产

1月21日衡阳市委常委、副市长罗东海（前中）调研常宁城市建设

衡阳市文艺创作基地落户常宁塔山（右为衡阳市常委宣传部长）

市老领导滕年生到红星养殖场调研

衡阳市常委、政法委书记谢恒斌调研常宁政法综治工作

常宁生态有机茶品评推介会开幕

常宁获授“生态有机茶之乡”

北高峰碳酸钙工业园项目签约

风力发电项目签约

1月24日，全市打黑除恶专项行动动员大会召开

国家、湖南省、衡阳市、常宁市四级人大代表开展视察。市人大常委会主任李新华（中）参加。

湖南省、衡阳市、常宁市三级政协委员开展视察。市政协主席王若君（中）参加。

台常宁同乡会奖学基金会资助常宁优秀困难学子

衡阳市八中尚宇学校开工

大型收割机开进洋泉农田

春潮涌动春耕忙

石盘贡米生产基地

烟叶大田移栽忙

烟洲古戏台修复后重开唱

宜水风光带

市人民医院与湘雅医院定点指导、双向转诊签约

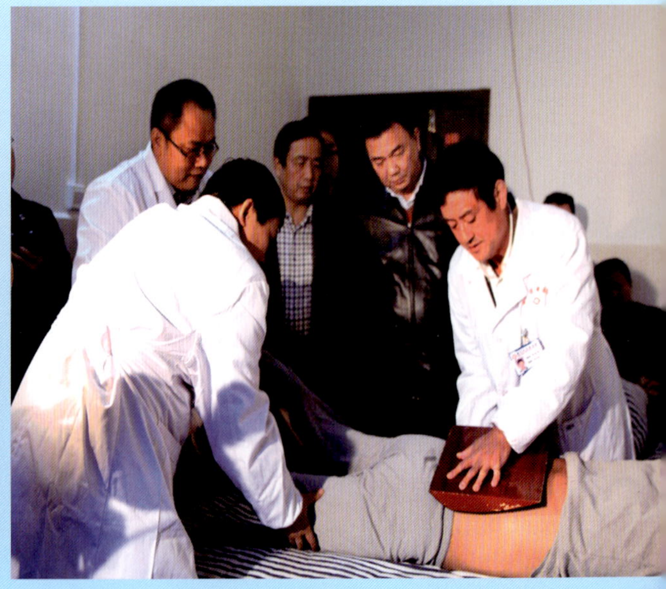

省中医专家考察“南詹正骨”

清澈的宜水河

新屋袁家字灯记乡愁传文明

老年大学校委会成员合影（右起第四位为校长郭晃春）

市委常委、组织部长周晓侣（中）讲话

市委老干部党校举办全市离退休干部党支部书记培训班

教师和学员部分骨干赴韶山、花明楼学习。

道德教育活动“三德舞”成果展示，带动群众学唱、学跳“道德歌”。

常宁市举行首届青少年科技创新大赛

读书日市民踊跃读书

8月26日，总工会金秋助学

刘启宏调研行政审批制度改革

5月15日 市领导参观打击非法集资宣传展览

常宁市老

老年书法家协会会长郭祥君

市委组织部副部长、老干局长尹东源向来宾介绍老年艺术作品

书法家协会

右二为老年大学校长郭晃春

老年书法家协会工作人员合影

后　记

《常宁年鉴》2016年卷，是常宁市史志办委托常宁市地方史研究学会组织编写的，从启动到脱稿，整整用了10个月时间，全书共64万字。本书较为全面地反映了2015年常宁市政治、经济、社会、文化等方面的基本情况。在内容上不仅记述了2015年度取得的成绩及其经验做法，还记载了存在的问题及其原因分析。基本上做到了客观、真实。为了解和研究常宁市提供了具有重要价值的历史资料。

2016年元月，编写人员在接受写作任务后，就全力投入这项工作。市滕年生、郭祥君率领编写人员走遍全市各单位单位、各乡镇、办事处，详细交代征集资料任务、时间，提出具体要求。并安排人员专门负责电话联系、催交。收集资料力度之大前所未有。可以说，没有老领导的高度重视和亲力亲为，收集资料和编写工作是不会这么顺利的。

同时，各乡镇、办事处，市直机关各单位及省市管单位的领导和办公室工作人员，在征集本书资料的过程中，给予了大力支持，不仅按时提供资料，而且提供的资料详细、具体，给编写人员创造了便利条件。同样，没有各单位的大力支持和配合，这项工作也不会这样顺利。由此，谨表示衷心的谢意。

本书经过方志出版社审核提出修改意见后，编者又认真进行了三次修改。

《常宁年鉴》2016年卷，由曹元生执笔编写，邓真佑、胡金菊参加校对，老干部滕年生、郭祥君，史志办主任廖爱国，多次进行审阅，提出修改意见。

本书公开出版发行，市委、市人民政府、市委办、市人民政府、市财政局及相关部门给予了大力支持，在此，尽表示诚挚的谢意。

由于各方面的原因，本书肯定存在不少的缺点和错误，希望社会各界和广大读者提出批评指正，以便编者在以后的编写工作中不断提高水平。

编　者

2016年11月